Hugh Johnson

Guia de vinhos

Edição de bolso

2008

Tradução Fátima Santos

2ª impressão

Prefácio de

Renato Machado

Agradecimentos

Este conjunto de detalhadas recomendações originou-se em parte de minhas próprias anotações e principalmente das de um grande número de gentis amigos. Sem a ajuda e a cooperação generosa de incontáveis vinicultores, comerciantes e críticos, eu nem tentaria. Gostaria de agradecer particularmente às pessoas abaixo pela ajuda na pesquisa ou nas áreas de seus conhecimentos específicos:

Sarah Ahmed
Geoff Adams
Helena Baker
Phillip Blom
Charles Borden
Gregory Bowden
Stephen Brook
Michael Cooper
Rupert Dean
Michael Edwards
Sarah Jane Evans MW
Jacqueline Friedrich
Rosemary George MW
Robert Gorjak
James Halliday
Annie Kay
Chandra Kurt
Gareth Lawrence
James Lawther MW
Konstantinos Lazarakis MW
John Livingstone-Learmonth
Nico Manessis
Adam Montefiore
Jasper Morris MW
Shirley Nelson
John and Erica Platter
Jan and Carlos Read
Daniel Rogov
Michele Shah
Stephen Skelton MW
Paul Strang
Gabriella Szlovák
Bostjan Tadel
Marguerite Thomas
Daniel Thomases
Monty Waldin
Larry Walker
Simon Woods

Sumário

Prefácio

Renato Machado

No vinho existem os românticos e os práticos. Sempre foi mais ou menos assim, nos tempos e lugares onde o vinho era um alimento diário como o azeite e a farinha. Na Idade Média já se fazia essa diferença. Omar Khayamm o equipara à felicidade. Santo Tomás, à rotina dos monges. Shakespeare fala de seu espírito invisível. No dia-a-dia o vinho inspira as mais belas frases e as expressões mais banais. Os franceses homenageiam os poderosos com um *vin d'honneur*, vinho de honra, e os subornam com o *pot-de-vin*, a propina.

Entre os críticos e autores as linhas são também definidas. Os práticos dão notas e fazem degustações ordenadas. Os românticos deixam-se levar pelos encantamentos e querem saber as origens, lendas e nexos culturais.

Nenhum produto da civilização reflete tão intensamente como o vinho os traços de cultura e de afinidades humanas. Como elemento de agregação e festa, o vinho soma prazeres. Como expressão da terra, exige conhecimento e devoção.

Hugh Johnson é o mais devotado e o maior conhecedor porque entrou pelas raízes do vinho como as raízes da boa vinha entram na terra. Fundo. Refez o caminho rural dos antigos produtores, descobriu os novos. Testemunhou as tremendas mudanças nos últimos 31 anos, tempo de existência deste guia. Percorreu esse mundo com a percepção dos poetas, que buscam a alma das coisas.

Seus textos esplendidamente sintetizados em verbetes plenos de humor unem a informação e a orientação. Mas Hugh distingue-se da maioria dos críticos por ser um autor, e não um consultor de consumo. Sobretudo não dá notas, muito menos inventa tabelas obscuras de graus inexistentes que oscilam de um quarto de ponto.

Vinhos são expressões de terrenos e pessoas. Nomes, enfim. Por este guia se chega facilmente a eles. O primeiro livro de Hugh foi um atlas do vinho. Ele começou pelos mapas, a referência geográfica. Aqui cada verbete situa o leitor num universo bem definido, ao qual não podem faltar precisão e elegância. Junto com a cultura, esses são os atributos de um escritor de vinhos. Hugh Johnson é o primeiro entre eles.

Classificação por pontos

Não pode haver um consumidor regular de vinho que não se tenha deparado com o sistema de classificação de 100 pontos inventado por Robert Parker, um advogado americano que, na década de 1980, ofereceu seus préstimos para ser o guia dos vinhos do mundo na América. Foi um tiro certeiro. Ele descobriu que a imprecisão da apreciação do vinho e a aparente precisão dos pontos percentuais faziam um par perfeito. Teve a segurança de classificar os vinhos que degustava numa escala 0 a 100 pontos e publicar os resultados. Ele sabia que ninguém mais poderia ter degustado os mesmos vinhos do mesmo modo e estar em posição de desafiar suas avaliações detalhadamente. A magia da palavra impressa fez o resto. Eu descobri o mesmo com este livro: quando o escrevi pela primeira vez, esperei uma avalanche de questionamentos e réplicas. Mas a caixa do correio foi discreta. Acredito que muito se deve à inércia.

Não levou muito tempo para que Parker ganhasse mais que aceitação local. Afinal, que outra orientação havia, num país com apenas meia dúzia de profissionais do vinho, como a América era na ocasião? Ele nunca pretendeu, de acordo com suas palavras, que seus critérios se tornassem ferramentas prontas de mercado, numa indústria florescente com poucas vozes de autoridade. Outros o imitaram, naturalmente, mas ele permanece o padrão ouro. Nos Estados Unidos, agora parece quase natural que os vinhos tenham um número percentual afixado, para denotar qualidade.

Em meu *Guia de vinhos*, entretanto, sempre adotei uma posição diametralmente oposta à de classificá-los. Minha argumentação é de que na mente da maioria dos apreciadores de vinho, não é a qualidade absoluta de cada garrafa que determina o que compramos – se é que, de fato isso existe. Para os investidores, sim, que compram vinho tendo em vista vendê-lo, uma pontuação percentual é como um preço de ação. Mas, assim como um preço de ação, não tem validade permanente. É um instantâneo do valor em um momento: o momento em que, no caso do vinho, ele tocou as gengivas do avaliador. O vinho de uma garrafa, isto é, entre milhares de outras do mesmo vinho.

Os problemas começam aqui. A mais verdadeira de todas as máximas é "Não há grandes vinhos, apenas grandes garrafas de vinho". A variação de uma garrafa para outra é ainda um fato aceito em muitas regiões, mesmo que algumas estejam tentando eliminá-lo por meio de saca-rolhas. A variação entre garrafas é um fator de risco que muitos compradores, mesmo de garrafas raras e preciosas, preferem não levar em consideração. É quase certo que uma garrafa, numa caixa de doze, será um malogro: não necessariamente *bouchonné* – o casual mas fatal resultado do fungo na rolha – mas apenas misteriosamente abaixo do nível. Se um crítico reconhece uma garrafa defeituosa, ele ou ela tem por obrigação abrir uma outra. O consumidor comum, entretanto, só pode reclamar do azar.

A opinião de um crítico de qualquer vinho é afetada pelo que vem antes. A experiência lhe dá a possibilidade de compensar – mas não de degustar – o décimo vinho como o faria com a boca fresca da primeira vez. Pode ser que seja o décimo vinho o que venha a sofrer com a comparação pode ser o primeiro: mas não é a mesma boca que os prova. Nem se podem testar dois vinhos para propósitos comparativos com uma diferença de meses: eles se desenvolvem na própria garrafa, e você, em sua pele. Estes e outros fatores (saúde, disposição, pressão atmosférica, o grau de aeração do vinho – as variáveis são infinitas) tornam a precisão de uma pontuação percentual duvidosa, para dizer o mínimo. A pontuação expressa em escalas menores é menos pretensiosa. Entre os profissionais britânicos, a mais comum vai só até 20.

A memória se detém...

Nesta edição, indiquei nos verbetes cerca de 200 vinhos que me lembro de ter apreciado especialmente (e em alguns casos, regularmente) nestes últimos 12 meses (isto é, de meados de 06 a meados de 07) Não pode ser um guia para o futuro, mas com tantas alternativas em oferta, há que se começar de algum lugar, e as memórias perfumadas parecem ser o melhor deles. Caso alguém as tome, por engano, como "Os 200 Melhores Vinhos do Mundo", quero reafirmar minha posição inalterável: gosto é coisa pessoal. Gosto do que gosto – e assim deve ser com você. As indicações são feitas desta forma: ***Châteaux Aguilloux***.

A escala de 20 pontos tem sido aferida por uma revista mais que respeitável, *The World of Fine Wine*, de uma forma que orienta tanto os usuários como seus intérpretes. De 0 a 7 pontos significa "vinho desagradável ou defeituoso"; de 7,5 a 10, vinho que é "de boa condição, mas opaco, tedioso, sem personalidade ou encanto". Em suma, o vinho que se coloca abaixo da média é rejeitado. De 10,5 a 12 pontos, o vinho é "agradável, simples e direto". De 12,5 a 14 é "bom, mas sem características marcantes". De 14,5 a 16,5, "muito bom, com algumas características marcantes". Isso é com certeza o ponto ao qual a maioria dos vinhos e de nós, apreciadores, precisa chegar. Vinhos que se classificam entre 17 a 18,5 são "excepcionais, de grande beleza e articulação". (Foi a articulação do crítico Andrew Jefford que cunhou essas frases.) Aos 19 e 20 pontos, chega-se a "um vinho grandioso, de beleza e ressonância encantadoras, que deixam a pessoa que o bebe com uma sensação de maravilha". Nunca encontrei uma descrição mais precisa do que um grande vinho pode fazer, ou por que vale a pena procurá-lo.

Vinte pontos aferidos dessa maneira perfazem sete classes, com amplo espaço para nuanças dentro de cada uma. É um sistema admirável, se a pontuação se fizer necessária, geralmente num contexto profissional, e evita a hipérbole implícita como a de uma pontuação que chega até cem.

A revista para consumidores *Decanter* teve a iniciativa de propor uma forma simples de classificação dentro de meros cinco pontos. Um ponto designa "fraco"; dois, "razoável"; três, "bom"; quatro, "muito bom"; e cinco, "excepcional". Entretanto, a mesma pergunta se faz necessária a respeito de todos os sistemas: eles são aplicados como valores absolutos ou em relação a um dado grupo de vinhos? Um Muscadet excepcional, digamos, é uma proposta muito diferente de um Bordeaux Premier Cru excepcional. Em outras palavras, é essencial conhecer as expectativas do provador que atribui os pontos. Expectativas altas levam a uma pontuação baixa – esta é uma outra variável que limita a utilidade de mencionar pontos fora de seu contexto.

Todos esses sistemas destinam-se a cristalizar uma opinião sobre um determinado vinho de cada vez. Eles diferem fundamentalmente, portanto, do sistema de quatro pontos que eu criei para este livro, e que está descrito na orelha. Não estamos falando aqui de vinhos individuais, mas de seus produtores, ou, em alguns casos, de suas regiões de origem. Qualquer opinião proveitosa de sua qualidade tem que estar baseada na avaliação de sua produção total em relação a seus pares. Daí a extensão das categorias de duas para quatro estrelas, relativas a grandes empresas cuja produção principal se encaixa na descrição de "acima da média", mas cujo vinho mais importante é "grandioso, prestigioso, caro". Se a despesa for, de modo geral, justificada, as estrelas serão coloridas, estendendo assim o sistema para oito pontos possíveis. (Ou até nove, se inferirmos que "nenhuma estrela" é também uma classificação.)

Deve-se lembrar sempre que o valor do vinho é mais do que um simples (ou, na verdade, complexo) prazer gustativo. É uma tapeçaria de sabor e sentimento, expectativa e associação. Fora do pequeno círculo de juízes profissionais do vinho, que são obrigados a lutar pela objetividade, a maioria de nós está mais inclinada a apreciar vinhos com ligações que só nós compreendemos. Talvez eu tenha que lutar contra a subjetividade na compilação deste livro. Você, leitor, deve abraçá-la. Aprecie os vinhos que você ama, sem pensar no número de pontos que eles alcançam.

Agenda 2008

Falamos muito de safras neste livro. Um determinado ano foi fresco e úmido, dizemos; ou foi chuvoso em agosto, mas melhorou em setembro; ou foi muito bom para os agricultores que colheram antes da chuva de outubro. Sempre achei que esta última observação é de uma inutilidade levemente confusa; como é possível que alguém, inclusive eu, na maioria das vezes, saiba quem colheu antes da chuva e quem não colheu? E quando vamos à loja de vinhos, será que pegamos uma garrafa da prateleira e pensamos: 'Ah! O ano em que o tempo melhorou em setembro!?" Não, de modo geral, não fazemos isso. Assim, qual é a vantagem de se falar em safras?

Bem, a questão é compreender o vinho, e não reduzi-lo a um conjunto de coordenadas. Falei em outro lugar, no livro deste ano, de minhas opiniões sobre os sistemas de pontos e de se caracterizarem os vinhos dentro de escalas de 20, 100 ou outro número qualquer de pontos. Se classificar um único vinho é uma tarefa cheia de dificuldades, quanto mais é reduzir a um número toda uma safra numa região inteira?

Na verdade, fazemos isso na contracapa deste guia. É o mais breve e experimental dos auxiliares de memória, e gostaria que ao menos fosse mais interessante. Como eu anseio, às vezes, por décadas nas quais uma safra possa ser dispensada com um desdenhoso "um", enquanto a seguinte seja elogiada aos céus com "nove ou dez". Uma nota dois ou três talvez a condenasse, com um lânguido elogio, de modo ainda mais conclusivo; o que se torna monótono é a cadeia interminável de seis e setes – aquelas safras perfeitamente boas, mas não excepcionais, onde os vinhos são atraentes e até mesmo encantadores, mas não iluminam o mundo. Essas são as safras que por vezes teriam tido notas três ou quatro, trinta anos atrás. A vinicultura e a viticultura modernas tornaram o ato de fazer um gráfico numérico de safra um processo muito maçante. E se compararmos a pontuação com os resumos verbais em outro lugar do livro, torna-se visível que se choveu ou não em agosto ou outubro, isso não tem muita importância na contagem final: os vinhos, no fim, acabam sendo perfeitamente bons, perfeitamente potáveis. Então, que diferença faz?

A verdade é que as safras têm menos importância que no passado. A viticultura moderna, desde que o produtor saiba o que está fazendo, pode mitigar os efeitos da seca ou da chuva. A podridão pode ser controlada, do mesmo modo que a maioria das pestes e doenças. Não é fácil: isso implica conhecer seu *terroir* até o último metro quadrado e saber quais partes ficam ressequidas e quais ficam inundadas. Significa tomar a decisão de arrancar as folhas excedentes, a fim de permitir a entrada do sol, ou deixá-las crescer, para mantê-lo afastado; ou ainda cortá-las de um lado, deixando-as crescer do outro. É necessário tratar cada vinha como um indivíduo e acompanhar seu progresso, semana por semana.

Na vinícola, significa compreender não só os níveis de açúcar das uvas à medida que elas chegam ao esmagador, mas também os níveis de acidez e de taninos; significa observar a espessura das cascas e a qualidade da cor, verificar se elas estão murchas devido ao amadurecimento excessivo ou inchadas de água e ajustar a extração da cor e dos taninos de acordo com as observações, de modo que não se chegue ao final com taninos excessivos num ano de fruta leve ou vice-versa. É a perícia nessas áreas que assegura uma trajetória tediosa de notas que vão de médias a muito boas num gráfico de safra, e dá a certeza, quase sempre, de que não precisamos nos preocupar quanto ao ano quando tiramos uma garrafa da prateleira. Há pouca chance de o ano ter sido ruim o bastante para causar preocupação.

Entretanto, num outro sentido, as safras importam mais do que nunca. Agora que o bom vinho é a norma, e é preciso procurar muito para achar um ruim (os *pubs* britânicos parecem ser especialmente bons nisso), podemos, se quisermos, refinar nossa sensibilidade quanto ao estilo. O exemplo óbvio é a safra de 2003 na maior parte da Europa. Se você quiser tintos encorpados, tostados, sem nenhuma persistência, esse é o seu ano. Se não quiser, evite-o. Se desejar vinhos doces botritizados, então precisa saber em que safras a abençoada podridão nobre ocupou os vinhedos e em que anos ela não foi vista em lugar nenhum, e as uvas foram simplesmente secas e maduras demais. Se estiver procurando pechinchas (e quem não está?), ajuda saber quais foram as safras uniformes, nas quais você pode arriscar a compra daquele vinho mais barato de um produtor desconhecido, e quais foram as desiguais, em que você deve ater-se às boas denominações.

Mas há um outro aspecto no qual as safras importam mais do que nunca, agora. Nas partes do mundo em que elas são acompanhadas estritamente – o que significa Bordeaux acima de tudo –, as safras menores não vendem. E quando digo que elas não vendem, quero dizer que os negociantes ainda as compram dos *châteaux* – bem, na maior parte –, mas que simplesmente não há demanda suficiente por parte dos consumidores para esvaziar as adegas dos comerciantes. As safras importantes, engrandecidas – 2000, 2005 – desaparecem como por encanto. Todo mundo as quer. Mas os vinhos de 2001, 2002, 2004 – todos eles deliciosos, mas cujas safras não são famosas – têm saída muito vagarosa. Os consumidores e os colecionadores que estão preparados para pagar preços altíssimos pelos melhores anos simplesmente não estão interessados em qualquer safra que não seja magnífica. Exceto que isso nos faz pensar no que essas pessoas bebem numa segunda-feira chuvosa, o fato aponta para uma problemática preocupação com o prestígio, que está levando o mercado ao seu limite máximo. Certas safras e certas propriedades são prestigiosas, e têm de ser adquiridas a qualquer preço. Outras não, e podem ser ignoradas. Esses anos e vinhos não prestigiosos são melhores do que já foram em toda a sua história; no exato momento em que as safras importam menos que nunca, em termos de qualidade da bebida, elas têm importância nunca vista em termos de vendagem. Loucura, não?

E, naturalmente, tudo está ligado à questão dos pontos de que eu falo em outra parte deste livro. Se um ou dois críticos americanos deliram de entusiasmo a respeito de uma safra, ela se torna, de repente, famosa o suficiente para ser comprada. (Como disse maliciosamente Jean-Michel Cazes, do Château Lynch-Bages, depois da safra de 2003: “Nós não achávamos que era muito boa, mas aí um crítico americano disse que era fantástica, então ficamos sabendo.”) A diferença em qualidade de um vinho isolado entre uma safra excepcional e outra muito boa pode ser pequena. Faz muito mais sentido, então, explicar em poucas palavras bem escolhidas as condições atmosféricas que produziram o estilo particular daquele ano – e entender que, nos dias de hoje, em que os anos bons se sucedem, a qualidade é uma questão de passos progressivos, e não um interruptor que se liga e desliga.

Como usar este livro

A primeira linha da maioria dos verbetes consiste das seguintes informações:

❶	❷	❸	❹
Aglianico del Vulture Bas	t sc (sd esp)	★★★	96' 97 98 99' 00 01' 02 (03)

❶ Nome do vinho e sua região de origem.

❷ Se é tinto, *rosé* ou branco (ou marrom/âmbar), seco, doce ou espumante, ou combinações desses (e qual o mais importante):

t	tinto
p	*rosé*
b	branco
mr	marrom
sc	seco*
d	doce
sd	semidoce
esp	espumante

() vinho de menor importância.
* presuma que o vinho é seco mesmo quando **sc** ou **d** não for indicado.

❸ Sua posição geral quanto à qualidade: um guia necessário, simples e rápido para a classificação geral, baseada na reputação atual do vinho conforme refletida em seus preços:

★	comum, qualidade padrão
★★	acima da média
★★★	bem conhecido, de alta reputação
★★★★	grandioso, prestigioso, caro

Essas avaliações são mais ou menos objetivas. Há também uma classificação subjetiva:

★ etc Estrelas coloridas aparecem para vinhos que, em minha experiência, se mostram especialmente bons dentro de sua faixa de preço. Há bons vinhos do dia-a-dia assim como bons vinhos luxuosos. Este sistema o ajudará a encontrá-los.

❹ Informações sobre as safras: dentre as safras recentes, quais podem ser recomendadas; dessas, quais as que estão prontas para consumo este ano, e quais, provavelmente, irão melhorar com a armazenagem. Sua opção para consumo imediato deve ser uma das safras com o ano assinalado em **negrito**. Compre os anos sem negrito para amadurecimento posterior

00 etc	anos recomendados que podem estar disponíveis atualmente.
96'etc	safra considerada particularmente bem-sucedida na propriedade em questão.
97 etc	anos em **negrito**: devem estar prontas para consumo (aqueles sem negrito se beneficiarão da armazenagem).
98 etc	safras **coloridas** são as recomendadas como primeira opção para consumo em 2005. (Ver também a introdução de Bordeaux, p. 63.)
(02) etc	classificação provisória

As safras alemãs funcionam conforme um princípio diferente: ver p. 117.

Outras abreviações

CJD	consuma o mais jovem disponível
NV	(Non Vintage) safra normalmente não estampada no rótulo; em Champanhe, significa uma mistura de diversas safras para obter continuidade.
CHABLIS	Palavras que aparecem grafadas em versalete, como nesse exemplo, referem-se a propriedades, áreas ou termos que estão em referência cruzada dentro da seção.
	Châteaux Aiguilloux palavras assim sublinhadas, destacadas com negrito e itálico, indicam vinhos muito apreciados pelo autor (meados de 2006 e 2007).

Relatório de safras de 2006

É minha imaginação ou as safras se sucedem mais rápido hoje em dia? Estávamos ainda extasiados com 2005, quando de repente a safra de 2006 nos pegou; e temo que o destino de 2006 em muitos lugares é ser a sombra do mais admirável ano anterior.

Grande parte disso é porque o Bordeaux é menos bom do que em 2005; e é ainda o caso de que para muitas pessoas a qualidade da safra em Bordeaux afeta sua opinião sobre outras regiões. Um verão fresco e uma quantidade razoável de podridão afastou os superlativos, embora a Merlot fosse saudável bastante e os níveis de álcool não parecessem ter caído significativamente. É o que se chama com freqüência de um ano "clássico" em Bordeaux, o que significa um ano de fruta madura, mas taninos mais secos. Os brancos são deliciosos, e os brancos doces, realmente muito bons. A Borgonha também esteve irregular, e novamente a podridão foi um problema para os tintos, embora os brancos pareçam ser realmente muito bons. A Champagne foi salva por um bom outono, embora os vinhos possam não ter concentração suficiente para o ano ser considerado como *vintage*. O Rhône teve um ano saudável, e vinhos ricos e equilibrados; o Loire achou as coisas mais difíceis, mas na maior parte sobreviveu muito bem.

Foi uma estação de cultivo fresca na maioria dos lugares – o que não é mau, desde que as uvas amadureçam adequadamente, o que aconteceu, de modo geral. Mas o frio, combinado com a umidade, pode trazer problemas de podridão, como se deu na Alemanha, exigindo que os agricultores fossem rigorosos na seleção se quisessem fazer bons vinhos. Bem, os melhores produtores alemães foram rigorosos e fizeram vinhos muito bons, mesmo que em quantidade reduzida.

Se você quiser superlativos, tente a Áustria. Lá eles parecem muito satisfeitos de fato. "Maravilhoso", diz Michael Moosburger, vinicultor da Schloss Gobelsburg, em Kamptal. "Ao contrário do que aconteceu na maior parte da Europa, não tivemos chuva em agosto. Estava fresco, de modo que mantivemos bastante acidez, e pudemos colher bem até meados de novembro. Não sei dizer se foi melhor que 2005, mas o nível geral de amadurecimento foi ligeiramente mais alto em 2006. Os vinhos são magníficos." Em Rust, Martin Wenzel, da Weinbau Wenzel, concorda: "Tivemos um único dia chuvoso em todo o outono. Em seis semanas, produzimos todos os secos, todos os tintos e até os vinhos doces."

A Itália também está falando com otimismo. Chianti parece ter fabricado vinhos maravilhosos, assim como Friuli-Venezia Guilia; Veneto também, bem como Piemonte. A Espanha parece ter feito todas as qualidades possíveis, do muito, muito bom ao bem inexpressivo. Talvez não seja um ano para experimentar alguma coisa daquela pequena *bodega* desconhecida; fique com os testados e confiáveis. E, embora em Portugal não pareça ter sido um ano declarado de boa safra para o Porto, haverá muitos vinhos de mesa ricos, suaves e maduros para beber de imediato: o frio e a umidade não chegaram tão a oeste, e Portugal teve um verão quente e seco.

Do outro lado do Atlântico, os relatórios da Califórnia são de um otimismo cauteloso, enquanto no hemisfério sul qualquer produtor de vinhos na Austrália Oriental (isto é, aquelas partes que não são a Austrália Ocidental) provavelmente teve um ano excelente. A qualidade na Austrália Ocidental é mais misturada, com os brancos melhores que os tintos. A África do Sul parece ter tido poucos problemas.

Um olhar mais detalhado sobre 2005

Em grande parte da Europa, 2005 já assumiu o status de ano clássico, muito embora na ocasião em que escrevo os vinhos estejam acabando de chegar às prateleiras. Na Borgonha, as primeiras provas revelaram vinhos de belo equilíbrio e persistência, e tintos com os perfumes mais sedutores em muitos anos: se você quiser convencer alguém dos prazeres do Pinot Noir, 2005 é a safra indicada para fazê-lo. A maneira como eles combinam delicadeza e concentração deve mostrar a qualquer pessoa sensata que a densidade, o chocolate e a ameixa e 15 graus de álcool não são as únicas formas de existência de um vinho tinto. Os brancos? Quase tão bons, mas nem tanto. Falta-lhes um pouco de tensão, um pouco de vigor, especialmente no Chablis. Mas ainda assim são bons.

Naturalmente, não são baratos. Na verdade os vinhos mais seletos já foram agarrados: o interesse foi grande quando os negociantes fizeram as provas. Madureza, mas não em excesso; estrutura, mas sem músculos em demasia. Ah! Quem dera mais vinhos como esses!

Bem, há vinhos como esses (foram feitos de Cabernet e Merlot) em Bordeaux este ano. Muito mais. A Borgonha é uma criatura tão fugitiva, com tantos vinhos produzidos em pequenas quantidades, que não é de espantar que a maioria de nós escolha a opção mais simples e se dirija a Bordeaux, onde sabemos que haverá o suficiente para todos. Bordeaux tem as características de equilíbrio e elegância de 2005: os vinhos são maduros, mas não compotados, a menos que o produtor tenha se esforçado para fazê-los assim (alguns fizeram isso, inevitavelmente); são vinhos que cantam. Os melhores, os principais *crus classés* que estão em demanda internacionalmente, são caros – na verdade já eram caros quando os *châteaux* os liberaram, na primavera de 2006. Alguns dos preços eram simplesmente fenomenais. Mas há muitos vinhos de qualidade um pouco inferior, que são deliciosos, com preço razoável. E é um esplêndido ano para Sauternes e outros vinhos doces.

Mas será que os vinhos da Borgonha e de Bordeaux (excetuando Sauternes) são significativamente melhores que em 2004? Bem, na verdade não. São melhores e mais homogêneos. Mas não estão tão à frente assim.

Na Áustria, 2005 parece ter banido a tendência ao alto teor de álcool observada em alguns anos: os vinhos têm excepcional equilíbrio e estilo. Também na Alemanha, a safra parece quase impecável. Mas na Califórnia as esperanças iniciais de que 2005 seria a melhor desde 2001 parecem ter caído por terra. Os vinhos simplesmente não são os clássicos longevos que tinham sido esperados: bem, os vinhos fazem isso com você. As primeiras provas sugerem um estilo. Aí eles fazem uma meia–volta e tomam outra direção

Na África do Sul, 2005 mostrou a continuação de uma tendência já existente: se você quiser vinhos que combinem concentração e elegância e um senso regional cada vez maior, o lugar para procurar é a Cidade do Cabo. Lá há um brilho nos melhores vinhos, tanto tintos como brancos, que não é encontrado em qualquer lugar do Novo Mundo.

Um exame das grandes marcas

O que constitui uma marca de vinho? Discutam. Para os objetivos desta matéria, marca é considerada um vinho existente em grande escala em vários países, e geralmente na faixa mais barata do mercado. Entretanto, como sob tais critérios a Austrália e os Estados Unidos tenderiam a dominar, alguns dos vinhos preferidos de outros países também aparecem nesta lista. (Todos foram comprados em fevereiro de 2007.)

Brancos (além de um único *rosé*)

OS MELHORES

Concha y Toro Casillero del Diablo Sauvignon Blanc 2006, Casablanca, Chile Sabor cítrico e de ervas; tem adstringência e fisgada, sem ser um assalto ao paladar.

Montana Sauvignon Blanc 2006, Marlborough, Nova Zelândia Rico, aspargos, sabor de grama, com toques intensos de ervas. Quem sabe um pouquinho rico demais?

Jacob's Creek Sémillon/Chardonnay 2005, Sudeste da Austrália Sémillon substancial e Chardonnay com sabor de pêssego, com um toque bem equilibrado de amêndoas.

Calvet Limited Release Bordeaux Sauvignon Blanc 2005, França Urtiga, limão, capim-limão, bela textura, com persistência e frescor.

Torres Viña Sol 2006, Penèdes, Espanha Leve, tons cítricos vívidos; simples, mas saboroso; bela persistência tostada.

PASSÁVEIS

Robert Mondavi Woodbridge Chardonnay 2005, Califórnia Cheio e amanteigado, bastante doce e oleoso; com muito sabor, mas sem frescor.

Argento Chardonnay 2006, Mendoza, Argentina Cheio, pêssego, sabores de amêndoa e creme, persistência um pouco fraca.

Hardy's Stamp Sémillon/Sauvignon Blanc 2005, Sudeste da Austrália Fácil de beber, sabores cítricos e de goiaba, com um leve toque de amêndoas.

Kumala Colombard/Chardonnay 2006, Western Cape Simples, cheio, pêra, melão e pêssego, sugestão de gengibre, mas levemente confeitado.

J.P. Chenet Chardonnay Vin de Pays d'Oc 2006, França Simples, fresco, levemente frutado; sugestão de amêndoas.

Lindeman's bin 65 Chardonnay 2005, Sudeste da Austrália Bastante oleoso, frutas tropicais ricas, mas sem frescor.

FRACOS

Blossom Hill Chardonnay 2005, Califórnia Muito simples, bastante ralo, vago sabor de melão e pêssego.

Piat d'Or Medium White Vin de Pays du Gers NV, France Ácido, embora doce; floral, mas pouco amadurecido.

Gallo Sierra Valley Chardonnay 2005, Califórnia Ralo, dominado pelo sabor de baunilha, pouca fruta.

Mateus Rosé NV, Portugal Onde estão as frutinhas silvestres? Esse já foi melhor.

Yellow Tail Chardonnay 2005, Sudeste da Austrália Grosseiro, baunilha doce, quase como Tia Maria, realmente nada bom.

Blue Nun Tafelwein 2005, Rhein, Alemanha Grapefruit passada e adocicada, com um toque de gengibre. Fraco)

Tintos

OS MELHORES

Concha y Toro Casillero Del Diablo Cabernet Sauvignon 2005, Central Valley, Chile Cassis chileno defumado clássico, honesto, maduro e com potencial.

Argento Malbec 2006, Mendoza, Argentina Sabor de frutinhas doces, mas de paladar seco e persistência firme, com notas florais.

Torres Sangre de Toro 2005, Catalunha, Espanha Fresco, aroma herbáceo, sabores condimentados de frutas silvestres, levemente compotado, mas tem fisgada e estrutura.

Calvet Limited Release Claret 2005, França Refrescante, frutas negras adstringentes com núcleo terroso e taninos maduros.

Jacob's Creek Shiraz/Cabernet 2004, sudeste da Austrália Pimenta forte e ameixa, defumado, com persistência quase de couro. Também este tem algum potencial.

Robert Mondavi Woodbridge Shiraz 2003, Califórnia Em amadurecimento, com gosto de ameixa, frutas silvestres e condimentos; só não tem intensidade.

PASSÁVEIS

Lindeman's Bin 50 Shiraz 2006, sudeste da Austrália Um pouco doce e confeitado, mas com muitas frutas negras substanciosas.

Kumala Pinotage/Shiraz 2006, Western Cape, África do Sul Notas defumadas e com sabor de borracha, frutas maduras suculentas, mas a persistência é um pouco tosca.

Hardy's VR Merlot 2005, Sudeste da Austrália Simples, fruta cozida, gosto leve de hortelã, persistência com forte sabor de baunilha.

J.P. Chenet Merlot Vin de Pays d'Oc 2005, França Uma certa fisgada de terra e ameixa, mas extraído em excesso e com persistência doce.

FRACOS

Montana Merlot/Cabernet Sauvignon 2005, Costa Leste, Nova Zelândia Geléia confeitada e carvalho, doce, bastante grosseiro.

Gallo Sierra Valley Zinfandel 2005, Califórnia Tons vegetais dominantes, embora com sabor agradável de fruta; persistência com sabor de fruta passada.

Piat d'Or Vin de Pays d'Oc Red NV, França Sabor artificial de frutas; doce e insípido.

Blossom Hill Cabernet Sauvignon 2004, Califórnia Sabor grosseiro de frutas silvestres compotadas e baunilha; não muito agradável

Yelow Tail Merlot 2005, Sudeste da Austrália Quanto às frutas, tudo bem, mas há a dominância detestável da baunilha – vinho para quem bebe Coca-Cola.

França

As áreas mais escuras referem-se às regiões vinícolas

As abreviações abaixo são usadas neste texto:

Al	Alsácia
Beauj	Beaujolais
Borg	Borgonha
B'x	Bordeaux
Champ	Champagne
Lo	Loire
Prov	Provença
Pir	Pirineus
N/S Rh	Norte/Sul do Rhône
AC	appellation contrôlée
ch(x)	château(x)
dom(s)	domaine(s)

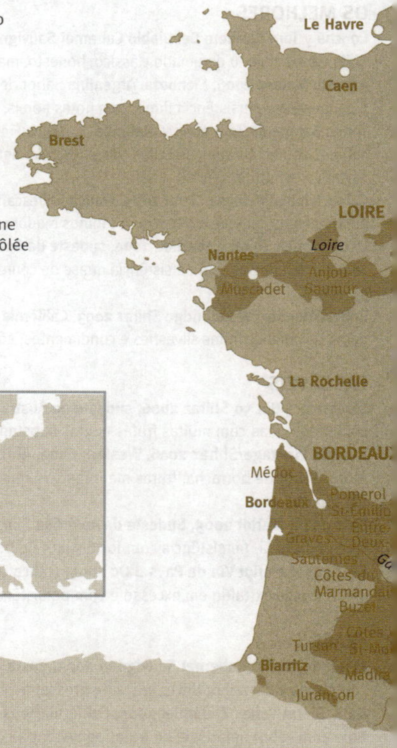

Se você fosse inventar o país do vinho, até que ponto ele se pareceria com a França? Bem, já que você vai ser inteiramente profissional nesse assunto, é possível que inventasse um lugar com baixo custo de mão de obra (afinal, não se trata de uma instituição de caridade) e altos volumes, onde os lucros fossem saudáveis e previsíveis. O clima seria seguro e regular, onde uvas famosas, reconhecidas internacionalmente, amadurecessem de modo confiável, ano após ano: a última coisa a desejar seria uma diferença nas safras para preocupar seus clientes. Você haveria de querer belos vinhedos de tamanho grande, preferencialmente planos – não seria o caso de se preocupar com a mecanização, uma vez que a mão de obra é tão barata e tão prontamente disponível, mas você gosta de simplicidade.

Terroir? Ah, sim, talvez você queira falar sobre isso, mas a idéia de fazer vinho em lotes pequenos o suficiente para refletir realmente o caráter do solo e do microclima – bem, hum...

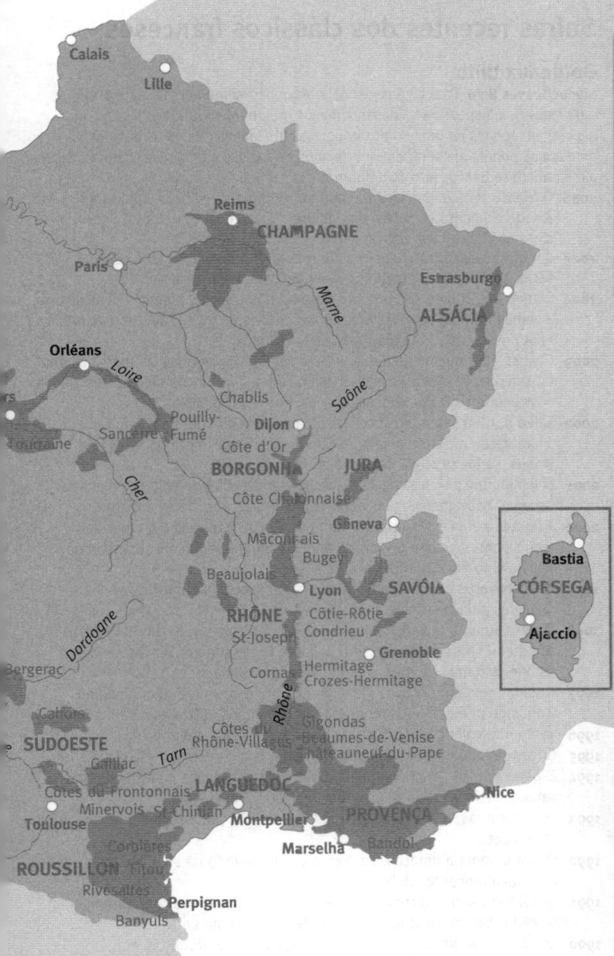

O que você teria inventado, naturalmente, é algo como o vale Central do Chile. E é possível que, com o tempo, bebendo uma sucessão de vinhos de baixo custo, com pouco a escolher entre eles, você acabasse suspirando por algo diferente. Algo mais desafiador, mais complicado, um lugar onde os vinhos tivessem evoluído sem a idéia de departamentos de marketing; algo excêntrico e característico, que fizesse exigências ao bebedor; uma coisa para adultos.

Parabéns. Você acaba de inventar a França.

Os verbetes para a seção da França também têm referências cruzadas com a seção sobre Bordeaux.

Safras recentes dos clássicos franceses

Bordeaux tinto

Médoc/Graves tinto Para alguns vinhos, o envelhecimento em garrafa é opcional: para estes, é indispensável. Châteaux menos importantes de safras leves necessitam apenas de dois ou três anos, mas até vinhos modestos de anos grandiosos podem melhorar em quinze anos ou mais, e os grandes châteaux desses anos podem se beneficiar com o dobro desse tempo.

2006 O frio de agosto com chuva e podridão durante a colheita implicaram o não amadurecimento completo da Cabernet Sauvignon. Entretanto, possui boa cor e nível alcoólico. Seja seletivo.

2005 Condições climáticas perfeitas durante todo o ano. Estação e colheita secas. Vinhos ricos, equilibrados e longevos de uma safra notável.

2004 Setembro e começo de outubro ensolarados e secos, porém chuvas durante a colheita da Cabernet. Diferentes variedades de uvas. Safra abundante, a qual precisou ser limitada. Bom, se for seletivo.

2003 O verão mais quente de todos. A Cabernet Sauvignon pode ser extraordinária (St-Estèphe, Pauillac). Na melhor das hipóteses, os vinhos são atípicos, porém ricos e fortes; na pior, desequilibrados. Rendimento baixo.

2002 Salvo por um setembro seco e ensolarado. A Cabernet Sauvignon que amadureceu mais tarde se beneficiou mais. Rendimento baixo. Alguns bons vinhos, se for seletivo. Beba até 2018.

2001 Setembro frio e chuvas na safra dificultaram amadurecimento completo da Cabernet Sauvignon. Alguns bons vinhos frescos para beber até 2012.

2000 A florada tardia e um começo um tanto úmido para o verão pareciam preocupantes, porém o produto final é magnífico – vinhos soberbos do princípio ao fim. Guarde.

1999 Mais chuvas durante a vindima diluíram o suco amadurecido; vinhos regulares para beber até 2010.

1998 Chuvas durante a vindima *mais uma vez*. No entanto, o calor de agosto amadurou (e até mesmo assou) as uvas. Bom, porém a região de Right Bank é, certamente, a vencedora desse ano. Beba até 2015.

1997 Florada irregular e chuvas de verão foram um desafio duplo. Ainda há vinhos de primeira linha interessantes, porém os outros esvaíram-se.

1996 Verão frio, colheita boa. De bom a excelente. Beba até 2020.

1995 Ondas de calor e seca; salva pela chuva. De bom a excelente. Beba até 2015.

1994 Esperava-se de um ano supremo; então vieram chuvas intensas durante a safra. O melhor produto, mas tome cuidado. Beba agora.

1993 Uvas maduras, porém uma safra úmida. A maior parte para ser bebida até a última gota.

1992 Chuva durante a floração, em agosto, e no período da vindima. Uma colheita abundante; vinhos leves. Evite.

1991 Geadas em abril reduziram a safra à metade, e as chuvas a interromperam. O Médoc Setentrional fez melhor. Beba até a última gota.

1990 Um paradoxo: um ano seco, com ameaça de superprodução. A autodisciplina foi essencial. Seus resultados são magníficos. Até 2015.

1989 Primavera precoce, verão esplêndido. Os vinhos de primeira linha serão clássicos do tipo escuro e maduro: elegância, persistência. Alguns melhores do que os de 1990. Irregularidades nos Châteaux menores. Até 2020.

1988 Em geral, muito bons; tânicos, equilibrados, bons para serem bebidos agora. Guarde os vinhos de primeira linha.

Boas safras de anos anteriores: 86 85 82 75 70 66 62 61 59 55 53 49 48 47 45 29 28.

St-Émilion/Pomerol

2006 Chuva e podridão durante a colheita. Variável. Merlot ligeiramente melhor que a Cabernet Sauvignon nesse ano, dado vantangem a Pomerol.

2005 Mesmas condições do Médoc. Um sucesso geral.

2004 A Merlot foi muitas vezes melhor do que em 2003 (Pomerol). Boa Cabernet Franc. Variável.

2003 A Merlot sofreu com o calor, porém a Cabernet Franc foi excepcional. Muito misturada. Novamente, um pouco de extração em excesso.

2002 Problemas com a podridão e o amadurecimento; um pouco de extração em excesso. De modesto a bom.
2001 Menos chuvas do que no Médoc durante a safra. Alguns Merlot fortes, porém variáveis.
2000 Condições semelhantes às do Médoc. Menos benevolente para a Merlot, porém uma safra muito boa.
1999 Produtores cuidadosos e sortudos produziram bons vinhos, porém as chuvas foram um problema novamente.
1998 A Merlot amadureceu mais cedo e escapou da chuva. Alguns vinhos excelentes.
1997 A Merlot sofreu com as chuvas. Somente uns poucos vinhos ainda interessantes.
1996 Verão frio e agradável. Chuvas na safra. Menos consistente do que o Médoc. Beba até 2015.
1995 Talvez até melhor do que o Médoc/Graves. Beba até 2015.
1994 Bom, especialmente em Pomerol. Beba agora.
1993 Pomerol melhor do que o Médoc; bom, apesar do clima terrível na vindima.
1992 Muito diluído. Evite.
1991 Uma história triste. Muitos vinhos não foram lançados.
1990 Uma outra chance para produzir grandes vinhos ou muito vinho. Beba até 2015.
1989 Colheita grande, madura e prematura; um triunfo geral. Até 2020.
1988 Em geral, excelente. No entanto, alguns Châteaux produziram em excesso. Beba logo.
Boas safras de anos anteriores: 85 82 71 70 67 66 64 61 59 53 52 49 47 45.

Borgonha tinto

Côte d'Or Os tintos da Côte de Beaune costumam amadurecer mais cedo do que os vinhos maiores da Côte de Nuits. As datas mais precoces para serem consumidos aplicam-se aos vinhos das comunas, mais leves – por exemplo, Volnay, Beaune; as mais tardias, para vinhos maiores, por exemplo, Chambertin e Romanée. No entanto, mesmo os melhores Borgonhas são mais atraentes quando jovens do que os Bordeaux tintos equivalentes.
2006 Melhor em Côte de Nuits (menos chuva); alguns problemas de podridão em Côte de Beaune.
2005 O melhor durante muito tempo, vinhos potencialmente excepcionais em todos os lugares.
2004 Bom, exceto onde as chuvas de granizo causaram estragos significativos.
2003 As tintas agüentaram melhor o calor do que as brancas. Vinhos musculosos e ricos. Os melhores vinhos são excepcionais, os outros, curtos e quentes.
2002 Escapou das chuvas do S da França. Uma safra muito estimulante e com estilo para beber e guardar.
2001 Precisava apenas de um pouco mais de sol para chegar à excelência
2000 Ano difícil. Muito melhores na Côte de Nuits, deliciosos para beber agora.
1999 Safra grande e madura; boa cor, muita fruta, taninos sedosos. Vinhos para guardar.
1998 Fruta madura, porém taninos secos. Os que estão em equilíbrio começam a aparecer.
1997 Os deuses sorriram novamente. Uvas muito maduras com baixa acidez. Vinhos encantadores, a maioria pronta agora.
1996 Um bom verão e uma boa safra. Os vinhos de primeira linha devem ser conservados até 2020.
1995 Safra pequena com potencial para ser boa, mas ainda não mostrou a classe esperada.
1994 Safra comprometida pelas chuvas na colheita. Em geral, magros, com exceções na Côte de Nuits. Beba até a última gota.
1993 Frutas impressionantes para balancear com os taninos em Côte de Nuits; a maior parte tornando-se seca em Côte de Beaune.
1992 Madura, gorda, gratificante. Sem grande concentração. Beba até a última gota.
1991 Colheita muito pequena; alguns vinhos muito tânicos. Os melhores são da Côte de Nuits. Beba sem demora.
Boas safras de anos anteriores: 90 88 85 78 71 69 66 64 62 61 59 (todos maduros).

Borgonha branco

Côte de Beaune Vinhos bem-feitos de boas safras, com bastante acidez e muito frutados, melhorarão e ganharão profundidade e riqueza por alguns anos – até dez. Vinhos menores de safras mais leves estarão prontos para o consumo em dois ou três anos.

2006 Colheita abundante de vinhos charmosos e aromáticos – 1992 ou mais.
2005 Pequena, porém excepcional safra de vinhos densos e concentrados.
2004 Realmente promissor para os vinhos aromáticos e equilibrados para envelhecimento a médio prazo.
2003 Trate com cuidado. Não vale a pena guardar muitos dessa safra quente, apesar de os melhores serem agradavelmente encorpados.
2002 Uvas maduras e saudáveis; safra de tamanho médio e muito promissora. Vinhos com estilo.
2001 Em geral, bons resultados, apesar dos baixos níveis de açúcar. Beba sem demora.
2000 Uma grande safra de uvas maduras e saudáveis. Vinhos estimulantes começando a aparecer.
1999 Safra generosa de bons vinhos bem equilibrados, agora acertando o passo.
1998 Ano difícil para o branco. Chassagne teve sucesso. Beba até a última gota logo.
1997 De modo geral, uma safra excelente: ousado e charmoso. Beba sem demora.
1996 Não está desenvolvendo tão bem quanto esperado. Superácido.
1995 Uma safra potencialmente admirável, diluída em alguns lugares. Beba até 2010.

Os vinhos brancos do Mâconnais (Pouilly-Fuissé, St-Véran, Mâcon-Villages) seguem um padrão semelhante, porém não duram tanto. Eles são mais apreciados por seu frescor do que por sua riqueza.

Chablis *Grand cru* de safras com força e acidez são capazes de envelhecer esplendidamente por até dez anos; os Premiers Crus, proporcionalmente menos.

2006 Uma colheita prematura de vinhos atraentes e aromaticamente agradáveis.
2005 Safra pequena mas excepcional, de vinhos densos e concentrados.
2004 Safra difícil; o bolor foi um problema, porém safra maior do que a de 2003.
2003 Safra pequena de vinhos maduros, porém a acidez é baixa e há dúvidas quanto ao equilíbrio.
2002 Excelente; pode ser equivalente à de 2000.
2001 Muita chuva. Relativamente fracos. Beba até a última gota.
2000 Clima bom para a colheita de uvas maduras – excelente.
1999 Outra safra madura, em parte comprometida pela chuva. Beba sem demora.
1998 Clima frio e algumas chuvas de granizo. Vinhos de razoáveis a bons: não guardar por muito tempo.
1997 Outra safra boa; Grands Crus agora excelentes.

Beaujolais **06**: safra difícil, com a podridão comprometendo as frutas. **05**: vinhos concentrados. **04**: leves, alguns fracos, alguns atraentes. **03**: muito calor sobre as uvas, porém algumas são excelentes. **02**: muita chuva para a qualidade de primeira linha. **01**: muito boa, se tiver sido colhida antes das chuvas. oo: excelente. **99**: esplêndida, rica e profunda. **98**: muito boa, embora desigual; os melhores Crus envelhecerão bem. Os vinhos mais velhos devem ser bebidos.

Sudoeste da França

2006 Verão incomum e variável. A qualidade depende da escolha da data da colheita e da seleção das uvas nas garrafeiras.
2005 Correspondeu às expectativas. Vinhos de primeira classe onde os produtores foram poupados do granizo.
2004 Destruído para muitos por um agosto ruim. Em geral, mais leves. Excelentes em Jurançon.
2003 Frutas freqüentemente queimadas pelo sol nesse ano de ondas de calor. Pequenas quantidades de vinhos desbalanceados, de sabor muito intenso mas em geral com taninos de talos compridos. Beba até a última gota.
2002 Vinhos leves, mas bons Cahors, Madiran e Jurançon (colhidos tardiamente).
2001 Vinhos grandes e ricos de um ano quente. Em geral, muito bem-sucedido. Os tintos estão agora em seu melhor estágio.

O Midi

2006 Junho e julho chamuscantes, seguidos de um agosto mais frio e alguma chuva pela época de colheita, mas os melhores vinicultores obtiveram bons resultados.

2005 Um ano lindamente equilibrado, com tempo bom e chuvas nos momentos certos por toda a região.

2004 Ano lembrado pelos temporais de agosto e um setembro bom. Os vinhos estão elegantemente equilibrados com teores de álcool mais baixos do que em 2003 ou 2001.

2003 O ano da onda de calor, em forte contraste com 2002, muitas vezes resultou em uma safra muito reduzida, porém também muitos vinhos bons de vinicultores qualificados.

2002 As fortes chuvas no início de setembro causaram problemas. Varia muito de AC para AC, e de produtor para produtor. Bons em Minervois; diluídos em Pic St-Loup.

2001 Quantidade mais baixa do que a média. Em geral, a qualidade foi muito boa, com um verão quente propiciando vinhos maduros e concentrados, bons para serem bebidos agora.

Norte do Rhône

2006 Safra grande e saudável com vinhos de frutos claros e firmes. Podia ser subestimado. Boa acidez nos brancos.

2005 Uma bela safra, com maravilhosos Syrah. Guarde os Hermitage, Côte-Rôtie e Cornas por cinco anos ou mais; deleite-se agora com os frutos de St-Joseph e Crozes. Os brancos são encorpados e podem estar um pouco quentes – bom para consumo de médio prazo.

2004 Ano de médio prazo, semi-encorpado, com côte-Rôtie se saindo bem; os melhores tintos são os das melhores vinícolas. Brancos excelentes.

2003 Uma safra forte, mas reduzida à metade. Sol intenso produziu sabores "sulinos" torrados, altos teores de álcool, baixa acidez. Os melhores tintos mostram genuína riqueza: estão aparecendo.

2002 Não deixe de experimentar antes de comprar. Os melhores produtores abandonaram a safra pela metade. Tintos decentes: St-Josephs, Hermitage leve e Côte-Rôtie. Brancos muito bons, principalmente Condrieu.

2001 Ano muito bom e ativo, se colhido antes das chuvas de setembro. Fruta fresca, boa acidez, pode envelhecer bem. Ano superior na Côte-Rôtie. Com freqüência, brancos muito bons.

2000 Boa densidade, muito quente e rico. Alguns sabores abafados. O Hermitage foi bom em algumas regiões; Cornas foi bem; Côte-Rôtie, variável. Bom Condrieu, suntuoso. Os tintos estão mais simples do que os de 1999/2001.

1999 Muito bem-sucedido. Fruta cheia e madura. Delicioso, com probabilidade de vida prolongada. Mais equilíbrio do que os de 1998. Harmonia é a palavra-chave. Côte-Rôties são campeões. Brancos firmes.

1998 Safra robusta e grande. Taninos mais abertos do que em 1999, porém uniram-se bem, com texturas ricas e oleosas, começando agora uma segunda fase, com um paladar associado a carnes de caça. Bons brancos à base de Marsanne.

Sul do Rhône

2006 Vinhos de uvas ricas e maduras em Châteauneuf-du-Pape, com chuvas de verão cronometradas à perfeição. Estilo mais fraco que o de 2005; a clareza da fruta está presente se o produtor esperou até meados de setembro. Boa safra para bistrôs dos vinhos simples – Cotes-du-Rhône, Ventoux. Bons brancos.

2005 Muito bom, porém tome cuidado com os altos níveis de álcool em vinhos de muito prestígio, com safras muito enebriantes, especialmente a Grenache. Vinhos vigorosos, com equilíbro maior do que os de 2003. Melhores localidades à frente novamente. Os brancos são grandes, melhores se bebidos jovens.

2004 Amadurecimento desigual até que um setembro estável equilibrou a safra. Algumas Côtes du Rhônes têm sabores muito penetrantes. Vinhos enérgicos e o frescor do Châteauneuf agradarão os paladares europeus. Os Gigondas nem sempre arredondados. Tenha paciência; deixe os vinhos assentarem. Bons brancos frescos.

FRANÇA

2003 Um ano clássico, vigoroso, potente e quente, entre os melhores. Por exemplo Châteauneuf – melhor do que os Gigondas e os Vacqueyras. Amadurecimento ocorrendo em dois tempos diferentes, portanto não totalmente equilibrado. Procure os melhores nomes e as melhores áreas.

2002 A retribuição da natureza. Inundações ao redor de Châteauneuf. Tintos pouco frutados (beba cedo) e brancos aceitáveis. Nenhum super-cuvée este ano. Os Gigondas saíram-se melhor.

2001 Excelente safra clássica, nas quais os taninos da uva, não os do carvalho, prevaleceram. Tintos complexos com muita vida à frente. Tenha paciência e procure os que vieram das áreas de primeira linha. Châteauneufs estão esplêndidos.

2000 Vinhos saborosos e frutados. Não é uma safra muito longeva. Procure os principais nomes. Os Gigondas podem equiparar-se aos Châteauneuf em termos de qualidade. Melhores tintos começando a aparecer agora.

1999 Em geral, muito bom. Fruta madura e aberta com estrutura correta nos melhores vinhos. Os tintos Châteauneuf melhoraram com a idade, mostrando boas frutas.

1998 Muito bom. Vinhos quentes, que estão agora em um estágio exótico, mineral e de fruta cozida.

Champagne

2006 Estação de crescimento confuso, mas com um bom setembro: vinhos firmes e de base madura, mas a superprodução põe em dúvida a qualidade final.

2005 Colheita quase tão grande quanto a de 2004, porém muito menos consistente na qualidade: alguns ótimos Chardonnays, Pinot Noirs bons se selecionados – porém indiferentes Pinot Meuniers.

2004 Exatamente aquilo de que se precisava. Supersafra recorde, resultando em Champanhes de elegância clássica e "tensão". Um ano vintage.

2003 Ano tórrido e difícil. Colheira minúscula, especialmente os Chardonnay atingidos pelo granizo. Vinhos carecem de acidez – a maioria será para misturas NV.

2002 Colheitas ideais produziram vinhos ricos e complexos, especialmente os Pinots. Potencialmente ótimos.

2000 Sol bom durante a colheita produziu vinhos decentes. Os melhores são os estruturados, que devem ser guardados; outros podem se revelar de curta permanência no palato. Um bom ano vintage, mas não ótimo.

1999 Verão quente com intervalos de chuvas refrescantes. Vinhos maduros e expressivos, prontos logo. Excepcional Bollinger Grande Année Rosé.

1998 A safra a ser comprada agora. Vinhos realmente clássicos, alguns melhores que os de 1996; e excepcionais Pol Roger Blanc de Chardonnay e Dom Pérignon.

Boas safras de anos anteriores: 95 90 89 88 85 82.

O Loire

2006 Safra desafiadora na qual só os cuidadosos foram bem-sucedidos. Brancos secos se saíram bem, tintos quase igualmente atraentes. Nenhuma maravilha para os brancos doces.

2005 Excelente em todas as regiões. Compre sem medo. Os vinhos doces mais provavelmente virão das frutas enrugadas que da podridão nobre.

2004 Safra imensa. Em geral, melhor para os tintos do que para os brancos. Houve pouco ou quase nenhum vinho doce em Vouvray/Montlouis. Há menos ou quase nenhum vinho branco doce do que o normal em Anjou.

2003 Uma safra atípica. Algumas áreas sofreram com a geada da primavera. Os vinhos são grandes e flexíveis, embora não flácidos. Para beber cedo. Bom ano para os brancos doces.

2002 O melhor desde 1997. Fruta vívida e acidez vibrante nos brancos secos. Alguns bons Chenins doces. Nos locais onde as produções foram mantidas baixas, os tintos são suculentos e de cor profunda. (Fique atento ao suave aroma de podridão em muitos dos vinhos baseados em Gamay.)

2001 O inverno morno e úmido deixou os solos encharcados. Os melhores vinhos são daqueles de colheita tardia. Porém, o Muscadet está perfeito. Experimente antes de comprar.

Alsácia

2006 Julho de calor recorde seguido de muito frio em agosto e alguns problemas de podridão nas planícies. Produtores habilidosos conseguiram vinhos atraentes.

2005 Uma safra grande de uvas saudáveis, colhidas após um outono de sol e calor. Os vinhos são maduros e bem equilibrados. Alguns bons vinhos doces, também.

2004 Apesar de ter sido um ano difícil, os produtores que colheram mais cedo e mantiveram as produções baixas produziram vinhos clássicos.

2003 A colheita mais precoce desde 1893. Safra pequena de vinhos variáveis. Os melhores são os maduros, porém com acidez baixa (por esta razão, pela primeira vez, a acidificação foi permitida).

2002 Melhor do que na maior parte da França. Os vinhos de colheitas tardias vão de bons a muito bons.

2001 Clima instável em setembro. Vinhos bem equilibrados, bons, porém não excelentes.

2000 Um ano soberbo – provavelmente o melhor desde 1990. Muito bom para Vendanges Tardives e Sélections des Grains Nobles.

Abel-Lepitre Casa intermediária de CHAMPAGNE. BRUT Millésimé **96' 98 co** 02 muito bom.

Abymes Savóia b ★ CJD Área íngrime próxima à Chambéry; o Vin de Savoie AC leve e moderado da uva Jacquère tem charme alpino. Na SAVÓIA, há muitos desses Crus para o deleite local.

AC Ver APPELATION CONTRÔLÉE.

Agenais Sudoeste da França t r (b) ★ CJD VIN DE PAYS de Lot-et-Garonne, com bons independentes (alguns orgânicos) ao lado das cooperativas.

Aligoté CDJ Uva e vinho brancos da Borgonha de segundo escalão. Quando jovem, deve ser agradavelmente acido e frutado com personalidade local. A comuna de BOUZERON tem sua própria *appellation* – melhor de De Villaine –, porém outras áreas, como por exemplo PERNAND-VERGELESSES, são também boas quando de produtores renomados.

Alliet, Philippe Lo t b ★★→★★★ Um dos melhores produtores de Chinons. Os grandes CUVÉES incluem Coteau du Noire envelhecido em barril e um novo vinhedo, l'Huisserie. Também produz uma pequena quantidade de brancos.

Aloxe-Corton Borg t b ★★→★★★ **96' 97 98 99' 01 02' 03** 05' 06 Vila no extremo norte da CÔTE DE BEAUNE, famosa por seus dois GRANDS CRUS: CORTON (tinto), CORTON-CHARLEMAGNE (branco). Os vinhos são mais leves, porém a serem experimentados.

Alsácia Al b (t esp d) ★★→★★★★ Região localizada no sopé oriental das montanhas Vosges, principalmente entre Estrasburgo e Mulhouse. Vinhos: aromáticos, frutados, poderosos, geralmente secos e expressivos de cada variedade, porém muitos são doces. Ver VENDANGE TARDIVE, SÉLECTION DES GRAINS NOBLES. Na maior parte, vendidos por variedade (Pinot Bl, Ries, GEWÜRZ). Amadurecem bem (exceto Pinot Bl, MUSCAT) de 5-10 anos; GRAND CRU mais ainda. CRÉMANT de boa qualidade e preço. Pinot N é muito bom, porém pode ser difícil de achar.

O que torna o vinho da Alsácia tão especial?

A Alsácia é uma região do norte da qual se esperaria que fosse fria e úmida, mas que produz vinhos da mais alta qualidade. Por quê? O efeito das nuvens que se chocam com as montanhas no seu caminho para o leste faz de Colmar a segunda cidade mais seca da França. A Alsácia é uma espécie de paraíso do geólogo, e muitos de seus vinhos (especialmente o Riesling) têm uma excitante mineralidade. Os variados tipos de solo (como um tabuleiro de damas) também significam que os cultivadores podem combinar cada uma das oito variedades de uva com o solo ideal. Como as plantações em arco dos Vosges vão de oeste para leste, todos os melhores vinhedos têm exposição excelente para o sul – o que é muito importante para uma região do norte.

Alsace Grand Cru b ★★★→★★★★ AC restrita a 51 (KAEFFERKOPF adicionada em 2006) dos mais renomados vinhedos (aproximadamente 1.600 ha, 800 deles em produção) e quatro uvas nobres (Ries, PINOT GR, GEWÜRZ, MUSCAT), principalmente secos, alguns doces. Não sem controvérsias, porém geralmente vinhos muito bons e expressivos de *terroir*.

Amirault, Yannic Lo t ★★→★★★ Produtor de primeira categoria tanto de Bourgueil quanto de St-Nicholas de Bourgueil. Os melhores CUVÉES incluem La Petite Cave e Les Quartiers em Bourgueil, e Malagnes e Graviers em St-Nicholas.

Ampeau, Robert Borg ★★★ Produtor excepcional e especialista de MEURSAULT e VOLNAY; também POMMARD. Talvez o único que só comercializa garrafas longamente amadurecidas.

André, Pierre Borg ★ Mercador de vinhos nos Châteaux Corton-André, ALOXE-CORTON; 38 ha de vinhedos em CORTON (bom Corton-Charlemagne, Corton Blanc), SAVIGNY, GEVREY-CHAMBERTIN etc. Definitivamente há sinais de melhora aqui. Proprietário também de REINE PEDAUQUE.

d'Angerville, Marquis Borg ★★★★ Produtor de primeira linha com propriedade imaculada de 14 ha toda em VOLNAY. Vinhos de primeira linha: Champans, Clos des Ducs intenso e potente.

Anjou Lo r t b (d sc esp) ★→★★★★ Tanto região quanto AC genérico de Loire. Muitos estilos: brancos secos com base em Chenin Bl variam de vinhos fáceis de beber a potentes envelhecedores; tintos suculentos, incluindo Anjou Gamay AC surpreendentemente forte; saboroso Anjou tinto com base em Cab Fr; ANJOU VILLAGES estruturado; também forte, geralmente seco, SAVENNIÈRES; sensual COTEAUX DU LAYON de Chenin Bl; *rosé* seco ou doce, e espumante.

Anjou-Coteaux de la Loire Lo b sd d ★★→★★★ Minúscula AC para brancos doces produzidos com Chenin Bl, que tendem a ser menos ricos porém mais vigorosos que COTEAUX DU LAYON. Especialmente Musset-Roullier, Château de Putille, Domaines du Fresche, de Putille.

Anjou-Villages Lo t ★→★★★ AC superior do ANJOU Central para tintos (Cab Fr, alguns Cab Sauv). Em geral ambiciosos, tendem a ter alta qualidade e preços razoáveis, principalmente Domaine de Brize, Château de Coulaine, Domaine Philippe Cady, Philippe Delesvaux, Domaine les Grandes Vignes, Ogereau, CHÂTEAU PIERRE-BISE. A sub-AC Anjou-Villages-Brissac cobre a mesma área que Coteaux de l'Aubance: procure por Bablut, Domaine de Haute Perche, Montigilet, RICHOU, Rochelles.

Appellation Contrôlée (**AC** ou **AOC**) Significa controle governamental de origem e produção (*não* da qualidade) de todos os melhores vinhos franceses.

Apremont Savóia b ★★ CJD Uma das melhores vilas de Savóia para brancos pálidos e delicados, principalmente de uvas Jacquère, porém recentemente também de CHARD.

Arbin Savóia t ★★ ***Tinto vivaz e de cor profunda, de uvas MONDEUSE***, bastante parecidos com os bons Cab Sauv do Loire. Ideal *après-ski* (após esquiar). Beba entre 1 e 2 anos.

Arbois Jura t r b (esp) ★★→★★★ Diversos vinhos bons e originais, leves porém saborosos; a especialidade é o VIN JAUNE. De modo geral, CJD, exceto o excelente VIN JAUNE.

l'Ardèche, Coteaux de t r (b) ★→★★ Área íngrime a oeste do Rhône, indo bem. Novos DOMAINES: tintos frescos, envelhecidos em carvalho; Viognier (por exemplo, Mas de Libian) e Marsanne. Os melhores são os feitos de Syrah, Gamay, Cab Sauv (Serret) puros. O CHARD Ardèche de Louis LATOUR é forte, quase borgonhês; Grand Ardèche é envelhecido em carvalho. Também Domaines du Colombier, Durand, Favette, Flacher, Mazel, Vigier.

Ariège Sudoeste da França t ★ **04** 05 (06) Cultivando VIN DE PAYS de Cab Sauv, Merlot, Côt e Tannat. Notar principalmente Domaine des Coteaux d'Engravies. Para ser guardado.

l'Arlot, Domaine de ★★★ Pioneiro representante de CÔTE DE NUITS na fermentação de cachos inteiros (isto é, usando os talos das uvas). Vinhos pálidos mas aromaticamente carregados e frutados. Melhores vinhedos ROMANÉE-ST-VIVANT e NUITS-ST-GEORGES, principalmente Clos de l'Arlot.

Armagnac Sudoeste da França Uma alternativa ao CONHAQUE, cada vez mais popular; mais saboroso, rústico e apimentado. Vinhos de mesa: CÔTES DE GASCOGNE, GERS, TERROIS LANDAIS.

Armand, Comte Borg ★★★ Excelentes vinhos de POMMARD, principalmente Clos des Epéneaux. Particularmente brilhante desde 1999.

Aube Extensão sul de CHAMPAGNE. Atualmente, conhecida como Côte des Bar.

Aujoux, J-M Beauj Produtor/comerciante importante de BEAUJOLAIS. Capital suíço.

Auxey-Duresses Borg t b ★★→★★★ **99' 02' 03** 05' 06 Vila de segunda linha (mas muito bonita) da CÔTE DE BEAUNE; afinidades com VOLNAY, MEURSAULT. Melhores exemplares (tintos): COMTE ARMAND, HOSPICES DE BEAUNE (Cuvée Boillot), LEROY, Prunier; (brancos) COMTE ARMAND, Fichet, ***LEROY (Les Boutonniers)***.

Avize Champ Uma das vilas principais da Côte des Blancs. Inteiramente CHARD.

Aÿ Champ Uma das melhores vilas produtoras de Pinot N de CHAMPAGNE.

Ayala Outrora famosa casa de CHAMPAGNE, sediada em Aÿ, atualmente, pertencente à BOLLINGER. Envelhecimento mais longo na borra e mais Pinot nas misturas estão aumentando a qualidade.

Bandol Prov t r (b) ★★★ Pequena AC na região costeira, próxima de Toulon, na qual se produzem os melhores vinhos da PROVENÇA; tintos esplêndidos, vigorosos e longevos, predominantemente de Mourvèdre. As estrelas são: Domaine TEMPIER, Pibarnon, Pradeaux, Mas de la Rouvière, La Suffrène, Lafran Veyrolles. Também *rosés* de vinhos jovens.

Banyuls Pir mr d ★★→★★★ Um dos melhores VINS DOUX NATURELS, feito principalmente de Grenache (Banyuls GRAND CRU: mais de 75% de Grenache, envelhecido por 2+ anos): um parente distante do Porto. Os melhores são RANCIOS, com envelhecimento prolongado, de Domaines la Rectorie, du Mas Blanc (★★★), Vial Magnères, de 10 a 15 anos. Os NV baratos terminam nos bares.

Barrique O termo de BORDEAUX (e COGNAC) para um barril de carvalho com capacidade para 225 litros (trezentas garrafas). O envelhecimento em barrique para dar sabor de carvalho a quase qualquer vinho foi moda no final da década de 1980, com alguns resultados tristes. Atualmente, os preços do carvalho estimularam a discrição no uso.

Barsac B'x b d ★★→★★★★ Vizinho de SAUTERNES com soberbos vinhos dourados semelhantes, de solos de calcário; geralmente menos fortes e com mais fineza. Compensa o envelhecimento prolongado. Principais: CLIMENS, COUTET, DOISY-DAËNE, DOISY-VÉDRINES.

Barthod, Ghislaine Borg ★★★→★★★★ Impressionante variedade de arquétipo CHAMBOLLE-MUSIGNY. Equilíbrio e leveza maravilhosos com profundidade e concentração. Les Cras, Fuées e Beauxbruns são os melhores.

Barton & Guestier Exportador de BORDEAUX, desde o século XVIII. Produz uma grande variedade.

Bâtard-Montrachet Borg b ★★★★ **89' 90 92 93 95** 96 **97' 99' 00** 02' **03** 04' 05' 06' Vizinho de MONTRACHET (22 ha). Deve ser muito longevo: sabores intensos e textura rica. Adjacente está Bienvenues-B-M com 3,6 ha de GRAND CRU; muito raro. Criots-Bâtard-Montrachet (1,6 ha) é ainda mais raro. Procure por BOUCHARD PÈRE & FILS, BOILLOT, CARILLON, DROUHIN, GAGNARD, Louis LATOUR, LEFLAIVE, MOREY, Pernot, RAMONET, SAUZET.

Baudry, Domaine Bernard Lo t r b ★★→★★★ CHINONS soberbos em uma variedade de estilos, que vai de vinhos brancos baseados em Chenin Bl a *rosés* baseados em Cab Fr e excelentes CHINON CUVÉES tintos, de suculentos Les Granges a estruturados Clos Guillot e Les Croix Boissées.

Baumard, Domaine des Lo ★★→★★★★ Importante produtor do vinho ANJOU, principalmente brancos com base Chenin Bl, incluindo SAVENNIÈRES (Clos St Yves, Clos du Papillon) e QUARTS DE CHAUME. Baumard produz Crémant de Loire e um VIN DE TABLE saboroso de VERDELHO.

Béarn Sudoeste da França t r b ★→★★ b r CJD t 04 05 **06** O melhor de Domaine Lapeyre/Guilhémas na AC dos Pirineus. Também uma cooperativa de Bellocq.

Beaujolais t (r b) ★ CJD AC simples da enorme região de BEAUJOLAIS: tintos leves e frutados de vida curta, feitos de Gamay. Beaujolais Supérieur é um pouco diferente. Melhores vinícolas nas colinas próximas de Bois d'Oingt.

Beaujolais Primeur, ou Noveau O Beaujolais da safra mais recente, produzido às pressas (muitas vezes apenas 4-5 dias de fermentação) para lançamento à meia-noite da terceira quarta-feira de novembro. Idealmente, deve ser suave, pungente, frutado e tentador; muito freqüentemente é grosseiro, penetrante e muito alcoólico. É mais um evento que uma bebida.

Beaujolais-Villages t ★★ **03 05' 06** Vinhos da melhor metade (norte) de BEAUJOLAIS; devem ser muito mais saborosos do que dos BEAUJOLAIS simples. As dez melhores vilas são (sem dúvida) os *crus*: FLEURIE, ST-AMOUR, JULIÉNAS, CHÉNAS, MOULIN-À-VENT, CHIROUBLES, MORGON, REGNIÉ, CÔTE DE BROUILLY, BROUILLY. Dos outros trinta, os melhores originam-se nas cercanias de Beaujeu *Crus* não podem ser lançados EN PRIMEUR antes de 15 de dezembro. São melhores quando guardados até a primavera (ou por tempo consideravelmente maior).

Beaumes-de-Venise S Rh mr t (r b) ★★→★★★ **01' 03 04** 05' 06 para tintos. CJD para MUSCAT. Amplamente considerado o melhor MUSCAT para sobremesa da França, originário do S das CÔTES DU RHÔNE; pode ser muito saboroso, sutil, com permanência no palato (por exemplo, Château St Sauveur, Domaines Beumaric, Bernardins, Durban, JABOULET, Pigeade e VIDAL-FLEURY). Tintos de peso médio, às vezes austeros (Château Redortier, Domaine Cassan, du Fenouillet, Durban, Les Goubert e cooperativas), devem ser guardadospor três anos. AC própria desde a safra de 2004. Branco e *rosé* são de CÔTES DU RHONE.

Beaumont des Crayères Champ A valiosa cooperativa de Côte d'Epernay produz excelente Grande Réserve NV baseado na Pinot Meunier, e Fleur de Prestige **98 00** 02 muito bom. Excepcional Cuvée Nostalgie **98 00** 02 de Chard. Fleur de Rosé **02 03**.

Beaune Borg t (b) ★★★ Capital vinícola histórica da Borgonha e lar de vários comerciantes: BOUCHARD, CHAMPY, DROUHIN, JADOT, LATOUR, bem como HOSPICES DE BEAUNE. Nenhum vinhedo GRAND CRU, mas PREMIER CRUS firmes: por exemplo, Cras, Greves, Teurons, Cent Vignes, Clos Du Roi, Bressandes para tintos e um aumento de brancos, dos quais o CLOS DES MOUCHES de Drouhin se evidencia.

Becker, Caves J. ★→★★ Propriedade orgânica. Vinhos com estilo e equilíbrio, incluindo o excepcional MUSCAT GRAND CRU Froehn.

Bellet Prov r t b ★★★ O vinho local de Nice; na moda, caro, original; notavelmente os brancos de Rolle, com inesperado potencial de envelhecimento. Uns poucos produtores pequenos, especialmente Château de Bellet.

Bellivière, Domaine de Lo t b sd ★→★★★ Produtor dinâmico e ecológico: Chenin Bl fascinante em JASNIÈRES e COTEAUX DU LOIR, e um Pineau d'Aunis perceptivo.

Bergerac Dordonha t b r sc d ★→★★★ Valiosa extensão de BORDEAUX, produzindo agradavelmente no mesmo estilo. Dentre as principais propriedades estão La Tour des Gendres ★★★, Clos de la Colline, Clos des Verdots. Château Masburel. Domaine l'Ancienne Cure, Les Hauts de Caillevel. Ou ainda Les Marnières ★★, Châteaux Belingard-Chayne, Clos de la Colline, Les Fontenelles, Grinou, les Eyssards, Jonc Blanc, de la Mallevielle, Les Miaudoux, le Paradis, Pion, le Raz, Thénac. Ver também MONBAZILLAC, ROSETTE, SAUSSIGNAC, PERCHARMANT, MONTRAVEL.

Besserat de Bellefon Casa de CHAMPAGNE em Épernay, conhecida pelos vinhos mais leves, não são para guardar.

Beyer, Léon ★★→★★★ Especialista da ALSÁCIA: vinhos intensos e secos muito bons, por vezes precisando de dez anos ou mais para o envelhecimento em garrafa. Ries soberbos. Comtes d'Eguisheim, porém nenhuma menção no rótulo de PFERSIGBERG: Beyer não reconhece o sistema GRAND CRU. Muito bom GEWÜRZ.

Bichot, Maison Albert Borg Um dos maiores produtores/comerciantes de BEAUNE.

Billecart-Salmon Esta excepcional casa de CHAMPAGNE familiar chegou ao auge da qualidade com o aumento das vendas. Requintados vinhos de longa vida, CUVÉES *vintage* totalmente fermentados em madeira desde 2000. Vinhedo único de BLANC DE NOIRS em St-Hilaire.

Bize, Simon Borg ★★★ Produtor admirável de Borgonha tinto; com 14 ha em SAVIGNY-LÈS-BEAUNE. Normalmente, vinhos exemplares em estilo vigoroso e elegante de SAVIGNY; alguns brancos surpreendentemente bons.

Blagny Borg t b ★★→★★★ Tintos austeros vendidos em Blagny; brancos frescos, minerais, em grande parte PREMIER CRU, com nomes emprestados dos vizinhos MEURSAULT e PULIGNY. AMPEAU, LATOUR, Matrot e Martelet-Cherisey são bons.

Blanc de Blancs Qualquer vinho branco feito apenas de uvas brancas, principalmente CHAMPANHE. Uma indicação de estilo, não de qualidade.

Blanc de Noirs Vinho branco (ou ligeiramente rosado ou "corado") de uvas tintas.

Blanck, Paul et Fils ★★→★★★ Produtor de Kientzheim, ALSÁCIA. Produz imensas variedades de vinhos. 6 ha dos melhores GRAND CRU FURSTENTUM (Ries, GEWÜRZ, PINOT GR) e GRAND CRU SCHLOSSBERG (Ries). Também bons Pinot Bl.

Blanquette de Limoux Midi b esp ★★ Frisante de bom valor dos arredores de Carcassonne; alega uma história mais antiga do que CHAMPANHE. Seco e saboroso com CHARD, Chenin Bl, e aperfeiçoando o Mauzac básico, predominantemente na mais recente AC, CRÉMANT DE LIMOUX. Cooperativa de sucesso, com rótulo Sieur d'Arques.

Blaye B'x t b ★→★★ **01 03 04** 05' Em 2000, era a designação para tintos concentrados de primeira linha (produções mais baixas, envelhecimento mais longo etc.) de PREMIÈRS CÔTES DE BLAYE Também uma AC (em queda) para brancos simples e secos.

Boillot Borg Vários produtores de Borgonha associados. Procure por Jean-Marc (POMMARD) ★★★ para tintos e brancos bons e amadeirados, Jean (*domaine*) e Henri (*négociant*) (VOLNAY) ★★★, Louis (CHAMBOLLE, casado com Ghislaine barthold) ★★→★★★ e o recente Pierre (MEURSAULT) ★★.

Boisset, Jean-Claude Borg De longe o maior comerciante da Borgonha, baseado em NUITS-ST-GEORGES. Proprietário de Bouchard-Aîné, Lionel Bruck, F. Chauvenet, Delaunay, Jaffelin, Morin Père et Fils, de Marcilly, Pierre Ponnelle, Thomas-Bassot, Vienot, CELLIER DES SAMSONS (BEAUJOLAIS), Moreau (CHABLIS) e uma participação em MOMMESSIN. Atualmente, envolvido em projetos no Canadá, na Califórnia, no Chile, no Uruguai e no Languedoc. O rótulo de Boisset costumava ser bem ruim, mas agora ressuscitou. Desde 1999, possui vinhedos separados como Domaine de la VOUGERAIE (★★★). Potencialmente muito bom.

Boizel Uma das casas de CHAMPAGNE de maior valor: BLANC DE BLANCS NV brilhante e envelhecido e Joyau de França de prestígio. Também Grand Vintage Brut e Cuvée Sous Bois.

Bollinger Grande casa de CHAMPAGNE individualista, particularmente boa em safras "menores" (como em 97). Vinhos de luxo: RD, VIEILLES VIGNES Françaises de vinhas Pinot N não enxertadas, La Côte aux Enfants, AŸ. Ver também LANGLOIS-CHÂTEAU.

Bonneau du Martray, Domaine Borg ★★★★ (b) ★★ (t) Dois GRAND CRUS feitos para os padrões mais elevados – CORTON CHARLEMAGNE exemplar e duradouro (10+ anos), e CORTON tinto significativamente aprimorado.

Bonnes-Mares Borg t ★★★→★★★★ **78' 85' 88' 89 90' 91 93 95** 96' **97** 98 99' **00** 01 02' 03 04 05' 06 GRAND CRU (15 ha) entre CHAMBOLLE-MUSIGNY e MOREY-ST-DENIS. Vinhos longevos e vigorosos, menos fragrantes do que MUSIGNY; a rivalizar com o CHAMBERTIN. Melhores: DUJAC, GROFFIER, JADOT, ROUMER, Domaine des Varoilles, de VOGÜÉ, VOUGERAIE.

Bonnezeaux Lo b d ★★★→★★★★ **88 89 90 95 96 97** 02 **03** 04 05 Chenin Bl doce, profundo e suntuoso, potencialmente o melhor das COTEAUX DU LAYON. Para ser bebido jovem ou envelhecer indefinidamente. Principais: Ferme de la Sansonnière, CHÂTEAU DE FESLES, Dom les Grandes Vignes, Domaine du Petit Val (Goizil), CHÂTEAU la Fresnaye.

Bordeaux B'x t b (r) ★→★★ AC imensa e abrangente para o Bordeaux genérico. Qualidade mista, porém quando bom pode ter preço alto.

Bordeaux Supérieur B'x t ★→★★ Denominação superior a BORDEAUX. Maior nível mínimo de álcool, produção mais baixa e envelhecimento mais longo. 75% de produção engarrafada na propriedade, o contrário da AC Bordeaux.

Borie-Manoux Exportador admirável de BORDEAUX, proprietário de *châteaux*. Entre os *châteaux* estão Batailley, BEAU-SITE, Domaine de L'EGLISE, HAUT-BAGES-MONPELOU, TROTTEVIEILLE.

Bouchard Père & Fils Produtor e exportador importante de Borgonha (estabelecido desde 1731); excelentes vinhedos (94 ha), principalmente na CÔTE DE BEAUNE; adegas no *château* de Beaune. Reestruturado desde o final dos anos 1990; ***brancos entusiasmantes***, tintos firmes.

Bouches-du-Rhône Prov t r b ★ VINS DE PAYS das cercanias de Marselha. Tintos promissores das variedades meridionais, além de Cab Sauv, Syrah e Merlot.

Bourgeois, Henri Lo ★★→★★★ Produtor/comerciante importante de SANCERRE, em Chavignol. Também POUILLY-FUMÉ, MENETOU-SALON, QUINCY, COTEAUX GIENNOIS. Vinhos de primeira linha: Etienne Clos Henri, MD de Bourgeois, La Bourgeoise (t, b), Jadis, D'Antan Sancerrois e Le Chêne Etienne (t, b), na Nova Zelândia.

Bourgogne Borg t b (r) ★★ AC abrangente, com padrões mais altos do que os BORDEAUX básicos. Sabor leve, muitas vezes bom, melhor entre 2 e 4 anos. Viticultores de primeira linha produzem beldades a ótimos preços, às margens das vilas da CÔTE D'OR; não despreze. Os BEAUJOLAIS Crus (exceto REGNIÉ) podem também trazer Bourgogne no rótulo, contudo são Gamay.

Bourgogne Grand Ordinaire t (b) ★ CJD Nome ridicularizante para os Borgonha mais básicos, geralmente GAMAY para os tintos e CHARD para os brancos, podendo também usar outras uvas.

Bourgogne Passe-Tout-Grains t (r) ★ Idade de 1 a 2 anos, Borgonha júnior: mínimo de 33% Pinot N, o resto Gamay, misturado na cuba. Não tão enebriante como os BEAUJOLAIS.

Coulanges-la-Vineuse, Epineuil e **Vézélay** (Yonne département), **Chatillonais, Hautes Côtes de Beaune** e **Hautes Côtes de Nuits** (Côte d'Or), **Côte Chalonnaise** e **Couchois** (Saône et Loire). A melhor dica é comprar **Bourgogne Rouge** ou **Blanc** de bons produtores nas famosas vilas da Côte d'Or – eles serão vinhos simples e deliciosos com mais estilo do que os engarrafados pelos negociantes.

Bourgogne é a palavra genérica para o produto final mais barato da Borgonha. Assim como alguns vinhos medíocres produzidos em massa, também inclui áreas externas que têm suas próprias subdivisões na AC Bourgogne. **Coulanges-la-Vineuse, Epineuil** e **Vézélay** (Yonne département), **Chatillonais, Hautes Côtes de Beaune** e **Hautes Côtes de Nuits** (Côte d'Or), **Côte Chalonnaise** e **Couchois** (Saône et Loire). A melhor dica é comprar **Bourgogne Rouge** ou **Blanc** de bons produtores nas famosas vilas da Côte d'Or – eles serão vinhos simples e deliciosos com mais estilo do que os engarrafados pelos negociantes.

Bourgueil Lo t (r) ★★→★★★(★) **96 02 03** 04 05 06 Tintos vigorosos e frutados de TOURAINE e grandes *rosés* fragrantes com base em Cab Fr. Os melhores podem ser envelhecidos por dez anos. Bons: YANNICK AMIRAULT, Audebert, Dom de la Butte, Dom de la Chevalerie, Delaunay, Druet, Dom des Ouches. Ver também ST-NICHOLAS-DE-BOURGUEIL.

Bouvet-Ladubay Lo ★→★★★ Grande casa de SAUMUR de espumante, comprada em 2006 pela cervejaria indiana United Breweries. Seu melhor é o Cuvée Tresor fermentado em barril. Também vinhos não espumantes Les Nonpareils.

Bouzereau Borg ★→★★ Família de MEURSAULT que produz bons brancos a preços atraentes e tintos simples. Michel B. e Vincent B. são as duas melhores *domaines*.

Bouzeron Borg b ★ AC da CÔTE CHALONNAISE especifica para ALIGOTÉ. Idade entre um e dois anos. Produtor de primeira linha: de Villarine.

Bouzy Rouge Champ t ★★★ **90 95 96 97 99** 02 Tinto não espumante de famosa vila de Pinot N. Semelhante a um Borgonha muito leve, porém pode durar bastante em safras com muito sol.

Brocard, J-M Borg ★★→★★★ Uma das histórias de sucesso recentes de Chablis, com uma boa variedade de vinhos em todos os estágios. Também em oferta: uma diversidade de Bourgogne Blancs de diferentes tipos de solo (Kimeridgiano, Jurássico, Portlandiano).

Brouilly Beauj t ★★ **03' 05' 06** O maior dos dez *crus* de BEAUJOLAIS: vinho frutado, redondo e refrescante, é capaz de envelhecer de 3 a 4 anos. O CHÂTEAU DE LA CHAIZE é a maior propriedade. Produtores de primeira linha: Michaud, Domaine de Combillaty, Domaine des Grandes Vignes.

Brumont, Alain Sudoeste ★★★ Caro, e outrora produtor líder em MADIRAN. Especialista em produzir vinhos com 100% de Tannat, altamente extraídos e envelhecidos em carvalho – por exemplo, Le Tyre. Vinhos carros-chefe: Château Montus, Domaine Bouscassé e os da marca Torus com bom preço.

Brut Termo para os vinhos secos clássicos de CHAMPAGNE.

Brut Ultra/Zéro Termo para vinhos extra-secos de CHAMPAGNE.

Bugey Savóia t r b esp ★→★★ CJD VDQS para vinhos leves espumantes, semi-espumantes ou não-espumantes, obtidos da uva Roussete (ou Altesse) e CHARD (bons). Os melhores são de Montagnieu; também Rosé de Cerdon, principalmente Gamay.

Burguet, Alain Borg ★★→★★★ Soberbo GEVREY-CHAMBERTIN; sobretudo o vinho da vila Mes Favorites.

Buxy Borg b Vila na AC MONTAGNY, com boa cooperativa de CHARD e Pinot N.

Buzet Sudoeste da França t (b r) ★★ 01' 03 04 **05'** Antiga região-satélite de BORDEAUX, com vinhos semelhantes, às vezes com toques de ameixa. Cooperativa modernizando seus estilos; algumas propriedades isoladas (por exemplo, Château de Gueyze, Mazelières). Personalidade local de Châteaux du Frandat, Domaine de Pech ★★★ (independente) e Tournelles ★★.

Cabardès Midi t (r b) ★→★★ **00 01 02 03** 04 05 06 Onde Bordeaux e o Midi se encontram, com misturas de Cabernet, Merlot, Syrah e Grenache. O melhor é Domaine de Cabrol; também Châteaux Pennautier e Ventenac.

Cabernet d'Anjou Lo r sd ★ CJD *Rosé* tradicionalmente doce, e com freqüência desprezado, aproveita agora seu renascimento. De bom envelhecimento.

Bablut, Domaine Cady, Domaine Clau de Nell, Domaine les Grandes Vignes, CHÂTEAU PIERRE-BISE.

Cabrières Midi r (t) ★★ CJD COTEAUX DU LANGUEDOC. Tradição em *rosés* da inabalável cooperativa da vila.

Cady, Domaine Lo t r d ★★→★★★★ Produtor de ANJOU de inquestionável excelência de brancos secos a *rosés* semi-secos, COTEAUX DE LAYON e CHAUME deliciosamente doces.

Cahors Sudoeste da França t ★→★★★ **89 90' 95 98** 00 **01'** 02 04 (05) AC somente de tintos baseada em Malbec (mínimo de 70%). Praticamente tantos estilos quanto produtores (200); vinhos fáceis e suculentos de Maison Vigouroux "Pigmentum" ★★, Château Latuc, Domaine Boliva; mais tradicional de CLOS DE GAMOT (Clos St-Jean) ★★★, Coutale ★★, Château du Cayron, La Coustarelle, La Caminade, Gradou, Les Ifs, Domaines de la Bérengerai, de Cause, Paillas, Pineraie, Les Rigalets, Savarines (orgânico); mais do estilo do Novo Mundo de Château Lagrézetts, Château du Cedre ★★★, Lamartine, Clos Triguedina, Château Eugénie ★★; melhor controle de carvalho e vinificação mais suave do *cult* Domaine Cosse-Maisonneuve ★★★.

Cairanne S Rh t r b ★★ **98' 00' 01' 03 04 05'** 06 Está entre os dois melhores CÔTES DU RHÔNE-VILLAGES: sólido, robusto, volume de primeira, sobretudo Domaines D&D Alary, Ameillaud, Brusset, Castel Mireio, Escaravailles, Hautes Cances, l'Oratoire St-Martin, Rabasse-Charavin, Richaud. Aprimorando, brancos volumosos, melhores nas refeições.

Canard-Duchên Casa de CHAMPAGNE. Barato, e com sabor à altura do preço.

Canon-Fronsac B'x t ★★→★★★ **95 96 98 00' 01 03** 05' Tintos cheios e tânicos de qualidade crescente produzidos a oeste de POMEROL. Experimente Châteaux Barrabaque, CANON-DE-BREM, Cassagne Haut-Canon, Gaby, Haut-Mazeris Lamarche Canon Candelaire, Pavillon, La Fleur Caillou, Grand-Renouil, Moulin-Pey-Labrie, Vrai Cânon Bouché.

Caramany Pir t (b) ★ AC teoricamente superior para a CÔTES DU ROUSSILLON-VILLAGES.

Carillon, Louis Borg ★★★ Dom de PULIGNY-MONTRACHET, sempre no primeiro time.

Cassis Prov b (t r) ★★ CJD Vila costeira a leste de Marselha conhecida pelos brancos secos baseados em Clairette e Marsanne. Delicioso com *bouillabaisse* (por exemplo, Domaine de la Ferme Blanche, Clos Ste. Magdeleine, Clos d'Albizzi). Não confunda com o cassis: licor de groselha preta produzido em Dijon.

Cathiard Borg ★★★ Brilhante produtor Vosne-Romanée, em plena forma desde finais de 1990. Vinhos sensuais e perfumados são encantadoramente jovens, mas podem também envelhecer.

Cave Adega ou qualquer estabelecimento de vinhos.

Cave coopérative Vinícola formada de cooperativas de produtores; mais da metade de toda a produção françasa. Em geral, bem administradas, bem equipadas e vinhos com preços justos.

Cellier des Samsons ★ Cooperativa de BEAUJOLAIS/MACONNAIS em Quincié, que tem dois mil produtores-membros. Vinhos distribuídos amplamente; atualmente pertencente à BOISSET.

Cérons B'x b sc d ★★ **97' 98 99' 01' 02 03'** 05' Minúsculo vizinho de SAUTERNES, com bons vinhos doces, menos intensos, por exemplo, Château de Cérons, Chantegrive, Grand Enclos.

Chablis Borg b ★★→★★★ Vinho singular, seco, de sabor cheio e mineral, do N da Borgonha, CHARD. PETIT CHABLIS de uma boa casa pode ser um bom substituto.

Chablis Grand Cru Borg b ★★★→★★★★ **90' 95' 96' 97 98 99** 00' 02' 03 04 05' 06' Quando maduro, um concorrente para os melhores Borgonha brancos: muitas vezes fechados quando jovens, melhoram com a idade e combinam um corte mineral com uma delicada sugestão de SAUTERNES. Vinhedos: Blanchots, Bougros, Clos, Grenouilles, Preuses, Valmur, Vaudésir.

Chablis Premier Cru Borg b ★★★ Tecnicamente de segunda linha, porém excelentes quando em sua melhor forma; mais típicos de CHABLIS do que seus GRANDS CRUS. Pode suplantar os mais caros MEURSAULT e outros CÔTE DE BEAUNE. Entre os melhores vinhedos estão Côte de Léchet, Fourchaume, Mont de Milieu, Montée de Tonnerre, Montmains, Vaillons.

Chambertin Borg t ★★★★ **78' 85' 88 89 90' 91 93** 95 96' **97** 98 99' **00** 01 02' 03 05' 06 GRAND CRU de 13 ha; produz alguns dos mais carnudos, mais duráveis e melhores Borgonha tintos. Entre os vinte produtores estão Bertagna, BOUCHARD, CHARLOPIN, Damoy, DROUHIN, LEROY, MORTET, PONSOT, Rossignol-Trapet, ROUSSEAU, Trapet.

Chambertin-Clos de Bèze Borg t ★★★★ 78' 85' 88 89 90' 91 93 95 96' 97 98 99' 00 01 02' 03 05' 06 Vizinho de CHAMBERTIN (15 ha). Vinhos igualmente esplêndidos. Pode ser legalmente vendido como CHAMBERTIN. Entre os quinze produtores estão Bruno CLAIR, Damoy, DROUHIN, Drouhin-Laroze, FAIVELEY, GROFFIER, JADOT, ROUSSEAU.

Chambolle-Musigny Borg t ★★★→★★★★ 90' 91 93 95' 96' 97 98 99' 00 01 02' 03 04 05' 06 Vila na CÔTE DE NUITS (170 ha): vinho fabulosamente fragrante, complexo, porém nunca pesado. Melhores vinhedos: Les Amoureuses, parte de BONNES-MARES, Les Charmes, MUSIGNY. Produtores a se observar: Amiot-Servelle, BARTHOD, Dioia-Royer, DROUHIN, GROFFIER, HUDELOT-NOËLLAT, JADOT, MUGNIER, RION, ROUMIER, DE VOGÜÉ.

Champanhe/Champagne Vinhos espumantes de Pinot N e Meunier e/ou CHARD; e sua região – Champagne (mais de 30.000 ha, 145 km a leste de Paris); produzidos pelo MÉTHODE TRADITIONELLE. Vinhos espumantes de qualquer outra procedência, apesar de bons, não podem ser denominados Champanhe.

Champanhe – de volta aos métodos do vovô

Uma volta à fermentação de vinhos parcial ou totalmente em carvalho (velho) é a tendência marcante entre um seleto grupo de casas e produtores para seus principais *cuvées* ou Champanhes de um único vinhedo. É importante que não haja nenhum sabor patente de carvalho, apenas uma complexidade maior. Experimente: Billecart-Salmon, Jacquesson, Krug, Louis Roederer, Alain Thiénot. Os melhores produtores da escola de carvalho contam com Clos Cazals (Oger), Henri Giraud (Aÿ), Alain Robert (Le Mesnil), Jacques Selosse (Avize), Tarlant (Oeuilly), Vilmart (Rilly la Montagne).

Champs-Fleuris, Domaine des Lo t b r d ★★→★★★ Excitante *domaine* jovem. Saumur Blanc de qualidade; bom Crémant de Saumur-Champigny; *rosé* fino; e, quando a safra permite, um suculento Coteaux du Saumur chamado Cuvée Sarah.

Champy Père & Cie Borg ★★→★★★ O mais antigo mercador de vinhos, em BEAUNE, rejuvenecido pela família Meurgey (também corretores DIVA). Variedade de vinhos muito bem selecionados.

Chandon de Briailles, Domaine Borg ★★★ Propriedade pequena em SAVIGNY que produz leves e fragrantes PERNAND-VERGELESSES, Île de Vergelesses e bons CORTON tintos e brancos.

Chanson Père & Fils Borg ★→★★★ Antigo negociante-produtor de BEAUNE (45 ha). Sobretudo BEAUNE Clos des Fèves, ***PERNAND-VERGELESSES Les Caradeux***, SAVIGNY, CORTON. Hoje com boa qualidade.

Chapelle-Chambertin Borg t ★★★ 90' 91 93 95 96' 97 98 99' 00 01 02' 03 04 05' 06 Área de 5,2 ha vizinha de CHAMBERTIN. Vinho mais "nervoso", não tão carnudo. Muito bons em anos frios. Produtores de primeira linha: Damoy, JADOT, Rossignol-Trapet, Trapet.

Chapoutier N Rh ★★→★★★★ Produtor tradicional, também comerciante de Rhônes encorpados tintos e brancos, biodinâmicos. Observe os CUVÉES especiais CHÂTEAUNEUF Barbe Rac, Croix de Bois (t), HERMITAGE: L'Ermite, Le Pavillon (t), L'Ermite, Cuvée d'Orée, Le Méal (b). Também os tintos de CROZES Les Varonniers e St-Joseph, e Les Granits branco. ***Meysonniers Crozes confiável e de bom valor***. Novas e promissoras propriedades em BANYULS, COLLIOURE, COTEAUX DU TRICASTIN, COTEAUX D'AIX-EN-PROVENCE. Também parcerias australianas, principalmente Jasper Hill.

Chardonnay Uva para vinho branco e também o nome de uma comuna em MÂCON-VILLAGE. Daí o nome Mâcon-Chardonnay.

Charlopin, Philippe Borg ★★★ Propriedade de estilo moderno de GEVREY-CHAMBERTIN.

Charmes-Chambertin Borg t ★★★ 90' 91 93 95 96' 97 98 99' 00 01 02' 03 04 05' 06 Vizinho de CHAMBERTIN, incluindo AC MAZOYÈRES-CHAMBERTIN. Vinhos generosos, mais redondos; principalmente de Bachelet, DROUHIN, DUGAT, DUJAC, LEROY, Perrot-Minot, ROTY, ROUMIER, ROSSEAU, VOUGERAIE.

Chassagne-Montrachet Borg b t ★★★→★★★★ t Vila de CÔTE DE BEAUNE (304 ha). Excelentes tintos pesados; excelentes brancos ricos e secos com quase a fineza do vizinho PULIGNY, porém normalmente custam menos. Dentre os melhores vinhedos estão parte de MONTRACHET, BÂTARD-MONTRACHET, Boudriottes (t b), Caillerets, CRIOTS-B-M, Morgeot (t b), Ruchottes, Clos St-Jean (t). Entre os produtores estão: Amiot, Blain-Gagnard, COLIN-DELEGER, DROUHIN, Fontaine-

Gagnard, J N GAGNARD, Gagnard-Delagrange, Jouard, Lamy-Pillot, Château de la Maltroye, MOREY, Morey-Coffinet, Niellon, Pillot, RAMONET.

Produtores em Champagne a observar em 2008

Edmond Barnaut Bouzy. Champanhes complexos e bons, principalmente as feitas de Pinot N culminam em Sélection Ultra Brut de primeira linha.

Louise Brisson Domaine Côtes des Bar (Aube) de primeira linha. Excelente Cuvée Fût de Chêne (99 00 02).

Claude Cazals Perfeito aperitivo Cuvée Vive Extra Brut e magnífica produção única Clos Cazals (96 ★★★★ 98).

Richard Cheurlin Um dos melhores produtores/vinicultores do Aube. Carte d'Or rico, porém equilibrado e Cuvée Jeanne com data da safra (96 98 00).

Pierre Cheval-Gatinois Aÿ. Produtor impecável de Champanhes mono-*cru* e o excelente Coteaux Champenois não-espumante de Aÿ (99 02).

Michel Genet Bom *domaine* em Chouilly. Expressões de GRAND CRU CHARD frescas, porém generosas e maduras. Prestige de la Cave de primeira linha (99 00 02).

Pierre Gimmonet Importante produtor da Côte des Blancs em Cuis. ***A multifacetada Le Fleuron (99') é um triunfo de elegante complexidade.***

Henri Giraud Cuidadoso produtor/comerciante fazendo excepcional Champanhe de base Pinot. Prestige Cuvée (95 96 98 99) excelente.

Larmandier-Bernier Vertus; vinicultor de BLANC DE BLANCS de primeira linha, especialmente Terre de Vertus *non dosé* (03 04) e Cramant VEILLES VIGNES (02 ★★★★).

Henri Mandois Vinhos Pinot Meunier, Chard elegantes de propriedade de 30 ha em Pierry.

Jean Milan Champanhes de Chard muito secos – maturação, mineralidade e expressão de *terroir* em perfeito equilíbrio. Excepcional Symphorine 00 02.

José Michel Carte Blanche NV fresco porém maduro. Também excelentes BLANC DE BLANCS (98 99) e Vintage (98 99).

Château d'Arlay ★→★★ Grande propriedade do JURA; 65 ha em mãos hábeis. Vinhos incluem os muito bons VIN JAUNE, VIN DE PAILLE, Pinot N e MACVIN.

Château de Beaucastel S Rh t b ★★★★ Uma das maiores e mais bem administradas propriedades de CHÂTEAUNEUF. Vinhos complexos, de colorido profundo, a serem bebidos nos dois primeiros anos ou entre sete e oito; mistura varietal incomum, composta de um terço de Mourvèdre. Pequenas quantidades do maravilhoso Roussanne: guardar por 5 a 14 anos. Excelente CÔTES DU RHÔNE tinto (vive 8+ anos) e branco Coudoulet de Beaucastel. Perrin Rasteau, Vinsobres (Les Cornuds, Hauts de Julien) da melhor qualidade. Muito bom CÔTES DU RHÔNE de Perrin Nature orgânico, VACQUEYRAS. (Ver também Tablas Creek, Califórnia.)

Château du Cèdre Sudoeste t ★★★ 98 00 01' 02 (04) (05') Representante máximo da moderna Cahors. Também delicioso branco VIN DE PAYS de Viognier.

Château de la Chaize Beauj t ★★★ A propriedade de BROUILLY mais conhecida.

Château Fortia S Rh t (b) ★★ Propriedade tradicional CHÂTEAUNEUF com 30 ha. O pai do proprietário, o barão Le Roy concebeu o sistema AC, na década de 1920. Recentemente, com melhor forma, inclui Le Baron especial e os brancos.

Château Fuissé Borg b ★★→★★★ Atualmente, está sendo desafiada no título de melhor propriedade em POUILLY-FUISSÉ. Inúmeros CUVÉES, produzidos para amadurecer mais rapidamente do que antes.

Château de Meursault Borg t b ★★ Propriedade de 61 ha pertencente à PATRIARCHE; bons vinhedos e vinhos em BEAUNE, MEURSAULT, POMMARD, VOLNAY. Adegas abertas ao público.

Château de Mont-Redon S Rh t b ★★ Boa propriedade CHÂTEAUNEUF com 100 ha. Bom tinto complexo, sempre melhor após 6+ anos; branco aromático, para ser bebido jovem. Também bom tinto (principalmente Grenache), vinhos brancos do vinhedo Cantegril (LIRAC).

Château La Nerthe S Rh t b ★★★ Propriedade CHÂTEAUNEUF da mais alta qualidade, com 90 ha. Vinhos sólidos, de estilo moderno e refinado, sobretudo os CUVÉES especiais Cadettes (t) e Beauvenir envelhecido em carvalho (b). Levam cinco anos para se desenvolverem. Também comercializa bons Prieuré Montézargues Tavel, Domaine de la Renjarde CÔTES DU RHÔNE e Château Signac Chusclan.

Château Pierre-Bise Lo t b ★★→★★★★ Produtor especialista em COTEAUX DU LAYON, inclusive CHAUMES QUARTS DE CHAUME e SAVENNIÈRES, sobretudo Clos de Grand Beaupreau e ROCHE AUX MOINES. Excelentes Anjou-Gamay e Anjou-Villages.

Château Rayas S Rh t (b) ★★★ Propriedade famosa e muito tradicional em CHÂTEAUNEUF. Frutas suaves, vermelhas e sutis. O Grenache envelhece esplendidamente. O tradicional Rayas branco pode ser muito bom. Segundo rótulo de bom preço: Pignan. Muito bom Château Fonsalette, CÔTES DU RHÔNE. Todos são beneficiados se forem decantados. Também um bom Château des Tours Vacqueyras.

Château Simone Prov t r b ★★→★★★ Famosa propriedade antiga que é parecida com AC PALETTE, perto de Aix-en-Provence. O tinto é quente e condimentado; ***o branco é herbáceo e compensa o envelhecimento na garrafa. Rosé delicioso.***

Château de Villeneuve Lo t b Produtor de primeira linha de SAUMUR. Saumur Blanc magistral (sobretudo Les Cormiers) e SAUMUR CHAMPIGNY (principalmente VIEILLES VIGNES, Grand Clos).

Château-Chalon Jura b ★★★ Não é um *château*, mas uma AC e vila. Vinho amarelo singular, seco, semelhante ao Xerez (uva Savagnin). Desenvolve *flor* (ver Espanha) enquanto envelhece em barris por um mínimo de seis anos. Pronto para beber assim que engarrafado (garrafa de Clavelin 62 cl), mas envelhece quase para sempre. Uma curiosidade.

Château-Grillet N Rh b ★★ **91' 93' 95' 98' 00' 01'** 04' 05 06 Vinhedo de 3,6 ha de solo de areia e granito de Viognier; uma das menores ACS da França. Absurdamente caro, porém com claros sinais de recuperação. Principalmente cultivado em barris. Beber em 6+ anos. Deve ser decantado antes de consumido. Beba acompanhando peixes e aves.

Châteaumeillant Lo t r ★→★★ CJD Uma área de VDQS minúscula, ao sul de SANCERRE, no país de Georges Sand. Gamay e Pinot N para tintos, *gris* e *rosés* leves.

Châteauneuf-du-Pape S Rh t (b) ★★★ **78' 80 81' 83 85 86 88 89' 90' 94 95' 96 98' 99' 00' 01'** 03' 04' 05' 06 Uma área de 3.200 ha perto de Avignon, com um núcleo de cerca de trinta *domaines* que produzem vinhos muito bons (a qualidade é mais variável nos noventa *domaines* restantes). Mistura de até treze variedades, as principais sendo Grenache, Syrah, Mourvèdere, Clairette. Os melhores são escuros, fortes e excepcionalmente longevos, de bom valor. Número crescente dos caros vinhos Prestige (vinhas antigas, carvalho). Os brancos são frutados e condimentados ou bastante pesados: atualmente, a maioria é para CJD. Produtores de primeira linha: CHÂTEAUX DE BEAUCASTEL, FORTIA, Gardine, MONT-REDON, LA NERTHE, RAYAS; Domaines de Beaurenard, Bosquet des Papes, Les Cailloux, Front-de-Michelle, Grand Veneur, Marcoux, Millière, Pegaü, VIEUX TÉLÉGRAPHE, Vieille Julienne, Villeneuve, Henri Bonneau, CLOS du Mont-Olivet, CLOS DE PAPES, CLOS St-Jean, P. Usseglio, Jean Versino, Vieux Donjon.

Château

Significa uma propriedade, grande ou pequena, boa ou indiferente, particularmente em Bordeaux (ver Châteaux de Bordeaux). No resto da França, *château* tende a significar, literalmente, castelo ou casa senhorial. Na Borgonha, *domaine* é o termo usual.

Câtillon-en-Diois Rh t r b ★ CJD Pequena AC à leste do Rhône nos pré-Alpes. Tintos adequados, principalmente de Gamay; os brancos (alguns ALIGOTÉ) são na maioria usados para fazer espumante CLAIRETTE DE DIE.

Chave, Gérard e Jean-Louis N Rh t b ★★★★ Maravilhoso *domaine* familiar em HERMITAGE. Nove lotes em declive. Vinhos ricos, *gourmand*, muito longevos (especialmente o branco), também bom VIN DE PAILLE ocasionalmente. Nova marca frutada ST-JOSEPH da J-L Chave Offerus.

Chavignol Pitoresca vila de SANCERRE com os famosos vinhedos de Les Monts Damnés. O solo de gipso produz vinhos vívidos que envelhecem por quatro ou cinco anos (ou mais); principalmente os de BOURGEOIS, Cotat e DIDIER DAGENEAU.

Chénas Beauj t ★★★ **03 05' 06** O menor BEAUJOLAIS Cru e um dos mais importantes; vizinho de MOULIN-À-VENT e de JULIÉNAS. Entre os produtores estão Benon, Champagnon, Charvet, Château Chèvres, DUBOEUF, Lapierre, Robin, Trichard, cooperativas.

Chevalier-Montrachet Borg b ★★★★ Vizinha de MONTRACHET (6,8 ha), produz vinhos igualmente de luxo, talvez menos fortes. Entre os produtores estão: LATOUR, JADOT, BOUCHARD PÈRE & FILS, COLIN-DELÉGER, LEFLAIVE, Niellon, PRIEUR, Château de Puligny.

Cheverny Lo t r b ★→★★ **02 04 05** 06 AC do Loire perto de Chambord. Brancos secos e enérgicos de Sauv Bl e CHARD. Também Gamay, Pinot N, ou Cab Sauv. O Cour-Chevemy mais rico, mais raro e de melhor envelhecimento emprega a uva Romoranti local. Os espumantes usam as ACS CRÉMANT DE LOIRE e TOURAINE. Especialmente Cazin; clos Tue-Boeuf; Huards; OISLY & THESÉE; Domaine de la Desoucherie, Domaine du Moulin.

Chevillon, R. ★★★ Propriedade de 13 ha em NUITS-ST-GEORGES; vinhos suaves e suculentos.

Chidaine, François Lo sc d b esp ★★★ Produtor de um Montlouis ambicioso, muito puro e requintado. Recentemente assumiu os vinhedos de clos Baudoin (ex-Prince Poniatowski), onde faz um VOUVRAY de estilo similar. Princípios biodinânicos seguidos em ambas as DOMAINES.

Chignin Savóia b ★ CJD Branco leve e suave de uvas Jacquère para o verão alpino. O Chignin-Bergeron (com uvas Roussanne) é o melhor e o mais vivaz.

Chinon Lo t (r b) ★★→★★★ **89 90 95 96 97 02 03** 04 05 06 Vinho Cab Fr de TOURAINE suculento e de riqueza variável. Beba frio, jovem; as melhores safras dos grandes produtores podem ser envelhecidas por 10+ anos. Uma quantidade crescente de Chenin Bl enérgico e seco. Entre os produtores de primeira linha encontram-se Bernard BAUDRY, ALLIET, Château de Coulaine, Château de la Bonneliere, Domaine du Noire.

Chiroubles Beauj t **03 05' 06** Bom, porém minúsculo BEAUJOLAIS CRU perto de FLEURIE; vinho fresco, frutado e sedoso para beber logo (1 a 3 anos). Entre os produtores estão: Bouillard, Cheysson, DUBOEUF, Fourneau, Passot, Raousset e cooperativas.

Chorey-lès-Beaune Borg t (b) ★★ **99' 01 02' 03 04** 05' 06 Menor AC ao N de BEAUNE. Três bons produtores: Arnoux, Germain (Château de Chorey), TOLLOT-BEAUT.

Chusclan S Rh t r b ★→★★ **03 04 05' 06** CÔTES DU RHÔNE-VILLAGES, com cooperativa competente. Tintos suaves e *rosés* firmes. Rótulos incluem CUVÉES de Marcoule, Seigneurie de Gicon. Também bom Château Signac (mais tanino, pode envelhecer) e ***cuvées especiais de André Roux***. Beba o mais jovem.

Clair, Bruno Borg ★★→★★★ Importante propriedade de MARSANNAY. Vinhos muito bons, tanto dali como de GEVREY-CHAMBERTIN (sobretudo CLOS DE BÈZE), FIXIN, MOREY-ST-DENIS, SAVIGNY.

Clairet Vinho tinto muito claro, quase *rosé*. O Clairet de BORDEAUX é uma AC.

Clairette Uva branca tradicional do MIDI. Seu vinho de baixa acidez já foi uma base para o vermute. A uva renovada por Terrasses de Landoc é cheia e arrojada.

Clairette de Bellegarde Midi b ★ CJD AC minúscula, junto a Nîmes: branco fresco e neutro.

Clairette de Die Rh b sc sd esp ★★ NV Vinho espumante popular seco ou (melhor) semidoce de boas características e sabor de Tradition MUSCAT, feito nos pré-Alpes do leste do Rhône; ou de um CLAIRETTE seco direto que pode envelhecer de 3-4 anos. Vale experimentar. Achard-Vincent, A Poulet, J-C Raspail.

Clairette du Languedoc Midi b ★ CJD Perto de Montpellier. AC para brancos bem encorpados, com algum envelhecimento em barril e com vinhas de colheita tardia se desenvolvendo. Château La Condamine Bertrand, St-André e cooperativas de Adissan e Cabrières.

Clape, Auguste e Pierre N Rh ★★★ **97 98'** 99' 00 01' **02** 03' 04' 05' 06 ***Vinhedo superior de Syrah com 5+ ha em Cornas, muitas vinhas antigas***. Tintos tradicionais, precisam de anos. Epítome de vinicultura incólume e mecanizada, sempre boa em safras menores. Bom CÔTES DU RHÔNE, e ainda um St-Péray firme.

Clape, La Midi t r b ★★→★★★ Vale notar o *cru* na AC COTEAUX DU LANGUEDOC. Tintos encorpados produzidos nos montes ensolarados entre Narbonne e o Mediterrâneo. Brancos ácidos e herbáceos envelhecem bem. Bons: Châteaux Rouquette-sur-Mer, Mire l'Etang, Pech-Céléyran, Pech-Redon, ***Château de l'Hospitalet***, La Négly, Moyau.

Climat Palavra borgonhesa que designa vinhedos distintos (individuais), por exemplo BEAUNE GRÈVES.

Clos Uma denominação que traz consigo certo prestígio, reservada a vinhedos distinguíveis entre si, porque cercados por muros; freqüentemente parte de uma propriedade (especialmente em Borgonha e na ALSÁCIA).

Clos de Gamot Sudoeste da França ★★★ **85 89 90' 95 96 98'** 00 01' (04) (05') Propriedades de 400 anos. Vinhos ultratradicionais, longevos e modelos. CUVÉE clos St-Jean ★★★★, de primeira linha, é excepcional.

Clos des Lambrays Borg t ★★★ **90' 93 95 99' 00** 02 **03** 04 05' 06 Vinhedo GRAND CRU (6 ha) em MOREY-ST-DENIS. Um quase monopólio de Domaine du Clos des Lambrays, nos últimos anos mais severa ao selecionar apenas as melhores uvas.

Clos de Mouches Borg t b ★★★ Esplêndido vinhedo PREMIER CRU BEAUNE, amplamente controlado por DROUHIN. ***Vinhos tintos e brancos, condimentados e memoráveis – e consistentes***. Há também vinhedos pouco conhecidos, de mesmo nome, em Santenay e Meursault.

Clos de Papes S Rh t b ★★★ Boa propriedade CHÂTEAUNEUF de 32 ha (dezoito lotes), pertencente à família Avril há séculos. Tintos longevos e de estilo (principalmente Grenache, Mourvèdre, beber a partir de 6 anos) e brancos complexos e de classe (5 a 15 anos).

Clos de La Roche Borg t ★★★ 78' **88** 90' **91** 93' **95** 96' **97 98** 99' **00 01** 02' 03 04 05' 06 GRAND CRU de MOREY-ST-DENIS (15 ha). Forte e complexo, como CHAMBERTIN. Amiot, BOUCHARD PÈRE & FILS, DUJAC, LEROY, H. Lignier, PONSOT, ROUSSEAU.

Clos du Roi Borg t ★★★ Melhor vinhedo de GRAND CRU CORTON. Também vinhedo PREMIER CRU em Beaune.

Clos Rougeard Lo t (d) ★★★ Seco SAUMUR-CHAMPIGNY não-filtrado poderoso, SAUMUR BL relativamente bom, e, quando a safra permite, um sedutor COTEAUX DE SAUMUR.

Clos St-Denis Borg t ★★★ GRAND CRU em MOREY-ST-DENIS (6,4 ha). Esplêndido vinho vigoroso que se torna sedoso com a idade. Produtores incluem: Bertagna, DUJAC e PONSOT.

Clos Ste-Hune Al b ★★★★ Os melhores Ries da ALSÁCIA. Muito bons, inicialmente austeros. Precisa de 5 a 10 anos para envelhecer. Vinho Trimbach do GRAND CRU ROSACKER.

Clos St-Jacques Borg t ★★★ 88' 89 90' 91 93 95' 96' 97 98 99' 00 01 02' 03 04 05' 06 PREMIER CRU em GEVREY-CHAMBERTIN (6,7 ha) com exposição sudeste perfeita. Cinco excelentes produtores: ESMONIN, JADOT, CLAIR, Fourrier, ROSSEAU; vinho excelente, forte e aveludado, freqüentemente melhor que alguns GRANDS CRUS.

Clos de Tart Borg t ★★★★ **88' 89'** 90' **93** 95 **96' 97 99'** 00 02' 03 04 05' 06 GRAND CRU de MOREY-ST-DENIS, pertencente à MOMMESSIN. Agora de primeira linha, mas com preços à altura.

Clos de Vougeot Borg t ★★★ **78' 88** 89' 90' **91** 93' **95** 96' 97 98 99' **00** 01 02' 03' 04 05' 06 Um GRAND CRU de 50 ha na CÔTE DE NUITS com muitos proprietários. Ocasionalmente sublime. A maturidade depende da filosofia, técnica e posição dos produtores. Dentre os produtores de primeira linha estão: Château de la Tour, DROUHIN, ENGEL, FAIVELEY, GRIVOT, GROS, HUDELOT-NOËLLAT, JADOT, LEROY, Chantal Lescure, MÉO-CAMUZÉT, MUGNERET, VOUGERAIE.

Coche-Dury Borg ★★★★ DOMAINE MEURSAULT de 8,4 ha (mais 0,5 ha de CORTON-CHARLEMAGNE) com a mais alta reputação em vinhos com perfume de carvalho. Mesmo MEURSAULT-Villages é ótimo (com a idade). Também muito bons ALIGOTÉ e tintos.

Cognac/Conhaque Cidade e região dos Charentes, na França Ocidental, e seu conhaque (em inglês, *brandy*).

Colin-Deléger Borg ★★★ Importante família de CHASSAGNE-MONTRACHET, vários integrantes da próxima geração sucedendo tanto Marc Colin (Pierre-Yves) quanto Michel Colin-Deleger (Bruno, Philippe).

Collines Rhodaniennes N Rh t b ★ VIN DE PAYS vivaz do Rhône. Também CÔTE-RÔTIE de vinha jovem. Tinto, principalmente Syrah (melhor), também Merlot, Gamay. Algum Viognier e CHARD. Barou (tinto, branco), Bonnefond (tinto), Chatagnier (tinto), Cuilleron (branco), J-M Gérin (tinto), Janet (tinto), Monier (tinto), Ogier (tinto), Perret (branco), G. Vernay (branco).

Collioure Pir t b ★★ **97 98 99 00 01 02** 03 04 05 06 Tinto carnudo e bem encorpado da área de BANYULS. Produção mínima. Produtores de primeira linha incluem Le Clos des Paulilles, Domaines du Mas Blanc, de la Rectorie, La Tour Vieille, Vial-Magnères. Também *rosé* e novo AC branco retrospectivamente da safra de 2002, baseada em Grenache Bl.

Comté Tolosan Sudoeste t r b ★ CJD VIN DE PAYS. Cobre inúmeros pecados e todo o Sudeste. O DOMAINE DE RIBONNET ★★ (Christian Gerber, S de Toulouse) está testando o uso de variedades de uvas não-nativas.

Condrieu N Rh b ★★★ 01' 02 03 04' 05 **06** Branco amplo, fragrante e floral de excelente personalidade (e preço), produzido com Viognier. Pode ser excepcional, porém o rápido crescimento do vinhedo (atualmente 125 ha; 75 produtores) tornou a qualidade variável (exceto o maravilhoso 04), e o aumento do uso de carvalho jovem é uma manobra duvidosa. Melhores: Y. Cuilleron, DELAS, Dumazet, Gangloff, GUIGAL, JABOULET, F. Merlin, A. Perret, Niéro, C. Pichon, G. Vernay (sobretudo o longevo Coteau de Vernon), F. Villard. Mudança duvidosa de alguns produtores para o estilo VENDANGE TARDIVE.

Confuron, J-J Borg t ★★★ Minúscula propriedade de NUITS-ST-GEORGES. Estilo moderno, cheio de fruta.

Conhaque Ver COGNAC.

Corbières Midi t (r b) ★★→★★★ Tintos vigorosos a preços de liquidação, de encostas rochosas e quentes. AC com novo *cru* de Boutenac. Produção dominada pelas cooperativas, porém as melhores propriedades são ***Châteaux Aiguilloux***, la Baronne, Lastours, ***des Ollieux***, Les Palais, de la Voulte Gasparet, Domaines de Fontsainte, du Vieux Parc, ***de Villemajou***, Villerouge le Château, Cabriac. Cooperativas: Embrès-et-Castelmaure, Camplong, Tuchan.

Cornas N Rh t ★★→★★★ Vinho Syrah vigoroso, com sabor aguçado de mineral, muito escuro, produzido em 105 ha de vinhedos íngremes graníticos no sul de HERMITAGE. Precisa ser envelhecido por 5 a 15 anos, porém já se encontram agora mais para beber após 4 anos. Principais: Allemand, Balthazar (tradicional), Colombo (carvalho novo), ***CLAPE (marca)***, Courbis (moderno), DELAS, Dumien-Serrette (tradicional), J&E Durand, JABOULET (principalmente CUVÉE St-Pierre), R. Michel (sobretudo Geynale), Tardieu-Laurent (moderno, caro), Voge.

Córsega (Vin de Corse) Vinhos de personalidade, de todas as cores. As ACS são: AJACCIO e PATRIMONIO; e os melhores *crus*, Coteaux du Cap Corse, Sartène e Calvi. VIN DE PAYS: ÎLE DE BEAUTÉ. Tintos Sciarello originais: bons Muscats, *rosés* vivos, brancos Vermentino. Produtor mais importante: Peraldi. Também Clos d'Alzeto, Clos Capitoso, Abbatucci, Yves Leccia, Orenga de Galfory, Montemagni, Vaccelli, Domaine Gentile.

Corton Borg t (b) ★★★ **90'** **91** **93** **95** 96 **97** **98** 99' **00** 01 02' 03' 04 05' 06 O único tinto GRAND CRU da CÔTE DE BEAUNE. São 81 ha em ALOXE-CORTON, incluindo CLOS DU ROI, Les Bressandes. Rico e forte, deve envelhecer bem. Corton branco raro dos HOSPICES DE BEAUNE e CHANDON DE BRIAILLES.

Corton-Charlemagne Borg b ★★★★ **89'** **90'** **92'** **95** **96** **97** **98** 99' 00' 01 02' 03 04 05' 06 A região branca (um terço) de CORTON. Rico, condimentado, com permanência no palato, o GRAND CRU Chablis da Côte d'Or; envelhece como um tinto. Os produtores de primeira linha são BONNEAU DU MARTRAY, COCHE-DURY, FAIVELEY, HOSPICES DE BEAUNE, JADOT, Javillier, LATOUR, ROUMIER, VOUGERAIE.

Costières de Nîmes S Rh t r b ★→★★ Essencialmente tintos quentes encorpados e frutados; os melhores envelhecem bem. Procure Châteaux de Campuget, Grande Cassagne, Mas Neuf, Mourgues-du-Grès, Nages, d'Or et des Geules, Roubaud, de la Tuilerie, Mas des Bressades, Tardieu-Laurent, Domaine du Vieux Relais. Os melhores tintos são substanciais: 6 a 8 anos. Alguns brancos de estilo (inclusive Roussanne) valem uma olhada.

Côte de Beaune Borg t b ★★→★★★★ Empregado geograficamente: a metade sul da CÔTE D'OR. A AC se aplica apenas a partes de BEAUNE.

Côte de Beaune-Villages Borg t ★★ **99'** 02' 03 **04** 05' 06 APPELATTION regional para vinhos secundários de área clássica. Nos rótulos não podem ser chamados "Côte de Beaune" sem a palavra "-Villages" ou o nome da vila. Apenas vinhos tintos.

Côte de Brouilly Beauj t ★★ 03' 05' **06** BEAUJOLAIS CRU frutado e rico, um dos melhores. Experimente o Château Thivin.

Côte Chalonnaise Borg t b esp ★★ Área de vinhedos entre BEAUNE e MÂCON. Ver também BOUZERON, GIVRY, MERCUREY, MONTAGNY, RULLY. Também chamada "Région de Mercurey".

Côte de Nuits Borg t (b) ★★→★★★★ Metade norte da CÔTE D'OR. Na maior parte, vinho tinto.

Côte de Nuits-Villages Borg t (b) ★★ **99'** 02' 03 **04** 05' 06 AC menor para as extremidades norte e sul da CÔTE DE NUITS; vale a pena pesquisar as pechinchas.

Côte d'Or Nome de *département* aplicado às encostas dos vinhedos centrais e principais da Borgonha: CÔTE DE BEAUNE e CÔTE DE NUITS. Não usado em rótulos.

Côte Roannaise França Central t r ★→★★ **03 04 05** 06 Pequena AC nas colinas altas fora de Roanne, a oeste de Lyon. Gamay sedosa e focada. Domaines, Lapandéry, du Pavillon, des Millets, Serol.

Côte-Rôtie N Rh t ★★★→★★★★ O melhor e mais borgonhês dos tintos do Rhône, do S de Vienne, principalmente Syrah, toque de Viognier. Suavidade e fineza ricas e complexas com o envelhecimento (principalmente 5 a 10+ anos). Produtores de primeira linha: Barge, Bernard, Bonnefond (carvalho), Burgaud, CHAPOUTIER, Clusel-Roch, DELAS, Gaillard, J-M Gérin (carvalho), GUIGAL, Jasmin, Levet, Ogier (carvalho), ROSTAING, VIDAL-FLEURY.

Coteaux d'Aix-en-Provence Prov t r b ★→★★★ Das montanhas ao norte de Aix. Diversas variedades de uvas. Dentre as boas propriedades estão: Châteaux Calissanne, Vignelaure, Domaine des Béates (pertencente à CHAPOUTIER), Domaine du Château Bas. Ver também COTEAUX DES BAUX-EN-PROVENCE.

Coteaux d'Ancenis Lo t r b (d) ★ CJD VDQS à margem direita do Loire, a leste de Nantes. Principalmente os do tipo Chenin Bl brancos secos, semi-secos e doces, e Malvoisie; também tintos e *rosés* leves de Gamay. Principalmente Guindon.

Coteaux de l'Aubance Lo b d ★★→★★★★ **89 90 95 96 97 02 03** 04 05 (06) Pequena AC de brancos doces de Chenin Bl. Mais tenso e geralmente menos suntuoso que COTEAUX DU LAYON, exceto quando SÉLECTIONS DES GRAINS NOBLES. Principalmente Bablut, Haute-Perche, Montgilet, RICHOU, Rochelles.

Coteaux des Baronnies S Rh t r b ★ CJD VIN DE PAYS do Rhône, perto de Nyons. Syrah, Cab Sauv, Merlot, CHARD e uvas tradicionais. Vinhos diretos, de boas altitudes. Domaines du Rieu-Frais e Rosière valem a pena observar.

Coteaux des Baux-en-Provence Prov t r ★→★★★ Das montanhas para o norte e sul dos Alpilles. Antiga parte da COTEAUX D'AIX, atualmente AC de tinto e *rosé*. TRÉVALLON é o melhor de todos, com exceção do VIN DE PAYS: não há Grenache nos vinhedos, portanto não é AC.

Côteaux de Chalosse Sudoeste da França t r b ★ CJD VINS DE PAYS procedentes de uvas locais singulares. Cooperativa agora unida à TURSAN.

Coteaux Champenois Champ t b (r) ★★★ CJD (brancos) AC de vinhos não-espumantes de CHAMPAGNE. As safras são as mesmas do CHAMPANHE. Não valem os preços inflados.

Coteaux du Giennois Lo t r b ★ CJD Pequena área ao N de POUILLY, promovida a AC em 1998. Tintos leves e potencialmente fortes: mistura de Gamay e Pinot N; Sauv Bl nos moldes de um SANCERRE menor. Melhores: HENRI BOUGEOIS, Cave de Pouilly sur Loire, Paulat.

Coteaux de Glanes Sudoeste da França t ★★ CJD VIN DE PAYS vivaz e de bom valor procedente do norte da Dordonha. Todos de oito cooperativas de viticultores. Na maior parte, consumido em restaurantes locais.

Coteaux du Languedoc Midi t r b ★★→★★★ Grande área entre Narbonne e Nîmes, inúmeras subdivisões e, mais recentemente, GRÈS DE MONTPELLIER e TERRASSES DU LARZAC. PÉZENAS em alta produção. Inúmeras boas propriedades, com a qualidade em rápida elevação. A AC desaparecerá, substituída pela AC Languedoc.

Coteaux du Layon Lo b sd d ★★→★★★★ O coração de ANJOU: Chenin Bl doce; exuberância com acidez admirável, envelhece praticamente para sempre. Nova SÉLECTION DES GRAINS NOBLES; cf. ALSÁCIA. Sete vilas podem acrescentar seus nomes à AC. Principais ACS: BONNEZEAUX, QUARTS DE CHAUME, Coteaux du Layon-Chaume. Entre os produtores se incluem Badouin, BAUMARD, Delesvaux, des Forges, DOMAINE LES GRANDES VIGNES, Domaine de Juchepie, Ogereau, Papin (CHÂTEAU PIERRE-BISE), Jo Pithon, Guegniard, Château la Fresnaye.

Coteaux du Loir Lo t r b sc d ★→★★★ **02 03** 04 05 O Loir é um afluente do Loire que corre para o norte. Região pequena ao N de Tours, incluindo JASNIÈRES. Chenin Bl com toques de maçã potencialmente bom, Gamay, Pineau d'aunis apimentado que casa bem com pratos picantes e queijos pungentes. Produtores de primeira linha: Chaussard/le Briseau, de Rycke, Fresneau, Gigou, Domaine de Bellieviere/Nicolas e Robinot.

Coteaux du Lyonnais Beauj t r (b) ★ CJD BEAUJOLAIS júnior. Melhor quando EN PRIMEUR.

Coteaux de Pierrevert S Rh t r b ★ Área fria que produz vinho de cooperativa tinto, *rosé*, branco fresco, fácil de beber, em vinhedos altos nas imediações de Manosque. Domaine la Blaque, Château Régusse, Château Rousset. AC desde 1998.

Coteaux du Quercy Sudoeste da França t ★→★★ 01' 02 03 04 05' (06) S de VDQS CAHORS, esperando por AC. Vinhos de base Cab Fr de ★★: Domaines de Merchien e Lagarde; ★: de la Combarade, d'Aries, de Guyot, de Lafage. Cooperativa ★.

Coteaux de Saumur Lo b d ★★→★★★ Raro e potencialmente bom Chenin Bl de semi-doce a doce. O melhor é o doce (MOELLEUX) semelhante ao VOUVRAY. Especialmente CLOS ROUGEARD, CH Tour Grise, DOMAINE DES CHAMPS FLEURIS/Retiveau-Retif, Regis Neau.

Coteaux et Terrasses de Montauban Sudoeste da França t r ★→★★ CJD Domaine de Montels e Domaine de Biarnès ★ melhores que a cooperativa em LAVILLEDIEU-DU-TEMPLE.

Coteaux du Tricastin S Rh t r b ★★★ 01' 03 04 05' 06 AC secundária do Rhôde Central de qualidade crescente. Os melhores incluem Domaines de Bonetto-Fabrol, Grangeneuve (principalmente VIELLES VIGNES), de Montine, St-Luc e Château La Décelle (inclusive CÔTES DU RHÔNE branco).

Coteaux Varois-en-Provence Prov t r b ★→★★ Substancial zona AC, originalmente Coteaux Varois *tout court*, entre COTEAUX D'AIX e CÔTES DE PROVENCE. ***Tintos quentes de Routas***, la Calisse, Domaines les Alysses, du Deffends.

Coteaux du Vendômois Lo t r b ★→★★ CJD AC secundária do Loire, a oeste de Vendôme. Os vinhos mais característicos são VINS GRIS de Pinot d'Aunis, a qual também dá notas de pimenta às misturas tintas. Brancos baseados na Chenin Bl. Dentre os produtores estão Domaine du Four à Chaux, Cave du Vendôme-Villiers, Patrice Colin, Domaine de Montrieux.

Côtes d'Auvergne França Central t r (b) ★→★★ CJD Pequenas VDQS. Principalmente Gamay, apesar de algum Pinot N e CHARD. Melhores vilas: Boudes, Chanturgue, Cateaugay, Corent e Madargue. Produtores: Cave St-Verny e Domaine de Peyra (vende seus vinhos como VIN DE PAYS).

Côtes de Bourg B'x t b ★→★★ 99 00' 01 02 03 04 05' AC de tinto terroso e branco seco do leste de Gironde. Qualidade consistente. Excelentes Châteaux Brûlesécaille, Bujan, Falfas, Fougas, Garreau, Guerry, Haut-Guiraud, Haut-Maco, Haut Mondésir, Macay, Mercier, Nodoz, Roc de Cambes, Rousset, Sociondo, Tour de Guiet.

Côtes du Brulhois Sudoeste da França t r (b) ★→★★ 03 04 05' (06) Perto de Agen. VDQS se aprimorando rapidamente centradas na cooperativa de Donzac, mas com promissores e independentes Le Bois de Simon, Château la Bastide, Doms des Thermes e Coutéjou-Peyret.

Côtes de Castillon B'x t ★→★★ 98 99 00' 01 02 03 04 05' Região florescente, a leste de ST-ÉMILION; vinhos similares. Potencial de envelhecimento. Dentre os melhores *châteaux* estão de l'A, d'Aiguilhe, Cap de Faugères, la Clarière-Laithwaite, Clos l'Eglise, Clos Les Lunelles, Clos Puy Arnaud, Poupille, Robin, Veyry, Vieux Château Champs de Mars.

Côtes de Duras Dordonha t b r ★→★★★ 02 04 05' (06) Satélite de BORDEAUX. Os melhores de ★★★: Domaines Mouthes-les-Bihan, Petit Malromé e Châteaux Condom-Perceval; ★★: des Allegrets, du Grand Mayne, de Laulan e Château Lapen. Boa cooperativa (Berticot).

Côtes du Forez Lo t r (esp) ★ CJD AC mais ao norte de Loire próxima a St. Etienne para tintos e *rosés* extrovertidos de Gamay.

Côtes de Francs B'x t b ★★ 98 00' 01 03 04 05' BORDEAUX secundário do leste de ST-ÉMILION. Principalmente tintos, mas alguns brancos: saborosos e atraentes. Os tintos podem envelhecer um pouco. Dentre os melhores *châteaux* estão Charmes-Godard, Francs, Laclaverie, Marsau, Pelan, PUYGUERAUD, La Prade.

Côtes de Gascogne Sudoeste b (t r) ★ CJD VIN DE PAYS Alta produção de vinho muito popular, liderada pela cooperativa Plaimont e pela família Grassa (Châteaux de Tariquet). Sancet de San Guilhem, Château Monluc. Também de produtores de MADIRAN, BRUMONT notavelmente.

Côtes du Jura t r b (esp) ★ CJD Diversos sabores e tintos leves. O ARBOIS é mais substancial.

Côtes du Lubéron S Rh t r b ★→★★ Vinhos campestres do S do Rhône, muito melhorados, podem, muitas vezes, refletir técnicas modernas. Uma proliferação de novos produtores incluem atores e magnatas da mídia. A estrela é o Château de la Canorgue. Outras: Domaine de la Citadelle, Châteaux St-Estève de Neri, Val-Joanis, Tardieu Laurent e Cellier de Marrenon.

Côtes de la Malepère Midi t ★ CJD Elevada recentemente a AC, na fronteira entre o Midi e o Sudoeste, próximo de Limoux, usa variedades de uvas de ambas as regiões. Procure tintos frescos e ansiosos.

Côtes du Marmandais Dordonha t r b ★→★★★ 01 02 **03 04** 05' (06) AC de rápido desenvolvimento. Excelente Elian da Ros ★★★ (Clos Bacqueys). Muito bom: ***de Beaulieu*** ★★ (os melhores são encorpados, precisam envelhecer). Também Domaine Des Géais ★.

Côtes de Montravel Dordonha b s d ★★ Parte de BERGERAC; tradicionalmente meio-doce, atualmente menos comum. MONTRAVEL SEC é seco, HAUT-MONTRAVEL é doce.

Côtes de Provence Prov t r b ★→★★★ t **00 01 02 03** 04 05 06 (r b CJD) Revolucionados por novas atitudes e investimentos. Líderes: Castel Roubine, Commanderie de Peyrassol, Domaines Bernarde, de la Courtade, Domaine Ott com Château de Selle e Clos Mireille, des Planes, Rabiéga, Richeaume, CH Ste-Rosaline. STE VICTOIRE é subzona reconhecida recentemente. Ver COTEAUX D'AIX, BANDOL.

Côtes du Rhône S Rh t r b ★→★★ AC básica do Rhône, principalmente Grenache, também Syrah. Melhor quando bebido jovem, até mesmo PRIMEUR. Qualidade amplamente variável. Os melhores costumam ser os da área de Vaucluse: uma superprodução pesada.

Produtores importantes da Côtes du Rhône: Châteaux Courac, La Courançonne, l'Estagnol, Fonsalette, Grand Moulas, Haut-Musiel, Hugues, Montfaucon, St-Estève, Trignon (incluindo Viognier); Cooperativas Chantecotes (Ste-Cécile-les-Vignes), Villedieu (especialmente branco); Domaines La Bouvade, Charvin, Combebelle, Coudoulet de Beaucastel (t, b), Cros de la Mûre, Espigouette, Ferrand, Fond-Croze, Gourget, Gramenon, Janasse, Jaume, Perrin, Réméjeanne, St-Siffrein, Soumade, Vieille Julienne, Vieux Chêne; Delas, G. Duboeuf, Guigal, Jaboulet.

Côtes du Rhône-Villages S Rh t r b ★→★★ Substancial, principalmente confiável, às vezes, delicioso (e de muito bom valor). A base dos tintos é Grenache; porém Syrah e Mourvèdre são atualmente usadas. Qualidade crescente dos brancos, muitas vezes com Viognier, Roussanne. Ver BEAUMES-DE-VENISE, CAIRANNE, CHUSCLAN, LAUDUN, RASTEAU, SABLET, SÉGURET, ST-GERVAIS. Novas vilas desde 2005: Massif d'Uchaux, Plan de Dieu, Puymeras, Plateau de Signargues. Bom valor, por exemplo, Château Fontségune, Signac, Domaines Cabotte, Deforge, Grand Moulas, Grand Veneur, Jérome Mas Libian, Montbayon, Rabasse-Charavin, Renjarde, Romarins, Ste-Anne, St Siffrein, Saladin, Valériane, Vieux Chêne, Cave Estézargues, Cave Rasteau.

Côtes du Roussillon Pir t r b ★→★★ **98 99 00 01 02** 03 04 05 06 AC do leste dos Pireneus. O tinto corpulento Carignan está na sua melhor forma e tem um efeito poderoso (por exemplo, Gauby). Alguns brancos.

Côtes du Roussillon-Villages Pir t ★★ **98 99 00 01 02** 03 04 05 06 Os melhores tintos da região de 28 vilas. Dominada pela Vignerons Catalans. Melhores rótulos: Cazes Frères, Domaines des Chênes, la Cazenove, Gauby (também VIN DE PAYS branco com muita personalidade), Château de Jau, Cooperativa Lesquerde, Dom Piquemal, Domaine Seguela.

Côtes du Roussillon des Aspres AC relativamente nova (apenas tinto). Primeiros vinhos da safra de 03, baseados em Grenache Noir, Carignan, Syrah e Mourvèdre.

Côtes de St-Mont Sudoeste da França t b r ★★ (t) **04 05'** (06) (b) VDQS de Gers ainda em busca do título de AC. Criada pela Producteurs Plaimont, a cooperativa mais bem-sucedida do sudoeste. Mesmas uvas de MADIRAN e PACHERENC.

Côtes du Tam Sudoeste da França t r b ★ CJD VIN DE PAYS se sobrepõe a GAILLAC; mesmos produtores, mas também Dom d'en Segur (não na AC de Gaillac).

Côtes de Thongue Midi t b ★ CJD VIN DE PAYS de HÉRAULT melhorando. Área dinâmica com tintos de bom envelhecimento: Domaines Arjolle, les Chemins de Bassac, Coussergues, la Croix Belle, Magellan, Montmarin, Monplézy.

Côtes de Toul Leste da França (Lorena) r t b ★ CJD Vinhos muito leves; principalmente VIN GRIS.

Côtes du Ventoux S Rh t r (b) ★★ **01' 03 04' 05 06** Mais de 6.000 ha entre Rhône e Provença de tintos saborosos (que vão do estilo café a sabores muito mais profundos), *rosés* e bons brancos (apesar do crescente uso do carvalho). A altitude concede sabores frios para alguns. Melhor: La Vieille Ferme (t) pertencente à cooperativa Bédoin de BEAUCASTEL, Goult, St-Didier, Domaine

Anges, Brusset, Cascavel, Fondrêche, Martinelle, Font-Sane, Murmurium, Verrière, Château La Croix des Pins, Pesquié, Pigeade, Valcombe, JABOULET.

Côtes du Vivarais S Rh t r b ★ **04 05' 06** CJD Mais de 580 ha que incluem diversas vilas de Ardèche a oeste de Montélimar; promovidos a AC em 1999. CUVÉES simples estão melhorando, significativo uso de Syrah, quantidade grande de tintos envelhecidos em carvalho.

Coulée de Serrant Lo b d s ★★★★ **95 96 97 98 99** 02 **03** 04 05 Vinhedo de Chenin Bl com 6,4 ha em SAVENNIÈRES. Resolutamente biodinâmico. Fascinante vinho de *terroir*, mesmo quando abaixo da perfeição. Decantá-lo duas horas antes do consumo – não refrigerar.

Courcel, Domaine ★★★ Importante propriedade de POMMARD – PREMIER CRU Rugiens de primeira linha.

Crémant Em CHAMPAGNE significava "de creme" (semi-espumante). Desde 1975 uma AC de espumantes de qualidade, obtida pelo método clássico na ALSÁCIA Loire, BORGONHA e, mais recentemente LIMOUX – freqüentes pechinchas. Termo não mais usado em CHAMPAGNE.

Crépy Savóia b ★★ CJD Branco leve, suave ao estilo suíço da margem sul do Lago Genebra. O termo *crépitant* foi cunhado para referir-se a seu leve ruído.

Crozes-Hermitage N Rh t (b) ★★ **95' 98' 99' 00' 01' 03' 05 06** Vizinha de Hermitage: vinhedos maiores de Syrah (1.355 ha), com colinas e áreas planas. Maior parte de frutados, para beber cedo (2 a 5 anos), alguns envelhecidos em barril (4 a 10 anos). Bons: Belle, Y. Chave, Château Curson, Darnaud, Domaines du Colombier, des Entrefaux (carvalho), Hauts-Chassis, Mucyn, Murinais, du Pavillon-Mercurol, de Thalabert de Jaboulet, Chapoutier, Delas. Beber os brancos cedo (04 especialmente bom).

Cuve close Método abreviado de produzir vinho espumante em tanques. Uma vez na taça, a espuma termina muito mais depressa do que no vinho obtido pelo MÉTHODE TRADITIONELLE.

Cuvée Vinho contido numa *cuve*, ou cuba. Uma palavra de muitos usos, inclusive sinônimo para "mistura" e vinhos de primeira prensagem (como em CHAMPANHE); na Borgonha, é intercambiável com "*cru*". Muitas vezes refere-se simplesmente a "bastante" vinho.

Dagueneau, Didier Lo ★★★→★★★★ Importante produtor de POUILLY-FUMÉ, que criou novos modelos para a AC (sobretudo CUVÉES Silex e Pur Sang) e para Sauv Bl – tanto em Pouilly-Fumé quanto, agora, SANCERRE, com seu pequeno vinhedo em Chavignol. Veja também JURANÇON por seu Jardins de Babylone.

De Castellane Brut NV; BLANC DE BLANCS; Brut Prestige Florens de Castellane. Tradicional casa de CHAMPAGNE de Épernay. Melhor para vinhos ***vintage***; principalmente CUVÉE Commodore Brut.

Deiss, Domaine Marcel ★★→★★★ Produtor de Bergheim, ALSÁCIA. Mistura de lotes distintos, mas também produz bons varietais das GRANDS CRUS SCHOENENBOURG e Altemberg de Bergheim. Outrora orgânico, hoje biodinâmico.

Delamotte Boa e pequena casa de CHAMPAGNE dominada por CHARD em Le Mesnil. Conduzida com SALON por LAURENT PERRIER.

Delas Frères N Rh ★→★★★ Antiga e muito confiável firma de especialistas do Rhône com vinhedos em CONDRIEU, CÔTE-RÔTIE, HERMITAGE. Vinhos de primeira linha: ***CONDRIEU***, CÔTE-RÔTIE Landonne, Hermitage M de Tourette (tinto, branco), Bessards. Pertencente à ROEDERER. Alta qualidade.

Deutz Brut Classic NV; Rosé NV; Brut (**95 98 99** 02); BLANC DE BLANCS (**96 98 99** 02). Uma das principais pequenas casas de CHAMPAGNE, pertencente à ROEDERER. Vinhos muito secos e clássicos. ***Soberbo CUVÉE William Deutz*** (**95 96' 98**). Ver também Nova Zelândia.

Domaine Pérignon Cuvée **90'** 95 **96** 98' **99** Rose **98** 99 CUVÉE de luxo da MOËT & CHANDON, nomeada em homenagem ao lendário mestre-vinhateiro que pela primeira vez misturou o CHAMPANHE. Consistência de qualidade espantosa e personalidade cremosa, especialmente após 10-15 anos de envelhecimento em garrafa. Biblioteca de vinhos sobre safras de edição limitada, lançadas tardiamente, desde 1966.

Domaine Propriedade, particularmente na Borgonha e na França rural. Procure pelo nome do domaine, por exemplo TEMPIER, DOMAINE.

Dopff & Irion ★→★★ Firma do século XVII em Riquewihr, na ALSÁCIA, atualmente parte da PFAFFENHEIM. Famosa MUSCAT les Amandiers, GEWÜRZ Les Sorcières. Também bom CRÉMANT D'ALSACE.

FRANÇA

Dopff au Moulin ★★ Antiga e famosa casa familiar de vinhos de primeira linha em Riquewihr, ALSÁCIA. Melhores: GEWÜRZ GRANDS CRUS Brand, Sporen; Ries SCHOENENBOURG; Sylvaner de Riquewihr. Pionera na produção de vinho espumante na ALSÁCIA; bom CUVÉES: Bartholdi e Julien.

Dourthe, Vins & Vignobles Comerciante em BORDEAUX com ampla variedade e ênfase na qualidade: notavelmente bons CHÂTEAUX BELGRAVE, LE BOSCQ, LA GARDE, Beau-Mayne, Pey La Tour e Dourthe Nº 1 são genéricos Bordeaux bem feitos. Concentrados na essência, modernos.

Doux Doce.

Drappier, André Incrível casa de CHAMPAGNE da região de AUBE. Gerenciamento familiar. NV cheio, com base Pinot, BRUT Zéro, Rosé Saignée, Signature BLANC DE BLANCS (**99** **00** **02**). Millésime d'Exception (**00** **02**). Soberbo CUVÉE de prestígio Grande Sendrée (**98** **99** **00** 02).

Drouhin, J. & Cie Borg ★★★→★★★★ Produtor merecidamente prestigioso (61 ha). Adegas em BEAUNE; vinhedos em Beaune, CHABLIS, CLOS DE VOUGEOT, MUSIGNY etc., e Oregon, EUA. Os melhores vinhos são (principalmente) ***BEAUNE-CLOS DES MOUCHES*** (branco), CHABLIS LES CLOS, CORTON-CHARLEMAGNE, PULIGNY-MONTRACHET, Les Folatières (tinto) GRIOTTE-CHAMBERTIN, MUSIGNY, GRANDS-ECHÉZEAUX.

Duboeuf, Georges ★★→★★★ Comerciante de primeira classe de Romanèche-Thorin. Líder da região em todos os sentidos; variedade imensa de vinhos admiráveis. Também MOULIN-À-VENT envelhecido atipicamente em carvalho novo, MÂCONNAIS branco etc.

Duclot Mercador de vinhos de BORDEAUX; especialista em produção de alto nível. Ligado à J-P MOUEIX.

Dugat Borg ★★★ Os primos Claude e Bernard (Dugat-Py) fazem excelentes vinhos escuros em GEVREY-CHAMBERTIN com seus respectivos rótulos.

Dujac, Domaine ★★★ Produtor da Borgonha (Jacques Seysses) em MOREY-ST-DENIS com vinhedos nessa vila e em BONNES-MARES, ECHÉZEAUX, GEVREY-CHAMBERTIN etc. Vinhos esplendidamente vívidos e longevos. Outros vinhedos de primeira linha: VOSNE-ROMANÉE, Malconsorts, CHAMBERTIN CLOS DE BEZE, adquiridos em 2005. Também mercador de vinhos da vila como o Dujac Fils & Père. Também empreendimentos em COTEAUX VAROIS.

Dulong Comerciante de BORDEAUX que produz misturas não ortodoxas Rebelle. Também VINS DE PAYS.

Durup, Jean Borg ★★→★★★ Um dos maiores produtores de CHABLIS com 152 ha, inclusive Domaine de l'Eglantière e o admirável Château de Maligny.

Duval-Leroy Dinâmica casa de CHAMPAGNE de Côte des Blancs. 130 ha de bons vinhedos.

Echézeaux Borg t ★★★ **88' 89' 90' 93 95 96' 97 99' 00** 02' 03 04 05' 06 GRAND CRU (30 ha) entre VOSNE-ROMANÉE e CLOS DE VOUGEOT. Pode ser superlativo, fragrante. GRAND CRU de peso médio.

Ecu, Domaine de l' Lo sc b t ★★★ **89 90 95 96 97 02 03** 04 05 06 Soberbo produtor de MUSCADET (principalmente o Cuvée Granite rico em minerais) e Gros Plant com princípios biodinâmicos. Também pequenas quantidades de excelente Cab Fr e espumante.

Edelzwicker ALSÁCIA b ★ CJD Branco misturado leve e modesto. Popularidade enfraquecida.

d'Eguisheim, Cave Vinicole ★★ Cooperativa muito boa da ALSÁCIA, muitas vezes oferecendo excelentes preços: bom GRAND CRUS Hatschbourg, HENGST, Ollwiller, Spiegel. Proprietária de Willm. Principais rótulos: WOLFBERGER. Melhores: Grande Réserve, Sigillé, Armorié. Bom CRÉMANT e Pinot N.

Engel, R. ★★★ Produtora de primeira linha de CLOS DE VOUGEOT, ECHÉZEAUX, GRANDS-ECHÉZEAUX E VOSNE-ROMANÉE. Comprada por François Pinault do CHÂTEAU LATOUR depois da trágica morte prematura de Philippe Engel em 2005.

Entraygues et Le Fel Sudoeste da França t r b CJD ★ VDQS fragrantes. Principalmente os brancos ★★ Domaine Méjannassère e *rosés* e tintos Laurent Mousset.

Entre-Deux-Mers B'x b ★→★★ CJD Branco seco bastante melhorado de BORDEAUX, entre os dois rios Garonne e Dordonha (também conhecido como E-2-M). Melhores *châteaux*: BONNET, Fontenille, Marjosse, Nardique-la-Gravière, Sainte-Marie, Tour de Mirambeau, Toutigeac.

Esmonin, Sylvie Borg ★★★ GEVREY-CHAMBERTIN requintado, principalmente CLOS ST-JACQUES. Atualmente mais escuro e mais concentrado.

L'Etoile Jura b sc esp (d) ★★ Sub-região do JURA, conhecida pelos brancos de estilo, incluindo VIN JAUNE, semelhante ao CHÂTEAU-CHALON; bons espumantes.

Faiveley, J. Borg ★★→★★★★ Produtor e comerciante familiar em NUITS-ST-GEORGES. Vinhedos (109 ha) em CHAMBERTIN-CLOS DE BEZE, CHAMBOLLE-MUSIGNY, CORTON, MERCUREY, NUITS. Qualidade consistentemente alta, mais do que charme.

Faller, Théo/Domaine Weinbach ★★→★★★★ Fundado por monges de Capucin em 1612, agora dirigido por Colette Faller e duas filhas. Vinhos concentrados estonteantes, agora com freqüência mais secos, principalmente GRANDS CRUS SCHLOSSBERG (Ries), FURSTENTUM (GEWÜRZ).

Faugères Midi t (r b) ★★ 98 99 00 **01 02 03** 04 05 06 Vila isolada do COTEAUX DU LANGUEDOC com *terroir* excepcional baseado em xisto. Tintos e *rosés* conquistaram o status de AC em 1982; os brancos de Marsanne, Roussane e Rolle em 2004.

Fessy, Sylvain Beauj ★★ Comerciante dinâmico de BEAUJOLAIS com ampla linha.

Fèvre, William Borg ★★★ Produtor de CHABLIS, detentor da maior propriedade de GRAND CRU Domaine de la Maladière (18 ha). Excepcional desde que foi comprado pela HENRIOT, em 1998.

Fiefs Vendéens Lo t r b ★ CJD VDQS para vinhos leves e geralmente modestos da Vendée, ao S de MUSCADET, na costa atlântica. Vinhos de CHARD, Chenin Bl, Sauv Bl, Melon (brancos), Grolleau (*gris*), Cab Fr, Cab Sauv, Pinot N, Negrette e Gamay para tintos e *rosés*. Principalmente: Coirier, Michon, Domaine St-Nicolas, Château Marie du Fou.

Fitou Midi t ★★ 98 99 00 **01 02** 03 04 05 06 Tinto forte das montanhas ao S de Narbonne, assim como de vinhedos da costa. Envelhece bem. As cooperativas de Tuchan ditam as regras nas cooperativas. Experiências com Mourvèdre. Entre as boas propriedades estão Château Nouvelles, Domaine Lérys, Rolland.

Fixin Borg t ★★★ 95 96' **97 98** 99' **01 02' 03** 04 05' 06 Valioso e subestimado vizinho setentrional de GEVREY-CHAMBERTIN. Freqüentemente tintos esplêndidos. Melhores vinhedos: Clos du Chapitre, Les Hervelets, Clos Napoléon. Produtores incluem CLAIR, FAIVELEY, Gelin, Guyard.

Fleurie Beauj t ★★★ 03 05' **06** A epítome de um BEAUJOLAIS *cru*: devem ser vinhos frutados, perfumados, sedosos e vigorosos. Principalmente da Chapelle des Bois, Chignard, Depardon, Després, DUBOEUF, Château de Fleurie, Métras, cooperativas.

Floc de Gascogne Sudoeste da França t b A resposta local feita por Gascon ao PINEAU DES CHARENTES. Suco de uva não-fermentado misturado ao ARMAGNAC.

Fronsac B'x t ★→★★★ **95 96** 98 00' 01 03 05' Área íngrime a oeste de ST-EMILION; um dos tintos de melhor valor de Bordeaux. Melhores *châteaux*: DALEM, LA DAUPHINE, Fontenil, La Grave, Haut Carles, Mayne-Vieil, Moulin-Haut-Laroque, Richetieu, LA RIVIÈRE, La Rousselle, Tour du Moulin, Les Trois Croix, La Vieille Cure, Villars. Ver também CANON-FRONSAC.

Frontignan Midi dourado d ★★ Pequena AC NV de MUSCAT doce e fortificado. Experiências com vinhos não-fortificados de colheita tardia. Constante melhoria da qualidade.

Fronton Sudoeste da França t r ★★ 04 05' **06** Frutas vermelhas, violetas e alcaçuzes ganham o apelido de "BEAUJOLAIS do Toulouse". Dentre os bons produtores estão Doms de Caze, Joliet, du Roc; Châteaux Baudare, ***Bellevue-la-Forêt***, Boujac, Cahuzac, Cransac, Plaisance.

Gagnard, Jean-Noel Borg ★★★ No ao topo do clã Gagnard. GRAND CRU, PREMIER CRU e os vinhos da vila em CHASSAGNE-MONTRACHET são lindamente expressivos. Também primos Blain-Gagnard, Fontaine-Gagnard.

Gaillac Sudoeste da França t r b sc d esp ★→★★★ Na maior parte CJD, exceto tintos envelhecidos em carvalho 03 04 05' (06). Também brancos doces **01 02 03** 04 05' (06). ★★★ PLAGEOLES, Domaines de Ramaye, Causse-Marines, Rotier, Gineste, ★★ d'Arlus, d'Escausses, La Chanade, Cailloutis, Laroque, Long Pech, Mayaragues, Salmes, Sarrabelle. Bons e versáteis ★★ Domaines de Labarthe, Mas Pignou e La Vayssette.

Garage *Vins de garage* são (geralmente) Bordeaux feitos em uma escala muito pequena. Rigoroso processo de vinificação, porém uma garrafa custa tanto quanto uma refeição completa.

Gard, Vin de Pays du Languedoc ★ O *département* de Gard, na foz do Rhône, é um centro de produção importante de firmes VINS DE PAYS, incluindo-se Coteaux Flaviens, Coteaux du Pont du Gard, SABLES DU GOLFE DU LION, Duché d'Uzès, Vaunage.

Gers t b r ★ CJD *Vin de pays* indistingüível das CÔTES DE GASCOGNE próximas.

FRANÇA

Gevrey-Chambertin Borg t ★★★ **90' 93 95** 96' **97 98** 99' **00 01** 02' **03** 04 05' 06 Vila que abrange o grande CHAMBERTIN, seus primos GRAND CRU e diversos outros vinhedos nobres (por exemplo, PREMIERS CRUS Cazetiers, Combe aux Moines, Combottes, CLOS ST-JACQUES). Entre os produtores estão Bachelet, L. Boillot, BURGUET, Damoy, DROUHIN, DUGAT, ESMONIN, FAIVELEY, Harmand-Geoffroy, Geantet-Pansiot, JADOT, LEROY, MORTET, Rossignol-Trapet, ROTY, ROUSSEAU, SERAFIN, Trapet, Varoilles.

Gigondas S Rh t r ★★→★★★ **78' 89' 90' 95' 96 97 98' 99' 00' 01' 02 03'** 04' 05' **06** Vizinha valorosa e de qualidade do CHÂTEAUNEUF. Vinho forte e bem encorpado, por vezes apimentado, a maior parte Grenache. Experimente: Château de Montmirail, Saint-Cosme, Clos du Joncuas, P. Amadieu, Domaine Bouïssière, Cayron, Font-Sane, Goubert, Gour de Chaulé, Grapillon d'Or, les Pallières, Piaugier, Raspail-Ay, Roubine, St-Gayan, Sanat Duc, Tourelles, des Travers. *Rosés* freqüentemente aquecidos em excesso.

Ginestet Mercador de vinhos tradicional de BORDEAUX, atualmente pertencente a Bernard Taillan.

Girardin, Vincent Borg t b ★★→★★★ Excelente produtor em SANTENAY, atualmente comerciante dinâmico, especializando-se nas ACS da CÔTE DE BEAUNE. Inclui Domaine Henri Clerc em PULIGNY. Estilo moderno, amadeirado e frutado.

Givry Borg t b ★★ **02' 03** 05' 06 Vila subestimada da CÔTE CHALONNAISE: Borgonhas leves, saborosos e típicos, por exemplo, Joblot, L. LATOUR, Lumpp, Sarazin, BARON THENARD.

Gorges et Côtes de Millau Sudoeste da França t r b ★ CJD Vinhos rurais de qualidade ascendente. Os tintos são os melhores. Boa cooperativa de Aguessac. Alguns corajosos produtores privados. Inclui ★★ Domaine Du Vieux Noyer.

Gosset Pequena e muito antiga casa de CHAMPAGNE em AŸ. Tradicional vinho encorpado → sobretudo Grand Millésime (**98 99** 00 02). Gosset Celebris (**96' 98 99** 02) é CUVÉE de prestígio.

Gouges, Henri ★★★ Propriedade revitalizada de rico e complexo NUITS-ST-GEORGES, com potencial para grande envelhecimento.

Grand Cru Um dos principais vinhedos da Borgonha com sua própria AC. Na ALSÁCIA, um dos 51 vinhedos de primeira linha cobertos pela AC ALSACE GRAND CRU, porém mais vago em outros lugares. Em ST-ÉMILION 60% da produção é coberta pela AC ST-ÉMILION GRAND CRU.

Grande Champagne A AC da melhor área de COGNAC. Nada tem de espumante.

Grande Rue, La Borg t ★★★ **90' 93 95 96' 97 99' 00** 02' 03 04 05' 06 VOSNE-ROMANÉE GRAND CRU, vizinha a ROMANÉE-CONTI. Monopólio da Domaine Lamarde.

Grands-Echézeaux Borg t ★★★★ GRAND CRU superlativo de 8,9 ha próximo a CLOS DE VOUGEOT. Vinhos leves, porém aromáticos, a saber: DROUHIN, ENGEL, DRC, GROS.

Gratien, Alfred e **Gratien & Mayer** ★★→★★★ Brut NV; Brut **95 96'** 98; Cuvée Paradis Brut e Rosé de prestígio (**98 99** 02). Excelente casa familiar de pequeno porte de CHAMPAGNE. ***Bom vinho, muito seco e longevo***, fermentado em barris. Gratien & Meyer é sua correspondente em SAUMUR. (Cuvée Flamme muito bom.)

Graves B'x t b ★→★★ **00 01 04** 05' Região ao S da cidade de BORDEAUX, com excelentes tintos suaves e terrosos; brancos secos minerais. PESSAC-LÉOGNAN é uma zona interna a esta. Principais *châteaux*: ARCHAMBEAU, CHANTEGRIVE, CLOS FLORIDENE,Vieux-CH-Gaubert, Villa Bel Air.

Graves de Vayres B'x t b ★ CJD Pequena AC que é parte de ENTRE-DEUX-MERS. Nenhuma personalidade especial.

Grès de Montpellier Midi t r b Subzona da AC COTEAUX DU LANGUEDOC recentemente reconhecida, cobre vinhedos em torno de Montpellier, incluindo St-Georges d'Orques, la Méjanelle, St-Christol, St- Drézery.

Griotte-Chambertin Borg t ★★★★ **88' 89' 90' 93 95 96' 97 99' 00** 02' 03 04 05' 06 GRAND CRU de 5,6 ha vizinha a CHAMBERTIN. Vinho semelhante, porém menos masculino, mais "suave". Dentre os produtores estão DUGAT, DROUHIN, PONSOT.

Grivot, Jean Borg ★★★→★★★★ Grandes melhorias neste *domaine* de VOSNE-ROMANÉE na última década. Variedade soberba encabeçada por GRAND CRUS CLOS DE VOUGET, ECHÉZEAUX, RICHEBOURG.

Groffier, Robert Borg ★★★ Puros e elegantes GEVREY-CHAMBERTIN, CHAMBOLLE-MUSIGNY, principalmente Les Amoureuses.

Gros, Domaines Borg ★★★→★★★★ Excelente família de *vignerons* em VOSNE-ROMANÉE, que engloba (pelo menos) os Domaines Jean, Michel, Anne, Anne-

François Gros, e Gros Frère & Soeur. Os vinhos variam de HAUTES CÔTES DE NUITS a RICHEBOURG.

Gros Plant du Pays Nantais Lo b ★ CJD Decididamente VDQS júnior, primo de MUSCADET; mais penetrante e mais leve; da uva COGNAC, também conhecida como Folle Blanche, Ugni Blanc etc.

Guffens-Heynen Borg ★★★ Produtor belga POUILLY-FUISSÉ. Quantidade minúscula, qualidade excelente. Vinhos fortes GAMAY. Também vinhos CÔTE D'OR (feito de uvas compradas), como VERGET.

Guigal, Ets E. N Rh Produtor famoso: 3- ha CÔTE-RÔTIE, também CONDRIEU, HERMITAGE, ST-JOSEPH. Comerciantes: CONDRIEU, CÔTE-RÔTIE, HERMITAGE e sul de RHÔNE. Proprietário de Domaine de Bonserine, VIDAL-FLEURY. Por envelhecer em carvalho novo por 42 meses os vinhos extraídos dos vinhedos CÔTE-RÔTIE (La Mouline, La Landonne, La Turque), Guigal quebra a tradição local para agradar (principalmente) o paladar americano; todos os seus tintos têm muito sabor. Vinhos padrão: bom preço, confiáveis, principalmente os CÔTES DU RHÔNE. Também o CONDRIEU La Doriane cheio, amadeirado; Luminescence doce ocasional.

Haut-Médoc B'x t ★★→★★★ AC extensa com vinhos de bom valor, minerais e digestivos. Algumas variações nos solos e nos vinhos; arenoso e com cascalhos no sul, portanto mais finos; argila e cascalhos mais pesados no norte, portanto mais vigorosos. Inclui cinco *cru classé* (por exemplo, LA LAGUNE).

Haut-Montravel Dordonha b d ★★ **95' 97' 98' 00 01'** 02 03 05' (06) AC de doces crescendo modestamente, na crista da onda de *foie gras*. Os melhores são os *châteaux* ★★★ Moulin Caresse, Puy-Servain-Terrement, Roque, Peyre e Domaine de Lybarde.

Haut-Poitou Lo b t ★→★★ CJD VDQS Tintos, bracos, *rosés* e espumantes de inúmeras variedades de uvas. As melhores são Sauv Bl e Gamay, principalmente de Cave du Haut Poitou (ligada a DUBOEUF) e ultrapassando os vinhos de Ampelidae.

Hautes-Côtes de Beaune/Nuits t b Borg ★★ tinto **02' 03'** 05' 06 branco **02' 03 04** 05' 06 ACS das vilas nos montes por trás da CÔTE DE BEAUNE. Tintos atraentes e mais leves, e brancos para serem bebidos jovens. Melhores: Cornu, Devevey, Duband, GROS, Jacob, Jayer-Gilles, Mazilly. Também grande cooperativa próxima a BEUNE.

Heidsieck, Charles Importante casa de CHAMPAGNE de Reims. Boa qualidade contínua, embora a variedade Mis en Cave de CUVÉES NV mostrando o ano de engarrafamento tenha (tristemente) menor qualidade. Ver também PIPER-HEIDSIECK.

Heidsieck, Monopole Casa de CHAMPAGNE que já foi ilustre.Qualidade justa.

Hengst Wintzenheim ALSACE GRAND CRU Esmera-se no crivo GEWÜRZ de Albert MANN; também Pinot-Auxerrois, Chasselas e Pinot N, sem status GRAND CRU.

Henriot Brut Antiga casa de CHAMPAGNE familiar. Estilo fresco e cremoso muito bom. Joseph H. também possui BOUCHARD PÈRE & FILS (desde 1995) e FÈVRE.

Hérault Midi O maior *département* de vinhedos: 96.800 ha e diminuindo. Inclui Faugères, St-Chinian, Pic St-Loup e outras excelentes AC COTEAUX DU LANGUEDOC. Importante fonte de VIN DE PAYS de l'Hérault, abrangendo espectro completo de qualidade, do pioneiro ao básico. Também VIN DE TABLE.

Hermitage N Rh t b ★★★→★★★★ **61' 66 78'** 82 **83'** 85' 88 89' **90'** 91' **94 95' 96 97' 98'** 99' **00** 01' 03' 04 05' **06'** Vinho escuro, profundo. O verdadeiro exemplo de Syrah, obtido de 131 ha na margem oriental do Rhône. Exige envelhecimento prolongado. O branco é inebriante e rico (Marsanne, algum Roussanne), melhores após 6 ou 7 anos; vinhos de primeira linha amadurecem por até 30 anos. Melhores: Belle, CHAPOUTIER, CHAVE, Colombier, DELAS, Desmeure, Faurie, GUIGAL, Habrard (branco), JABOULET, Sorrel, Tardieu-Laurent. A cooperativa TAIN é boa (principalmente Gambert de Loche).

Hospices de Beaune Borg Leilão no terceiro domingo de novembro dita o ritmo da safra enquanto levanta fundos para a caridade. CUVÉES cobrem as principais vilas de CÔTE DE BEAUNE mais POUILLY-FUISSÉ, CLOS DE LA ROCHE, MAZIS-CHAMBERTIN. Tenha cuidado com a variação de padrões nos últimos anos, porém alguns CUVÉES muito bons.

Hudelot-Noëllat, Alain ★★★ Propriedade subestimada de VOUGEOT que produz alguns vinhos excelentes, com estilo leve, porém bom.

Huet Lo ★★→★★★★ **88 89 90** 95 96 **97** 02 **03** 04 05 06 Importante propriedade em VOUVRAY, gerida segundo princípios biodinâmicos. Noel Pinguet, genro de Huet, continua a cuidar das vinhas e produzir o vinho. Os de vinhedo único são os melhores: Le Haut Lieu, Le Mont, Clos du Bourg. Todos envelhecem muito bem. Procure safras antigas, como as de 47 e 59.

Hugel et Fils ★★→★★★ A mais conhecida casa da ALSÁCIA, produz vinhos soberbos de colheita tardia. Três níveis de qualidade: Classic, Tradition, Jubilee. Opositor ao sistema GRAND CRU.

Irancy Borg t (r) ★★ **02' 03'** **05'** 06 Antigo Bourgogne Irancy. Tinto leve feito nas imediações de CHABLIS com Pinot N e a uva local César. As melhores safras amadurecem bem. ***Melhor: Colinot***.

Irouléguy Sudoeste da França t r (b) ★★→★★★ **01' 02 03 04** (05) Vinhos da moda da região basca com toque rústico, menos imponente que o concorrente MADIRAN. Tintos Tannat densos, para conservar por 5+ anos. Bons vinhos dos Domaines Abotia, Ameztia, Arretxea, Brana, Etchegaraya, Ilarria, Mouguy. Excelente cooperativa, principalmente Xuri d'Ansa branco ★★★.

Jaboulet Aîné, Paul N Rh Antiga firma familiar de TAIN, vendida para investidor suíço no início de 2006. Ex-produtor-líder de HERMITAGE (sobretudo La Chapelle ★★★), CORNAS St-Pierre, CROZES Thalabert (bom valor), Roure; comerciante de outros vinhos do Rhône, principalmente CÔTES DU RHÔNE Parallèle 45, CÔTES DU VENTOUX, VACQUEYRAS. Beba os brancos quando jovens. A qualidade e os preços podem subir agora, e o estilo ficar mais internacional.

Jacquart Brut NV; Brut Rosé NV (Carte Blanche e Cuvée Spéciale); Brut **96 98 99** Marca de CHAMPANHE baseada em cooperativa; a sexta maior em quantidade. Qualidade razoável. Marcas de luxo: Cuvée Nominée Blanc **98 99 00** 02 e Rosé **99 02**. Bom Mosaïque BLANC DE BLANCS **98 99** e Rosé **99 00 02.**

Jacquesson Pequena e excelente casa de CHAMPAGNE em Dizy. Excelente GRAND CRU em Avize **96' 98**; vinhos de safras requintadas: branco (**90 95 96'**) e Rosé (**96 98**). Corne Bautray, Dizy **00 02** e ***excelentes CUVÉES NV*** 728, 729, 730 e 731.

Jadot Louis Borg ★★→★★★★ Casa comercial de boa qualidade com vinhedos (63 ha) em BEAUNE, CORTON, Magenta, Château des Jacques (MOULIN-À-VENT) etc. Vinhos bem saudáveis em toda as variedades.

Jardin de la França Lo b t r CJD Um dos quatro VINS DE PAYS regionais franceses. Cobre o vale do Loire: na maioria, uva única (principalmente CHARD, Gamay, Sauv Bl).

Jasnières Lo b sc (d) ★★→★★★ **97 02 03** 04 05 06 Vinho (Chenin Bl) singular, que merece ir para a adega, semelhante ao VOUVRAY, seco ou semi-seco, proveniente de um minúsculo vinhedo ao norte de Tours. Principalmente Aubert la Chapelle, Chaussard/Le Briseau, Gigou, Nicolas/Domaine de Belliviere, Robinot.

Jobard, François Borg ★★★ DOMAINE pequeno de MEURSAULT; vinhos clássicos, de desenvolvimento lento. Procure também pelos vinhos de estilo mais moderno do sobrinho Remi Jobard.

Joseph Perrier Menor e excelente casa de CHAMPAGNE em Chalons, com bons vinhedos no vale do Marne. Estilo generoso e frutado; Cuvée Joséphine de muito bom prestígio **95 96' 98.**

Josmeyer ★★→★★★ Casa de ALSÁCIA especializada em vinhos finos, elegantes, longevos e orgânicos de estilo seco. Soberbo Ries GRAND CRU HENGST. Também muito bons vinhos de varietais menores (Chasselas, Auxerrois).

Juliénas Beauj t ★★★ **03' 05' 06** Importante CRU de BEAUJOLAIS: vigoroso vinho frutado para guardar por 2 a 3 anos. Dentre os produtores estão Châteaux du Bois de la Salle, des Capitans, de Juliénas, des Vignes; Domaines Bottière, R. Monnet, Michel Tête, cooperativas.

Jurançon b d sc ★→★★★ d **95 97 98 00 01 02** 03 **04'** 05' (06) sc **01' 02 03' 04' 05 06** História de sucesso de Pau no sopé dos Pireneus. A produção de vinhos secos e doces aumenta a cada ano. Produtores: Domaines Bellegarde, Bordenave, Capdevielle, Castéra, de Souch, Cauhapé, Guirouilh, Jolys, Lapeyre, Larredya, Nigri, de Rousse, Uroulat, Bellevue, Cabarrouy, Vignau-la-Juscle. Também ★★★ Les Jardins de Babylone, de Didier Daguenau, cooperativa especializada em brancos secos.

Kaefferkopf ALSÁCIA b sc (d) ★★★ Desde 2006 o 51º GRAND CRU da ALSÁCIA em Ammerschwihr. Autorizados a fazer misturas e também vinhos varietais.

Kientzler, André ★★→★★★ Pequeno e muito bom produtor da ALSÁCIA em Ribeauvillé. Estonteante Ries de GRAND CRUS Osterberg e Geisberg, e maravilhoso Gewürz aromático de GRAND CRU Kirchberg. Também muito bom Auxerois e vinhos doces.

Kreydenweiss Marc ★★→★★★ Bom produtor da ALSÁCIA: 12 ha em Andlau, principalmente de PINOT GR (muito bom GRAND CRU Moenchberg), Pinot B e Ries. Vinhos de primeira linha: GRAND CRU Kastelberg (envelhece por vinte anos); também bom Auxerrois Kritt Klevner e bom VENDANGE TARDIVE. Um dos primeiros na ALSÁCIA a usar carvalho novo. Bom Clos du Val d'Eléon, mistura de Ries/PINOT GR. Defensor do *terroir* e da vinicultura biodinâmica.

Krug Pequena casa de CHAMPAGNE de prestígio supremo. Vinhos ricos, amendoados, elegantes e fermentados em carvalho: envelhecimento prolongado, qualidade superlativa. Pertencente à MOËT-Hennessy.

Kuentz-Bas ★→★★ ALSÁCIA Famoso produtor/comerciante de Husseren-les Châteaux, sobretudo de PINOT GR, GEWÜRZ. Bom VENDANGES TARDIVES. Pertencente à Caves J-B. Adam.

Labouré-Roi Borg ★★→★★★ Comerciante dinâmico e confiável de NUITS. Na maior parte brancos, mas também possui a nova geração (a maioria, tintos) de primeira linha do comerciante Nicolas POTEL.

Ladoix-Serrigny Borg t (b) ★★ Vila no extremo norte da CÔTE DE BEAUNE, com algum CORTON e CORTON-CHARLEMAGNE. Podia oferecer mais.

Ladoucette, de ★★→★★★ 02 **03** 04 05 Importante produtor de POUILLY-FUMÉ, baseado no Château de Nozet. A marca de luxo Baron de L pode ser maravilhosa. Também SANCERRE Comte-Lafond, La Poussie, Marc Brédif.

Lafarge, Michel ★★★★ Propriedade de 10 ha na CÔTE DE BEAUNE com excelente VOLNAYS, em particular Clos des Chênes e atualmente Caillerets. Novos vinhedos BEAUNE (tintos e brancos) desde 2005.

Lafon, Domaine des Comtes Borg ★★★★ Propriedade de primeira linha em MEURSAULT, Le MONTRACHET, VOLNAY. Brancos intensos e gloriosos; tintos extraordinariamente escuros. Também no Maconnais.

Laguiche, Marquis de Borg ★★★★ Maior proprietário de Le MONTRACHET. Soberbos vinhos feitos pela DROUHIN.

Lalande de Pomerol B'x t ★★→★★★ Vizinha de POMEROL ao norte. Vinhos parecidos, mas menos agradáveis. Novos investidores e geração mais jovem: melhorando a qualidade. Principais *châteaux*: des Annereaux, Bertineau-St-Vincent, La Croix-St-André, Les Cruzelles, La Fleur de Boüard, Garraud, Grand Ormeau, Les Hauts Conseillants, Jean de Gué, Perron (La Fleur), La Sergue, TOURNEFEUILLE.

Landron (Domaines) Lo sc b (também Domaine de la Louvetrie) Produtor de primeira linha de MUSCADET DE SÈVRE-ET-MAINE orgânico com diversos CUVÉES, engarrafados por *terroir*, incluindo Amphibolite ultrafresco não-filtrado e Fief du Breil de bom envelhecimento.

Langlois-Château Lo ★→★★★ Uma das principais casas de espumante de SAUMUR (principalmente CRÉMANT). Também vinhos não-espumantes, sobretudo o excepcional SAUMUR Bl VIEILLES VIGNES.

Languedoc Midi t r b Termo genérico para o Midi e agora potencial AC para substituir COTEAUX DU LANGUEDOC e incluir Minervois e Corbières.

Lanson Père & Fils Black Label NV; Rosé NV; Brut **96 98 99** 00 02 Importante casa de CHAMPAGNE em ascensão. Marca longeva de luxo: CUVÉE BLANC DE BLANCS (**98 99** 02) nobre. O Black Label melhora com envelhecimento mais longo.

Laroche ★★→★★★ Produtor importante e comerciante dinâmico de CHABLIS, inclusive Domaines La Jouchère e Laroche. Vinhos de primeira linha: Blanchots (Réserve de l'Obédiencerie ★★★) e CLOS VIEILLES VIGNES. Variedade ambiciosa do MIDI, Domaine La Chevalière.

Latour, Louis Borg ★★→★★★ Comerciante e produtor famoso com vinhedos (49 ha) em BEAUNE, CORTON etc. Brancos muito bons: CHEVALIER-MONTRACHET Les Demoiselles, CORTON-CHARLEMAGNE, MONTRACHET; MONTAGNY, ARDECHE CHARD etc. de bom preço. Tintos ainda de performance inferior. Château de Corton Grancey. Também Pinot N Valmoissine do Var.

Latour de France t (b) ★→★★ Vila supostamente superior na CÔTES DE ROUSSILLON-VILLAGES. Principalmente Clos de l'Ourn, Clos des Fées.

Latricières-Chambertin Borg t ★★★ GRAND CRU (6,8 ha) vizinho de CHAMBERTIN. Vinho semelhante, porém mais leve, por exemplo, de FAIVELEY, LEROY, Rossignol-Trapet, Trapet.

Laudun S Rh b t r ★ Vila da CÔTES DU RHÔNE-VILLAGES (margem oeste). Tintos suaves, *rosés* atraentes. Vinhos aprazíveis, da cooperativa Serre de Bernon. O melhor é Dom Pelaquié, principalmente o branco. Também Château Courac, Domaine Duseigneur, Prieuré St-Pierre.

FRANÇA

Laurent-Perrier Casa de CHAMPAGNE familiar dinâmica em Tours-sur-Marne. Muito bons NV minerais; excelentes marcas de luxo: Grand Siècle La CUVÉE Lumière du Millésime (**90 96'**). CGS Alexandra Brut Rosé (**96 99 02**). Também Ultra Brut.

Lavilledieu-du-Temple Sudoeste da França t r b ★ CJD VDQS frutados, a maioria de cooperativas progressistas próximas de Montauban, revivendo o uso das antigas variedades regionais. Também o independente Domaine de Rouch.

Leflaive, Domaine Borg ★★★★ Entre os melhores produtores de Borgonha branco, em PULIGNY-MONTRACHET. Melhores vinhedos: Bienvenues, CHEVALIER-MONTRACHET, Folatières, Pucelles e (desde 1991) Le Montrachet. ***Mâcon também desde 2004***. Vinhos cada vez melhores com os princípios biodinâmicos.

Leflaive, Olivier Borg ★★→★★★ Mercador de vinhos, de alta qualidade, de PULIGNY-MONTRACHET, primo do anterior. Vinhos confiáveis, na maior parte brancos, mas beba-os jovens.

Leroy, Domaine Borg ★★★★ DOMAINE construído em torno da aquisição da Noëllat em VOSNE-ROMANÉE, em 1988, e de propriedades da família Leroy (conhecidas como d'Auvenay). Extraordinária qualidade (e preços), de produção biodinâmica muito pequena.

Leroy, Maison Borg ★★★★ O melhor *négociant-éleveur* em AUXEY-DURESSES com padrões altíssimos e os melhores estoques de vinhos antigos e caros da Borgonha.

Liger-Belair Borg ★★★→★★★★ Duas *domaines* recentemente restabelecidas de alta qualidade. L-B de Louis-Michel em Vicomte produz vinhos brilhantemente etéreos em VOSNE-ROMANÉE, enquanto o primo Thibault faz vinhos tintos roliços em NUITS-ST-GEORGES.

Limoux Pir t b ★★ AC de espumante BLANQUETTE DE LIMOUX, ou melhor, para CRÉMANT de Limoux, também utiliza o *méthode ancestrale*. CHARD envelhecido em carvalho para AC Limoux branco. AC tinto, desde 2003, baseado em Merlot, além de Syrah, Grenache, Cabernets, Carignan. Pinot N em CRÉMANT e VIN DE PAYS. Produtores: Doms de Foum, des Martinolles, Rives Blanques. Boa cooperativa: Sieur d'Arques.

Lirac S Rh t r b ★★ **98' 99' 01' 03 04 05' 06** Vizinha a TAVEL. Tinto acessível, de bom preço (pode envelhecer 5+ anos), recentemente mais firme com o uso elevado de Mourvèdre, maior número de proprietários de CHÂTEAUNEUF-DU-PAPE. Maior foco em tinto do que em *rosé*, principalmente Domaines Cantegril, Devoy-Martine, Joncier, Lafond Roc-Epine, Maby (Fermade), André Méjan, De la Mordorée, Rocalière, R. Sabon, F. Zobel, Clos de Sixte, Château d'Aquéria, De Bouchassy, St-Roch, Ségriès. Bons brancos (5 anos).

Listrac-Médoc B'x t ★★→★★★ Vizinha de MOULIS, no S do MÉDOC. Claretes maduros com pegada tânica. Atualmente mais arredondado com mais Merlot. Melhores *châteaux*: CLARKE, FONRÉAUD, FOURCAS-DUPRÉ, FOUCAS-HOSTEN, Mayne-Lalande.

Long-Depaquit Borg ★★★ DOMAINE muito bom de CHABLIS (especialmente MOUTONNE), pertencente à BICHOT.

Lorentz, Gustave ★★ Produtor e comerciante de Bergheim, ALSÁCIA. Principalmente GEWÜRZ, Ries dos GRAND CRUS Altenberg de Bergheim, Kanzlerberg. Também proprietários de Jerome Lorentz. Igualmente bom para propriedades de primeira linha e vinhos de volume.

Loron & Fils ★→★★ Produtor e comerciante em larga escala de Pontanevaux; especialista em BEAUJOLAIS e em VINS DE TABLE firmes.

Loupiac B'x b d ★★ Do outro lado do rio Garonne em relação à SAUTERNES. Mais leve e mais fresco no estilo. Primeira linha: Clos-Jean, LOUPIAC-GAUDIET, Mémoires, Noble, RICAUD, Les Roques.

Lussac-St-Émilion B'x t ★★ **95 98 00' 01 03** 05'. Mais leve e mais rústico do que o vizinho ST-ÉMILION. A cooperativa é a principal produtora. Principais *châteaux*: Barbe Blanche, Bel Air, Bellevue, Courlat, La Grenière, Lussac, Mayne-Blanc, LYONNAT.

Macération carbonique Técnica tradicional de fermentação: grandes quantidades de uvas inteiras colocadas em uma cuba fechada. A fermentação que ocorre no interior de cada bago acaba por rompê-lo, produzindo um vinho vívido, frutado e suave, que não deve ser envelhecido. Principalmente em BEAUJOLAIS; atualmente muito usada no MIDI e em outros lugares, até no CHÂTEAUNEUF.

Mâcon Borg t b (r) CJD Tintos firmes e, em geral, comuns (os melhores são Gamay), brancos saborosos e secos (CHARD). Também MÂCON Superieur (semelhante).

Mâcon-Lugny Borg (t) b esp ★★ **04 05' 06'** Vila vizinha à VIRÉ com uma cooperativa enor-me e muito boa (quatro milhões de garrafas). Les Genevrières é vendido por LOUIS LATOUR.

Mâcon-Villages Borg b ★★→★★★ **04 05' 06'** Cada vez mais bem-feitos (quando não produzidos em excesso). Recebem os nomes das vilas correspondentes, por exemplo, Mâcon-Lugny, -Prissé, -Uchizy. Melhores cooperativas: Prissé, Lugny. Melhores: Vincent (Fuissé), THEVENET, Bonhomme, Guillemot-Michel, Lafon, Merlin (La Roche Vineuse). Ver VIRÉ-CLESSÉ.

Macvin Jura b d ★★ AC de MARC "tradicional" e aperitivo de suco de uva.

Madiran Sudoeste da França t ★★→★★★ **95' 98 00 01' 02** 03 04 05' (06) ***Tinto energético feito principalmente de Tannat***. Novo estilo frutado resultande da união das cooperativas Plaimont e Cruiselles, mas grande parte precisa de envelhecimento. Montus, Bouscassé são os mais conhecidos; também Berthoumieu, Chapelle Lenclos, Labranche-Laffont, Laplace, Laffitte-Teston, Capmartin, Barrejat, Du Crampilh, Clos Fardet.

Mähler-Besse Negociante holandês de primeira classe em BORDEAUX. Acionista do CHÂTEAU PALMER.

Mailly-Champagne Cooperativa de CHAMPANHE de primeira linha. Vinho de luxo: Cuvée des Echansons.

Maire, Henri ★→★★ O maior produtor/comerciante de vinhos do JURA, com metade de toda a AC. Alguns vinhos de primeira classe, muitos alegremente comerciais. Uma visita interessante.

Mann, Albert ★→★★★ Principais produtores da ALSÁCIA em Wettolsheim, vinhos ricos e elegantes. Muito bom Pinot Bl Auxerrois e Pinot N, e boa variedade de vinhos GRAND CRU de SCHLOSSBERG, HENGST, FURSTENTUM e Steingrubler.

Maranges Borg t (b) ★★ **99' 02' 03' 04** 05' 06 AC da CÔTE DE BEAUNE abaixo de SANTENAY (243 ha): um terço de PREMIER CRU. Melhor de Contat-Grange, DROUHIN, GIRARDIN.

Marc Cascas de uvas após prensagem; também a aguardente muito olorosa obtida delas (equivalente à *grappa* italiana; ver Itália).

Marcillac Sudoeste da França t r ★★ CJD Os três melhores anos no pós-colheita. AC desde 1990. Tonalidade violeta com personalidade de fruta vermelha com leve toque de grama. Domaines du Cros, Costes, Mioula Vieux Porche e boa cooperativa.

Margaux B'x t ★★→★★★★ **89 90' 95 96 98 99 00' 01 02 03** 04 05'. A maior AC comunal no S do MÉDOC, reunindo vinhedos de cinco vilas, inclusive a própria Margaux e Cantenac. Conhecida por seu estilo elegante e fragrante. Principais *châteaux* incluem BRANE-CANTENAC, FERRIÈRE, MARGAUX, RAUZAN-SÉGLA, PALMER.

Marionnet, Henry Lo ★→★★★ **02 03 04 05** 06 Principal produtor de TOURAINE com uma gama de vinhos em constante expansão incluindo vários Sauv Bl (o principal é Le M de Marionnet) e Gamay, especialmente Vendange Première não-sulfurado. Também ***Provignagem feito a partir de vinhas de Romorantin não-enxertadas***, e suculento Cot.

Marne & Champagne Casa de CHAMPAGNE e muitas marcas menores, inclusive BESSARAT DE BELLEFON. Muitos bons vinhos da marca Alfred Rothschild baseados em CHARD.

Marque déposée Marca registrada.

Marsannay Borg r t (b) ★★ **99' 02' 03 04** 05' 06 (*rosé* CJD) Vila com bom tinto leve e delicado *rosé* Pinot N. Dentre as vilas estão Chenôve, Couchey. Produtores: CHARLOPIN, CLAIR, JADOT, MÉO-CAMUZET, ROTY, Trapet.

Mas de Daumas Gassac Midi t b r ★★★ **90 91 92 93 94 95' 96' 97 98' 99 00' 01' 02** 03' 04 05 Propriedade pioneira no exemplo de excelência no Midi, com ***tintos baseados em Cabernet*** plantadas em solos aparentemente únicos. Atualmente a qualidade é rivalizada por outros. Vinhos incluem novo super-CUVÉE Emile Peynaud, *rosé* Frisant, um branco rico e fragrante, obtido por mistura para beber entre 2 e 3 anos. Status de VIN DE PAYS. Vinho doce intrigante: Vin de Laurence (Sém, MUSCAT e Sercial).

Maury Pir t d ★★ NV VIN DOUX NATUREL tinto da cepa Grenache de ROUSSILLON. Produzida em uma ilha de Grenache composta de xisto cercado de calcário e argila. Melhorias recentes, principalmente em Mas Amiel. Também bons vinhos de mesa.

Mazis- (ou Mazy) Chambertin Borg t ★★★ **88' 89' 90' 93 95 96' 97 99' 00** 02' 03 04 05' 06 Vizinha GRAND CRU de CHAMBERTIN (12 ha); pode ser igualmente forte. Melhores: FAIVELEY, HOSPICES DE BEAUNE, LEROY, Maume, ROTY.

Mazoyères-Chambertin Ver CHARMES-CHAMBERTIN.

FRANÇA

Médoc B'x t ★★ **98 00' 02 03 04** 05' AC de tintos na parte mais plana ao norte da península do MÉDOC. Bom se você for seletivo. Terroso, com Merlot adicionando frescor. Principais *châteaux* incluem GREYSAC, LOUDENNE, LES ORMES-SORBET, POTENSAC, Rollan-de-By (HAUT-CONDISSAS), LA TOUR-DE-BY, TOUR HAUR-CAUSSAN.

Meffre, Gabriel ★★ A maior propriedade do S do Rhône, baseada em GIGONDAS. Proprietário de Domaine Longue Toque, de maior categoria. Qualidade variável, recente progresso. Também engarrafa e vende para pequenos domaines CHÂTEAUNEUF. Variedade decente de Laurus (carvalho novo) do N do Rhône, principalmente CROZES-HERMITAGE.

Mellot, Alphonse Lo ★★→★★★ Variedade quase impecável de SANCERRE (branco e tinto) de importante produtor, principalmente CUVÉE Edmond envelhecido em madeira, Génération XIX (tinto e branco), Les Demoiselles e En Grands Champs (tinto). Também vinhedos em Charitois (VdP), tanto CHARD como Pinot N.

Menetou-Salon Lo t r b ★★ **02 03 04** 05 06 Vinhos altamente atraentes e, em geral, com bons preços, do oeste de SANCERRE. Principais produtores: Clement (Domaine de Chatenoy), Henry Pellé, Jean-Max Roger, BOURGEOIS, Tour St-Martin.

Méo-Camuzet ★★★★ DOMAINE muito bom de CLOS DE VOUGEOT, NUITS-ST-GEORGES, RICHEBOURG, VOSNE-ROMANÉE. Inspirado em JAYER. Principalmente VOSNE-ROMANÉE Cros Parantoux. Atualmente, também alguns menos caros CUVÉES de mercadores de vinho.

Mercier & Cie, Champagne Brut NV; Brut *rosé* NV; Demi-sec Brut Uma das maiores casas de CHAMPAGNE de Épernay. Controlada por MOËT & CHANDON. Razoável qualidade comercial, vendas principalmente na França. CUVÉE Eugene Mercier encorpado, à base de Pinot N.

Mercurey Borg t ★★→★★★ **99' 02' 03' 04** 05' 06 Importante vila de vinho tinto da CÔTE CHALONNAISE. Bons Borgonha médios, incluindo brancos em ascensão. Experimente Château de Chamirey, FAIVELEY, M Juillot, Lorenzon, Raquillet, Domaine de Suremain.

Mérode, Domaine Prince de ★★★ DOMAINE de primeira linha de CORTON e POMMARD.

Mesnil-sur-Oger, Le Champ ★★★★ Uma das vilas principais da Côte des Blancs. CHARD estruturado para envelhecimento muito longo.

Méthode champenoise O método tradicional e laborioso de introduzir bolhas no CHAMPANHE por meio da fermentação do vinho em sua garrafa. Quando usado fora da região, precisa usar os termos "método clássico" ou "méthode traditionnelle" – não mencionados nos rótulos.

Méthode traditionnelle Ver acima.

Meursault Borg b (t) ★★★→★★★★ **92 95 97 99' 00' 01 02' 04** 05' 06' Vila da CÔTE DE BEAUNE, com alguns dos melhores vinhos brancos do mundo: aromáticos, secos, amendoados, suaves. Melhores vinhedos: Charmes, Genevrières, Perrières. Também bons: Goutte d'Or, Meursault-Blagny, Poruzots, Narvaux, Tesson, Tillets. Entre os produtores estão: AMPEAU, J-M BOILLOT, M BOUZEREAU, V BOUZEREAU, Boyer-Martenot, CHÂTEAU DE MEURSAULT, COCHE-DURY, Ente, Fichet, Grivault, ***P. Javillier***, JOBARD, LAFON, LATOUR, O LEFLAIVE, LEROY, Matrot, Mikulski, P. MOREY, G. ROULOT. Ver também BLAGNY.

Michel, Louis ★★★ DOMAINE de CHABLIS com vinhos modelares, não envelhecidos, muito longevos, inclusive ***soberbos LES CLOS, muito bons Montmains, Montée de Tonnerre***.

Microbullage Pequenas quantidades de oxigênio são injetadas no vinho em envelhecimento para evitar trasfega, estimular aeração e acelerar maturidade.

Midi Termo geral que engloba Languedoc, Roussillon e até a Provença. Um caldeirão; a qualidade melhora a cada safra. ACS podem ser misturas intrigantes; VIN DE PAYS, especialmente d'OC, são, muitas vezes, varietais. Promessa brilhante de bebida recompensadora.

Minervois Midi t (r b) mr d ★→★★ **98 99 00 01 02** 03 04 05 06 AC de região montanhosa; bons vinhos vivazes, principalmente Château Bonhomme, Coupe-Roses, la Grave, Villerembert-Julien, Oupia, La Tour Boisée, Clos Centeilles Ste Eulalie, Faiteau; cooperativas LA LIVINIÈRE, de Peyriac, Pouzols. Ver ST-JEAN DE MINERVOIS.

Minervois-La Livinière, La Midi t (r b) ★→★★ Vila de qualidade (ver último verbete), a única *sub-appellation* ou *Cru* em Minervois. Melhores produtores: Abbaye de Tholomies, Borie de Maurel, Combe Blanche, Château de Gourgazaud, Clos Centeilles, Laville-Bertrou, Domaines Maris, Ste-Eulalie, cooperativa La Livinière,Vipur.

Mis en bouteille au château/domaine Engarrafado no *château*, propriedade ou *domaine*. Observe que as expressões *dans nos caves* (em nossas adegas) ou *dans la région de production* (na área de produção) são muitas vezes usadas, porém têm pouco significado.

Moët & Chandon Brut NV; *Rosé* **99 00 02**; Brut Imperial **99 00 02**. O maior comerciante/produtor da CHAMPAGNE com adegas em Épernay; filiais na Argentina, Austrália, Brasil, Califórnia, Alemanha, Espanha. Qualidade consistente, sobretudo nos vinhos de safra. CUVÉE de prestígio: DOM PERIGNON. Multisafras impressionantes de Esprit du Siècle, GRANDS CRUS Aÿ, Chouilly e engarrafados em Sillery. Coteaux Champenois Saran: vinho não-espumante.

Moillard Borg ★★→★★★ Grande firma familiar em NUITS-ST-GEORGES, produtora de completa variedade de vinhos, inclusive os escuros e muito saborosos.

Mommessin, J ★→★★ Maior comerciante de BEAUJOLAIS, agora pertencente à BOISSET. Proprietária da CLOS DE TART. Vinhos brancos menos bem-sucedidos do que os tintos.

Monbazillac Dordonha b d ★★→★★★★ Vinho dourado de BERGERAC. Alternativa ao Sauternes. Principais produtores: L'Ancienne Cure, Clos des Verdots, Châteaux de Belingard-Chayne, Le Fagé, Les Hauts de Caillavel, Poulvère, Theulet, Tirecul-la-Gravière e La Grande Maison. Também Château de Monbazillac.

Mondeuse Savóia t ★★ CJD Uva tinta da SAVÓIA. Vinho potencialmente bom de cor profunda. Possivelmente igual ao Refosco italiano. Não perca a chance, por exemplo, G Berlioz.

Monopole Vinhedo sob o controle de um só grupo ou família.

Montagne-St-Émilion B'x t ★★ **95 98 00' 01 03** 05' Maior e possivelmente o melhor satélite de ST-ÉMILION. Estilo semelhante de vinho. Principais *châteaux*: Calon, Faizeau, Maison Blanche, Montaiguillon, Roudier, Teyssier, VIEUX CHÂTEAU-ST-ANDRE.

Montagny Borg b ★★ **04 05' 06'** Vila da CÔTE CHALONNAISE. Entre MÂCON e MEURSAULT, tanto geográfica como gastronomicamente. Principais produtores: Aladame, J-M BOILLOT, Cave de Buxy, Michel, ***Château de la Saule***.

Monthelie Borg t (b) ★★→★★★ **99' 02' 03' 04** 05' 06 Vizinha pouco conhecida de VOLNAY, às vezes quase igual. Tintos fragrantes e excelentes, principalmente BOUCHARD PÈRE & FILS, COCHE-DURY, LAFON, DROUHIN, Garaudet, Château de Monthelie (Suremain).

de Montille Borg ★★★ Hubert produziu ***longevos VOLNAYS*** e POMMARDS. O filho Etienne expandiu a *domaine* através de aquisições em BEAUNE e NUITS-ST-GEORGES, e potencialmente estonteante Malconsorts de VOSNE-ROMANÉE. Etienne também dirige o Château de Puligny e está envolvido com a irmã Alix na empreendedora Deux Montille (vinhos brancos).

Montlouis Lo b sc d (esp) ★★→★★★ **89 90 95 96 97 02 03** 04 05 Do outro lado do rio, em relação a VOUVRAY. Produz vinhos semelhantes mas menos encorpados doces ou secos de Chenin Bl, e também espumantes. Entre os principais produtores estão Alex-Mathur, Berger, Chidaine, Cossais, Damien Delecheneau/La Grange Tiphaine, Deletang, Moyer, Frantz Saumon, Taille aux Loups.

Montrachet Borg b ★★★★ **1904 35 47 49 59 64 66 71 73 78 79 82 85' 86 88 89 90 92' 93** 95 96' **97 98** 99 00' 01 02' 03 04 05' 06 Vinhedo GRAND CRU de 8,1 ha em PULIGNY e em CHASSAGNE-MONTRACHET. Potencialmente o melhor Borgonha branco: forte, perfumado, intenso, seco mas suculento. Vinhos de primeira classe de LAFON, LAGUICHE (DROUHIN), LEFLAIVE, RAMONET, ROMANÉE-CONTI. No entanto, THENARD decepcionante.

Montravel Dordonha ★★ r sc b CJD t **01 02** 03 04 05' (06) Atualmente AC de todas as cores de vinhos, adjacentes ao BERGERAC. Similar ao BERJERAC. Bons exemplos de Domaines de Krevel, De Bloy, Jonc Blanc, Masmontet, Masburel, Laulerie, Moulin-Caresse. ACS separadas para CÔTES DE MONTRAVEL semidoce e HAUT-MONTRAVEL doce.

Morey, Domaines Borg ★★★ Muitos membros da família em CHASSAGNE-MONTRACHET, principalmente Bernard, inclusive BÂTARD-MONTRACHET. Também Pierre M em MEURSAULT.

Morey-St-Denis Borg t ★★★ Pequena vila com quatro GRAND CRUS entre GEVREY-CHAMBERTIN e CHAMBOLLE-MUSIGNY. Glorioso vinho, muitas vezes esquecido. Inclusive Amiot, DUJAC, H. Lignier, Moillard-Grivot, Perrot-Minot, PONSOT, ROUMIER, ROUSSEAU, Serveau.

Morgon Beauj t ★★★ **99' 00 01 03** 05' 06 O *Cru* mais firme de BEAUJOLAIS; precisa de tempo para desenvolver seus muitos e ricos sabores. Experimente Aucoeur, Château de Bellevue, Desvignes, J Foillard, Lapierre, Château de Pizay. DUBOEUF é excelente.

Mortet, Denis ★★★ Vinhos de GEVREY CHAMBERTIN de cores escuras e intensamente concentrados, feitos pelo perfeccionista Denis M. até sua prematura morte, no início de 2006.

FRANÇA

Moueix, J-P et Cie B'x Proprietário e comerciante lendário de ST-ÉMILION e POMEROL. A empresa é hoje dirigida por seu filho Christian. Dentre os *châteaux* estão LA FLEUR-PÉTRUS, HOSANNA, MAGDELAINE, PÉTRUS E TROTANOY. Também na Califórnia: ver Dominus.

Moulin-à-Vent Beauj t ★★★ **95 96' 98 99 00 01 03** 05' 06 O maior e, potencialmente, melhor vinho de BEAUJOLAIS. Pode ser forte, carnoso e longevo; pode até parecer-se com os vinhos finos de Rhône e Borgonha. Muito bons produtores, principalmente Château du Moulin-à-Vent, Château des Jacques, Domaine des Hospices, Janodet, JADOT, Merlin.

Moulis B'x t ★★→★★★ **95 96 98 00' 01 02 03** 04 05' AC no interior, ao S do MÉDOC, com diversos importantes CRUS BOURGEOIS: CHASSE-SPLEEN, MAUCAILLOU, POUJEAUX (THEIL). Bom terreno de caça.

Mouton Cadet Marca de bordeaux tinto de grande vendagem. Renovada e mais saborosa desde 2004. Também ACS de GRAVES e MÉDOC brancos e *rosés*.

Mugneret/Mugneret-Gibourg Borg ★★★ Tintos soberbos dos melhores lugares da CÔTE DE NUITS.

Mugnier, J-F Borg ★★★→★★★★ Propriedade no Château de Chambolle, produz delicado CHAMBOLLE-MUSIGNY de primeira classe Les Amoureuses e MUSIGNY. Também BONNES-MARES. Desde 2004 reivindica o NUITS-ST-GEORGES Clos de la Maréchale da família.

Mumm, G H & Cie Cordon Rouge NV; Mumm de Cramant NV; Cordon Rouge **96 98 99 00** 02: Rosé NV Grande produtor e comerciante de CHAMPAGNE. Novo CUVÉE GRAND CRU de primeira linha. Também na Califórnia, Chile, Argentina, África do Sul (Cabo Mumm).

Muré, Clos St-Landelin ★★→★★★ Um dos maiores nomes da ALSÁCIA com 16 ha de Vorbourg GRAND CRU. Incomum Pinot N maduro, Ries e GEWÜRZ encorpados, e ***bom MUSCAT***. Também muito bom CRÉMANT.

Muscadet Lo b ★→★★★ CJD (mas veja a seguir) Vinho muito seco popular, de bom preço, freqüentemente delicioso, das redondezas de Nantes. Nunca deve ser penetrante, porém precisa sempre ser refrescante. Perfeito com peixe e frutos do mar. Os melhores são das ACS zonais: MUSCADET-COTEAUX DE LA LOIRE, MUSCADET CÔTES DE GRAND LIEU, MUSCADET DE SÈVRE-ET-MAINE. Escolha um SUR LIE.

Muscadet Côtes de Grand Lieu ★→★★ A mais recente (1995) AC zonal de MUSCADET e a mais próxima da costa do Atlântico. Os melhores são SUR LIE de, por exemplo, Bâtard, Luc Choblet (Domaine des Herbauges), Malidain.

Muscadet-Coteaux de la Loire Lo b ★→★★ Pequena área de MUSCADET a leste de Nantes (melhor SUR LIE). Principalmente Guindon, Luneau-Papin, Les Vignerons de la Noëlle.

Muscadet de Sèvre-et-Maine ★→★★★ Maior e melhor área delimitada para MUSCADET. Principais produtores: Guy Bossard (DOMAINE DE L'ECU), Bernard Chereau, Bruno Cormerai, Domaine de la Haute Fevrie, Michel Delhomeau, Douillard, Luneau-Papin. Vinhos dessas propriedades envelhecem lindamente. Experimente 86 ou 89.

Muscat Vinho peculiarmente perfumado e usualmente doce feito da uva de mesma qualidade, freqüentemente fortificado como VIN DOUX NATUREL. Produzido seco e não-fortificado na ALSÁCIA.

Muscat de Lunel Midi dourado d ★★ NV Idem. Pequena AC baseada em MUSCAT, usualmente fortificado, sensual e doce. Alguns vinhos experimentais de colheita tardia. Procure Domaine Clos Bellevue, Grès St Paul.

Muscat de Mireval Midi d ★★ NV Vinho doce MUSCAT de AC nas cercanias de Montpellier. Domaine La Capelle.

Muscat de Rivesaltes Midi d dourado ★★ NV Vinho doce MUSCAT AC, nas cercanias de Perpignan. Qualidade variável e popularidade empalidecendo; os melhores são de Cazes Frères, Château de Jau.

Musigny Borg t (b) ★★★★ **85' 88' 89' 90' 91 93 95** 96' **97** 98 99' 00 01 02' 03 04 05' 06 GRAND CRU em CHAMBOLLE-MUSIGNY (10 ha). Pode ser o mais belo, se não o mais poderoso, de todos os Borgonha tintos. Melhores produtores: DROUHIN, JADOT, LEROY, MUGNIER, PRIEUR, ROUMIER, DE VOGÜÉ, VOUGERAIE.

Négociant-éleveur Comerciante que "cria" (amadurece) o vinho.

Nuits-St-Georges Borg t ★★→★★★★ **90' 91 93 95 96' 97 98** 99' **00 01** 02' **03** 04 05' 06 Importante cidade vinícola: vinhos de todas as qualidades, tipicamente robustos, tânicos, precisam de tempo. Melhores vinhedos: Les Cailles, Clos de la Maréchale, Clos des Corvées, Les Pruliers, Les St-Georges, Vaucrains. Muitos comerciantes e produtores: L'ARLOT, Ambroise, J. Chauvenet, R. CHEVILLON, CONFURON, FAIVELEY, GOUGES, GRIVOT, Lechéneaut, LEROY, Liger-Belair, Machard de Gramont, Michelot, ***JF Mugnier*** **RION**.

d'Oc (Vin de Pays d'Oc) Midi t r b ★→★★ VIN DE PAYS regional para Languedoc e ROUSSILLON. Principalmente vinhos de uva única e VINS DE PAYS PRIMEURS. Passou por imenso progresso técnico recentemente. Principais produtores: VAL D'ORBIEU, Jeanjean, Domaines Paul Mas, cooperativas da vila e ainda numerosos pequenos produtores individuais.

Orléans Lo t r b ★ CJD AC recente (2006) para branco (sobretudo CHARD), *gris*, *rosé* e tinto (Pinot N e particularmente Meunier), de pequenas áreas ao sul de Orléans.

Orléans-Clery Lo t ★ COD Minúscula AC recente (2006) de tintos à base de Cab Fr.

Pacherenc du Vic-Bilh Sudoeste da França b sc d ★★→★★★ O vinho branco do MADIRAN. Seco (CJD) e (melhor) doce (envelhece em até cinco anos para versões amadeiradas). Para produtores, ver MADIRAN.

Paillard, Bruno Excelente casa de CHAMPAGNE. Possui o Château de Sarrin em Provença.

Palette Prov t r b ★★ Minúscula AC perto de Aix-en-Provence. Tintos cheios, *rosés* fragrantes e brancos intrigantes do CHÂTEAU SIMONE, o único produtor notável.

Pasquier-Desvignes ★→★★ Firma muito antiga de comerciantes de BEAUJOLAIS nas cercanias de BROUILLY.

Patriarche Borg ★→★★ Um dos maiores comerciantes da Borgonha. Adegas em BEAUNE; possui também o CHÂTEAU DE MEURSAULT (61 ha), KRITER espumantes etc.

Patrimonio Córsega t b r ★★→★★★ Ampla variedade obtida do conjunto de aclives bem íngremes com solo de gipso ao N da Córsega. Alguns dos melhores da ilha. Tintos fortes de Nielluccio, brancos de Vermentino. Principais produtores: Gentile, Yves, Leccia, Arena, Pastricciola, Clos de Bernardi.

Pauillac B'x t ★★★→★★★★ **88' 89' 90' 93 94 95' 96' 98 99** 00' **01** 02 03' 04 05' AC comunal no MÉDOC com três grandes produtores (LAFITE, LATOUR, MOUTON). Famosa por seus vinhos fortes e longevos. Outros bons Châteaux incluem GRAND-PUY-LACOSTE, LYNCH-BAGES, PICHON-LONGUEVILLE e PICHON-LALANDE.

Pécharmant Dordonha t ★★→★★★ **00' 01 02** 04 05' (06) Ferro no subsolo diferencia esta excelente área das demais BERGERACS. Melhores: Domaine du Haut-Péchamant, Les Chemins d'Orient, Clos des Côtes, Châteaux d'Elle, Terre Vieille, de Tilleraie, ***de Tiregand***. Estilo Novo Mundo a partir de Dom des Costes. Também boa cooperativa de Bergerac em Le Fleix.

Pernand-Vergelesses Borg t (b) ★★★ **99 02' 03' 04** 05' 06 Vila vizinha à ALOXE-CORTON que abrange parte dos grandes vinhedos CORTON-CHARLEMAGNE e CORTON. Um outro vinhedo de primeira linha: Île des Vergelesses. Produtores: CHANDON DE BRIAILLES, CHANSON, Delarche, Dubreuil-Fontaine, JADOT, LATOUR, Rapet, Rollin.

Perrier-Jouët Excelente casa de CHAMPAGNE em Épernay, a primeira a fazer CHAMPANHE seco e, no passado, o nome mais inteligente de todos; atualmente é o melhor para vinhos de safra. Marcas de luxo: Belle Epoque **96 98** 99 00 (*rosé* **99 02**) em uma garrafa pintada.

Pessac-Léognan B'x t b ★★★→★★★★ **90' 95 96 98 00' 01** 02 04 05' AC para a melhor parte do N de GRAVES, incluindo todos os GRANDS CRUS, HAUT-BRION, LA MISSION-HAUT-BRION, PAPE-CLÉMENT, etc. Tintos minerais encorpados e também os melhores brancos secos de Bordeaux.

Pézenas Midi t r b Sub-região de COTEAUX DU LANGUEDOC oriunda de vinhedos próximos a Molière. Prieuré de St-Jean-de-Bébian, Domaine du Conte des Floris, des Aurelles.

Petit Chablis Borg b ★ CJD Vinho dos vinhedos CHABLIS de quarta categoria. Sem muita personalidade, porém é capaz de ser agradavelmente fresco. Melhor: cooperativa La Chablisienne.

Pfaffenheim ★★ Respeitável cooperativa da ALSÁCIA. Vinhos fortemente individuais, inclusive bom Sylvaner e muito bons Pinots (N, Gr, Bl).

Pfersigberg ALSACE GRAND CRU de Eguisheim com duas divisões; vinhos muito aromáticos. O GEWÜRZ se sai bem. Ries principalmente Paul Ginglinger, Bruno SORG e Léon BEYER Comtes d'Eguisheim. Principal produtor: KUENTZ-BAS.

Philipponnat Pequena casa de CHAMPAGNE conhecida por vinhos bem estruturados e, atualmente, pertencente ao grupo BOIZEL Chanoine. Notáveis CLOS des Goisses de vinhedos únicos, e *rosé* adorável. Também Le Reflet BRUT NV.

Pic St-Loup Midi ★→★★ t (r) Notável *Cru* COTEAUX DU LANGUEDOC, antecipando AC próprio. Produtores: Châteaux de Cazeneuve, Clos Marie, de Lancyre, Lascaux, Mas Bruguière, Domaine de l'Hortus, Valflaunès.

Picpoul de Pinet Midi b ★→★★ *Cru* de COTEAUX DU LANGUEDOC aguardando o título de AC, exclusivamente a partir da antiga variedade Picpoul. Melhores produtores: AC St. Martin de la Garrigue, Félines-Jourdan, cooperativas Pomérols e Pinet.

Pineau des Charentes Aperitivo forte e doce: suco de uva branca e CONHAQUE.

Pinon, François Lo b sd esp ★★★ Produtor diligente e ecológico de VOUVRAY puro em todas as suas expressões, incluindo um PETILLANT muito bom.

Pinot Gris Uva da ALSÁCIA outrora chamada Tokay d'Alsace: branco encorpado.

Piper-Heidsieck Produtores de CHAMPANHE de reputação tradicional em Reims. Bem aprimorados Brut NV e Brut *rosé* Sauvage frutado; Brut **98 99 00** 02. Excelente CUVÉE Sublime SEMI-SECO, rico porém equilibrado.

Pithon, Jo (Domaine) Lo b t sd ★★→★★★ COTEAUX DU LAYON concentrado e potentes ANJOU BL e SAVENNIERES. Tintos são uma aquisição recente.

Plageoles, Robert Arcebispo de GAILLAC e defensor das variedades de uvas perdidas do Tarn, tendo agora passado a vez ao filho Bernard. Vinhos maravilhosamente excêntricos incluem um grande e raro branco seco a partir da uva Verdanel, um VIN JAUNE que lembra Xerez, um vinho de sobremesa ultra-seco (Vin d'Autan ★★★★) de Ondenc. Também uma jóia de Mauzac chamada "Mauzac Nature".

Pol Roger Suprema casa de CHAMPAGNE familiar de Epernay, atualmente com vinhos em AVIZE, totalizando 85 ha de vinhedos da família. White Foil NV muito floral e sedoso, Rosé e CHARD. CUVÉE suntuoso: Sir Winston Churchill (**96 98**).

Pomerol B'x t ★★★→★★★★ **88 89' 90' 94 95 96 98' 00' 01** 04 05' Vila seguinte a ST-ÉMILION, porém sem calcário; somente argila, cascalho e areia. Famosa por seu estilo cheio, rico e untuoso dominado pela Merlot. Entre os *châteaux* de primeira linha estão LA CONSEILLANTE, L'EGLISE-CLINET, L'EVANGILE, LAFLEUR, LA FLEUR-PETRUS, PÉTRUS, LE PIN, TROTANOY, VIEUX-CH-CERTAN.

Pommard Borg t ★★★ **88' 89' 90' 95** 96' **97 98** 99' 01 02' 03 04 05' 06 A maior vila da CÔTE D'OR. Poucos vinhos superlativos, porém muitos fortes e tânicos para envelhecer por 10+ anos. Melhores vinhedos: Epenots, HOSPICES DE BEAUNE CUVÉES, Rugiens. Entre os produtores estão COMTE ARMAND, Billard-Gonnet, J-M BOILLOT, DOM DE COURCEL, Gaunoux, LEROY, Machard de Gramont, DE MONTILLE, Château de Pommard, Pothier-Rieusset.

Pommery Brut NV; *Rosé* NV; Brut **99 00** 02 Casa de CHAMPAGNE histórica; atualmente a marca pertence à VRANKEN. Excepcional CUVÉE Louise (**96 98**) e *rosé* (**99** 02).

Ponsot ★★★★ Polêmica propriedade MOREY-ST-DENIS. GRANDS CRUS exclusivos de alta qualidade, incluem CHAMBERTIN, CHAPELLE-CHAMBERTIN, CLOS DE LA ROCHE, CLOS ST-DENIS.

Portes de la Mediterranée Nova VIN DE PAYS regional do S do Rhône/Provença. Tintos fáceis e brancos interessantes, inclusive o Viognier.

Potel, Nicolas Borg ★★→★★★ Vinhos tintos deliciosos e de bons preços, de BOUGOGNE ROUGE a CHAMBERTIN, e agora uma contraparte de brancos de classe. Sua própria DOMAINE em BEAUNE está em funcionamento desde 2007.

Pouilly-Fuissé Borg b ★★→★★★ **99' 00' 02' 03 04** 05' 06' O melhor branco da região do MÂCON, forte e denso. Em sua melhor forma (por exemplo, Château Fuissé VIEILLES VIGNES) é magnífico, porém seu preço costuma ser muito alto se comparado com os CHABLIS. Principais produtores: Bret Bros, Ferret, Luquet, Merlin, Château des Rontets, Saumaize, Valette, VERGET, Vincent.

Pouilly-Fumé Lo b ★★→★★★★ **02 03** 04 05 06 Branco mineral, cheio, do Loire ao Norte, nas cercanias de SANCERRE. Tem que ser Sauv Bl. Os melhores CUVÉES podem melhorar em 5 ou 6 anos. Entre os principais produtores estão Cailbourdin, Chatelain, Didier DAGUENEAU, Serge Dagueneau & Filles, Château de Favray, Edmond e André Figeat, Masson-Blondelet, Château de Tracy, CAVE de Pouilly-sur-Loire, Redde.

Pouilly-Loché Borg b ★★ **02' 03 04 05'** 06' Vizinha de POUILLY-FUISSÉ. Vinho parecido, mais barato; escasso. Pode ser vendido como POUILLY-VINZELLES.

Pouilly-Vinzelles Borg b ★★ **02' 03 04 05'** 06' Vizinha superior de POUILLY-LOCHÉ, melhor vinhedo QUARTS. Entre os melhores produtores estão Bret Bros e Valette.

Pouilly-sur-Loire Lo b ★ CJD Vinho neutro dos mesmos vinhedos do POUILLY-FUMÉ, porém de diferentes uvas (Chasselas). Cada vez mais raro, apesar de poder ser mais agradável. Os melhores são de Serge Dagueneau & Filles.

Premier Cru (1er Cru) Primeira classe de vinhos em BORDEAUX, secundária (após GRAND CRU) na Borgonha.

Premières Côtes de Blaye B'x t b ★→★★ 00' 01 03 04 05' AC principalmente de tinto, no leste da Gironde. Qualidade variada, porém aprimorada. Melhores vinhos de rótulo BLAYE desde 2000. Melhores *châteaux*: Bel Air la Royère, Gigault Cuvée Viva, Haut-Bertinerie, Haut-Colombier, Haut-Grelot, Haut-Sociando, Jonqueyres, Mondésir-Gazin, Montfollet, Roland la Garde, Segonzac e Des Tourtes.

Premières Côtes de Bordeaux B'x t b (r) sc d ★→★★ 98 00' 01 03 05' Área comprida, íngreme e estreita ao longo da margem direita do rio Garonne do outro lado de GRAVES. Tintos frescos de médio corpo. Qualidade variada. Melhores *châteaux* incluem Carignan, Carsin, Chelivette, Grand-Mouëys, Lamothe de Haux, Lezongars, Mont-Pérat, Plaisance, Puy Bardens, Reynon e Suau.

Prieur, Domaine Jacques Borg ★★★ Propriedade de 16 ha, toda em áreas nobres de Borgonha, inclusive GRAND CRU de MONTRACHET a CHAMBERTIN. Atualmente, 50% pertencente à ANTONIN RODET. A qualidade ainda pode melhorar.

Primeur Vinho "precoce", para beber casualmente e como diversão, principalmente o do BEAUJOLAIS; também VINS DE PAYS. O vinho vendido *en primeur* ainda está em barril para entregas, quando será engarrafado.

Puisseguin St-Émilion B'x t ★★ 98 00' 01 03 05' Vizinha satélite de ST-ÉMILION; vinhos com estilos firmes e sólidos. Melhores *châteaux* incluem Bel Air, Branda, Durand-Laplagne, Fongaban, Laurets e Soleil. Também Roc de Puisseguin da cooperativa.

Puligny-Montrachet Borg b (t) ★★★→★★★★ 89' 92' 95 97 99' 00 01 02' 04 05' Menor vizinho de CHASSAGNE-MONTRACHET: vinho potencialmente ainda mais fino, mais vital e complexo (aparente fineza pode ser resultado da superprodução). Vinhedos: BÂTARD-MONTRACHET, Bienvenues-BÂTARD-MONTRACHET, Caillerets, CHEVALIER-MONTRACHET, Clavoillon, Les Combettes, MONTRACHET e Pucelles. Produtores: AMPEAU, J-M. BOILLOT, ***BOUCHARD PÈRE & FILS***, L. CARILLON, Chavy, DROUHIN, JADOT, LATOUR, DOMAINE LEFLAIVE, O. LEFLAVE, Pernot, SAUZET.

Pyrénées-Atlantiques Sudoeste da França CJD VIN DE PAYS para vinhos que não se qualificaram para ACs locais: MADIRAN, PACHERENC DU VIC BILH OU JURANÇON. ★★ CHARD de CHÂTEAU Cabidos.

Quarts de Chaume Lo b d ★★★→★★★★ 89 90 95 96 97 02 03 04 05 (06) Minúsculos e célebres terrenos montanhosos dedicados ao Chenin Bl. Vinhos dourados, intensos, com forte retrogosto mineral, ricos e imensamente longevos. Principalmente BAUMARD, Branchereau, Yves Guegniard, J.O. PITHON e Claude Papin (CHÂTEAU PIERRE-BISE).

Quatourze Midi t b (r) ★ 98 99 00 01 02 03 04 05 06 *Cru* menor do COTEAUX DE LANGUEDOC. A reputação é mantida quase que somente pelo Domaine, Notre Dame du Quartourze (praticamente o único produtor).

Quincy Lo b ★→★★ CJD Pequena área: vinho Sauv Bl pode variar de seco a macio, dependendo do produtor; ao estilo SANCERRE. Vale a pena experimentar. Produtores: Domaine Mardon, Silice de Quincy (cujos vinhos não devem ser envelhecidos) e Tatin-Wilk.

Ramonet, Domaine Borg ★★→★★★★ Importante (lendária) propriedade de CHASSAGNE-MONTRACHET com 17 ha, inclusive algum MONTRACHET. Muito bom Clos St-Jean.

Rancio O estilo mais característico do VIN DOUX NATUREL, tais como BANYULS e MAURY RIVERSALTES, envelhecido em madeira e exposto ao oxigênio e ao calor. O mesmo sabor é um defeito nos vinhos de mesa.

Rangen O mais ao sul GRAND CRU da ALSÁCIA em Thann e Vieux Thann. 18,8 ha com grande parte íngreme. Melhores vinhos: Ries de ZIND-HUMBRECHT e SCHOFFIT.

Rasteau S Rh t mr d (r b sc) ★★ 98' 01' 03 04' 05' 06 Uma das melhores vilas CÔTES DU RHÔNE. Vinhos robustos, bem espirituosos, principalmente Beaurenard, CAVE des Vignerons, Château du Trignon, Domaines Didier Charavin, Rabasse-Charavin, Girasols, Gourt de Mautens, Soumade, St-Gayan e Perrin (bom branco também). O Grenache de sobremesa mostra sinais de recuperação.

Ratafia de Champagne Aperitivo doce, produzido em CHAMPAGNE, composto de 67% de suco de uva e 33% de conhaque. Semelhante ao PINEAU DES CHARENTES.

Regnié Beauj t ★★ 03 05' 06 Vila *cru* entre MORGON e BROUILLY de cerca de 730 ha. Experimente DUBOEUF, Aucoeur ou Rampon.

Reine Pédauque, La Borg ★ Produtor-comerciante há muito estabelecido em ALOXE-CORTON. Vinhedos em ALOXE-CORTON, SAVIGNY etc. e CÔTES DU RHÔNE. Pertencente a Pierre ANDRÉ. Qualidade não impressiona.

Reuilly Lo b (t r) ★→★★ **02 03** 04 05 06 Pequena AC a oeste de SANCERRE de brancos e *rosés* similares, e VIN GRIS feito a partir de Pinot N e PINOT GR, bem como tintos de Pinot N. Melhores de Claude Lafond e Dom de Reuilly.

Ribonnet, Domain de Sudoeste da França ★★ Christian Gerber produz uma variedade pioneira de VINS DE PAYS (tinto, *rosé* e branco). Únicos Marsanne e Roussane no sudoeste.

Riceys, Rosé des Champ r ★★★ CJD AC minúscula em AUBE com um notável *rosé* Pinot N. Principais produtores: A. Bonnet e Jacques Defrança.

Richeaume, Domaine Côte de Prov t ★★ Bom Cab Sauve e Syrah. Orgânico; um modelo.

Richebourg Borg t ★★★★ **78' 85' 88' 89' 90' 91 93'** 95 96' **97** 98 99' 00 01 02' 03 05' 06 VOSNE-ROMANÉE GRAND CRU. Vinho forte, perfumado e caro, entre os melhores da Borgonha. Produtores: DCR, GRIVOT, J. Gros, A. Gros, T. Liger-Belair, LEROY e MÉO-CAMUZET.

Rion, Domaines Borg ★★★ ***Patrice Rion para excepcional CHAMBOLLE-MUSIGNY*** Cras e Charmes e NUITS-ST-GEORGES Clos des Argillières. Daniel Rion & Fils para VOSNE-ROMANÉE (Les Chaumes e Les Beaumonts), Nuits PREMIER CRU Les Vignes Rondes e ECHÉZEAUX.

Rivesaltes Midi t b mr sc d ★★ NV vinho fortificado produzido próximo à Perpignan. Uma tradição ainda muito viva, mesmo enfrentando dificuldades atualmente. Principais produtores que valem ser procurados: Domaines Cazes, Sarda-Malet, Vaquer, Des Schistes, CHÂTEAU de Jau com deliciosos RANCIOS envelhecidos. Ver MUSCAT DE RIVESALTES.

Roche-aux-Moines, La Lo b d ★★→★★★ **89 90** 95 96 **97** 99 02 **03** 04 05 06 Vinhedo de 24 ha em SAVENNIÈRES, ANJOU. Vinho potencialmente forte, intensamente mineral; beber fresco ou só depois de envelhecimento prolongado. Produtores: COULEE DE SERRANT e CHÂTEAU PIERRE-BISE.

Rodet, Antonin Borg ★★→★★★ Excelente comerciante com propriedade de 134 ha, principalmente em MERCUREY (CHÂTEAU de Chamirey) e Domaine de l'Aigle, próximo a Limoux. Ver também PRIEUR.

Roederer, Louis Brut Premier NV; NV rico; Brut **95 96 97 99** 02; BLANC DE BLANCS **96 99** 02; Brut *rosé* **99** 02. Casa de CHAMPAGNE familiar de primeiríssima linha com invejável propriedade de 143 ha dos melhores vinhedos. Magnífico Cristal (pode ser o maior de todos os CUVÉES de prestígio) e Cristal *rosé* (**90' 95 96 99**). Também possui DEUTZ, DELAS e CHÂTEAU de Pez. Ver também Califórnia.

Rolland, Michel Onipresente e famoso vinicultor-consultor e especialista em Merlot que trabalha em Bordeaux e internacionalmente, a favor dos sabores superamadurecidos.

Rolly Gassmann ★★ Distinto produtor da ALSÁCIA em Rorschwihr, principalmente para Auxerrois e MUSCAT de *lieu-dit* Moenchreben. O estilo da casa é, usualmente, quase seco. Produziu "Eiswein" em 2005.

Romanée, La Borg t ★★★★ 96' **97** 98 99' **00** 01 02' 03 04 05' 06 GRAND CRU em VOSNE-ROMANÉE (0,8 ha). MONOPOLE de Liger-Belair. Agora feito com talento pela Vicomte Louis-Michel L-B.

Romanée-Conti Borg t ★★★★ **57 59 62 64 66' 71 76 78' 80 85' 88' 89' 90'** 93' 95 96' 97 98 99' 00 01 02' 03 04 05' 06 MONOPOLE GRAND CRU em VOSNE-ROMANÉE; 450 caixas por ano. O vinho tinto mais celebrado e caro no mundo, com reservas de sabor além da imaginação.

Romanée-Conti, Domaine de la (DRC) ★★★★ A maior propriedade na Borgonha. Incluindo todo o ROMANÉE-CONTI e La TÂCHE, maior parte de ECHÉZEAUX, GRAND ECHÉZEAU, RICHEBOUG, ROMANÉE-ST-VIVANT e uma pequena parte de MONTRACHET. Preços de jóias raras (se alguém as puder comprar). Guarde as melhores safras por décadas.

Romanée-St-Vivant Borg t ★★★★ **78 88' 89' 90' 93' 95 96' 97 99' 00** 02' 03 04 05' 06 GRAND CRU em VOSNE-ROMANÉE (9,3 ha). Semelhante ao ROMANÉE-CONTI, porém mais leve e menos suntuoso. Cathiard, DRC, DROUHIN, HUDELOT-NÖELLAT e LEROY.

Rosacker ALSACE GRAND CRU de 26 ha em Hunwihr. Produz o melhor Ries da Alsácia (ver CLOS STE HUNE, SIPP-MACK).

Rosé d'Anjou Lo r ★ CJD *Rosé* pálido, ligeiramente doce, aproveitando a volta pelas mãos de jovens vinicultores. Procure Domaine de la Bergerie, Clau de Nell, Domaine des Sablonnettes e Domaine les Grandes Vignes .

Rosé de Loire Lo r ★→★★ CJD O mais seco dos rosés de ANJOU. O melhor dos produtores, que são os mesmos dos de Rosé d'Anjou.

Rosette Dordonha b sd ★★ CJD AC "de bolso" para charmosos vinhos de aperitivo, por exemplo, Clos Romain, CHÂTEAU Puypezat-Rosette, Domaine de la Cardinolle e Coutancie.

Rostaing, René ★★★ N Rh Propriedade na CÔTE-RÔTIE com terrenos de primeira e três vinhos, em especial Côte Blonde (elegantes, 5% Viognier) e La Landonne (frutas mais escuras, 15 a 20 anos). O estilo é elaborado e se traduz em sutileza; algum carvalho novo. Também elegante CONDRIEU e Languedoc.

Roty, Joseph Borg ★★★ Pequeno produtor de GREVEY-CHAMBERTIN clássico, principalmente CHARMES-CHAMBERTIN e MAZIS-CHAMBERTIN. Vinhos longevos.

Rouget, Emmanuel Borg ★★★★ Herdeiro da lendária propriedade de HENRI JAYER em ECHÉZEAUX, NUITS-ST-GEORGES e VOSNE-ROMANÉE. Principais vinhos: VOSNE-ROMANÉE-Cros Parantoux.

Roulot, Domaine G Borg ★★★ Variedade de sete MEURSAULTS distintos, incluindo Charnes e Perrières. Procure Tessons Clos de Mon Plaisir.

Roumier, Georges Borg ★★★★ Christophe R. produz excepcionais vinhos longevos em BONNES-MARES, ***CHAMBOLLE-MUSIGNY-Amoureuses, MUSIGNY*** etc. Excelentes padrões.

Rousseau, Domaine A Borg ★★★★ Produtor famoso por CHAMBERTIN, entre outros, da mais alta qualidade. Os vinhos são intensos (não de coloração profunda), longevos, na maioria GRAND CRU. Brilhante CLOS ST JACQUES.

Roussette de Savoie b ★★ CJD O mais saboroso dos brancos frescos do S do lago Genebra.

Roussillon Midi Região de primeira para VINS DOUX NATURELS (por exemplo, MAURY, RIVESALTES, BANYULS). MUSCATS mais leves e vinhos de safras mais jovens estão suplantando os vinhos mais escuros e mais pesados. Ver CÔTES DU ROUSSILLON (e Villages), COLLIOURE, para vinhos de mesa e VIN DE PAYS Côtes Catalanes.

Ruchottes-Chambertin Borg t ★★★★ **88** **89'** 90' **91** 93' 95 96' **97** 98 99' **00** 01 02' 03 04 05' 06 GRAND CRU, vizinho a CHAMBERTIN. Vinho semelhante, esplêndido e longevo de grande sutileza. Principais produtores: LEROY, MUGNERET, ROUMIER e ROUSSEAU.

Ruinart "R" de Ruinart Brut NV; Ruinart *rosé* NV; "R" de Ruinart Brut (98 **99**). A mais antiga casa de CHAMPAGNE, pertencente à MOËT-Hennessy. Vinhos elegantes, principalmente marcas de luxo: Domaine Ruinart (90' **95** 96' **98** 99), Domaine Ruinart *rosé* (90 95 **96** 99). ***BLANC DE BLANCS NV mineral***.

Rully Borg t b (esp) ★★ (t) **02'** **03** **05'** 06 (b) **04** 05' **06** Vila da CÔTE CHALONNAISE. Brancos e tintos são leves, porém saborosos. Bom preço, sobretudo os brancos. Dentre os produtores estão: ***DELORME***, FAIVELEY, Domaine de la Folie, Jacquesson, A. RODET.

Sables du Golfe du Lion Midi r t b ★ CJD VIN DE PAYS das dunas do Mediterrâneo: principalmente Gris de Gris de Carignan, Grenache e Cinsault. Listel é um produtor quase exclusivo.

Sablet S Rh t b (r) ★★ **01** **03** **04'** **05'** **06** Vila admirável e em ascensão das CÔTES DU RHÔNE, com freqüência tintos claramente frutados, sobretudo Domaine de Boissan, Cabasse, Espiers, Les Goubert, Piaugier, Domaine de Verquière. Brancos agradavelmente cheios — aperitivos para as refeições.

St-Amour Beauj t ★★ **03** **05'** **06** O *cru* mais setentrional de BEAUJOLAIS: leve, frutado, irresistível (principalmente em 14 de fevereiro). Produtores a experimentar: Janin, Patissier e Revillon.

St-Aubin Borg b t ★★★ (b) **02'** **03'** **04** **05'** 06 (t) **99'** **02'** **03** 05' 06 Vizinha pouco conhecida de CHASSAGNE-MONTRACHET. Diversos PREMIERS CRUS: vinhos leves, firmes e com bastante estilo; preços justos. Principais produtores: JADOT, H&O Lamy, Lamy-Pillot, H. Prudhon, RAMONET, Thomas.

St-Bris Borg b ★ CJD AC recente, prima de SANCERRE, próxima de CHABLIS. Para experimentar. Domaine St-Prix de Domaine Bersan é boa. O melhor Goisot.

St-Chinian Midi t ★→★★ **98** **99** **00** **01** **02** 03 04 05 06 Área montanhosa de reputação crescente nos COTEAUX DU LANGUEDOC. AC desde 1982 para tintos e, para brancos, desde 2005, mais novos *crus* Berlou e Roquebrun. Tintos sulistas saborosos, principalmente os das cooperativas em Berlou e Roquebrun; CHÂTEAU de Viranel, Domaine Canet Valette, Madura, Rimbaud e Navarre.

St-Émilion B'x t ★★→★★★★ 89' 90' **94** 95 96 **98'** **00'** 01 03 04 05' Grande distrito da região de Right Bank, em Bordeaux, predominantemente de Merlot. ST-ÉMILION GRAND CRU AC é a designação máxima; estilo quente, cheio e arredondado; alguns longevos. Os melhores *châteaux* incluem: ANGELUS, AUSONE, CANON, CHEVAL BLANC, FIGEAC, MAGDELAINE e PAVIE. Também LA MONDOTTE e VALANDRAUD *garagistes*. Boa cooperativa.

St-Estèphe B'x t ★★→★★★★ 88' **89'** 90' 93 94 95' **96'** **98** **99** **00'** **01** 02 **03** 04 05' A comuna AC mais setentrional de Médoc. Vinhos sólidos e estruturados. Principais *châteaux*: COS D'ESTOURNEL, MONTROSE, CALON-SEGUR, e uma abundância de CRUS BOURGEOIS.

St-Gall Marca usada pela Union-Champagne: excelente cooperativa de produtores de CHAMPAGNE em AVIZE. Cuvée Orpale excepcionalmente bom a preço justo.

St-Georges-St-Émilion B'x t ★★ **98 00' 01 03** 05' Satélite minúsculo de ST-ÉMILION. Usualmente de boa qualidade. Melhores *châteaux*: Calon, Macquin-St-G, Tour du Pas-St-Georges e Vieux Montaiguillon.

St-Gervais S Rh t (b r) ★ **03 04 05' 06** Vila na margem ocidental do Rhône. Vinho tinto de boa cooperativa, excelente e longevo tinto Dom Ste-Anne (sabores Mourvèdere marcados); entre os brancos, Viognier. Também Domaine Clavel.

St-Jean de Minervois Min b d ★★ Bom MUSCAT doce. Recentemente, progressos marcantes, especialmente Domaine de Barroubio, Michel Sigé, cooperativa da vila.

St-Joseph N Rh t b ★★ **90' 95' 98' 99' 00' 01' 02 03' 05' 06** AC que se estende ao longo do N do Rhône (65 km). Vinhos deliciosos, repletos de frutas em torno de Tournon no sul; no restante da área a qualidade é variável. Mais estruturados do que CROZES-HERMITAGE, principalmente de CHAPOUTIER (Les Granits), B. Gripa, Grippat de GUIGAL, Lieu-dit St-Joseph; também CHAVE, Chêne, Chèze, Courbis, Coursodon, Cuilleron, DELAS, B. Faurie, P. Faury, Gaillard, Gonon, JABOULET, Marsanne, Monier, Paret, A. Perret, F. Villard. Bons brancos aromáticos (principalmente Marsanne, beba nas refeições), principalmente Chapoutier Granits, Cuilleron, Gonon, B Grippa, Faury e A. Perret.

St-Julien B'x t ★★★→★★★★ **88' 89' 90' 93 94 95' 96' 98 99 00' 01** 02 03 04 05' AC comunal do MÉDOC médio com 11 propriedades classificadas (1855), inclusive três LÉOVILLES, BEYCHEVELLE, DUCRU-BEAUCAILLOU, GRUAUD-LAROSE etc. O exemplo do vinho tinto harmonioso, fragrante e saboroso.

St-Nicolas-de-Bourgueil Lo t r ★→★★★ **89 90 95 96 97 02 03** 04 05 06 Vizinha a (e parte de)BOURGUEIL: variedade semelhante de Cab Fr – do vivaz e frutado ao sólido e tânico; a melhor proximidade da elegância. Experimente: Yannick Amirault, Cognard, ***Mabileau*** e Taluau-Foltzenlogel.

St-Péray N Rh b esp ★★ **01' 03' 04' 05' 06** Branco do Rhône (principalmente Marsanne) de montanhas de granito antigas. Alguns espumantes – ***uma curiosidade que vale a pena experimentar***. Brancos não-espumantes podem envelhecer, bom estilo duro. Principais nomes: S. Chaboud, CHAPOUTIER, CLAPE, Colombo, B. Gripa, J-L. Thiers, cooperativa de TAIN, Du Tunnel, Voge. JABOULET está plantando aqui.

St-Pourçain-sur-Sioule França Central t r b ★→★★ CJD Agradável vinho campestre de Allier. Tinto e *rosé* leves de Gamay e/ou Pinot N, brancos de Tressalier e/ou CHARD (popularidade crescente), ou Sauv Bl. Entre os produtores estão: Ray, Domaine de Bellevue, Pétillat e boa cooperativa com variedade de estilos, inclusive o CUVÉE Ficelle beba-até-a-última-gota.

St-Romain Borg b t ★★ (b) **02' 03 04 05'** 06 Vila subestimada imediatamente atrás da CÔTE DE BEAUNE. Bom preço, sobretudo para os brancos firmes e frescos. Os tintos têm um corte limpo. Principais produtores: De Chassorney, FÈVRE, Jean Germain, Gras e LEROY.

St-Sardos Sudoeste VDQS próxima a Montauban t r b CJD Baseada numa cooperativa progressista. Também Domaine de la Tucayne.

St-Véran Borg b ★★ **02' 03 04 05' 06** AC vizinha a POUILLY-FUISSÉ. Os melhores são quase tão bons quanto os delas; os demais estão em solos inadequados. Experimente DUBOEUF, Domaines Cordier, Corsin, Des Deux Roches, Des Valanges, CHÂTEAU FUISSÉ.

Ste-Croix-du-Mont B'x b d ★★ **97' 98 99' 01' 02 03'** 05' AC branco doce, vizinha de SAUTERNS do outro lado do rio Garonne. Vale bastante a pena experimentar, principalmente Châteaux Crabitan-Bellevue, Loubens, Du Mont, Pavillon e La Rame.

St-Victoire Prov t r Nova subzona de CÔTES DE PROVENCE, oriunda dos declives de Montagne Ste-Victoire.

Salon 85 88' 90 95 96 O CHAMPAGNE BLANC DE BLANCS original de Le Mesnil na Côte des Blancs. Esplêndida reputação dos vinhos longevos – menos consistentes recentemente. Quantidades minúsculas.

Sancerre Lo b (t r) ★→★★★★ Modelo mundial para Sauv Bl, quase indistinguível de POUILLY-FUMÉ, sua vizinha do outro lado do Loire, apesar de freqüentemente mais nervoso. Vinhos de primeira linha podem envelhecer por 5+ anos. Também melhorando, freqüentemente Pinot N leve (melhor quando bebido entre 2 e 5 anos) e *rosé* (não esfriar demais). Ocasionalmente, curiosos VENDANGES TARDIVES doces. Principais produtores: BOURGEOIS, Cotat, Lucien Crochet, André Dezat, Jolivet, ALPHONSE MELLOT, Vincent Pinard, Roger e Vacheron.

Santenay Borg t (b) ★★★ **99' 02' 03 04** 05' 06 Tintos vigorosos da vila ao S de CHASSAGNE-MONTRACHET. Os melhores vinhedos são: La Comme, Les Gravières e Clos de Tavannes. Principais produtores: GIRARDIN, Lequin-Roussot e Muzard.

Saumur Lo t b r esp ★→★★★ **02 03** 04 05 06 Zona e AC genérica para brancos minerais e ainda para alguns mais sérios, particularmente da zona de SAUMUR-CHAMPIGNY; tintos fáceis de beber, *rosés* agradáveis, CRÉMANT pungente e Saumur MOUSSEUX. Produtores: BOUVET-LADUBAY, Cave des Vignerons de Saumur, Domaine St. Just, Château Yvonne, CHÂTEAU DE VILLENEUVE, Château de Targé, DOMAINE DES CHAMPS FLEURIS/Retiveau-Retif e Château Tour Grise.

Saumur-Champigny Lo t ★★→★★★ **89 95 96 97 02 03** 04 05 06 *Château* florescente que abrange nove comunas para Cab Fr fresco que envelhece notavelmente em boas safras. Procure CHÂTEAU DE VILLENEUVE, Yvonne; Domaines CHAMPS FLEURIS, Legrand, Nerleux, Roches Neuves, St Just, Val Brun; CLOS ROUGEARD, ***Château de Targé*** e Cave des Vignerons de Saumur-St-Cyr-en-Bourg.

Saussignac Dordonha b d ★★→★★★ **98' 00' 01' 03** 04 05' Vinhos similares ao MONBAZILLAC, porém com um toque a mais na acidez. Ultradoce desde 2004. Não há cooperativas melhores: Domaine de Richard, Châteaux Le Chabrier, Court-Les-Muts, La Maurigne, Les Miaudoux, Le Payral, Le Tap, Tourmentine e Clos d'Yvigne.

Sauternes B'x b d ★★→★★★★ **83' 86' 88' 89' 90' 95 96 97' 98 99' 01' 02** 03' 05' Distrito composto por cinco vilas (inclusive BARSAC), nas quais é produzido o melhor vinho doce da França: forte (14%+ álcool), suculento e dourado, que exige dez anos de envelhecimento. Principais *châteaux* são d'YQUEM, GUIRAUD, LAFAURIE-PEYRAGUEY, RIEUSSEC, SUDUIRAUT, LA TOUR BLANCHE etc. Vinhos secos não podem ser vendidos como Sauternes.

Sauzet, Etienne Borg ★★★ Propriedade de vinho branco de alta qualidade da Borgonha e comerciante em PULIGNY-MONTRACHET. Vinhos claramente definidos, bem cultivados, melhor consumidos quando jovem.

Savennières Lo b sc d ★★★→★★★★ **89 90 93 95** 96 **97** 99 02 **03** 04 05 06 Pequeno distrito de ANJOU de brancos pungentes, extremamente minerais e longevos. Château de Coulaine (ver PIERRE-BISE), Closel, CHÂTEAU d'Epiré, Eric Morgat, Domaine Laureau du Clos Frémur, Tijou, Vincent Ogereau e CHÂTEAU PIERRE-BISE. Principais lugares: COULÉE DE SERRANT, ROCHE-AUX-MOINES e Clos du Papillon.

Savigny-lès-Beaune Borg t (b) ★★★ **90' 95 96' 98 99' 01 02' 03 04** 05' Vila importante vizinha a BEAUNE; vinhos de peso médio semelhantes, muitas vezes deliciosamente vivazes e frutados. Principais vinhedos: Dominode, Guettes, Lavières, Marconnets, Vergelesses; produtores: BIZE, Camus, CHANDON DE BRIAILLES, CLAIR, Ecard, Girard, LEROY, Pavelot e TOLLOT-BEAUT.

Negociantes da Borgonha

A tendência ao engarrafamento no *domaine* tem feito as casas comerciais tradicionais aumentarem as apostas, enquanto aqueles que não podem comprar vinhedos são obrigados a arrematar uvas, em vez disso. Entre os principais concorrentes em várias categorias estão: **Casas Clássicas:** Bouchard Pere, Drouhin, Jadot, Latour. E também Champy e Chanson. **Histórias de sucesso comercial:** Bichot, Boisset, Girardin, Picard. **Especialistas em branco:** Bret Bros, Deux Montille, O Leflaive, Icjlaert, Verget. **Pessoas de fora (talentos de outros lugares):** Dominique Laurent, Lucien Lemoine, Alex Gambal. **Domínios com atividades comerciais:** Ambroise, J-M Boillot, H. Boillot, Dujac, Méd-Camuzet, Merlin.

Savoie Leste da França t b esp ★★ CJD Área alpina com vinhos secos e leves como alguns suíços ou Loire secundários. APREMONT, CRÉPY e SEYSSEL são os brancos mais conhecidos; ROUSSETTE é mais interessante. Também bom MONDEUSE tinto.

Schlossberg ALSACE GRAND CRU de 80 ha em Kientzheim, célebre desde o século XV. Glorioso Ries de FALLER/DOM WEINBACH e Paul BLANK. GEWÜRZ e PINOT GR também muito bons.

Schlumberger, Domaines ★→★★★ Domaine extenso e de alta qualidade, em Guebwiller, que possui aproximadamente 1% de todos os vinhedos da ALSÁCIA. Participações em GRANDS CRUS Kitterlé, Kessler, Saering e Spiegel. Variedade inclui Ries raro, assinatura CUVÉE Ernest e, última aquisição, PINOT GR Grand Cru Kessler.

Schlumberger, Robert de Lo SAUMUR espumante; feito com o método australiano. Frutado, delicado.

Schoenenbourg Riquewihr GRAND CRU (ALSÁCIA) muito rico e de sucesso: PINOT GR, Ries, muito bom VENDANGE TARDIVE e SÉLECTION DES GRAINS NOBLES. Principalmente de MARCEL DEISS e DOPFF AU MOULIN. Também muito bom MUSCAT.

Schoffit, Domaine ★★→★★★ Casa de Colmar da ALSÁCIA com GRAND CRU RANGEN PINOT GR, GEWÜRZ de primeira classe. Chasselas é uma delícia incomum para o dia-a-dia.

Schröder & Schÿler Antigo comerciante de BORDEAUX, proprietário do CHÂTEAU KIRWAN.

Sciacarello Cepa encontrada apenas na CÓRSEGA de tinto e *rosé*.

Sec Literalmente significa seco, embora o CHAMPANHE assim chamado seja semi-doce (e melhor no café-da-manhã, no chá da tarde e em casamentos do que o BRUT).

Séguret S Rh t b ★★ **01' 03 04 05' 06** Boa vila digna de cartão-postal, ao S do Rhône, próximo de GIGONDAS. Tintos apimentados, muito cheios; brancos redondos. Principalmente Château La Courançonne, Domaine de Cabasse, J. David, Le Camassot, Garancière, Mourchon, Pourra e Soleil Romain.

Sélection des Grains Nobles Termo cunhado por HUGEL para o equivalente alsaciano do Beerenauslese alemão e, desde 1984, sujeito a regulamentação muito restritiva (ver quadro, p.121). A expressão *grains nobles* refere-se a uvas individuais afetadas pela "podridão nobre".

Semi-seco (demi-sec) Meio-seco: na verdade, mais para meio-doce (por exemplo, em CHAMPANHE).

Sérafin Borg ★★★ Christian S. ganhou seguidores por seus intensos GEVREY CHAMBERTIN VIEILLES VIGNES e CHARMES-CHAMBERTIN GRAND CRU.

Seyssel Savóia b esp ★★ NV Branco delicado e agradável espumante, por exemplo, Corbonod.

Sichel & Co Uma das casas comerciais mais respeitadas de BORDEAUX, dirigida por cinco irmãos: interesses nos CHÂTEAUX D'ANGLUDET e PALMER, em CORBIÈRES, e como comerciantes de Bordeaux (Sirius é uma marca de primeira linha).

Sipp, Jean & Louis ★★ Produtores de ALSÁCIA em Ribeauvillé (Louis é também mercador de vinhos). Ambos produzem excelentes Ries GRAND CRU Kirchberg. O de Jean tem elegância juvenil; o de Louis é mais firme quando maduro. O GEWÜRZ de Louis é muito bom, principalmente o GRAND CRU Osterberg.

Sipp-Mack ★★→★★★ Excelente DOMAINE da ALSÁCIA de 20 ha em Hunnawihr (realizando um controle integrado das pragas nos vinhedos). Notável Ries de GRANDS CRUS ROSACKER e Osterberg; também muito bom PINOT GR.

Sorg, Bruno ★★→★★★ Pequeno produtor de primeira classe da ALSÁCIA em Eguisheim para GRAND CRU Florimont (Ries) e PFERSIGBERG (MUSCAT). Também muito bom Auxerrois.

Sur Lie "Na borra". Freqüentemente, o MUSCADET é engarrafado diretamente do tonel, para o máximo de sabor e de personalidade.

Tâche, La Borg t ★★★★ **64** 66 71 **78' 85' 88'** 89' **90'** 93' 95 96' 97 98 99' 00 01 02' 03 04 05' 06 Vinhedo de 6 ha (1.500 caixas) de GRAND CRU de VOSNE-ROMANÉE e um dos melhores da Terra: vinho de grande perfume e de luxo. Ver ROMANÉE-CONTI.

Taille-aux-Loups, Domaine de la Lo b sd esp ★★★ Outrora um *courtier en vins*, Jacky Blot tornou-se um importante componente da vinicultura em Touraine – com CUVÉES de Montlouis e VOUVRAY fermentados em barril, de secos a deliciosamente doces, Triple Zero Montlouis Petillant e tintos promissores de Domaine de La Butte, em Bourgueil.

Tain, Cave Coopérative de 390 membros em ACS no norte do Rhône; possui um quarto de HERMITAGE. Desde 1991, o tinto Hermitage vem melhorando, principalmente Gambert de Loche de primeira linha; estilo moderno de CROZES. Bons Marsanne brancos. Bom preço.

Taittinger Brut NV; Rosé NV; Brut **96** 99; Collection Brut **90 95** 96. Produtor e comerciante de CHAMPAGNE em Reims, que já esteve na moda, vendido ao grupo Crédit Agricole em 2006. Os vinhos têm um distinto toque sedoso e floral, embora nem sempre consistente. Excelentes marcas de luxo: Comtes de Champagne BLANC DE BLANCS (96' **98**), Comtes de Champagne *rosé* (96 99 **02**), também bons e ricos Pinot Prestige *rosé* NV. Novos CUVÉES Nocturne e Prélude. (Ver também Califórnia: Domaine Carneros.)

Tavel Rh r ★★ CJD O *rosé* mais famoso da França, embora não o melhor: forte, muito cheio e seco – deve ser tomado somente às refeições. Melhores produtores: Château d'Aquéria, Domaine Corne-Loup, GUIGAL, Maby, Domaine de la Mordorée, Prieuré de Montézargues, Lafond, Lafond Roc-Epine e Château de Trinquevedel.

Tempier, Domaine t b r ★★★★ O produtor pioneiro de BANDOL. Qualidade agora desafiada pelos outros produtores.

Terrasses du Larzac Midi t b r Parte da AC COTEAUX DU LONGUEDOC. Uma fantástica região montanhosa, incluindo Montpeyroux, St. Saturnin e vilas próximas de Lac du Salaou.

Terroirs Landais Gascony t r b ★ VIN DE PAYS, extensão no *département* de Landes das CÔTES DE GASCOGNE, nome que muitos produtores preferem usar. Domaine de Laballe é o exemplo mais visto.

Thénard, Domaine Borg O maior produtor da *appellation* GIVRY, porém mais conhecido por sua porção substancial (1,6 ha) de LE MONTRACHET. Poderia ser melhor.

Thevenet, Jean Borg ★★★ Domaine de la Bongran em Clessé destaca-se pelo rico e concentrado (até mesmo doce!) MÂCON branco. Caro.

Thézac-Perricard Sudoeste da França t r ★ ★ **04 05**'06 VIN DE PAYS Extensão de CAHORS, porém de um estilo mais leve que o dele. Domaine independente De Lancement melhor até do que as novas cooperativas.

Thiénot, Alain Corretor que se tornou comerciante de vinhos; força dinâmica para sempre em CHAMPAGNE. Qualidade sempre em ascensão. Brut NV impressionante e a preço justo. *Rosé* NV Brut **96 99** 00 02. Safra Stanislas BLANC DE BLANCS (**99 00** 02) e Vigne aux Gamins BLANC DE BLANCS (**99 00** 02). Grande CUVÉE de primeira linha **95 96 98**. Também proprietário de Marie Stuart e CANARD-DUCHÊNE em CHAMPAGNE, Château Ricaud em LOUPIAC.

Thorin, J. Beauj ★ Produtor e grande mercador de vinhos de BEAUJOLAIS.

Thouarsais, Vin de Lo b t r ★CJD Chenin Bl leve (com 20% de CHARD permitido), Gamay e Cab Sauv produzido em minúsculas VDQS ao S de SAUMUR. Principalmente Gigon.

Tollot-Beaut ★★★ Produtor consistente de estilo da Borgonha, com 20 ha na CÔTE DE BEAUNE, inclusive vinhedos em Beaune Grèves, CORTON, SAVIGNY (Les Champs Chevrey) e em sua base em CHOREY-LES-BEAUNE.

Touraine Lo t r b sc d esp ★→★★★★ **02 03 04** 05 06 Imensa região, com muitas ACS (por exemplo, VOUVRAY, CHINON, BOURGUEIL), bem como uma AC genérica para tintos condimentados (Cab Fr, Gamay, Cot), brancos pungentes (Sauv Bl, Chenin Bl), *rosés* e MOUSSEUX. Vinhos para bistrôs muito bons, com freqüência de bom preço. Produtores: François Plouzeau/Domaine de la Garreliere, Clos Roche Blanche; Château de Petit Thouars, MARIONNET, Oisly-Thesée, Jacky Marteau, Puzelat/Clos de Tue-Boeuf, Domaine des Corbillieres, Domaine de la Presle.

Touraine-Amboise Lo t b r ★→★★ Sub-*appellation* de Touraine. François ler emprega uma mistura local (Gamay/Côt/Cab Fr) saborosa e que acompanha bem as refeições. Dutertre, Xavier Frissant, Damien Delecheneau/La Grange Tiphaine.

Touraine-Azay-le-Rideau Lo ★→★★ Pequena sub-*appellation* de Touraine para brancos secos e semi-secos de base Chenin Bl e *rosés* com predominância de Grolleau. Produtores: James Paget e Fibaleau Père & Fils.

Touraine-Mesland Lo t b r ★→★★ Sub-*appellation* de Tourraine melhor representado pelas misturas (Gamay/Côt/Cab Fr) de seu tinto de manejo fácil. Château Gaillard e Clos de la Briderie.

Touraine-Noble Joué Lo r ★→★★ CJD Antigo porém recentemente revivido *rosé* produzido a partir de três Pinots (N, Gr, Meunier) exatamente ao S de Tours. Principalmente de ROUSSEAU e Sard. Status de AOC recebido (Touraine-Noble Joué) em 2000.

Trapet Borg ★★→★★★ Uma *domaine* de GEVREY CHAMBERTIN há muito estabelecida, agora gozando nova vida e vinhos sensuais de agricultura biodinâmica. O mesmo vale para Roussignol-Trapet – vinhos um pouco mais austeros.

Trévallon, Domaine de Provença t b ★★★ **88' 89' 90' 91 92 93 94 95' 96 97 98 99 00 01'** 03' 04 05 VIN DE PAYS pouco humilde, próximo de Les Baux, merece totalmente sua imensa reputação. Intenso Cab Sauv/Syrah para envelhecer. Minúscula quantidade de vinho branco de Marsanne e Roussanne e uma gota de CHARD.

Trimbach, F.E. ★★★→★★★★ Produtores do melhor Ries da ALSÁCIA (CLOS STE-HUNE) e provavelmente do segundo maior (Cuvée Frédéric-Emile). O estilo da casa é seco porém elegante, com grande potencial de envelhecimento. Também muito bom PINOT GR e GEWÜRZ. Localizados em Ribeauvillé, fundada em 1626.

Turckheim, Cave Vinicole de ★ Importante cooperativa da ALSÁCIA, com uma larga escala de vinhos "nem sempre estimulantes". Área do vinhedo: 320 ha, incluindo inúmeros GRANDS CRUS.

Tursan Sudoeste da França t r b ★★→★★★ (Na maior parte CJD) VDQS aspirando a AC. Vinhos estilo feriado e fáceis de beber. O mestre-cuca Michel Guérard reserva muitos de seus vinhos ★★ (hoje tanto tintos quanto brancos) para seu famoso restaurante em Eugénie-les-Bains, porém um Dom de Perchade ★★ mais tradi-

FRANÇA

cional é igualmente bom, à sua própria maneira. A cooperativa de sucesso é a única outra produtora.

Vacqueyras S Rh t (b r) ★★ Vizinha de GIGONDAS, com vinhos cheios e apimentados, baseados na Grenache. Dura 10+ anos. Experimente JABOULET, Amouriers, Arnoux Vieux Clocher, Châteaux de Montmirail, des Tours; Clos des Cazaux, Domaines Archimbaud-Vache, Charbonnière, Couroulu, Font de Papier, Fourmone, Garrigue, Grapillon d'Or, Monardière, Montirius, Montvac, Pascal Frères, Perrin e Sang des Cailloux.

Val d'Orbieu, Vignerons du Associação de cerca de duzentos produtores e cooperativas de primeira linha em CORBIÈRES, COTEAUX DU LANGUEDOC, MINERVOIS, ROUSSILLON etc., comercializa uma variedade confiável de vinhos selecionados AC e VIN DE PAYS. CUVÉE Mythique é o carro-chefe.

Valençay Lo t r b ★ AC recente (VDQS até 2004) no leste de TOURAINE; vinhos leves, fáceis de beber, às vezes penetrantes, obtidos de uma variedade de uvas semelhantes às TOURAINE, principalmente Sauv Bl. Atualmente, AC. Procure os de 2005.

Valréas S Rh t (r b) ★★ **98' 01 03 04 05' 06** Vila das CÔTES DU RHÔNE com grande cooperativa. Bons tintos peso médio (mais suaves, mais finos do que CAIRANNE, RASTEAU) e brancos em ascensão. Principalmente Emmanuel Bouchard, Domaine des Grands Devers e Chatêau la Décelle.

Varichon & Clerc Principais produtores e exportadores de espumantes da SAVÓIA.

Vaudésir Borg b ★★★★ **90 95' 96' 97 98 99** 00' 02' 03 04 05' 06' Pode-se dizer que é o melhor dos sete CHABLIS GRANDS CRUS (mas o mesmo se pode dizer dos demais).

Vendange Colheita.

Vendange Tardive Colheita tardia. Na ALSÁCIA, equivalente ao Auslese alemão (ver quadro Qualidade, p. 121), porém, geralmente, maior teor alcóolico.

Verget Borg ★★→★★★ A casa comercial da J-M GUFFENS-HEYNEN com uma variedade misturada de MÂCON e MONTRACHET. Vinhos intensos, freqüentemente modelares, produzidos com uvas compradas. Novo negócio em Lubéron: Verget du Sud. Acompanhe de perto.

Veuve Clicquot Casa de CHAMPAGNE histórica da mais alta respeitabilidade. Encorpados, quase ricos: um dos produtos mais seguros de CHAMPAGNE. Adegas em Reims. Marcas de luxo: La Grande Dame (**90' 96 98**), Rich Réserve (**96 99** 02) e La Grande Dame *rosé* (**96 98' 99** 02).

Veuve Devaux Excelente CHAMPANHE da poderosa cooperativa Union Auboise. Muito bom Grande Réserve envelhecido, Oeil de Perdrix *rosé* e Prestige Cuvée D.

Vidal-Fleury, J. N Rh ★→★★ Tradicional exportador de vinhos de primeira linha do Rhône, pertencente à GUIGAL, e produtor da CÔTE-RÔTIE, talentoso e elegante La Chatillonne (12% Viognier). Qualidade firme. Bom MUSCAT BEAUMES-DE-VENISE.

Vieille Ferme, La S Rh t b ★★ Marca muito boa de CÔTES DU VENTOUX (t) e de CÔTES DU LUBERON (b) produzidos pelos Perrins, proprietários do Château DE BEAUCASTEL. Bom preço.

Vieux Télégraphe, Domaine du S Rh t b ★★★ **78' 81' 83 85 88 89' 90 94' 95' 96' 97 98' 99' 00 01'** 03' 04' 05' 06 Líder na produção de CHÂTEAUNEUF tinto vigoroso e moderno e brancos saborosos (estilo mais *gourmand* desde a década de 1990), os quais envelhecem bem em menos tempo. Novo vinho secundário de bom preço: Vieux Mas des Papes. DOMAINE secundário: de la Roquète, tintos frutados, brancos frescos. Proprietário do Domaine Les Pallières em GIGONDAS, com o importador americano Kermit Lynch.

Vin de Paille Vinho de uvas secas em cama de palha, conseqüentemente muito doce, como o *passito* italiano. Principalmente em JURA. Ver também CHAVE e VIN PAILLE DE CORREZE.

Vin de Pays (VDP) A categoria mais dinâmica na França (com mais de 140 regiões). Os vinhos zonais de VDP são os melhores – por exemplo, Côtes de Gascogne, Côtes de Thongue, Haute-Valée de l'Orb, Duché d'Uzès, entre outros. Variedade imensa e qualidade às vezes inesperada.

Vin de Table Categoria do vinho de mesa padrão do dia-a-dia, não sujeito a regulamentação específica quanto às uvas e à origem. Pode ser a fonte de prazeres ocasionais, se um vinicultor usar essa categoria para evitar aborrecimentos burocráticos.

Vin Doux Naturel (VDN) Vinho doce fortificado com álcool de vinho, de modo que a doçura seja natural, não à força. A especialidade de ROUSSILLON, baseada em Grenache ou em MUSCAT. Onipresente nos bares franceses, mas os vinhos de primeira linha podem ser extraordinários.

Vin Gris Vinho "cinza" é um vinho *rosé* muito pálido, feito de uvas tintas esmagadas antes do início da fermentação – diferentemente do *Rosé*, que fermenta brevemente antes do esmagamento. Oeil de Perdrix significa essencialmente o mesmo, idem quanto ao "corado".

Vin Jaune Jura b ★★★ Especialidade de ARBOIS: um vinho amarelo curioso, parecido com o Xerez Fino. Normalmente pronto para ser bebido logo após o engarrafamento (após pelo menos seis anos). O melhor é CHÂTEAU-CHALON. Ver também PLAGEOLES.

Vin Paillé de Corrèze Sudoeste da França Renascimento do VIN DE PAILLE estilo antigo perto de Beaulieur-sur-Sordogue, produzido a partir de Cab Fr, Cab Sauv, CHARD e Sauv Bl. Vinte e cinco fanáticos produtores e uma pequena cooperativa.

Vinsobres S Rh t (r b) ★→★★ Vila que recebeu o status de AC a partir da safra de 2004. Os melhores são os substanciais tintos, arredondados e frutados, muitas vezes influenciados pela Syrah. Procure: Cave La Vinsobraise, Domaines les Aussellons, Bicarelle, Chaume-Arnaud, Coriançon, Deurre, Jaume, Puy de Maupas, Moulin, Peysson e Château Rouanne.

Viré-Clessé Borg b ★★ AC situada em torno de duas das melhores vilas de brancos de MÂCON. Estilo extrovertido, apesar da proibição do açúcar residual. Procure A. Bonhomme, Bret Bros, Clos du Chapitre, JADOT, Château de Viré, Merlin e cooperativa.

Visan S Rh t r b ★ **03 04 05' 06** Vila do Rhône de bons tintos de peso médio e bons brancos. Prestar atenção: Domaine des Grands Devers e Roche-Audran.

Vogüé, Comte Georges de ★★★★ BONNES-MARES e MUSIGNY DOMAINE com 12 ha de primeira classe em CHAMBOLLE-MUSIGNY. Em sua melhor forma, sobretudo, desde 1990; exemplos insuperáveis. Evite a maioria dos vinhos dos anos 1980.

Volnay Borg t ★★★→★★★★ **88' 89' 90' 91 93 95** 96' **97 98** 99' 02' **03** 04 05' 06 Vila entre POMMARD e MEURSAULT: freqüentemente os melhores tintos da CÔTE DE BEAUNE; estruturados e sedosos. Melhores vinhedos: Caillerets, Champans, Clos des Chênes, Santenots, Taillepieds etc. Melhores produtores: D'ANGERVILLE, J-M BOILLOT, HOSPICES DE BEAUNE, ***LAFARGE***, LAFON, DE MONTILLE.

Volnay-Santenots Borg t ★★★ Sob este nome, vende-se excelente vinho tinto de MEURSAULT. Indistinguíveis de outro PREMIER CRU VOLNAY. Melhores vinhedos: AMPEAU, HOSPICES DE BEAUNE, LAFON e LEROY.

Vosne-Romanée Borg t ★★★→★★★★ **88' 89' 90' 91 93 95** 96' **97 98** 99' **00** 01 02' 03 04 05' 06 Vila com os mais grandiosos Borgonha Crus (ROMANÉE-CONTI, LA TÂCHE etc.). Não há (ou não deveria haver) vinhos comuns em Vosne. Muito bons produtores, entre os quais Arnoux, Cathiard, DRC, ENGEL, GRIVOT, GROS, JAYER, LATOUR, LEROY, Liger-Belair, MÉO-CAMUZET, Mongeard-Mugneret, Mugneret e RION.

Vougeot Borg t b ★★★ **90' 91 93 95'** 96' **97 98** 99' **00** 01 02' 03 04 05' 06 Vinhos da vila e do PREMIER CRU. Ver CLOS DE VOUGEOT. Excepcional Clos Blanc de Vougeot, branco desde o século XII. Bretagna e VOUGERAIE, os melhores.

Vougeraie, Domaine de la Borg t ★★→★★★ DOMAINE que une todos os vinhedos das propriedades de BOISSET. Do acessível BOURGOGNE escarlate até o ótimo MUSIGNY GRAND CRU.

Vouvray Lo b sc d esp ★★→★★★★ Para Vouvray doce: **89 90 95 96 97 03** 05 Para Vouvray seco: **89 90 96 97** 02 **03** 04 05 06. Grande AC a leste de Tours: cada vez melhor e mais confiável. O SEMI-SECO é feito em estilo clássico, porém nos grandes anos o MOELLEUX pode ser intensamente doce, quase imortal. Espumante bom e seco: procure por PÉTILLANT. Melhores produtores: Allias, Clos Baudoin, ***Champalou***, CHIDAINE (Domaine de la Fontanerie) Dhoye-Deruet, Foreau, Fouquet (Aubuisière), Château Gaudrelle, Domaine de la Haute Borne, HUET, DOMAINE DE LA TAILLE-AUX-LOUPS, Vigneau-Chevreau, Vincent Careme.

Vranken, Champagne Grupo de CHAMPAGNE cada vez mais poderoso, criado em 1976 por um empresário de marketing belga. Boa qualidade. Principal marca: Demoiselle. Proprietário do HEIDSIECK MONOPOLE, POMMERY e Bricout.

Wolfberger ★★ Rótulo principal da cooperativa de Eguisheim. Qualidade excepcional para um produtor de tão grande escala. Muito importante para CRÉMANT.

"Y" (pronuncia-se "ygrec") B'x **79' 80' 85 86 88 94 96** 00 02 04 Vinho seco intenso, produzido ocasionalmente no CHÂTEAU D'YQUEM. Mais interessante com a idade. Atualmente mudando de estilo e se modernizando.

Zind-Humbrecht, Domaine ★★★★ DOMAINE da ALSÁCIA fundado em 1620. Conhecida pelos vinhos ricos e fortes de colheitas pequenas. Vinhos de primeira linha de vinhedo único CLOS St-Urbain, Hauserer & Windsbuhl e GRANDS CRUS de RANGEN, HENGST e BRAND & GOLDBERT.

Châteaux de Bordeaux

As abreviações abaixo são usadas neste texto:

B'x	Bordeaux
E-D-M	Entre-Deux-Mers
H-Med	Haut-Médoc
L de P	Lalande de Pomerol
Mar	Margaux
Méd	Médoc
Pau	Pauillac
Pe-Le	Pessac-Léognan
Pom	Pomerol
St-Ém	St-Émilion
St-Est	St-Estèphe
St-Jul	St-Julien
Saut	Sauternes
ch, chx	château(x)
dom, doms	domaine(s)

As áreas mais escuras correspondem às regiões vinícolas.

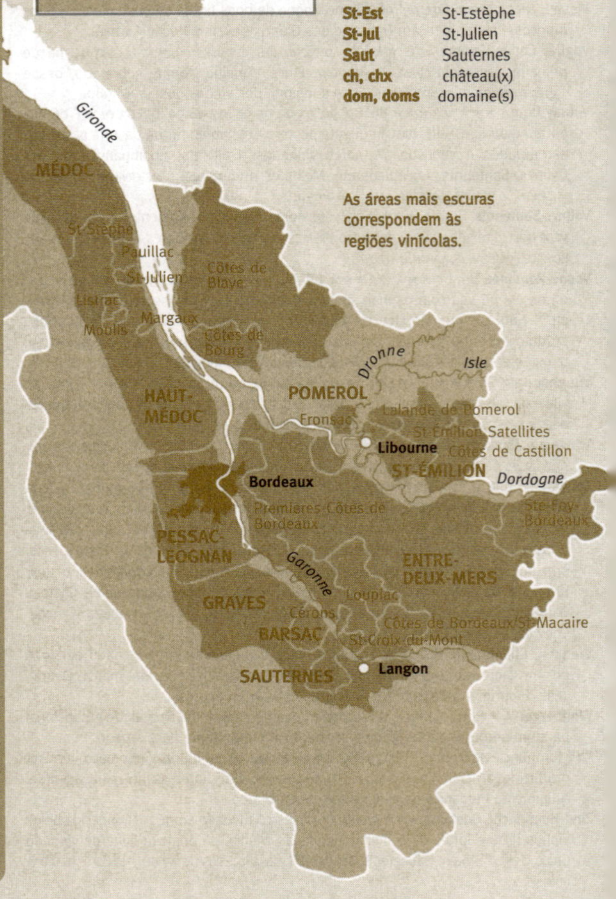

Urrah! Bordeaux teve uma safra famosa e inacreditável. Refiro-me a 2005, naturalmente: uma safra de enorme demanda em todo o mundo, apesar de alguns aumentos de preço espetaculares de alguns *châteaux*. É boa notícia para quem comprou, mas é boa notícia também para o resto de nós, porque isso significa que os vinhos de 2001 e 2002, os melhores anos entre 2005 e a última safra famosa – 2000 – agora entram na categoria de "desconsiderados". Quer dizer que os preços podem permanecer razoáveis.

Ambas as safras são muito desejáveis, se você quer vinho para beber, e não para investir. E naturalmente haverá uma boa quantidade de vinhos menores de 2005. Nem tudo desse ano é caro.

d'Agassac H-Méd t ★★ 98 99 00' 02 03 04 05 Forte à la Bela Adormecida do século XIV, circundado por fosso de 42 ha, muito próximo dos subúrbios de BORDEAUX. Maior qualidade desde 1997.

Andron-Blanquet St-Est t ★★ 95 96 98 00' 03 04 05' CRU BOURGEOIS de 16 ha; CHÂTEAU irmão de COS-LABORY. Vinhos um tanto duros, que começam a exibir mais charme.

Angélus St-Ém t ★★★★ 89' 90' 92' 93 94 95 96 97 98' 99 00' 01 02 03 04 05 Importante vinhedo GRAND CRU CLASSÉ de 23 ha em ST-ÉMILION CÔTES. Precursor do estilo moderno; escuro, rico e suntuoso. Segundo vinho: Le Carillon de L'Angélus.

d'Angludet Cantenac-Mar t ★★★ 90 94 95 96' 98' 00 02 03 04 05 Um CRU BOURGEOIS SUPÉRIEUR de 32 ha, gerenciado pelo proprietário, o negociante Sichel: qualidade CRU CLASSÉ. MARGAUX vivaz e longevo de grande estilo, popular no Reino Unido, com bom preço.

Archambeau Graves t b sc (d) ★★★ (t) 98 00 02 04 05 (b) 00 01 02 04 05 Propriedade moderna de 27 ha em Illats. Branco seco frutado muito bom, tintos fragrantes envelhecidos em barris (dois terços do vinhedo).

d'Arche Saut b d ★★ 96 97' 98 99 00 01' 02 03' 05 Vinhedo aperfeiçoado CRU CLASSÉ de 27 ha. As melhores safras são ricas e cheias. O Château d'Arche-Lafaurie é uma seleção mais rica. Também dispõem de hospedagem com café da manhã no *chartreuse* do século XVII.

d'Armailhac Pau t ★★★ 88' 89 90' 93 94 95' 96' 98 99 00 01 02 03 04 05' EX-CHÂTEAU MOUTON BARONNE PHILIPPE. Importante Cinquième Cru, de propriedade de Rothschild. 51 ha: Pauillac de primeira linha com mais fineza que a irmã CLERC MILON, porém com menos força e volume. MOUTON ROTHCHILD é o irmão mais velho de ambos.

L'Arrosée St-Ém t ★★★ 95 96 98' 00 01 02 03 04 05' Propriedade de 9,7 ha nas CÔTES com novos donos e investimentos desde 2002. Vinhos estruturados com bastante Cab Fr e Cab Sauv (60%).

Ausone St-Ém t ★★★ 85 86' 88 89' 90 93 94 95 96' 97 98' 99 00' 01' 02 03' 04 05' Ilustre Premier Cru de 6,8 ha (cerca de 2.500 caixas) na melhor localização das CÔTES, com famosas adegas esculpidas na rocha. Em forma soberba desde 1996. Vinhos longevos com volume, textura e fineza. Segundo vinho: La Chapelle d'Ausone também excelente.

Bahans-Haut-Brion Pe-Lé t ★★★ 89' 90 93 94 95 96' 98 99 00 01 02 03 04 05 O segundo vinho de CHÂTEAU HAUT-BRION. Um Cab Sauv sério. Potencial de envelhecimento de vinte anos.

Balestard-la-Tonnelle St-Ém t ★★ 95 96 98' 00' 01 03 04 05' CRU CLASSÉ histórico de 12 ha no planalto de calcário. Fresco, firme e ocasionalmente austero.

Barde-Haut St-Ém t ★★ 98 99 00 01 02 03 04 05' A propriedade irmã de CLOS L'EGLISE e HAUT-BERGEY. Rico, moderno e opulento no estilo.

Bastor-Lamontagne Saut b d ★★ 95 96' 97' 98 99 01' 02 03' 05' Grande irmã (56 ha) Preignac de BEAUREGARD. Qualidade consistente; excelentes vinhos ricos. Segundo rótulo: Les Ramparts de Bastor. Caprice frutada (de 2004) para beber cedo. Também CHÂTEAU St-Robert em Pujols: GRAVES tinto e branco.

Batailley Pau t ★★★ 94 95 96 98 00 02 03 04 05 Cinquième Cru de 55 ha, nas fronteiras de PAUILLAC e ST-JULIEN. Fino, firme, de sabor forte. Um PAUILLAC com bom preço. Ainda melhor desde 2000. Berço da família Castéja de BORIE-MANOUX.

Beaumont Cussac, H-Méd t ★★ 95 96 98 00' 02 04 05' CRU BOURGEOIS SUPÉRIEUR com mais de 80 ha (ver quadro sobre Médoc, p.76); vinhos fáceis de apreciar. Segundo rótulo: Château Moulin d'Arvigny. 40 mil caixas. Nas mesmas mãos que o BEYCHEVELLE.

Beauregard Pom t ★★★ **89' 90' 94' 95' 96' 98' 00'** 01' **02 03** 04 05' Vinhedo de 17 ha, belo CHÂTEAU do século XVII próximo a LA CONSEILLANTE. Vinhos ricos, de primeira linha. Assessoria de Michel ROLLAND. Segundo rótulo: Benjamin de Beauregard.

Beau-Séjour-Bécot St-Ém t ★★★ **89' 90' 94 95' 96 98' 99** 00' **01** 02 03 04 05' Outra metade de BEAUSÉJOUR-DUFFAL: 18 ha. Controversamente rebaixado de classe em 1985, porém merecidamente voltando a PREMIER GRAND CRU CLASSÉ em 1996. Os Bécots também são donos do GRAND-PONTET e LA GOMERIE.

Beauséjour-Duffau St-Ém t ★★★ **89' 90' 93' 94 95 96 98 99 00 01** 02 **03** 04 05' Parte da velha propriedade BEAU-SÉJOUR-BÉCOT Premier Grand Cru na encosta ocidental das CÔTES. 6,8 ha em antigas mãos familiares, apenas 2.000+ caixas de vinho firmemente estruturado, concentrado, até mesmo hedonista.

Beau-Site St-Est t ★★ **95 96 98 00 03** 04 05 CRU BOURGEOIS nas mesmas mãos que BATAILLEY etc. Em geral sólido e firme, mesmo não sendo excepcional.

Belair St-Ém t ★★★ **88' 89' 90' 94 95' 96 98 99 00' 01** 02 **03** 04 05' Vizinha Cru Classe de AUSONE. Agora pertence ao experiente vinicultor Pascal Selbeck. Estilo elegante, fino e fragrante; enganadoramente longevo. Segundo vinho: CHÂTEAU Haut Roc Blanquant.

Bel-Air Marquis d'Aligre Soussans-Mar t ★★ **95' 96' 98' 99 00'** MARGAUX de13 ha de vinhedos velhos, administrados pelo modo tradicional e produzindo apenas 3.500 caixas. Vinho fino e estruturado que necessita de envelhecimento na garrafa.

Belgrave St-Laurent, H-Méd t ★★ **95 96' 98' 00'** 02' 03 04' 05' Cinquième Cru de 60 ha bem administrada pelo CVBG-Dourthe (ver LA GARDE, REYSSON). Consideráveis progresso e investimento desde 1998. Segundo rótulo: Diane de Belgrave.

Bellefont-Belcier St-Ém ★★ **98 99 00 01 02** 03 04 05' GRAND CRU CLASSÉ (2006) de 13 ha nos CÔTES de St-Laurent-des-Combes. Vizinho de LARCIS-DUCASSE. Repassada em 1994. Madura e moderna, mas de forma mineral.

Bel-Orme-Tronquoy-de-Lalande St-Seurin-de-Cadourne, H-Méd t ★★ **95 96 98' 00 02 03** 04 05 CRU BOURGEOIS de 24 ha ao N de ST-ESTÈPHE (ver quadro sobre Médoc, p. 76). Antes conhecida por seus vinhos tânicos; mais tentadores desde 1997.

Berliquet St-Ém t ★★ **95 96 97 98' 99 00' 01** 03 04 05' GRAND CRU CLASSÉ de 9,3 ha bem localizada nas CÔTES. A partir de 1997, seus negócios engrenaram.

Bernadotte H-Méd t ★★ **98 99 00' 01** 02 **03** 04 05' Propriedade de 30 ha, administrada pelo grupo PICHON-LALANDE desde 1997. CHAMPAGNE ROEDERER agora é grande acionista. Vinhos finos e estruturados.

Bertineau St-Vincent L de P t ★★ **98 99 00' 01 03** 04 05 O renomado enólogo Michel ROLLAND é o dono desta propriedade de 4 ha. Qualidade consistente. (Ver também LE BON PASTEUR.)

Beychevelle St-Jul t ★★★ **95 96 98 99 00' 01** 02 **03** 04 05 Quatrième Cru (90 ha) com mansão histórica. Maior consistência desde 1995. Vinhos com elegância em vez de força. Segundo vinho: Amiral de Beychevelle.

Biston-Brillette Moulis t ★★ **98 00 01 02 03** 04 05' MOULIS atraente, frutado e de bom preço. 24 ha em produção.

Bonalgue Pom t ★★ **95 96' 98' 99 00 01 03** 04 05 POMEROL escuro, rico e carnudo. Melhor preço impossível. Assessorado por Michel ROLLAND.

Bonnet E-D-M t b ★★ (t) **00 01 03 04 05** (b) CJD Propriedade de André Lurton. Grande produtor (270 ha!) de alguns dos melhores vinhos ENTRE-DEUX-MERS e BORDEAUX tinto. Novo CUVÉE Prestige e Divinus de 2000.

Le Bon Pasteur Pom t ★★★ **89' 90' 93' 94' 95 96' 98' 99 00 01 02 03** 04 05' Excelente propriedade de Michel ROLLAND na fronteira de ST-ÉMILION. Vinhos cremosos e concentrados, praticamente garantidos. (Ver também BERTINEAU ST-VINCENT.)

Le Boscq St-Est t ★★ **95' 96' 98 00 01 03** 04 05' CRU BOURGEOIS SUPÉRIEUR, propriedade de CVBG-Dourthe, que oferece um excelente preço em um saboroso ST-ESTÈPHE.

Safras impressas em letras normais devem ser degustadas agora somente por curiosidade apenas quanto ao seu desenvolvimento futuro. Safras em **negrito** são consideradas (por seus fabricantes) prontas para serem degustadas. Contudo, lembre-se de que os franceses tendem a apreciar o vigor dos vinhos jovens, e muitos dos de 88, 89 e 90 ainda têm, pelo menos, uma década de desenvolvimento pela frente. Safras assinaladas com ' são consideradas particularmente muito bem-sucedidas na propriedade em questão. Safras em cores são as escolhas prioritárias para 2008.

Bourgneuf-Vayron Pom t ★★ **95' 96' 98' 99 00 01' 03** 04 05' Vinhedo arenoso de 9 ha e solo de cascalho, produz POMEROL rico, quente e firme.

Bouscaut Pe-Lé t b ★★ (t) **89 90 94 95 98 00 01 02** 04 05' (b) **96 98 00 01 02 03 04 05'** CRU CLASSÉ em constante evolução, que vem acertando o passo desde 2000, pertencente à filha de Lucien Lurton, de BRANE-CANTENAC.

Boyd-Cantenac Mar t ★★★ **90 94' 95 96' 98' 00** 02 03 04 05' Troisième Cru de 18 ha em sua melhor forma desde 2000. Predominância de Cab Sauv com um Petit Verdot apimentado. Segundo vinho: Jacques Boyd. Ver também POUGET.

Branaire-Ducru St-Jul t ★★★ **89' 90' 93' 94 95 96 98 99 00 01** 02 03 04 05' Quatrième Cru de 51 ha em ST-JULIEN. Tem mantido o padrão de qualidade e consistência em um patamar alto. Estilo denso, linear, tipo cassis. Segundo rótulo: Duluc.

Brane-Cantenac Cantenac-Mar t ★★★ **89' 95 96 98 99 00' 01** 02 **03** 04 05' Grande Deuxième Cru (85 ha). MARGAUX denso e aromático. Segundo rótulo: Baron de Brane.

Brillette Moulis t ★★ **95 96 98 99 00 02 03** 04 05 CRU BOURGEOIS SUPÉRIEUR de 40 ha. Confiável e atraente. Segundo rótulo: Berthault Brillette.

Cabanne, La Pom t ★★ **95 96 98' 00** 04 05 Respeitada propriedade de 10 ha. Estilo POMEROL mais rústico. Segundo vinho: Domaine de Compostelle.

Cadet-Piola St-Ém t ★★ **94' 95 98 00 01** 03 04 05 Propriedade pequena porém distinta (7 ha) no planalto de calcário de ST-ÉMILION. Vinhos frescos, firmes e longevos.

Caillou Saut b d ★★ **88' 89' 90' 95 96 97 98 99 01'** 02 03' 05 Vinhedo de segunda linha de BARSAC com 13 ha, bem administrado, que produz vinho firme e frutado. O CUVÉE REINE (**97 99** 01' 03') é uma ótima seleção.

Calon-Ségur St-Est t ★★★ **89' 90' 94 95 96' 98 99** 00' **01** 02 03 04 05' Extenso (60 ha) Troisième Cru, com excelente reputação histórica. Maior consistência desde 1995. Segundo rótulo: Marquis de Calon.

Cambon La Pelouse H-Méd t ★★ **96' 98' 99 00 01 02 03** 04 05' CRU BOURGEOIS SUPÉRIEUR grande e acessível. Uma aposta certa, se desejar um MÉDOC típico e rico.

Camensac St-Laurent H-Méd t ★★ **95 96' 98 00 01 03** 05 Cinquième Cru de 75 ha. Vinhos bastante vivazes, embora não sejam exatamente clássicos. O novo proprietário tem ligações com CHASSE-SPLEEN; espere por mudanças. Segundo rótulo: La Closerie de Camensac.

Canon St-Ém t ★★★ **96 98' 99 00 01** 02 **03** 04 05' Famoso Premier Cru com 22 ha cercados por muros no planalto a oeste da cidade, adquirido em 1966 pelos mesmos donos (Chanel) de RAUZAN-SÉGLA. Investimentos e reestruturação do vinhedo começando a dar resultados. Vinhos elegantes e longevos. Segundo rótulo: Clos Canon.

Canon-de-Brem Canon-Fronsac t ★★ **98 99 00 01 03** 04 05' Outrora uma propriedade de Moueix, mas vendida para Jean Halley, dos supermercados Carrefour, em 2000 (DE LA DAUPHINE). Investimentos maciços recentes. De expressão pura e firme.

Canon La Gaffelière St-Ém t ★★★ **89' 90' 94' 95 96 97 98' 99 00' 01' 02 03** 04 05' GRAND CRU CLASSÉ de destaque, de 19 ha, nas encostas baixas das CÔTES. Mesmo proprietário de CLOS DE L'ORATOIRE e LA MONDOTTE. Stéphane Derenoncourt dá assessoria. Produz vinhos diretos, com estilo e presença.

Cantegril Graves t saut b d ★★ (t) **00 02 04** 05' (b) **01 02 03** 04 05' Tinto digestível e flexível, e BARSAC-SAUTERNES aromáticos a partir da relação com a DOISY-DAËNE e CLOS FLORIDENE.

Cantemerle Macau, H-Méd t ★★★ **89' 90 95 96' 98 00 01** 02 **03** 04 05' Propriedade grande de 90 ha no S do MÉDOC. Hoje, merece o status de Cinquième Cru. Solo arenoso com cascalho, portanto estilo mais fino. Segundo rótulo: Les Allées de Cantemerle.

Cantenac-Brown Cantenac-Mar t ★★→★★★ **90' 94 95 96 98 99 00 01** 02 03 04 05' Troisième Cru de 42 ha, vendido em 2006 para o investidor privado Simon Halabi; teve como proprietário, desde o final dos anos 1980, AXA Seguros. Normalmente forte e robusto; com mais elegância desde 2000. Segundo rótulo: Brio du Château Cantenac Brown.

BORDEAUX

Capbern-Gasqueton St-Est t ★★ **95 96 98 00** 02 **03** 04 05 Bom CRU BOURGEOIS (ver quadro sobre Médoc, p. 76) de 34 ha; mesmo proprietário do CALON-SEGUR.

Cap de Mourlin St-Ém t ★★ **95 96 98' 99 00 01 03** 05 Conhecida propriedade de 15 ha, pertencente à família Capdemourlin, também proprietários do CHÂTEAU BALESTARD e do CHÂTEAU Roudier, MONTAGNE-ST-ÉMILION. ST-ÉMILION saboroso e rico.

Carbonnieux Pe-Lé t b ★★★ **90' 95 96 98 99 00** 02 04 **05'** Grande propriedade (90 ha) histórica em LÉOGNAN para excelentes tinto e branco. Os brancos, 65% Sauv Bl (p. ex. **96 97 98 99 00 01 02 03 04 05**), podem envelhecer por até dez anos. Châteaux Le Pape e Le Sartre também fazem parte da família. Segundo rótulo: La Tour-Léognan.

de Carles Fronsac t ★★ **98 99 00 01 02 03** 04 05' Haut Carles é a melhor escolha aqui, com suas adegas modernas cujo funcionamento se baseia na gravidade. Um lobo em pele de cordeiro. O suculento de Carles é agora o segundo vinho.

les Carmes-Haut-Brion Pe-Lé t ★★★ **89 90' 94 95 96 98 99 00 01 02 03** 04 05' Pequeno vizinho (4 ha) do HAUT-BRION com padrões de CRU CLASSÉ. Safras antigas mostram seu potencial.

Caronne-Ste-Gemme St-Laurent, H-Méd t ★★→★★★ **95 96' 98 99 00 01 02 03** 04 05 CRU BOURGEOIS SUPÉRIEUR (40 ha). Qualidade e estilo constantes recompensam a paciência.

Carsin Premières Côtes t b ★★ (t) **00 01 02 03 05** (b) **00 01 02 04 05** Empreendimento ambicioso. Vinícola de proprietário finlandês e projeto australiano. Muito atraentes (principalmente CUVÉE Prestige e Etiquette Grise branco).

Carteau Côtes-Daugay St-Ém t ★★ 95 96' **98' 99 00 01 02 03** 04 05 GRAND CRU de 13 ha, consistente e de bom preço; vinhos saborosos que amadurecem razoavelmente cedo.

Certan-de-May Pom t ★★★ **90' 94 95 96 98 00' 01'** 04 05' Propriedade minúscula (1.800 caixas) no planalto de POMEROL. Ultimamente tem sido irregular, mas a produção de 2005 revela seu verdadeiro potencial. Opulenta com vinhos bem encorpados, ricos e tânicos.

Chambert-Marbuzet St-Est t ★★→★★★ **95 96 98 99 00 01** 02 04 05 Minúscula irmã (8 ha) do CHÂTEAU de HAUT-MARBUZET. Principalmente Cab Sauv envelhecido em carvalho novo.

Chantegrive Graves t b ★★→★★★ **98' 99' 00 01 02 03** 04 05' Com 87 ha, é a maior propriedade na AC; GRAVES moderno de muito boa qualidade. Tintos ricos e finamente envelhecidos em carvalho. CUVÉE Caroline é a seleção de vinho branco de primeira linha (**98'** 99 00 **01 02 03 04 05'**).

Chasse-Spleen Moulis t ★★★ **95 96 98 99 00 01 02 03** 04 05' CRU BOURGEOIS EXCEPTIONNEL de 80 ha (ver quadro sobre Médoc, p. 76). Vinho de boa e regular qualidade; com freqüência, excepcional (por exemplo, **90' 00'**), de envelhecimento prolongado. Segundo rótulo: Emitage de Chasse-Spleen. Uma das certezas em Bourdeaux. Ver também CAMENSAC e GRESSIER-GRAND-POUJEAUX.

Chauvin St-Ém t ★★ **95 96 98' 99 00 01 03** 04 05 Desempenho firme; produto em constante melhora. Novos vinhedos adquiridos em 1998.

Cheval Blanc St-Ém t ★★★★ **85' 86 88 89 90' 93 94 95 96' 97 98' 99 00' 01'** 02 **03** 04 05' PREMIER GRAND CRU CLASS (A) de 40 ha em ST-ÉMILION. Alta porcentagem (60%) de Cabernet Franc. Vinhos ricos, fragrantes e vigorosos com alguma volúpia do vizinho POMEROL. Delicioso quando jovem, resiste por toda uma geração. Para muitos, *a* primeira escolha em Bourdeaux. Segundo vinho: Le Petit Cheval.

Chevalier, Domaine de Pe-Lé t b ★★★ **89 90' 95 96' 98' 99' 00' 01' 02** 03 04 05' Excelente propriedade de 38 ha em LÉOGNAN. Impressionante desde 1998, o tinto melhorou sua textura, sutileza e ar frutado. Brancos complexos amadurecem lentamente e desenvolvem sabores ricos (**89 90' 93 94 95 96' 97 98' 99 00 01 02 03 04 05'**). Segundo vinho: Esprit de Chevalier. Fique de olho também no Dom de la Solitude, PESSAC-LÉOGNAN.

Cissac Cissac-Méd t ★★ **90 94' 95 96' 98 00** 02 **03** 04 05 Pilar da burguesia. CRU BOURGEOIS SUPÉRIEUR de 50 ha (ver quadro sobre Médoc, p. 76). Histórico constante de vinhos com sabor e longevidade. Segundo vinho: Les Reflets du Château Cissac.

Citran Avensan, H-Méd t ★★ **90' 94 95 96 98 99 00 02 03** 04 05' CRU BOURGEOIS SUPÉRIEUR de 90 ha que, em 1996, voltou à família Villars-Merlaut.

Atualmente, redondo, maduro e elegante; disponível desde cedo. Segundo rótulo: Moulins de Citran. Este é um que vale a pena observar.

Clarke Listrac t (r) ★★ **89' 90' 95 96' 98'** 99 00 **01 02 03** 04 05 CRU BOURGEOIS SUPÉRIEUR grande (54 ha). Investimentos pesados. Agora muito bom tinto baseado em Merlot. Também um branco seco Le Merle Blanc du Château Clarke. O CHÂTEAU Malmaison em MOULIS tem a mesma ligação.

Clerc Milon Pau t ★★★ **89' 90' 94 95 96' 98' 99 00 01 02** 03 04 05 Cinquième Cru antes esquecido, propriedade dos Rothschilds. Atualmente, com 30 ha, é um produtor de primeira; mais pesado do que ARMAILHAC.

Climens Saut b d ★★★★ **76 78 83' 85' 86' 88' 89 90' 95 96 97' 98 99' 00 01' 02** 03' 04 05' CRU CLASSÉ BARSAC de 30 ha que produz um dos vinhos de mais estilo no mundo (porém não o mais doce) para uma boa maturação de dez anos. Segundo rótulo (ocasional): Les Cyprès. Pertence a Berenice Lurton.

Clinet Pom t ★★★★ **95 96 97' 98' 99 00 01** 02 **03** 04 05' Fez sua reputação nos anos 1980, produzindo vinhos intensos e suntuosos. O novo proprietário (1998) segue o mesmo estilo. Consultoria de Michel Rolland. Nova vinícola desde 2004. Segundo rótulo: Fleur de Clinet.

Clos de l'Oratoire St-Ém t ★★ **94 95 96 98 99 00' 01' 03** 04 05 Produtor respeitável das encostas do noroeste de ST-ÉMILION. Mesmo proprietário de CANON-LA-GAFFELIÈRE e de LA MONDOTTE, porém mais leve que os dois.

Clos des Jacobins St-Ém t ★★ **95 96 98 00 01** 02 **03** 04 05' CRU CLASSÉ com maior destaque desde 2000. Novo proprietário desde 2004; novo estilo cremoso. Consultoria do proprietário ANGELUS. A mesma família é dona do CHÂTEAU La Commanderie.

Clos du Marquis St-Jul t ★★→★★★ **90 94 95 96 97 98 99 00 01** 02 **03** 04 05 O segundo vinho de LÉOVILLE-LAS CASES, muito similar e normalmente equiparável a diversos bons CRU CLASSÉS.

Clos Floridène Graves t b ★★ (t) **98' 99 00 01 02 03 04** 05 (b) **96' 98 99 00 01' 02 03 04' 05'** Um vinho certo de um dos mais famosos produtores de vinhos brancos de Bourdeaux: Denis Dubourdieu. Sauv Bl/Sémillion fermentado em carvalho para guardar por 5+ anos; tinto frutado. Ver também CHÂTEAUX CANTEGRALL, DOISY-DAENE e REYNON.

Clos Fourtet St-Ém t ★★★ **89 90 94 95 96 97 98 99 00 01** 02 03 04 05' *Premier Cru* bem localizado no planalto, com adegas quase dentro da cidade. Novos dono e investimento a partir de 2001. Agora em ótima forma. Segundo rótulo: Domaine de Martialis.

Clos Haut-Peyraguey Saut b d ★★ **86' 88' 89 90' 95' 96 97' 98 99 00 01' 02 03'** 04 05 Produção minúscula (12 ha) de excelente vinho meio-rico. Haut-Bommes é o segundo rótulo.

Clos l'Eglise Pom t ★★★ **90' 94 95 96 98' 99 00'** 01 02 03 04 05' Vinhedo de 6 ha em uma das melhores localizações de POMEROL. Vinho fino com maior profundidade desde 1998. Consultoria de Michel ROLLAND. A mesma família é proprietária de HAUT-BERGEY.

Clos René Pom t ★★ **94 95 96 98' 00' 01** 04 05' Vinho com predominância de Merlot com uma Malbec levemente apimentada. Menos sensuais que o superior POMEROL, mas de bom valor. Também conhecido como Moulinet-Lasserre.

La Clotte St-Ém t ★★ **89 90' 94 95' 96 98' 99 00' 01 02 03** 04 05 Minúsculo CÔTES GRAND CRU CLASSÉ: vinho picante e elegante. Beba no restaurante do proprietário, em ST-ÉMILION, Logis de la Cadène. Segundo rótulo: Clos Bergat Bosson.

Colombier-Monpelou Pau t ★★ **94 95 96 98 99 00'** 02 **03** 04 05 CRU BOURGEOIS SUPÉRIEUR pequeno e confiável; padrão razoável.

La Conseillante Pom t ★★★★ **85 86 88 89 90' 94 95' 96' 98' 99 00'** 01' 02 **03** 04 05' Propriedade histórica de 12 ha no planalto entre PÉTRUS e CHEVAL BLANC. Alguns dos POMEROL mais nobres e fragrantes; bebe-se bem tanto jovem como envelhecido.

Corbin St-Ém t ★★ **95 96 98 99 00' 01** 02 04 05 GRAND CRU CLASSÉ de 12 ha que sofreu muitas melhorias. Novos investimentos e direção desde 1999. Redondo e elegante com fruta tinta e suave.

BORDEAUX

Corbin-Michotte St-Ém t ★★ **90 94' 95 96 98' 99 00 01 02** 04 05 *Cru Classé* de 7,6 ha modernizada e bem administrada; vinho generoso tipo POMEROL. Nas mesmas mãos que os CHÂTEAUX Calon e Cantelauze.

Cordeillan-Bages Pau t ★★ Meras mil caixas de um PAUILLAC salgado. Raramente notado fora de Bourdeaux. Mais conhecido por seus restaurante e hotel (estrelados pelo guia Michelin).

Cos d'Estournel St-Est t ★★★★ **88' 89' 90' 94 95 96' 97 98'** 00 **01** 02 03 04 05' Deuxième Cru de 67 ha com uma excêntrica garrafeira em estilo chinês. ST-ESTÈPHE mais refinado e, freqüentemente, um dos melhores vinhos do MÉDOC. Segundo rótulo: Les Pagodes de Cos. Mesmo proprietário do CHÂTEAU MARBUZET e Goulée (Médoc).

Cos-Labory St-Est t ★★ **88 89' 90' 94 95 96' 98' 99 00 02 03** 04 05' Cinquième Cru de 15 ha, pouco conhecido, vizinho do COS-D'ESTOURNEL. Safras recentes possuem mais profundidade e estrutura. Bom valor. CHÂTEAU irmão: ANDRON-BLANQUET.

Côte(s) Em St-Émilion, a designação Côtes diferencia as encostas do vale, consideradas melhores, do planalto.

Coufran St-Seurin-de-Cadourne, H-Méd t ★★ **94 95 96 98 99 00 01 02 03** 04 05 CRU BOURGEOIS SUPÉRIEUR Coufran e VERDIGNAN, no extremo norte do HAUT-MÉDOC, do mesmo proprietário. Em Coufran, a uva principal é a Merlot, que produz vinhos elegantes. 76 ha. SOUDARS é um outro irmão menor.

Couhins-Lurton Pe-Lé b t ★★→★★★ (b) **98' 99 00 01 02 03 04 05** (t) **02 03** 04 05 CRU CLASSÉ branco, fino, mineral e longevo, produzido a partir da Sauv Bl. Atualmente, um tinto pequeno de 2002. Mesma família do LA LOUVIERE.

La Couspaude St-Ém t ★★★ **95 96 98 99 00' 01** 02 **03** 04 (05) *Cru Classé* bem-localizado no platô de ST-ÉMILLION. Estilo moderno, rico e cremoso, com um toque de carvalho condimentado.

Coutet Saut b d ★★★ **83' 85 86' 88' 89' 90' 95 96 97' 98' 99 01' 02** 03' 04 05 Rival tradicional do CLIMENS; 37 ha em BARSAC. Normalmente um pouco menos rico; quando em sua melhor forma, igualmente fino. CUVÉE Madame é uma seleção muito rica nas melhores safras (**90 95 01**).

Couvent des Jacobins St-Ém t ★★ **95 96 98' 99 00' 01 03** 04 05 Vinhedo de 10,5 ha bastante conhecido, na fronteira oriental de St-Émilion. Adegas esplêndidas. Estilo mais leve e fácil. Segundo rótulo: Château Beau-Mayne.

Le Crock St-Est t ★★ **89 90' 95 96 98 99 00' 01** 02 **03** 04 05 CRU BOURGEOIS SUPÉRIEUR notável de 30 ha da mesma família que o LÉOVILLE-POYFERRE. ST-ESTEPHE clássico e robusto.

La Croix Pom t ★★ **89 90 94 95 96 98 99 00 01** 04 05 Propriedade de 10 ha com boa reputação. POMEROL atraente e com sabor de ameixa. Também La Croix-St-Georges, La Croix-Toulifaut, Castelot, Chambrun e HAUT-SARPE (ST-ÉMILION).

La Croix-de-Gay Pom t ★★★ **89 90 94' 95 96 98 99 00' 01' 02** 04 05 12 ha na melhor parte da comuna. Recentemente em boa forma. A melhor seleção é LA FLEUR-DE-GAY. Mesma família de Quinault L'Enclos e Faizeau.

La Croix du Casse Pom t ★★ **95 96 98 99 00' 01'** 04 05 Propriedade de 9 ha de solo arenoso com cascalho no sul de POMEROL. Normalmente, com estilo rico e fino. Adquirida por BOIRIE-MANOUX em 2005.

Croizet-Bages Pau t ★★ **89 90' 95 96' 98 00'** 03 04 05 Cinquième Cru de 26 ha. Mesmos proprietários de RAUZAN-GASSIES. Novo sistema na adega está produzindo vinhos mais ricos e sérios, que, entretanto, poderiam ser melhores.

Croque-Michotte St-Ém t ★★ **95 96 98 00 01 03** 04 05 Propriedade de 14 ha na fronteira de POMEROL. Vinhos bons e consistentes, porém não grandiosos o suficiente para serem *Classé*.

Cru Bourgeois, Cru Bourgeois Supérieur, Cru Bourgeois Exceptionnel Ver quadro de classificação do Médoc, p. 76.

de Cruzeau Pe-Lé t b ★★ (t) **95 96 98 00 01 02** 04 05 (b) **00 01 02 03 04 05** Vinhedo grande (97 ha), com 2/3 de tinto, em PESSAC-LÉOGNAN; desenvolvido por André Lurton de LA LOUVIÈRE. Vinhos de bom valor. Branco majoritariamente de Sauv Bl.

Dalem Fronsac t ★★ **95 96' 98' 99 00 01 02 03** 04 05' Costumava ser um FRONSAC encorpado superior. Agora um toque feminino lhe acrescentou mais charme. 15 ha: 85% Merlot.

Dassault St-Ém t ★★ **95 96 98' 99 00 01** 02 **03** 04 05' GRAND CRU CLASSÉ de 23 ha, moderno, consistente, sólido e enfileirado com carvalhos.

de la Dauphine Fronsac t ★★ **98' 99 00 01 03 04** 05 Transformação completa desde sua venda para os proprietários de CANON-DE-BREM, em 2000. Renovação do château e dos vinhedos e, ainda, nova vinícola em 2002. Estilo acessível.

Dauzac Labarde-Mar t ★★→★★★ **89' 90' 94 95 96 98' 99 00' 01** 02 **03** 04 05 Cinquième Cru de 49 ha próximo ao rio, ao sul de MARGAUX; desempenho inferior por muitos anos, porém está evoluindo desde os anos 1990. Gerenciada por André Lurton de LA LOUVIÈRE, é propriedade de uma companhia de seguros. Segundo vinho: La Bastide Dauzac.

Desmirail Mar t ★★→★★★ **95 96 98 00' 01 02 03** 04 05 Troisième Cru (30 ha) pertencente a Denis Lurton, irmão de Henri de BRANE CANTENAC. Estilo fino e delicado.

Destieux St-Ém t ★★ **98 99 00' 01 02** 03' 04 05' Promovido a GRAND CRU CLASSÉ em 2006. Propriedade de 8 ha a leste de St-Émilion, em St-Hippolyte. Adega e investimento novos desde 1996. Consultoria de Michel Rolland. Estilo firme, poderoso e arrojado.

Doisy-Daëne Barsac b (t) d sc ★★★ **88' 89' 90' 95 96 97' 98' 99 01' 02** 03 04 05 Propriedade de 15 ha progressista que produz um branco seco vivo e amadeirado e CHÂTEAU CANTEGRIL; porém, acima de tudo, reconhecido por seu BARSAC doce, fino e longevo. L'Extravagant (**90 96 97 01 02** 03 04) é um super-CUVÉE.

Doisy-Dubroca Barsac b d ★★ **88' 89 90' 95 96 97' 99 01** 03' 04 05 Minúsculo (3-4 ha) BARSAC *Cru* CLASSÉ aliado ao CH CLIMENS.

Doisy-Védrines Saut b d ★★★ **88' 89 90' 95 96 97' 98 99 01** 03' 04 05 CRU CLASSÉ de 20 ha em BARSAC, próximo a CLIMENS E COUTET. Delicioso, rico e vigoroso; para guardar. Uma certeza por muitos anos.

La Dominique St-Ém t ★★★ **89' 90' 94 95 96 98 99 00' 01 03** 04 05' CRU CLASSÉ com potencial para vinhos ricos e aromáticos. O proprietário de VALANDRAUD vem prestando consultoria desde 2006. Fique de olho. Segundo rótulo: St-Paul de Dominique.

Ducluzeau Listrac t ★★ **94 95 96 00 01 03** 04 05 Minúscula propriedade irmã de DUCRU-BEAUCAILLOU, com 4 ha e incomuns 90% de Merlot.

Ducru-Beaucaillou St-Jul t ★★★★ **82' 83' 85' 94 95' 96' 98 99** 00' **01 02** 03 04 05' Deuxième Cru notável em excelente forma, exceto no final dos anos 1980; 49 ha com vista para o rio. Claretes clássicos, com buquê de cedro apropriados para envelhecimento prolongado. Ver também LALANDE-BOIRE. Segundo vinho: Croix de Beaucaillou.

Duhart-Milon Rothschild Pau t ★★★ **90 94 95 96' 98 00' 01** 02 **03** 04' 05' Quatrième Cru de 71 ha, vizinho de LAFITE, sob mesma direção. Maior precisão a partir de 2002; melhora constante de qualidade e reputação. Segundo rótulo: Moulin de Duhart.

Durfort-Vivens Mar t ★★★ **89' 90 94 95 96 98 99 00 01** 02 **03** 04 05' Deuxième Cru relativamente pequeno (32 ha). Propriedade de Gonzague Lurton – irmão de Henri (BRANE CANTENAC) e Denis (DESMIRAIL) –, está sendo aprimorada por ele. Vinhos recentes têm muita estrutura (muito Cab Sauv) e classe.

de l'Eglise, Domaine Pom t ★★ **89 90 95 96 98 99 00 01** 02 **03** 04 05' Pequena propriedade; vinho ressoante com estilo, distribuído por BORIE-MANOUX.

L'Eglise-Clinet Pom t ★★★ **89 90' 93' 94 95 96 97 98' 99 00' 01' 02 03** 04 05' Propriedade de 6 ha. POMEROL de primeira linha com ótima consistência; vinho cheio, concentrado e carnudo. Caro e em quantidades limitadas. Segundo rótulo: La Petite Eglise.

L'Evangile Pom t ★★★★ **88' 89' 90 95 96 98' 99 00' 01 02 03** 04' 05' 13 ha entre PÉTRUS e CHEVAL BLANC. Estilo profundo e elegante em um clássico POMEROL. Os investimentos feitos pelos donos (LAFITE) Rothschild melhoraram muito a qualidade. Segundo vinho: Blason de l'Evangile.

de Fargues Saut b d ★★★ **85' 86 88 89 90 95 96 97 98 99'** 01 **02** 03' 04 05' Vinhedo de 15 ha junto a um castelo em ruínas, pertencente à Lur-Saluces,

BORDEAUX

o antigo proprietário de YQUEM. Vinhos untuosos, ricos e bem equilibrados, amadurem mais cedo do que os de YQUEM.

Faurie-de-Souchard St-Ém t ★★ 95 **96 98' 00 01 03** 04 05 CHÂTEAU cujo desempenho vem sendo abaixo de sua média, nos CÔTES. Perdeu seu status classificatório em 2006.

de Ferrand St-Ém t ★★ **90' 94** 95 96 **98 00 01 03** 04 05 Grande propriedade (30 ha) no planalto. Vinhos amadeirados e ricos, com bastante tanino para envelhecimento.

Ferrande Graves t (b) ★★ **00 01** 02 04 **05** Propriedade principal em Castres: mais de 40 ha. Tinto fácil e agradável e bons brancos, ambos em sua melhor forma entre 1 e 4 anos.

Ferrière Mar t ★★→★★★ **89 90 94** 95 **96 98 99 00** 02 **03** 04 05 Sob a mesma administração eficiente de LA GURGE e HAUT-BAGES-LIBERAL. Vinhos escuros, firmes e perfumados.

Feytit-Clinet Pom t ★★ **90' 94** 95 **96 98 99 00 01 03** 04 05' Minúscula propriedade de 6,5 ha que já foi administrada por J-P MOUEIX. Em 2000, voltou para as mãos da família Chasseuil. Melhoras desde então. POMEROL rico e cheio, com potencial de envelhecimento.

Fieuzal Pe-Lé t (b) ★★★ (t) 94 **95' 96' 98' 00** 01 **03** 05 (b) **95 96' 97 98' 99** 01 **02 03 05** CRU CLASSÉ em LÉOGNAN. Brancos esplêndidos e tintos de meados dos anos 1980. Decaiu no final da década de 1990. Novo proprietário em 2001, reformando às práticas de sucesso em 2005.

Figeac St-Ém t ★★★★ **95' 96 98 99 00'** 01 **02 03** 04 05' Vinhedo Premier Cru de 40 ha com incomuns 70% de Cab Fr e Cab Sauv. Vinhos ricos mas elegantes. Falsamente longevo. Segundo rótulo: Grange Neuve de Figeac.

Filhot Saut b d sc ★★ **90 95** 96' **97' 98 99 01' 02** 03' 04 05 CRU CLASSÉ de segunda categoria com CHÂTEAU esplêndido e 60 ha de vinhedos. Vinhos difíceis quando jovens e mais complexos com o envelhecimento. De estilo leve e fino.

Fleur Cardinale St-Ém t ★★ **98 99 00 01 02** 03 04 05' Propriedade de 18 ha a leste de ST-ÉMILION. Boa desde os anos 1980, mas trabalhando ao máximo a partir de 2001, com novos dono e adega. GRAND CRU CLASSÉ em 2006. Estilo maduro, untuoso e moderno.

La Fleur-de-Gay Pom t ★★★ Super-CUVÉE de mil caixas do CHÂTEAU LA CROIX DE GAY.

La Fleur-Pétrus Pom t ★★★★ **89' 90' 94** 95 **96 97 98' 99 00'** 01 **02 03** 04 05' Vinhedo de 13 ha ao lado de PÉTRUS, com o mesmo gerenciamento que J-P MOUEIX. Concentração, riqueza e *finesse*. Este é um POMEROL no seu melhor (e mais caro) estilo.

Fombrauge St-Ém t ★★→★★★ **89 90 94** 95 **96 98 99 00' 01' 02 03** 04 05 Propriedade de 52 ha a leste de ST-ÉMILION. Desde 1999, vinho rico, escuro, achocolatado e bem encorpado. Segundo rótulo: Cadran de Fombrauge, Magrez-Fombrauge é seu vinho de GARAGEM.

Fonbadet Pau t ★★ **89 90' 94** 95 **96' 98' 00'** 01 02 **03** 04 05 CRU BOURGEOIS SUPÉRIEUR de reputação sólida, com 20 ha. Vinhas velhas; estilo PAUILLAC robusto. Bom preço.

Fonplégade St-Ém t ★★ **95 96 98 00' 01 03** 04 05 GRAND CRU CLASSÉ de 19 ha. Novo dono e investimentos desde 2004. Espere um estilo moderno, frutado e mais maduro.

Fonréaud Listrac t ★★ **89 90 94** 95 **96 98 00' 02 03** 04 05 Um dos maiores (39 ha) e melhores CRUS BOURGEOIS da sua área, com investimentos desde 1998. 2 ha de branco: Le Cygne, fermentado em barril. Ver LESTAGE.

Fonroque St-Ém t ★★★ **88 89' 90' 94** 95 **96** 98 **01 03** 04 05 19 ha no planalto ao norte de ST-ÉMILION. Está introduzindo a cultura biodinâmica. Vinho grande, profundo e escuro: beba ou (melhor) guarde. Administrado por Alain Moveix (ver Mazeyres).

Fontenil Fronsac t ★★ **90 94** 95 **96 97** 98' 99' **00' 01' 02 03** 04 05 Fronsac de primeira, iniciado por Michel ROLLAND, em 1986. Vinhos densos, amadeirados com estilo novo. Défi de Fontenil é seu vinho de GARAGEM.

Les Forts de Latour Pau t ★★★ **85 86** 88 **89' 90'** 93 94 **95' 96' 97 98 99 00' 01** 02 **03** 04' 05'. O segundo (e valoroso) vinho do CHÂTEAU LATOUR; o sabor autêntico em um formato ligeiramente mais leve. Até 1990, foi singular pelo fato de envelhecer na garrafa por pelo menos três anos antes de ser lançado. Agora oferecido EN PRIMEUR.

Fourcas-Dupré Listrac t ★★ **89' 90 95 96'** 98' **99 00' 01 02 03** 04 05 CRU BOURGEOIS SUPÉRIEUR de primeira classe com 46 ha, produz vinho consistente ao estilo conciso de LISTRAC. Segundo rótulo: Château Bellevue-Laffont. Completamente renovado em 2000.

Fourcas-Hosten Listrac t ★★→★★★ **89' 90' 95' 96'** 98' **00 01 02 03** 04 05 CRU BOURGEOIS SUPÉRIEUR de 48 ha. Novos donos desde 2006. Vinho firme de longa vida.

de France Pe-Lé t b ★★ (t) **90' 95' 96' 98 99 00** 02 **03** 04 05 (b) **96 98 99 01' 02 03 04 05** Propriedade famosa de GRAVES (o nome ajuda), em constante progresso. Conta com a assessoria de Michel ROLLAND. Experimente uma das melhores safras.

Franc-Mayne St-Ém t ★★ **89' 90' 94 95 96 98' 99 00' 01 03** 04 (05) GRAND CRU CLASSÉ de 7,2 ha. Novos proprietários ambiciosos em 1996, e novamente em 2004. Investimentos e renovação. Vinhos recondos, porém bem constituídos. Para serem observados dedicado.

du Gaby Canon-Fronsac t ★★ **00' 01' 03 04** 05 Talvez a melhor situação em Bordeaux. Vinhos sérios de um proprietário dedicado.

La Gaffelière St-Ém t ★★★ **86'** 88' **89' 90' 94 95 96 98' 99** 00' **01 03** 04 05' Premier Cru de 25 ha no sopé das CÔTES. Vinhos elegantes, não ricos. Reequipado e aprimorado desde 1998.

Galius St-Ém t ★★ **00 01 03 04** 05 Seleção envelhecida em barril de carvalho da cooperativa de ST-ÉMILION, até atingir um elevado padrão de qualidade. Anteriormente Haut Quercus.

La Garde Pe-Lé t b ★★ (t) **96' 98' 99 00 01'** 02 03 04 05 (b) **01 02 04** 05 Propriedade importante de 58 ha pertencente aos negociantes CVBG-Dourthe; tintos confiáveis, sendo aperfeiçoados. Mais Merlot plantado em 2000.

Le Gay Pom t ★★★ **89' 90'** 95 **96 98** 99 **00 01 03** 04 05' Ótimo vinhedo de 5,6 ha na fronteira norte de POMEROL. Investimento pesado, agora com consultoria de Michel ROLLAND. Normalmente vinhos tânicos notáveis. Mesma estabilidade e AC do Château Montviel.

Gazin Pom t ★★★ **89' 90' 94' 95 96 98'** 99 **00' 01' 02 03** 04 05' Propriedade grande (para POMEROL) de 23 ha, recentemente se sobressaindo. Segundo rótulo: L'Hospitalet de Gazin.

Gilette Saut b d ★★★ **49 53 55 59 61 67 70** 75 76 78 79 81 **82 83 85 86** Pequeno extraordinário CHÂTEAU de Preignac, que armazena seus vinhos suntuosos em cubas de concreto até atingirem uma idade avançada. Apenas 5.000 garrafas de cada um. Irmão do CHÂTEAU Les Justices (**96** 97 **99 01 02** 03' 05).

Giscours Labarde-Mar t ★★★ **85 88** 89 90 94 95 **96' 98** 99 **00' 01 02** 03 04 05' Esplêndido Troisième Cru ao sul de Cantenac. Vinhos excelentes e vigorosos na década de 1970; na década de 1980, foram muito instáveis; novo proprietário e recuperação desde 1995. Segundo rótulo: La Sirène de Giscours. Château La Houringue é seu irmão caçula na AC HAUT-MÉDOC.

du Glana St-Jul t ★★ **95 96** 98 99 00 **02 03 04** 05 Grande CRU BOURGEOIS SUPÉRIEUR. Fácil, sem drama e com bom preço. Segundo vinho: Château Sirène.

Gloria St-Jul t ★★→★★★ **89 90** 95' 96 98 99 **00' 01 02 03** 04 05' Propriedade de 45 ha em ST-JULIEN que não se inscreveu para a classificação CRU BOURGEOIS recente (ver quadro, p. 76). Mesmo proprietário que o ST-PIERRE. Vinhos vigorosos, com um retorno recente aos estilos de longa maturação. Segundo rótulo: Peymartin.

La Gomerie St-Ém Mil caixas, 100% Merlot, *garagiste*. Ver BEAU-SÉJOUR-BÉCOT.

Grand-Corbin-Despagne St-Ém t ★★→★★★ **89 90' 94 95** 96 98 99 **00' 01 03** 04 05 Demovido do título GRAND CRU CLASSÉ em 1996, mas retornou em 2006. Nesse meio-tempo: investimentos e enxertos em larga escala. Vinhos aromáticos agora com um aspecto mais maduro e bem-encorpado. Também CHÂTEAU Maison Blanche, MONTAGNE ST-ÉMILION.

Grand Cru Classé Ver quadro de classificação do St-Émilion, p 80.

Grand-Mayne St-Ém t ★★★ **88** 89' **90' 94** 95 **96 98** 99 **00' 01'** 02 **03** 04 05' Importante GRAND CRU CLASSÉ de 16 ha nas CÔTES ocidentais. CHÂTEAU antigo e nobre com vinhos maravilhosamente ricos e saborosos.

BORDEAUX

Grand-Pontet St-Ém t ★★★ **95' 96 98' 99 00' 01 02 03** 04 05 Propriedade de 14 ha revitalizada desde 1985. Qualidade muito aperfeiçoada. Ver BEAU-SÉJOUR-BÉCOT.

Grand-Puy-Ducasse Pau t ★★★ **89' 90 94 95 96' 98' 99 00 01 02** 03 04 05' Cinquième Cru ampliado para 40 ha, graças a um gerenciamento eficiente; aperfeiçoamento na década de 1990, mas lhe falta o vigor do próximo verbete. Segundo rótulo: CHÂTEAU Artigues-Arnaud.

Grand-Puy-Lacoste Pau t ★★★ **82' 83 85' 86' 88' 89' 90' 94 95' 96' 97 98 99 00' 01** 02 03 04 05' Cinquième Cru de 50 ha, famoso por produzir um excelente PAUILLAC encorpado e vigoroso. Segundo rótulo: Lacoste-Borie.

La Grave à Pomerol Pom t ★★★ **88 89' 90 94 95 96 98' 00 01 02 03** 04 05 CHÂTEAU verdejante com vinhedo pequeno mas de primeira linha, de propriedade de Christian MOUEIX. POMEROL lindamente estruturado, de riqueza média.

Gressier-Grand-Poujeaux Moulis t ★★→★★★ **88 89 90 94 95 96 98 00 01 03** 04 05 CRU BOURGEOIS SUPÉRIEUR muito bom. Vinho fino e firme com bom histórico. Recompensa a paciência de mantê-lo na adega. Desde 2003, tem o mesmo proprietário que o CHASSE-SPLEEN.

Greysac Méd t ★★ **95 96 98' 00' 02 03 04** 05 Elegante CRU BOURGEOIS SUPÉRIEUR de 70 ha. Mesmo gerenciamento que o CANTEMERLE. Estilo sutil e consistente.

Gruaud-Larose St-Jul t ★★★★ **85 86' 88 89' 90' 93 95' 96' 98 99 00' 01** 02 **03** 04 05' Um dos maiores e mais queridos Deuxième Cru, com 82 ha. Clarete macio, rico e de estilo; pode envelhecer por 20+ anos. Segundo vinho: Sarget de Gruaud-Larose.

Gaudet-St-Julien St-Em ★★ **89 90' 95 96' 98 00 01** 04 05 Estilo firme e clássico. Sua fraca trajetória resultou na perda do título de GRAND CRU CLASSÉ em 2006.

Guiraud Saut b (t) d (sc) ★★★ **86' 88' 89' 90' 95 96' 97' 98 99 01' 02** 03 04 05' CRU CLASSÉ de excelente qualidade. Mais de 100 ha. Novo consórcio desde 2006 inclui atual gerente Xavier Planty, bem como relações com CANON-LA-GAFFELIÈRE e com DOMAINE DE CHEVALIER.

La Gurgue Mar t ★★ **95' 96' 98 00' 01 02 03** 04 05' Pequena propriedade de 10 ha bem localizada, com MARGAUX, do tipo mais frutado. Mesmo gerenciamento que HAUT-BAGES-LIBERAL. Vinícola renovada em 2000.

Hanteillan Cissac t ★★ **96 98 00' 02 03** 04 05' Vinhedo enorme de 82 ha: CRU BOURGEOIS SUPÉRIEUR bem moderado, produzido cuidadosamente. CHÂTEAU Laborde é seu segundo rótulo.

Haut-Bages Averous Pau t ★★ **95 96 98 99 00 02 03** 04 05 O segundo vinho de LYNCH-BAGES. Deve ser saboroso.

Haut-Bages-Libéral Pau t ★★★ **95 96' 98 99 00 01 02** 03 04 05' Cinquième Cru menos conhecido, de 28 ha (vizinho à LATOUR), do mesmo plantel de LA GURGE. Os resultados são excelentes, cheios de vigor PAUILLAC.

Haut-Bages-Monpelou Pau t ★★ **95 96 98 99** 00 **03** 04 05 CRU BOURGEOIS SUPÉRIEUR de 15 ha, companheiro de CHÂTEAU BATAILLEY em terras que já pertenceram à DUHART-MILON. Bom PAUILLAC secundária.

Haut-Bailly Graves t ★★★ **88' 89' 90' 94 95 96 98' 99 00' 01** 02 **03** 04 05' Mais de 28 ha em LÉOGNAN. Desde 1979, alguns dos melhores GRAVES tintos, saborosos, redondos e inteligentemente produzidos. Novos donos e investimentos a partir de 1998 o elevaram a grandes alturas. Segundo rótulo: La Parde de Haut-Bailly.

Haut-Batailley Pau t ★★★ **88 89' 90' 95 96' 98 99 00** 02 **03** 04 05' A menor parte (20 ha) da divisão do Cinquième Cru de BATAILLEY. Mais suave que o irmão CHÂTEAU GRAND-PUY-LACOSTE. Nova adega em 2005 e maior precisão. Segundo rótulo: La Tour-d'Aspic.

Haut-Beauséjour St-Est t ★★ **95 98 99 00 01 03** 04 05 Mais um CRU BOURGEOIS com bom desempenho. Propriedade da casa de CHAMPAGNE de ROEDERER.

Haut-Bergey Pessac-L t (b) ★★ (t) **98 99 00 01** 02 **03** 04 05 (b) **02 03 04 05** Uma propriedade de 26 ha, atualmente produzindo GRAVES mais denso e frutado com um acabamento amadeirado. Também um pouco de branco seco. Completamente reformado na década de 1990. Mesmo proprietário do BARDE-HAUT e CLOS L'EGLISE, com a consultoria de Michel ROLLAND. Irmão, CHÂTEAU Branon.

Haut Bommes Saut Segundo rótulo do CLOS HAUT-PEYRAGUEY.

Haut-Brion Pessac, Graves t ★★★★ (t) **75' 76 78' 79' 81 82' 83' 85' 86' 88' 89' 90' 93 94 95' 96' 97 98' 99** 00' 01 02 03 04 05' O mais antigo grande CHÂTEAU (44 ha) de Bordeaux e o único Premier Cru de 1855 situado fora de MÉDOC. Vinho profundamente harmonioso, nunca agressivo, com uma doce complexidade terrena infindável. Desde 1975, sempre muito bom. Um pouco de branco seco e cheio: **90 93 94 95 96 97 98 99 00' 01 02 03 04'** 05'. Ver BAHANS HAUT-BRION, LA MISSION-HAUT-BRION e LAVILLE-HAUT-BRION.

Haut Condissas Méd t ★★ **99 00 01 02 03** 04 05 *Cru* novo e ambicioso de Bégadan. Seleção de vinhas velhas do CHÂTEAU Rollan de By. O mesmo proprietário dos CHÂTEAUX La Clare e La Tour Séran.

Haut-Marbuzet St-Est t ★★→★★★ **88 89' 90' 94 95 96' 98 99 00' 01** 02 03 04 05' O melhor dos diversos bons CRUS BOURGEOIS de ST-ESTÈPHE. Atualmente, CRU BOURGEOIS EXCEPTIONNEL. Monsieur Dubosq reagrupou o antigo Domaine de Marbuzet, totalizando 71 ha. Também proprietário de CHAMBERT-MARBUZET, MacCarthy e Tour de Marbuzet. Haut-Marbuzet é 60% Merlot, sedutor e notavelmente consistente.

Haut-Pontet St-Ém t ★★ **98 00 01 03 04** 05 Vinhedo confiável das CÔTES, com 4,8 ha, merecendo seu status de GRAND CRU. 2.500 caixas.

Haut-Sarpe St-Ém t ★★ **88 89 90' 94 95 96 98 00' 01 03** 04 05 GRAND CRU CLASSÉ (70% Merlot) de 21 ha com um CHÂTEAU e um parque elegantes. Mesmo proprietário (Janoueix) do CHÂTEAU LA CROIX de POMEROL.

Hortevie St-Jul t ★★ **90 95 96 98 00 02 03** 04 05 Um dos poucos ST-JULIEN não classificados. Este minúsculo vinhedo e seu irmão maior TERREY-GROS-CAILLOU são exemplos brilhantes. A colheita agora é feita exclusivamente a mão.

Hosanna Pom t ★★★★ **00** 01 **02** 03 04 05 Conhecido como Certan-Guiraud até ser adquirido por J-P MOUEIX, que alterou seu nome. Ficou apenas com os melhores 4,5 ha. Primeiras safras confirmam sua classe. Valoroso companheiro de PÉTRUS e TROTANOY.

Houissant St-Est t ★★ **90 95 96 98 00' 02 03** 04 05 CRU BOURGEOIS de ST-ESTÈPHE tipicamente robusto e equilibrado; famoso na Dinamarca. Mesmo proprietário do CRU BOURGEOIS CHÂTEAU Leyssac.

d'Issan Cantenac-Mar t ★★★ **95 96' 98 99 00' 01 02** 03 04' 05 Lindamente restaurado CHÂTEAU com fosso e vinhedo Troisième Cru de 30 ha, perto de Gironda. Vinhos fragrantes; com mais substância desde o final da década de 1990. Segundo rótulo: Blason d'Issan.

Kirwan Cantenac-Mar t ★★★ **82' 85 86 88 89' 90' 94 95 96 98 99 00' 01** 02 03 04 05' Troisième Cru de 35 ha. Desde 1997, o capital majoritário é da SCHRÖDER & SCHŸLER. Tem consultoria de Michel ROLLAND. Vinhedos maduros agora fornecendo vinhos clássicos. Segundo rótulo: Les Charmes de Kirwan.

Labégorce Mar t ★★ **94 95 96 98 99 00 01 02** 03 04 05' Substancial CRU BOURGEOIS SUPÉRIEUR de 38 ha ao N de MARGAUX; vinhos longevos com a verdadeira qualidade MARGAUX. Investimentos pesados desde 1989.

Labégorce-Zédé Mar t ★★→★★★ **88 89' 90' 93 94 95 96' 98 99 00' 01 02** 03 04 05' CRU BOURGEOIS EXCEPTIONNEL de 25 ha ao N de MARGAUX. Vinho tipicamente delicado, fragrante e clássico. Segundo rótulo: Domaine Zédé. Também 9,3 ha de AC BORDEAUX: "Z".

Lacoste-Borie O segundo vinho do GRAND-PUY-LACOSTE.

Lafaurie-Peyraguey Saut b d ★★★ **78 82 83' 85 86' 88 89' 90' 95 96' 97 98 99 01' 02** 03 04 05' CRU CLASSÉ fino de 40 ha em Bommes; pertencente ao grupo Suez Bank. Uma das melhores compras em SAUTERNES. Segundo vinho: La Chapelle de Lafaurie.

Lafite-Rothschild Pau t ★★★★ **82' 83 85 86' 88' 89' 90' 91 93 94 95 96' 97 98' 99** 00' 01' 02 03' 04' 05' Premier Cru famoso pelo estilo e pelo perfume sutil, porém sem muito peso, embora, desde 1996, apresente mais densidade e uma textura mais insinuante. Grandes safras que duram décadas. Safras recentes estão vindo com uma ótima forma. Incríveis adegas circulares. Parceria com vinícolas no Chile (1988), na Califórnia (1989), em Portugal (1992), na Argentina (1999) e agora no Midi e na Itália. Segundo vinho: Carruades de Lafite. 91 ha. Proprietário também dos CHÂTEAUX DUHART-MILON, l'EVANGILE e RIEUSSEC.

Lafleur Pom t ★★★★ **82' 83 85' 86 88' 89' 90' 93 94 95 96 97 98' 99' 00'** 01' 02 03 04' 05' Propriedade soberba de 4,8 ha. Vinho ressoante, intenso e elegante, menos encorpado para longa maturação e investimento. 50% Cab Fr. Segundo vinho: Pensées de Lafleur.

Lafleur-Gazin Pom t ★★ **89 90 94 95 96 98 00 01** 04 05 Pequena e distinta propriedade de J-P MOUEIX, na fronteira nordeste de POMEROL.

Lafon-Rochet St-Est t ★★★ **86 88' 89' 90' 94 95 96' 98 99** 00' **01 02 03'** 04 05' Vizinho Quatrième Cru de COS D'ESTOURNEL com 45 ha. Desde 1998, investimentos, seleção criteriosa e uma maior porcentagem de Merlot fizeram com que este ST-ESTÈPHE ficasse mais opulento. Mesmo proprietário de PONTET-CANET. Segundo rótulo: Les Pèlerins de Lafon-Rochet.

Lagrange Pom t ★★ **88 89' 90' 94 95 96 98 00 01** 04 05 Vinhedo de 8 ha no centro de POMEROL, administrado pela onipresente casa de J-P MOUEIX. De bom preço, porém não na mesma categoria que HOSANNA, LA FLEUR-PÉTRUS, LATOUR-À-POMEROL etc.

Lagrange St-Jul t ★★★ **88' 89' 90' 94 95 96 97 98 99 00' 01** 02 03 04 (05) Troisième Cru de 113 ha no interior de ST-JULIEN. Negligenciado no passado, atualmente em boa forma com vinhos de acordo. Segundo vinho: Les Fiefs de Lagrange.

La Lagune Ludon, H-Méd t ★★★ **90' 94 95 96' 98 00' 01** 02 **03** 04 05' Troisième Cru de 80 ha ao S do MÉDOC, de solo arenoso e com cascalho. Teve uma queda na década de 1990, porém está em bela forma desde 2000. Fino com profundidade e estrutura reforçada. Nova adega desde 2004. Propriedade de Jean-Jacques Frey, acionista do BILLECART-SALMON.

Lalande-Borie St-Jul t ★★ **96 98 00 01 02 03 04** 05 Irmão caçula do grande DUCRU-BEAUCAILLOU, criado no desmembramento do antigo vinhedo do CHÂTEAU LAGRANGE. Vinho gracioso, fácil de beber.

de Lamarque Lamarque, H-Méd t ★★ **89 90' 94 95 96 98 99 00' 02 03** 04 05 Esplêndida fortaleza medieval no MÉDOC Central, com 35 ha de CRU BOURGEIOS SUPÉRIEUR. Vinhos competentes de meia temporada. Segundo vinho: Donjon de L.

Lamothe Bergeron H-Méd t ★★ **88 89 90 94 95 96' 98' 00 02 03** 04 05 CRU BOURGEOIS SUPÉRIEUR de 67 ha em Cussac Fort Médoc, que produz um confiável clarete.

Lanessan Cussac, H-Méd t ★★ **88' 89' 90' 94 95 96' 98 00' 02 03** 04 05 Distinta CRU BOUGEOIS SUPÉRIEUR de 44 ha ao S de ST-JULIEN. Vinho mais fino que robusto, porém envelhece bem.

Langoa-Barton St-Jul t ★★★ **90' 94 95' 96 98 99 00' 01** 02 **03** 04' 05' Troisième Cru de 20 ha. CHÂTEAU irmão de LÉOVILLE-BARTON. Propriedade muito antiga da família Barton; padrões impecáveis, preço muito alto. Segundo vinho: Réserve de Léoville-Barton.

Larcis-Ducasse St-Em t ★★ **85 86 88' 89' 90' 94 95 96 98' 00** 02 03 04 05' CRU CLASSÉ de primeira linha em St-Laurent, vizinho oriental de ST-ÉMILION nas CÔTES. 12 ha de terras em belas condições; vinhos em ascensão desde a mudança de gerenciamento, em 2002 (PAVIE-MACQUIN e PUYGUERAUD). Para ser observada.

Larmande St-Ém t ★★★ **88' 89' 90' 94 95' 96 98' 00' 01 03** 04 05 Propriedade substancial de 24 ha. Replantada, reequipada e atualmente produzindo um vinho rico de aroma surpreendente, que se torna sedoso com o tempo. Segundo rótulo: CHÂTEAU des Templiers.

Laroque St-Ém t ★★→★★★ **85 86 88 89 90 94 95 96 98 99** 00' **01** 02 03 04 05 Vinhedo importante de 58 ha nas CÔTES de ST-ÉMILION em St-Cristophe. Promovido a GRAND CRU CLASSÉ em 1996. Vinhos bem estruturados para envelhecimento.

Larose-Trintaudon St-Laurent, H-Méd t ★★ **98 00 01 02 03 04** 05 O maior vinhedo (172 ha) do MÉDOC. Métodos modernos produzem um CRU BOURGEOIS SUPÉRIEUR confiável, frutado e charmoso para ser consumido jovem. Segundo rótulo: Larose St-Laurent. CUVÉE especial (de 1966): CRU BOURGEOIS Larose Perganson; de um lote de 33 ha.

Laroze St-Ém t ★★ **90' 94 95 96' 98' 99 00 01 02** 05 Vinhedo grande (30 ha) nas CÔTES ocidentais. Vinhos finos bastante leves, de solo arenoso, mais profundos a partir de 1998; acessíveis quando jovens.

Larrivet-Haut-Brion Pe-Lé t b ★★ (t) **88 89 90 94 95 96' 98' 00 01 02 03** 04' 05' Propriedade em LÉOGNAN com padrões perfeccionistas, com consultoria de Michel ROLLAND. Vinho tinto rico e moderno. Também 4.500 caixas de branco fino, fermentado em barril (**95 96' 98' 99 00 01 02 04' 05**). Novas plantações em 1999.

Lascombes Mar t (r) ★★★ **89' 90' 95 96' 98' 99 00 01 02** 03 04 05' Deuxième Cru de 97 ha. A qualidade dos vinhos oscilava, mas houve melhoras reais a partir de 2001. Tem consultoria de Michel ROLLAND. Segundo rótulo: Chevallier de Lascombes.

Latour Pau t ★★★★ **70' 75 78' 79 81 82' 83 85 86' 88' 89' 90' 91 92 93 94' 95' 96' 97 98 99** 00' 01 02 03' 04' 05' Premier Cru considerado a maior expressão do MÉDOC. Nos melhores anos, um vinho profundo, intenso, quase imortal; mesmo as safras fracas têm uma nota característica do *terroir* e se conservam por muitos anos. São 60 ha às margens do rio Gironda. O Latour sempre precisa de dez anos para mostrar seu valor. Nova moderna adega acima da superfície (2003) permite uma vinificação mais precisa. Segundo vinho: LES FORTS DE LATOUR. Terceiro vinho: PAUILLAC.

Latour-à-Pomerol Pom t★★★ **85' 86 88' 89' 90' 94 95 96 98' 99 00' 01 02** 04 05' *Cru* de primeira de 7,6 ha, sob gerenciamento MOUEIX. POMEROL de grande força e perfume, e ainda assim com uma fineza estonteante.

Latour-Martillac Pe-Lé t b★★ (t)**98 00 01** 02 03 04 05' Propriedade CRU CLASSÉ de 42 ha (3/4 tinto) em Martillac. Qualidade regular (tinto e branco); bom preço para este nível. O branco pode envelhecer admiravelmente (**98' 99 00 01 02 03 04 05**).

des Laurets St-Ém t ★★ **98 00 01 03 04 05** Grande propriedade em PUISSEGUIN-ST-ÉMILION e MONTAGNE-ST-ÉMILION (ao leste) com 72 ha de vinhedos divididos igualmente nas CÔTES (40.000 caixas).

Laville-Haut-Brion Pe-Lé b★★★★ **89' 90 92 93' 94 95' 96' 97 98 99 00' 01 02 03** 04' 05' Minúscula produção do melhor GRAVES branco para envelhecimento prolongado e suculento, feito em La Mission-Haut-Brion. Ótima consistência. Principalmente Sémillon.

Léoville-Barton St-Jul t★★★★ **85' 86' 88' 89' 90' 93' 94' 95' 96' 97 98 99** 00 **01** 02 03' 04 05' Parte de 45 ha do grande vinhedo Deuxième Cru, LÉOVILLE, há mais de 150 anos nas mãos anglo-irlandesas da família Barton. Forte clarete clássico; métodos tradicionais e preços muito justos. Grandes investimentos elevaram seus altos padrões a um status de "super Deuxième". Ver também LANGOA-BARTON.

Léoville-Las-Cases St Jul t★★★★ **82' 83' 85' 86' 88 89' 90' 91 93 94 95' 96' 97 98 99** 00' 01 02 03' 04' 05' O maior LÉOVILLE, com 97 ha e assombrosa reputação. Vinhos austeros, fortes, elegantes e complexos, feitos para imortalidade. O segundo rótulo, CLOS DU MARQUIS, também é excepcional.

Léoville-Poyferré St-Jul t★★★ **86' 88 89' 90' 94 95 96 98 99** 00' **01** 02 03' 04 05' Durante anos, o menos excepcional dos Léovilles; alto potencial raramente notado. Michel ROLLAND dá consultoria. Atualmente, a qualidade está no nível de Deuxième Cru. 80 ha. Segundo rótulo: Château Moulin-Riche.

Lestage Listrac t ★★ **89' 90' 95 96 98 00 02 03** 04 05' CRU BOURGEOIS SUPÉRIEUR de 42 ha nas mesmas mãos do CHÂTEAU FONREAUD. Clarete firme, ligeiramente austero. Segundo vinho: La Dame du Coeur de Château Lestage.

Lilian Ladouys St-Est t★★ **95 96 98 00 01** 02 **03** 04 05 Criado na década de 1980: um minúsculo CRU BOURGEOIS SUPÉRIEUR de 9 ha, hoje com consistente produção de um bom ST-ESTÈPHE.

Liot Barsac b d★★ **88 89' 90 95 96 97' 98 99 01' 02** 03 05 Propriedade de 20 ha que produz vinhos dourados bem leves e consistentes. Bons para serem consumidos cedo, mas duram.

Liversan St-Sauveur, H-Méd t★★ **89' 90' 94 95 96 98 00 02 03** 04 05 CRU BOURGEOIS SUPÉRIEUR de 47 ha no interior de PAUILLAC. Mesmo proprietário – Jean-Michel Lapalu – do PATACHE D'AUX. Direcionado para qualidade. Segundo vinho: Les Charmes de Liversan.

Loudenne St-Yzans, Méd t ★★ **89' 90 94 95 96' 98 00 01 02 03 04** 05 Belíssimo CHÂTEAU à beira do rio. Tem a consultoria de Michel ROLLAND e, por isto, os vinhos estão ficando maiores e mais densos. 63 ha que produzem muito bons CRU BOURGEOIS SUPÉRIEUR tintos. Também um branco com fragrância de carvalho; melhor quando consumido entre 2 e 4 anos. (**98 99' 00 01 02 04 05**).

Loupiac-Gaudiet Loupiac b d★★ **96 97 98 99 01 02 03'** 05 Fonte confiável de "quase SAUTERNES" de bom preço, do outro lado do rio Garonne.

La Louvière Pe-Lé t b★★★ (t)**95 96' 98' 99 00' 01 02** 03 04 05 (b) **98' 99 00 01 02 03 04'** 05' Propriedade de 55 ha em LÉOGNAN, com uma mansão clássica restaurada por André Lurton. Vinhos tintos e brancos excelentes, de padrão CRU CLASSÉ. Ver também BONNET, DE CRUZEAU, CHOUHINS-LURTON e DE ROCHEMORIN.

de Lussac St-Ém t ★★ **99 00 03 04** 05 Uma das melhores propriedades em LUSSAC-ST-ÉMILION. Novos proprietários e tecnologias desde 2000.

Lynch-Bages Pau t (b)★★★★ **83' 85' 86' 88' 89' 90' 91 94 95' 96' 98 99** 00' 01 02 03 04' 05' Sempre popular, atualmente uma estrela regular de 90 ha. Vinho rico e robusto, deliciosamente denso e com leve sabor de amora-preta; candidato à magnificência. Ver também HAUT-BAGES-AVEROUS. Desde 1990, um branco amadei-

Nota: As safras impressas em cores são as que você deve escolher primeiro para consumir em 2008.

rado muito bom – Blanc de Lynch-Bages. Mesmos proprietários (família Cazes) de LES ORMES-DE-PEZ e Villa Bel-Air.

Lynch-Moussas Pau t ★★ **89 90' 94 95' 96' 98 00' 01** 02 03 04 05' Cinquième Cru restaurado pelo administrador do Château Batailley. Em plena ascensão desde 2000.

du Lyonnat Lussac-St-Ém t ★★ **98 00' 01 03 04** 05 Propriedade de 49 ha, bem distribuída e com vinho confiável.

Macquin-St-Georges St-Ém t ★★ **95 96 98 99 00 01 03** 04 05 Produtor estável de um delicioso, não-pesado e secundário ST-ÉMILION, em ST-GEORGES.

Magdelaine St-Ém t ★★★ **85 86 88 89' 90' 94 95 96 98' 99 00 01 02 03** 04 05 Importante Premier Cru das CÔTES, com 11 ha, pertencente à J-P MOUEIX. Excelente vinho à base de Merlot; atualmente forte e fino.

Malartic-Lagravière Pe-Lé t (b) ★★★ (t) **89 90' 95 96 98 99 00' 01 02** 03 04' 05' (b) **98 99 00 01' 02 03 04' 05'** CRU CLASSÉ LÉOGNAN de 47 ha (a maioria de tintos). Vinho tinto, rico e moderno desde o final da década de 1990, e um pouco de branco longevo Sauv Bl. O proprietário belga (desde 1996) revolucionou a propriedade. Atualmente sob consultoria de Michel ROLLAND e Denis Dubourdieu.

Malescasse Lamarque, H-Méd t ★★ **95' 96 98 00 01 02 03** 04 05 CRU BOURGEOIS SUPÉRIEUR reformado e bem localizado de 40 ha. Segundo rótulo: La Closerie de Malescasse. Vinhos macios, bons para serem consumidos logo.

Malescot-St-Exupéry Mar t ★★★ **89 90' 94 95 96 98 99 00' 01** 02 03 04 05' Troisième Cru de 24 ha de volta à melhor forma na década de 1990. Atualmente é um vinho fragrante, maduro e bem-estruturado. Consultoria de Michel ROLLAND.

de Malle Saut b t d sc ★★★ (b d) **88 89' 90' 94 95 96' 97' 98 99 01' 02** 03' 05 Belo CHÂTEAU em Preignac com 50 ha. Muito bons SAUTERNES meio encorpados; também brancos secos M de Malle, e CHÂTEAU du Cardaillan GRAVES.

Marbuzet St-Est t ★★ **89 90 94 95' 96' 98 99** 00' **01 02** 03 04 05' Segundo rótulo de COS-D'ESTOURNEL até 1994. Mesmos proprietários. Agora um CRU BOUGEOIS separado, com 7 ha.

Margaux, Château Mar t (b) ★★★★ **82' 83' 85' 86' 88' 89' 90' 91 93 94 95' 96' 97 98' 99** 00' 01' 02 03 04' 05' Premier Cru de 85 ha. De suas freqüentes ótimas safras, este é o mais sedutor e fabulosamente perfumado de todos. Segundo vinho: PAVILLON ROUGE (**95 96' 98 99 00' 01** 02 03 04' 05'). O Pavillon Blanc é o melhor branco (Sauv Bl) do MÉDOC, porém muito caro. (**98 99 00' 01 02 03 04' 05**).

Marojallia Mar t ★★★ **00' 01 02** 03 04 05' Microchâteau com 2 ha, procurando obter grandes preços por grandes vinhos carnudos do tipo MARGAUX. Segundo vinho: Clos Margalaine.

Marquis-d'Alesme-Becker Mar t ★★ **89 90 95 98 00 01** 04 05 Troisième Cru com 17 ha. Vem despontando nos últimos anos. Foi comprada pelo CHÂTEAU LA BEGORCE em 2006, então fique de olho para possíveis mudanças.

Marquis-de-Terme Mar t ★★→★★★ **89' 90' 95 96 98 99 00' 01 02** 03 04 05' Quatrième Cru de 40 ha reformada. Cambaleou nos anos 1990, porém parece bem melhor desde 2000. MARGAUX mais sólido que elegante.

Martinens Mar t ★★ **96 98 99 00 02 03** 04 05 CRU BOURGEOIS (30 ha) valoroso em Cantenac.

Maucaillou Moulis t ★★ **96 98' 00' 01 02 03** 04 05 CRU BOURGEOIS SUPÉRIEUR de 80 ha com bons padrões. Segundo vinho: Cap de Haut-Maucaillou.

Mazeyres Pom t ★★ **95 96' 98' 99 00 01** 04 05' POMEROL inferior consistente, se não excitante, de 20 ha. Melhorou desde 1996. Gerenciado por Alain Moueix, primo de Christian de J-P MOUEIX. Ver FONROQUE.

Meyney St-Est t ★★→★★★ **89' 90' 94 95 96 98 00 01 02** 03 04 05' Grande propriedade ribeirinha (50 ha) em uma soberba localização. CRU BOURGEOIS SUPÉRIEUR; um dos melhores de ST-ESTÈPHE. Vinhos ricos, robustos e bem-estruturados. Segundo rótulo: Prieur de Meyney.

Caos na classificação I

A reclassificação de 2003 do **Crus Bourgeois do Médoc,** tendo sido impugnada no tribunal por uns 70 *châteaux* que não conseguiram se classificar (247 entraram; 243 foram rejeitados), foi agora abandonada. Isso nos deixa com a classificação anterior, que ninguém achava que servia mais. E então o advogado que tinha representado os recusados assumiu a mesma causa em St-Émillion.

La Mission-Haut-Brion Pe-Lé t ★★★★ 82' 83 85' 86 88 89 90' 93 94' 95 96' 97 98' 99 00' 01 02 03 04' 05' Vizinho e antigo rival do HAUT-BRION; nas mesmas mãos desde 1983. Vinhos consistentemente corpulentos e de grande escala, vigorosos, para maturação prolongada, ainda melhores que o HAUT-BRION e, às vezes, mais impressionantes. 20 ha. Segundo rótulo: La Chapelle de La Mission. Branco: LAVILLE-HAUT-BRION.

Monbousquet St-Ém t (b) ★★★ 95 96 97 98 99 00' 01 02 03 04 05' Propriedade importante, com solo de cascalho, revolucionada pelo novo proprietário. Atualmente, vinhos super-ricos, concentrados e voluptuosos. Elevada a GRAND CRU CLASSÉ em 2006. Branco raro (AC BORDEAUX) de 1998. Os novos proprietários também adquiriram PAVIE e PAVIE-DECESSE em 1998.

Monbrison Arsac-Mar t ★★→★★★ 86 88' 89' 90 95 96' 98 99 00 01 02 04 05 O CRU BOURGEOIS SUPÉRIEUR de MARGAUX mais na moda. Estilo elegante. 13 ha.

La Mondotte St-Ém t ★★★→★★★★ 96' 97 98' 99 00' 01 02 03 04' 05' Intensos e sempre finos vinhos *garagiste* da micropropriedade pertencente ao Comte Stephen von Neipperg (CANON-LA-GAFFELIÈRE e CLOS DE L'ORATOIRE).

Montrose St-Est t ★★★→★★★★ 86' 88 89' 90' 93 94 95 96' 97 98 99 00' 01 02 03 04' 05' Deuxième Cru de 64 ha famoso por seu clarete potente e sua cor profunda. As safras de 1979-85 (exceto a de 82) foram mais leves. Após 110 anos nas mãos da mesma família, mudou de proprietários em 2006. Segundo vinho: La Dame de Montrose.

Moulin-à-Vent Moulis t ★★ 95 96' 98 00' 02 03 04 05' CRU BOURGEOIS SUPÉRIEUR de 25 ha; geralmente de qualidade regular. Vinho potente e vivaz.

Moulin de la Rose St-Jul t ★★ 95 96 98 00' 01' 02 03 04 05 Minúsculo CRU BOURGEOIS SUPÉRIEUR de 4 ha com altos padrões.

Moulin du Cadet St-Ém t r ★★ 95 96 98 00 01 03 05 Pequeno vinhedo GRAND CRU CLASSÉ de 5 ha, no planalto de calcário, atualmente gerenciado por Alan Moueix (ver também MAZEYRES). Vinhos fragrantes de corpo médio.

Moulinet Pom t ★★ 95 96 98 00 01 04 05 Um dos maiores CHÂTEAUX de POMEROL; 18 ha em solo fofo. Consultoria de Denis Durantou, de L'EGLISE CLINET.

Moulin Pey-Labrie Canon-Fronsac t ★★ 89 90 94 95 96 98' 99 00' 01 02 03 04 05' Importante propriedade em FRONSAC. Vinhos cheios de estilo, com elegância e estrutura.

Moulin-St-Georges St-Ém t ★★ 95 96 98 99 00' 01 02 03 04 05 Vinho rico e com estilo. Mesmo dono do AUSONE.

Mouton Baronne Philippe Ver D'ARMAILHAC. Vinhos leves, mas com aperfeiçoamentos recentes. Para ser observado.

Mouton Rothschild Pau t (b) ★★★★ 75 76 78 82' 83' 85' 86' 88' 89' 90' 93' 94 95' 96 97 98' 99 00' 01' 02 03 04' 05' Oficialmente Premier Cru desde 1973, embora, na realidade, o seja há muito mais tempo. 71 ha (87% Cab Sauv) produzem vinhos majestosos e ricos, muitas vezes os mais opulentos do MÉDOC (a partir de 1991 também o branco Aile d'Argent). Rótulos desenhados por artistas e excelente museu especializado em arte relacionada ao vinho. Segundo vinho: Le Petit Mouton de 1997. Ver também: Opus One (Califórnia) e Almaviva (Chile).

Nairac Saut b d ★★ 85 86' 88 89 90' 95' 96 97' 98 99 01' 02 03' 04 05' CRU CLASSÉ (16 ha) perfeccionista de BARSAC. Vinho botritizado, rico e intenso. Deve-se deixar envelhecer.

Nenin Pom t ★★★ 89 90 94' 95 96 98 99 00' 01 02 03 04 05 Desde 1997, propriedade de LÉOVILLE-LAS-CASES. Investimentos pesados. Novas adegas. 4 ha do antigo Certan-Giraud adquiridos em 1999, agora totalizando 34 ha. Em ascensão. Segundo vinho de bom preço: Fugue de Nenin

Olivier Graves t b ★★★ (t) 95 96 98 00 01 02 03 04' 05' (b) 96 97 98' 00 01 02 03 04' 05' CRU CLASSÉ de 55 ha ao redor de um castelo com fosso em LÉOGNAN. Um dorminhoco finalmente sendo recuperado. Desde 2002, maior pureza, expressão e qualidade.

Les Ormes-de-Pez St-Est t ★★→★★★ 89' 90' 94 95 96 98 99 00' 01 02 03 04 05 Incrível CRU BOUGEOIS EXCEPTIONNEL de 29 ha pertencente à LYNCH-BAGES. Certamente, um dos ST-ESTÈPHES mais agradáveis.

Les Ormes-Sorbet Méd t ★★ 95 96 98' 99 00' 01 02 03' 04 05 Líder de longa data no N do MÉDOC. Atualmente, CRU BOURGEOIS SUPÉRIEUR de 21 ha. Vinhos elegantes, delicadamente envelhecidos em carvalho. Segundo rótulo: Château de Conques.

Palmer Cantenac-Mar t ★★★★**75'** **76** **78'** **79'** **81** **82** 83' 85**86'** 88' 89 **90** **93** **94****95** **96'** **98'** **99** 00 **01'** 02 03 04' 05' A estrela de Cantenac; Troisième Cru que, às vezes brilha tanto quanto os super Deuxièmes. Vinho de força, carne, delicadeza e muito Merlot. 52 ha de proprietários britânicos (família SICHEL), holandeses e franceses. Segundo vinho: ***Alter Ego de Palmer (uma pechincha para beber cedo)***.

Pape-Clément Pe-Lé t (b) ★★★→★★★★**90'** 94 95**96** 97**98'** **99** **00'** 01' 02 03 04 05 (b) **01****02** **03** **04** **05'** (b) **01****02** **03** **04** **05'** Antigo vinhedo de PESSAC, recorde de tintos sedutores, aromáticos e com corpo discreto de meados dos anos 1890. 2,5 ha de elegantes vinhos brancos fermentados em barris. Uma nova direção ambiciosa e mais concentração desde 2000. Também Château Poumey em Gradignan.

de Parenchère t (b) ★★**00** **01** **02** 03 04**05** Suprimento útil constante de BORDEAUX da AC Ste-Foy e AC BORDEAUX SUPÉRIEUR de um atraente CHÂTEAU de 65 ha. O melhor é o CUVÉE Raphael.

Patache d'Aux Bégadan, Méd t ★★ **98** **99** **00****02** **03** **04** 05' CRU BOURGEOIS SUPÉRIEUR de 43 ha ao N do MÉDOC. Principalmente vinho Cab Sauv fragrante, com a qualidade terrosa peculiar de sua área. Ver também LIVERSAN.

Pavie St-Ém t ★★★ **90'****94** 95**96** **98'** **99** **00'** 01 **02** 03' 04 05' Premier Cru de 37 ha muito bem situado no meio das encostas, nas CÔTES. Bom histórico. Comprado pelos proprietários de MONBOUSQUET, junto com o adjacente PAVIE-DECESSE. É um ST-ÉMILION de estilo novo, denso, intenso, doce, do meio-Atlântico e objeto de fervorosos debates.

Pavie-Decesse St-Ém t ★★ 89 90 95**96** **98'** **99** **00'** 01' **02** 03 04 05' Pequena CRU CLASSÉ de 3,6 ha, irmã de Pavie e em forma desde 1998.

Pavie-Macquin St-Ém t ★★★ 89' 90' **94** 95 **96'** **98'** **99** **00'** 01 **02** 03 04 05' Surpreendente ascenção a GRAND CRU CLASSÉ EM 2006. Vinhedo de 15 ha no planalto de calcário a leste de ST-ÉMILION. Produção e gerenciamento astutos de Nicolas Thienpont, de PUYGUERAUD, e do consultor Stéphane Derenoncourt. Vinhos fortes e estruturados que precisam de tempo na garrafa.

Pedesclaux Pau t ★★ **95'** **96** 98' 99**00** **02** **03** 04 05 Cinquième Cru no mesmo nível de CRU BOURGEOIS. A maior parte vai para Bélgica. Segundo vinho: Château Haut-Padarnac.

Petit Village Pom t ★★★ **90'** **94** 95 96 **98'** **99** **00'** **01** 03 04 05 Propriedade reestruturada de primeira linha. 11 ha. Desde 1989, mesmo proprietário (AXA Seguros) que PICHON-LONGUEVILLE. Vinho forte, com leve sabor de ameixa. Segundo vinho: Le Jardin de Petit-Village.

Pétrus Pom t ★★★★**70'** **71'** **75'** **76** **78** **79'** **81** 82' 83 85'**86** 88'**89'** **90** 93' 94**95'** **96** 97**98'** **99** 00' 01 02 03 04' 05' O Premier Cru (não-oficial) de POMEROL: Merlot *solo in excelsis*. 11 ha de solo argiloso com cascalho que produz cinco mil caixas de vinho maciçamente rico e concentrado, reservado para os milionários do mundo. Cada safra ganha mais resplendor.

Peyrabon St-Sauveur, H-Méd t ★★**98** **99** 00' 01**02** **03** **04** 05 CRU BOURGEOIS sério de 53 ha, pertencente a um negociante de Bordeaux. Também La Fleur-Peyrabon em PAUILLAC.

de Pez St-Est t ★★→★★★ 89 **90'****94** 95'**96'** **98'** **99** **00** **01** **02** 03 04 05' Incrível CRU BOUGEOIS EXCEPTIONNEL de 24 ha. Tão confiável quanto qualquer CRU CLASSÉ da vila, embora não tão fino. Adquirido em 1995 por ROEDERER.

Phélan-Ségur St-Est t ★★→★★★**88'** 89' 90' 95 96'**98** **99** **00'** **01** **02** 03 04 05' CRU BOURGEOIS EXCEPTIONNEL grande (89 ha) e importante, disputa com o anterior ser um dos melhores de ST-ESTÈPHE. Desde 1986, tem conseguido construir uma boa reputação.

Pibran Pau t ★★**88** 89' 90'**94** 95 96**98** **99** **00'** **01** 03 04 05' Pequeno CRU BOURGEOIS SUPÉRIEUR aliado ao PICHON-LONGUEVILLE. Vinhos de classe com alma de PAUILLAC.

Pichon-Longueville (antigo **Baron de Pichon-Longueville**) Pau t ★★★★**82'** **83** 85 **86'** 88'**89'** 90' 93 94'**95** **96** 97**98** **99** 00' 01 02 03' 04 05' Deuxième Cru de 70 ha, com vinho PAUILLAC forte, revitalizado, no mesmo patamar do verbete a seguir. Proprietário: AXA Seguros. Segundo rótulo: Les Tourelles de Longueville.

Pichon-Longueville Comtesse de Lalande (Pichon Lalande) Pau t ★★★★**75'** **76** **78'** **79'** **81** 82' 83 85'**86'** 88' 89' 90' 94 95**96** 97**98** **99** 00 **01** 02 03' 04 05' Super Deuxième Cru (75 ha), vizinho ao LATOUR. Sempre entre os melhores; um vinho longevo, carimbado Merlot e de raça fabulosa mesmo nos anos menos favoráveis. Segundo vinho: Réserve de la Comtesse. Agora parceiro de ROEDERER, sob mesma direção. Outra propriedade: CHÂTEAU BERNADOTTE.

Le Pin Pom t ★★★★ **82 83 85 86 88 89 90' 94 95 96 97 98' 99 00 01** 02 04' 05' O primeiro dos cultuados *minicrus* de Bordeaux. Meras quinhentas caixas de Merlot da mesma família proprietária do VIEUX-CHÂTEAU-CERTAN (uma compra bem melhor). Quase tão ricos quanto seus aficionados, porém os preços, bem acima dos de PÉTRUS, são ridículos.

de Pitray Castillon t ★★ **95 96' 98' 00' 03** 04 05 Vinhedo grande (31 ha) nas CÔTES DE CASTILLON. Vinhos saborosos, que já foram os mais conhecidos da AC.

Plince Pom t ★★ **88 89' 90 94 95 96 98' 99 00' 01** 04 05 Propriedade confiável de 8 ha próxima à Libourne. Vinho de estilo leve, de solo arenoso.

La Pointe Pom t ★★→★★★ **89' 90' 95 96 98' 99 00' 01** 04 05' Propriedade proeminente de 25 ha com vinhos atualmente mais robustos e agradáveis. Mesmo proprietário de LA SERRE.

Pontac-Monplaisir Pe-Lé t (b) ★★ **96 98 99 00 02** 04 05' Propriedade de 16 ha quase perdida na reurbanização dos Bordeaux. Fornece brancos profícuos e tintos fragrantes de qualidade surpreendente.

Pontet-Canet Pau t ★★★ **86' 88 89' 90 94' 95 96' 97 98 99** 00' **01** 02' 03 04' 05' Propriedade de 81 ha, vizinha a MOUTON-ROTHSCHILD. Arrastou-se por vários anos. Taninos velhos e duros eram motivo de desânimo. Desde a metade da década de 1990, obtém bons resultados. Estilo PAUILLAC. Segundo vinho: Les Hauts de Pontet-Canet.

Potensac Méd t ★★ **89' 90' 94 95 96 98 99 00' 01** 02 03 04' 05' CRU BOURGEOIS EXCEPTIONNEL muito famoso do N de MÉDOC. Gerenciado e pertencente à família Delon, de LEOVILLE-LES-CASES. A classe transparece em forma de vinhos ricos, sedosos e equilibrados.

Pouget Mar t ★★ **89 90 94 95 96 98' 00' 02** 03 04 05' Quatrième Cru de 11 ha ligado ao BOYD-CANTENAC. Estilo MARGAUX. Nova adega em 2000.

Poujeaux (Theil) Moulis t ★★ **89' 90' 94' 95' 96' 98 99 00' 01** 02 03 04 05 CRU BOURGEOIS EXCEPTIONNEL de 52 ha gerenciado pela família com CHASSE-SPLEEN e Maucaillou, o ponto alto de Moulis. Todos os anos, 20 mil e tantas caixas de vinho tânico, cheio de personalidade e concentrado para uma vida longa. Segundo rótulo: La Salle de Poujeaux. Também CHÂTEAU Arnauld.

Premier Grand Cru Classé Ver quadro de classificação ST-ÉMILION, p. 80.

Prieuré-Lichine Cantenac-Mar t ★★★ **89' 90' 94' 95 96 98' 99 00'** 01 02 03 04 05 Quatrième Cru de 70 ha posto em destaque pelo falecido Alexis Lichine. Desde 1999 com novos proprietários. Atualmente conta com a assessoria de Stéphane Derenoncourt (ver CANON LA GAFFELIÈRE, PAVIE-MACQUIN). MARGAUX fragrante em boa forma atualmente. Segundo vinho: CHÂTEAU de Clairefort. Também um bom Bordeaux branco.

Puygueraud Côtes de Francs t ★★ **95' 96 98 99 00' 01'** 02 03 04 05' Principal CHÂTEAU dessa minúscula AC. Vinhos envelhecidos em madeira com classe surpreendente. CHÂTEAUX Laclaverie e Les Charmes-Godard seguem a mesma trilha. CUVÉE George especial de 2000 com mistura de Malbec. Mesmo vinicultor do PAVIE-MACQUIN.

Rabaud-Promis Saut b d ★★→★★★ **88' 89' 90 95 96 97' 98 99 01' 02** 03' 05' CRU CLASSÉ de 30 ha em Bommes. Desde 1986, está perto do topo. Muito rico.

Rahoul Graves t b ★★ (t) **95 96 98' 00' 01 02 04** 05' Este vinhedo de 30 ha em Portets ainda está sonâmbulo, apesar do histórico de bons vinhos tintos (60%) e brancos **96 97 98 99 00 01 02** 04' 05.

Ramage-la-Bâtisse H-Méd t ★★ **95 96' 98 99 00' 02 03** 04 05' CRU BOURGEOIS SUPÉRIEUR de 65 ha harmonioso e amplamente distribuído em St-Sauver, ao N de PAUILLAC. Segundo vinho: CHÂTEAU Tourteran.

Rauzan-Gassies Mar t ★★ **90' 95 96' 98 99 00** 01' 02 **03** 04 05' Deuxième Cru de 30 ha, vizinho de RAUZAN-SÉGLA e que há muito tempo ficou para trás deste. A nova geração vem obtendo progressos desde 2000, mas ainda há um longo caminho a percorrer.

Rauzan-Ségla Mar t ★★★★ **85 86' 88' 89' 90' 94' 95 96 97 98 99** 00' **01** 02 03 04' 05 Deuxième Cru de 51 ha famoso por sua fragrância. Mesmos proprietários do Chanel (ver CANON). Um grande nome do MÉDOC bem no topo, com CHÂTEAU e as adegas reconstruídos. Segundo vinho: Ségla.

Raymond-Lafon Saut b d ★★★ **83' 85 86 88 89' 90' 95 96' 97 98 99' 01'** 02 03' 04 05 Pequena (18 ha) e séria propriedade para SAUTERNES, adquirida pelo ex-gerente de YQUEM e hoje gerenciada pelos filhos. Vinhos esplêndidos para deixar envelhecer. Qualidade CRU CLASSÉ.

Rayne Vigneau Saut b d ★★★ 86' 88' 89 90' 95 96 97 98 99 01' 02 03 05' GRAND CRU CLASSÉ (80 ha) em Bommes. Bom, porém menos poderoso e intenso do que os primeiros *crus*. Vinho doce e Rayne SEC.

Respide Médeville Graves t b ★★ (t) 99 00' 01 02 03 04 05' (b) 96' 99 00 01 02 04' 05' Uma das melhores propriedades não-classificadas, tanto para tinto quanto branco. Os tintos devem ser consumidos entre 4 e 6 anos; e em ainda mais tempo para as safras melhores.

Reynon Premières Côtes t b ★★ 40 ha de brancos fragrantes de Sauv Bl (VIEILLES VIGNES) 00 01' 02 03 04' 05'; também tintos sérios (98 99 00 01 02 03 04' 05'). Segundo vinho (tinto): CHÂTEAU Reynon-Peyrat. A partir de 1996, também um muito bom *liquoreux* CHÂTEAU Reyson Cadillac. Ver também CLOS FLORIDÈNE.

Reysson Vertheuil, H-Méd t ★★ 95 96 00 02 03 04 05 CRU BOURGEOIS SUPÉRIEUR de 49 ha replantado recentemente. Gerenciado pelo negociante de vinhos CVBG-Dourthe (ver BELGRAVE, LA GARDE). Estilo rico e moderno.

Ricaud Loupiac b d (t sc) ★★ 95 96 97 99 01' 02 03' 05 Importante produtor de vinhos do tipo SAUTERNES com bom envelhecimento, localizado do outro lado do rio.

Rieussec Saut b d ★★★★ 82 83' 85 86' 88' 89' 90' 95 96' 97' 98 99 01' 02 03' 04 05' Vizinho importante do YQUEM com 90 ha em Farques, adquirido em 1984 pelos Rothschilds (LAFITE). Vinificado em carvalho desde 1996. Vinho fabulosamente opulento. Também produzindo um "R" seco agora em estilo novo e moderno – mas houve perda de características? Segundo vinho: Carmes de Rieussec.

Ripeau St-Ém t ★★ 95 98 00' 01 04 05' GRAND CRU CLASSÉ inferior de 16 ha em solo arenoso, próximo de CHEVAL BLANC. Rendimento menor e alguns aperfeiçoamentos feitos desde 2000.

de la Rivière Fronsac t ★★ 89 90 94 95 96' 98' 99 00' 01 02 03 04 05' A maior e mais impressionante propriedade de FRONSAC, com castelo e adegas wagnerianas. Seus vinhos, antes tânicos, ficaram mais refinados. Nova vinícola em 1999. Consultoria de Michel ROLLAND. CUVÉE especial: Aria.

de Rochemorin Pe-Lé t b ★★→★★★ (t) 95 96 98' 99 00' 01 02 03 04 05 (b) 00 01 02 03 04 05 Restauração importante em Martillac, realizada pelos Lurtons de La LOUVIÈRE: 105 ha (3/4 tinto) de vinhas em maturação. Nova vinícola, da melhor qualidade possível, em 2004. Qualidade constante e amplamente distribuída.

Rol Valentin St-Ém t ★★★ 95 96 97 98 99 00' 01 02 03 04 05' Propriedade nova (1994), com 4,6 ha e proposta de produzir em massa e com preço proporcional. Pertencente a um ex-jogador de futebol. 1.900 caixas. Consultoria de Stéphane Derenoncourt (ver CANON LA GAFFELIÈRE, PAVE-MACQUIN).

Rouget Pom t ★★ 89' 90 95 96 98' 99 00' 01' 03 04 05' Propriedade atraente e antiga no limite norte do POMEROL, com 17 ha. Novos proprietários em 1992 e muito investimento desde então (novas adegas). Atualmente vinhos excelentes, ricos e untuosos.

Royal St-Émilion Nome de marca da importante e dinâmica cooperativa de produtores. Ver GALIUS.

Caos na classificação II

A última das dez reclassificações anuais aqui foi em 2006. Onze *châteaux* caíram da classificação anterior, deixando um total de 61 propriedades, o menor número até hoje. Entretanto, a ação judicial significa que, na ocasião em que escrevo, a classificação foi suspensa por um ano: St-Émilion atualmente não tem classificação oficial, a não ser aqui, já que este livro considera a classificação de 2006 o melhor guia de desempenho.

St-André-Corbin St-Ém t ★★ 98' 99 00' 01 03 04 05 Propriedade de 22 ha em MONTAGNE e ST-GEORGES-ST-ÉMILION. Vinhos acima da média.

St-Georges St-Georges-St-Ém t ★★ 89' 90' 95' 96 98' 00' 01 03 04 05' CHÂTEAU nobre do século XVIII, com vista para o planalto de St-Émilion desde a colina até a parte norte. 51 ha (25% da AC St-Georges). Vinho bom e vendido diretamente ao público.

St-Pierre St-Jul t ★★★ 82' 85 89 90' 94 95' 96' 98 99 00' 01' 02 03 04 05' Quatrième Cru de 17 ha. ST-JULIEN clássico, consistente e com muito estilo. Ver GLORIA.

de Sales Pom t ★★ **89' 90' 95 96 98' 00' 01'** 04 05 O maior vinhedo de POMEROL (47 ha), de solo arenoso com cascalho, ligado ao CHÂTEAU mais grandioso. Sem poesia, porém peso leve. Experimente as melhores safras. Segundo rótulo: CHÂTEAU Chantalouette.

Sansonnet St-Ém t ★★ **99 00' 01** 02 03 04 05' Pequena propriedade de 6,8 ha ambiciosamente gerenciada ao novo estilo de ST-ÉMILION (rico e gordo) desde 1999.

Saransot-Dupré Listrac t (b) ★★ **89 90 95 96 98' 99 00' 01** 02 03 04 05 Pequena propriedade de 12 ha com vinhos deliciosos e sedutores. Muito Merlot. Também um dos pequenos grupos de brancos de LISTRAC.

Sénéjac H-Méd t (b) ★★ **89' 90' 94 95 96 98 99 00 01 02 03** 04 05' CRU BOURGEOIS SUPÉRIEUR de 37 ha ao S do MÉDOC, recentemente (1999) comprado pela mesma família do TALBOT. Tintos tânicos para envelhecimento e um branco pouco comum, todo Sémillon, também para envelhecimento. CUVÉE especial: Karolus.

La Serre St-Ém t ★★ **89 90 94 95 96 98' 99 00' 01 02** 03 04 05 GRAND CRU CLASSÉ pequeno (6,5 ha), do mesmo dono que LA POINTE. Vinhos com estilo agradável, com mais carne e pureza de fruta desde 2000.

Sigalas-Rabaud Saut b d ★★★ **83 85 86 88 89' 90' 95' 96' 97' 98 99 01' 02** 03' 04 05' A menor parte (14 ha em Bommes) do que foi a propriedade RABAUD. Produzido pelo mesmo time que o LAFAURIE-PEYRAGUEY. Vinho fragrante e agradável. Atualmente de primeira linha. Segundo vinho: Le Cadet de Sigalas Rabaud.

Siran Labarde-Mar t ★★→★★★ **86 88 89' 90' 95 96 98 99** 00' **01** 02 03 04 05 Propriedade com 40 ha de um apaixonado proprietário que se ressente de não ter sido agraciado com uma classificação CLASSÉ. Conseguiu, merecidamente, o status de CRU BOURGEOIS EXCEPTIONNEL em 2003. Vinhos de bom envelhecimento e com grandeza de sabores. Propriedade muito ambiciosa. Consultoria de Michel ROLLAND.

Smith-Haut-Lafitte Pe-Lé t (b r) ★★★ (t) **89' 90' 94 95 96 98 99 00' 01** 02 **03** 04' 05' (b) **95 96 97 98 99' 00 01 02 03 04 05** CRU CLASSÉ de 56 ha em Martillac (11 ha de branco fermentado em barril de carvalho). Proprietários ambiciosos (desde 1990) continuam a gastar muito com resultados espetaculares, incluindo uma luxuosa clínica de enoterapia (externa!), SPA e hotel-restaurante. Segundo rótulo: Les Hauts de Smith. Também fique de olho em seu CHÂTEAU Cantelys e PESSAC-LÉOGNAN.

Sociando-Mallet H-Méd t ★★★ **88' 89' 90' 94 95 96' 97 98' 99 00' 01'** 02 03 04 05' Esplêndida propriedade de 75 ha com qualidade CRU CLASSÉ, amplamente imitada em St-Seuin. Vinhos conservadores e alentados para serem guardados durante anos. Segundo vinho: Demoiselles de Sociando.

Soudars H-Méd t ★★ **90 94 95 96' 98 99 00' 01 03** 04 05 Irmão de COUFRAN e VERDIGNAN, CRU BOURGEOIS SUPÉRIEUR recente com bom desempenho.

Soutard St-Ém ★★★ **88' 89' 90' 94 95 96 98' 99 00' 01** 02 03 04 05 CRU CLASSÉ potencialmente excelente com 19 ha, no planalto de calcário – 70% Merlot. Vinhos potentes podem ser longevos. Agora propriedade de uma companhia de seguros (2006). Possíveis mudanças A ser observado. Segundo rótulo: CLOS de la Tonnelle.

Suduiraut Saut b d ★★★★ **79' 81 82' 83 85 86 88' 89' 90' 95 96 97' 98 99' 01'** 02 03' 04 05' Um dos melhores SAUTERNES CRU CLASSÉ: 90 ha, com CHÂTEAU e jardins renovados por Le Nôtre. O novo proprietário (AXA Seguros) tem conseguido maior consistência e ótima qualidade. Ver PICHON-LONGUEVILLE. Segundo vinho: Castelanau de Suduiraut. Novo vinho seco, S, muito promissor.

du Tailhas Pom t ★★ **89 90 94 95 96' 98' 99 00 01** 04 05 Propriedade de 10 ha, perto de FIGEAC. Um POMEROL do tipo mais leve.

Taillefer Pom t ★★ **89 90 94 95' 96 98' 00' 01 02** 03 04 05 Vinhedo de 11 ha na fronteira de POMEROL. Gerenciado astutamente por Catherine Moueix. Menos força que as melhores propriedades, porém agradavelmente harmonioso. Bom preço.

Talbot St-Jul t (b) ★★★ **86' 88' 89' 90 94 95 96' 98' 99 00' 01** 02 03 04 05' Importante Quatrième Cru de 102 ha, por muitos anos irmão mais jovem do GRUAUD-LAROSE. Vinhos igualmente atraentes: ricos, completamente charmosos e confiáveis. Segundo rótulo: Connétable de Talbot. Branco: Caillou Blanc, que matura tão bem quanto um bom GRAVES, porém bebe-se muito quando jovem.

Mesma família proprietária de SENEJAC. Seu enólogo também supervisiona TOUR DE MONS.

Terrey-Gros-Caillou St-Jul t ★★ **89 90 94 95 96 98 99 00 02 03** 04 05 CHÂTEAU irmão de HORTEVIE com 15 ha. Em sua melhor forma, vinhos notáveis e com estilo.

du Tertre Arsac-Mar t ★★★ 88' 89' 90' 94 95 96' 98' 99 00' **01** 02 03 04' 05' Cinquième Cru de 50 ha isolado ao S de MARGAUX. Histórico de vinhos frutados, fragrantes e desvalorizados. Mesmo proprietário do CHÂTEAU GISCOURS desde 1997. Novas técnicas e investimentos estão produzindo um vinho realmente concentrado e estruturado.

Tertre Daugay St-Ém t ★★★ **88' 89' 90' 94** 95 **96** 98 99 **00' 01 03** 04 05 Pequena propriedade, em localização espetacular. Perdeu sua classificação de GRAND CRU CLASSÉ em 2006. O proprietário, o mesmo do LA GAFFELIÈRE, talvez recorra legalmente.

Tertre-Rôteboeuf St-Ém t ★★★★ **85 86** 88' 89' 90' 93 94 95 96 97 **98' 99 00' 01** 02 **03'** 04 05' Estrela *cult* que, desde 1983, produz vinho concentrado, até mesmo dramático, a partir, principalmente, de Merlot. Os preços são assustadores. A parte "rosbife" do nome já fornece a idéia certa. Também propriedade de CÔTES DE BOURG e Roc de Cambles.

Thieuley E-D-M t r b ★★ Fornecedor de tintos e brancos AC Bordeaux de qualidade consistente. CLAIRET frutado, CUVÉE Francis Courselle tinto e branco envelhecidos em barril de carvalho. Também é proprietário de CLOS Ste-Anne em PREMIÈRES CÔTES DE BORDEAUX.

La Tour-Blanche Saut b (t) d ★★★ **83' 85 86** 88' 89' 90' 95 96 97' 98 99 01' **02** 03 04 05' Líder histórico de SAUTERNES, atualmente faculdade estatal de enologia. Ficou se arrastando durante a década de 1970; voltou à sua forma histórica em 1988.

La Tour-Carnet St-Laurent, H-Méd t ★★ **82 85 86** 89' 90 94' 95 96 **98 99 00' 01** 02 03 04' 05' Quatrième Cru (65 ha), com fortaleza medieval e fosso, negligenciado por longo tempo. Novo proprietário (ver FOMBRAUGE, PAPE-CLÉMENT) e investimentos desde 2000 resultaram na produção de vinhos mais ricos e com estilo moderno. Segundo vinho: Les Douvres de Château la Tour Carnet.

La Tour-de-By Bégadan, Méd t ★★ **89' 90' 94 95 96'** 98 **00 01 02 03** 04 05' CRU BOURGEOIS SUPÉRIEUR de 74 ha, muito bem-administrado, ao N do Médoc. Renomado por fornecer os vinhos mais vigorosos e atraentes da região.

La Tour de Mons Soussans-Mar t ★★ **88 89 90' 94** 95 96' 98' 99 **00 01 02** 04 05' Famoso CRU BOURGEOIS SUPÉRIEUR de 44 ha, há três séculos na mesma família. Durante muito tempo era maçante, porém, a partir de 1995, a influência do TALBOT está fazendo voltar ao antigo estilo fragrante, vigoroso e merecedor de envelhecimento.

Tour-du-Haut-Moulin Cussac, H-Méd t ★★ **86' 88'** 89' 90' **94 95 96 98 00'** 02 **03** 04 05' Produtor conservador: CRU BOURGEOIS SUPÉRIEUR intenso para envelhecer.

Tour-du-Pas-St-Georges St-Ém t ★★ **95 96** 98 99 **00' 01 03** 04 05 Vinho produzido pelo proprietário de BELAIR em 16 ha de ST-GEORGES-ST-ÉMILION.

La Tour du Pin Figeac-Moueix St-Ém t ★★ **88' 89' 90'** 95 96 98 **00' 01** 04 05 8 ha que um dia fizeram parte da propriedade FIGEAC e hoje pertencentem a Jean-Michel Moueix. Resultados inexpressivos levaram ao rebaixamento na classificação GRAND CRU CLASSÉ, em 2006.

La Tour Figeac St-Ém t ★★ **88 89' 90' 94'** 95 96' 98' **99 00' 01' 02** 04 05 GRAND CRU CLASSÉ de 15 ha entre FIGEAC e POMEROL. Desde 1994, regido por idéias de estilo californiano. Métodos biodinâmicos. Fique de olho neste.

La Tour Haut Brion Graves t ★★★ **89 90 94 95 96' 98' 99 00' 01** 02 03 04' 05' Já foi segundo rótulo de LA MISSION-HAUT-BRION. Até 1983, era um vinho simples, muito tânico. Atualmente, um vinhedo separado de 4,8 ha que produz vinhos com estilo, para serem guardados.

Tour Haut-Caussan Méd t ★★ **96** 98 **00' 01 02 03 04** 05' CRU BOURGEOIS SUPÉRIEUR de 16 ha bem-administrado em Blaignan. Fique de olho em vinhos cheios e firmes.

Tournefeuille Lalande de Pom t ★★ **95' 98'** 99 **00' 01' 02** 03 04 05 CHÂTEAU bem conhecido da comuna de Néac, com 17 ha. Desde 1998 com novos proprietários, está em ascensão.

Tour-St-Bonnet Méd t ★★ **95 96** 98 99 **00' 02 03** 04 (05) CRU BOURGEOIS de 40 ha, em St-Christoly, que produz um vinho potente no norte do Médoc.

Tronquoy-Lalande St-Est t ★★ **89 90' 94 95 96** 98 99 00' **02 03** 04 05 CRU BOURGEOIS SUPÉRIEUR de 16 ha que produz vinhos de coloração rica para envelhecimento, porém sem entusiasmar.

Troplong-Mondot St-Ém t ★★★ 88' 89' 90' 94' 95 **96' 98' 99 00'** 01' **02** 03 04 05' Recém-promovido a PREMIER GRAND CRU CLASSÉ (2006). 30 ha bem localizados, num ponto alto do planalto de calcário. Vinhos fortes e profundos com crescente elegância. Consultoria de Michel ROLLAND. Segundo vinho: Mondot.

Trotanoy Pom t ★★★★ 82' 85' 88 **89' 90'** 93 94 95 **96** 97 **98' 99** 00' 01 **02** 03 04' (05) Potencialmente, o segundo POMEROL, depois de PÉTRUS, do mesmo berço. Apenas 7 ha. Em sua melhor forma (por exemplo, **98**), um glorioso vinho perfumado, carnudo e bem estruturado. Cambaleou um pouco na década de 1980, porém de volta à forma desde 1989.

Trottevieille St-Ém t ★★★ 89' 90 94 95 **96 98 99 00' 01 02** 03' 04 05' Premier Cru no planalto de calcário. Se arrastou por anos. Mesmos proprietários de BATAILLEY, têm elevado seus objetivos desde 2000. Consultoria de Denis Dubourdieu (ver REYNON).

Valandraud St-Ém t ★★★★ 93 94 **95'** 96 97 **98 99** 00' **01'** 02 03 04 05' Líder entre as microvinhas *garagistes*, concretiza suas aspirações à glória. Preços ridículos cobrados pelo vinho denso e com aroma de baunilha, que poderia ser feito na Califórnia. Vinhedos aumentados para 20 ha: mais equilíbrio e *terroir* melhor agora. Segundo e terceiro vinhos: Virgine e Axelle.

Valrose St-Est t ★★ **02 03** 04 05' Um novato desde 1999, com o mesmo proprietário do CLINET. CUVÉE especial: Aliénor. Para ser observado.

Verdignan Méd t ★★ **95' 96 98 99 00' 01 02** 03 04 05 Importante CRU BOURGEOIS SUPÉRIEUR de 60 ha, irmão do COUFRAN e SOUDARS. Mais Cab Sauv que Coufran. Bom preço e com potencial de envelhecimento.

La Vieille Cure Fronsac t ★★ **95 96 98 99** 00' 01' **02** 03 04 05 Propriedade de americanos de 20 ha liderando a comuna. Acessível aos 4 anos.

Vieux-Château-Certan Pom t ★★★★ **82' 83'** 85 86' 88' 89 **90'** 94 **95' 96'** 97 **98' 99 00'** 01 02 04' 05' Tradicionalmente classificado próximo de PÉTRUS na qualidade, porém totalmente diferente no estilo; construído quase como em HAUT-BRION, com bastante fineza. 14 ha. A mesma família (belga) possui o minúsculo LE PIN.

Vieux Château St-André St-Ém t ★★ **00'** 01 02 **03** 04 05 Pequeno vinhedo em MANTAGNE-ST-ÉMILION, com 6 ha, pertencente ao vinicultor de PÉTRUS. Qualidade regular.

Villegeorge Avensan, H-Méd t ★★ **89 90 94** 95 **96'** 98' 99 **00' 02 03** 04 05 CRU BOURGEOIS SUPÉRIEUR de 15 ha ao N de MARGAUX. Vinho fino e tradicional no estilo MÉDOC. CHÂTEAUX irmãos: Duplessis, em MOULIS, e La Tour de Bessan, em MARGAUX.

Villemaurine St-Ém t ★★ **95 96** 98 **99** 00' **03** 04 05 Pequena propriedade de 8 ha, com adegas esplêndidas, bem situada, no planalto de calcário, perto da cidade. Não atingiu seu potencial; perdeu a classificação GRAND CRU CLASSÉ em 2006.

Vray Croix de Gay Pom t ★★ **88 89 90** 95 96 **98' 00'** 04 05 Vinhedo muito pequeno de 4 ha, porém bem situado na melhor parte do POMEROL. Maiores esforços a partir de 2004. Irmão do Château Siaurac em LALANDE DE POMEROL.

Yon-Figeac St-Ém t ★★ **90 95 96** 98 99 **00' 02 03** 04 05 Propriedade de 24 ha. Vinhedo reestruturado entre 1985 e 1995. Aperfeiçoamentos desde 2000, mas tarde demais para evitar perder a classificação GRAND CRU CLASSÉ, em 2006

d'Yquem Saut b d (sc) ★★★★ **75'** 76' 79 **80' 81' 83'** 85 86 **88' 89' 90'** 93 **94 95'** 96 **97' 98 99' 00** 01' 02 03' 04 05' Esta é a propriedade de vinho doce mais famosa do mundo. 101 ha. Apenas 200 garrafas por hectare de vinhos muito fortes, intensos e sensuais, envelhecidos em barris por 4 anos. A maioria das safras melhora com o envelhecimento de 15+ anos; algumas duram mais de 100 anos em transcendente esplendor. Após séculos com a família Lur-Saluces, em 1998 o controle foi entregue a Bernard Arnault, de LVMH. Entretanto, a nova gerência está se saindo bem, e os preços estão nas alturas. Também produz "Y" (YGREC) seco.

Itália

As áreas mais escuras referem-se às regiões vinícolas

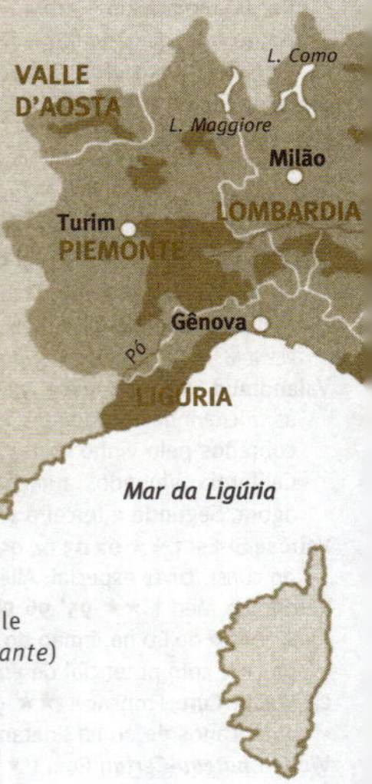

As abreviações abaixo são usadas neste texto:

Ab	Abruzzo	**Sar**	Sardenha
Ap	Apúlia	**Si**	Sicília
Bas	Basilicata	**T-AA**	Trentino-Alto Adige
Cal	Calábria	**Tos**	Toscana
Cam	Campânia	**Úmb**	Úmbria
E-R	Emília-Romanha	**VdA**	Valle d'Aosta
F-VG	Friuli-Venezia Giulia	**Ven**	Veneto
Lác	Lácio		
Lig	Ligúria		
Lomb	Lombardia	**cs**	Cantine Sociale
Mar	Marches	**fs**	frisante (*frizzante*)
Pie	Piemonte	**pa**	*passito*

Classico (clássico) é um termo usado em muitas das denominações da Itália, e indica a área de maior qualidade. Até certo ponto, entretanto, a mais recente história dos vinhos italianos pode muito bem ser descrita como uma volta a um classicismo da abordagem, uma tentativa de sublinhar a personalidade que primeiro distinguiu os vinhos, e que precisava apenas de um pouquinho de atualização.

Clássico foi o retorno à Nebbiolo, em Piedmont, a nova ênfase dada à uva em si, e não a misturas com Barbera ou outras variedades internacionais. Clássico foi o novo interesse em Corvina, no Valpolicella, e a nova ênfase na Sangiovese nas áreas históricas de Romanha, Toscana e Úmbria. A reemergência de Montepulciano seguiu o mesmo padrão: outrora um vinho com certa dignidade, que depois foi diluída pelo excesso de produção, está agora mostrando uma importância nova em várias partes da costa do Adriático, não só em Abruzzo, mas também nas denominações de Rosso Conero e Rosso Piceno, de Marches, e também no norte da Apúlia.

Mas as manifestações mais surpreendentes logo estarão chegando até mesmo da região mais ao sul. Depois da revolução da qualidade em Taurasi e nas inclinações do monte Vulture, a Aglianico está fornecendo mais uma vez alguns dos melhores vinhos do Mezzogiorno italiano, onde está sendo chamada de a Nebbiolo do sul. E mais ainda está por vir: vinhos esplêndidos da variedade Uva di Tróia em várias partes da Apúlia e ofertas igualmente convincentes das inclinações do Etna, na Sicília, de antigas vinhas plantadas no solo vulcânico bem acima do Mediterrâneo indicam exatamente qual será o futuro da Itália: em uma frase, seu passado, a grande tradição que levou o mundo antigo a denominar o país Enotria, a terra do vinho.

Safras recentes

Toscana

2006 Geralmente excelente, embora chuvas intensas na terceira semana de setembro possam ter afetado algumas Merlot e Cabernet de amadurecimento precoce próximas da costa.

2005 Muita chuva e, em geral, resultados irregulares, mais safra bem sucedida na parte sul da costa, menos em Bolgheri. Sangiovese em todos os níveis de qualidade imagináveis, da primeira classe à fraca.

2004 Excepcionalmente promissora ao longo da costa, em Montepulciano e em Montalcino. Menos consistentes nas partes mais frias da região (Rufina e os mais altos vinhedos de Chianti Classico).

2003 Considerável desgaste da vinha devido ao calor severo e a três meses de seca. Sucesso com as variedades de amadurecimento tardio; menos, no entanto, com a Merlot.

2002 Agosto frio, chuvas freqüentes em setembro e outubro. Diluição e podridão espalhadas.

2001 Um agosto abrasador, geralmente frio no início de setembro, em seguida úmido com o retorno do clima quente. Alguns vinhos excelentes, porém muita irregularidade.

2000 Final do verão e início do outono muito quente e seco, uma das safras mais precoces de que se possa lembrar. Vinhos cheios e com alto teor de álcool, alguns impressionantes, alguns desequilibrados.

Boas safras de anos anteriores: 99 97 95 90.

Piemonte

2006 Excelente Dolcetto, Nebbiolo e Barbera muito finos; ao lado de 2001 e 2004, a melhor safra do novo milênio.

2005 Dolcetto agradável; desigual para Barbera, com alguma podridão devido às chuvas persistentes; Nebbiolo muito desigual, embora não faltem vinhos promissores.

2004 Uma estação produtiva muito longa, alto nível de qualidade para todas as grandes uvas tintas (Dolcetto, Barbera, Nebbiolo), a primeira desde 1999.

2003 Verão sufocante, no entanto safra muito positiva para Barbera, Dolcetto e Moscato. Nebbiolo mais irregular, com colheitas tardias mais bem-sucedidas.

2002 Estação produtora fria e úmida, com sérios danos ao Barolo causados pelo granizo.

2001 Nebbiolo e Barbera firmes e de primeira qualidade; outras uvas menos bem-sucedidas.

2000 Excelentes Barolo, Barbaresco e Barbera. Quinta boa safra consecutiva.

Boas safras de anos anteriores: 97 90 89.

Amarone, Veneto

2006 Estonteante, com um novo recorde estabelecido para a tonelada-quilômetro de uvas separadas para secar, 30% maior que a safra anterior.

2005 Uma colheita difícil devido ao clima úmido, porém a tecnologia de secagem das uvas salvou os vinhos Amarone e Recioto. Menos bem-sucedida para o Soave e os brancos.

2004 Um novembro úmido causou algumas preocupações, porém um retorno do clima mais seco ajudou a evitar a podridão. Clássicos, menos concentrados e ricos do que 2003.

2003 A safra mais quente e seca do período pós-guerra. Uvas muito concentradas e ricas em açúcar; podem ser extraordinárias.

2002 Chuvas pesadas por toda a estação de amadurecimento. Uma safra para esquecer.

2001 Clima muito equilibrado na estação produtiva. Promissor e clássico.

2000 Tomando forma como uma safra de vinhos fortes.

Tintos de Marches & Abruzzo

2006 Irregular. Geralmente aceitável onde não houver chuvas de granizo; melhor que 2004 e 2005, mas não tanto quanto 2003.

2005 Um ano de chuvas fortes, salvo por uma segunda metade de outubro seca. Vinhos de bom amadurecimento e estrutura para os que esperaram para colher.

2004 Muita chuva em outubro e resultados irregulares. Melhor em Rosso Conero do que Rosso Piceno, em Marches; melhor em Colline Teramane DOCG, Abruzzo.

2003 Uma das mais bem-sucedidas áreas da Itália em 2003, uma vez que a uva Montepulciano suportou o calor e a seca, dando resultados de primeira classe.

2002 Ano frio e úmido; apenas resultados razoáveis.

2001 Clima ideal e bom equilíbro de força e elegância nos vinhos, os quais são fragrantes com muita complexidade e profundidade.
2000 Apropriadamente quente no final de agosto e início de setembro, o retorno do calor após um período mais frio; vinhos abundantes e com classe.

Campânia & Basilicata

2006 Chuva e problemas com a podridão em áreas mais abaixo do nível do mar, muito sol e uma longa época de crescimento em vinhedos mais altos, com resultados previsivelmente superiores.
2005 Tradicionalmente, as últimas uvas a serem colhidas. A Aglianico teve peso, complexidade e personalidade – talvez os melhores vinhos do ano.
2004 Amadurecimento lento e incerto para a Aglianico e apenas uma segunda metade de outubro quente permitiram aos produtores recuperar as uvas. Nível médio e desigual.
2003 Condições produtivas abrasadoras e com intensa seca, porém a altitude em que ficam os vinhedos favoreceram a Aglianico. Em geral, um sucesso.
2002 Chuvas fortes; parte da colheita recuperada, porém pouco a exultar.
2001 Quente, seco e muito regular de julho até o final de outubro; clima ideal. Vinhos intensos, perfumados e de bom envelhecimento.
2000 Mais quente do que 1999, um impulso poderoso para o amadurecimento das uvas. Vinhos fortes e com alto teor de álcool, produzidos para durar.

Abboccato Semidoce.

Aglianico del Vulture Bas DOC t sc (sd esp) ★★★ **97**' 98 **99**' 00' 01' 03' 04' 05' 06 Chamado de VECCHIO após três anos, RISERVA após cinco anos. Principais: Allegretti, Alovini, Basilium, Bisceglia, Francesco Bonifacio, Cantina del Notaio, Cantina di Venosa, Consiglio, Elena Fucci, Lelusi, Lucania, Macarico, Di Palma, PATERNOSTER, Le Querce, Torre degli Svevi, Sasso e Viticoltori Associati del Vulture.

Alba Importante cidade vinícola do PIEMONTE, junto ao rio Tanaro, ao sudeste de Turim.

Albana di Romagna E-R DOCG b sc sd (esp) ★★→★★★ CJD A primeira DOCG para vinhos brancos da Itália, decisão que deixou muitos incrédulos. A uva é Albana (indistinguível). O AMABILE costuma ser melhor do que o seco. O PASSITO doce por botrítis da ZERBINA e da Giovanna Madonia é excepcional. Muito bom Tremonti.

Alcamo Si DOC b ★ Brancos e tintos suaves. Rapitalà e Ceuso são as melhores marcas.

Aleatico Uva tinta de sabor Muscat de vinhos doces, aromáticos e freqüentemente fortificados, predominantemente no sul da DOC Aleatico di Puglia (melhor: Candido e Santa Lucia); é melhor e mais famoso do que a DOC Aleatico di Gradoli (Lácio), mas espere por novos esforços de Occhipinti. Bons Aleatico de Falesco, Massa Vecchia em Monteregio, Cecilia e Le Sughere em ELBA; muito bons vinhos de Jacopo Banti em VAL DI CORNIA e Sapereta, Acquabona em ELBA.

Alessandria, Gianfranco ★★★ Pequeno produtor de vinhos de alto nível de ALBA em Monteforte d'Alba, principalmente BAROLO San Giovanni, BARBERA D'ALBA Vittoria, DOLCETTO.

Alezio Ap DOC r (t) ★★ DOC em Salento, principalmente de tintos cheios e saborosos, e delicados *rosés*. Os produtores de primeira linha são Giuseppe Calò, com ótimo NEGROAMARO Portulan envelhecido em barris, e Michele Calò, com NEGROAMARO IGT Spano.

Allegrini Ven ★★★ Produtor de primeira linha em Veronese; excepcionais vinhos IGT de vinhedo único (Palazzo della Torre, Grola e Poja), AMARONE e RECIOTO.

Altare, Elio Pie ★★★ Pequeno, influente e pioneiro produtor de BAROLO muito bom e moderno. Procure pelos BAROLO Arborina, BAROLO Brunate, LANGHE DOC Arborina (Nebbiolo), Larigi (Barbera), La Villa, VDT L'Insieme e DOLCETTO D'ALBA – uma das melhores da *appellation*.

Alto Adige T-AA DOC t r b sc d esp ★→★★★ DOC do Alto Adige ou SÜDTIROL inclui quase cinqüenta tipos de vinho: uvas diferentes de zonas diferentes (inclui os varietais de VALLE ISARCO/Eisacktal, TERLANO/Terlaner, Val Venosta/Vinschgau, AA STA MADDALENA, AA Bozner Leiten, AA MERANESE DI COLLINA/Meraner).

Ama, Castello di (Fattoria di Ama) ★★★ Uma das melhores e mais consistentes propriedades modernas de CHIANTI CLASSICO, perto de Gaiole. La Casuccia e Bellavista são os vinhos de primeira linha de vinhedo único. Bons IGTS, Chard e MERLOT (L'Apparita).

Amabile Significa semidoce, porém geralmente mais doce do que ABBOCCATO.

Amaro Significa amargo. Quando a palavra é proeminente no rótulo, o conteúdo não é vinho, mas "bitters".

Amarone della Valpolicella (antigamente Recioto della Valpolicella Amarone) Ven DOC t ★★★ **88' 90' 93 94 95' 97' 98'** 00' 01' 03' 04' 05' 06 Versão seca do RECIOTO DELLA VALPOLICELLA: obtido das uvas VALPOLICELLA secas ao ar; concentrado e longevo. Melhores: Stefano Accordini, Aldigheri, Serego Alighieri, ALLEGRINI, Begali, BERTANI, BOLLA, BOSCAINI, BRUNELLI, Buglioni, BUSSOLA, Ca' La Bianca, Campagnola, Castellani, Cesari, Corteforte, Corte Sant Alda, CS Valpantena, CS VALPOLICELLA, DAL FORNO, Farina, Aleardo Ferrari, Guerrieri-Rizzardi, La Costa di Romagnano, LE RAGOSE, LE SALETTE, MASI, Mazzi, Nicolis, Novaia, PASQUA, QUINTARELLI, Roccolo Grassi, Sant'Antonio, Speri, TEDESCHI, Tommasi, Trabucchi, Vaona, Venturini, Villa Monteleone, Viviani, ZENATO, Zeni. Safras mais velhas ainda estão se mantendo, porém começando a mostrar sua idade.

Anselmi, Roberto ★★★ Um líder na produção de SOAVE com seu Capitel Foscarino de vinhedo único e o excepcional vinho doce para sobremesa RECIOTO i Capitelli, ambos IGT atualmente.

Antinori, Marchesi L & P ★★→★★★★ Tradicional casa florentina de alta reputação (na maioria das vezes legitimada) e muito influente, pertencente a Piero A., que divide a direção com suas três filhas e com o enólogo Renzo Cotarella. Famosa por seus vinhos de CHIANTI CLASSICO (Tenute Marchese Antinori e Badia a Passignano), da Úmbria (CASTELLO DELLA SALA) e do PIEMONTE (PRUNOTTO). Pioneira do novo IGT, por exemplo, TIGNANELLO, SOLAIA (TOSCANA), Cervaro della Sala (Úmbria). Expandindo-se por MAREMMA (sul da TOSCANA), MONTEPULCIANO (La Braccesca), MONTALCINO, em ASTI (para Barbera), em FRANCIACORTA para espumante (Lombardia) e em APÚLIA ("Vigneti del Sud"). Muito bom DOC BOLGHERI Guardo al Tasso.

Apúlia Puglia. O calcanhar da Itália, onde se produz quase um sexto dos vinhos italianos, a maioria sendo misturado no N da Itália e da França. Uma região a acompanhar pela crescente qualidade e valor. Melhores DOC: CASTEL DEL MONTE, MANDURIA (PRIMITIVO DI), SALICE SALENTO. Produtores: ANTINORI, Botromagno, Candido, Cantine Paradiso, Casale Bevagna, Castel di Selva, Giancarlo Ceci, Tenuta Cocevola, cooperativa Copertino, cooperativa Due Palme, Conti Zecca, Coppadoro, La Corte, Li Veli, D'Alfonso del Sordo, Fatalone, Felline, Gianfranco Fino, Masseria Monaci, Masseria Pepe, Michele Calò, Mille Una, Ognissole, Resta, RIVERA, Rubino, ROSA DEL GOLFO, Santa Lucia, Sinfarosa, TAURINO, Valle dell'Asso, VALLONE.

Aquileia F-VG DOC t b ★→★★ (t) **99' 00 01** 03 04 Um grupo de 12 vinhos varietais únicos, provenientes das cercanias da cidade de Aquiléia. Bom REFOSCO, Sauv Bl. Ca' Bolani e Denis Montanar são os que devem ser observados.

Argiano Propriedade de primeira linha de BRUNELLO. Castello di Argiano é outra.

Argiolas, Antonio ★★→★★★ Importante produtor SARDENHO. Alto nível de vinhos como CANNONAU, NURAGUS, VERMENTINO, Bovale e IGTS tintos Turriga (★★★) e Korem.

Arneis Pie DOCG b ★★ CJD Vinho branco muito bom das cercanias de ALBA: recuperação de uma uva antiqüíssima; vinho fragrante e leve. DOC: ROERO Arneis, ao noroeste de ALBA, normalmente melhor do que LANGHE Arneis. Experimente: Almondo, Bric Cencurio, Ca' du Russ, Cascina Chicco, Correggia, Bruno GIACOSA, Malvirà, Monchiero-Carbone, Morra, Angelo Negro, PRUNOTTO.

Assisi Úmb t (b) ★→★★ CJD IGT ROSSO e BIANCO de Assisi: muito atraente. O Sportoletti é particularmente bom.

Asti Importante centro vinícola do PIEMONTE.

Asti Spumante Pie DOCG b d esp ★→★★ NV Frisante branco charmoso e doce de MUSCAT. Infelizmente, as grandes casas de Asti não estão interessadas em melhorar sua produção de 80 milhões de garrafas. Apesar de seu potencial singular, o vinho de Asti é um produto barato, que pode ser encontrado em supermercados. Poucos produtos se esmeram: Walter BERA, CASCINA FONDA,

CONTRATTO, Dogliotti-Caudrina, Vignaioli di Santo Stefano (ver também MOSCATO D'ASTI).

Avignonesi ★★★ Casa nobre de MONTEPULCIANO; altamente ambiciosa, com uma excelente variedade: VINO NOBILE, Desiderio, 50:50 – uma associação de SANGIOVESE/MERLOT com CAPANNELLE, uma mistura branca, e o VIN SANTO (★★★★) superlativo.

Azienda agricola/agraria Propriedades (grandes e pequenas) que produzem vinho de uvas próprias.

Azienda/casa vinicola Mercadores que produzem vinho de uvas próprias e compradas.

Azienda vitivinicola Propriedade vinícola (especializada).

Banfi (Castello ou Villa) ★★→★★★ CANTINA em MONTALCINO, digna da era espacial, pertencente ao maior importador americano de vinhos italianos. Imensas plantações em Montalcino, na maior parte SANGIOVESE; também Syrah, PINOT N, Cab Sauv, Chard, Sauv Bl etc.: a tentativa é unir a qualidade à quantidade. Poggio all'Oro e Poggio alle Mura são BRUNELLOS ★★★. Nova excelência no Summus e Excelsus em PIEMONTE; também bom Banfi Brut, BRACCHETO D'ACQUI, GAVI, PINOT GR. Ver também América do Norte.

Barbaresco Pie DOCG t ★★→★★★★ **89' 90' 93 95' 96' 97' 98' 99'** 00 01' 03 04 05 06 Vizinho de BAROLO; o outro grande vinho NEBBIOLO. Talvez ligeiramente menos vigoroso. Em sua melhor forma, é limpo no palato, profundo, sutil e fino. Aos 4 anos, torna-se RISERVA. Produtores incluem Marziano Abbona, Antichi PODERI di Gallina, Bera, Piero Busso, Ca' del Baio, Cascina Bruciata, Cascina Luisin, CERETTO, CIGLIUTI, Fontanabianca, FONTANAFREDDA, Fratelli Giacosa, GAJA, Bruno GIACOSA, GRESY, La Ca' Bianca, La Contea, Cortese, Lano, MOCCAGATTA, Montaribaldi, Morassino, Fiorenzo Nada, Paitin, Giorgio Pelissero, PIO CESARE, PRODUTTORI DEL BARBARESCO, PRUNOTTO, Prunset, Ressia, Massimo Rivetti, Roagna, Albino Rocca, Bruno ROCCA, RIVETTI, Ronchi, Serragilli, Sottimano, Vano e Varaldo.

Barbatella, Cascina La ★★★ Importante produtor de BARBERA D'ASTI: excelente. VIGNA dell'Angelo e MONFERRATO Rosso Sonvico (Barbera/Cab Sauv).

Barbera d'Alba Pie DOC t ★★→★★★ **99 00' 01'** 03' 04 06 Tintos saborosos e fragrantes. Os melhores envelhecem até 7 anos. Muitos vinhos excelentes, às vezes de bons produtores de BAROLO e BARBARESCO. Principais casas: Marziano Abbona, Gianfranco ALESSANDRIA, Almondo, Baudana, Bric Cencurio, Boglietti, Boroli, Bovio, Bricco Maiolica, J. Calici, Cascina Chicco, Cascina Cucco, Cascina Luisin, Caviola, Clerico, Aldo CONTERNO, Giovanni Conterno, Paolo Conterno, Conterno-Fantino, Cordero di Montezemolo, Corino, Damilano, De Stefanis, Gagliaso, Germano, Ghisolfi, Elio GRASSO, Silvio Grasso, Hilberg, MANZONE Mauro Mascarello, Massolino, Molino, Monchiero-Carbone, Montaribaldi, Paolo Monti, Morra, OBERTO, Paitin, Pelissero, Luigi Pira, Principiano, PRUNOTTO, Revello, Giuseppe Rinaldi, Giorgio Rivetti, Massimo Rivetti, Albino Rocca, Tenuta Rocca, Rocche Costamagna, Ruggieri Corsini, Sandrone, SCAVINO, Seghesio, Edoardo Sobrino, Sottimano, VAJRA, Varaldo, Veglio, Vietti, Roberto VOERZIO.

Barbera d'Asti Pie DOC t ★★→★★★ **99 00' 01'** 03' 04 06 Para os verdadeiros amantes de Barbera: exclusivamente uvas Barbera, estimulante e apetitoso, para beber jovem ou envelhecido de 7 a 10 anos. Principais produtores: Olim Bauda, BAVA, BERA, Bersano, BERTELLI, Alfiero Boffa, BRAIDA, Brema, Ca' del Fer, Ca' del Prete, Cascina Ferro, Cascina Garrettina, Cascina Tavijn, Castino, CHIARLO, Contratto, COPPO, CS Nizza, CS Vinchio e Vaglio, Dezzani, Domanda, Il Falchetto, Ferraris, Fidanza, Garetto, La Giribaldina, Mauro Grasso, HASTAE, Hohler, La Barbatella, La Lune del Rospo, La Meridiana, La Morandina, L'Arbiola, L'Armangia, La Tenaglia, Malgrà, Marchesi Alfieri, Marengo, Beppe Marino, Martinetti, Mongetto, Oddero, Agostino Pavia, Pico Maccario, PRUNOTTO RIVETTI, Bruno Rocca, Scrimaglio, Scagliola, Tenute dei Vallarino, Terre da Vino, VIETTI.

Barbera del Monferrato Pie DOC t ★→★★ CJD Barbera fácil de beber, proveniente de Alessandria e ASTI. Agradável, ligeiramente efervescente e às vezes adocicado. A área delimitada é quase idêntica à do BARBERA D'ASTI, porém o estilo é mais simples e menos ambicioso, apesar de haver vinhos sérios e mais importantes surgindo agora de Accornero, Bricco Mondlino, Valpare e Vicara.

Barco Reale Tos DOC t ★★ **01 03** 04 05 06 DOC para vinho de segunda linha de CARMIGNANO, usando as mesmas uvas.

Bardolino Ven DOC t (r) ★→★★ CJD Tinto pálido, estival, ligeiramente amargo, proveniente do lago Garda. Bardolino CHIARETTO: mais pálido e mais leve. Os melhores incluem Buglioni, Cavalchina, Giovanna Tantini, MONTRESOR, Pantini, ZENATO, Zeni.

Barolo Pie DOCG t ★★★→★★★★ 89' 90' 93' 95' **96' 97'** 98' **99'** 00 01' 03 04 05 06 Pequena área ao S de ALBA, com um dos tintos mais supremos da Itália: ricos, tânicos, com alto teor de álcool (mín. de 13%), seco mas maravilhosamente profundo e fragrante (também enérgico e limpo) na boca. Feito das uvas NEBBIOLO. Envelhece por até 20 a 25 anos (RISERVA após cinco).

Barolo Chinato Um vinho de sobremesa feito de BAROLO DOCG, álcool, açúcar, ervas, condimentos e quinino. Produtores: Cappellano, CERETTO, Giulio Cocchi.

Basciano ★★ Produtor de bom DOCG CHIANTI RUFINA e vinhos IGT.

Bava ★★ Produtor de BARBERA D'ASTI, Piano Alto e Stradivairus, MONFERRATO BIANCO, BAROLO CHINATO; a família Bava controla a antiga firma Giulio Cocchi em Asti, onde produz bom espumante METODO CLASSICO.

Galeria de honra Barolo

O estilo clássico: Anselma, Ascheri, Barale, Bergadano, Giacomo Borgogno, Brovia, Cavallotto, Aldo CONTERNO, Giovanni Conterno, Paolo Conterno, Dosio, FONTANAFREDDA, Bruno GIACOSA, Bartolo MASCARELLO, Giuseppe MASCARELLO, Massolino, Monchiero, PRUNOTTO, Renato Ratti, Francesco Rinaldi, Giuseppe Rinaldi, Schiavenza e VIETTI.

Uma geração nova e promissora : Abbona, Gianfranco ALESSANDRIA, ALTARE, Boglietti, Bongiovanni, Boroli, Brico Cenccurio, Bruna Grimaldi, Cabutto, Camerano, Cascina Ballarin, Cascina Luisin, M. CHIARLO, CLERICO, CONTERNO-FANTINO, CORDERO DI MONTEZEMOLO, Corino, Ruggieri Crosini, Damilano, Gagliasso, Ettore Germano, Ghisolfi, Elio GRASSO, Silvio Grasso, Paolo Manzone, Giovanni MANZONE, Giacomo Marengo, MOLINO, OBERTO, PARUSSO, Luigi Pira, Porro, Principiano, Revello, Giorgio Rivetti, Rocche Costamagna, ROCCHE DEI MANZONI, Giovanni Rosso, Sandrone, Saffirio, SCAVINO, Fratelli Seghesio, Tenuta Rocca, VAJRA, Veglio, Gianni Voerzio, Roberto VOERZIO e muitos outros.

Bellavista ★★★ Propriedade de FRANCIACORTA com um SPUMANTE enérgico (Gran Cuvée Franciacorta é de primeira linha). Também Satèn (um espumante de estilo *crémant*). TERRE DI FRANCIACORTA DOC e Sebino IGT Solesine (ambas misturas Cab Sauv/MERLOT). O proprietário Vittorio Moretti também está expandindo para MAREMMA, na TOSCANA, Val di Cornia e Monteregio.

Bera, Walter ★★→★★★ Pequena propriedade perto de BARBARESCO. Muito bons MOSCATO D'ASTI, ASTI, BARBERA D'ASTI e LANGHE NEBBIOLO.

Berlucchi, Guido ★★★ O maior produtor de espumante METODO CLASSICO da Itália.

Bersano Vinícola histórica em Nizza Monferrato, com BARBERA D'ASTI Generala e BAROLO Badarina, a maioria dos vinhos PIEDMONT DOC, incluindo BARBARESCO, MOSCATO D'ASTI, ASTI SPUMANTE.

Bertani ★★→★★★ Vinhos famosos e de qualidade, produzidos em VERONA, principalmente o tradicional AMARONE.

Bianco Branco.

Bianco di Custoza Ven DOC b (esp) ★→★★ CJD Irmão gêmeo do SOAVE, do outro lado de VERONA. Bom Corte Sant'Arcadio, Le Tende, Le VIGNE di San Pietro e MONTRESOR.

Bibi Graetz Tintos importantes das colinas de Fiesole próximo a Florença. ***Vinha antiga SANGIOVESE, Canaiolo e Colorino de personalidade e profundidade.***

Bisol A melhor marca de *prosecco*.

Biondi-Santi ★★★★ Produtor original de BRUNELLO DI MONTALCINO, da propriedade Il Greppo. Preços absurdos, porém as ocasionais safras antigas são muito boas.

Boca Pie DOC t ★★ **95 96' 97'** 98' 99' 00 01 03 04 05 06 Outro NEBBIOLO. Procure por Le Piane e Poderi ai Valloni (Vigneto Cristiana ★★★).

Boccadigabbia ★★★ Importante produtor de vinhos IGT em Marches: SANGIOVESE, Cab Sauv, PINOT N e Chard. O proprietário Elvidio Alessandri também possui boas propriedades Villamagna em ROSSO PICENO DOC.

Bolgheri Tos DOC t r b (esp) ★★→★★★★ Região ultra-elegante na costa sul de Livorno. Inclui sete tipos de vinho: BIANCO, VERMENTINO, Sauv Bl, ROSSO, ROSATO, VIN

SANTO e Occhio di Pernice, mais IGTS de primeira linha. Novíssimo DOC Bolgheri Rosso: mistura de Cab Sauv/MERLOT/SANGIOVESE. Produtores de primeira linha: Argentiera, CA' MARCANDA, Caccia al Piano, Giorgio Meletti Cavallari, Campo alla Sughera, Campo al Mare; Casa di Terra, Ceralti, Chiappinni; Cipriani, ORNELLAIA, Poggio al Tesoro, San Guido; Enrico Santini, Sapaio, Serni, Terre del Marchesato, Tringali, VIGNA al Cavaliere (SANGIOVESE).

Bolla ★★ Famosa firma de VERONA para VALPOLICELLA, AMARONE, SOAVE etc. Também RECIOTO. Vinhos de primeira linha: Castellaro, Creso (tinto e branco), Jago. Vinhos, particularmente as seleções AMARONE e SOAVE, estão novamente em ascensão.

Bonarda 03 04 06 Uva tinta secundária e variada, ou uvas (cujo nome é usado erroneamente para Croatina) muito plantadas em PIEMONTE, Lombardia Emília-Romanha e misturada com Barbera.

Bonarda Lom DOC t ★★ 01 03 04 06 FRISANTE suave e fresco e vinhos não-espumantes de OLTREPÒ PAVESE, de fato produzidos a partir da uva Croatina; novos vinhos impressionantes agora aparecendo de CS Casteggio, Cigognola.

Borgo del Tiglio ★★★→★★★★ Propriedade do FRIULI com um dos melhores MERLOTS do nordeste da Itália, ROSSO della Centa; também COLLIO Chard, TOCAI e BIANCO superiores. Atualmente expandindo-se para Marches com novas ofertas impressionantes, provenientes de Sangiovese e Montepulciano.

Boscarelli, Poderi ★★★ Pequena propriedade com VINO NOBILE DI MONTEPULCIANO muito bom e IGT Boscarelli envelhecido em barris.

Brachetto d'Acqui Pie DOCG t d (esp) ★★ CJD Espumante tinto doce com sedutor aroma Muscat. Pode ser muito melhor do que parece. Ou mais medonho.

Braida ★★★ A propriedade do falecido Giacomo Bologna; BARBERA D'ASTI (BRICCO dell'Uccellone, Bricco della Bigotta, Ai Suma) de primeira qualidade.

Bramaterra Pie DOC t ★★ **96 97' 98'** 99' 00 01' 03 04 Vizinha de GATTINARA. As uvas NEBBIOLO predominam na mistura. Bom produtor: Sella.

Breganze Ven DOC ★→★★★ (t) **97'** 98 99 00 01 Nome amplo para muitas variedades próximas de Vicenza. Melhores: Cab Sauv e Chard. Principais produtores: MACULAN, Miotti e Zonta.

Bricco Termo que designa um vinhedo no topo da serra (e, por conseqüência, muito bom), em Piemonte.

Brindisi Ap DOC t ★★ **97 99** 00 01 03 04 NEGROAMARO forte, sobretudo o proveniente de Due Palme, Rubino e futuros vinhos de ZONIN.

Brolio, Castello di ★★→★★★ Após um triste período sob controle estrangeiro, a família RICASOLI retomou esta lendária propriedade de 900 anos de idade. Os resultados são animadores. CHIANTI CLASSICO e IGT Casalferro muito bons.

Brunelli ★★→★★★ Muito boa qualidade de AMARONE e RECIOTO.

Brunello di Montalcino Tos DOCG t ★★★→★★★★ **93 95'** 97' 99 00 01 03 04 Como o BAROLO, o tinto mais celebrado da Itália: forte, bem-encorpado muito saboroso, tânico, longevo. Quatro anos de envelhecimento; após cinco anos, torna-se RISERVA. Qualidade está no aperfeiçoamento contínuo. MONTALCINO fica a cerca de 40 km ao S de Siena. Ver adiante o quadro "Melhores Brunello di Montalcino para compar", na p. 94.

Bussola, Tommaso ★★★ Importante produtor de AMARONE e RECIOTO em VALPOLICELLA.

Ca' dei Frati ★★→★★★ O melhor produtor de DOC LUGANA: e muito boa mistura branca seca de IGT Pratto, doce Tre Filer e tinto IGT Ronchedone.

Ca' del Bosco ★★★★ Propriedade de FRANCIACORTA; ***alguns dos melhores espumantes da Itália*** (excepcional DOCG Annamaria Clementi ★★★★), Chard muito bom e excelente mistura de Cab Sauv (MAURIZIO ZANELLA), PINOT N (Pinèro). Novo Carmenère intrigante.

Cafaggio, Villa ★★★ Propriedade muito confiável de CHIANTI CLASSICO com excelente IGTS San Martino (SANGIOVESE) e Cortaccio (Cab Sauv).

Calatrasi Sl ★★→★★★ Bom produtor de rótulos IGT tintos e brancos, principalmente da variedade do D'Istinto.

Caldaro (Lago di Caldaro) T-AA DOC t ★ CJD Também chamado Kalterersee. SCHIAVA leve, suave e amargo-amendoado. Feito em uma área imensa. CLASSICO – proveniente de uma área menor – é melhor.

Campânia Centro histórico do S da Itália, com capital em Nápoles. Excelentes variedades de uvas (AGLIANICO, Falanghina, Fiano, Greco, Piedirosso), solos vulcânicos e vinhedos altos e frios, todos constituindo um importante potencial.

As melhores DOCS são Falerno del Massico, Fiano d'Avellino, Greco di Tufo, Ischia, Taurosi, mas muitas áreas novas estão agora ganhando visibilidade. Produtores estabelecidos incluem Caggiano, Caputo, Colli di Lapio, D'Ambra, De Angelis, Benito Ferrara, Feudi di San Gregorio, Galardi, Mastroberardino, Montevetrano, Mustilli e Villa Matilde. Há também muitos novos rostos dignos de nota: Alois, Cantina del Taburno, Casavecchia, Marisa Guomo, Felicia, Grotta de Sole, Macchialupa, Molettieri, Trabuco Vesevo, Vestini Campagnano, Villa Raiano, Vinosia, Vuolo.

Melhores Brunello di Montalcino para comprar
Altesino, ARGIANO, BANFI, Barbi, BIONDI-SANTI, BRUNELLI, La Campana, Campogiovanni, Canalicchio di Sopra, Caparzo, CASANOVA DI NERI, Casanova delle Cerbaie, Casato Prime Donne, CASE BASSE, CASTELGIOCONDO, Castello di Camigliano, Cerbaiona, Cerrino, COL D'ORCIA, Il Colle, Collelceto, Collemattoni, Collosorbo, Corte Pavone, Costanti, EREDI FULIGNI, Fanti-San Filippo, Ferrero, La Fiorita, La Fuga, La Gerla, Gorelli, Lambardi, LISINI, La Magia, La Mannella, Marroneto, Oliveto, Siro PACENTI, Franco Pacenti, Palazzo, Pertimali, Ciacci Piccolomini, PIEVE DI SANTA RESTITUTA, Podere Brizio, La Poderina, POGGIO ANTICO, POGGIONE, La Rasina, Salvioni-Cerbaiola, San Filippo, Scopetone, La Serena, Sesta, Talenti, La Torre, Uccelliera, Valdicava, Vasco Sassenti, Ventolaio, Verbena, Villa Le Prata, Vitanza.

Ca' Marcanda Propriedade em BOLGHERI pertencente à GAJA desde 1996. Foco nas variedades internacionais: Cab Sauv, MERLOT, Cab Fr, Syrah.

Cannonau di Sardegna Sar DOC t (r) s sd ★★ **97 98 99 00** 01 02 03 04 05 06 A Cannonau (Grenache) é a uva tinta básica do Sul. Seu vinho varia de muito forte a fino e suave. Procure: ARGIOLAS, Contini, Giuseppe Gabbas, Jerzu, Loi, Sedilesu.

Cantalupo, Antichi Vigneti di ★★→★★★ Vinhos de primeira em GHEMME, principalmente Breclemae e Carellae, de vinhedo único.

Cantina Adega ou vinícola. Ver CS.

Capannelle ★★★ Muito bom produtor de IGT e CHIANTI CLASSICO, e ainda a associação com a AVIGNONESI, perto de Gaiole, para a produção de SANGIOVESE/MERLOT 50:50.

Capezzana, Tenuta di (ou Villa) ★★★ Propriedade na TOSCANA pertencente à família Contini Bonacossi. Bom CHIANTI Montalbano, ***excelente* CARMIGNANO** (sobretudo Villa Capezzagna e Villa Trefiano). Também muito bom tinto ao estilo Bordeaux, Ghiaie Della Furba.

Capichera ★★★ Produtor nº 1 de VERMENTINO DI GALLURA, principalmente VENDEMMIA Tradiva. Atualmente com excelente Mantènghja tinto de uvas Carignano.

Caprai ★★★→★★★★ Soberbo DOCG SAGRANTINO, amplamente copiado; muito bom DOC ROSSO DI MONTEFALCO. Altamente cotado.

Capri Cam DOC t r b ★→★★ Ilha lendária com um nome usado em excesso. Os únicos vinhos interessantes são de La Caprense.

Carema Pie DOC t ★★→★★★ **89' 90' 93 95 96' 97'** 98 99' 00 01 03 04 Antiga especialidade NEBBIOLO do N de PIEMONTE. Melhor: Luigi Ferrando (ou CS).

Carignano del Sulcis Sar DOC t r ★★→★★★ Tinto de bom envelhecimento. Melhores: TERRE BRUNE e Rocca Rubia da CS di SANTADI.

Carmignano Tos DOCG t ★★★ **90' 93 94 95 97'** 98 **99'** 00 01' 03 04 Região a oeste de Florença. Uvas CHIANTI com até 15% de Cab Sauv produzem excelente tintos singulares e confiáveis. Dentre os melhores estão: Ambra, CAPEZZANA, Farnete, PIAGGIA, La Poggiarelle, Pratesi.

Carpenè-Malvolti Importante produtor de PROSECCO clássico e outros vinhos espumantes em Conegliano, em Veneto. Onipresente em Veneza.

Carso F-VG t b ★★→★★★ (t) **99' 00 01** 02 03 04 DOC perto de Trieste, com bom MALVASIA. Terrano del Carso é tinto REFOSCO. Principais produtores: EDI KANTE e Zidanich.

Cartizze Famoso, freqüentemente muito caro e muito doce, DOC PROSECCO de subzonas de primeira linha de Valdobbiadene.

Casanova di Neri ★★★ BRUNELLO DI MONTALCINO, Pietradonice (SANGIOVESE/Cab Sauv) e muito bom ROSSO DI MONTALCINO da família Neri.

Cascina Fonda ★★★ Os irmãos Marco e Massimo Barbero chegaram ao topo no MOSCATO D'ASTI DOC. VENDEMMIA Tradiva e METODO CLASSICO ASTI SPUMANTE.

Case Basse ★★★★ Propriedade líder em MONTALCINO com sublime BRUNELLO e BRUNELLO Intistieti de vinhedo único.

Castel del Monte Ap DOC t r b ★★→★★★ (t) Vinhos secos, frescos e bem-equilibrados. O *rosé* é o mais conhecido. Bom Pietrabianca e excelente Bocca di Lupo de Vigneti del Sud (ANTINORI). Muito bom Il Falcone, Puer Apuliae, Cappellaccio de RIVERA e le More de Santa Lucia. Novos tintos interessantes de Cocevola e Giancarlo Ceci.

Castelgiocondo ★★★ Propriedade FRESCOBALDI em MONTALCINO: muito bons BRUNELLO e IGT MERLOT Lamaïone.

Castellare ★★→★★★ Pequeno mas admirável produtor de CHIANTI CLASSICO. SANGIOVESE IGT I Sodi di San Niccolò de primeira classe e GOVERNO di Castellare vivaz: estilo antigo de CHIANTI atualizado. Também Poggio ai Merli (MERLOT) e Coniale (Cab Sauv).

Cataratto Uva branca da Sicília, representa uma grande (e em geral inexplorada) promessa.

Castell' in Villa ★★★ Muito boa propriedade de CHIANTI CLASSICO.

Castello Castelo (Ver o nome – por exemplo, SALA, CASTELLO DELLA).

Castelluccio ★★→★★★ Produtor pioneiro em excelente SANGIOVESE da Romanha: IGT RONCO dei Ciliegi e RONCO dei Ciliegi. Vinho novo: Massicone.

Caudrina-Dogliotti Romano ★★★ MOSCATO D'ASTI de primeira linha: La Galeisa e Caudrina.

Cavalleri ★★→★★★ Muito bom e confiável produtor de vinhos de FRANCIACORTA, sobretudo espumantes.

Cavicchioli E-R ★→★★ Grande produtor de LAMBRUSCO e outros vinhos espumantes: Lambrusco di Sorbara VIGNA del Cristo é o melhor. Também TERRE DI FRANCIACORTA.

Ca' Viola Domicílio do influente consultor Bepe Caviola em PIEMONTE. Elegante DOLCETTO e vinhos baseados na Barbera.

Ca' Vit (Cantina Viticoltori) Grupo de cooperativas nas proximidades de Trento. Vinhos de primeira linha: Brune di Monte (tinto e branco) e espumante Graal.

Cecchi Tos ★→★★ Engarrafador e produtor; La Gavina, Spargolo e CHIANTI CLASSICO RISERVA.

Cerasuolo Ab DOC t ★ A versão ROSATO de MONTEPULCIANO D'ABRUZZO.

Cerasuolo di Vittoria Si DOCG r ★★ **01** 03 04 05 Vermelho-granada, bem-encorpado, aromático (uvas Frappato e NERO D'AVOLA); experimente Planeta, Valle dell'Acate e COS.

> **Quem produz *Chianti Classico* realmente bom?**
> AMA, Antica Fornace di Ridolfo, ANTINORI, Bibbiano, Bossi, BROLIO, Cacchiano, CAFAGGIO, Candialle, Canonica a Cerreto, Capaccia, CAPANNELLE, Carobbio, Casa Emma, Casafrassi, Casale dello Sparviero, Casaloste, Castello di San Sano, Castel Ruggero, CASTELLARE, Castell'in Villa, Collelungo, Colombaio di Cencio, Coltibuono, Le Corti, Mannucci Droandi, FELSINA-BERARDENGA, Le Filigare, FONTERUTOLI, FONTODI, ISOLE E OLENA, Ispoli, La Cappella, LA MASSA, Lornano, Lucignano, LE CINCIOLE, MONSANTO, NITTARDI, PALAZZINO, PANERETTA, Panzanello, Petroio-Lenzi, Poggerino, Poggiolino, Poggio Amorelli, Poggio al Sole, Poggio Bonelli, Querceto, QUERCIABELLA, RAMPOLLA, RIECINE, Rocca di Montegrossi, Rocca di Castagnoli, RUFFINO, SAN FELICE, SAN GIUSTO A RENTENNANO, Savignola Paolina, Solatione, Selvole, Vecchie Terre di Montefili, VERRAZZANO, Villa Mangiacane, Viticcio, VOLPAIA.

Ceretto ★★★ Produtor muito bom de BARBARESCO (BRICCO Asili), BAROLO (BRICCO Rocche, Brunate, Prapò), LANGHE Rosso Monsordo e ARNEIS. Também muito bom ESPUMANTE La Bernardina METODO CLASSICO.

Chianti Tos DOCG t ★→★★★ O vivaz vinho local de Florença e Siena. Em sua melhor forma, é fresco, frutado e ácido. Dos subdistritos, RUFINA (★★→★★★), COLLI Fiorentini (★→★★★) e Chianti Montespertoli são capazes de produzir RISERVAS de estilo CLASSICO. Montalbano, COLLI Senesi, Aretini, Pisani são vinhos mais leves.

Chianti Classico Tos DOCG t ★★→★★★★ 95 **97' 99'** 00 01' 03 04' (vinhedos únicos e RISERVA) **88' 90' 93 95 97'** 99 01 03 04 CHIANTI sênior, proveniente da área central. Seu estilo antigo e pálido tornou-se mais raro; propriedades de primeira linha optaram por vinhos mais ricos e firmes. Alguns estão entre os melhores vinhos da Itália, mas o exagero em Cab Sauv pode acabar com o estilo. Os membros do

CONSORZIO usam o emblema de um galo preto, porém muitas firmas de primeira linha não pertencem a ele.

Chiaretto *Rosé* (o termo significa "clarete") produzido principalmente em torno do lago Garda. Ver BARDOLINO e RIVIERA DEL GARDA BRESCIANO.

Chiarlo, Michele ★★→★★★ Bom produtor do PIEMONTE (BAROLOS Cerequio e Cannubi, BARBERA D'ASTI, LANGHE e MONFERRATO Rosso). Também BARBARESCO.

Chionetti ★★→★★★ Produz o melhor DOLCETTO di Dogliani (procure por Briccolero).

Cigliuti, Renato ★★★ Pequena propriedade de alta qualidade para BARBARESCO e BARBERA D'ALBA.

Cinqueterre Lig DOC b sc d ★★ Branco fragrante e frutado proveniente de costa íngreme nas proximidades de La Spezia. Seu PASSITO é conhecido como SCIACCHETRÀ (★★→★★★). Bom quando produzido pelas cooperativas Agricola di Cinqueterre e Forlini Cappellini.

Cirò Cal DOC t (r b) ★→★★★ Vinho tinto forte, feito das uvas Gaglioppo; branco leve e frutado (DJD). Os melhores: Caparra, Ippolito, LIBRANDI (Duca San Felice ★★★), San Francesco (Donna Madda, RONCO dei Quattroventi), Santa Venere e Siciliani.

Classico Termo usado para vinhos provenientes de uma área restrita nos limites de um DOC. Por inferência – e, freqüentemente, na prática –, o melhor do distrito. Quando aplicado aos vinhos espumantes, denota o uso do método clássico (como em Champanhe).

Clerico, Domenico ★★★ Vinhos do PIEMONTE em constante evolução; o objetivo é atingir sabores internacionais. Bom principalmente para BAROLO.

Col d'Orcia ★★★ Propriedade de primeira linha em MONTALCINO. Melhor vinho: BRUNELLO.

Colle Santa Mustiola Uva SANGIOVESE de alto nível, de uma pequena propriedade fora da zona VINO NOBILE DI MONTEPULCIANO.

Colli Colinas. Aparece em muitos nomes de vinhos.

Colli Berici Ven DOC t r b ★★ **97 99 00 01** 03 04 Colinas ao S de Vicenza. Melhor vinho é Cab Sauv. Produtor de primeira linha: Villa Dal Ferro.

Colli Bolognesi E-R DOC t b ★★ Sudoeste de Bolonha. Produz oito vinhos, com cinco variedades. TERRE ROSSE, o pioneiro, agora acompanhado por Bonzara (★★→★★★), Santarosa, Vallona.

Colli del Trasimeno Úm DOC t b ★→★★★ (t) **97 98 99' 00 01** 03 04 05 Vinhos brancos vivazes, provenientes das proximidades de Perugia, porém, atualmente, também vinhos tintos mais importantes. Melhores: Duca della Corgna, La Fiorita, Pieve del Vescovo, Poggio Bertaio.

Colli Euganei Ven DOC t b sc sd (esp) ★→★★★ CJD DOC a sudoeste de Pádua para sete vinhos. O tinto é adequado; o branco e o espumante são agradáveis. Melhores produtores: Ca' Lustra, La Montecchia, Speaia, VIGNALTA.

Colline Novaresi Pie DOC t b ★→★★ CJD DOC nova em uma antiga região na província de Novara. Sete vinhos diferentes: BIANCO, ROSSO, NEBBIOLO, BONARDA, Vespolina, Croatina e Barbera. Inclui os desclassificados BOCA, FARA, GHEMME e SIZZANO.

Collio F-VG DOC t b ★★→★★★★ (t) Produz 19 vinhos, sendo 17 designados por suas uvas. Muito bons brancos de: Attems, BORGO DEL TIGLIO, Il Carpino, La Castellada, CASTELLO di Spessa, Damijan, Marco FELLUGA, Fiegl, GRAVNER, Renato Keber, LIVON, Aldo Polencic, Primosic, Princic RONCO dei Tassi, RUSSIZ SUPERIORE, SCHIOPETTO, Tercic, Terpin, Toros, Venica & Venica, VILLA RUSSIZ, Zuani e Casa Zuliani.

Colli Orientali del Friuli F-VG DOC t b sc d ★★→★★★★ Colinas a leste de Udine. Um grupo de 20 vinhos (18 designados por suas uvas). Tanto brancos quanto tintos são muito bons. Melhores: Angoris, Bastianich, Rosa Bosco, Castello di Buttrio, Centa Sant'Anna, Dorigo, Dri, LE DUE TERRE, Livio FELLUGA, Meroi, Miani, Moschioni, Perusini, Petrussa, Rocca Bernarda, Ronchi di Cialla, Ronchi di Manzano, Ronco delle Betulle, RONCO DEL GNEMIZ, Ronco di Vico, SCHIOPETTO, Scubla, Specogna, Torre di Rosazzo, La Viarte, VIGNA Traverso, LE VIGNE DI ZAMÒ, Vinai dell'Abate, Volpe Pasini.

Colli Piacentini E-R DOC t r b ★→★★ CJD DOC incluindo os tradicionais GUTTURNIO e Monterosso Val d'Arda dentre os 11 tipos produzidos no S de Piacenza. Bom espumante MALVASIA. A maioria dos vinhos é FRISANTE. Tintos novos franceses e locais: Montesissa, Mossi, Romagnoli, Solenghi, La Stoppa, Torre Fornello e La Tosa.

Colterenzio CS (ou **Schreckbichl**) T-AA ★★→★★★ Excelente líder pioneiro entre as cooperativas do ALTO ADIGE. Procure pela linha de seleções Cornell; Lafoa Cab Sauv e Sauv Bl; Cornelius tinto e misturas brancas.

Consorzio A Itália reconhece dois tipos de associações que regem a produção de vinhos. Um dedica-se à observação das regulações DOC (por exemplo, Consorzio Tutela del CHIANTI CLASSICO). O segundo promove os vinhos de seus integrantes (por exemplo, Consorzio del Marchio Storico de CHIANTI CLASSICO, previamente Gallo Nero).

Conterno, Aldo ★★★★ Produtor lendário de BAROLO etc., em Monforte d'Alba. Muito bons Chard Bussiadoro, BARBERA D'ALBA Conca Tre Pile. Melhores BAROLOS: Gran Bussia, Cicala e Colonello. ***Langhe Nebbiolo Favot*** e Langhe Rosso Quartetto, ambos muito bons.

Conterno, Giacomo ★★★★ Importante produtor de BAROLO etc., em Monforte d'Alba. Monfortino BAROLO: longevo, raro, excepcional. Simboliza a grande tradição.

Conterno-Fantino ★★★ Duas famílias jovens com muito bons BAROLO etc. em Monforte d'Alba.

Contini, Attilio ★→★★★ Famoso produtor SARDENHO de VERNACCIA DI ORISTANO; o melhor é a mistura de safra Antico Gregori. Também bom Cannonau.

Contrada Castelletta Mistura pioneira de MONTEPULCIANO/Syrah suculentos e ricos, produzida no vinhedo do diretor de Saladini Pilastri na ROSSO PICENO DOC.

Contratto ★★ Em Canelli (pertencente à família Bocchino, produtora de GRAPPA); produz muito bons BARBERA D'ASTI, BAROLO, ESPUMANTE, ASTI (De Miranda), MOSCATO D'ASTI.

Copertino Ap DOC t (r) ★★ 99 00 01 04 Tinto saboroso, forte e de bom envelhecimento, produzido da uva NEGROAMARO, do calcanhar da Itália. Procure pelo RISERVA da CS e pelo Masseria Monaci, principalmente o novo Le Braci envelhecido em barris.

Coppo ★★→★★★ Produtores ambiciosos de BARBERA D'ASTI (Pomorosso), Chard.

Cordero di Montezemolo-Monfalletto ★★→★★★ Produtor histórico de bom BAROLO, atualmente com ótimo BARBERA D'ALBA e Chard.

Corini Nova propriedade em área remota da Úmbria. Produz mistura fascinante e inovadora de SANGIOVESE/MONTEPULCIANO/MERLOT.

Cortese di Gavi Ver GAVI. (Cortese é o nome da uva.)

Cortona DOC da Toscana, adjacente ao Vino Nobile de Montepulciano. Várias uvas tintas e brancas; até o momento, os melhores resultados são do Desiderio de AVIGNONESI, uma mistura Bordeaux, e do Syrah da melhor qualidade de Luigi d'Alessandro, Il Castagno e La Broccesca.

Corzano & Paterno, Fattoria di ★★★ Dinâmica propriedade florentina de CHIANTI COLLI. Muito bom RISERVA, IGT tinto Corzano e VIN SANTO excepcional.

CS, Cantina Sociale Vinícola cooperativa.

Dal Forno, Romano ★★★★ VALPOLICELLA, AMARONE E RECIOTO de altíssima qualidade produzidos pelo viticultor perfeccionista que engarrafa apenas o melhor.

Del Cerro, Fattoria ★★★ Propriedade com muito bom DOCG VINO NOBILE DI MONTEPULCIANO (principalmente RISERVA e Antica Chiusina), tintos IGT Manero (SANGIOVESE) e Poggio Golo (MERLOT). Controlada pela companhia de seguros SAI. Também possui excelente La Poderina (BRUNELLO DI MONTALCINO) e Colpetrone (MONTEFALCO SAGRANTINO).

Di Majo Norante ★★→★★★ Estrela solitária de Molise, ao S de Abruzzo, com muito bom Biferno ROSSO, Molise MONTEPULCIANO, Ramitello Don Luigi e AGLIANICO Contado, mistura branca Falanghina-Greco e Moscato Passito Apianae.

DOC, Denominazione di Origine Controllata Significa essencialmente o mesmo que *appellation d'origine contrôlée* (ver França).

DOCG, Denominazione di Origine Controllata e Garantita O mesmo que DOC, porém com uma "garantia" oficial de origem.

Dolce Doce.

Dolcetto ★→★★★ A uva tinta de Piemonte de maturação mais precoce, que produz vinhos cotidianos muito atraentes: secos, jovens, frutados, frescos, com uma profunda coloração roxa. Empresta o nome a diversas DOCS: d'Acqui; d'Asti; di Diano d'Alba (também Diano DOC) e principalmente Alari, Bricco Maiolica, Cascina Flino, FONTANAFREDDA e Marco; di Dogliani (sobretudo de M & E Abbona, Francesco Boschis, CHIONETTI, Gillardi, Pecchenino, Poderi Luigi Einaudi, San Fereolo, San

Romano); delle Langhe Monregalesi (procure por Barone Ricatti); e di Ovada (melhores de La Gioia, La Guardia, Villa Sparina). Dolcetto d'Alba: ALESSANDRIA, ALTARE, Azelia, Baudana, Boglietti, Brovia, Cabutto, CA' VIOLA, Cavallotto, CLERICO, Aldo CONTERNO, CONTERNO-FANTINO, Corino, De Stefanis, Gagliasso, Gastaldi, Germano, Bruno GIACOSA, GRESY, MANZONE, G. MASCARELLO, Massolino, Mauro Molino, Mossio, Fiorenzo Nada, OBERTO, Pelissero, Luigi Pira, Gianmatteo Pira, PRUNOTTO, Rocche Costamanga, SANDRONE, SCAVINO, Schiavenza, Fratelli Seghesio, Sottimano, VAJRA, Roberto VOERZIO.

Donnafugata Si b t ★★→★★★ Brancos sicilianos condimentados (os melhores são de Chiaranda e VIGNA di Gabri). Tintos sólidos e em processo de aperfeiçoamento, sobretudo Mille e Una Notte e Trancredi, fino Moscato Passito di Pantelleria Ben Rye. Vinhos na DOC Contessa Entellina.

Duca di Salaparuta Si ★★ Vini Corvo. Vinhos populares da SICÍLIA. Tintos secos firmes; brancos suaves agradáveis. Duca Enrico (★★→★★★) foi um dos ambiciosos tintos pioneiros da SICÍLIA. Valguarnera é um branco especial envelhecido em carvalho.

Elba Tos t b (esp) ★→★★ CJD O branco da ilha é bom para beber como acompanhamento de peixe. Napoleão, quando exilado aqui, adorava o ALEATICO tinto doce. Novos vinhos promissores de Sapereta, tintos e de sobremesa. Experimente Acquabona, Acquacalda e Cecilia.

Enoteca Biblioteca de vinhos; também loja de vinhos ou restaurante com extensa lista da bebida. Existem muitas, sendo a Enoteca Italiana de Siena impressionante e original.

Eredi Fuligni ★★★ Produtor muito bom de BRUNELLO e ROSSO DI MONTALCINO.

Est! Est!! Est!!! Lác DOC b sc sd ★ CJD Um branco sem atrativos de Montefiascone, ao N de Roma. Explora o nome excêntrico. Ver FALESCO.

Etna Si DOC t r b ★★ (t) **95 97** 98 **99 00** 01 04 Vinho de encostas vulcânicas. Novo investimento na zona feito por Andrea Franchetti (Trinoro) e o corretor Marc De Grazia. Bons produtores: Benanti, Cambria e Bonaccorsi. Os vinhos mais novos demonstram um importante potencial para a uva Nerello Mascalese.

Falchini ★★★ Produtor de bom DOCG VERNACCIA DI SAN GIMIGNANO (principalmente CASTEL Selva e VIGNA a Solatio). Alguns dos melhores tintos do distrito, por exemplo, IGT Campora (★★★).

Falerno del Massico ★★→★★★ Cam DOC t b ★★ (t) **95 97' 98 99** 00' 01' 03 04 O nome é aproveitado de Falernum (ou Falernian), o vinho mais conhecido da Antiguidade. Os tempos mudam. Tinto elegante de AGLIANICO, branco frutado de Falanghina. Muito bom produtor: VILLA MATILDE. Outros produtores: Amore Perrotta, Felicia e Trabucco.

Falesco ★★→★★★ Propriedade de Lácio. Muito bom MERLOT Montiano e Cab Sauv Marciliano (ambos ★★★). Bom tinto IGT Vitiano e DOC EST! EST!! EST!!!

Fara Pie DOC ★★ **90 95' 96' 97 98** 99 00' 01 03 04 Bom NEBBIOLO de Novara, ao N do PIEMONTE. Fragrante, merecedor de envelhecimento, principalmente Caramino e Lochera de Dessilani.

Farnetella, Castello di ★★→★★★ Propriedade próxima a MONTEPULCIANO, onde Giuseppe Mazzocolin, da FELSINA, produz bons Sauv Bl e CHIANTI COLLI Senisi. Também muito bom PINOT N Nero di Nubi e o tinto Poggio Granoni (mistura).

Faro Si DOC t ★★ **97 98 99 00** 01 04 05 Interessante tinto bem-encorpado de Messina. Os vinhos Palari são exemplares.

Fattoria Principal termo italiano para propriedade agrícola, normalmente produtora de vinho, de um determinado tamanho. (Ver sob o nome – por exemplo, MONTELLORI, FATTORIA DI.)

Fazi-Battaglia ★★ Produtor muito conhecido de VERDICCHIO. Melhores seleções: Le Moie, Massaccio, San Sisto. Possui Fassati (produtor de VINO NOBILE DI MONTEPULCIANO).

Felluga, Livio ★★★ Propriedade importante, que consistentemente produz bons vinhos COLLI ORIENTALI DEL FRIULI, principalmente PINOT GR, Sauv Bl, TOCAI, PICOLIT e mistura MERLOT/REFOSCO.

Felluga, Marco ★★→★★★ O irmão de Livio possui um estabelecimento comercial que carrega seu nome, além de RUSSIZ SUPERIORE em COLLIO DOC, Castello di Buttrio em COLLI ORIENTALI DOC. Patrizia, filha de Marcos, é agora dona de uma propriedade Zuani em COLLIO.

Felsina-Berardenga ★★★ Propriedade de CHIANTI CLASSICO; famosos RISERVA VIGNA Rancia e IGT Fontalloro. O CHIANTI CLASSICO e o RISERVA regulares, não tão na moda e nem tão caros, são mais tradicionais. Também bons IGT Chard e Cab Sauv.

Ferrari T-AA ★★→★★★ Adegas perto de Trento que produzem espumante seco. A Giulio Ferrari RISERVA é a melhor. Qualidade sendo aperfeiçoada. Novos tintos da TOSCANA e da Úmbria também.

Feudi di San Gregorio ★★★→★★★★ Importante produtor da Campania, com DOCG TAURASI, DOC FIANO, Falanghina, ***Greco di Tufo***. Tinto IGT Serpico e Patrimo (MERLOT), branco IGT Campanaro. Atualmente ativo em Basilicata e APÚLIA também.

Fiano di Avellino Cam DOCG b ★★→★★★ (CJD) Considerado o melhor branco da Campânia. É capaz de ser intenso, ainda que com leve sabor de mel – memorável. Melhores produtores: Caggiano, Caputo, COLLI di Lapio, Benito Ferrara, FEUDI DI SAN GREGORIO, Grotta del Sole, MASTROBERARDINO, Villa Raiano, San Paolo, Vesevo.

Florio O maior produtor em grande escala de MARSALA, controlado pela Illva-Saronno.

Folonari Ambrogio Folonari e o filho Giovanni se separaram de RUFFINO para criar sua própria casa comercial. Continuarão a fazer Cabreo (um Chard e um SANGIOVESE/Cab Sauv), vinhos de NOZZOLE (inclusive Cab Sauv Pareto), BRUNELLO DI MONTALCINO La Fuga, VINO NOBILE DI MONTEPULCIANO Gracciano Svetoni, com novas ofertas de BOLGHERI, MONTECUCCO e COLLI ORIENTALI DEL FRIULI.

Fontana Candida ★★ Um dos maiores produtores de FRASCATI. O Santa Teresa, de vinhedo único, sobressai. Ver também GRUPPO ITALIANO VINI.

Fontanafredda ★★→★★★ Produtor dos vinhos do PIEMONTE, em propriedades antigas da casa real, inclusive BAROLOS e ALBA DOCS de vinhedos únicos. Muito bom SPUMANTE Brut (principalmente ★★★ GATTINARA).

Fonterutoli ★★★ Propriedade histórica de CHIANTI CLASSICO da família Mazzei, em Castellina. Nova seleção notável CASTELLO di Fonterutoli (CHIANTI escuro, amadeirado e na moda), IGT Siepi (SANGIOVESE/MERLOT). A família Mazzei também possui Tenuta di Belguardo em MAREMMA, bom MORELLINO DI SCANSANO e vinhos IGT.

Fontodi ★★★ Propriedade de CHIANTI CLASSICO de primeira linha em Panzano, com CHIANTI e RISERVA, principalmente RISERVA del Sorbo. Muito bom tinto IGT Flaccianello, Case Via PINOT N, Case Via Syrah.

Foradori ★★★ Elizabetta F. produz o melhor TEROLDEGO. Também TEROLDEGO Granato envelhecido em carvalho, branco IGT Myrto. Os vinhos da nova propriedade Amapleia, em MAREMMA, em Toscana, já são de primeira qualidade.

Forte, Podere A propriedade Val d'Orcia de Pasquale Forte, bem ao S de MONTALCINO, coloca tecnologia de ponta a serviço de vinhos ambiciosos de SANGIOVESE e Cab Sauv/MERLOT/Petit Verdot.

Forteto della Luja ★★★ Pioneiro em LOAZZOLO; muito bom Barbera/PINOT N Le Grive.

Fossi, Enrico ★★★ Pequena propriedade de alto nível em Signa, a oeste de Florença; muito bons SANGIOVESE, Cab Sauv, Syrah, Malbec, Gamay e Chard.

Franciacorta Lom DOCG b (r) esp ★★→★★★★ Pequeno centro produtor de vinho espumante cuja qualidade e reputação estão crescendo. Exclusivamente vinhos fermentados em garrafa. Produtores de primeira linha: Barone Pizzini, BELLAVISTA, CA' DEL BOSCO, Castellino, CAVALLERI, Gatti, UBERTI, VILLA; também muito bons: Contadi Castaldi, Cornaleto, Il Mosnel, La Montina, Majolini, Monte Rossa, Monzio Compagnoni, Ricci Curbastri, Ronco Calino e Vezzoli. Para branco e tinto, ver TERRE DI FRANCIACORTA.

Frascati Lác DOC b sc sd d (esp) ★→★★ CJD O vinho mais conhecido das colinas romanas: deve ser suave, límpido, dourado, com sabor integral das uvas. Hoje, são, na maior parte, decepcionantemente neutros: procure por Conte Zandotti, Villa Simone ou Santa Teresa da FONTANA CANDIDA. A versão doce é conhecida como Cannellino.

Freisa Pie t sc sd d (esp) ★★ CJD Tinto normalmente muito seco (exceto perto de Turim) e freqüentemente FRISANTE, ao qual é atribuído um sabor de framboesa e rosa. Quando provido de acidez suficiente, pode ser altamente apetitoso, principalmente acompanhando salame. Bons vinhos de Brezza, CIGLIUTI, Clerico, Aldo CONTERNO, COPPO, Franco Martinetti, PARUSSO, Pecchenino, Pelissero, Sebaste, Trinchero, VAJRA, Vigneti Massa e VOERZIO.

Frescobaldi ★★→★★★★ Antiga família nobre, importante e pioneira em CHIANTI RUFINA em NIPOZZANO, a leste de Florença. Também POMINO (branco) e Mormoreto (tinto). Ver MONTESODI. Proprietário do CASTELGIOCONDO (★★★). Atualmente proprietária do empreendimento conjunto com a Mondavi, nas proximidades de

MONTALCINO, LUCE, Lucente e ORNELLAIA. Novos vinhedos em COLLIO DOC e MAREMMA. Importante desenvolvimento de vinhedos a sudeste de Florença, próximo a Montespertoli.

Frisante (fs) Semi-espumante. Usado para descrever vinhos tais como o LAMBRUSCO.

Friuli-Venezia Giulia A região nordeste na fronteira com a Eslovênia. Muitos vinhos; grande parte dos melhores está nas DOCS ISONZO, COLLIO e COLLI ORIENTALI.

Gaja ★★★★ Antiga firma familiar de BARBARESCO sob a direção de Angelo Gaja. Vinhos de primeira qualidade – e preço alto –, principalmente BARBARESCO (vinhedos únicos: SORÌ Tildin, SORÌ San Lorenzo, Costa Russi), BAROLO Sperss. Chard (Gaia e Rey) e Cab Sauv Darmagi. Aquisições recentes: propriedade Marengo-Marenda (BAROLO), rótulo comercial Gromis e PIEVE DI SANTA RESTITUTA (BRUNELLO). Vinhedos únicos BARBARESCOS e BAROLO atualmente rotulados com a *doc* de LANGHE. Importante projeto novo em BOLGHERI: Ca' Marcanda.

Galardi ★★★→★★★★ Produtor de Terra di Lavoro, uma mistura impressionante de AGLIANICO e Piedirosso, ao N da Campania, próximo de FALERNO DEL MASSICO DOC.

Gambellara Ven DOC b sc sd (esp) ★ CJD Vizinho de SOAVE, com o vinho seco semelhante. Doce (RECIOTO DI GAMBELLARA), agradavelmente frutado. Principal produtor: La Biancara.

Gancia Famosa casa de ASTI, também produz espumante seco.

Garganega Principal uva branca de SOAVE e GAMBELLARA.

Garofoli ★★→★★★ Um dos líderes em qualidade de Marches (perto de Ancona). Estilo notável nos VERDICCHIO Podium, Macrina e Serra Fiorense. ROSSO CONERO Piancarda e muito bom Grosso Agontano.

Gattinara Pie DOCG t ★★★ **89' 90' 93 95 96' 97' 98 99'** 00 01' 03 04 05 Vinho tinto (de uvas NEBBIOLO) muito saboroso, historicamente o mais fino do N do Piemonte. Melhores: Travalini (RISERVA) e Antoniolo (vinhos de vinhedo único). Outros: Bianchi, Nervi e Torraccia del Piantavigna.

Gavi Pie DOCG b ★→★★★ CJD Em sua melhor forma (rara), branco seco e sutil de uvas CORTESE. LA SCOLCA é o mais conhecido. Bons de BANFI (principalmente VIGNA Regale), Castellari Bergaglio, Franco Martinetti, Villa Sparina, Toledana. Broglia, Cascina degli Ulivi, CASTELLO di Tassarolo, CHIARLO, La Giustiniana e PODERE Saulino também são razoáveis.

Geografico ★★ Cooperativa com ***CHIANTI CLASSICO de crescente qualidade***; bom RISERVA Montegiachi. IGTS Pulleraia e Ferraiolo.

Ghemme Pie DOCG t ★★ **89 90' 93 95 96 97' 98 99'** 00 01 03 04 Vizinho de GATTINARA, porém não tão bom quanto este. Melhores: Antichi Vigneti di Cantalupo, Rovellotti e Torraccia del Piantavigna.

Giacosa, Bruno ★★→★★★★ Um solitário inspirado: vinhos excepcionais BARBARESCO, BAROLO e PIEMONTE em Neive. ARNEIS branco e PINOT N espumantes notáveis.

Governo Antigo costume da Toscana, que está voltando aos poucos. Uvas passificadas ou mosto são adicionados ao vinho jovem para induzir a segunda fermentação e dar à bebida uma ligeira "sensação de picada", às vezes empregado no lugar da adição de concentrado de mosto para aumentar o álcool.

Gradi Graus (de álcool), ou seja, porcentagem por volume.

Grappa Destilado picante feito do bagaço da uva (casca etc., após a maceração), às vezes excelente.

Grasso, Elio ★★★ Muito bom BAROLO (procure por Runcot, Gavarini, Casa Matê), BARBERA D'ALBA VIGNA Martina cheio e envelhecido em barril, DOLCETTO D'ALBA e Chard Educato.

Grave del Friuli F-VG DOC t b ★→★★ (t) **99 00 01** 03 DOC que abrange 15 vinhos diferentes, sendo 14 com os nomes de suas uvas, na parte central da região. Bom REFOSCO, MERLOT e Cab Sauv. Melhores produtores: Borgo Magredo, Le Fredis, Di Lenardo, Le Monde, Plozner, Vicentini-Orgnani e Villa Chiopris.

Gravner, Josko ★★★ Produtor visionário de COLLIO, a favor das baixas produções, do envelhecimento em carvalho e dos vinhos de bom envelhecimento. Autocrítico incansável em sua busca por novos conceitos e métodos.

Grechetto Uva branca; mais sabor do que a TREBBIANO, e vista crescentemente como sua substituta em ORVIETO e em outras partes da Úmbria. Procure por Bigi, Busti, Cardeto, Colli Cimerini, FALESCO, Le Palazzone e Tundernum.

Greco di Tufo Cam DOCG b (esp) ★★→★★★ (CJD) Um dos melhores vinhos brancos do sul; sabor frutado, ligeiramente "selvagem" e de bom envelhecimento. Muito bons exemplos de Caggiano, Caputo, Benito Ferrara, FEUDI DI SAN GREGORIO, Macchialupa, MASTROBERARDINO (Nuovaserra & Vignadangelo), Vesevo e Villa Raiano.

Gresy, Marchesi di (Cisa Asinari) ★★★ Produtor importante de fino BARBARESCO. Também muito bons LANGHE Rosso Sauv Bl, Chard, MOSCATO D'ASTI e BARBERA D'ASTI.

Grevepesa Cooperativa CHIANTI CLASSICO – qualidade em ascensão atualmente.

Grignolino d'Asti Pie DOC t ★ CJD Vinho tinto do PIEMONTE, leve e vivaz. Procure por: BRAIDA, Castino, Due Pini, La Luna del Rospo e Marchesi Incisa della Rocchetta.

Grignolino del Monferrato Casalese Bem parecido com GRIGNOLINO D'ASTI, porém mais firme. Experimente: Accornero, BRICCO Mondalino, Colonna, Mongetto e La Scamuzza e La Tenaglia.

Gruppo Italiano Vini (GIV) Complexo de cooperativas e vinícolas, inclusive Bigi, Conti Serristori, FOLONARI, FONTANA CANDIDA, LAMBERTI, Macchiavelli, MELINI, Negri, SANTI, e, desde 1997, controla Ca' Bianca (PIEMONTE) e Vignaioli di San Floriano (FRIULI). Atualmente mudando-se para o Sul com investimentos recentes na Sicília e em Basilicata.

Guerrieri-Gonzaga ★★★ Propriedade de primeira linha em TRENTINO; principalmente mistura San Leonardo.

Gutturnio dei Colli Piacentini E-R DOC t sc ★→★★ CJD Mistura Barbera/BONARDA das colinas de Piacenza, freqüentemente FRISANTE. Produtores: Cardinali, Castelli del Duca, La Stoppa, La Tosa, Torre Fornello.

Haas, Franz ★★★ Produtor do ALTO ADIGE; muito bons PINOT N, LAGREIN e misturas IGT.

Hastae ★★★ Nova super-Barbera de ASTI, de um grupo de produtores: BRAIDA, CHIARLO, COPPO, PRUNOTTO e VIETTI.

Hofstätter ★★★ Produtor de PINOT N de primeira linha do ALTO ADIGE. Procure por Urbano do Sul, LAGREIN, Cab Sauv/Petit Verdot e Gewürz.

IGT, Indicazione Geografica Tipica Nova categoria para vinhos de qualidade que não se enquadram nas zonas DOC ou nas regulamentações; substitui a anomalia dos VDTS glamorosos.

Ischia Cam DOC b (t) ★→★★ CJD Ilha perto de Nápoles. O melhor produtor é d'Ambra: DOC tinto Dedicato a Mario d'Ambra, IGT tinto Tenuta Montecorvo, IGTS brancos Tenuta Frassitelli e Piellero. Também bons: Il Giardino Mediterraneo e Pietratorcia.

Isole e Olena ★★★→★★★★ Propriedade de CHIANTI CLASSICO de primeira linha e de grande beleza com o bom ***IGT tinto Cepparello***. Muito bons VIN SANTO, Cab Sauv, Chard e L'Eremo Syrah.

Isonzo F-VG DOC t b ★★★ (t) DOC que abrange 19 vinhos (17 varietais) no Nordeste. Os melhores brancos e o MERLOT igualam-se aos vinhos COLLIO. Principalmente de La Bellanotte, Borgo Conventi, Masut da Rive, LIS NERIS, Pierpaolo Pecorari, RONCO del Gelso, Borgo San Daniele, Sant'Elena, VIE DI ROMANS, Vilanova.

Jermann, Silvio ★★→★★★ Propriedade familiar com vinhedos em COLLIO e ISONZO: VDT branco de primeira linha, inclui mistura Tunina Vintage, Capo Martino envelhecido em carvalho e *"Were dreams, now is just wine"* ["Eram sonhos, agora é apenas vinho"] (sim, isso mesmo!). Atualmente, unidos pelo importante tinto Pignacoluse.

Kaltersee Nome alemão (e local) para o LAGO DI CALDARO.

Kante, Edi ★★→★★★ Luz-guia de CARSO; fina DOC Chard, Sauv Bl, MALVASIA; bom tinto Terrano.

Lacryma (ou Lacrima) Christi del Vesuvio Cam t r b sc (d fs) ★→★★ CJD Vinhos famosos porém comuns, em grande variedade, do Vesuvius (DOC Vesuvio). Os vinhos MASTROBERARDINO e Caputo insinuam uma qualidade reservada, como o fazem as mais novas ofertas de De Angelis e Grotta del Sole.

La Fiorita Propriedade da família Lamborghini, próxima ao lago Trasimeno, na Úmbria, com Campoleone da mistura criteriosa SANGIOVESE/MERLOT.

Lageder, Alois ★★→★★★ Produtor de primeira linha do ALTO ADIGE. Vinhos estimulantes, inclusive Chard Löwengang e Cab Sauv Römigberg envelhecidos em carvalho. Os de vinhedo único: Sauv Bl Lehenhof, ***PINOT GR Benefizium Porer***, PINOT N Krafuss, LAGREIN Lindenberg, TERLANO Tannhammer. Também possui Cason Hirschprunn com muito boas misturas IGT.

Lago di Caldaro Ver CALDARO.

Lagrein T-AA DOC t r ★★→★★★ **96** 97' **98 99** 00' 01 02' 03' 04 Uma uva com pegada amarga. Bom vinho frutado – em sua melhor forma, é cheio, mineral e muito atraente. O *rosé*: Kretzer; o escuro: Dunkel. Os melhores são da cooperativa Colterenzio, Gries, Gojer, HAAS, HOFSTÄTTER, LAGEDER, Laimburg, Josephus Mayr, Thomas Mayr, Muri Gries, NIEDERMAYR, propriedades Niedrist, St-Madgalena e cooperativa TERLANO.

La Massa ★★★ Excelente produtor de muito bom CHIANTI CLASSICO; Giorgio Primo.

Lamberti ★★ Grande produtor de SOAVE, VALPOLICELLA, BARDOLINO etc., em Lazise, na margem leste do lago Garda.

Lambrusco E-R DOC (ou não) t r sc sd ★→★★ CJD Tinto espumante popular, mais conhecido na versão industrial semidoce. O melhor é SECCO; no tradicional, há uma segunda fermentação na garrafa (com sedimentos). DOCS: L. Grasparossa di Castelvetro, L. Salamino di Santa Croce e L. di Sorbara. Melhores: Bellei, Caprari, Casali, CAVICCHIOLI, Graziano, Lini Oreste, Medici Ermete (sobretudo Concerto), Rinaldo Rinaldini e Venturini Baldini. Esqueça seus preconceitos – experimente.

La Morandina ★★★ Pequena propriedade familiar com MOSCATO e BARBERA D'ASTI excelentes.

Langhe As colinas do PIEMONTE Central, terra natal de BAROLO, BARBARESCO etc. Recentemente tornou-se nome de DOC (t b ★★→★★★) de oito diferentes vinhos: ROSSO, BIANCO, NEBBIOLO, DOLCETTO, FREISA, ARNEIS, Favorita e Chard. BAROLO E BARBARESCO podem ser rebaixados a DOC Langhe Nebbiolo.

La Scolca ★★ Famosa propriedade GAVI com bons GAVI e ESPUMANTE.

Latisana F-VG DOC t b ★→★★ (t) DOC de 13 vinhos varietais a 80 km do nordeste de Veneza. O melhor vinho é TOCAI Friulano. Experimente os vinhos de Grandi e Gabana.

Le Cinciole ★★★ DOCG CHIANTI CLASSICO; o melhor é RISERVA Petresco.

Le Due Terre Pequeno produtor em COLLI ORIENTALI DEL FRIULI para escolha entre MERLOT, PINOT N, Sacrisassi Rosso (Refosco-Schioppettino) e branco Sacrisassi Bianco.

Le Fonti ★★★ Muito boa casa CHIANTI CLASSICO em Poggibonsi; procure por RISERVA e IGT Vito Arturo (SANGIOVESE).

Le Macchiole ★★★ Tinto DOC BOLGHERI Paleo excepcional, IGTS TOSCANA Macchiole Rosso (SANGIOVESE/Cab Fr), Messorio (MERLOT) e Scrio (Syrah).

Le Pupille ★★★ Produtor de ***MORELLINO DI SCANSANO*** de primeira linha (procure por Poggio Valente), o IGT Saffredi é uma excepcional mistura (Cab Sauv/MERLOT/ALICANTE).

Le Ragose ★★→★★★ Propriedade familiar, uma das melhores de VALPOLICELLA. AMARONE e RECIOTO de primeira qualidade; Cab Sauv e VALPOLICELLA muito bons também.

Le Salette ★★→★★★ Pequeno produtor de VALPOLICELLA: procure pelos excelentes AMARONE Pergole Vece e RECIOTO Le Traversagne.

Lessona Pie DOC t ★★ **96' 97' 98 99'** 00 01' 03 04 Vinho suave, seco, tipo clarete, da província de Vercelli. Uvas NEBBIOLO, Vespolina e BONARDA. Melhores produtores: Sella, além das novas propriedades de Paolo de Marchi de ISOLE E OLENA.

Le Vigne di Zamò ★★★ Propriedade de primeira classe em FRIULI para PINOT BIANCO, TOCAI, Pignolo, Cab Sauv, MERLOT e Picolit de vinhedos em três áreas de COLLI ORIENTALI DEL FRIULI DOC.

Librandi ★★★ Importante produtor da Calábria. Muito bons ***tinto CIRÒ*** (RISERVA Duca San Felice é ★★★), IGT Gravello (mistura Cab Sauv/Gaglioppo) e Magno Megonio da uva Magliocco. Novo IGT de Efeso feito da uva Mantonico, o mais impressionante.

Liquoroso Significa forte; geralmente, doce e sempre fortificado.

Lisini ★★★→★★★★ Pequena propriedade histórica com alguns dos melhores BRUNELLO.

Lis Neris ★★★ Importante propriedade em ISONZO com pequeno grupo de vinhos de alta qualidade: Chard, PINOT GR, Sauv Bl, um tinto baseado em MERLOT, uma mistura aromática de Confini branco, e adorável VERDUZZO VDT para vinho de sobremesa.

Livon ★★→★★★ Importante produtor de COLLIO, também de alguns vinhos COLLI ORIENTALI, como VERDUZZO. Expandiu-se para CHIANTI CLASSICO e DOCGS Montefalco.

Loazzolo Pie DOC b d ★★★ 98' **99' 00 01'** 03 04 05 DOC de vinho de sobremesa MOSCATO de uvas com botrítis, secas a ar: caro e doce. Bom de Borgo Isolabella, Forteto della Luja e Pianbello.

Locorotondo Ap DOC b (esp) ★ CJD Vinho branco sulista agradavelmente fresco.

Lugana Lomb e Ven DOC b (esp) ★→★★ CJD Brancos do S do lago de Garda: podem ser fragrantes, suaves, repletos de corpo e de sabor. Bons de CA' DEI FRATI e ZENATO.

Luce ★★★ Empreendimento ambicioso, formado em 1998, entre Mondavi/ FRESCOBALDI, hoje apenas FRESCOBALDI. Mistura SANGIOVESE/MERLOT. Poderia se tornar o Opus One da Itália.

Lungarotti ★★→★★★ Importante produtor de TORGIANO, com adegas, hotel e museu perto de Perugia. Bom IGT Sangiorgio (SANGIOVESE/Cab Sauv), Aurente (Chard) e Giubilante. Agora funcionando, e muito bem, também em Montefalco. Ver TORGIANO.

Maculan Ven ★★★ Excelentes Cab Sauv (Fratta, Ferrata), Chard (Ferrata), MERLOT (Marchesante) e Torcolato (principalmente RISERVA Acininobili).

Malvasia Uva amplamente cultivada; camaleônica: branco ou tinto, espumante ou não-espumante, forte ou fraco, doce ou seco, aromático ou neutro; freqüentemente IGT, às vezes DOC.

Manduria (Primitivo di) Ap DOC t sd ★★→★★★ Tinto escuro, naturalmente forte, às vezes doce, das proximidades de Taranto. Bons: Casale Bevagna, Felline, Feudi di San Marzano, Ginafranco Fino, Masseria Pepe, Pervini, Pozzopalo e Sinfarosa.

Manzone, Giovanni ★★★ Excelentes vinhos de ALBA com muita personalidade, provenientes da propriedade Ciabot del Preve, próxima a Monforte d'Alba. BAROLO, BARBERA D'ALBA e DOCETTO de vinhedo único.

Marchesi di Barolo ★★ Casa importante de ALBA: BAROLO (principalmente Cannubi e Sarmassa), BARBARESCO, DOLCETO D'ALBA, Barbera, FREISA D'ASTI e GAVI.

Maremma Área sul da costa da Toscana, nas províncias de Livorno e Grosseto. DOCS incluem BOLGHERI e VAL DI CORINA (Livorno), MONTECUCCO, MONTEREGIO, MORDELLINO DI SCANSANO, PARRINA e SOVANA (Grosseto). Atualmente atraindo muito interesse e novos investimentos pelo potencial de alta qualidade demonstrado pelos vinhos. A IGT de Maremma, limitada à província de Grosseto, hoje é utilizada por vários grandes produtores, incluindo novos investidores, para os vinhos mais importantes. Procure por: Ampeleia, Belguardo, Casina, Col di Bacche, Fattoria di Magliano, La Carletta, La Parrina, La Selva, Lhosa, Marsiliana, Moteli, MORIS FARMS, Montebelli, Poderi di Ghiaccioforte, Poggio Angentiera, Poggio al Lupo, Poggio Foco, Poggio Paoli, Poggio Verrano, Rascioni e Cecconello, Roca di Frasinello, San Matteo, Sassotondo, Solomarema, Suveraia.

Marino Lác DOC b sc sd (esp) ★→★★ CJD Vizinha de FRASCATI com vinho semelhante; freqüentemente uma boa compra. Procure por Di Mauro.

Marsala O vinho do tipo Xerez da Sicília (★→★★★), inventado pela Woodhouse Bros, de Liverpool, em 1773. Excelente como aperitivo ou para a sobremesa, porém normalmente usado na cozinha, no preparo de sobremesas como *zabaglione*. A versão seca ("virgem") às vezes feita conforme o sistema *solera* precisa ser envelhecida por anos. Principais produtores: FLORIO, Pellegrino, Rallo, VECCHIO SAMPERI. Safras antigas muito especiais, ★★★★.

Martini & Rossi Vinícola de Vermute e espumante atualmente controlada pelo grupo Bacardi. (Tem um bom museu sobre a história do vinho em Pessione nas proximidades de Turim.)

Marzemino Trentino, T-AA DOC t ★→★★ **00** 01 03 04 Tinto local agradável. Frutado e levemente amargo. Principalmente de Bossi Fedrigotti, CA' VIT, Gaierhof, Letrari, Longariva, Simoncelli, E. Spagnolli, De Tarczal e Vallarom.

Mascarello Nome de dois produtores de primeira linha de BAROLO etc.: Bartolo M. e Giuseppe M. & Figli. Procure pelo ***supremo BAROLO Monprivato***, produzido pelo último.

Masi ★★→★★★ Representante e pesquisador de destaque e dedicação de VALPOLICELLA, AMARONE, RECIOTO, SOAVE etc., inclusive o tinto fino Campo Fiorin. Também Toar, muito bom IGT tinto envelhecido em barril.

Mastroberardino ★★→★★★ TAURASI de primeira qualidade (procure Historia Naturalis e Radici).

Melini ★★ Tradicionais produtores de CHIANTI CLASSICO em Poggibonsi. Bons preço e qualidade; procure CHIANTI CLASSICO Selvanella, RISERVAS La Selvanella e Masovecchio de vinhedo único. Ver GRUPPO ITALIANO VINI.

Meranese di Collina T-AA DOC t ★ CJD Tinto leve de Merano.

Merlot Uva tinta, amplamente cultivada na Itália Setentrional (principalmente) e Central. Há muitas DOCS Merlot. Melhores produtores: BORGO DEL TIGLIO, Livio FELLUGA (Sossò), Renato Keber, LE DUE TERRE, Miani, Radikon, VILLA RUSSIZ (De la Tour) no FRIULI-VENEZIA GIULIA; Bonzara (Rocca di Bonacciara) na E-R; BOCCADIGABBIA em Marches; FALESCO (Montiano) em Lácio; PLANETA na Sicília; FEUDI DI SAN GREGORIO (Patrimo) na Campania; e as AMA Super-IGTS da TOSCANA (L'Apparita), FRESCOBALDI (Laimaione), La Cappella (Cantico), Cantine Leonardo da Vinci (Artisti), Castello di Bossi (Girolamo), Fattoria del Cerro (Poggio Golo), Macchiole (Messorio), ORNELLAIA (Masseto), Pagani De Marchi (Casa Nocera), Petrolo (Galatrona), San Giusto a Rentennano (La Ricolma) e Tua Rita (Redigaffi).

Metodo classico ou tradizionale Atualmente, termos mandatórios para identificar vinhos espumantes feitos pelo método clássico. A expressão "Metodo Champenois" foi banida em 1994 e é atualmente ilegal. (Ver também CLASSICO.)

Mezzacorona ★★ Cooperativa de TRENTINO com bom DOC TEROLDEGO e Rotari METODO CLASSICO.

Moccagatta ★★→★★★ Especializada em notáveis BARBARESCOS de vinhedo único: Basarin, Bric Balin (★★★) e VIGNA Cole. Também BARBERA D'ALBA e LANGHE.

Molino ★★★ Produtor talentoso de elegantes vinhos de ALBA, em La Morra; procure BAROLOS Gancia e Conca, Barbera Gattere e DOLCETTO.

Monacesca, La ★★→★★★ Bom produtor de VERDICCHIO DI MATELICA. Principal vinho: Mirus.

Monferrato Pie DOC t r b d ★★ Colinas entre o rio Pó e os montes Apeninos. Nome de uma nova DOC, incluindo ROSSO, BIANCO, CHIARETTO, DOLCETTO, Casalese, FREISA e CORTESE.

Monica di Sardegna Sar DOC t ★→★★ CJD Monica é uma uva de um tinto leve e seco.

Monsanto ★★★ Propriedade CHIANTI CLASSICO muito considerada, principalmente por seu vinhedo Il Poggio e IGTS Fabrizio Bianchi (SANGIOVESE) e Nemo (Cab Sauv).

Montalcino Pequena cidade na província de Siena (Toscana), famosa por seu BRUNELLO concentrado e caro, e o ROSSO DI MONTALCINO mais acessível e de melhor preço.

Montecarlo Tos DOC b t ★★ CJD (b) Área de vinho branco e, cada vez mais, de vinho tinto próxima a Lucca, no N da TOSCANA. Os brancos são suaves, mistura neutra de TREBBIANO com variedade de uvas melhores; os tintos básicos são ao estilo CHIANTI. Bom produtores: Buonamico (IGTS tintos Cercatoja Rosso e Fortino), Carmignani (IGT tinto "For Duke" muito bom), IGTS tintos de La Torre, Montechiari e Fattoria del Teso.

Montecucco Nova DOC na TOSCANA entre MONTALCINO e MORELLINO DI SCANSANO. Experimente: Basile, Begnardi, Castello di Vicarello, Ciacci Piccolomini, Colli Massari, Fattoria di Montecucco, Montesalario, Poggio Saccone, Poggio Leone, Poggio Mandorlo e Villa Patrizia. Novos investimentos: FOLONARI, MASI, Pertimali, RIECINE e Talenti.

Montefalco Sagrantino Úmb DOCG t s (d) ★★★→★★★★ SECCO forte e muito interessante, e produção limitada de tinto PASSITO doce de uvas Sagrantino. Bons de Alzatura, Antigniano, Antonelli San Marco, Benincasa, CAPRAI, Castelbuono, Colpetrone, Madonna Alta, Martinelli, Le Mura Saracene, Novelli, Pardi, Perticaia, Scacciadiavoli, Spoleto Ducale, Tabarrini, Terra di Trinci, Terra della Custodia, Tiburzi e Tudernum.

Montellori, Fattoria di ★★→★★★ Produtor da TOSCANA que faz Chianti, IGT Dicatum exclusivamente SANGIOVESE, mistura Salamartano Cab Sauv/MERLOT, IGT Sant'Amato branco (Sauv Bl) e ESPUMANTE METODO CLASSICO.

Montepulciano Importante uva tinta da Itália Central e Oriental e também nome de uma famosa cidade na Toscana (ver abaixo).

Montepulciano, Vino Nobile di Ver VINO NOBILE DI MONTEPULCIANO.

Montepulciano d'Abruzzo Ab DOC t r ★→★★★ **95 97' 98' 00'** 01' 03' 04 Um dos tintos mais saborosos da Itália, repleto de sabores e calor, da costa do Adriático. Melhores: Barba, Barone Cornacchia, Nestore Bosco, Caldora, Cataldi-Madonna,

Ciccio Zaccagnini, Feuduccio, Filomusi-Guelfi, Illuminati, Marammiero, Masciarelli, Monti, Montori, Nicodemi, Orlandi Contucci Ponno Terre d'Aligi, Torre dei Beati, La Valentina, VALENTINI, Valle Reale, Valori, Villa Medoro e Ciccio Zaccagnini. ***Farmese é a marca de grande valor***. Ver também CERASUOLO.

Monteregio DOC emergente próxima a Massa Marittima, em MAREMMA. Vinhos SANGIOVESE de alto nível e Cab Sauv de Campo Bargello, MORIS FARMS, Massa Vecchia, Montebelli, La Pierotta, Rocca di Frassinello, Suveraia e Tenuta del Fontino. Novos investidores (ANTINORI, BELLAVISTA, Eric de Rothschild, ZONIN) entrando de sola.

Montescudaio Tos DOC t b ★★ DOC entre Pisa e Livorno; melhores são SANGIOVESE ou misturas SANGIOVESE/Cab Sauv. Experimente Aione, Fontemorsi, Marches Ginori Lisci, Merlini, Poggio Gagliardo, Sorbaiano.

Montevertine Propriedade Radda. IGT Le Pergole Torte é um exemplo pioneiro de SANGIOVESE envelhecido em barris pequenos.

Montevetrano ★★★ Pequeno produtor da Campania; soberbo IGT Montevetrano.

Montresor ★★ Vinícola de VERONA: bons LUGANA, BIANCO DI CUSTOZA, VALPOLICELLA.

Morellino di Scansano Tos DOC t ★→★★★ **95 97 98 99'** 00 01 03 04 05 06 SANGIOVESE local da MAREMMA, a costa do S da TOSCANA. De cor vermelho cereja, deve ser vivaz e saboroso, jovem ou maduro. Muitos foram envelhecidos excessivamente em carvalho. Belguardo, Casina, Col di Bacche, Compagnia del Vino, Fattoria di Magliano, Fattorie LE PUPILLE, La Carletta, MORIS FARMS, Mantellasi, Poderi di Ghiaccioforte, Poggio al Lupo, Poggio Argentiera, Poggio Paoli, San Matteo, La Selva, Cantina di Scansano, Terre di Talamo e Villa Patrizia são produtores a experimentar.

Moris Farms ★★★ Muito bom produtor em MONTEREGIO e ***MORELLINO DI SCANSANO***, respectivamente ao N e ao S de GROSSETO; procure RISERVA e IGT Avvoltore, uma mistura rica de SANGIOVESE/Cab Sauv/Syrah.

Moscadello di Montalcino Tos DOC b d (esp) ★★ CJD Vinho tradicional ressuscitado de MONTALCINO, que já foi mais conhecido do que BRUNELLO. Frisante doce e PASSITO MOSCATO que vai do doce ao exageradamente doce. Melhores: COL D'ORCIA e La Poderina.

Moscato Uva ubíqua, frutada e fragrante para uma variedade de vinhos: espumantes e não-espumantes, leves ou bem encorpados, mas sempre doces.

Moscato d'Asti Pie DOCG b esp d ★★→★★★ CJD Semelhantes a DOCG ASTI, porém geralmente feitos de melhores uvas; menor teor de álcool, mais doce, mais frutado, freqüentemente de produtores menores. Melhores DOCGS MOSCATO de: L. Armangia, BERA, BRAIDA, Ca'd'Gal, CASCINA FONDA, Cascina Pian d'Oro, Caudrina, Il Falchetto, FONTANAFREDDA, Forteto della Luja, di GRESY, Icardi, Isolabella, Marino, Marco Negri, La Morandina, Elio Perrone, Rivetti, Saracco, Scagliola, Vajra, Vietti, Vignaioli di Sante Stefano e Viticoltori Acquese.

Moscato Giallo Uva aromática do ALTO ADICE transformada em irresistível branco seco, principalmente LAGEDER e CS CALDARO.

Müller-Thurgau Variedade um pouco interessante em TRENTINO-ALTO ADIGE e FRIULI. Produtores líderes: Lavis, LAGEDER, POJER & SANDRI e Zeni.

Murana, Salvatore Si ★★★ Muito bom MOSCATO e PASSITO di PANTELLERIA.

Muri Gries ★★ Muito bom produtor da DOC ALTO ADIGE; o melhor é DOC LAGREIN.

Nada, Fiorenzo ★★★ Bom produtor de DOCG BARBARESCO suave e elegante.

Nebbiolo A melhor uva tinta do PIEMONTE. Também em VALTELLINA (Lombardia).

Nebbiolo d'Alba Pie DOC t sc (sd esp) ★★ **96 97 98 99 00 01** 03 04 De ALBA (e não de BAROLO nem BARBARESCO). Semelhante a um BAROLO mais leve, porém mais acessível. Melhores de Marziano Abbona, Alario, BRICCO Maiolica, Cascina Chicco, La Contea, Paolo Conterno, Correggia, Damilano, De Marie, FONTANAFREDDA, GIACOSA, Bruna Grimaldi, Hilberg, Mario Marengo, Giuseppe MASCARELLO, Gianmatteo Pira, Paitin, PRUNOTTO, Rizieri, SANDRONE, Tenuta Rocca, VAL DI PRETE. Ver também ROERO.

Negri Ver GRUPPO ITALIANO VINI.

Negroamaro Literalmente, "negro amargo"; uva tinta da APÚLIA com alto potencial de qualidade. Ver ALEZIO, BRINDISI, COPERTINO e SALICE SALENTINO.

Nero d'Avola Uva tinta escura da SICÍLIA (Avola fica no S da Siracusa) com promessa real, separada ou em misturas.

Niedermayr ★★★ Muito bom DOC ALTO ADIGE, principalmente LAGREIN, PINOT N. Gewürz, Sauv Bl e IGT Euforius (LAGREIN/Cab Sauv), e Aureus (mistura branca doce).

Niedrist, Ignaz ★★★ Pequeno produtor telentoso de vinhos brancos e tintos de ALTO ADIGE (sobretudo LAGREIN, PINOT N, PINOT BL e RIES).

ITÁLIA

Nipozzano, Castello di ★★★ Propriedade FRESCOBALDI em RUFINA, a leste de Florença, que produz ***MONTESODI CHIANTI***. O mais importante fora da zona CLASSICO.

Nittardi ★★→★★★ Fonte confiável de CHIANTI CLASSICO de alta qualidade.

Nosiola (Trentino) T-AA DOC b sc d ★ CJD Branco leve e frutado das uvas Nosiola. Também bom VIN SANTO. Melhor de Castel Noarna, POJER & SANDRI, Giovanni Poli, Pravis e Zeni.

Nozzole ★★→★★★ Propriedade famosa, atualmente pertencente a Abrogio FOLONARI, no coração do CHIANTI CLASSICO, ao N de Greve. Também muito bom Cab Sauv Pareto.

Nugarus di Cagliari Sar DOC b ★★ CJD Branco vivaz da Sardenha.

Oasi degli Angeli Marca registrada dos vinhos MONTEPULCIANO de produtores pequenos ao S de Marches; exuberante e de encher a boca.

Oberto, Andrea ★★→★★★ Pequeno produtor de La Morra: BAROLO e BARBERA D'ALBA de primeira linha.

Oddero ★★→★★★ Propriedade bem conhecida em La Morra com excelente BAROLO (procure Mondocco di Bussia, Rocche di Castiglione e VIGNA Rionda).

Oltrepò Pavese Lom DOC t b sc d esp ★→★★★ 14 vinhos da província de Pavia, a maioria com nomes derivados de suas uvas. Por vezes, PINOT N e ESPUMANTE muito bons. Principais produtores: Anteo, Barbacarlo, Casa Re, Castello di Cigognola, CS Casteggio, Frecciarossa, Le Fracce, cooperativa La Versa, Monsupello, Mazzolino, Ruiz de Cardenas, Travaglino e Vercesi del Castellazzo.

Ornellaia Tos ★★★★ **90' 93 95' 96** 97' 98 99 01 03 04 Propriedade fundada por Lodovico ANTINORI, nas cercanias de BOLGHERI, na costa da TOSCANA. FRESCOBALDI comprou a parte da Mondavi na antiga *joint-venture*. A propriedade tem muitos vinhos de prestígio: excelente BOLGHERI DOC Ornellaia, soberbo IGT Masseto (MERLOT), muito bom BOLGHERI DOC Le Serre Nuove e IGT Le Volte.

Orvieto Úmb DOC b sc sd ★→★★ CJD O vinho branco dourado clássico da Úmbria, suave e substancial; já era não muito pesado, porém, recentemente, ficou mais interessante, principalmente em suas versões doces. Orvieto CLASSICO é melhor. Só os mais finos (por exemplo, Barberani, Co.Vi.O, Decugnano del Barbi, La Carraia, Palazzone, Vi.C.Or) envelhecem bem. Mas veja Castello della SALA.

Pacenti, Siro ★★★ BRUNELLO e ROSSO DI MONTALCINO de estilo internacional.

Pagadebit di Romagna E-R DOC b sc sd ★ CJD "Pagador de dívidas" tradicional e agradável da região em torno de Bertinoro.

Pagani De Marchi Nova face ao N de BOLGHERI. Vinhos varietais IGT impressionantes de Cab Sauv, SANGIOVESE e, em particular, MERLOT.

Palazzino, Podere Il ★★★ Pequena propriedade com admirável CHIANTI CLASSICO.

Pancrazi, Marchese ★★→★★★ Propriedade perto de Florença: alguns dos melhores PINOT N da Itália.

Paneretta, Castello della ★★→★★★ Acompanhar para ter muito bons CHIANTI CLASSICO, IGTS Quatrocentenario, Terrine.

Pantelleria Ilha fora da costa da SICÍLIA, célebre pelo MOSCATO, sobretudo PASSITO. Procure Abraxas, Colosi, DONNAFUGATA, Salvatore MURANA, Nuova Agricoltura.

Parrina Tos DOC t b ★★ Grandiosa propriedade nas imediações dos elegantes *resorts* de Argentario. Bom branco Ansonica, tintos de MAREMMA sendo aperfeiçoados (SANGIOVESE/Cab Sauv e MERLOT).

Pasqua, Fratelli ★★ Bom produtor e engarrafador de vinhos de VERONA: VALPOLICELLA, AMARONE e SOAVE. Também BARDOLINO e RECIOTO.

Passito (pa) Vinhos fortes, a maioria doce, de uvas secas na vinha ou em estufa.

Paternoster ★★★ Produtor de primeira linha de AGLIANICO DEL VULTURE, principalmente Don Anselmo e Villa Rotondo.

Patriglione ★★★ IGT tinto denso e forte (NEGROAMARO/MALVASIA Nera). Ver TAURINO.

Piaggia Excepcional produtor de Carmignano Riserva, IGT Il Sasso e novo Cabernet Franc Poggio dei Colli soberbo.

Piave Ven DOC t b ★→★★ (t) **99'** 00 01' 03 04 (b) CJD DOC em ascensão a noroeste de Veneza, com quatro vinhos tintos e quatro vinhos brancos, que levam o nome de suas uvas. Os tintos Cab Sauv, MERLOT e RABOSO envelhecem bem. Bons exemplos de Duca di Castelanza, Molon, Loredan Gasparini e Villa Sandi.

Picolit F-VG DOC b sd d ★★→★★★ 00 01 03 04 Delicado vinho doce de COLLI ORIENTALI DEL FRIULI, porém com uma reputação exagerada. Um pouco parecido com o Jurançon da França. Envelhece por até 6 anos, porém o preço é muito alto.

Melhores – e muito bons: Livio FELLUGA, Meroi, Perusini, Specogna, VILLA RUSSIZ, Vinae dell'Abbazia.

Piemonte (Piedmont) Juntamente com a Toscana, a região mais importante da Itália para vinhos de primeira qualidade. Turim é a capital; ASTI E ALBA, os centros vinícolas. Ver BARBARESCO, Barbera, BAROLO, DOLCETTO, GRIGNOLINO, MOSCATO etc.

Piemonte Pie DOC t b r (esp) ★→★★ Nova DOC que abrange todo o PIEMONTE, incluindo Barbera, BONARDA, BRACHETTO, CORTESE, GRIGNOLINO, Chard, ESPUMANTE, MOSCATO.

Pieropan ★★★ RECIOTO e ***SOAVE excepcionais***: merecedora de sua fama, sobretudo Soave La Rocca e Calvarino, PASSITO della Rocca doce.

Pieve di Santa Restituta ★★★ Propriedade de GAJA que produz o admirável BRUNELLO DI MONTALCINO.

Pigato Lig DOC b ★★ Freqüentemente supera o VERMENTINO como o ***vinho branco mais fino da Ligúria***, com textura e estrutura ricas. Bons oriundos de Bruna, Colle dei Bardellini, Durin, Feipu, Foresti, Lupi, Poggio die Gorlieri, TERRE ROSSE, Vio.

Pinot Bianco (Pinot Bl) Uva popular no nordeste com muitos vinhos DOC, geralmente suave e seca. Melhores de ALTO ADIGE ★★ (principais produtores incluem Colterenzio, HOFSTÄTTER, LAGEDER, NIEDRIST, TERLANO, Termeno), COLLIO ★★→★★★ (muito bom de Renato Keber, Aldo Polencic, RUSSIZ SUPERIORE, SCHIOPETTO, VILLA RUSSIZ) e COLLI ORIENTALI ★★→★★★ (melhores de La Viarte, Zamò & Zamò). ISONZO ★★ (de Masut da Rive).

Pinot Grigio Uva branca potencialmente saborosa e de baixa acidez, popular no Nordeste. Melhor nas DOCS ALTO ADIGE (SAN MICHELE APPIANO, CALDARO, LAGEDER, Termeno), COLLIO (Renato Keber, LIVON, Aldo Polencic, RUSSIZ SUPERIORE, SCHIOPETTO, Tercic, Terpin, Venica, VILLA RUSSIZ), COLLI ORIENTALI (Livio FELLUGA) e ISONZO (Borgo San Daniele, LIS NERIS, Masut da Rive, Pierpaolo Pecorari, Ronco del Gelso, VIE DI ROMANS).

Pinot Nero (Pinot Noir) Plantada em boa parte do nordeste da Itália. Status de DOC no ALTO ADIGE (cooperativas de Caldaro, Colterenzio e Cortaccia, HAAS, Haderburg, HOFSTÄTTER, LAGEDER, Laimburg, NIEDERMAYR, Niedrist, SAN MICHELE APPIANO, Termeno) e em OLTREPÒ PAVESE (Frecciarossa, Ruiz de Cardenas). Tentativas promissoras em outros lugares, por exemplo FRIULI (LE DUE TERRE, Masut da Riva), TOSCANA (Ama, FARNETELLA, FONTODI, Pancranzi) e no monte Etna, na SICÍLIA. Também bons de diversas regiões: TRENTINO (Lunelli, POJER & SANDRI), Lombardia (CA' DEL BOSCO, Ronco Calino), Úmbria (ANTINORI), Marches (BOCCADIGABBIA).

Pio Cesare ★★→★★★ Tradicional produtor de ALBA. Principalmente BAROLO e BARBARESCO.

Planeta ★★★ Importante propriedade na SICÍLIA: mistura Segreta Bianco e Segreta ROSSO; ***extraordinários Chard***, Cab Sauv, Fiano, MERLOT e NEOR D'AVOLA (Santa Cecilia).

Podere Pequena fazenda da TOSCANA que já fez parte de uma propriedade maior. (Ver o verbete correspondente, por exemplo, BOSCARELLI, PODERE).

Poggio Antico ★★★ BRUNELLO DI MONTALCINO de primeiro nível, admiravelmente consistente.

Poggione, Tenuta Il ★★★ Propriedade muito confiável para BRUNELLO, ROSSO DI MONTALCINO.

Pojer & Sandri ★★→★★★ Melhores produtores de TRENTINO: tinto e branco, incluindo SPUMANTE.

Poliziano ★★★→★★★★ Propriedade de MONTEPULCIANO. Federico Carletti produz VINO NOBILE excelente (principalmente Asinone) e soberbo IGT Le Stanze (Cab Sauv/MERLOT).

Pomino Tos DOC b t ★★★ t **95 97** 98 99' 01 Boas misturas de tinto e branco (sobretudo Il Benefizio). Principalmente de FRESCOBALDI e SELVAPIANA.

Produttori del Barbaresco ★★→★★★ Cooperativa e um dos produtores mais confiáveis da DOCG. Freqüentemente, excepcionais vinhos de vinhedo único (Asili, Montefico, Montestefano, Rabajà).

Prosecco di Conegliano-Valdobbiadene Ven DOC b sd esp (sc) ★★ CJD Espumante leve e na moda, normalmente muito seco; o seco, agradavelmente amargo, o doce, frutado. Os mais doces são chamados Superiore di Cartizze. CARPENE-MALVOLTI: mais conhecido; também Adami, Bisol, Bortolin, Canevel, Case Bianche, Le Colture, Col Salice, Col Vetoraz, Nino Franco, Gregoletto, Ruggeri, Zardetto.

Prunotto, Alfredo ★★★→★★★★ Empresa de ALBA muito séria, com vinhos de primeira linha BARBARESCO, BAROLO, NEBBIOLO, BARBERA D'ALBA, DOLCETTO etc. Desde 1999, Prunotto (atualmente controlado por ANTINORI) também produz BARBERA D'ASTI (procure Costamiole) e Monferrato Rosso Mompertone, mistura Barbera-Syrah.

Puglia Ver APÚLIA.

Querciabella ★★→★★★ Propriedade proeminente do CHIANTI CLASSICO com RISERVA, IGT Camartina (SANGIOVESE/Cab Sauv), fermentado em barris com Batàr, novo SANGIOVESE/MERLOT.

Quintarelli, Giuseppe ★★★★ Verdadeiro artesão produtor de VALPOLICELLA, RECIOTO e AMARONE. No topo em qualidade e preço.

Raboso del Piave (atualmente DOC) Ven t ★★ **95 97** 99' 00 01 Tinto campestre forte, penetrante e interessante; precisa envelhecer. Procure Molon.

Rampolla, Castello dei ★★★→★★★★ Bela propriedade CHIANTI CLASSICO em Panzano, notáveis vinhos IGT Sammarco e Alceo, baseados em Cab Sauv.

Recioto della Valpolicella Ven DOC t sd (esp) ★★→★★★ **95 97 98 00** 01 03 04 Tinto rico e ácido de uvas meio secas de excelente potencial. Muito bom de Stefano Accordini, Serègo Alighieri, ALLEGRINI, Baltieri, BOLLA, BRUNELLI, BUSSOLA, Campagnola, Ca' Rugate, Castellani, DAL FORNO, Aleardo Ferrari, LE RAGOSE, LE SALETTE, QUINTARELLI, Sant'Alda, Speri, TEDESCHI, Trabucchi, CS VALPOLICELLA, Villa Bellini, Villa Monteleone, Viviani e Zeldi.

Recioto della Valpolicella Amarone Ver AMARONE.

Recioto di Gambellara Ven DOC b d (esp sd CJD) ★ Em geral, industrial e semi-espumante. O melhor é forte e doce. Procurar La Biancara.

Recioto di Soave Ven DOCG b sd (esp) ★★★ **93 94** 95 97 **98 99** 00 01 03 04 SOAVE feito de uvas selecionadas, meio secas: doce, frutado, ligeiramente amendoado; teor alcoólico elevado. Excepcionais de ANSELMI, Gini, PIEROPAN, Tamellini e, agora, freqüentemente muito bom de Ca' Rugate, Pasqua, Suavia, Trabuchi.

Refosco (dal Peduncolo Rosso) t ★★→★★★ **97'** 99' 00 01 03 04 Tinto interessante, cheio, escuro, tânico; exige envelhecimento. Os melhores vêm da DOC COLLI ORIENTALI, Moschioni, Le Vigne di Zamo e Volpi Pasini: ***muito bom de Livio FELLUGA*** e Miani; bom de Dorigo, Ronchi di Manzano, Venica, Ca' Bolani e Denis Montanara na DOC Aquileia. Freqüentemente bom preço.

Regaleali Ver TASCA D'ALMERITA.

Ribolla Colli Orientali del Friuli e Collio, F-VG DOC b ★→★★ CJD Vinho branco altamente ácido do Nordeste. O melhor vem de COLLIO. Propriedades de primeira linha: La Castellada, Damijan, Fliegl, GRAVNER, Il Carpino, Primosic, Radikon, Tercic, Terpin.

Ricasoli Famosa família da TOSCANA, "inventores" do CHIANTI. Seu CHIANTI CLASSICO leva o nome de sua propriedade e castelo de BROLIO. Outros Ricasolis possuem Castello di Cacchiano e Rocca di Montegrossi.

Riecine Tos t ★★★ Propriedade de CHIANTI CLASSICO de primeira classe em Gaiole, criada por seu último dono inglês, John Dunkley. Também fino IGT La Gioia SANGIOVESE.

Riesling Usado para indicar o Riesling Italico ou Welschriesling. Riesling alemão (Reno) em ascensão atualmente. Melhores: DOC ALTO ADIGE ★★ (principalmente HOFSTÄTTER, Laimburg, Ignaz NIEDRIST, Kuenhof, cooperativa La Vis, Unterortl); DOC OLTREPÒ PAVESE (Lom) ★★ (Brega, Frecciarossa, Le Fracce); excelente de RONCO del Gelso e VIE DI ROMANS (DOC ISONZO). Muito bons de Le Vigne di San Pietro (Ven), JERMANN e VAJRA (Pie).

Ripasso VALPOLICELLA refermentado com cascas de uvas AMARONE, para produzir um vinho mais complexo, longevo e mais cheio. Campo Fiorin de MASI é de primeira classe.

Riserva Vinho envelhecido por um período obrigatório, geralmente em tonéis ou barris.

Riunite Uma das maiores adegas cooperativadas do mundo, próximo à Reggio Emilia, que produz enormes quantidades de LAMBRUSCO e outros vinhos.

Rivera ★★→★★★ Vinicultores confiáveis em Andria, na APÚLIA. ★★★ CASTEL DEL MONTE Il Falcone RISERVA; muito bom Cappellaccio; VIGNA al Monte; Puer Apuliae.

Rivetti, Giorgio (La Spinetta) ★★★→★★★★ MOSCATO d'Asti fino, excelente Barbera, interessante IGT Pin, séries de BARBARESCOS de primeira linha de vinhedo único. Atualmente, proprietário de vinhedos nos DOCGS BAROLO e CHIANTI Colli Pisane. Primeiras safras de BAROLO já excepcionais.

Riviera del Garda Bresciano Lom DOC b r t (esp) ★→★★ 97 99 00 01 CHIARETO simples de cor rosa-cereja, às vezes charmoso, e branco neutro do sudoeste do lago de Garda. Principalmente de Ca'dei Frati, Comincioli, Costaripa e Monte Cigogna.

Rocca, Bruno ★★★ Produtor jovem com admirável BARBARESCO (Rabajà) e outros vinhos de ALBA, agora também com um Barbera d'Asti muito fino.

Rocche dei Manzoni ★★★ Propriedade modernista em Monforte d'Alba. Muito bom BAROLO fermentado em carvalho (principalmente VIGNA d'la Roul, Cappella di Stefano, Pianpolvere), BRICCO Manzoni (mistura pioneira Barbera/NEBBIOLO), Quatr Nas (LANGHE).

Roero Pie DOCG t ★★ **96 97' 98' 99' 00** 01' 03 04 05 NEBBIOLO em evolução, anteriormente para beber jovem. Pode ser firme e delicioso. Melhores: Almondo, Buganza, Ca' Rossa, Cascina Chicco, Correggia, Funtanin, Malvirà, Monchiero-Carbone, Morra, Pace, Pioiero, Taliano, Val de Prete.

Ronco Termo para vinhedo de encosta no norte da Itália, principalmente FRIULI-VENEZIA GIULIA.

Ronco del Gnemiz ★★★ Pequena propriedade, muito fino COLLI ORIENTALI DEL FRIULI.

Rosato *Rosé*; também CHIARETTO, principalmente nas cercanias do lago de Garda.

Rosato del Salento Ap r ★★ CJD Vinho das proximidades de BRINDISI; pode ser forte, mas, em geral, é realmente suculento e bom. Produtores: ver COPERTINO e SALICE SALENTO.

Rossese di Dolceacqua Lig DOC t ★★ CJD Vinho tinto muito raro, fragrante e leve da Riviera. Bom de Foresti, Giuncheo, Guglielmi, Lupi, Terre Bianche.

Rosso Tinto.

Rosso Conero Mar DOCG t ★★→★★★ 97' **98 00' 01'** 03 04 ***Alguns dos melhores tintos MONTEPULCIANO da Itália***: Grosso Agontano de GAROFOLI; RC Dorico de Moroder, Nerone e Vigneti del Parco de TERRE CORTESI MONCARO, Sassi Neri e Visions of J. de Le Terrazze. Também bons: Casato, FAZI-BATTAGLIA, Lanari, Leopardi Dittajuti, Malacari, Marchetti, Piantale Lunghe, Poggio Morelli, UMANI RONCHI.

Rosso di Montalcino Tos DOC t ★★→★★★ **99' 00 01** 03 04' 05 DOC de vinhos mais jovens de uvas BRUNELLO. Produtores: ver BRUNELLO DI MONTALCINO.

Rosso di Montefalco Úmb DOC t ★★→★★★ **97' 98 99'** 00 01' 03 04 05 Mistura SANGIOVESE /SAGRANTINO. Produtores: ver MONTEFALCO SAGRANTINO.

Rosso di Montepulciano Tos DOC t ★★ 03 04 05 Veja os dois verbetes anteriores para VINO NOBILE. Produtores: ver VINO NOBILE DI MONTEPULCIANO. Enquanto o ROSSI DI MONTALCINO está cada vez mais caro, o Rosso di Montepulciano oferece bom preço.

Rosso Piceno Mar DOC t ★★ **97' 98' 00' 01'** 03 04 MONTEPULCIANO/SANGIOVESE elegante, SUPERIORE quando produzido na zona clássica, perto de Ascoli, muito melhorado nos últimos anos. Os melhores incluem: Aurora, BOCCADIGABBIA, Bucci, Ciù Ciù, COLLI Ripani, Damiani, De Angelis, Fonte della Luna, Forano, Laila, Le Caniette, Laurentina, Montecappone, TERRE CORTESI MONCARO, Saladini Pilastri, San Giovanni, San Savino, Velenosi Ercole, Villamagna, Villa Ragnola.

Ruchè (também Rouchè/Rouchet) Uva antiga e rara de origem francesa; vinho tinto frutado, fresco e de aroma rico (doce/semidoce). Ruchè di Castagnole MONFERRATO é uma DOC recente. Procure Biletta, Borgognone, Dezzani, Garetto. Rouchet Briccorosa de SCARPA: seco (★★★).

Ruffino ★→★★★ Importante casa comercial de CHIANTI em Pontassieve, a leste de Florença. Os melhores são RISERVA Ducale e Santedame. Muito bom IGT Chard Solatia, SANGIOVESE/Cab Sauv Modus. Possui Lodola Nuova em MONTEPULCIANO para VINO NOBILE DI MONTEPULCIANO, e Greppone Mazzi em MONTALCINO para BRUNELLO DI MONTEPULCIANO. Excelente mistura SANGIOVESE/Colorino Romitorio da propriedade de Santedame. Aquisição recente: propriedade Borgo Conventi em FRIULI-VENEZIA GIULIA.

Rufina ★★★ Importante sub-região de CHIANTI nas colinas a leste de Florença. Melhores vinhos de Basciano, CASTELLO del Trebbio, CASTELLO DI NIPOZZANO (FRESCOBALDI), Colognole, Frascole, SELVAPIANA, Tenuta Bossi Travignoli.

Sagrantino di Montefalco Ver MONTEFALCO.

Sala, Castello della ★★→★★★ Propriedade ANTINORI em ORVIETO. Campogrande é o vinho branco comum. O vinho de primeira linha é Cervaro della Sala, Chard/GRECHETTO envelhecido em carvalho. Muffato della Sala foi um exemplo pioneiro de vinho de sobremesa com botrítis da Itália. PINOT N também é bom.

ITÁLIA

Salice Salento Ap DOC t ★★→★★★ **95 97' 99** 00 01' 03 04 Tinto ressoante, porém refrescante e limpo, feito de uvas NEGROAMARO. RISERVA após 2 anos. Principais produtores: Apollonio, Candido, Castello Monaci, Due Palme, Resya, Tornavento, TAURINO, Valle dell'Asso.

Sandrone, Luciano ★★★ Expoente do novo estilo BAROLO, com muito bons BAROLO Cannubi Boschi, Le Vigne, DOLCETTO, BARBERA D'ALBA e NEBBIOLO D'ALBA.

San Felice ★★ Propriedade/*resort* CHIANTI pitoresco. Bom CLASSICO RISERVA Poggio ROSSO. Também tinto IGT Vigorello e BRUNELLO DI MONTALCINO Campogiovanni.

San Gimigniano Famosa cidade da TOSCANA de torres e seu VERNACCIA branco seco. Também muito bons vinhos tintos: Cesani, Cusona, FALCHINI, Fontaleoni, La Rampa di Fugnano, Le Calcinaie, Le Tre Stelle, Mormoraia, Palagetto, Palagione, PARADISO.

Sangiovese (Sangioveto) Principal uva tinta da Itália Central. Seu desempenho máximo era apenas na TOSCANA – CHIANTI, VINO NOBILE, BRUNELLO DI MONTALCINO, MORELLINO DI SCANSANO, diversas boas ofertas IGT etc. – porém, agora, garrafas concorrentes são produzidas em outros lugares. S di Romagna freqüentemente bem-feito e muito bom preço de Balia di Zola, Berti, Calonga, Ca' Lunga, Campo del Sole, Tenuta Diavoletto, Drei Donà, La Berta, La Viola, Madonia, Pandolfa, Poderi dal Nespoli, San Patrignano, Santini, San Valentino, Tenuta Valli, Terragens, Tre Monti, Trere (E-R DOC), Uva delle Mura, Zerbina, IGT Ronco dell Ginestre, Ronco dei Ciliegi de CASTELLUCCIO. Muito bom MONTEFALCO ROSSO e TORGIANO (Úmbria). Às vezes, bom de Marches também: Maria Pia Castelli, BOCCADIGABBIA e Ciù Ciù.

San Giusto a Rentennano ★★★→★★★★ Um dos melhores produtores de CHIANTI CLASSICO (★★★). VIN SANTO delicioso porém muito raro. Soberbo SANGIOVESE IGT Percarlo (★★★★).

San Guido, Tenuta Ver SASSICAIA.

San Leonardo ★★★ Importante propriedade em TRENTINO, com excepcional San Leonardo (Cab Sauv) e bom TRENTINO DOC MERLOT.

San Michele Appiano Cooperativa de primeira linha do ALTO ADIGE. Procure seleções de Sanct Valentin (★★★): CHARD, PINOT GR, Sauv Bl, Cab Sauv, PINOT N, Gewürz.

Santadi ★★★ Vinhos consistentemente bons da cooperativa de SARDENHA, principalmente DOC CARIGNARO DEL SULCIS Grotta Rossa, TERRE BRUNE, Rocca Rubia e IGT Baie Rosse (Carignano), Vermentino Villa Solais, Villa di Chiesa (VERMENTINO/Chard).

Santa Maddalena (ou St-Magdalener) T-AA DOC t ★→★★ CJD Vinho tinto típico SCHIAVA ALTO ADIGE. Às vezes leve com retrogosto amargo; ou quente, suave e frutado, sobretudo: CS St-Magdalena (Huck am Bach), Gojer, Josephus Mayr, Georg Ramoser, Hans Rottensteiner (Premstallerhof), Heinrich Rottensteiner.

Santa Marguerita Grande casa de comércio de Veneto (Portogruaro): Veneto (Torresella), ALTO ADIGE (Kettmeir), TOSCANA (Lamole di Lamole e Vistarenni) e Lombardia (CA' DEL BOSCO).

Santi Ver GRUPPO ITALIANO VINI.

Saracco, Paolo ★★★ Pequena propriedade com MOSCATO D'ASTI de primeira linha.

Sardenha (Sardegna) Potencial imenso, às vezes evidenciado em excelentes vinhos, por exemplo, TERRE BRUNE de SANTADI, Turriga de ARGIOLAS, Arbeskia e Dule de Gabbas, VERMENTINO de CAPICHERA, CANNONAU RISERVAS de Jerzu, VERMENTINO e seleções de CANNONAU de Dettori.

Sartarelli ★★★ Um dos melhores produtores de VERDICCHIO DEI CASTELLI DI JESI (Tralivio); excepcional e raro Verdicchio VENDEMMIA Tardiva (Contrada Balciana).

Sassicaia Tos t ★★★★ **85' 88' 90' 93 95' 96** 97' 98 99 01 03 04 Um dos primeiros Cab Sauv, de longe um dos melhores da Itália nas decádas de 1970 e 1980. Muito influente, produzido na Tenuta San Guido, em BOLGHERI. Promovido de super VDT da TOSCANA para o status especial de subzona na DOC BOLGHERI. Estilo conservador, fineza genuína.

Satta, Michele ★★★ Muito bom DOC BOLGHERI, IGT mistura tinto Piastrai e Castagni.

Scarpa ★★→★★★ Antiquada casa com BARBERA D'ASTI (La Bogliona), raro Rouchet (RUCHÈ), muito bons DOLCETTO, BAROLO e BARBARESCO.

Scavino, Paolo ★★★ Produtor bem-sucedido de BAROLO ao estilo moderno. Vinhos de vinhedos únicos mais procurados: Rocche dell'Annunziata, Bric del Fiasc, Cannubi e Carobric. Também Barbera e Langhe Corale envelhecidos em carvalho.

Schiava Uva tinta de alta produção de TRENTINO e ALTO ADIGE, usada para tintos leves tais como LAGO DI CALDARO, SANTA MADDALENA etc.

Schiopetto, Mario ★★★→★★★★ Pioneiro lendário de COLLIO, com vinícola com produção de 25 mil caixas. Muito bons DOC Sauv Bl, PINOT BL, TOCAI, IGT Blanc de Rosis (mistura) etc. Novas ofertas IGT ricas e elegantes com vinho de COLLIO e vinhedos COLLI ORIENTALI.

Sciacchetrà Ver CINQUETERRE.

Secco Seco.

Sella & Mosca ★★ Grande produtor e casa comercial da SARDENHA com vinho branco agradável Torbato e VERMENTINO Cala Viola (CJD) leve e frutado. Bom DOC Alghero Marchese di Villamarina (Cab Sauv) e Tanca Farrà (CANNONAU/Cab Sauv). Também interessante é o Anghelu Ruju parecido com o Porto. Uma aposta segura.

Selvapiana ★★★ Propriedade de primeira linha de CHIANTI RUFINA. Os melhores vinhos são RISERVA Bucerchiale e IGT Fornace. Também fino tinto DOC POMINO.

Sforzato Ver VALTELLINA.

Sicília Ilha em total fermentação criativa, tanto com uvas nativas (NERO D'AVOLA, Frappato, Inzolia, Grecanico) como com variedades internacionais. A observar: Abraxas, Agareno, Benanti, Bonaccorsi, Capocroce, Ceusi, Colosi, COS, Cottanera, CS Corbera, Cusumano, De Bartoli, Di Giovanna, DONNAFUGATA, DUCA DI SALAPARUTA, Fatasci, Fazio, Feudo Maccari, Feudo Montoni, Feudo Santa Teresa, Firriato, Fondo Antico, Grottarossa, Gulfi-Ramada, Miceli, Morgante, MURANA, Passopisciano, Pellegrino, Principe di Butera (ZONIN), PLANETA, Rapitalà, Rudini, Sallier de la Tour, Santa Anastasia, SIV, Spadafora, TASCA D'ALMERITA, Tenuta dell'Abate, Terre Nere, VECCHIO SAMPERI, Zemmer, Zisoli.

Sizzano Pie DOC t ★★ 95 Tinto bem encorpado de Sizzano (Novara); na maior parte, NEBBIOLO. Envelhece por até dez anos. Principalmente: Bianchi, Dessilani.

Soave Ven DOC b ★→★★ CJD Branco famoso: fresco, suave, límpido. Padrões em ascensão (finalmente). Soave CLASSICO: fruta/mineral intenso. Principalmente PIEROPAN; também Bolla, Cantina de Castello, La Cappuccina, Cecilia Beretta, Dama del Rovere, Fattori & Graney, Gini, ***Guerrieri-Rizzardi***, Inama, Montetondo, Portinari, Pra, Ca' Rugate, Suavia, Tamellini, TEDESCHI.

Solaia Tos t ★★★★ **85 88 90 93 94' 95 96** 97' 98 99' 00 01' Muito fino VDT de Cab Sauv ao estilo Bordeaux e um pouco de SANGIOVESE de ANTINORI; feito pela primeira vez em 1978. Melhor Cab Sauv da Itália na década de 1990 e um excelente vinho em qualquer padrão.

Sorì Termo usado para vinhedos altos em Piemonte com orientação para o sul, sudeste ou sudoeste.

Sovana Nova DOC em MAREMMA; região próxima a Pitigliano. Procurar SANGIOVESE, Ciliegiolo de Tenuta Roccaccia, Pitigliano, Ripa, Sassotondo, Cab Sauv de ANTINORI.

Spanna Nome local para NEBBIOLO em uma variedade de zonas ao norte do PIEMONTE (BOCA, BRAMATERRA, FARA, GATTINARA, GHEMME, LESSONA, SIZZANO).

Sportoletti ★★★ Muito bons vinhos de Spello, próximo a ASSISI, principalmente Villa Fidelia.

Spumante Ver ESPUMANTE.

Espumante Do italiano *spumante*. Tanto os feitos com o METODO CLASSICO (melhor de TRENTINO, ALTO ADIGE, FRANCIACORTA, PIEMONTE, OLTREPÒ PAVESE; ocasionalmente bom de FRIULI e Veneto) quanto os vinhos baratos, feitos em tanque.

Stravecchio Muito velho.

Südtirol O nome local da região de língua alemã do ALTO ADIGE.

Superiore Vinho que envelheceu por mais tempo do que o normal exigido na DOC e cujo teor alcoólico aumentou entre 0,5 e 1%.

Super Tuscan Termo cunhado para vinhos inovadores da TOSCANA, os quais com freqüência envolvem exclusivamente SANGIOVESE ou variedades internacionais; barris de 225 litros e preços elevados.

Tasca d'Almerita ★★★ Produtor histórico da SICÍLIA, pertencente a uma família nobre (entre Palermo e Caltanissetta, a sudeste). Bom IGT tinto, branco e ROSATO Regaleali; muito bom ROSSO; impressionantes Chard e Cab Sauv.

Taurasi Cam DOCG t ★★★ **94' 95 97'** 98 99 00 01' 03' 04 05 O melhor tinto da Campania e um dos excepcionais vinhos da Itália. Tânico quando jovem. RISERVA

ITÁLIA

após quatro anos. Muito bons de Caggiano, Caputo, FEUDI DI SAN GREGORIO, MASTROBERARDINO, Molettieri, Vesevo e Villa Raiano.

Taurino, Cosimo ★★★ Produtor de primeira de Salento-APÚLIA; muito bom SALICE SALENTO, VDT Notarpanoro e IGT PATRIGLIONE ROSSO.

Tedeschi, Fratelli ★★→★★★ Produtor bastante conhecido de VALPOLICELLA, AMARONE, RECIOTO. Bom tinto IGT Capitel San Rocco.

Tenuta Fazenda ou propriedade. (Ver pelo verbete – por exemplo, SAN GUIDO, TENUTA).

Terlano T-AA b ★★→★★★ CJD DOC de Terlano incorporada ao ALTO ADIGE. A DOC AA Terlano aplica-se a 8 brancos varietais, principalmente Sauv Bl. *Terlaner*, em alemão. Sobretudo de CS Terlano, LAGEDER, NIEDERMAYR, NIEDRIST.

Teroldego Rotaliano T-AA DOC t r ★★→★★★ Tinto atraente com aroma de amora silvestre; ligeiro retrogosto amargo; pode envelhecer muito bem. ***Principalmente de FORADORI***. Também bom de CA' VIT, Dorigati, Endrizzi, RISERVA DE MEZZACORONA, Zeni.

Terre Brune Sard t ★★★ Esplêndida mistura terrosa Carignano/Boveladda de SANTADI, um carro-chefe para a SARDENHA.

Terre Cortesi Moncaro Mar ★★★ Cooperativa de Marches atualmente produzindo vinhos que competem com os melhores da região: bom VERDICCHIO DEI CASTELLI DI JESI, ROSSO CONERO E ROSSO PICENO.

Terre da Vino ★→★★★ Associação de 27 cooperativas e propriedades privadas do PIEMONTE, incluindo a maioria das DOCS locais. Melhores: BARBARESCO La Casa em Collina, BAROLO PODERE Parussi, BARBERA D'ASTI La Luna e I Falò.

Terre di Franciacorta Lom DOC t b ★★ **97** 99 00 01 Geralmente, vinhos tintos agradáveis (misturas de Cab Sauv, Barbera, NEBBIOLO, MERLOT); brancos bastante frutados e equilibrados (Chard, PINOT GR). Melhores produtores: ver FRANCIACORTA.

Terre Rosse ★★ Pequena propriedade empreendedora, nas imediações da Bolonha. Seus Cab Sauv, Chard, PINOT BL, RIES, e mesmo Viognier foram os pioneiros na região.

Terriccio, Castello di ★★★ Propriedade ao sul de Livorno: excelente IGT Lupicaia, muito bom IGT Tassinaia, ambos misturas Cab Sauv/MERLOT. Novo IGT Terriccio impressionante, uma mistura incomum de diversas uvas francesas.

Tignanello Tos t ★★★→★★★★**88 90 93 95** 96 97' 98 99' 00 01' 03 Pioneiro e líder dos tintos da TOSCANA de estilo internacional, feitos por ANTINORI.

Tocai Vinho branco suave e moderado (nenhuma relação com o Tokaji húngaro) do Nordeste. DOC também no Ven e Lom (★→★★), porém os produtores estão muito orgulhosos dele no FRIULI-VENEZIA GIULIA (sobretudo COLLIO e COLLI ORIENTALI) ★★→★★★. Melhores produtores: Aldo Polencic, BORGO DEL TIGLIO, Borgo San Daniele, LE VIGNE DI ZAMÒ, Livio FELLUGA, Masut da Rive, Meroi, Mirani, Renato Keber, RONCO del Gelso, RONCO DEL GNEMIZ, RUSSIZ SUPERIORE, SCHIOPETTO, Venica & Venica, VILLA RUSSIZ.

Torgiano Úmb DOC t b r (esp) ★★ e **Torgiano, Rosso Riserva** Úmb DOCG t ★★→★★★ **95 97** 99 **00'** 01' 03 04 Bom tinto da Úmbria, comparável no estilo ao CHIANTI CLASSICO. RUBESCO: padrão. RISERVA VIGNA Montecchi de LUNGAROTTI foi excepcional em safras como 75, 79, 85; guardar por muitos anos. Torgiano de Antigniano oferece contrastes interessantes ao líder histórico LUNGAROTTI.

Traminer Aromatico T-AA DOC b ★★→★★★ CJD (Alemão: Gewürz) Delicado, aromático, suave. Os melhores são das diversas cooperativas (Caldaro, Colterenzio, Prima & Nuova, SAN MICHELE APPIANO, TERLANO, Termeno) além de Abbazia di Navacella, HAAS, HOFSTÄTTER, Kuenhof, LAGEDER, Laimberg, NIEDERMAYR.

Trebbiano Principal uva branca da TOSCANA, encontrada em toda a Itália. É conhecida como Ugni Blanc na França. Infelizmente, é um desperdício de espaço em boas vinícolas, com raras exceções.

Trebbiano d'Abruzzo Ab DOC b ★→★★ CJD Branco delicado, neutro, ligeiramente tânico da região de Pescara. Melhor produtor: VALENTINI (também MONTEPULCIANO D'ABRUZZO), mas rivaliza com Masciarelli. Nicodemi, La Valentina e Valori também muito bons.

Trentino T-AA DOC t b s d ★→★★ DOC para vinte vinhos, a maioria com os nomes de suas uvas. Melhores: Chard, PINOT BL, MARZEMINO, TEROLDEGO. A capital da região é Trento.

Triacca ★★→★★★ Muito bom produtor de VALTELLINA; também possui propriedades na TOSCANA (CHIANTI CLASSICO: La Madonnina; MONTEPULCIANO: Santavenere. Todos ★★).

Trinoro, Tenuta di ★★★ Isolada e excepcional propriedade de vinhos tintos da TOSCANA (variedades Bordeaux) na DOC Val d'Orcia entre MONTEPULCIANO e MONTALCINO. As safras precoces de Cab Sauv/Petit Verdot TRINORO são de cair o queixo. Atualmente, Andrea Franchetti fabrica vinhos na propriedade Passopisciano, no monte Etna.

Toscana Região vinícola da Itália Central, incluindo DOCS CHIANTI, MONTALCINO, MONTEPULCIANO etc., IGT Toscana regional e – claro – SUPER TOSCAN.

Uberti ★★→★★★ Produtor de DOCG FRANCIACORTA. Muito bom TERRE DI FRANCIACORTA (tinto e branco).

Umani Ronchi ★★→★★★ Importante produtor e comerciante de Marches, principalmente de VERDICCHIO (Casal di Serra, Plenio), ROSSO CONERO Cumaro branco IGT Le Busche, tinto IGT Pelago. Vinhos recentes melhoraram de forma impressionante.

Vajra, Giuseppe Domenico ★★★ Muito bom e consistente produtor de BAROLO, principalmente Barbera, BAROLO, DOLCETTO, LANGHE etc. Também um FREISA (não-espumante) interessante.

Valcalepio Lom DOC t b ★→★★ Imediações de Bergamo. Tinto agradável; branco fresco ligeiramente oloroso. Bons de Brugherata, CASTELLO di Grumello, Monzio.

Valdadige T-AA DOC t b sc sd ★ Nome atribuído aos vinhos simples do vale do ALTO ADIGE – em alemão, *Etschtaler.*

Val di Cornia Tos DOC t r b ★★→★★★ 97 98 99' 00 01' 02 03 04 DOC próxima de Livorno, que compete em qualidade com BOLGHERI. SANGIOVESE, Cab Sauv, MERLOT e MONTEPULCIANO. Procure: Ambrosini, Jacopo Banti, Brancatelli, Bulichella, Tenuta Casadei, Gualdo del Re, Il Bruscello, Incontri, Le Pianacce, Montepeloso (Gabbro, Nardo), Petra, Russo, San Giusto, San Luigi, San Michele, Sant'Agnese, Suveraia, Tericciola e Tua Rita (Redigaffi).

Valentini, Edoardo ★★★ A grande tradição – e, com Gianni Mascerelli, o melhor produtor – de MONTEPULCIANO e TREBBIANO D'ABRUZZO.

Valle d'Aosta (VdA) DOC t b r ★★ DOC regional para mais de 20 vinhos alpinos, inclusive Premetta, Fumin, Blanc de Morgex et de La Salle, Chambave, Nus Malvoisie, Arnad Montjovet, Torrette, Donnas e Enfer d'Arvier.

Valle Isarco Eisacktal, T-AA DOC b ★★ CJD DOC AA Valle Isarco é aplicável a sete vinhos varietais feitos a nordeste de Bolzano. Bons Gewürz, MÜLLER-T, RIES e Silvaner. Produtores de primeira linha: Abbazia di Novacella, CS Eisacktaler, Kuenhof.

Valpolicella Ven DOC t ★→★★★ (Superiore) 98 00 01 03 04 (outros) CJD Tinto atraente das cercanias de VERONA. Os melhores são concentrados, complexos e merecedores de preços mais altos. Aroma delicado de nozes, sabor ligeiramente amargo. Cuidado com as garrafas grandes. O CLASSICO é mais restrito; o SUPERIORE é envelhecido por um ano. Melhores (★★★) DAL FORNO e TARELLI. Bons: Stefano Accordini, Bertani, BOLLA, BRUNELLI, Buglioni, BUSSOLA, Campagnola, Ca' Rugate, Michele Castellani, Guerrieri-Rizzardi, I. Saltari, LE RAGOSE, LE SALETTE, MASI, Mazzi, CS Negrar, PASQUA, Sant'Alda, Sant'Antonio, Sartori, Speri, TEDESCHI, Tommasi, Trabuchi, CS VALPOLICELLA, Vaona, Venturini, Villa Monteleone, Viviani, ZENATO. IGTS interessantes: Toar e Osar de MASI, La Grola de ALLEGRINI, La Poja, Palazzo della Torre (★★★). Harlequim de Zime, OZ.

Valtellina Lom DOC t ★★→★★★ DOC para vinhos tânicos: principalmente de Chiavennasca (NEBBIOLO) no norte da província alpina de Sondrio. Muito bom SUPERIORE DOCG dos vinhedos Grumello, Inferno, Sassella, Valgella. Melhores: Caven Camuna, Conti Sertoli-Salis, Fay, Nera, Nino Negri, Plozza, Rainoldi, TRIACCA. Sforzato é o tipo de Valtellina mais concentrado; semelhante ao AMARONE.

VDT, vino da tavola "Vinho de mesa": a classe mais humilde dos vinhos italianos. Nenhuma região geográfica específica ou outra reivindicação de fama, porém, ocasionalmente, alguns excelentes vinhos que não se enquadram nas categorias oficiais. Ver IGT.

Vecchio Velho

Vecchio Samperi Si ★★★ VDT de tipo MARSALA, feito em uma propriedade excepcional. O melhor é envelhecido em barris por 30 anos. O proprietário, Marco De Bartoli, também faz os melhores MARSALAS DOC.

Vendemmia Vindima; colheita ou safra.

Verdicchio dei Castelli di Jesi Mar DOC b (esp) ★★→★★★ CJD Clássico branco das cercanias de Ancona, atualmente frutado, bem-estruturado, bom preço. Também

CLASSICO. Os melhores são de Accadia, Bonci-Vallerosa, Brunori, Bucci, Casalfarneto, Cimarelli, Colonnara, Coroncino, FAZI-BATTAGLIA, Fonte della Luna, GAROFOLI, Laila, Lucangelli Aymerich di Laconi, Mancinelli, Montecappone, Monte Shiavo, Santa Barbara, SARTARELLI, TERRE CORTESI MONCARO, UMANI RONCHI.

Verdicchio di Matelica Mar DOC b (esp) ★★→★★★ CJD Semelhante ao anterior, menor, menos conhecido, duração maior. Principalmente Barone Pizzini, Belisario, Bisci, San Biagio, La Monacesca, Pagliano Tre.

Verduno Pie DOC t ★★ (CJD) Tinto pálido com perfume temperado, feito com a uva Pelaverga. Bons produtores: Alessandria e Castello di Verduno.

Verduzzo Colli Orientali del Friuli, F-VG DOC b sc sd d ★★→★★★ Branco bem encorpado, feito com uvas nativas. O Ramandolo é uma subzona bem conceituada. Principais produtores: Dario Coos, Dorigo, Giovanni Dri, Meroi. Soberbo VDT doce de LIS NERIS.

Verduzzo del Piave Ven DOC b CJD Branco pequeno e não-penetrante.

Vermentino Lig b ★★ CJD O melhor branco para frutos do mar da Riviera, sobretudo de Pietra Ligure e San Remo. DOC é Riviera Ligure di Ponente. Ver PIGATO. Particularmente bons: Colle dei Bardellini, Durin, Lambruschi, La Rocca di San Niccolao, Lunae Bosoni, Lupi, Picedi Benettini e Poggio dei Gorlieri. Também na costa da Toscana: ANTINORI, San Giusto, SATTA, Tenuta Vignale, ***Terre di Talamo***.

Vermentino di Gallura Sar DOCG b ★★→★★★ CJD Branco seco forte e suave da Sardenha. Principalmente de CAPICHERA, Depperu, CS di Gallura, CS del Vermentino.

Vernaccia di Oristano Sar DOC b sc (d fs) ★→★★★ **85' 86' 87 88 90'** 91' 93' 94' 95' 97' 98 99 00 01 Especialidade da Sardenha, semelhante a um xerez leve, um pouquinho amargo, bem encorpado. O SUPERIORE tem 15,5% de álcool, 3 anos de idade. Produtor de primeira linha: CONTINI.

Vernaccia di San Gimignano Tos DOCG b ★→★★ CJD Anteriormente, vinho comum para turistas; recente renascimento. Novo DOCG com normas de produção mais estritas. Melhores: Cusona, Cesani, FALCHINI, Fontaleoni, Il Paradiso, Le Calcinaie, Le Rote, Mormoraia, Palagetto, Palagione, Rampa di Fugnano, TERUZZI e PUTHOD.

Verrazzano, Castello di ★★ Boa propriedade CHIANTI CLASSICO, perto de Greve.

Vestini Campagnano Pequeno produtor ao N de Nápoles, especializando-se em uvas locais esquecidas. Excelentes resultados de Casavecchia, Pallagrello Bianco e Pallagrello Nero.

Vicchiomaggio ★★→★★★ Propriedade CHIANTI CLASSICO nas proximidades de Greve.

Vie di Romans ★★★→★★★★ Produtor jovem e talentoso, Gianfranco Gallo promoveu a propriedade de seu pai em ISONZO ao status de primeira linha no FRIULI. Excelentes ISONZO Chard, PINOT GR, Sauv Bl, MALVASIA, RIES e branco (mistura) chamado Flors di Uis.

Vietti ★★★ Produtor exemplar de vinhos PIEMONTE cheios de personalidade, inclusive BAROLO, BARBARESCO, BARBERA D'ALBA e D'ASTI em Castiglione Falletto, na região de BAROLO.

Vigna ou **vigneto** Vinhedo único (no entanto, ao contrário de outros países, uma qualidade superior à da DOC não é exigida para esses vinhedos na Itália).

Vignalta ★★ Produtor de primeira linha em COLLI EUGANEI, perto de Pádua (Veneto); muito bom RISERVA COLLI Euganei Cab Sauv e mistura MERLOT/Cab Sauv Gemola.

Vignamaggio ★★→★★★ Bela e muito boa propriedade histórica de CHIANTI CLASSICO, perto de Greve.

Villa ★★→★★★ Importante produtor de DOCG FRANCIACORTA.

Villa Matilde ★★★ Importante produtor da Campania de Falerno ROSSO (Vigna Camararato) e BIANCO (Vigna Caracci), Eleusi PASSITO.

Villa Russiz ★★★ Branco DOC COLLIO Goriziano notável: muito bom Sauv Bl e MERLOT (principalmente as seleções "de la Tour"), PINOT BL, PINOT GR, TOCAI, Chard.

Vino da arrosto "Vinho para carne assada" – isto é, bom tinto robusto e seco.

Vino Nobile di Montepulciano Tos DOCG t ★★★ **90 93 95' 97'** 98 **99'** 00 01 03 04' Marcante SANGIOVESE com bouquet e estilo, mas freqüentemente tânico. RISERVA após 3 anos. Dentre as melhores propriedades estão AVIGNONESI, Bindella, BOSCARELLI, Canneto, Casanova, Contucci, Dei, I Cipressi, Il Faggeto, Fassati, Fattoria del Cerro, Gavioli, Gracciano della Seta, Gracciano Svetoni, Icario, La Bracesca, La Calonica, La Ciarliana, Le Berne, Le Casalte, Macchione, Nottola, Palazzo Bandino, Palazzo Vecchio, Paterno, POLIZIANO, Romeo, Salcheto, Tre Berte,

Trerose, Valdipiatta, Vecchia Cantina (procure Briareo), Villa Sant'Anna. Por enquanto, preço razoável.

Vino novello O equivalente italiano dos *primeurs* da França (como em Beaujolais).

Vin Santo ou **Vinsanto, Vin(o) Santo** Termo usado para determinados vinhos fortes e doces, particularmente na TOSCANA: usualmente PASSITO. Pode ser muito fino tanto na TOSCANA como em TRENTINO.

Vin Santo Toscano Tos b sd ★→★★★ Aromático, rico e suave. Envelhecido em pequenos barris chamados *caratelli*. Pode ser tão espantoso quanto caro, porém os realmente bons são muito raros e os produtores de primeira linha estão sempre em falta. Os melhores são de AVIGNONESI, CAPEZZANA, CORZANO & PATERNO, Fattoria del Cerro, FELSINA, Frascole, ISOLE E OLENA, Rocca di Montegrossi, SAN GIUSTO A RENTENNANO, San Gervasio, SELVAPIANA, Villa Sant'Anna.

Vivaldi-Arunda ★★→★★★ O vinicultor Josef Reiterer produz vinhos espumantes de primeira linha do ALTO ADIGE. Melhores: Extra Brut RISERVA, Cuvée Marianna.

Voerzio, Roberto ★★★→★★★★ Jovem líder de BAROLO. BAROLOS de vinhedo único de primeira linha: Brunate, Cerequio, Rocche dell'Annunziata Torriglione, Sarmassa, Serra; BARBERA D'ALBA marcante.

Volpaia, Castelo di ★★→★★★ Propriedade CHIANTI CLASSICO de primeira classe em Radda.

VQPRD Sigla nos rótulos DOC: Vini di Qualità Prodotti in Regione Delimitata. (Vinho de Qualidade Produzido em Região Delimitada)

Zanella, Maurizio Criador de CA' DEL BOSCO.

Zenato Ven ★★→★★★ Propriedade muito confiável para VALPOLICELLA, SOAVE, AMARONE.

Zerbina, Fattoria ★★★ Nova liderança na Romagna; melhor DOCG ALBANA até o momento (PASSITO rico: Scacco Matto), muito bom SANGIOVESE; IGT Marzieno envelhecido em barris de 225 litros.

Zibibbo Si ★★ Nome local de PANTELLERIA para Muscat de Alexandria. Bom produtor: MURANA.

Zonin ★→★★ Uma das maiores propriedades privadas da Itália, situada em GAMBELLARA, com DOC e DOCG VALPOLICELLA. Também em ASTI, APÚLIA, CHIANTI CLASSICO, SAN GIMIGNANO, FRIULI, SICÍLIA e, atualmente, na Virgínia (EUA). Qualidade em ascensão, sob o controle do vinicultor Franco Giacosa.

Alemanha

As áreas mais escuras correspondem às regiões vinícolas.

As abreviações abaixo são usadas neste texto:

Bad	Baden
Franc	Francônia
M-M	Mittelmosel
M-S-R	Mosel-Sarre-Ruwer
Na	Nahe
Pfz	Pfalz
Rhg	Rheingau
Rhh	Rheinhessen
Würt	Württemberg

Não é tão raro que a população nativa de um país tenha um gosto para o vinho diferente dos de fora. Mas na Alemanha a diferença é tão marcante que chega a constituir dois vinhos diferentes – embora feitos da mesma uva e nos mesmos locais.

O gosto germânico quanto ao Riesling tende para a ultrapureza. Esse tipo de vinho deve ser inteiramente seco, fermentado em aço e manipulado redutivamente, de modo que não se possa detectar nenhum traço de oxidação moderada, o tipo que envolve o vinho e lhe dá um pouquinho de consistência e complexidade adicionais.

Os estrangeiros, pelo menos os de língua inglesa, têm dificuldade de se entrosar com esse estilo. Fora dos países de língua alemã, o gosto tende a ser o do estilo que os alemães chamam de "frutoso" – isto é, com açúcar residual. Sem dúvida, os alemães nos consideram bárbaros por gostar de sabores tão fora de moda; nós os achamos um pouco austeros demais em relação ao conforto, em sua busca do sabor acerado sem a contaminação do açúcar.

Mas, naturalmente, fazem-se vinhos maravilhosos nos dois estilos, e os secos se beneficiaram muitíssimo dos verões quentes que a Alemanha teve nestes últimos 20 anos, mais ou menos. Mas o que esses verões mais quentes têm revelado é que nem todo Riesling alemão é adequado à secura extrema. Nas regiões mais quentes como os Pfalz, os vinhos secos podem ter muito sucesso. Eles são produzidos em solos ricos de marga ou loess ou terra vulcânica, e têm alto teor de álcool e extrato para combinar. São equilibrados, cheios e enérgicos. Mas se você tentar o mesmo truque com o Mosel, pode se perder. Lá, os solos de ardósia, a alta acidez e a textura delicada do vinho podem significar que os vinhos podem se desequilibrar violentamente, se tiverem o alto teor de álcool resultante da fermentação para a secura.

O vinho alemão parece estar a ponto de sofrer uma outra evolução no estilo. Talvez ele se dirija na direção do músculo e da força, com o Mosel se agarrando à delicadeza em face da moda. Nesse caso, talvez o Riesling alemão finalmente entre na onda da popularidade que levou adiante o Riesling austríaco e o australiano. Já não era sem tempo.

Safras recentes

Mosel-Sarre-Ruwer

Os vinhos do Mosel (incluindo os vinhos do Sarre e do Ruwer) são tão atraentes quando jovens que suas qualidades de envelhecimento, muitas vezes, não são exploradas o suficiente, e os com mais de oito anos são raros. No entanto, os vinhos Riesling bem-feitos da classe Kabinett ganham por ficar guardados em garrafas por cinco anos ou mais; os Spätlese por cinco a vinte anos e os Auslese e os Beerenauslese entre dez e trinta anos. Geralmente, em anos ruins, o Sarre e o Ruwer produzem vinhos magros e penetrantes, porém, em anos melhores, sobretudo com botrítis, eles são capazes de superar os vinhos do resto do mundo com sua elegância e "raça" acerada.

2006 Um agosto úmido e frio, bem como um tempo mais insatisfatório durante o outono, acabou com as expectativas; a podridão se disseminou por toda a parte, levando produtores a colher mais cedo e depressa. Haverá vinhos medíocres, mas os melhores produtores estão em êxtase, reportando alta maturidade e vibrante acidez. Mas esta seleção inflexível significa que as quantidades são pequenas.

2005 Um clima explêndido no outono, desde o final de setembro até novembro, elevou as uvas a níveis muito altos de amadurecimento, porém com melhor acidez que, digamos, 2003. Ano excepcional, principalmente no Sarre.

2004 Um verão úmido fez com que os produtores temessem o pior, porém as safras foram salvas pelo outono glorioso. Na colheita, as uvas estavam saudáveis e muito maduras. Um bom ano para se começar a beber.

2003 Clima quente trouxe níveis altos de amadurecimento, porém acidez relativamente baixa. Ironicamente, algumas grandes localidades sofreram com a seca, enquanto sítios menores mais frescos tiveram melhores resultados. Portanto, haverá uma considerável variação na qualidade, com os melhores, incluindo alguns vinhos fortes e secos, esplêndidos. Sensacional Trockenbeerenauslesen também.

2002 É um pequeno milagre a sobrevivência das uvas Riesling a uma das mais molhadas colheitas documentadas, produzindo vinhos maduros, vivos e suculentos (na maioria Kabinett e Spätlese), os quais serão muito atraentes, se consumidos jovens ou maduros.

2001 Outubro dourado resultou na melhor Riesling do Mosel desde 1990. Sarre e Ruwer menos excitantes, porém mesmo assim com bom equilíbrio. Muitos Spätlesen e Auslesen.

2000 A Riesling resistiu às chuvas durante a colheita, aqui, melhor do que na maioria das outras regiões. Dominada pelas boas QbA e Kabinett. Auslesen são mais raras, porém excitantes.

1999 Excelente no Sarre e no Ruwer, muitos Auslesen; em geral, apenas bom no Mosel, devido à alta produção. Os melhores vinhos podem ser bebidos jovens e envelhecerão bem.

1998 As uvas Riesling passaram por um outono chuvoso e deram resultados extraordinários no Mittelmosel. O Sarre e o Ruwer tiveram menos sorte, produzindo basicamente QbA. Bastante Eiswein.

1997 Safra generosa, com vinhos consistentemente frutados e elegantes em toda a região. No Sarre e no Ruwer, Auslesen maravilhosos.

1996 Uma safra muito variável, com Spätlesen e Auslesen finos, porém apenas os oriundos das melhores localidades. Bastantes Eisweins excelentes.

1995 Safra excelente, principalmente de Spätlesen e Auslesen com estrutura firme e potencial de envelhecimento prolongado.

1994 Outra safra muito boa, na maior parte QmP com QbA e Kabinett nada excepcionais, porém muitos Auslesen, Beernauslesen e vinhos com botrítis.

1993 Safra pequena e excelente: muitos Auslesen com botrítis; harmonia quase perfeita. Prontos para serem bebidos, exceto os Auslesen de primeira linha.

1992 Safra muito grande, mas com apenas 30% de QmP. Beber logo.

1991 Uma safra mista. Para beber logo.

1990 Safra soberba, embora pequena.

1989 Freqüentemente excepcionais; a podridão nobre (botrítis) produziu muitos Auslesen etc. Os vinhos do Sarre são os melhores; houve diluição nos do Mittelmosel. Prontos para serem bebidos, exceto os melhores Auslesen.

Boas safras mais antigas: 88 76 71 69 64 59 53 49 45 37 34 21.

Rheinhessen, Nahe, Pfalz, Rheingau

Mesmo os melhores vinhos podem ser consumidos com prazer quando jovens, porém os Riesling Kabinett, Spätlese e Auslese ganham muito em personalidade se guardados por mais tempo. Os vinhos do Rheingau tendem a ser os mais longevos, melhorando ao longo de 15 anos; contudo os melhores vinhos do Nahe e do Pfalz são capazes de duração equivalente. Vinhos do Rheinhessen costumam amadurecer mais cedo, e os secos da Francônia e de Baden geralmente são melhores dos 3 aos 6 anos.

2006 Tempo quente e chuvoso em setembro e início de outubro, que forçou os produtores a colher mais cedo, antes que a podridão se firmasse demais. As melhores propriedades em Pfalz e Rheinhessen se viram obrigadas a não recolher as frutas apodrecidas. Grauburgunder (Pinot Gris) foi a mais afetada, e também a Riesling de Pfalz. Muito do que foi colhido teve bom aproveitamento, então não se trata de uma safra desastrosa, embora de quantidades reduzidas.

2005 O verão foi ameno, porém a chuva manteve a seca longe. Um outono muito bom fez com que houvesse níveis altos de amadurecimento, acompanhados de excelente acidez e extrato. Ano soberbo.

2004 Após um verão indiferente, um bom outono entregou uvas maduras e saudáveis por toda a região do rio Reno. Uma colheita maior que a normal, portanto poderá haver um pouco de diluição, embora não nas propriedades de primeira linha.

2003 Clima muito quente produziu vinhos ricos no Rheingau; muitos carecem de acidez. O Pfalz produziu Rieslings esplêndidos. Vinhos tintos saíram-se bem em todas as regiões.

2002 Poucos desafiam os melhores de 2001, porém deverá ser muito bom para os Kabinett/Spätlese de estilo clássico e para os secos. Excelente Pinot Noir.
2001 Embora mais irregular que no Mosel, aqui também a safra foi, em geral, excitante para os estilos seco e clássico; equilíbrio excelente.
2000 Quanto mais para o sul, mais difícil a colheita. O Pfalz sofreu a pior das chuvas durante a colheita. No entanto, todas as regiões têm ilhas de excelência.
1999 A qualidade foi mediana onde as produções foram altas, porém os produtores de primeira linha tiveram uma safra excelente de vinhos ricos, aromáticos, com muito charme.
1998 Excelente: vinhos ricos e equilibrados, muito bons Spätlesen e Auslesen com um potencial excelente para envelhecer. A chuva afetou bastante a Francônia e Baden, mas foi um grande ano para o Eiswein.
1997 Uvas muito limpas e maduras produziram excelentes QbA, Kabinett, Spätlese nos estilos clássico e seco. Pouca botrítis, portanto Auslesen e qualidades melhores são raras.
1996 Uma safra excelente, sobretudo no Pfalz e no Rheingau, com muitos Spätlesen finos. Excelente Eiswein.
1995 Ligeiramente variável, porém alguns Spätlesen e Auslesen excelentes estão amadurecendo bem, como os da década de 1990. Fracos no Pfalz, devido a chuvas durante a colheita.
1994 Boa safra, na maior parte QmP, com fruta abundante e estrutura firme. Alguns vinhos doces soberbos.
1993 Uma safra pequena de qualidade entre muito boa e excelente. Abundância de Auslesen e Spätlesen que estão começando a atingir o ápice.
1992 Safra muito grande; teria sido excelente, não fosse um outubro frio e chuvoso. Um terço de vinhos QmP de qualidade rica e de estilo. Beba logo.
1991 Uma safra regular. Beba logo.
1990 Safra pequena e excepcional. Beba agora, porém se manterão por muitos anos.

Boas safras mais antigas 83 76 71 69 64 59 53 49 45 37 34 21.

Achkarren Bad b (t) ★★ Vila no KAISERSTUHL conhecida sobretudo por seu vinho GRAUBURGUNDER. Vinhedo de primeira classe: Schlossberg. Geralmente, os vinhos devem ser bebidos nos primeiros cinco anos. Bons vinhos: Dr. HEGER, Michel, e de cooperativas.

Adelmann, Weingut Graf ★★ →★★★ A propriedade de Adelmann está localizada no idílico castelo de Schaubeck em WÜRTTEMBERG. As especialidades são misturas sutis de tintos, RIES e o raro Muskattrollinger.

Ahr Ahr t ★→★★ **95 97** 98 **99 01 03 04** 05 06 Área ao sul de Bonn. SPÄTBURGUNDER leve e elegante, particularmente de Adeneuer, DEUTZERHOF, Kreuzberg, MEYER-NÄKEL, Nelles, Stodden.

Aldinger, Weingut Gerhard ★★★ Propriedade líder em vinhos tintos de WÜRTTEMBERG. LEMBERGER SPÄTBURGUNDER e Bordeaux são as especialidades. Também bons RIES.

Anotações sobre as safras alemãs

Nesta seção, as notas que acompanham cada verbete obedecem a um critério diferente do resto do Guia. O objetivo é mostrar o estilo e a qualidade da safra. Empregam-se duas notações:

Negrito (por exemplo, **99**) indica safras clássicas, supermaduras, com uma alta proporção de Spätlesen e Auslesen, ou, no caso dos vinhos tintos, maturidade fenólica e pesos de mosto bons.

Letra normal (por exemplo, 98) indica uma safra de sucesso, mas não excepcional.

Vinhos brancos alemães, especialmente Riesling, possuem alta acidez e envelhecem bem, e mostram características puramente frutadas, uma vez que não foram envelhecidos em barril. Assim, podem ser consumidos jovens por seu estilo frutado intenso, ou guarde por uma década ou duas para desenvolver mais sutileza e *finesse* aromáticas. Isso significa que não há um momento específico para bebê-los, então nenhuma dessas safras é especificamente recomendada para consumo imediato.

ALEMANHA

Amtliche Prüfungsnummer Ver PRÜFUNGSNUMMER.

APNr Abreviação de AMTLICHE PRÜFUNGSNUMMER.

Assmannshausen Rhg t ★→★★★ **90 93 95 96** 97 98 **99 01** 02 **03 04 05** 06 Vila íngreme do RHEINGAU, conhecida por seus SPÄTBURGUNDERS geralmente leves. Vinhedo de primeira classe: Höllenberg. Produtores incluem: KESSELER, Robert König, Hotel KRONE, e o STATE DOMAIN.

Auslese(n) Vinhos de colheita selecionada, de uvas supermaduras, em diversos anos, afetadas pela podridão nobre (*Edelfäule*/botrítis) e correspondentemente untuosas no sabor. Os Auslesen secos são geralmente demasiado alcoólicos e deselegantes para o meu gosto.

Ayl M-S-R (Sarre) b ★★★ **89 90 93** 94 **95** 96 **97 99** 00 **01 02 03 04 05** 06 Os vinhedos de Ayl são desde 1971 conhecidos pelo nome de seu terreno de melhor histórico: Kupp. Produtores incluem: BISCHÖFLICHE WEINGUTER, LAUER.

Bacchus Uva moderna, freqüentemente *kitsch*, encontrada na maioria das vezes em RHEINHESSEN e FRANCÔNIA. Em declínio merecido.

Bacharach b (t) ★→★★★ **90 93 96** 97 98 **01 02** 03 **04 05** 06 A principal cidade vinícola de MITTELRHEIN. RIES enérgicos e austeros, alguns finos. Vinhedos de primeira classe: Hahn, Posten, Wolfshöhle. Produtores incluem: BASTIAN, JOST, Helmut Mades, RATZENBERGER.

Bad Dürkheim Pfz b (t) ★★→★★★ **90 93** 94 95 **96 97 98 99 01** 02 **03** 04 **05** 06 Principal cidade do MITTELHAARDT, com o maior barril do mundo e um antigo festival de vinho em setembro. Vinhedos de primeira linha: Michelsberg, Spielberg. Produtores: Darting, Fitz-Ritter, Schmitt, Schäfer,

Baden Bad Imensa área no Sudeste com vinhedos espalhados e conhecida por seus Pinots e RIES, geralmente secos. Melhores áreas: KAISERSTUHL, ORTENAU.

Badishe Bergstrasse/Kraichgau (Bereich) Distrito amplo do norte de BADEN. As uvas WEISSBURGUNDER E GRAUBURGUNDER produzem os melhores vinhos.

Badischer Winzerkeller A maior cooperativa da Alemanha (e da Europa), absorvendo toda a produção de outras 38 cooperativas para fazer até 600 vinhos a cada ano, responsável por quase metade da produção de BADEN: certamente sem grandes ambições.

Bad Kreuznach Nahe b ★★ **83 85** 88 **89 90** 92 **93** 94 95 96 97 98 **99** 00 **01 02 03 04 05** Cidade com *spa* e bons vinhedos. Primeira classe: Brückes, Kahlenberg, Krötenpfuhl. Produtores incluem: Anheuser, Carl Finkenauer, von PLETTENBERG.

Bassermann-Jordan ★★★ **89 90 96 97 98 99 01** 02 **03 04 05** 06 Propriedade em MITTELHAARDT com novo proprietário desde 2003 e vinhedos excepcionais em DEIDESHEIM, FORST, RUPPERTSBERG etc. O vinicultor Ulrich Mell sobressaiu na produção de ***RIES seco majestoso*** e também generosos vinhos doces.

Bastian, Weingut Fritz ★★ Propriedade de 6 ha em BACHARACH. RIES austeros e raçudos, com delicadeza ao estilo MOSEL, principalmente do vinhedo de primeira classe Posten.

Becker, J.B. ★★→★★★ A melhor propriedade em WALLUF especializada em SPÄTBURGUNDER e em RIES secos.

Beerenauslese, BA Vinho doce saboroso, produzido com frutas individualmente selecionadas e excepcionalmente maduras, geralmente concentrado pela podridão nobre. Raro e caro.

Bercher ★★→★★★ Propriedade de KAISERSTUHL, com 24 ha de Pinot branco e tinto em Burkheim. Excelentes WEISSBURGUNDER, RIES e SPÄTBURGUNDER.

Bergdolt, Weingut ★★ Ao sul de NEUSTADT no PFALZ. Rainer Bergdolt produz extraordinário WEISSBURGUNDER (Pinot Bl), assim como bom RIES.

Bernkastel M-M b ★→★★★★ **75 83 88 89 90 93 94 95** 96 **97** 98 **99** 00 **01 02** 03 **04 05** 06 Importante cidade vinicultora do MITTELMOSEL; o representante do RIES. Magnífico vinhedo (acima dos preços) de primeira classe: Doctor, com 3,2 ha. Vinhedos de primeira classe: Graben, Lay. Principais produtores: KERPEN, LOOSEN, MOLITOR, PAULY-BERGWEILER, PRÜM, Studert-Prüm, THANISCH, WEGELER.

Bernkastel (Bereich) Inclui todo o MITTELMOSEL. Ampla área de qualidade deploravelmente apagada e personalidade florida, superficial. A maioria MÜLLER-T. Evite.

Beulwitz, Weingut von ★★→★★★ Confiável propriedade de 6 ha do RUWER com vinhos de Kaseler Nies'chen.

Biffar, Josef ★★→★★★ Importante propriedade de 12 ha em DEIDESHEIM e WACHENHEIM. Eventuais trocas de vinicultores acarretaram oscilações na qualidade.

Bingen Rhh b ★→★★ **89 90 93** 94 **96** 97 **98** 99 **01 02** 03 **04 05** 06 Cidade em Rhein/NAHE. Vinhedos finos, inclusive Scharlachberg de primeira classe.

Bingen (Bereich) Nome distrital para o noroeste de RHEINHESSEN.

Bischöfliche Weingüter M-S-R ★★ Propriedade famosa localizada em TIER, que une os vinhedos da catedral com os das duas outras entidades de caridade, o Bischöfliches Priesterseminar e o Bischöfliches Konvikt. São 106 ha de vinhedos de primeira linha, principalmente no SARRE e RUWER. Qualidade mais rotineira que excitante.

Bocksbeutel Garrafa atarracada e inconveniente, em formato de frasco, usada em FRANCÔNIA e no norte de BADEN.

Vinhos tintos

Talvez porque o trunfo da Alemanha sempre tenha sido os vinhos brancos, a população do país é louca pelos tintos. Até uns dez anos atrás os que foram produzidos em seus solos, em grande parte o Spätburgunder (Pinot Noir), tendiam a ser fracos, semeados em excesso, e quase sempre adstringentes. Apenas nos anos mais quentes tiveram mais sabor de tintos do que de rosés. Agora, aqueles anos quentes fazem aparições regulares, e com certeza acrescentam peso aos vinhos. O Pinot Noir pálido ainda existe, mas também existem versões maduras e concentradas de Aht, Pfalz, Franken e Baden. As ralas especialidades locais, como o Wurtenberg's Trollinger frustram os forasteiros, mas outras variedades também da região, notadamente o Lemburger, podem produzir vinhos excelentes. Talvez ainda continue a ser um esforço, para os alemães, competir com seus tintos em nível internacional, mas pelo menos hoje em dia pode-se pedir um Pfalz ou um Baden com alguma confiança e esperança de satisfação.

Bodensee (Bereich) Distrito idílico ao sul de Baden, no lago Constance. Os vinhos secos devem ser bebidos em um prazo de 5 anos. MÜLLER-T tipo RIES é uma especialidade.

Boppard ★→★★★ **90 93** 95 96 97 **98 01 02** 03 **04 05** 06 Importante cidade vinícola do MITTELRHEIN, com os melhores locais situados, todos, no anfiteatro de videiras chamado Bopparder Hamm. Produtores: Toni Lorenz, Matthias Müller, August Perll, WEINGART. O melhor que o dinheiro pode comprar.

Brauneberg M-M b ★★★★ **83 88 89 90 93** 94 95 96 **97** 98 **99** 00 **01 02** 03 **04 05** 06 Vila de primeira linha (304 ha) no M-S-R, próximo a BERNKASTEL: RIES excelente, saboroso – se existisse Grand Cru no Mosel, seria este. Magnífico vinhedo de primeira classe: Juffer-SONNENUHR. Vinhedo de primeira classe: Juffer. Produtores: F. HAAG, W. HAAG, SCHLOSS LEISER, PAULINSHOF, RICHTER, THANISCH.

Tome cuidado com *Bereich*

Distrito dentro de um *Anbaugebiet* (região). A presença desta palavra no rótulo deve ser tratada como sinal vermelho. Não compre. Ver os nomes que acompanham Bereich, por exemplo, BERNKASTEL (BEREICH).

Breuer, Weingut Georg ★★★→★★★★ Propriedade familiar de 24 ha em RUDESHEIM e 7,2 ha em RAUENTHALER. Atualmente, produz esplêndidos RIES encorpados e secos. Soberbo Sekt também, mas SPÄTBURGUNDER mediano. Bernhard Breuer, vinicultor pioneiro, morreu repentinamente em 2004, porém a propriedade continua na família.

Buhl, Reichsrat von ★★★ Propriedade histórica com 55 ha (DEIDESHEIM, FORST, RUPPERTSBERG) em Pfalz, voltando à sua antiga forma histórica em 1994. Adquirida em 2005 pelo empresário Achim Niederberger, que também é dono do BASSERMANN-JORDAN.

Bundesweinprämierung O Prêmio do Vinho do Estado Alemão, organizado pela DLG: concede rótulos de medalhões, nas classes grandes (*grosse*), prata ou bronze.

Bürgerspital zum Heiligen Geist ★★→★★★ Antiga propriedade beneficente em WÜRZBURG, com 11 ha. Vinhos ricos e secos, principalmente SILVANER, RIES e, em alguns anos, ótimo TBA.

ALEMANHA

Bürklin-Wolf, Dr. ★★★→★★★★ Dinâmica propriedade familiar no PFALZ, com 85 ha em FORST, DEIDESHEIM, RUPPERTSBERG e WACHENHEIM, incluindo muitos locais de primeira classe. Os seus vinhos secos e encorpados costumam ser espetaculares. Agora é biodinâmica.

Castell'sches Fürstlich Domänenamt ★→★★★ Propriedade histórica de 58 ha na FRANCÔNIA. SILVANER e RIESLANER, seco e doce, com reputação crescente para vinhos tintos, também.

Chardonnay Atualmente cultivada em toda a Alemanha; com mais de 1.020 ha. Agora com maior segurança na qualidade. Os melhores: JOHNER, REBHOLZ, Dr. WEHRHEIM, WITTMAN.

Christmann ★★★ Propriedade de 15 ha em Gimmeldingen (PFALZ), que produz RIES e SPÄTBURGUNDER ricos e secos a partir de vinhedos de primeira classe, notadamente Königsbacher Idig.

Christoffel, J.J. ★★★ Minúsculo domínio em ERDEN, URZIG. RIES elegantes e refinados. Desde 2001, arrendada para Robert Eymael de MÖNCHHOF.

Clüsserath-Weiler, Weingut ★★→★★★ RIES clássicos de TRITTENHEIMER de primeira linha. Apotheke e o raro vinhedo de Fährfels.

Crusius ★★→★★★ Propriedade familiar de 17 ha em TRAISEN, NAHE. RIES vívidos, produzidos por Bastei e Rotenfels de TRAISEN e SCHLOSSBÖCKELHEIM. Os vinhos de primeira linha envelhecem muito bem.

Dautel, Weingut Ernst ★★→★★★ Há mais de três décadas Dautel vem demonstrando ser um dos poucos mestres de WÜRTTEMBERG, talvez da Alemanha, de vinhos tintos sérios, principalmente SPÄTBURGUNDER e LEMBERGER.

Deidesheim Pfz b (t) ★★→★★★★ **88 89 90 92 94** 95 **96** 97 **98 99 01 02** 03 **04 05** 06 Maior vila de alta qualidade do PFALZ (405 ha). Vinhos vivazes e ricamente saborosos. Vinhedos de primeira classe: Grainhübel, Hohenmorgen, Kalkofen, Keiselberg, Langenmorgen, Leinhöhle. Principais produtores: BASSERMANN-JORDAN, BIFFAR, BUHL, BÜRKLIN-WOLF, DEINHARD, MOSBACHER, WOLF.

Deinhard Em 1997, a família WEGELER, produtora de SEKT em Deinhard, vendeu a casa comercial de 200 anos de existência ao gigante Henkell-Söhnlein, produtor de vinho espumante. No entanto, as esplêndidas propriedades Deinhard permaneceram de posse da família. (ver WEGELER).

Deinhard, Dr. ★★★ Boa propriedade de 35 ha: alguns dos melhores vinhedos de DEIDESHEIM e FORST.

Deutscher Tafelwein Oficialmente, o termo para vinhos alemães muito humildes. Atualmente, só para confundir, significa também o estandarte de conveniência para algumas novidades caras, com freqüência as envelhecidas em BARRIQUES.

Deutzerhof, Weingut ★★→★★★ Propriedade na AHR que produz SPÄTBURGUNDER concentrado envelhecido em BARRIQUES. Boa qualidade, preços alarmantes.

Diel, Schlossgut ★★★ Propriedade da moda de 17 ha em NAHE, pioneira no envelhecimento de GRAUBURGUNDER e WEISSBURGUNDER em BARRIQUES. ***Seu RIES tradicional está freqüentemente entre os mais finos***. Produz SEKT sérios e AUSELESE delicioso.

Domäne "Domínio" ou "propriedade", em alemão. Ocasionalmente usado sozinho para significar "Domínio do Estado" (STAATSWEINGUT ou Staatliche Weinbaudomäne).

Dönnhoff, Weingut Hermann ★★★★ 89 90 94 95 96 97 98 99 00 01 02 03 04 05 06 Propriedade de primeira linha de 16 ha em NAHE, com ***RIES magnífico*** em todos os níveis de qualidade de NIEDERHAUSEN, Oberhausen, SCHLOSSBÖCKELHEIM. EISWEIN esplêndido.

Dornfelder Uvas tintas que produzem vinhos de cor profunda, em geral rústicos. Atualmente com uma espantosa área de 8.250 ha plantada por toda a Alemanha.

Durbach Baden b (t) ★★→★★★ **94 96** 97 **98 99** 00 **01** 02 **04 05** 06 Vila com 314 ha de vinhedos, dos quais Plauelrain é o de primeira classe. Produtores de primeira linha: LAIBLE, H. Männle, WOLFF METTERNICH. Escolha seus KLINGENBERGERS (RIES) e CLEVNERS (TRAMINER).

Edel Significa "nobre". *Edelfäule* significa "podridão nobre".

Egon Müller zu Scharzhof ★★★★ **75 76 79 83** 85 **88 89 90** 92 **93 94 95** 96 **97** 98 **99** 00 **01 02 03 04 05** 06 Propriedade de primeira, com 8 ha em WILTINGEN, no SARRE. Seus vinhedos desenvolvem-se precipitadamente, atrás do solar de

Müller. Seu ***SCHARZHOFBERGER RIES*** rico e raçudo em safras AUSLESEN está entre os melhores vinhos do mundo; os melhores recebem cápsulas de ouro. As safras são sublimes, com nuanças de mel, imortais. Os Kabinetts são leves como plumas. Le Gallais é uma segunda propriedade, de 4 ha, em Braune Kupp, WILTINGER; boa qualidade, porém a localidade é menos excepcional.

Eiswein Vinho muito doce feito de uvas congeladas, das quais o gelo (isto é, a água) é descartado, o que produz um vinho muito concentrado em sabor, acidez e açúcar – equivalente ao BEERENAUSLESE ou superior. O teor de álcool pode ser tão baixo quanto 5,5%. Muito caro. As safras de 86, 98 e 02 produziram excelentes Eiswein.

Eitelsbach M-S-R (Ruwer) b ★★→★★★★ **83 88 89 90 93** 94 **95** 96 **97 98 99** 00 **01** 02 **03 04 05** 06 Vila do RUWER na fronteira com TRIER, incluindo soberbo vinhedo de primeira classe KARTHAUSERHOFBERG.

Elbling Uva introduzida pelos romanos, amplamente plantada no alto MOSEL. Pode ser penetrante e sem gosto, porém capaz de frescor e vitalidade reais quando nas melhores condições (por exemplo, Nittel ou SCHLOSS THORN no OBERMOSEL).

Eltville Rhg b ★★→★★★ **89 90 93** 94 **95** 96 **97** 98 **99** 00 **01** 02 **03 04 05** 06 Importante cidade vinícola na qual se situam adegas de STAATSWEINGÜTER de RHEINGAU e as propriedades LANGWERTH VON SIMMERN. Vinhedo de primeira classe: Sonnenberg.

Emrich-Schönleber ★★★ Localizada na vila Monziger de NAHE. Desde o final da década de 1980, o vinicultor Werner Schönleber mostra que seus RIES estão entre os melhores da Alemanha, sobretudo seu EISWEIN suntuoso.

Enkirch M-M b ★★ **90 93 94** 96 **97** 98 **99 01** 02 **03 04 05** 06 Vila do MITTELMOSEL pouco conhecida, na maioria das vezes despercebida, porém com um adorável vinho leve e saboroso. O melhor produtor é IMMICH-BATTERIEBERG.

Erbach Rhg b ★★★ **83 89 90 93 95** 96 **98 99** 00 **01** 02 **03 04 05** 06 Área de RHEINGAU: vinhos grandes, perfumados, capazes de envelhecimento prolongado, incluindo vinhedos de primeira classe: Hohenrain, MARCOBRUNN, Siegelsberg, Steinmorgen, Schlossberg. Principais propriedades: KNYPHAUSEN, LANGWERTH VON SIMMERN, SCHLOSS REINHARTSHAUSEN, SCHLOSS SCHÖNBORN. Também BECKER, Jakob Jung etc.

Erben Palavra que significa "herdeiros", muito usada em rótulos de propriedades tradicionais.

6 **Auslese:** mais doce e, às vezes, mais forte do que Spätlese, freqüentemente com sabores que lembram mel, intensos e longevos. Às vezes, seco e pesado.

7 **Beerenauslese:** muito doce, às vezes forte, intenso. Pode ser soberbo.

8 **Eiswein**: das uvas naturalmente congeladas de Beeren – ou de qualidade Trockenbeerenauslese: concentrado, um tanto penetrante, e muito doce. Pode ser muito fino ou extremo demais, sem harmonia.

9 **Trockenbeerenauslese**: intensamente doce e aromático: pouco álcool. Extraordinário e eterno.

Níveis de qualidade na Alemanha.

A gama oficial das qualidades e estilos em ordem ascendente é:

1 **Deutscher Tafelwein**: vinho leve e adocicado sem personalidade específica.

(De determinados produtores, pode ser atípico mas excelente.)

2 **Landwein**: Tafelwein tipo seco com um pouco de estilo regional.

3 **Qualitätswein** Vinho seco ou adocicado com adição de açúcar antes da fermentação para aumentar seu teor alcoólico, mas que passou por testes de qualidade e com uma distinta personalidade do local e da uva. Não se desespere.

4 **Kabinett:** vinho seco ou tipo seco (sem adição de açúcar) com uma personalidade distinta e leveza característica. Às vezes, pode ser sublime.

5 **Spätlese:** mais forte e, muitas vezes, mais doce do que Kabinett. Encorpado. Atualmente, muitos Spätlesen são *trocken* ou completamente secos.

Erden M-M b ★★★ **75 83 88 89 90 93 95** 96 **97 98 99** 00 **01** 02 03 **04 05** 06 Vila adjacente a ÜRZIG: vinho nobre, saboroso e vigoroso (mais herbáceo e mineral que os vinhos das vizinhas BERNKASTEL e WEHLEN, porém igualmente longevos). Magníficos vinhedos de primeira classe: Prälat, Treppchen. Produtores incluem: BISCHÖFLICHE WEINGÜTER, J.J. CHRISTOFFEL, Erbes, LOOSEN, Meulenhof, MÖNCHHOF, Peter Nicolay, Weins-Prüm.

Erstes Gewächs Traduzido literalmente como Premier Cru.

Erzeugerabfüllung Engarrafado pelo produtor. Está sendo substituído por GUTSABFÜLLUNG, mas somente pelas propriedades; as cooperativas continuam com *Erzeugerabfüllung*.

Escherndorf Franc b ★★→★★★ **90 93 97** 98 99 **00 01** 02 03 04 **05** 06 Importante cidade vinícola perto de WÜRZBURG. Vinho semelhante, seco e saboroso de RIES e SILVANER. Vinhedo de primeira classe: Lump. Produtores incluem: Michael Fröhlich, JULIUSSPITAL, H. SAUER, Rainer Sauer, Egon Schäffer.

Feinherb Termo impreciso para vinhos com cerca de 10-20 gramas de açúcar por litro. Preferido por alguns como uma alternativa mais flexível ao HALBTROCKEN. Usado no rótulo por, entre outros, KERPEN, von KESSELSTATT, MOLITOR.

Filzen M-S-R (Sarre) b ★★ **90** 93 **94 95 97** 98 **99 01** 02 **03 04 05** 06 Pequena vila do SARRE, próxima de WILTINGEN. Vinhedo de primeira classe: Pulchen. Único produtor a notar: Piedmont.

Forst Pfz b ★★→★★★★ **90 94** 95 **96** 97 **98 99 01 02 03 04 05** 06 Vila do MITTELHAARDT com mais de 200 ha dos melhores vinhedos da Alemanha. Vinhos maduros, ricamente fragrantes, encorpados, porém sutis. Vinhedos de primeira classe: Jesuitengarten, Kirchenstück, Freundstück, Pechstein, Ungeheuer. Melhores produtores incluem: BASSERMANN-JORDAN, BURKLIN-WOLF, DEINHARD, MOSBACHER, Eugen Müller, H. Spindler, Werlé, WOLF.

Francônia Franc Região de excelentes vinhos secos e característicos, sobretudo SILVANER, sempre engarrafados em frascos bojudos (BOCKSBEUTEL). O centro é WÜRZBURG. Nomes de Bereich: MAINDREIECK, STEIGERWALD. Melhores produtores: BURGERSPITAL, CASTELL, FÜRST, JULIUSSPITAL, LÖWENSTEIN, RUCK, H SAUER, STAATLICHER HOFKELLER, STÖRRLEN, WIRSCHING etc.

Franzen, Weingut Rheinhold ★→★★ Do vinhedo mais inclinado da Europa, Bremmer Calmont, Franzen produz RIES e EISWEINS secos e confiáveis, às vezes empolgantes.

Friedrich-Wilhelm Gymnasium ★★ Importante propriedade beneficente, localizada em TRIER, com vinhedos em todo o M-S-R. Foi adquirido pelo BISCHÖFLICHE WEINGÜTER em 2003, porém alguns de seus vinhedos foram revendidos.

Frühburgunder Uma antiga variação de Pinot N, encontrada principalmente em Ahr, mas também em PFALZ e WÜRTTEMBERG, onde é erroneamente conhecida como Clevner. De menor acidez e, portanto, mais acessível que Pinot N.

Fuhrmann Ver PFEFFINGEN.

Fürst ★★★ Propriedade de 18 ha em Bürgstadt que produz alguns dos melhores vinhos da FRANCÔNIA, particularmente SPÄTBURGUNDER da Borgonha (possivelmente o melhor da Alemanha), RIES de muito sabor e WEISSBURGUNDER envelhecido em carvalho.

Gallais Le Ver EGON MÜLLER ZU SCHARZHOF.

Geisenheim Rhg b ★★→★★★ **89 90 93** 95 96 **98 99** 00 **01** 02 03 **04 05** 06 Lar da mais conhecida escola de vinhos da Alemanha, com produção de vinhos aromáticos muito bons. Vinhedos de primeira classe: Kläuserweg, Rothenberg. Melhores produtores: JOHANNISHOF, WEGELER. Ver também HESSISCHE FORSCHUNGSANSTALT.

Gemeinde Uma comuna ou paróquia.

Gewürztraminer (ou **Traminer**) Uva altamente aromática, especialidade da Alsácia, também impressionante na Alemanha, sobretudo em PFALZ, BADEN, SACHSEN, WÜRTTEMBERG.

Gimmeldingen Pfz b ★★ **90 94 96** 97 **98** 99 **01** 02 03 **04 05** 06 Vila ao sul do MITTELHAARDT. Em sua melhor forma, vinhos ricos e suculentos. Vinhedo de primeira classe: Mandelgarten. Produtores incluem: CHRISTMANN, MÜLLER-CATOIR, Weegmüller.

Graach M-M b★★★ **83 88 89 90 93 94 95** 96 **97** 98 **99 01** 02 **03 04 05** 06 Pequena vila entre BERNKASTEL e WEHLEN. Vinhedos de primeira classe: Domprobst, Himmelreich, Josephshof. Muitos produtores de primeira linha, incluindo: von KESSELSTATT, Kees-Kieren, LOOSEN, M. Molitor, J.J. PRÜM, S.A. PRÜM, SCHAEFER, SELBACH-OSTER, WEINS-PRÜM.

Grans-Fassian ★★★ Boa propriedade de MOSEL, em Leiwen. Vinhedos neste local e em TRITTENHEIM e PIESPORTER. EISWEIN é uma especialidade. Alta qualidade confiável, desde 1995.

Grauburgunder Ou Grauer Burgunder; ambos sinônimos de RULÄNDER ou Pinot Gr: uva que produz vinho encorpado e suave. Melhor qualidade em BADEN e no sul do PFALZ.

Grosser Ring Grupo de propriedades de primeira linha (VDP) de MOSEL-SARRE-RUWER, cujo leilão anual, em setembro, costuma estabelecer recordes mundiais de preços.

Grosses Gewächs Traduz-se como "melhor/principal cultivo". Este é o topo da classificação dos vinhedos, lançado em 2002 pela associação de produtores VDP, exceto no RHEINGAU, o qual tem sua própria classificação ERSTES GEWÄCHS. Vinhos lançados como Grosses Gewächs têm de atender critérios rígicos de qualidade.

Grosslage Uma coleção de localizações individuais com características semelhantes.

Gunderloch ★★★→★★★★ **90 93 96 97 98** 99 00 **01** 02 03 **04 05** 06 Nesta propriedade em NACKENHEIM, Fritz Hasselbach produz ***alguns dos mais finos RIES*** de todo o Reno, sobretudo na altura de AUSLESE e acima. Também proprietário de Balbach, em NIERSTEIN.

Guntrum, Louis ★★ Grande propriedade familiar (27 ha) em NIERSTEIN, OPPENHEIM etc. Bom SILVANER e GEWÜRZ como também RIES. Qualidade firme em vez de empolgante.

Gutedel Nome alemão para a antiga uva Chasselas, cultivada no sul de BADEN. Vinhos brancos frescos, porém neutros.

Gutsabfüllung Engarrafado na origem. Termo para vinhos genuinamente engarrafados na propriedade.

Haag, Weingut Fritz M-S-R ★★★★ **88 89 90 94 95** 96 97 98 **99** 00 **01 02 03 04 05** 06 Propriedade de primeira linha em BRAUNEBERG, administrada por décadas pelo veterano do Mittelmosel Wilhelm Haag. ***RIES de MOSE de pureza cristalina e brilho estimulante*** para envelhecimento prolongado. O filho de Haag gerencia a propriedade SCHLOSS LIESER.

Haag, Weingut Willi M-S-R ★★ Propriedade de 6 ha em BRAUNEBERG. RIES cheios de estilo antigo. Alguns AUSLESE finos.

Haart, Reinhold ★★★★ A melhor propriedade em PIESPORT e WINTRICH. Vinhos aromáticos e refinados, capazes de envelhecimento prolongado. Minerais e vigorosos, esses são os RIES de MOSEL convencionais.

Hain, Weingut Kurt ★★→★★★ Propriedade pequena porém focada, em PIESPORT, com uma crescente melhoria na qualidade. Ver também FEINHERB.

Halbtrocken Semi-seco (literalmente, "meio-seco") com 9 a 18 gramas de açúcar não-fermentado por litro. Categoria popular, muitas vezes mais equilibrado do que TROCKEN.

Hallgarten Rhg b ★→★★★ **90 93 95** 96 **97** 98 **99** 00 **01** 02 **03 04 05** 06 Vila bem no interior de HATTENHEIM, por isso com vinhedos de altitude relativamente elevada. Muito renomada um século atrás, hoje menos. Vinhedos de primeira classe: Jungfer, Schönhell. Principais produtores: LÖWENSTEIN, PRINZ.

Hattenheim Rhg b ★★→★★★★ **89 90 93 95** 96 **97** 98 **99** 00 **01** 02 **03 04 05** 06 Cidade vinícola superlativa de 202 ha, embora nem todos os produtores alcancem seu potencial total. Os vinhedos de primeira classe são: Mannberg, Nussbrunnen, Pfaffenberg, Wisselbrunnen e o mais famoso, STEINBERG (ORTSTEIL). Propriedades incluem Barth, KNYPHAUSEN, LANG, LANGHERTH VON SIMMERN, RESS, SCHLOSS SCHÖNBORN, STAATSWEINGUT.

Heger, Dr. ★★★ Importante propriedade de KAISERSTUHL, em BADEN, com excelentes vinhos secos WEISSBURGUNDER, GRAUBURGUNDER e SPÄTBURGUNDERS tintos fortes e envelhecidos em carvalho. Menos ênfase em RIES e Muscat que também podem ser muito bons. Vinhos de vinhedos arrendados são lançados sob o rótulo do Weinhaus Joachim Heger.

ALEMANHA

Heilbronn Würt b t ★→★★ **93 96 97 99 01** 02 **03 04 05** 06 Cidade vinícola com muitos pequenos produtores. Melhor vinhedo: Stiftberg. Melhores vinhos são RIES e LEMBERGER. Produtores de primeira linha incluem: Amalienhof, Drautz-Able, Heinrich.

Henkell Ver DEINHARD.

Hessen, Prinz von ★★→★★★ Famosa propriedade de 42 ha em JOHANNISBERG, KIEDRICH e WINKEL. Qualidade em ascensão desde o final da década de 1990.

Hessische Bergstrasse b (t) ★★→★★★ **90 93 96 97** 98 **99** 01 02 03 **04 05** 06 Pequena região (446 ha) vinícola ao N de Heidelberg. RIES agradáveis provenientes de STAATSWEINGÜTER, da cooperativa Bergsträsser, Simon-Bürkle e Stadt Bensheim.

Hessische Forschungsanstalt für Wein-Obst & Gartenbau Famosa escola de enologia e estabelecimento de pesquisa em GEISENHEIM, RHEINGAU.

Heyl zu Herrnsheim ★★ Importante propriedade em NIERSTEIN, sendo 80% de RIES. Aprimorada no final dos anos 1990 enquanto propriedade da família Ahr, mas vacilou nas últimas safras; comprada em 2006 por Detlev Meyer. Ocasionalmente, tem vinhos doces de igual qualidade.

Heymann-Löwenstein ★★★ Propriedade no Baixo MOSEL perto de Koblenz, com os mais consistentes RIES secos no MOSEL-SARRE-RUWER e alguns AUSLESEN e TROCKENBEERENAUSLESEN extraordinários. Löwenstein inspirou outros produtores de WINNINGEN a adotarem seu estilo. Vinhos espetaculares em 2005.

Hochgewächs Nível supostamente superior de RIES QBA, sobretudo em MOSEL-SARRE-RUWER.

Hochheim Rhg b ★★→★★★★ **89 90 92 93** 94 95 **96 97 98 99** 00 **01** 02 **03 04 05** 06 Cidade vinícola com 242 ha, 24 km ao leste da área principal do RHEINGAU, outrora considerada a melhor do Reno. Vinhos com intensidade terrosa e corpo e fragrância próprios. Vinhedos de primeira classe: Domdechaney, Hölle, Kirchenstück, Königin Viktoria Berg (monopólio de 5 ha da família Hupfeld). Produtores incluem: Königin-Victoriaberg, KÜNSTLER, W.J. Schaefer, SCHLOSS SCHÖNBORN, STAATSWEINGUT, WERNER.

Hock Termo tradicional inglês para o vinho do Reno, derivado de HOCHHEIM.

Hoensbroech, Weingut Reichsgraf zu ★★ Propriedade de primeira linha em KRAICHGAU. Vinho seco WEISSBURGUNDER é o melhor. Michelfelder Himmelberg.

Hohenlohe-Oehringen, Weingut Fürst zu ★★ Propriedade nobre de 17 ha em Oehringen, WÜRTTEMBERG. RIES bem seco, terroso, e tintos fortes e estruturados de SPÄTBURGUNDER, LEMBERGER e outras uvas.

Hövel, Weingut von ★★★ Muito boa propriedade do SARRE em OBEREMMEL (Hütte é monopólio de 4,8 ha) e em SCHARZHOFBERG. Qualidade variável, mas com muitos soberbos de 2005.

Huber, Bernhard ★★★ Importante propriedade da área de Breisgau em BADEN, com tintos SPÄTBURGUNDER fortes e longevos, MUSKATTELER e WEISSBURGUNDER estilo Borgonha, CHARD.

Ihringen Bad t b ★→★★★ **90 93 96** 97 **99** 00 **01 02 03 04 05** 06 Vila merecidamente celebrada do KAISERTUHL, BADEN. Orgulhoso de seus vinhos tintos SPÄTBURGUNDER, WEISSHERBST e GRAUBURGUNDER. Produtores de primeira linha: Dr. HEGER, Konstanzer, Stigler.

Immich-Batterieberg, Weingut ★★ Esta propriedade de ENKIRCH com 7,5 ha de declives de ardósia esculpidos por dinamite produz bons RIES, às vezes excelentes, com estilos variáveis.

Ingelheim Rhh t b ★→★★ **90 93 97** 98 **99 01** 02 **03 04 05** 06 Cidade oposta ao RHEINGAU, historicamente conhecida por seu SPÄTBURGUNDER. Atualmente, poucos vinhos estão à altura de sua reputação.

Iphofen Franc b ★★→★★★ **90 93 97** 98 99 **00 01** 02 03 **04 05** 06 Vila próxima de WÜRZBURG, renomada pelos RIES, SILVANER e RIESLANER. Vinhedos de primeira classe: Julius-Echter-Berg, Kalb. Produtores: JULIUSSPITAL, RUCK, WIRSCHING.

Jahrgang Ano – como em "safra".

Johannisberg Rhg b ★★→★★★★ **83 89 90 93 95** 96 **97** 98 **99** 00 **01** 02 03 **04 05** 06 Uma vila clássica do RHEINGAU com RIES superiores e longevos. Vinhedos de primeira classe: Hölle, Klaus, SCHLOSS JOHANNISBERG. GROSSLAGE: Erntebringer. Produtores de primeira linha: JOHANNISHOF, SCHLOSS JOHANNISBERG, HESSEN.

Johannishof ★★★ Propriedade familiar em JOHANNISBERG. RIES que, freqüentemente, são os melhores dos excelentes vinhedos de Johannisberg. Também excelentes vinhos RÜDESHEIM.

Johner, Karl-Heinz ★★★ Propriedade de 15 ha em Bischoffingen (BADEN), na linha de frente da produção de SPÄTBURGUNDER estilo Novo Mundo e WEISSBURGUNDER envelhecido em carvalho, CHARD, GRAUER BURGUNDER.

Josephshof Vinhedo de primeira classe em GRAACH, a única propriedade de von KESSELSTATT.

Jost, Toni ★★★ Muito boa propriedade do MITTELRHEIN: 9 ha, principalmente RIES, em BACHARACH, e também em WALLUF, no RHEINGAU.

Juliusspital ★★★ Antiga entidade religiosa beneficente de WÜRZBURG, com 170 ha de vinhedos de primeira linha da FRANCÔNIA. Qualidade boa e constante. Procure seus SILVANER e RIES secos e sua mistura branca de primeira linha, chamada BT.

Kabinett Ver quadro "Níveis de qualidade na Alemanha", na p. 121.

Kaiserstuhl Excepcional distrito de BADEN, com clima notavelmente morno e solo vulcânico. Vilas incluem: ACHKARREN, Burkheim, IHRINGEN. Renomado pelas variedades de Pinot, branco e tinto, e alguns surpreendentes RIES e Muscat.

Kallstadt Pfz b (t) ★★→★★★ **90 93** 94 **96 97 98 99** 00 **01** 02 **03 04** 05 06 Alguns dos melhores RIES secos do norte de MITTELHAARDT vêm de soberbos vinhedos de Saumagen. Bom AUSLESE também. Produtores incluem: Henninger, KOEHLER-RUPRECHT.

Kanzem M-S-R (Sarre) b ★★★ **90 93** 94 **95** 96 **97 99 01** 02 **03 04 05** 06 Vizinho pequeno de WILTINGEN. Vinhedo de primeira classe: Altenberg. Produtores incluem: BISCHÖFLICHE, WEINGÜTER, Othegraven, J.P. Reinert, VEREINIGTE HOSPITIEN.

Karlsmühle ★★★ Pequena propriedade com dois monopólios de Lorenzhöfer, que produzem RIES clássicos do RUWER; também vinhos de vinhedos de primeira classe KASEL, vendidos sob o rótulo Patheiger. Qualidade sempre excelente.

Karthäuserhofberg ★★★★ Excepcional propriedade de 19 ha, em Eitelsbach, RUWER. Facilmente reconhecida pelas garrafas com rótulo apenas no gargalo. Se austeros, os vinhos de TROCKEN são admiráveis, mas magníficos AUSLESEN e superiores.

Kasel M-S-R (Ruwer) b ★★→★★★ **89 90 93** 94 **95** 96 **97** 98 **99 01** 02 **03 04 05** 06 Impressionantes RIES florados. Vinhedos de primeira classe: Kehrnagel, Nies'chen. Produtores de primeira linha: BISCHÖFLICHE, WEINGÜTER, KARLSMÜHLE, von BEULWITZ, von KESSELSTATT.

Keller Adega de vinhos.

Keller, Weingut ★★★★ No interior do novo e atual RHEINHESSEN Meridional, a família Keller mostra o que pode ser alcançado quando se faz uma escolha criteriosa do lugar. Superlativos RIES GROSSES GEWÄCHS cristalinos de Dalsheimer Hubacher e dois outros vinhedos. Também impressionante TBA.

Kellerei Vinícola (isto é, uma grande engarrafadora comercial).

Kerner Variedade de uva moderna e aromática, de amadurecimento mais precoce do que a RIES. Produz um vinho de qualidade razoável, porém sem a graça e a harmonia intrínsecas do RIES. Melhor em SACHSEN.

Kerpen, Weingut Heribert ★★ Propriedade pequena e boa em BERNKASTEL, GRAACH, WEHLEN, especializada em estilos elegantes e mais doces.

Kesseler, Weingut August Rhg ★★★ Propriedade de 21 ha que produz os melhores tintos SPÄTBURGUNDER, em ASSMANNSHAUSEN e RUDESHEIM. Também RIES muito bons, de estilo clássico.

Kesselstatt, von ★★★ A maior propriedade privada em MOSEL, com 650 anos de idade. Administrada há duas décadas pela obcecada por qualidade Annegret Reh-Gartner. Cerca de 38 ha pelo Mosel-Sarre-Ruwer produzindo MOSELS aromáticos, generosamente frutados. Vinhos de qualidade sistematicamente alta e, muitas vezes, magníficos, do vinhedo monopolista JOSEPHSHOF, PIESPORTER Goldtröpfchen e SCHARZHOFBERG.

Kesten M-M b ★→★★★ **90 93** 94 **95** 96 **97** 98 **99 01** 02 **03 04 05** 06 Vizinha de BRAUNEBERG. Os melhores vinhos (do vinhedo Paulinshofberg) são similares aos desta propriedade. Produtores de primeira linha: Bastgen, Kees-Kieren, PAULINSHOF.

Kiedrich Rhg b ★★→★★★★ **90 93 95** 96 **97** 98 **99** 00 **01** 02 **03 04 05** 06 Vizinha de RAUENTHAL, igualmente esplêndido e saboroso. Vinhedos de primeira classe:

Lembre-se de que as informações sobre a safra dos vinhos alemães são fornecidas de forma diferente das de outros países. Veja caixa p. 117

Gräfenberg, Wasseros. Produtores: HESSEN KNYPHAUSEN, Speicher-Schuth. Atualmente, WEIL é uma propriedade de primeira linha.

Klingelberger Termo de ORTENAU (BADEN) para RIES, sobretudo em DURBACH.

Kloster Eberbach Rhg Linda abadia cisterciense do século XII, na floresta de HATTENHEIM. Os monges plantavam STEINBERG, o Clos de Vougeot alemão. Atualmente, o rótulo do STAATSWEINGÜTER, com uma série de excelentes vinhedos em ASSMANNHAUSEN, RÜDESHEIM, RAUENTAHL etc. O novo diretor, Dieter Greiner, injetou vida nova na organização moribunda. Nova vinícola sendo construída.

Klüsserath M-M b ★→★★★ **90 93** 95 **97** 98 99 00 **01** 02 03 **04 05** 06 Vila do MOSEL pouco conhecida, cujos produtores reuniram suas forças para classificar sua melhor propriedade, Brüderschaft. Produtores: Clüsserath-Eifel, Kirsten, Regnery.

Knebel, Weingut ★★★ WINNINGEN é a vila de vinhos de maior qualidade no Baixo MOSEL, e Knebel mostrou como suas propriedades podem produzir RIES notáveis de todos os estilos. O fundador morreu tragicamente em 2004. A propriedade continua.

Knipser, Weingut ★★→★★★ Os irmãos Werner e Volker se especializaram em SPÄTSBURGUNDER envelhecidos em BARRIQUES, e outros vinhos tintos, porém RIES secos e outras variedades valem a pena.

Knyphausen, Weingut Freiherr zu Rhg ★→★★ Propriedade nobre de 22 ha em terras que já pertenceram à Ordem Cisterciense em ERBACH, HATTENHEIM E KEIDRICH. Vinhos RHEINGAU clássicos ainda sem brilho nos últimos anos.

Koehler-Ruprecht ★★★★ **90 93** 94 **96 97 98** 99 00 **01** 02 **03 04 05** 06 Produtor altamente considerado de KALLSTADT. Vinicultura de Bernard Philippi é tradicional; RIES secos e muito longevos de K. Saumagen. Excepcionais SPÄTBURGUNDER e impressionantes variedades de Pinot envelhecidos em BARRIQUES sob o rótulo Philippi.

Kraichgau Pequena região de BADEN ao sul de Heidelberg. Melhores produtores: Burg Ravensburg, HOENSBROECH.

Krone, Weingut Rhg ★★ O agradável Hotel Krone em ASSMANNSHAUSEN tem sua própria propriedade, de 4 ha, que produz uma ampla gama de SPÄTBURGUNDER encorpados em todos os estilos concebíveis. Melhor lugar para experimentar é no próprio restaurante.

Kröv M-M b ★→★★★ **93 97 98 99 01** 02 03 04 **05** 06 Localidade turística popular, famosa por sua denominação GROSSLAGE: Nacktarsch, ou "traseiro nu". Muito cuidado. Melhores produtores: Martin Müllen e Staffelter Hof.

Kruger-Rumpf, Weingut ★★A propriedade mais importante de MÜNSTER, NAHE, com um RIES encantador e um SPÄTBURGUNDER bem-feito. Melhor desfrutado na hospedaria da família em MÜNSTER.

Künstler, Franz Rhg ★★★★ Propriedade de 25 ha em HOCHHEIM dirigida pelo inflexível Gunter Künstler. RIES secos e soberbos, especialmente das vinícolas de primeira classe: Domdechaney, Hölle, e Kirschenstück. Também excelente AUSLESE.

Kuntz, Sybille M-S-R ★★ Protagonista de sucesso de RIES do MOSEL secos, atípicos com a força da AUSLESE de LIESER.

Laible, Weingut Andreas ★★★ Propriedade de 7 ha em DURBACH. RIES secos límpidos, por vezes cristalinos, dos vinhedos de Plauelrain, bem como SCHEUREBE e GEWÜRZ. Qualidade sempre recompensadora.

Landwein Ver quadro "Níveis de qualidade na Alemanha" p. 121.

Lang, Weingut Hans Rhg ★★ RIES confiáveis, secos e doces, e outras variedades de um dos produtores mais versáteis de HATTENHEIM.

Langwerth von Simmern, Weingut ★★ Famosa propriedade familiar de ELTVILLE. Melhores vinhedos: Baiken, Mannberg, MARCOBRUNN. Após a decepcionante qualidade durante os anos 1990, está de volta à forma desde 2001.

Lauer, Weingut Peter ★★ A vila de SAAR em AYL carecia de produtores mais cuidadosos, até que no início desta década Florian Lauer começou a explorar suas sutilidades, com uma variedade de escolhas de lote muito boa. Atenção especial para o hotel de Lauer.

Leitz, J. ★★★ Excelente propriedade da família RÜDESHEIM com ***elegantes RIES secos e doces***. Desde 1999 Johannes Leitz tem o reconhecimento há muito devido.

Leiwen M-M b ★★→★★★ **90 93** 94 95 96 **97** 98 **99** 00 **01 02** 03 **04 05** 06 Vinhedo de primeira classe: Laurentiuslay. Vila entre TRITTENHEIM e TRIER. GRANS-FASSIAN, Carl

LOEWEN, SANKT URBANS-HOF colocaram estes vinhedos outrora despercebidos de uma vez por todas no mapa.

Lemberger Variedade tinta importada da Hungria, onde é conhecida como Kékfrankos, para a Alemanha e Áustria, no século XVIII. Blaufränkisch, na Áustria. Os vinhos moderadamente tânicos e de cor profunda podem ser excelentes, principalmente de WÜRTTEMBERG.

Liebfrauenstift Vinhedo de 10,5 ha na cidade de Worms; origem do Liebfraumilch.

Lieser M-M b ★★ **90 93 95** 96 **97** 98 **99** 00 **01 02** 03 **04 05** 06 Vinhedos outrora negligenciados entre BERNKASTEL e BRAUNEBERG. Vinhos mais leves. Vinhedo de primeira classe: Niederberg-Helden. Melhor produtor: SCHLOSS LIESER.

Lingenfelder, Weingut ★→★★ Propriedade de bom tino comercial de Grosskarlbach (PFALZ); SCHEUREBE bom, seco e doce, RIES encorpado, SPÄTBURGUNDER inconsistente.

Loewen, Carl ★★→★★★ Um dos melhores produtores no MOSEL, que produz AUSLESE encantador, na propriedade de primeira classe Laurentiuslay. Também produz ótimo EISWEIN.

Loosen, Weingut Dr. M-M ★★★★ **90 93 94 95** 96 **97** 98 **99** 00 **01 02 03 04 05** 06 Propriedade dinâmica de 15 ha em BERNKASTEL, ERDEN, GRAACH, ÜRZIG, WEHLEN. ***RIES intensos e clássicos*** de vinhas velhas, situadas em alguns dos melhores vinhedos do Mittelmosel. Também arrenda WOLF no PFALZ, desde 1996. Empreendimento de RIES DESDE 1999, no estado de Washington com Ch Ste. Michele: estilo TBA em geral mais convincente que Eroica (seco).

Lorch Rhg b (t) ★→★★ **89 90** 92 93 **94** 95 96 97 98 99 00 **01 02** 03 **04 05** Extremo oeste do RHEINGAU. Alguns RIES finos semelhantes aos do MITTELRHEIN. Melhores produtores: von Kanitz Kesseller, Ottes..

Löwenstein, Fürst ★★★ Propriedade de primeira linha na FRANCÔNIA. Vinhos SILVANER aromáticos e intensos do histórico Homberger Kallmuth, uma encosta muito impressionante. Também a propriedade HALLGARTEN foi arrendada por SCHLOSS VOLLRADS até 1997.

Lützkendorf, Weingut ★→★★ Importante propriedade de SAALE-UNSTRUT, produzindo uma ampla gama de varietais.

Maindreieck (Bereich) Nome distrital para FRANCÔNIA Central, incluindo WÜRZBURG.

Marcobrunn Vinhedo histórico de RHEINGAU; um dos melhores da Alemanha. Ver ERBACH.

Markgräflerland (Bereich) Distrito ao su de Freiburg, BADEN. Vinho típico GUTEDEL pode ser refrescante quando consumido bem jovem, porém os melhores são os BURGUNDERS: tintos e brancos. Também SEKT.

Maximin Grünhaus M-S-R (Ruwer) b ★★★★ **83 88 89 90 93** 94 **95** 96 **97** 98 99 **01** 02 **03 04 05** 06 Propriedade superior de RUWER, com 31 ha, em Mertesdorf. Vinhos secos e doces que são milagres da delicadeza, sutileza e longevidade. Os melhores vêm do vinhedo Abtsberg, mas Herrenberg consegue ser quase tão bom.

Meyer-Näkel, Weingut ★★★★ Propriedade em AHR com 15 ha. SPÄTBURGUNDERS finos em Dernau, Walporzheim e Bad Neuenahr, que dão o exemplo de vinhos tintos alemães modernos e envelhecidos em carvalho. Caros.

Mittelhaardt O centro-norte é a melhor parte do PFALZ, incluindo DEIDESHEIM, FORST, RUPPERTSBERG, WACHENHEIM, em grande parte plantada com RIES.

Mittelmosel M-M A parte central (a melhor) do MOSEL, incluindo BERNKASTEL, PIESPORT, WEHLEN etc. Suas propriedades de primeira linha são (ou pelo menos deveriam ser) totalmente RIES.

Mittelrhein Área setentrional e incrivelmente bela do Reno, popular entre turistas. BACHARACH e BOPPARD são as vilas mais importantes dessa região de 465 ha. RIES delicados apesar de duros, freqüentemente subestimados.

Molitor, Markus M-M ★★★ Com 38 ha de excelentes vinhedos espalhados pelo MOSEL e SARRE, Molitor tornou-se, desde 1995, um importante produtor da região. RIES magistralmente doces e SPÄTBURGUNDERS aclamados, mesmo sendo terrosos.

Mönchhof, Weingut M-M ★★ De uma mansão requintada em ÜRZIG, Robert Eymael produz RIES com estilo e frutados a partir de ÜRZIG e ERDEN. O melhor vinho costuma ser o ERDENER Prälat. Também arrenda a propriedade CHRISTOFFEL.

Morio-Muskat Variedade de uvas estridentemente aromáticas, atualmente em declínio.

Mosbacher, Weingut Pfz ★★★ Excelente propriedade de 15 ha, com alguns dos melhores RIES. GROSSES GEWÄCHS de FORST. Uma propriedade que vai de vento em popa. Sauv Bl decente.

Moselland, Winzergenossenschaft Imensa cooperativa do MOSEL-SARRE-RUWER em BERNKASTEL, incluindo Sarre-Winzerverein em WILTINGEN e, desde 2000, uma grande cooperativa do NAHE. Seus 3.290 membros, que somam 2.400 ha, produzem 25% dos vinhos M-S-R (incluindo SEKT pelo método clássico), porém poucos estão acima da média.

Mosel-Sarre-Ruwer M-S-R Região de 9.080 ha, entre TRIER e Koblenz; inclui MITTELMOSEL, RUWER e SARRE. 58% de RIESLING. Desde 2007 os vinhos dessas três regiões só podem receber o rótulo de Mosel.

Müller-Catoir, Weingut Pfz ★★★→★★★★ **89 90 93 94 96** 97 **98** 99 **01** 02 03 **04 05** 06 Desde os anos 1970, esta proeminente propriedade de NEUSTAD tem resistido ao senso comum, trabalhando sobre a vinificação não-intervencionista. Os vinhos resultantes são fortes e aromáticos (RIES, SCHEUREBE, GEWÜRZ, RIESLANER, WEISSBURGUNDER, GRAUBURGUNDER e MUSKATELLER), com doces e secos igualmente impressionantes.

Müller-Thurgau Uvas frutadas de amadurecimento precoce, normalmente com baixa acidez; mais comuns no PFALZ, RHEINHESSEN, NAHE, BADEN e FRANCÔNIA. Em 1998, representava 21% de todos os vinhedos alemães; hoje são 14%. A lei deveria bani-la de todos os vinhedos de primeira linha.

Münster Nahe b ★→★★★ **90 93** 94 **96** 97 **98** 99 00 **01 02 03 04 05** 06 Melhor vila do N do NAHE, com vinhos finos e delicados. Vinhedos de primeira classe: Pittersberg, Dautenpflänzer. Produtores de primeira linha: Göttelmann, KRUGER-RUMPF.

Muskateller Uva branca antiga e aromática com acidez enérgica. Uma raridade no PFALZ, BADEN e WÜRTENBERG, onde, na maior parte, produz vinho seco.

Nackenheim Rhh b ★→★★★★ **90 93 96 97 98** 99 **01** 02 03 **03 04 05** 06 Vizinha do NIERSTEIN, também com *terroir* de primeira linha do Reno. Seus melhores vinhos são semelhantes (sobretudo o Rothenberg de primeira classe). Melhores produtores: GUNDERLOCH e Kühling-Gillot.

Aquecimento global

A maioria dos agricultores alemães aceita que desde 1988 as condições climáticas mudaram. Os níveis de açúcar das uvas, antes considerados excepcionais, são agora rotina. Quais as conseqüências desses níveis de amadurecimento cada vez mais altos? Primeiro, os estilos de vinho que antes eram considerados marginais na Alemanha, agora são viáveis: isso se aplica especialmente aos tintos, que apresentam mais corpo, peso e extrato do que no passado. Segundo, nas regiões mais ao norte, notadamente o Mosel, as categorias de "qualidade" tais como QbA e Kabinett estão se tornando paródias de si mesmos no passado. Em safras como a de 2003 e 2005, toda a fruta dos principais cultivadores está sendo colhida nos altos níveis do Spätlese e do Auslese. Portanto, os Kabinetts modernos são muito mais ricos do que teriam sido há 20 anos, e os ultraleves, ultratostados Mosel Kabinetts, tão admirados e sofregamente degustados no passado podem extinguir-se em pouco tempo. Finalmente, os níveis de álcool aumentam em conseqüência do amadurecimento cada vez maior nas colheitas: os Rieslings secos, bem como os tintos com pelo menos 14% já não são tão raros.

Nahe Na Afluente do rio Reno e região vinícola de alta qualidade. Vinhos equilibrados, frescos, limpos, porém corpulentos, até mesmo minerais. Melhor RIES. EISWEIN como especialidade.

Neckar O rio com muitos dos melhores vinhedos de WÜRTTEMBERG, principalmente entre Stuttgard e HEILBRONN.

Neipperg, Graf von ★★→★★★ Propriedade nobre em Schwaigern, WÜRTTEMBERG: RIES seco elegante e LEMBERGER robusto. Qualidade desde MUSKATELLER até BEERENAUSLESE, uma exclusividade.

Neumagen-Dhron M-M b ★★ Vizinha excelente de PIESPORT. Produtores de primeira linha: Eifel e Heinz Schmitt.

Neustadt Cidade central do PFALZ, com uma famosa escola de enologia. Produtores de primeira linha: MÜLLER-CATOIR, Weegmüller.

Niederhausen Nahe b ★★→★★★★ **90 93 95 96** 97 **98** 99 00 **01 02 03 04 05** 06 Vizinha de SCHLOSSBÖCKELHEIM. RIES fortes e graciosos. Vinhedos de primeira classe:

Hermannsberg, Hermannshöhle. Produtores: principalmente CRUSIUS, DÖNNHOFF, Gutsverwaltung Niederhausen-Schlossböckelheim, Mathern e J. Schneider.

Nierstein Rhh b ★→★★★★ 90 93 96 97 98 99 01 02 03 04 05 06 Vila de 526 ha com nome famoso porém traiçoeiro Cuidado com GROSSLAGE Gutes Domtal: uma decepção, vendido em supermercados; atualmente, desaparecendo das prateleiras. Vinhedos soberbos de primeira classe: Brüdersberg, Glöck, Hipping, Oelberg, Orbel, Pettenthal. Vinhos elegantes, maduros e aromáticos, doces e secos. Experimente Gehring, GUNTRUM, HEYL ZU HERRNSHEIM, Kühling-Gillot, ST-ANTONY, SCHNEIDER, Strub.

Nobling Uva branca criada em 1939: vinho leve e fresco em BADEN, principalmente MARKGRÄFLERLAND. Em declínio.

Norheim Nahe b ★★→★★★ 90 93 95 96 97 98 99 00 01 02 03 04 05 06 Vizinha de NIEDERHAUSEN. Principalmente RIES. Vinhedos de primeira classe: Dellchen, Kafels, Kirschheck. Produtores: CRUSIUS, DÖNNHOFF, Mathern.

Oberemmel M-S-R (Sarre) b ★★→★★★ 89 90 93 94 95 96 97 98 99 00 01 02 03 04 05 06 Vila seguinte a de WILTINGEN Vinhos muito finos do vinhedo de primeira classe: Hütte etc. Produtores: von HÖVEL, Willems-Willems.

Obermosel (Bereich) Nome distrital para o alto MOSEL acima de TRIER. Vinhos da uva ELBLING, geralmente pouco inspiradores a não ser quando muito jovens.

Ockfen M-S-R (Sarre) b ★★→★★★ 89 90 93 94 95 96 97 98 99 00 01 02 03 04 05 06 Vinhos soberbos, austeros e fragrantes. Vinhedo de primeira classe: Brockstein. Produtores: Dr. Fischer, Weinhoff Herrenberg, SANKT URBANS-HOF, WAGNER, ZILLIKEN.

Oechsle Escala para o teor de açúcar no suco da uva.

Oestrich Rhg b ★★→★★★ 89 90 93 95 96 97 98 99 00 01 02 03 04 05 06 Vila grande; variável, porém alguns RIES esplêndidos. Vinhedos de primeira classe: Doosberg, Lenchen. Produtores de primeira linha: August Eser, Peter Jakob Kühn, Querbach, SPREITZER, WEGELER.

Offene weine Vinho servido na taça, o modo como deve ser pedido em vilas vinícolas.

Oppenheim Rhh b ★→★★★ 90 93 96 97 98 99 01 02 03 04 05 06 Cidade ao sul de NIERSTEIN; igreja espetacular do século XIII. Herrenberg e Sackträger, de primeira classe. Produtores incluem: GUNTRUM e Kühling-Gillot. No entanto, nenhum deles está vislumbrando todo o potencial da região.

Ortenau (Bereich) Distrito ao sul de Baden-Baden. Bons KLINGELBERGER (RIES), SPÄTBURGUNDER e RULÄNDER. Melhor vila: DURBACH.

Ortsteil Parte independente de uma comunidade com permissão para usar o nome da propriedade de seu vinhedo sem incluir o nome da vila, por exemplo, SCHLOSS JOHANNISBERG, STEINBERG.

Othegraven, Weingut von ★★→★★★ Até o final da década de 1990, esta propriedade de KANZEM, SAAR, era medíocre. Em 1999 o dr. Heidi Kegel herdou a propriedade, com seus soberbos vinhedos em Altenberg, e vem recuperando sua reputação.

Palatinado Designação do PFALZ em português.

Paulinshof, Weingut M-M ★★ Propriedade de 8 ha, antigo monastério, em KESTEN e BRAUNEBERG. Surpreendentemente para MITTELMOSEL, a família Jüngling se especializa em vinhos TROCKEN e HALBTROCKEN, bem como finos AUSLESEN.

Pauly-Bergweiler, Dr. ★★★ Excelente propriedade em BERNKASTEL. Vinhedos ali e em WEHLEM etc. Normalmente, os vinhos de Peter Nicolay, de ÜRZIG e ERDEN, são os melhores. EISWEIN e TBA podem ser sensacionais.

Perlwein Vinho semi-espumante.

Pfalz Pfz Região com 23.400 ha de vinhedos, ao sul de RHEINSESSEN. Clima morno: uvas amadurecem totalmente. A área de MITTELHAARDT é fonte de RIES bem-encorpados e por vezes secos. A SÜDLICHE WEINSTRASSE mais ao sul é mais adequada às variedades de Pinot, brancas ou tintas. Maior área de RIES depois do MOSEL-SARRE-RUWER. Anteriormente, conhecida como Rheinpfalz.

Pfeffingen, Weingut ★★★ Doris e Jans Eymael fazem muito bons RIES e às vezes notáveis SCHEUREBE em UNGSTEIN.

Lembre-se de que as informações sobre a safra dos vinhos alemães são fornecidas de forma diferente das de outros países. Veja quadro p. 1_7

Piesport M-M b ★→★★★★ **89 90 93** 94 95 96 **97** 98 **99** 00 **01 02** 03 **04 05** 06 Minúscula vila com um famoso anfiteatro de parreiras: em sua melhor forma, RIES ricos, gloriosos e aromáticos. Excelentes vinhedos de primeira classe: Goldtröpfchen, Domherr. Treppchen bem inferior. GROSSLAGE: Michelsberg (principalmente MÜLLER-T; evite). Particularmente bons são: GRANS-FASSIAN, Joh. Haart, R. HAART, KURT HAIN, von KESSELSTATT, SANKT URBANS-HOF, Weller-Lehnert.

Portugieser Uva de vinho tinto de segunda classe, atualmente usada, muitas vezes, para WEISSHERBST. Quase 5.000 ha em produção.

Prädikat Atributos especiais ou qualidades. Ver QMP.

Prinz, Fred Rhg b ★★ 6 ha de alguns dos melhores RIES na vila de Hallgarten.

Prüfungsnummer O número identificador do teste oficial dos vinhos de qualidade, o APNR.

Prüm, J.J. ★★★★ **75 76 79 83** 85 **86 88 89 90** 94 **95** 96 **97** 98 **99** 00 **01 02** 03 **04 05** 06 Superior e lendária propriedade no MOSEL de 19 ha em BERNKASTEL, GRAACH, WEHLEN, ZELTINGEN. Vinhos delicados porém longevos, com incrível sutileza sobretudo em Wehlener SONNENUHR. O envelhecimento prolongado da borra torna os vinhos difíceis de degustar quando jovens, mas eles merecem paciência. Boas safras envelhecem 30 anos.

Prüm, S.A. ★★→★★★ **88 89 90** 94 **95** 96 **97** 98 **99 01 02 03 04 05** 06 Se a vizinha, J.J. PRÜM, em WEHLEN, é decididamente tradicional, Raimond Prüm está com os pés totalmente fincados no final do século XX. Vinhos saudáveis, às vezes inconsistentes, de WEHLEN e GRAACH.

QbA, Qualitätswein bestimmter Anbaugebiete A qualidade mediana do vinho alemão com adição de açúcar antes da fermentação (como *chaptalization* francesa), porém controlada quanto à área, às uvas etc.

QmP, Qualitätswein mit Prädikat Categoria máxima, para todos os vinhos maduros o suficiente para não necessitarem de adição de açúcar (KABINETT a TROCKENBEERENAUSLESE).

Randersacker Franc b ★★→★★★ **90 93 94 97** 98 99 **00 01** 02 03 04 **05** 06 Importante vila ao sul de Würzburg, com vinhos distintos secos. Vinhedos de primeira classe incluem: Pfülben e Sonnenstuhl. Melhores produtores: BURGERSPITAL, JULIUSSPITAL, STAATLICHER HOFKELLER, Robert Schmitt, Störrlein e Trockene Schmitts.

Ratzenberger ★★ Propriedade que produz RIES semi-secos e secos estimulantes, em BACHARACH; os melhores dos vinhedos de primeira classe: Posten e Steeger St-Jost. Bom SEKT também.

Rauenthal Rhg b ★★★→★★★★ **90 93** 94 95 **97 98 99** 00 **01** 02 **03 04 05** 06 Vila suprema nas encostas do interior: vinhos complexos e condimentados. Vinhedos de primeira classe: Baiken, Gehrn, Nonnenberg, Rothenberg, Wülfen. Melhores produtores: BREUER, KLOSTER EBERBACH, LANGWERTH VON SIMMERN.

Rebholz Pfz ★★★→★★★★ Principal propriedade de SÜDLICHE WEINSTRASSE, há décadas com incrível solidez. Produz alguns dos melhores secos MUSKATELLERS, GEWÜRZ, CHARD (estilo borgonhês) e SPÄTBURGUNDER no PFALZ. Excelentes áreas (e vinhos) GROSSES GEWÄCHS.

Regent New Uva tinta e escura, que desfruta de algum sucesso no PFALZ e RHEINHESSEN. Atualmente, estão plantados 2.160 ha.

Ress, Balthasar ★★ Propriedade do RHEINGAU (35 ha), em HATTENHEIM. De bom tino comercial, com rótulos originais de artistas, porém vinho de qualidade variável. O rótulo básico Von Unsern, tinto e branco, pode ter bons preços.

Restsüsse Açúcar das uvas não-fermentadas que permanece no (ou, no caso de vinhos baratos, é adicionado ao) vinho para adoçá-lo. Pode variar de 3 g/litro, num TROCKEN, a 300 g/litro, num TBA.

Rheingau Rhg Melhor região de vinhedos do Reno, a oeste de Wiesbaden, com 3.160 ha. RIES clássicos e substanciais, porém sutis; mas ainda assim, no conjunto, recentemente foi obscurecido pelo brilho de outras regiões. Polemicamente, um terço da região está classificada desde 2000 como ERSTES GEWÄCHS (Premier Cru), sujeita a algumas rígidas regulamentações. Essas regras diferem daquelas criadas pela VDP para GROSSES GEWÄCHS.

Para decifrar códigos, por favor, faça referência à "Significado dos símbolos" na primeira orelha do livro ou em "Como usar este livro" na p. 11.

Rheinhessen Rhh Vasta região (26.230 ha de vinhedos) entre Mainz e Worms, limitada pelo rio NAHE a oeste. Muito desperdício, porém inclui RIES de primeira linha do NACKENHEIM, NIERSTEIN, OPPENHEIM etc. Notável melhora da qualidade no sul da região, de produtores como KELLER.

Rheinpfalz Ver PFALZ.

Richter, Weingut Max Ferd ★★→★★★ Propriedade de primeira linha no MITTELMOSEL, em Mülheim. RIES finos, produzidos a partir de vinhedos de primeira classe: BRAUNEBERGER JUFFER-SONNENUHR, GRAACHER Domprobst, Mülheim (Helenenkloster), WEHLENER SONNENUHR. Produz um EISWEIN soberbo a partir de Helenenkloster quase todos os anos. Os vinhos feitos de uvas compradas têm rótulo levemente diferente.

O Sarre

Com seus vinhedos localizados em encostas geladas, o Sarre sempre foi a fonte dos Rieslings mais enxutos, adstringentes e acerados da Alemanha. E apesar do aumento nos níveis de amadurecimento (ver quadro Aquecimento global na p.) de todo o país, o Sarre tem mantido sua tipicidade mais do que a maioria das regiões. Os Rieslings clássicos, de produtores como Schwarzhof, Zilliken e Schloss Saarstein nunca foram afiados com tanta precisão, e a qualidade regional tem sido acentuada pelo aumento espetacular na qualidade em propriedades tais como Lauer e von Othegraven. Uma outra dimensão de entusiasmo é acrescentada por cultivadores que visam a um estilo mais rico e seco. As discussões acaloradas sobre a questão de esses vinhos serem típicos Rieslings ou não, continuam, mas poucos negariam que os vigorosos vinhos meio-secos, de produtores como Van Volxem e Herrenberg são, por si mesmos, fascinantes.

Rieslaner Cruzamento de SILVANER e RIES: produz AUSLESEN finos na FRANCÔNIA, onde é mais cultivada. Também soberbo de MÜLLER-CATOIR.

Riesling A melhor uva alemã: vigorosa, fragrante, frutada e longeva. Somente a CHARD pode competir com ela em ser a melhor uva branca do mundo.

Ruck, Weingut Johann ★★ SILVANER e RIESLANER confiáveis e condimentados de IPHOFEN, na FRANCÔNIA.

Rüdesheim Rhg b ★★→★★★★ **83 89 90 92 93** 95 **96 97 98 99** 00 **01** 02 **03 04 05** 06 *Resort* no Reno com vinhedos de primeira classe; os três melhores são chamados Rüdesheimer Berg. Vinhos encorpados, de sabor fino, muitas vezes notáveis, em anos de produtividade inferior. Muitas das propriedades de primeira linha de RHEINGAU possuem vinhedos em Rüdesheim. Melhores produtores: BREUER, JOHANNISHOF, KESSELER, LEITZ, SCHLOSS SCHÖNBORN, STAATSWEINGÜTER.

Ruländer Pinot Gris; atualmente, mais conhecida como GRAUBURGUNDER.

Ruppertsberg Pfz b ★★→★★★ **90 94 96** 97 **98** 99 **01** 02 **03 04 05** 06 Vila ao sul de MITTELHAARDT. Qualidade inconstante, mas os vinhedos de primeira classe incluem: Gaisböhl, Linsenbusch, Nussbein e Reiterpfad. Produtores: BASSERMANN-JORDAN, BIFFAR, BUHL, BÜRKLIN-WOLF, CHRISTMANN e DR. DEINHARD.

Ruwer **76 83 89 90** 94 95 **97** 98 **99 01 02 03 04 05** 06 Afluente do MOSEL perto de TRIER. Vinhos muito finos, delicados, porém altamente aromáticos e bem estruturados. RIES doces e secos. Vilas incluem: EITELSBACH, KASEL, Mertesdorf.

Saale-Unstrut 95 97 **00** 01 02 **03** 04 **05** 06 Região de 650 ha na confluência destes dois rios em Naumburg, próximo de Leipzig. O clima representa um desafio. Os vinhedos em dois níveis de WEISSBURGUNDER, SILVANER, GEWÜRZ, RIES etc., e tintos SPÄTBURGUNDER têm origem cisterciense. Melhores em qualidade: Böhme, Gussek, LÜTZKENDORF, Landesweingut Kloster Pforta, Pawis, Thüringer Weingut.

Sachsen 95 97 **98 99** 00 01 02 **03 04 05** 06 Uma região de 446 ha no vale do Elbe em torno de Dresden e Meissen. MÜLLER-T ainda domina nesta região, porém WEISSBURGUNDER, GRAUBURGUNDER, TRAMINER e RIES produzem vinhos secos com verdadeira personalidade. Melhores produtores: SCHLOSS PROSCHWITZ, Vincenz Richter, Martin Schwarz, Schloss Wackerbarth, Zimmerling.

Sarre **76 83 89 90 93** 94 95 96 **97** 98 **99 01** 02 **03 04 05** 06 Afluente do MOSEL cercada por colinas, ao sul do RUWER. A maioria dos vinhedos fica em vales frios, às margens do rio. Os mais brilhantes, austeros e acerados RIES de todos.

Vilas incluem: AYL, OCKFEN, Saarburg, SERRIG, WILTINGEN, (SCHARZHOFBERG). Muitas boas propriedades.

St-Antony, Weingut ★★ Outrora uma excelente propriedade de Rheinhessen, agora vacilante. Mas o novo dono (o mesmo de HEYL ZU HERRNSHEIM) pode contornar o problema. Na melhor das hipóteses, ricos RIES GROSSES GEWÄCHS dos vinhedos Premier Cru de NIERSTEIN.

Salm, Prinz zu Proprietário de SCHLOSS WALLHAUSEN em NAHE e Villa Sachsen, em RHEINHESSEN. Até 2006, presidente do VDP, que implementou o sistema de classificação dos vinhedos, apesar de severa oposição.

Salwey, Weingut ★★★ Importante propriedade em Oberrotweil (BADEN), principalmente de RIES, WEISSBURGUNDER e RULÄNDER. SPÄTBURGUNDER também pode ser muito bom, e os *schnaps* frutados são uma intrigante alternativa.

Samtrot Uva tinta de WÜRTTEMBERG, mutação da Pinot Meunier. Produz o vinho alemão que mais se aproxima do Beaujolais.

Sankt Urbans-Hof ★★★ Nova estrela baseada em LEIWEN, PIESPORT e OCKFEN. RIES límpidos, de impecável pureza e energia em 38 ha.

Sauer, Horst ★★★ ESCHERNDORFER Lump é uma das principais propriedades da FRANCÔNIA, e Sauer é o expoente de seus ***SILVANER*** e RIES. Vinhos notavelmente secos e TROCKENBEERENAUSLESEN sensacionais.

Schaefer, Willi ★★★ O melhor produtor de GRAACH (mas apenas 3 ha).

Schäfer-Fröhlich, Weingut ★★★ RIES cada vez mais finos, secos e nobremente doces, desta propriedade de 12 ha em Nockenau, NAHE.

Scharzhofberg M-S-R (Sarre) b ★★★★ **75 76 83 88 89 90 93 94 95** 96 **97** 98 **99** 00 **01 02 03 04 05** 06 Melhor vinhedo do SARRE: vinhos austeramente belos, a perfeição do RIES, melhor em AUSLESEN. Melhores propriedades: BISCHÖFLICHE WEINGÜTER, EGON MÜLLER, von HÖVEL, von KESSELSTATT, VAN VOLXEM.

Schaumwein Vinho espumante.

Scheurebe Uva aromática de alta qualidade (e parentesco com RIES), usada sobretudo no PFALZ. Excelente para vinhos com botrítis (BEERENAUSLESEN, TROCKENBEERENAUSLESEN).

Schillerwein QBA leve, tinto ou *rosé*; especialidade de WÜRTTEMBERG (somente).

Schlossböckelheim Nahe b ★★→★★★★ **83 89 90 93 95 96** 97 **98** 99 00 **01 02 03 04 05** 06 Vila com vinhedos de primeira linha no NAHE, incluindo First Class Felsenberg, In den Felsen, Königsfels, Kupfergrube. Vinho firme porém delicado, que envelhece bem. Produtores de primeira linha: CRUSIUS, DÖNNIHOF, Gutsverwaltung NIEDERHAUSEN-SCHLOSSBÖCKELHEIM, SCHÄFER-FRÖLICH.

Schloss Johannisberg Rhg b ★★→★★★ **89 90** 94 95 96 97 98 **99** 00 **01** 02 **03 04 05** 06 Propriedade famosa do RHEINGAU de 35 ha, 100% RIES, pertencente a HENKELL. Merecidamente, um popular destino turístico, porém o mais importante: é o Premier Cru original do Reno. Desde 1966, voltando à sua antiga forma, porém ainda parece haver um traço de complacência. Os preços altos refletem mais a reputação do que a qualidade.

Schloss Lieser ★★★ Propriedade de 9 ha pertencente a Thomas Haag, da propriedade de Fritz HAAG. Produz RIES puros e vigorosos dos subestimados vinhedos de LIESER.

Schloss Neuweier ★★★ Importante produtor de RIES secos em BADEN, dos vinhedos de Mauerberg e Schlossberg perto de Baden-Baden.

Schloss Proschwitz ★★ Uma propriedade principesca ressuscitada no Meissen, em SACHSEN, que lidera a antiga Alemanha Oriental em qualidade, principalmente com ***WEISSBURGUNDER*** e GRAUBURGUNDER secos.

Schloss Reichartshausen Rhg Vinhedo de 4 ha, em HATTENHEIM, dirigido pela RESS.

Schloss Reinhartshausen Rhg ★★ Boa propriedade em ERBACH, HATTENHEIM, KIEDRICH etc. Originalmente, propriedade da família real prussiana e, hoje, propriedade privada. RIES do RHEINGAU modelo. A mansão ao longo do Reno é agora um hotel luxuoso. Sob nova direção desde 2003, a propriedade está voltando à boa forma.

Schloss Saarstein, Weingut ★→★★★ **89 90 93 95 97 99 01** 02 **03** 04 **05** 06 Os vinhedos íngremes porém frios em SERRIG necessitam de anos de mais calor para produzir bem, porém podem fornecer AUSLESE e EISWEIN minerais acerados e longevos.

Schloss Schönborn ★★★ Uma das maiores propriedades de RHEINGAU, com 50 ha, localizada em HATTENHEIM. Vinhos saborosos, variáveis, porém excelentes quando estão em sua melhor forma. A família Schönborn também é dona de uma grande propriedade vinícola na FRANCÔNIA.

Schloss Sommerhausen, Weingut ★★ Antiga propriedade da FRANCÔNIA que produz bons brancos secos e uma gama de SEKT confiáveis.

Schloss Thorn Antiga propriedade do OBERMOSEL; incríveis ELBLING, RIES e um castelo.

Schloss Vollrads Rhg b ★★→★★★ **83 89** 90 94 98 **99** 00 **01** 02 **03 04 05** 06 Uma das mais proeminentes propriedades históricas de RHEINGAU, pertencente a um banco desde o falecimento recentino do proprietário conde Erwein Matuschka, em 1997. Desde 1998, com a gerência do diretor Rowald Hepp, a qualidade tem melhorado muito, mas o potencial da propriedade ainda não foi completamente estabelecido.

Schloss Wallhausen ★→★★ Propriedade de 12 ha de Prince SALM em NAHE, uma das mais antigas da Alemanha. 60% RIES. As obrigações do príncipe enquanto presidente da associação dos produtores VDP acarretaram certa negligência na qualidade nesse caso, mas o filho Constantin pretende mudar isso.

Schneider, Weingut Georg Albrecht ★★ Propriedade de 14 ha em NIERSTEIN, gerenciada de forma impecável, que produz RIES clássicos, doces e quase secos, sendo os melhores do vinhedo Hipping.

Schnaitmann, Weingut ★★→★★★ Embora sua nova estrela WÜRTTEMBERG produza bons RIES e SAUV BL, sua reputação repousa sobre uma vasta seleção de ***vinhos bem-encorpados*** a partir de uma gama de variedades.

Schoppenwein Vinho de café ou bar, isto é: vinho pedido em taça.

Schwarzer Adler, Weingut ★★→★★★ Frait Keller produz, em BADEN, GRAU-, WEISS- e SPÄTBURGUNDER secos de primeira linha, na propriedade de 51 ha em Oberbergen, KAISERSTUHL.

Schweigen Pfz b t ★★ 96 **97 98 99 01** 02 **03 04 05** 06 Vila no S do PFALZ. Melhores produtores: Friedrich Becker, sobretudo para SPÄTBURGUNDER, Bernhart, Jülg.

Sekt Vinho espumante alemão, melhor quando o rótulo especifica RIES, WEISSBURGUNDER ou SPÄTBURGUNDER.

Selbach-Oster ★★★ Propriedade meticulosa de ZELTINGEN, situada entre líderes do MITTELMOSEL. Também produz vinhos de uvas compradas, porém as da casa são as melhores.

Serrig M-S-R (Sarre) b ★★→★★★ **89 90 93 95 97** 99 **01** 02 **03** 04 **05** 06 Vila que fornece vinhos acerados, excelentes em anos ensolarados. Vinhedos de primeira classe: Herrenberg, Schloss Saarstein, Würtzberg. Melhores produtores: Schloss Saarstein, Herrenberg (Siemens).

Silvaner Terceira variedade de uva branca alemã mais plantada, com 5% da superfície, geralmente subestimada; melhores exemplos na FRANCÔNIA; o que mais se aproxima de Chablis na Alemanha. Vale a pena procurar também no RHEINHESSEN e KAISERSTUHL.

Sonnenuhr Relógio solar. Nome de diversos vinhedos, principalmente localidades de primeira classe em WEHLEN e ZELTINGEN.

Spätburgunder Pinot N: a melhor uva de vinhos tintos da Alemanha – sobretudo em BADEN e WÜRTTEMBERG, e cada vez mais em PFALZ – em geral, melhorando em qualidade, porém a maioria ainda está com pouco sabor ou com excesso de carvalho.

Spätlese Colheita tardia. Um grau melhor (mais maduro, com mais álcool, mais substância e, geralmente, mais doce) que KABINETT. Bons exemplos envelhecem pelo menos 7 anos, freqüentemente até mais. Os Spätlesen TROCKEN, em geral semelhantes aos GROSSES GEWÄCHS em estilo, podem ser muito bons às refeições.

Spreitzer, Weingut ★★★ Desde 1997, os irmãos Andreas e Bernd Spreitzer, em OESTRICH, RHEINGAU, produzem RIES deliciosamente estimulantes e consistentes.

Staatlicher Hofkeller ★★ O STAATSWEINGUT da Bavária. 140 ha dos melhores vinhedos da FRANCÔNIA, com adegas espetaculares no subterrâneo da excelente Residenz barroca em WÜRZBURG. Qualidade boa mas raramente empolgante.

Staatsweingut (ou **Staatliche Weinbaudomäne**) As propriedades vinícolas ou *domaines* pertencentes ao Estado; principalmente KLOSTER EBERBACH. Algumas foram privatizadas nos últimos anos.

State Domain Ver STAATSWEINGUT.

ALEMANHA

Stein, Weingut Am ★★ Embora essa vinícola de FRANKEN esteja situada na famosa WÜRZBURGER STEIN, a maior parte das vinhas jaz mais ao norte, em Stetten. RIES, SILVANER e REISLANER melhorando.

Steinberg Rhg b ★★→★★★ **90 93 95** 96 97 **99** 00 **01** 02 **03 04 05** 06 Famoso vinhedo murado de 32 ha em HATTENHEIM, plantado há 700 anos por monges cistercienses. Monopólio de KLOSTER EBERBACH. Alguns vinhos gloriosos; outros, no passado, eram tristemente fracos.

Steinwein Vinho do melhor vinhedo de WÜRZBURG, Stein.

Südliche Weinstrasse (Bereich) Nome distrital para o S do PFALZ. A qualidade tem melhorado tremendamente nos últimos 25 anos. Ver REBOLZ, SCHWEIGEN, DR. WEHRHEIM.

Tafelwein Ver quadro "Níveis de qualidade na Alemanha", na p.121.

Tauberfranken (Bereich) Nova denominação da BEREICH de Badisches Frankenland, do N de BADEN: vinhos ao estilo da FRANCÔNIA.

Tesch, Weingut ★★ Outrora inexpressiva propriedade em Langenlonsheim, NAHE, se tornou uma rica fonte de RIES secos e arredondados.

Thanisch, Weingut Dr. H. ★★→★★★ Propriedade em BERNKASTEL, incluindo parte do vinhedo Doctor. Para confundir ainda mais, as duas propriedades compartilham o mesmo nome: Erben Müller Burggrael identifica um deles; Erben Thanisch, o outro. Pouco a se escolher em termos de qualidade.

Traben-Trarbach M-M b ★→★★ **90 93 96** 97 **98 99 01** 02 **03 04 05** 06 Cidade vinícola de 324 ha importante embora de baixa performance, sendo 87% de RIES. Vinhedos de primeira linha: Ungsberg, Würzgarten. Melhor produtor: Martin Müllen.

Traisen Nahe b ★★★ **89 90 93 95 96** 97 **98** 99 00 **01 02 03 04 05** 06 Pequena vila que inclui vinhedos de primeira classe: Bastei e Rotenfels, capazes de produzir RIES concentrados e de classe. Melhor produtor: CRUSIUS.

Traminer Ver GEWÜRZTRAMINER.

Trier M-S-R b ★★→★★★ Excelente cidade vinícola de origem romana, no MOSEL, entre o RUWER e o SARRE. Grandes propriedades beneficentes do MOSEL têm adegas entre imponentes ruínas romanas. Entre os produtores se inclui Deutschherren-Hof.

Trittenheim M-M b ★★★ **89 90 93 95** 96 97 98 **99** 00 **01** 02 **03 04 05** 06 Vinhos leves e atraentes do S do MITTELMOSEL. Os vinhedos de primeira linha eram Altärchen, Apotheke, porém, atualmente incluem terras baixas de segunda categoria. Vinhedos de primeira classe são Felsenkopf, Leiterchen. Produtores incluem, a leste, Clüsserath, Clüsserath-Weiler, GRANS-FASSIAN, Milz.

Trocken Seco. Os vinhos *Trocken* têm, no máximo, 9 g de açúcar não fermentado por litro. Alguns são austeros, outros (melhores) têm mais corpo e álcool. A qualidade tem melhorado dramaticamente desde a década de 1980, quando a maioria era acre, até azeda. Muito confiável em PFALZ e áreas ao sul.

Trockenbeerenauslese (TBA) A categoria mais doce e mais cara de vinho alemão, extremamente raro, com sabor concentrado de mel. Produzido com uvas murchas selecionadas, afetadas pela podridão nobre (botrítis). Ver também EDEL. Ou *Edelbeerenauslese*, que seria um nome menos confuso.

Trollinger Variedade de uvas tintas (pálidas) de WÜRTTEMBERG; produzida em demasia, porém localmente muito popular.

Ungstein Pfz b ★★→★★★ **90 93** 94 **95 96** 97 **98 99** 00 **01** 02 03 **04 05** 06 Vila do MITTELHAARDT com vinhos finos e harmoniosos. Vinhedos de primeira classe: Herrenberg, Weilberg. Melhores produtores: Darting, Fitz-Ritter, PFEFFINGEN, Pflüger, Karl Schäfer e Egon Schmitt.

Ürzig M-M b ★★★★ **89 90 92 93** 94 **95** 96 **97** 98 **99** 00 **01** 02 **03 04 05** 06 Vila com solo de arenito e ardósia vermelhos, famosa pelos vinhos firmes, cheios e condimentados, como nenhum outro MOSEL. Vinhedo de primeira classe: Würzgarten. Produtores: CHRISTOFFEL, LOOSEN, MÖNCHHOF, PAULY-BERGWEILER (Peter Nicolay) e WEINS-PRÜM.

Van Volxem, Weingut ★★→★★★ Propriedade do SARRE, sem brilho, reanimada desde 1999 pelo herdeiro de uma fábrica de cerveja, Roman Niewodniczanski. A produção muito baixa em locais de primeira linha resulta em RIES secos e ultramaduros. Atípico, mas impressionante.

VDP, Verband Deutscher Prädikats und Qualitätsweingüter Associação de produtores de primeira classe que dão o exemplo de qualidade. Procure sua insígnia, uma águia, nos rótulos dos vinhos. Presidente: Steffen CHRISTMANN.

Vereinigte Hospitien ★★ "Hospícios reunidos". Antiga instituição de caridade em TRIER com grandes propriedades em PIESPORT, SERRIG, TRIER, WILTINGEN etc. Atualmente, os vinhos estão bem abaixo do seu maravilhoso potencial.

Vollenweider, Weingut ★★★ O estreante Daniel Vollenweider da Suíça vem, desde 2000, recuperando o vinhedo de Wolfer Goldgrube, próximo a TRABEN-TRARBACH. Excelente RIES, mas uma quantidade muito pequena.

Wachenheim Pfz b ★★★→★★★★ **94** 95 **96** 97 **98 99 01 02 03 04 05** 06 340 ha, com RIES excepcionais. Vinhedos de primeira classe: Belz, Gerümpel, Goldbäcel, Rechbächel etc. Melhores produtores: BIFFAR, BÜRKLIN-WOLF e Karl Schäfer, WOLF.

Wagner, Dr. ★★ Propriedade de 9 ha com vinhedos em Saarburg e OCKFEN. Muitos vinhos finos, inclusive TROCKEN.

Wagner-Stemel, Weingut ★★→★★★ Propriedade de 13 ha, 50% RIES, próxima à fronteira com NAHE, na desconhecida Siefersheim. Os últimos anos proporcionaram excelentes vinhos como em 2005, tanto GROSSES GEWÄRCHS quanto nobremente doces.

Walluf Rhg b ★★★ **90 92** 94 95 96 **97** 98 **99** 00 **01** 02 **03 04 05** 06 Vizinha de ELTVILLE. Vinhos subestimados. Vinhedo de primeira classe: Walkenberg. Produtores incluem BECKER, JOST.

Wawern M-S-R (Sarre) b ★★→★★★ **90 93 95** 96 **97 99** 01 02 **03 04 05** 06 Vila pequena, RIES finos. Vinhedo de primeira classe: Herenberg. Produtor líder: Reinert.

Wegeler ★★→★★★ Importantes propriedades familiares em OESTRICH, MITTELHARDT E BERNKASTEL. Os Wegelers foram proprietários da casa de mercadores de DEINHARD até 1997. Seus vinhos continuam de alta qualidade.

Wehlen M-M b ★★★→★★★★ **88 89 90 93 94 95** 96 **97** 98 **99** 00 **01 02** 03 **04 05** 06 Vizinha de BERNKASTEL com vinho igualmente bom e um pouco mais rico. Localização do excelente vinhedo de primeira classe: SONNENUHR. Os melhores produtores são: KERPEN, LOOSEN, M. MOLITOR, J.J. PRÜM, S.A. PRÜM, RICHTER, Studert-Prüm, SELBACH-OSTER, WEGELER e WEINS-PRÜM.

Wehrheim, Weingut Dr. ★★★ Na região morna do SÜDLICHE WEINSTRASSE, variedades de Pinot, CHARD e também de RIES amadurecem totalmente. Tanto brancos quanto tintos fazem muito sucesso aqui.

Weil, Weingut Robert ★★★★ **90 94** 95 **96** 97 **98 99** 00 **01 02 03 04 05** 06 Excepcional propriedade em KIEDRICH; desde 1988 pertencente à empresa Suntory do Japão. Soberbos EISWEIN, TROCKENBEERENAUSLESEN, BEERENAUSLESEN; ***vinhos padrão também muito bons***, desde 1992. Amplamente reconhecida como a número 1 em vinhos doces do RHEINGAU, tanto em qualidade quanto em preço.

Weingart, Weingut ★★→★★★ Excepcional propriedade do MITTELRHEIN, com 11 ha em BOPPARD. Ótimo preço.

Weingut Propriedade vinícola.

Weins-Prüm, Dr. ★★→★★★ Propriedade clássica do MITTELMOSEL; 4 ha em WEHLEN. Normalmente, WEHLENER SONNENUHR é o vinho de primeira linha. Vinificação escrupulosa do proprietário Bert Selbach que favorece um estilo tenso e mineral.

Weinstrasse Estrada do vinho: uma rota turística pelos vinhedos. A Alemanha tem muitas.

Weissburgunder Pinot Blanc Uva mais confiável para vinhos TROCKEN; baixa acidez, muito extrato. Também usada para produzir SEKT.

Weissherbst Geralmente, um vinho rosa pálido, QBA ou acima e, ocasionalmente, BEERENAUSLESE, produzido de uma única variedade, geralmente SPÄTBURGUNDER. Especialidade em BADEN, PFALZ e WÜRTTEMBERG.

Werner, Domdechant ★★ Propriedade familiar de 12 ha nas melhores ladeiras de HOCHHEIM; os melhores vinhos são excelentes; os outros razoáveis.

Wiltingen M-S-R (Sarre) b ★★→★★★★ **89 90 93 95** 96 **97** 98 **99** 00 **01** 02 **03 04 05** 06 O centro do SARRE. 320 ha. Vinho austero e lindamente sutil. Excelente vinhedo de primeira classe: SCHARZHOFBERG (ORTSTEIL); outros de primeira classe são: Braune Kupp, Gottesfuss, Hölle. Melhores produtores: BISCHÖFLICHE WEINGÜTER, EGON MÜLLER, VON KESSELSTATT, VAN VOLXEM etc.

Winkel Rhg b ★★★ **90 93 94 95** 96 97 98 **99** 00 **01** 02 **03 04 05** 06 Vila famosa por vinhos fragrantes e cheios. Vinhedos de primeira classe: Hasensprung,

ALEMANHA

Jesuitengarten, SCHLOSS VOLLRADS, Schlossberg. Produtores: Hamm, von HESSEN, SCHLOSS SCHÖNBORN e WEGELER.

Winningen M-S-R ★★ Cidade do baixo MOSEL, próxima de Koblenz: excelentes vinhos secos. Vinhedos de primeira classe: Röttgen, Uhlen. Produtores de primeira linha: HEYMANN-LÖWENSTEIN, KNEBEL e Richard Richter.

Wintrich M-M b ★★→★★★ **90 92 93 95 97 98 99** 00 **01** 02 03 **04 05** 06 Vizinha de PIESPORT; vinhos semelhantes. Vinhedo de primeira classe: Ohlisberg. Produtor de primeira linha: Reinhold HAART.

Winzergenossenschaft (WG) Cooperativa de vinicultores que freqüentemente produz vinhos firmes a preços razoáveis. Muito importante em BADEN e WURTTEMBERG.

Winzerverein O mesmo que o anterior.

Wirsching, Hans ★★→★★★ Propriedade em IPHOFEN, na FRANCÔNIA. RIES secos e SILVANER podem ser elegantes e firmes, porém a qualidade é variável. 72 ha de vinhedos de primeira classe: Julius-Echter-Berg, Kalb etc.

Wittman, Weingut ★★★ Desde 1999, Philipp Wittmann impulsiona sua propriedade orgânica de 25 ha para os mais altos níveis em RHEINHESSEN. RIES GROSSES GEWÄCHS secos fortes, e magníficos TROCKENBEERENAUSLESEN.

Wöhrwag, Weingut ★★→★★★ Esta propriedade de WÜRTTENBERG com 20 ha, nas imediações de Stuttgart, produz tintos suculentos e, muitas vezes, RIES brilhantes, principalmente EISWEIN.

Wolf, J.L. ★★★ Propriedade em WACHENHEIM arrendada durante longo tempo por Ernst LOOSEN de Bernkastel. Vinhos do PFALZ secos e fortes, com a fineza do MOSEL. Muito consistente.

Wolf Metternich ★★ Propriedade nobre de DURBACH: alguns bons RIES e SPÄTBURGUNDER.

Wonnegau (Bereich) Nome distrital para o S de RHEINHESSEN.

Württemberg Wurt **90 93 96 97 99** 00 **01** 02 **03** 04 **05** 06 Vasta área do S da Alemanha, pouco conhecida por seus vinhos fora do país, apesar de produzir alguns RIES muito bons (principalmente no vale do NECKAR) e estar constantemente melhorando seus tintos: LEMBERGER, SAMTROT, TROLLINGER.

Würzburg Franc ★★→★★★★ **90 93 94 97** 98 99 **00 01** 02 03 **04 05** 06 Bela cidade barroca às margens do rio Main, centro do vinho da FRANCÔNIA: SILVANER e RIES seco finos e encorpados. Vinhedos de primeira classe: Abtsleite, Innere Leiste, Stein, Stein-Harfe. Ver MAINDREIECK. Produtores: BÜRGERSPITAL, JULIUSSPITAL, STAATLICHER HOFKELLER e AM STEIN.

Zell M-S-R b ★→★★★ **90 93 95 97** 98 99 **01** 02 **03 04 05** 06 Famosa vila do baixo MOSEL, sobretudo por sua GROSSLAGE lamentável: Schwarze Katz (Gato Preto).

Luxemburgo

Luxemburgo tem 1.250 ha de vinhedos em solo de calcário, à margem esquerda do rio Mosela. As prolíficas vinhas Elbling e Rivaner (Müller-Thurgau) são predominantes, mas em declínio gradual; Chardonnay crescendo, apesar de principalmente no caso de espumantes. Também Rieslings, Gewürztraminer e (normalmente melhores) Auxerrois, Pinot Blanc e Pinot Gris. Estas uvas produzem vinhos secos, de corpo leve a médio (teor alcoólico entre 10,5–11,5%), semelhantes aos da Alsácia. Talvez como resultado de uma mudança climática, tem ocorrido um aumento de vinhos mais bem-encorpados e ricos, incluindo alguns Vendanges Tardives e *vins de paille* colhidos tardiamente. Pinot Noir agora responde por 7% das plantações. O produtor mais importante é, de longe, a cooperativa Vinsmoselle. A associação Domaine et Tradition, fundada em 1988, abrange sete propriedades que impõem a si mesmas normas mais estritas que as regulamentações exigem. As seguintes safras foram todas **boas**: 89 90 92 95 97; **excepcional**: 97; **razoável**: 98; similar, porém **mais suave**: 99; **fraca**: 2000; **bem melhor**: 2001 e 2002; **na média**: 2004; 2003 e 2005 são boas tanto para tintos quanto brancos. Melhores de: Bastian, Bentz, Cep d'Or, Abi Duhr, Alice Hartmann, Krier Frères, Krier-WelbesBernard Massard (bom espumante de método clássico), Schummacher-Knepper e Sunnen-Hoffmann.

RIES em solo íngreme de ardósia que produz vinhos aromáticos. Melhor produtor: Kallfelz.

Zeltingen M-M b ★★→★★★★ **89 90 93 95** 96 **97 98 99** 00 **01** 02 **03 04 05** 06 Vila de primeira linha do MOSEL, perto de WEHLEN, às vezes subestimada. RIES vivazes e enérgicos. Vinhedo de primeira classe: SONNENUHR. Produtores de primeira linha: Markus MOLITOR, J.J. PRÜM, Schömann e SELBACH-OSTER.

Zilliken, Forstmeister Geltz ★★★ Antiga propriedade da guarda florestal real da Prússia, com 10 ha em Saarburg e OCKFEN, SARRE. RIES intensamente minerais de Saarburger Rausch, incluindo AUSLESE soberbos e EISWEIN com excelente potencial de envelhecimento.

Espanha & Portugal

As áreas mais escuras referem-se às regiões vinícolas

As abreviações abaixo são usadas neste texto:

Alen	Alentejo
Bair	Bairrada
Bul	Bullas
Cos del S	Costers del Segre
El B	El Bierzo
Emp	Empordà-Costa Brava/Ampurdán
Est	Estremadura
La M	La Mancha
Mont-M	Montilla-Moriles
Nav	Navarra
Pen	Penedès
Pri	Priorato
Rib del D	Ribera del Duero
Rib del G	Ribera del Guardiana
R Ala	Rioja Alavesa
R Alt	Rioja Alta
RB	Rioja Baja
Set	Setúbal
Som	Somontano
U-R	Utiel-Requena
res	reserva

A Espanha é o gigante adormecido da Europa. Tendo tido o olhar voltado para si mesma durante tanto tempo, ela está finalmente ajustando o foco para incluir consumidores internacionais, e está fazendo isso com vinhos que procuram ser universais, mas mantêm sua característica nativa.

Entretanto, há complicações. Por um lado, existe um número infinito de novas Denominações de Origem, muitas vezes criadas para estimular – não porque tenham adquirido – credibilidade, e às vezes, também, criadas em virtude da natureza complicada, predominantemente federal de um país que antes era governado da capital por uma ditadura. Por outro lado, há um visível e interminável fluxo de caixa – indivíduos ricos que desejam criar vinícolas com objetivos especulativos ou simplesmente por vaidade.

Este último fenômeno também pode surgir em Portugal, embora em grau menor do que na Espanha. E Portugal também possui suas complicações, embora tenha uma região obviamente à frente do resto: o Douro dos tintos mundialmente famosos. Atrás deles há uma faixa crescente de vinhos modernos e excitantes, de todo o país. Alentejo é o líder, com uma manipulação cada vez mais especializada de um conjunto diversificado de uvas e *terroirs*. Vinhos de consumo diário, consistentemente bons, especialmente do Ribatejo, estão constituindo uma base mais ampla de apreciadores, enquanto na parte central da Estremadura, o Dão e o Bairrada se reinventam.

Xerez, Porto e Madeira têm um capítulo separado na p. 159.

Espanha

Safras recentes dos clássicos espanhóis

Rioja

2006 Grande colheita, com tempo favorável em geral. Resultados amplamente considerados como positivos.

2005 Grande colheita, saudável e abundante, com clima excepcionalmente favorável. A qualidade é classificada como "excepcional" e "inédita".

2004 Grande colheita com expectativas de qualidade "magnífica" para aqueles que foram seletivos o suficente, dado o clima difícil. A maioria justifica o otimismo inicial.

2003 Enorme colheita de qualidade razoável, mas agora está claro que muitos vinhos se mostraram pouco longevos.

2002 Pequena colheita de qualidade duvidosa, como uma interseção entre 1999 e 2000, embora curiosamente estes estejam resistindo de forma marginal, e por mais tempo que o esperado.

2001 Colheita de tamanho médio de excelente qualidade; vinhos cumprindo sua promessa, embora muitos já estejam se tornando austeros e secos demais.

2000 Colheita imensa; vinhos distintamente brandos, com pouco sabor verdadeiro ou definição.

1999 Uma colheita difícil, que produziu vinhos leves, porém muito graciosos que, principalmente, chegaram ao apogeu.

Ribera del Duero

2006 Realmente muito complicada: tempestades no meio do verão e chuvaradas rápidas provocaram a disseminação do oídio; depois o calor intenso do início de setembro, seguido por uma chuva copiosa e a ameaça da botrítis. Alguns fizeram a vindima um mês antes, mas os melhores colheram de forma superseletiva, terminando um mês depois. Os resultados são tão polarizados quanto os de 2005.

2005 Não apenas 30% abaixo das expectativas, com mostos de aromas e extratos extraordinários, mas também níveis de álcool freqüentemente muito altos. Aqueles que colheram muito cedo têm vinhos verdes, desequilibrados. Muito bom somente para os verdadeiros profissionais.

2004 Um ano melhor do que na maioria das regiões. Apesar dos extremos de temperatura em setembro, vinhos de boa qualidade e uma colheita abundante.

2003 Inverno frio, primavera moderada, verão abrasador e as chuvas de outubro resultaram em uma colheita difícil. Os melhores vinhos são de boa cor, glicerina e álcool, porém acidez baixa.

2002 Clima quente seguido de chuva pesada no verão tardio levou a uma grande colheita. Em geral, a qualidade é muito boa.

2001 Colheita de tamanho médio de excelente qualidade; vinhos cumprindo sua promessa.

2000 Colheita muito grande, porém o amadurecimento foi desigual. Algumas *bodegas* fizeram vinhos espetaculares; mas boa safra, em geral.

1999 Clima quase perfeito e colheita excelente, porém a chuva por volta da época de colheita resultou em falta de acidez. Muito bons, mas sem destaque.

Navarra

2006 Complicada, dados a primavera chuvosa, o verão quente e o outono úmido. Os melhores resultaram em bom fruto, redondeza e balanço, mas nível de álcool e concentração moderados. Será bom para vinhos jovens, mas apenas os melhores profissionais produzirão vinhos com algum potencial de envelhecimento.

2005 Possivelmente, a melhor safra de todos os tempos da região, com condições climáticas perfeitas e praticamente nenhuma chuva, resultando em amadurecimento ótimo e vinhos de muita cor, cheios de sabores, e taninos fortes e doces.

2004 Temperaturas baixas na primavera e no verão, com muita chuva. Bons vinhos para aqueles que colheram tarde e seletivamente.

2003 O verão quente e seco foi seguido de chuvas torrenciais prolongadas e explosões de botrítis e bolor. Como em 2002, somente os melhores e mais profissionais produtores obtiveram resultados decentes.

2002 Chuvas torrenciais, em agosto, afetaram a qualidade dos vinhos do sul da região; outros estão excelentes.

2001 Ano excelente, com vinhos grandes, maduros e bem equilibrados.

2000 Ano muito seco e de produções prolíficas, exigindo seleção rigorosa. Os melhores vinhos são grandes e carnosos e envelhecem bem. Muito bom.

1999 A safra mais afetada por geadas da década, com preços das uvas elevados. Os vinhos são bem estruturados e longevos. Excelentes.

Penedès

2006 Frutas saudáveis e propriamente desenvolvidas resultaram em uma acidez e um nível de álcool muito bons, e a safra é oficialmente “excelente” em todos os aspectos.

2005 A seca mais severa dos últimos cinqüenta anos reduziu a produção a 30-40%, porém, graças às noites frias do verão, a qualidade foi excelente para os tintos e brancos.

2004 Primavera fria e chuvas de verão tardias atrasaram a colheita, porém os dias ensolarados e as noites frias do outono resultaram em um memorável ano para os vinhos tintos.

2003 Verão muito seco e longo, refrescado por chuvas em agosto; em seguida, noites frias e dias ensolarados em setembro resultaram em uma safra excelente.

2002 Setembro esplêndido resultou em vinhos de boa qualidade.

2001 As geadas de abril reduziram a produção, porém o verão quente produziu muito bons vinhos.

2000 Amadurecimento perfeito das uvas resultou em vinhos bem equilibrados. Muito bom.

1999 Verão seco, porém colheita abundante. Muito bom.

Aalto, Bodegas y Viñedos Rib del D t ★★→★★★★ **99 00 01 02 03** A nova propriedade de Mariano García produz dois Tempranillos espetaculares e profusamente concentrados. Ambos envelhecem bem, mas o melhor *cuvée* PS é mais que o dobro do preço.

Abadía Retuerta Castela e Leão t ★★★ **02 03 04** Uma das duas vinícolas mais famosas não-DO na Espanha (a outra é Mauro) – e uma das mais modernas. Faz uma excepcional variedade de tintos a partir de Temp, Cab Sauv, Merlot e Petit Verdot. Preços de acordo. Melhores vinhos: Rivola (**04**) e exuberante Negralada (**03**).

Albariño Uva branca aromática de alta qualidade da GALÍCIA. Ver GERARDO MENDÉZ, PALACIO DE FEFIÑANES, PAZO DE BARRANTES, PAZO DE SEÑORANS, RÍAS BAIXAS.

Albert y Noya Pen t b r ★★→★★★ **98 00 01** 05 Produtor orgânico mais famoso da Espanha; continua a fazer uma seleção extensa e antiquada a preços altos. A gama de Col-lecció é a melhor, em particular a Syrah (não-espumante **00**) e a Cabernet (**01**).

Alella t b (r) sc d ★★ CJD Pequena região demarcada ao norte de Barcelona que se destaca por brancos frescos e vivazes a partir de Pansa Blanca ou Chardonnay. Melhores produtores: PARXET e Alella Vinícola Can Jonc.

Alicante t (b) ★ **02 03 04** DO. A maioria dos vinhos ainda viscosos e demasiadamente alcoólicos. Melhores produtores: Enrique Mendoza e, para tintos jovens, Bodegas Valle del Carce.

Alión Rib del D t ★★→★★★★ **01 03 04**. A segunda BODEGA de VEGA SICILIA faz um Temp de vida curta mas maravilhosamente fragrante, envelhecido em carvalho francês.

Allende, Finca R Ala t ★★★→★★★★ **00 01 02 03 04** Miguel Ángel de Gregorio, em BRIONES, personifica a nova onda de RIOJA, produzindo desde 1995 uma série de tintos escuros, francos e contemplativos. O Allende mais conhecido é puro Tempranillo; o melhor Calvario, mais selvagem e íntegro, a partir de um vinhedo único antigo e misto, é sua provocante e irreverente obra-prima; e o supercaro Aurus é vistoso e à la Parker. O aconchegante Blanco (**04**) em carvalho é bom; CJD.

Álvaro Palacios Pri t ★★★★ **98 99 00 01 02 03 04** Talentoso emigrante de RIOJA que, apesar de responsável pelo desesperadoramente supervalorizado e sobretaxado L'Ermita, produz o excepcional Finca Dofi, que dura. Também ***Les Terrasses (04)***, a marca Priorato padrão.

Artadi Bodegas (Cosecheros Alaveses) R Ala t (b r) ★★★→★★★★ **96 98 01 02 03 04** Ex-cooperativa voltada para a qualidade, sobretudo para um bom, jovem e não amadeirado tinto Artadi, e esplêndidos, sérios e caros Viñas de Gain, Viña El Pisón, Pagos Viejos e Grandes Añadas.

Astrales, Bodegas Los Rib del D t ★★★→★★★★ **01 03 04** Nova (2000) e empolgante propriedade em Anguix produzindo um Temp único, puro e vibrante de mesmo nome. Formidavelmente intenso, fresco e balanceado, apesar do profuso envelhecimento em novo carvalho, e, segundo algumas evidências, desenvolvimento espetacular.

Barón de Ley RB t (b) res ★★★ **96 98 01 02 04** BODEGA bastante nova (1985) em RIOJA, vinhos complacentes de propriedade única agradavelmente maduros. Opte por Reserva (**96 98** ou **04**) ou o superior Finca del Monasterio (**01 02 04**).

Berberana, Bodegas Outrora uma grande e verdadeira vinícola, com uma linhagem de safras antigas. Agora é apenas uma marca pertencente a BODEGAS UNIDAS.

NOTA: Safras em cores são as que você deve escolher primeiro para beber em 2008.

Beronia, Bodegas R Alt t b res ★★→★★★ **95** 01 **03 04** BODEGA moderna, que faz tintos no estilo tradicional amadeirado. Pertencente à GONZÁLEZ-BYASS.

Bierzo 96 98 99 00 01 02 03 04 05 DO do norte de Léon, está na moda, com muitas BODEGAS finalmente popularizando a casta tinta nativa Mencia e, às vezes, Godello aromático também. Vinhedos de primeira linha: Luna Beberide, Prada a Tope, Bodegas Pittacum, Bodegas Peique.

Bilbaínas, Bodegas R Alt t b (r) b sc d esp res ★★→★★★ 99 01 **03 04** Histórica BODEGA Haro (desde 1859), antes famosa por seu tinto Viña Pomal e por seu Zaco tinto mais leve. Seu atual proprietário CODORNÍU levou tempo para conseguir dar conta de sua aquisição. Os melhores atualmente são o La Vicalanda (Gr **99** e Res **01**) e Pomal Reservas **01** e **03**.

Binissalem t b ★★ **01 03 04 05** A DO mais conhecida de MAIORCA. Melhor: Marcía Batle

Blanco Branco.

Bodega Termo espanhol para (i) uma loja de vinhos; (ii) uma empresa dedicada à produção mistura e/ou exportação de vinhos; (iii) uma adega.

Bodegas de Crianza Castilla la Vieja Rueda b sc esp ★★→★★★ Produz um dos brancos mais vivazes de RUEDA a partir de Verdejo, Viura e Sauv Bl. Rótulo principal: Palacio de Bornos.

Bodegas Unidas Vasta organização que controla MARQUÉS DE MONISTROL e a marca BERBERANA, bem como a hábil Marqués de la Concordia, de RIOJA, e Durius, de RIBERA DEL DUERO. Também controla a marca de Rioja MARQUÉS DE GRIGÑON – por tempo considerável desvinculada a Carlos Falcó.

Bodegas y Viñedos del Jalón Calatayud t (b sc r) ★★ **05 06** As importantes marcas são os muito bebíveis e robustos Castillo Maluenda e Viña Alarba. Misturas de vinhas antigas de Garnacha, por vezes com Syrah, particularmente boas.

Briones Pequena cidade no alto das colinas de Rioja, perto de Haro, salpicada de adegas subterrâneas. Terra natal de FINCA ALLENDE, ostenta um dos melhores e mais abrangentes museus do vinho do mundo, El Museo de la Cultura de Vino.

Bullas ★→★★ **02 03 04** Pequena DO de Múrcia em crescimento o melhor produtor é a Bodega, cujos vinhos Portal derivam de Madiran.

Calatayud ★→★★ **04 05** 06 DO de Aragão (uma das quatro): principalmente Garnacha. Melhores produtores: BODEGAS Y VIÑEDOS DEL JALÓN e cooperativa San Alejandro. A safra de 2005 foi incrível.

Campo Viejo Ver JUAN ALCORTA e/ou PERNOD RICHARD.

Can Rafols dels Caus Pen t r b ★★★ **97 98 00 01 02 03** Jovem e pequena BODEGA em PENEDÈS: propriedade particular, Cab Sauv frutada, agradável Gran Caus Chard/Xarel-lo/Chenin Bl. Melhores brancos: El Rocallis (**01**), La Colma (**02**) e Pairal (**04**): Excelente *rosé* (CJD) melhores tintos: Ad Fines **01**, Lubis (98). Vinho para quem procura complexidade.

Cariñena ★→★★ 01 02 03 04 05 06 DO de Aragão com excelente potencial para tintos, ainda se esforçando para torná-lo um sucesso. Produtores para se observar, embora com ofertas mistas: San Valero e Grandes Vinos y Viñedos.

Casa Castillo Jumilla t (b r) ★★→★★★ 02 **03 04 05** Alguns dos melhores vinhos de JUMILLA, produzindo estilos vigorosos, sarçosos e ricos em fosfato para consumo semi-imediato: Las Gravas (**02**) e Syrah Valtosca (**05**).

Castaño, Bodegas Yecla r res (b sc) ★★ 02 03 **04 05** Um ainda solitário pioneiro em qualidade nesta remota DO. Monastrell e mistura Cab Sauv/Temp/Merlot/Syrah firmes e confiáveis. O melhor é de Pozuelo (02), mas o doce Monastrell (**04**) é também muito bom.

Castell del Remei Cos del S t b r ★★→★★★ 01 02 03 **04** Vinhedo/vinícola histórica ressuscitada. Melhores vinhos: mistura Gotim Bru tinto (**04**), novo desenho exclusivo Oda Merlot e cuvée 1780 (01 **03**).

Castilla-la Mancha, Vino de la Tierra Em 1999, parte dos 600.000 ha desta vasta região recebeu da EU o status de VINO DE LA TIERRA. Desde então, dezenas de grandes empresas têm se mudado para a área para produzir vinhos.

Castillo de Perelada, Caves Emp t b r res esp ★★→★★★ 03 **04 05** Grande gama de vinhos não espumantes e CAVA, incluindo Blanc Pescador frisante (CJD), da DO de CATALUÑA, e os melhores tintos: soberbos Gran Claustro, Finca Garbet e Finca Maleveïna.

Castillo de Ygay R Alt t b ★★★★ (t) **54 64 70 89 91 94 97 98 99 01** Vinhos lendários do MARQUÉS DE MURRIETA.

Catalunha **00 01 03 04 05** DO que abrange toda a área da Catalunha. As 193 vinícolas constituintes incluem algumas preciosidades, tais como ALBET I NOYA, MIGUEL TORRES, Bodegas Roqueta, Bodegues Concavins, JEAN LEÓN, Mas Gil (com um soberbo tinto Clos d'Agon) e Mont Marcal.

Cava DO "móvel" que cobre os frisantes de método tradicional do norte ao sul da Espanha; curiosamente, RUEDA e GALÍCIA estão de fora. A maioria é produzida em (ou próximo de) San Sadurní de Noya, em PENEDÈS, e dominada por FREIXENET e CODORNÍU. A qualidade é por vezes maior, embora com um custo, para nomes menores: Agustí Torelló, CASTILLO DE PERELADA, Covides, Ferret, Giró Ribot, GRAMONA, Llopart, JUVÉ & CAMPS, MARQUES DE MONISTROL, PARXET, RAIMAT, Raventós i Blanc, Rovellats e Recaredo.

Celler de Cantonella Cos del S t b ★★→★★★ **03 04 05** Pequena propriedade montanhosa ao N de PRIORATO, produzindo tintos concentrados e com groselha-preta e deliciosos Cérvoles brancos de Macabeo/Chardonnay fermentados em barril.

César Príncipe Cigales t ★★★ **02 03 04** Produtor de butique com Tempranillos caros, densos, sublimemente frutados, de baixa produção e vinhas antigas, em uma região conhecida por seus *rosés*.

Chacolí País Basco b (t) ★★ CJD Hoje dividida em três DOS distintas: Álava, Guetaria (a mais importante) e Vizcaya. Todas produzem *pétillants* brancos fragrantes mas por vezes forte demais. Apenas um – o pertencente à histórica família de Chueca, Txomin Etxaniz – realmente impressiona.

Chivite, Bodegas Julián Nav t b (r) sc d res ★★★★ **96 01 02 03 04 05** A maior, mais conhecida e histórica BODEGA de NAVARRA. A excelente e popular extensão da marca Gran Feudo é saudada por uma cara seleção de butique ***Colección 125***, incluindo um proeminente Tinto Reserva (**02**), Blanco (04) fermentado em barril e ***soberbo Vendimia Tardía Moscatel (04)***.

Clos Mogador Pri t ★★★→★★★★ **99 00 01 02 03** René Barbier (nenhuma ligação com vinho de mesa PENEDÈS FREIXENET) continua a ser um dos melhores de PRIORATO. Segundo vinho: Manyetes (**04**), não tão impressionante quanto, mas o branco Clos Nelin (03, 04, 05) é intrigantemente apetitoso.

Codorníu Pen b esp ★★→★★★ Uma das duas maiores empresas de CAVA da família Raventos. Muito bons Anna de Codorníu e Jaume de Codorníu. Também é proprietária de RAÍMAT e BILBAINAS.

Compañía Vinícola del Norte de España (CVNE) R Alt t b sc (r) ★★→★★ **98 01 02 04** Famosa BODEGA de RIOJA. Uma marca há 20 anos; a qualidade declinou em todos os aspectos: tintos jovens crus e ardentes, brancos Monopole envelhecidos em carvalho hoje ordinários. O melhor *cuvée* Real de Asúa (**02**) é muito anunciado na Espanha, mas é melhor buscar o leve, elegante e de alta acidez Imperial, pré-anos 1970, ou Viña Real, mais carnudo. Ver também CONTINO.

Conca de Barberà b (t r) **01 03 04 05** Pequena DO do Catalão que serve como fornecedora de uvas a grandes empresas, como TORRES (Superlativo Milmanda Chard 04/5 e ótimo tinto Grans Muralles 01/2), mas também lar de vinhos Concavins, cujos preços são amigáveis e modestos, e da produção relativamente radical da biodinâmica ESCODA-SANAHUJA.

Condado de Haza Rib del D t ★★★ **03 04** Tinto Fino (Temp) puro, envelhecido em carvalho da PESQUERA de Alejandro Fernández, porém mais consistente e de melhor preço. Evite os rústicos, caros e decepcionantes.

Consejo Regulador Organização para o controle, promoção e a defesa de uma DO.

Contino R Ala t res ★★★ **96 99 00 01 02 03** Excelente tinto de vinhedo único feito por uma subsidiária da CVNE. Bons Graciano e Viña del Olivo premium.

Cosecha Safra ou colheita.

Costers del Segre Cos del S t b r esp ★★→★★★ **94 95 96 01 02 03 04** Pequena área demarcada em torno da cidade de Lleida (Lérida), famosa por seus vinhedos de RAÏMAT, CASTELL DEL REMEI, CELLERS DE CANTONELLA e TOMÁS CUSINÉ.

Crianza Literalmente, "em formação"; o envelhecimento do vinho. Vinho novo ou sem envelhecimento é *sin crianza* ou JOVEN. Tintos rotulados *crianza* devem ter pelo menos dois anos de idade (com um ano em carvalho, em algumas áreas seis meses) e não devem ser distribuídos antes do terceiro ano.

DO, Denominación de Origen Região oficial do vinho.

DOCa, Denominación de Origen Calificada Classificação para vinhos da mais alta qualidade; até o momento, somente RIOJA (desde 1991) e PRIORATO (DOQ – o equivalente na Catalunha – desde 2002) possuem essa denominação.

Domecq R Ala t (b) res ★★→★★★ **96 00 03** Divisão de RIOJA de uma empresa de Xerez, cujo satisfatório porém desinteressante Marqués de Arienzo agora faz parte da PERNOD RICARD.

Dominio de Tares El B t b ★★★ 04 Produtor empreendedor cujos Bembibre (**04**) e Cepas Viejas (**04**) escuros, condimentados, fragrantes e de aroma elaborado provam o que pode ser feito com Mencía. A vinícola irmã Dominio dos Tares produz o igualmente impressionante Cumal (**04**) – imponente e escuro.

Dulce Doce.

Empordà Ampurdán Emp t b r ★→★★ **02 03 04 05** Região limítrofe aos Pireneus no nordeste. Melhores produtores: CASTILLO DE PERELADA, Pere Guardiola e o principiante Espelt.

Escoda-Sanahuja Conca de Barbera t ★★★ Único, proveitoso e biodinâmico. As intransigentes safras de 2003 e 2004 precisam ser decantadas; a de 2005 é fácil. Coll de Sabater (**04**) possui Merlot e Cab Franc; La Llopetera (**05**), Pinot Noir; Les Paradetes (**04/05**), Sumoll mais Garnach e Cariñena.

Enate Som DO t b r res ★★★ **01 02 03 04** O melhor produtor de SOMONTANO, com Gewürz (CJD) excelente, ***esplêndido Chardonnay fermentado em barris (03 04)***, Rosé (CJD) maravilhosamente fragrante, misturas Temp/Cabernet/Merlot/Syrah que valem a pena e Merlot (03 04) excelente.

Espumoso Espumante (veja porém CAVA).

Faustino, Bodegas R Ala t b (r) res ★★→★★★ BODEGA grande e de longa data, antiga F. Martínez, com tintos suaves e confiáveis de todos os tipos: de Faustino V Reserva e GRAN RES Faustino I ao grande vinho Faustino de Autor.

Finca Fazenda. (Ver pelo nome – por exemplo, ALLENDE, FINCA.)

Freixenet, Cavas Pen b esp ★★→★★★ Enorme empresa de CAVA, que rivaliza não só em tamanho com a CODORNÍU, mas também pela dinâmica, saindo na frente. Marcas mais famosas: Cordón Negro em garrafas negras, Brut Barroco, RES Real e Carta Nevada, bem comum. Também controla a Castellblanch, a Conde de Caralt e a Segura Viudas.

Galícia Região chuvosa do noroeste da Espanha: principalmente para brancos frescos e aromáticos, porém caros. Os tintos, baseados na uva Mencia, são adstringentes e melhores se consumidos no local e gelados, caso contrário devem ser evitados. Estranhamente, uma DO completamente nova (Ribeira Sacra) se dedica a isso. Para excelentes brancos de menores DOS regionais, ver GUITIÁN e VIÑA MEÍN. Caso contrário, fique com RÍAS BAIXAS ou tente MONTERREI.

Generoso Vinho de aperitivo ou de sobremesa rico em álcool.

Gerardo Méndez Rías Baixas ★★→★★★ Minúscula propriedade familiar que produz ALBARIÑO moderno, exuberante e de estilo novo, além de uma produção minúscula de vinhas antigas (Cepas Vellas de vinhas antigas – 200 anos), com um toque de botrítis. O nome no rótulo é Albariño do Ferreiro.

Gramona Pen t b sc d res ★★→★★★ Empresa familiar estabelecida e de bom tamanho que produz uma ampla gama de varietais Chard e Sauv Bl bons, mas os vinhos doces são melhores: Gewürz, Riesling (ambos 04) e Gra a Gra (02). Boa. Também excelente CAVA: limpo, não especialmente estimulante.

Gran Reserva Ver RESERVA.

Guelbenzu, Bodegas t (b) res ★★→★★★ 99 01 02 03 04 05 Empresa familiar que não é uma DO, com propriedades em Navarra (Cascante) e Aragón (Vierlas), especializada dos tintos da moda: Vierlas, Azul, Evo, La Lombana e o esplêndido Lautus (**99 01**). Também no Chile.

Guitán Godello Valdeorras b ★★★→★★★★ **04 05 06** Melhores vinhos da esporádica DO da GALÍCIA (mas veja também TELMO RODRÍGUEZ), Bodegas La Tapada produz três Godellos esplendidamente fragrantes e complexos: um em aço, outro fermentado em barril e o último envelhecido por borras.

Gutiérrez de la Vega, Bodegas Alicante t (b) res ★★→★★★ 03 04 05 Pequena propriedade especializada em excelentes brancos doces feitos de Moscatel. Tintos menos bem-sucedidos. Nome da marca: Casta Diva.

Haro Centro espiritual e histórico de RIOJA ALTA. Embora ainda em crescimento, é infinitamente mais charmoso e intimista que a comercial Logroño, a capital oficial.

Ilhas Canárias (Islas Canarias) t b r ★→★★ Mais conhecidas pelos ocasionalmente estonteantes vinhos de sobremesa Malvasías (Brumas de Ayosa, de Valle de Güímar) e Moscatels (Bermejo, de Lanzarote), apesar das múltiplas DOS (5 só em Tenerife!), da modernização e das muitas variedades nativas – Listán e Marmajuelo brancas, Negramoll e Vijariego escuras –, do clima e dos solos vulcânicos pouco profundos. Embora valha a pena ficar de olho, não-espumantes de qualidade ainda são raros.

Inurrieta, Bodega Nav t r b res ★★→★★★ **00 02 03 04 05** Propriedade impressionante próxima de Falces. Bons Norte Cabernet-Merlot e Sur-Garnacha-Syrah, bem como vivazes Mediodía Rosado. Melhor vinho: Altos de Inurrieta (**03**).

Joven (vino) Jovem, vinho não envelhecido. Ver também CRIANZA.

Juan Alcorta, Bodega R Alt t (b) res ★→★★★ **99 00 01 04** Uma firma da Pernod Ricard: tudo se conformizando gradualmente. Quatro marcas – Campo Viejo, Alcorta, Azpilicueta e Marqués de Villamagna –, todas perfeitamente aceitáveis e adequadas; confiança na entrega enquanto falta individualidade.

Jumilla t (b r) ★→★★★ **02 03 04 05** DC árida nas montanhas ao N de Múrcia, mais conhecidas por seu Monastrel escuro e fragrante, por vezes misturado. Também Tempranillo, Merlot, Cabernet, Syrah e atualmente Petit Verdot. Não costuma envelhecer com graça. Muitos bons produtores, incluindo Agapito Rico, CASA CASTILLO, Finca Omblancas, Juan Gil, Luzón e Valle del Carche.

Juvé y Camps Pen b esp ★★★ **01 02** Empresa familiar. CAVA de primeira linha, feito exclusivamente a partir de suco livre obtido sem pressionar; RES de la Familia e Gran Juvé y Camps são os melhores.

LAN, Bodegas R Alt t (r b) res ★→★★ **99 00 03 04** BODEGA muito grande e moderna. Recentemente reestruturada e reorganizada, ainda assim não convence – produtos superfaturados, superexplorados e com excesso de madeira.

León, Jean Pen t b res ★★★ **97 01 03 04** Atualmente se adaptando, preterindo a força persuasiva nas vendas em favor de estilos mais diluídos. Os melhores são o intenso Petit Chardonnay (**05**) e o ressonante Zemis (**03**); vale também conferir o selvagem e rústico Terrasola Syrah/Garnacha (**03**).

López de Heredia R Alt t b (r) sc d res ★★ **85 87 88 95 96 01** BODEGA pitoresca de uma antiga família em HARO que representa o ápice das velhas práticas. Vinhos tradicionais de longa duração; os melhores são os RES realmente antigos, tanto o tinto quanto o branco. As diferenças entre as safras atenuaram-se notavelmente desde 1981. ***Tondonia*** é o mais fino e de maior acidez; Bosconia, mais cheio e imponente.

Luis Cañas, Bodegas R Ala t (b) res ★→★★ **99 03 05** Grande firma (fundada em 1970) comercial de RIOJA, produzindo tintos decentes, limpos, confiáveis embora talvez comuns, de todos os tipos e de preços justos. A safra de 1999 vem alcançando picos.

Málaga Ex-famosa DO que encerrou suas atividades, porque os produtores tinham que engarrafar dentro dos limites da cidade, e as instalações, nesta área, tornaram-se muito caras. TELMO RODRIGUEZ tem uma parceria aqui, produzindo Moscatel Molino Real branco, claro, sutil e doce, na maior parte vendido nos EUA.

Malorca Produtores pequenos e caros. Os melhores são Ánima Negra, a minúscula Sa Vinya de Can Servera, Hereus de Ribas (proeminente Ribas de Cabrera 2000) e Son Bordils (bom Negre 03 e Merlot 04). Fique com os tintos, comumente uma mistura de variedades tradicionais (Mantonegro, Callet e Fogoneu) mais Cabernet, Syrah e Merlot. Esses apresentam com freqüência um caráter levemente queimado. Brancos (em geral Prensal nativas mais Chardonnay ou Malvasía) menos bem-sucedidos. O maior produtor (Franja Roja) parece ter enlouquecido.

Mancha, La La M t b ★→★★ **03 04 05** Vasta região demarcada no norte e no nordeste de VALDEPEÑAS. Seu clima muito intenso resulta em vinhos ordinários e de vida curta (feitos principalmente de Airén nativas, embora esforços estejam sendo realizados para produzir Sauvignon); e a área vem tentando primeiramente concentrar e aprimorar seu tintos, os quais são principalmente de base Cencibel (Tempranillo). Os melhores produtores são Centro Españolas e Vinícola de Tomelloso, mas não espere demais. Ver também CASTILLA-LA MANCHA VINO DE LA TIERRA.

Marqués de Cáceres, Bodegas R Alt t r b res ★★★ **94 98 00 03 04** Bons tintos de RIOJAS, confiáveis e comerciais, feitos com métodos franceses modernos. O excelente Gaudium (**01**) é feito para envelhecer, então enquanto isso aproveite o MC (**03 04**).

Marqués de Griñón Dominio de Valdepusa t b ★★★ **02 03** O nobre empreendedor Carlos Falcó, prematuramente graduado de Davis, na Califórnia, foi o primeiro espanhol a cultivar Cab Sauv, deliciosos Syrah e Petit Verdot, introduzir a irrigação por gotejamento e uma abordagem científica para a administração de vinhedos, em sua histórica propriedade próxima a Toledo, ao sul de Madri. Varietais concentradas – os iniciantes deveriam experimentar a mistura de Summa, bastante bebível. O nome Griñón também aparece em um Rioja barato de Berberana – as sobras de um acordo de distribuição. Ver BODEGAS UNIDAS.

Dinheiro novo

O dinheiro gerado pelo desenvolvimento explosivo na construção espanhola muitas vezes é investido em novas vinícolas. São às vezes exercícios de vaidade, mas em grande parte destinam-se a produzir, por influência de Parker, "vinhos de butique" para o mercado interno.

Os empresários que visam o comércio internacional geralmente se atêm às famosas, ou outrora famosas regiões como Priorato, Rias, Baixas, Ribera del Duero, Ruada e Somontano, e forçam os preços a níveis irreais, embora produzam vinho comum, de modo geral. Estima-se que dentro de alguns anos, de 30% a 50% de todas as vinícolas espanholas desapareçam, simplesmente. Esperemos que sejam os bons profissionais a permanecer.

Marqués de Monistrol, Bodegas Pen r t esp sc d res ★★→★★★ **00 01 05** Velha BODEGA, atualmente pertencente às BODEGAS UNIDAS. Bom e confiável CAVAS. Antes conhecida pelas boas e jovens misturas Cab Sauv, Merlot e Temp; atualmente, ênfase maior em estilos mais antigos, envelhecidos.

Marqués de Murrieta R Alt t r b res ★★★→★★★★ **98 99 00 01 02** BODEGA histórica em Ygay, próxima a Logroño, fazendo intensos tintos Reserva. Mais famosa por seu magnífico tinto CASTILLO DE YGAY. Outros incluem o branco Capellanía Reserva, excêntrico e amadeirado; o interessante e apetitoso Mazuelo (**00**); e o intenso e moderno tinto *premium* Dalmau (**94 98 99** e 00 01 02). Ver também PAZO DE BARRANTES.

Marqués de Riscal R Ala & Rueda t (r) b sc ★★★→★★★★ **99 00 01 02 03** A mais famosa BODEGA em R Ala; atualmente com hotel e restaurante novos, fantásticos, de projeto arquitetônico de Frank Gehry. Tintos bons e leves, com um certo estilo, e um esplêndido Barón de Chirel RES (**01 02**), feito com 50% de Cab Sauv. Pioneiros em RUEDA com um fragrante Sauvignon Blanc e um Limousin um pouco mais saboroso, fermentado em barril.

Marqués de Vargas, Bodegas R Ala ★★★ **96 00 01 00** 04 Pertinente estreante, erroneamente anunciada como uma produtora de novo estilo, seus Reserva Privada e Hacienda Pradolagar (ambos de **01**) são ofertas de estilo antigo proeminentes e balanceadas.

Martínez-Bruganda, Familia Ver Valdemar

Mas Martinet Pri t ★★★→★★★★ **00 01** 03 04 Produtor de Clos Martinet é um pioneiro da exclusiva boutique PRIORATOS. Sua filha Sara vem mantendo os excelentes padrões. Segundo vinho: Martinet Bru (**04**).

Mauro, Bodegas t **00 01 02 04 05** Jovem bodega em Tudela del Duero produzindo bom tinto (**04 05**) TINTO del País (Temp), redondo e frutado, agora com um toque de Syrah; também complexo e acamado VENDIMIA Seleccionada (**00 01 02**) e o raro, incrível e caro Terreus (01, 03). Não é uma DO, já que alguns dos frutos vêm de fora de RIBERA DEL DUERO. Irmã vinícola: Maudoros, em TORO.

Monterrei b ★→★★★ CJD DO pequena mas em desenvolvimento em O(u)rense, centro-sul de GALÍCIA, produzindo brancos interessantes, aromáticos e cheios de sabor, de Treixadura, Godello e Doña Blanca. O melhor é Gargalo. Evite os tintos.

Montilla-Moriles b sd ★→★★★ DO de médio porte, antes mais conhecida por estilos de FINO não fortificados, mas hoje empenhada em vinhos de sobremesa escuros, untuosos e por vezes agridoce. Melhor: Toro Albalá (muitas safras antigas), mas Alvear e Pérez Barquero também compõem esse cenário.

Montsant t ★→★★★ **02 03 04 05** Minúscula DO nova (desde 2001) em um encrave de PRIORATO. Seus melhores vinhos compartilham certas similaridades mas atualmente estão caros; e suas ofertas mais baratas podem ser adstringentes em virtude dos diferentes solos. Melhores: Agrícola Falset-Marçà, Cellers Capafons-Ossó, Celler Laurona; e Celler de Capaçanes, cujos estilos bebíveis tornam a área famosa.

Muga, Bodegas R Alt t (b esp) res ★★★→★★★★ 95 96 98 00 01 **02** 03 Firma familiar em HARO, conhecida por ***alguns dos tintos mais equilibrados e tradicionais de RIOJA***. Bom Viura fermentado em barril, levemente reminiscente de Borgonha; tintos leves mas altamente aromáticos, e – com exceção do proeminente GR Prado Enea (**95 96 98**), o qual atinge picos rapidamente – envelhecem bem. O melhor *cuvée* da nova onda é o muito bom Aro (**00 01**).

Navajas, Bodegas R Alt t b res ★★→★★★ **01 02 03 04** Empresa familiar despretensiosa que produz tintos jovens e frutados e CRIANZAS e RES razoavelmente equilibrados. Também excelentes brancos Viura (**04**) e Rosado Crianza (**03 05**), envelhecidos em carvalho.

Navarra Nav t r (b) ★★→★★★ **00 01 02 03 04 05** DO extensa, conhecida primeiramente pelos *rosés*; muitas de suas 123 BODEGAS hoje produzem tintos iguais ou superiores àqueles de RIOJA – a despeito das freqüentes produções altas –, em parte por causa da vasta disseminação de variedades, incluindo Merlot e Syrah. Também vinhos de sobremesa excelentes. Ver CHIVITE, MURRIETA, OCHOA, PRÍNCIPE DE VIANA. Também bons são Castillo de Monjardín, Otazu, Vinícola Navarra e, para vinhos de sobremesa, Camilo Castilla.

Ochoa Nav t r b res ★★→★★★ **98 00 02 04 05** 04 Pequena *bodega* familiar; Javier Ochoa é sempre confiável e continua a impressionar, sobretudo com seus excelentes Moscatels (**05**), bem como seu tinto de elevado prestígio Vendimia Seleccionado (**00**) e o mais rotineiro Garnacha/Graciano (**05**).

Pago Vinhedo ou área de tamanho limitado que dá origem a vinhos excepcionais. Atualmente o termo tem status legal, por exemplo, DO Dominio de Valdepusa (ver MARQUÉS DE GRIÑON).

Pago de Carraovejas Rib del D t res ★★★ 99 **01** 03 **04** Ampla propriedade. Qualidade excelente. Desfrute Crianzas (**03 04**) dentro de três anos por sua fermentação de bagas inteiras. Reserva (01 03) mais intenso, imponente e longevo. O melhor *cuvée* Cuesta de las Liebres (99 01) é mais fino e longevo. Todos os vinhos são misturas Tinto Fino/Cabernet.

Palacio, Bodegas R Ala t r b res ★★★ **01 02 03 04** 05 Boa e antiga BODEGA. Produz tintos equilibrados e firmes: Gloriosa, Especial e Cosme Palacio (**04**).

Palacio de Fefiñanes Rías Baixas b sc ★★★ CJD As BODEGAS mais antigas de RÍAS BAIXAS, produzindo um dos mais ***delicados e excelentes ALBARIÑOS***. Dois outros estilos: uma versão cremosa fermentada em barril (1583 – nomeada sob o ano em que a vinícola foi fundada – **04 05**) e uma versão fragrante menos envelhecida (III – **03 04**).

Parxet Alella b r esp ★★→★★★ CJD Produtor de Cuvée 21 fresco, vivaz e condimentado de CAVA; Brut Nature da moda; Pinot N Titiana incomum; e cara versão de sobremesa de Cuvée Dessert. O melhor vinho não-espumante é o vivaz semi-seco MARQUÉS DE ALELLA, feito da nativa Pansa Blanca. Também digno de nota é o Tionio (**03 04**), contemplativo e concentrado, de um posto avançado em RIBERA DEL DUERO.

Paternina, Bodegas Outrora uma grande BODEGA de RIOJA (de 1896 ao início dos anos 1970). A marca, como Bonola Azul, existe até hoje, mas a qualidade é ordinária.

Pazo de Barrantes Rías Baixas b ★★★ CJD ALBARIÑO DE RÍAS BAIXAS; propriedade pertencente a MARQUÉS DE MURRIETA. Firme, delicado, exótico, variável, mas as safras variam bastante.

Pazo de Señorans Rías Baixas b d ★★★ CJD Vinhos excepcionalmente fragrantes de uma BODEGA considerada o exemplo a ser seguido do DO, por sua sutileza.

Penedès Pen t b esp ★→★★★ **98 99 00 01 02 03 04 05** Região desmarcada, mais conhecida por CAVA e TORRES. Outros bons produtores são ALBET, NOYA, CAN RÀFOLS

DELS CAUS, GRAMONA, Jane Ventura, JEAN LEÓN, MARQUÉS DE MONISTROL e Roventós i Blanc.

Pérez Pascuas Hermanos Rib del D t res ★★★ **94 01 02 03 04** Imaculada BODEGA familiar (fundada em 1980). Suas safras antigas e um pouco acanhadas (resultado da fertilização natural) triunfam na Espanha, mas estilos mais jovens e enérgicos (**03** e **04**) são mais adequados para um público moderno. Principal rótulo: Viño Pedrosa e a nova Cepo Govillón.

Pesquera Rib del D t ★★★ **99 02 03 04** Alejandro Fernández é o fator responsável pela fama da região no final dos anos 1980, graças aos ouvidos de Robert Parker. Estilos bons, intensos, embora, talvez, quase formulaicos, francos e elaborados (ver CONDADO DE HAZA). Também interessante tinto El Vínculo (**02 04**), de LA MANCHA.

Pingus, Dominio de Rib del D t ★★★ **94 96 98 99** 00 01 **02 03** A princípio, Pingus está disponível em leilões internacionais, portanto meros mortais devem se contentar com o inferior e por vezes decepcionante segundo rótulo, Flor de Pingus (**01 02 03**), o qual possui um tempo de vida muito mais curto.

Piqueras, Bodegas Almansa t (b sc r) ★★→★★★ 00 01 02 03 04 BODEGA familiar. Único produtor digno de nota aqui, produzindo tintos mastigáveis mas bem balanceados de antigo estilo, sob os rótulos de Castillo de Almansaand Marius.

Plá i Llevant de Mallorca t b sc ★→★★★ **01 03 04** Apenas 10 vinícolas compreendem esta minúscula DO em MALLORCA. Os melhores são Jaime Mesquida, Vins Can Majoral e Miquel Gelabert.

Príncipe de Viana, Bodegas Nav t b r ★★ Empresa de grande porte que mistura e amadurece os vinhos de cooperativas – assim como também utiliza seus próprios 400 ha de Temp. Produtores de gama de Pleno muito firme e básica; o prestigiado Fincp d'Albret ainda precisa se adaptar.

Priorato/Priorat Pri mr t ★★★ **00 01 03 04** Enclave da DO de TARRAGONA, outrora conhecida pelo Rancio e os tintos rústicos, produzidos em cooperativas e (Torry) de Garnacha/Cariñena. Seguindo a nova onda inicial (incluindo Costers de Siurama — cujo tinto doce Clos L'Obac ainda é um artigo de primeira necessidade, José Luis Pérez de MAS MARTINET, e CLOS MOGADOR), a área foi invadida por um grupo de intrusos endinheirados. Seus melhores vinhos são profundos e concentrados, mas poucos envelhecem além de dois ou três anos, e os preços são com freqüência surreais. ÁLVARO PALACIOS é ótimo; outros incluem Cims de Porrera, Clos Daphne, Clos Figueras, Grativinum, Mas Doix, Mas Igneus e Vall-lach. Buil & Giné é de valor justo, mas rústico.

Raïmat Cos del S t b r esp ★★→★★★ **94 95 96 00 01 02 03 04 05** Propriedade de CODORNIÚ, uma das primeiras da Espanha a fazer varietais em estilo do Novo Mundo usando Chard, Tempranillo, Cabernet, merlot e Syrah. O único a envelhecer com sicesso é Pinot (**00**). Também bom, fresco e atraente CAVA.

Remírez de Ganuza, Bodegas Fernando R Ala b sc t res ★★→★★★ **01 02 03** O agronomista Fernando R d G faz vinhos admiráveis porém de preço elevado: (CJD) Erre Punto, Reserva (**01 02**), Trasnocho (**03**).

Remelluri, La Granja R Ala b sc t res ★★★ **97** 01 **02** Pequena propriedade montanhosa fazendo uma linhagem de tintos de RIOJA em seus próprios 15 ha. Bom RES (**01 02**) e o bem-sucedido e apetitoso GR, geralmente de um ano ruim (**97**). Excelente vinho Colección (**02**) e branco incomum (**04 05**) feito de oito variedades.

Reserva Vinho de boa qualidade amadurecido por períodos longos. Os tintos *reservas* devem passar pelo menos um ano no tonel e dois na garrafa; *gran reservas*, dois anos no tonel e três na garrafa. A partir daí, muitos continuam a amadurecer por anos.

Rías Baixas b ★★→★★★ CJD melhor DO da GALÍCIA abarcando S subzonais — Val do Salnés, O. Nosal e Condado do Téo, Soutomaior e Ribera do Ullo. Melhores dentre os 183 produtores: Condes de Albarei, Adega Maior de Mendonza, Adegas d'Altamira, Adegas Galegas, Agro de Bazán, Bodegas Castro Martín, GERARDO MÉNDEZ, Lusco do Miño, Martín Códax supercomercial, PALACIO DE FEFIÑANES, PAZO DE BARRANTES, PAZO DE SEÑORAS, Santiago Ruiz e Terras Gauda.

Ribeira del Duero Rib del D **99 00 01 02 03 04** DO na moda e ainda em expansão (o Duero se torna o Douro português). Excelente para os tintos Tinto Fino (Temp), freqüentemente misturados com Cabernet. Muitos vinhos excelentes, porém a preços altos. Ver AALTO, ALIÓN, ASTRALES, CONDADO DE HAZA, PAGO DE CARRAOVEJAS, PÉREZ

PASCUAS HERMANOS, PESQUERA, PINGUS, VALBUENA, VEGA SICILIA. Também não-DO MAURO. Uma invasão de novas pessoas — ao todo são 231 bodegas — não trouxe necessariamente novos vinhos estimulantes. Outros: Balbás, Denesa de Los Canónigos, Pago de Los Capellanes e Rodero.

Rioja t r b esp ★★→★★★★ **64 70 75 78 81 82 85 89 91 92 94 95 96 98 99 00 01 02 03 04** Região elevada ao norte, ao longo do rio Ebro, e a região de vinho mais emblemática da Espanha, devido às suas ofertas aveludadas e envelhecidas em carvalho. Atente, entretanto, para o fato de que com agora quase 1.200 BODEGAS, ela pague o preço por ser específica. Tempranillo predomina, freqüentemente com Gournacha, Mazuelo, Graciuano e mesmo Cabernet. Melhores produtores: CONTINO, CVNE, FINCA ALLENDE, LÓPEZ DE HEREDIA, LUIS CAÑAS, MARQUÉS DE MURRIETA, MARQUÉS DE CÁCERES, MARQUÉS DE RISCAL, MUGA, NAVAJAS, PALACIO, REMELLURI, RODA, VALDEMAR. Também bons: El Coto, Ijalbo, Izadi, Montecillo, Palácios Remondo, Pujanza, Sierra Cantabria, Sonsierra, Tobiá.

Tempranillo e suas variações

A rainha das uvas espanholas é a Tempranillo, utilizada no Rioja, primariamente, como base – mais a oxidativa Garnacha, para cor e força, a aromática e adstringente Graciano, para elegância, e a tânica e alcoólica, mas quase sem sabor, Mazuelo/a, para estrutura.

Ao longo dos anos, entretanto, a Tempranillo estendeu-se para outras regiões, onde simplesmente adaptou-se às condições locais para produzir vinhos bem diferentes. Cencibel, em Valdepeñas e La Mancha (pálido e com sabor de morango); Tinto Fino, em Ribera del Duero (principalmente escura e com sabor de ameixa, embora em algumas subzonas seja mais morango escuro); Tinta de Toro, em Toro (robusto, negro na cor e no sabor) e Ull de Llebre (cor de ameixa, com sabor condizente, embora às vezes de cor vermelho-cereja, à maneira do Rioja).

Rioja Alavesa Norte do rio Ebro, produz vinhos tintos finos, na maior parte leves no corpo e na cor, porém particularmente aromáticos. Uma divisão política em vez de geográfica: alguns enclaves nas montanhas produzem vinhos impressionantemente escuros e de substância.

Rioja Alta Sul do rio Ebro e oeste de Logroño; produz a maioria dos vinhos tintos e brancos mais finos e com melhor equilíbrio; também alguns *rosés*.

Rioja Baja Área que se estende ao leste a partir de Logroño produz vinhos tintos encorpados, freqüentemente de Garnacha e ricos em álcool, muitas vezes usados para misturas.

Rioja Alta, Bodegas La R Alt t b (r) sc (d) res ★★★ **94 95 98 00** ***Excelente* RIOJAS *tradicional***, definitivamente não acompanhando os tempos. Todos bons: leve Ciberdi Crianza; dois RES: o mais leve aroma e o mais substancial Ardanza; RES904 fino, e RES890 (94) excelente e raramente visto.

Riojanas, Bodegas R Alt t (b r) res ★★→★★★ **98 99 01 02 03 04** Ultra-histórica BODEGA tradicional produzindo uma gama extensa. Seus dois melhores estilos são Monte Real e Viña Albina – o primeiro mais robusto, o último mais fino.

Roda, Bodegas R Alt t ★★★★ **94 98 99 00 01 02 03 04** Nova (1989) BODEGA produzindo tintos RES *premium* desejados, finos, intensos e longevos. Em uma escola ascendente de intensidade e preço: Roda (**02**), Roda I (**02**) e Cirsión (**04**).

Rosado *Rosé*.

Rueda mr b ★★→★★★ **96 97 98 99 03 04** CJD DO histórica pequena mas se desenvolvendo, produzindo estilos frescos e crocantes de Verdejo, Sauvignon Blanc, Viura. Recém-chegados endinheirados hoje se deslocando *em masse*; preços crescentes. Melhores produtores: BODEGAS DE CRIANZA CASTILLA LA VIEJA, MARQUÉS DE RISCAL, SITIOS DE BODEGA. Procure também pelos excelentes estilos modernos de Vinos Sanz e os peculiares brancos fermentados em barril de Belondrade.

Sandoval, Finca Manchuela ★★★ Primeira e segunda safras (**02 03**) de Victor de la Serna são proeminentes: escuros, selvagens, aromáticos, grelhados e tornando-se mais cheios. Sua safra de 2004 (incluindo novo segundo vinho Salia) dá um toque bastante poderoso.

Sítios de Bodega O vinicultor de quinta geração Ricardo/Richard Sanz e irmãos declararam independência de BODEGAS DE CRIANZA CASTILLA LA VIEJA em 2006, para lançar

ESPANHA

sua própria empresa. As ofertas incluem modernos vinhos RUEDA (CJD), bem como o primeiro Tempranillo doce da Espanha – la Dolce Titã (**04**) – com muito mais por vir.

Somontano Som ★★→★★★ **01 02 03 04** DO da moda nos contrafortes pireneus a leste de Zaragoza, que em grande parte falhou em cumprir as expectativas. Melhores produtores: Bodegas Pirineos, ENATE e VIMAS DEL VERO.

Telmo Rodríguez, Compañía de Vinos t b ★★→★★★ O talentoso enologista Telmo Rodríguez, outrora da REMELLURI, faz e provê uma vasta gama de excelentes vinhos de DO de toda a Espanha, incluindo ***MÁLAGA (o proeminente Molina Real Moscatels 03 e 05)***, RIOJA (Lanzaga e Matallana), RUEDA (Basa), TORO (Dehesa Gago, Gago e Pago la Jará) e Valdeorras (Gaba do Xil).

Tomás Cusiné Cos del S t ★★★ **04 05** Antigo e inovador poder de CASTELL DEL REMEI e CELLER DE CANTONELLA, agora independente e fazendo um moderno e otimista Vilosell (Temp/Cab/Merlot/Genache/Syrah) e um Geol (Temp/Cab/Car) mais amadeirado.

Toro t ★→★★★ **01 02 03 04** DO cada vez mais na moda a oeste de Valladolid, fazendo tintos tremendamente intensos de Tinta de Toro (Temp aclimatado). A maioria continua desajeitada, muito espremida, e muito amadeirada. Duas exceções brilhantes são Maudoros – com Prima (**05**) e San Roman (**03 04**) e Pintia (05) de VEGA SICILIA. Também é bom, mas não no mesmo nível que Sobreño.

Torres, Miguel Pen t b r sc sd res ★★→★★★★ **01 02 03 04 05** A firma familiar mais conhecida da Espanha, com históricas extensões no Chile e na Califórnia, e continua a fazer uma grande variedade, todos bons, alguns proeminentes. Os melhores e mais consistentes vinhos de penedès são do tipo CJD Gran Viña Sol, Fransola (**05**) delicioso e parcialmente fermentado em barril; e em tintos fragrantes Mas Borras Pinot Noir (**04**), o Mas la Plana Cab (**02**) delicado e na moda, e o magnífico e muito caro Reserva Real (**01**). Seus vinhos Nerola de CATALUNHA de estilo mediterrâneo são menos impressionantes, mas seu dueto CONCA DE BARBERÀ é bastante estonteante, e JEAN LEÓN está seriamente voltando à forma.

Traslanzas Cigales t ★★★ **01 02** A proprietária enóloga Ana Martín pode vigiar os outros por toda a Espanha, mas é seu próprio tinto de estilo antigo, complexo e de produção rápida que mais impressiona.

Utiel-Requena U-R t r (b) ★→★★ **96 98 00 01 02 03 04** Região satélite de VALÊNCIA que tenta construir sua própria identidade por meio da excelente variedade de Bobal (também encontrada em LA MANCHA e confundida por Temp), mas impedida por ser, primeiramente, fornecedora para as necessidades industriais vizinhas, da próxima VALÊNCIA. Um pequeno produtor que trabalha duro é Casa Del Pinar (**03 04**).

Valbuena Rib del D t ★★★★ **90 98 99 00 01 02** Feito com as mesmas uvas (Tinto fino, Cabernet, Merlot, Malbec e um toque de Albillo) que o VEGA SICILIA, porém vendido aos 5 anos de idade. ***Melhor com cerca de 10 anos; alguns o preferem a seu irmão mais velho***. Para algo mais moderno, veja ALIÓN.

Valdemar, Bodegas R Ala t r b res ★★★ **98 00 01 04 05** A família Martínez-Bujanda, de seu estabelecimento em Oyón, tem feito vinhos desde 1890 e continua a oferecer uma ampla escolha de estilos de RIOJA, confiável em todos os níveis.

Valdepeñas La M r (b) ★→★★ **95 97 98 99 00 01 02 03 04 05** Região delimitada próxima à fronteira com a Andaluzia. Tintos de RIOJA de bom preço, suaves, com freqüência amadeirados e semelhantes, com altos níveis de álcool mas macio no sabor quando feito da uva Cencibel, a Temp local. Os melhores vinhos são Viña Albali de Félix Solís e Pata Negra de Los Llanos, que também faz um branco prazeroso, simples e fragrante (CJD): Armonioso.

Valência t b ★ **00 01 03 04 05** Região demarcada que exporta grandes quantidades de vinhos de mesa limpos e razoáveis; também Moscatel com sabor de geléia de laranja e a preço razoável.

Vega Sicilia Rib del D t res ★★★★ **60 62 68 70 81 87 89 90 91 94 95 96 04** A BODEGA mais famosa e histórica da Espanha, cujos vinhos de alta demanda e alto preço ainda são amadurecidos muito lentamente em carvalho, e melhores entre 12 e 15 anos. Os vinhos são profundos na cor, com buquê aromático de madeira de cedro, intensos e complexos no sabor, com longa persistência. O denso Reserva

Especial também pode ser espetacular, mas geralmente atinge preços extremos. Ver também VALBUENA, ALION, Pintia em TORO e Oremus Tokaji (Hungria).

Vendimia Safra.

Viña Literalmente, um vinhedo. No entanto, vinhos como Tondonia (LÓPEZ DE HEREDIA) não são necessariamente feitos somente com uvas do vinhedo mencionado.

Viñas del Vero Som b r t res ★★→★★★ **02 03 04** Propriedade de SOMONTANO. Varietais boas, agradáveis e comerciais: principalmente Chard e Gewürz fermentados em barril. *Rosé* flexível (CJD). O melhor tinto é ainda o intenso e complexo Secastilla (**04**).

Viña Meín Ribeiro ★★★ Pequena propriedade, em uma DO geralmente não-confiável, fazendo dois brancos excepcionais (CJD) de mesmo nome: um em aço e o outro fermentado em barril; ambos a partir de sete variedades locais.

Vino común/corriente Vinho comum.

Vino de la Tierra (VdT) Vinho de mesa de qualidade superior, feito em uma região demarcada sem DO.

Vinos de Pago Esta categoria, introduzida em 2002, conferiu o status de DO a quatro propriedades individualistas na região de Castilla-La Mancha: Dehesa Del Carrizal, marqués de griñon, Manuel Manzeneque e Sánchez Militerno, todas de quem pode agora oficialmente fazer o que bem entender.

Portugal

Safras recentes

2006 Mais um verão seco e muito quente. Esperam-se tintos de frutas maduras e suaves, e brancos com menos acidez que o usual.

2005 Um verão extraordinariamente seco, especialmente no sul, produziu vinhos pouco equilibrados.

2004 Um verão fresco e úmido, porém setembro e outubro gloriosos. Tintos bem equilibrados.

2003 O verão quente produziu vinhos suaves, maduros e de amadurecimento precoce, especialmente no sul. Melhor Bairrada em uma década.

2002 Safra desafiadora com chuvas pesadas durante a colheita. Melhor no sul.

2001 Safra abundante em toda a área. Os produtores que empreenderam uma seleção cuidadosa fizeram bons vinhos.

2000 Colheita reduzida mas tempo bom, resultando em vinhos de sabor maduro provenientes de todas as regiões.

Adega Uma adega ou vinícola.

Alenquer Est t b ★★→★★★ **01 02** 03' 04 05 06 DOC protegida, que produz bons tintos ao N de Lisboa. Bons vinhos da propriedade de PANCAS e MONTE D'OIRO (Syrah).

Alentejo t (b) **00' 01 02** 03 04' 05 06 Área extensa ao sul de Portugal. A maioria dos vinhedos está concentrada em torno de Reguengos, Borba e Vidigueira. Doc suntuoso e meridional, dividido em sub-regiões: Borba, Redondo, Reguengos, Portalegre, Evora, Granja-Amareleja, Vidigueira e Moura. O chamado "Novo Mundo" de Portugal, com seu clima seguramente seco, produz muito bons tintos de sabor maduro a partir de variedades de uvas nativas e internacionais, entre as quais estão Syrah e Aliconte Bousche. Antão Vaz produz brancos ricos e saborosos. Vinhos da propriedade do CARMO (em parte pertencente à Rothschild), CARTUXA, CORTES DE CIMA, Herdade de MOUCHÃO, Herdade de MALHADINA, ZAMBUJEIRO, João RAMOS, José de SOUSA e ESPORÃO têm intensidade e estilo. As melhores cooperativas estão em BORBA, REDONDO e REGUENGOS. Atualmente, classificadas com DOC, por seu próprio mérito, com BORBA, REDONDO, REGUENGOS, PORTALEGRE, Evora, Granja-Amareleja, Vidigueira e Moura com direito às suas próprias *sub-appeациóns*. Também VINHO REGIONAL Alentejano.

Algarve t b ★→★★ Os vinhos da costa de veraneio estão cobertos pelas DOCS Lagos, Tavira, Lagoa e Portimão. Em geral, vinhos agradáveis de beber nas férias de verão; o cantor Cliff Richard tem um vinhedo próximo de Albufeira.

Aliança, Caves Bair t b esp res ★★→★★★ Grande firma baseada em BAIRRADA, que produz bons tintos e espumante por método clássico. Também tem negócios em ALENTEJO, DÃO e DOURO.

Alorna, Quinta de Ribatejo t b ★→★★ CJD Propriedade empreendedora com uma gama de bons varietais: CASTELÃO, TRINCADEIRA e Cab Sauv.

Altano Douro CJD Um novo e bom tinto da família Symington. Procure por RES.

Alvarinho Uva branca do extremo norte de Portugal e cada vez mais presente em outros lugares; produz ***brancos fragrantes e atraentes***. Conhecido como ALBARIÑO na vizinha Galícia.

Ameal, Quinta do b ★★★ CJD Um dos melhores VINHOS VERDES disponíveis. 100% LOUREIRO.

Aragonez Uva tinta bem-sucedida no ALENTEJO para vinhos varietais. Ver TINTA RORIZ.

Arinto Uva branca. Melhor no sul e na parte central de Portugal, onde retém acidez e produz vinhos brancos fragrantes, vivos e secos.

Arruda t b ★ DOC na ESTREMADURA com cooperativa grande.

Aveleda, Quinta da b ★→★★ CJD VINHO VERDE confiável, feito na propriedade Aveleda da família Guedes. Há também bons vinhos varietais de LOUREIRO, ALVARINHO e Trajadura. Tintos: Charamba (DOURO).

Azevedo, Quinta do b ★★ CJD VINHO VERDE superior da SOGRAPE. 100% uvas LOUREIRO.

Bacalhoa, Quinta da Set t res ★★★ **00 01** 02 03 Propriedade próxima de SETÚBAL. Sua mistura Cab Sauv/Merlot frutada, confiável e de peso médio é feita por BACALHOA VINHOS. Palácio da Bacalhoa tem mais Merlot na mistura.

Bacalhoa Vinhos Set, Est e Alen A antiga JP Vinhos (ex-produtor de Muscat seco João Pires) foi renomeada em homenagem à sua mais importante propriedade, Quinta de Bacalhoa. Ampla variedade de tintos bem feitos, inclusive BACALHOA, o acessível JP, Serra de Azeitão, TINTO DA ANFORA (de Alenteja), Só (Syrah varietal) e JP GARRAFEIRA. Também Cova da Ursa Chard, vinho de sobremesa de SETÚBAL.

Bairrada Bair t b esp ★→★★★ **90' 94** 97' **98 99 00** 01 03'04 05'06 DOC na parte central de Portugal. Reputação por tintos sólidos e imperdoáveis (adstringentes), oriundos da desafiadora uva Baga, sendo colocada para descansar agora que a lei permite diferentes tipos de uva – veja CAMPOLARGO. Novo DOC Bairrada Classico estipula um mínimo de 50% de Baga. Melhores vinhos de Baga que devem ser guardados: CASA DE SAIMA, LUÍS PATO e Caves SÃO JOÃO envelhecerão por anos. A maior parte dos brancos é usada pela indústria local de vinho espumante, mas veja LUIS PATO.

Barca Velha Douro t res ★★★★ **52 54 58 64 65 66' 78 81 82 85** 91' 95' 99 O mais famoso dos tintos de Portugal, feito em quantidades limitadas no alto Douro. Vinho tinto forte e complexo com buquê profundo, feito pela empresa FERREIRA, responsável pela fama dos mais eminentes vinhos do Douro. Agora enfrenta concorrência de outros tintos do Douro. ***Segundo vinho conhecido como Reserva Ferreirinha***.

Beiras ★→★★ VINHO REGIONAL, inclusive DÃO, BAIRRADA e variedades da montanha granítica do centro de Portugal.

Beira Interior ★ DOC grande e isolada, próxima à fronteira com a Espanha. Imenso potencial dos vinhedos antigos.

Boavista, Quinta da Est ★★ CJD Grande propriedade, próxima de ALENQUER, com a direção do pioneiro José Neiva. Produz variedade de tintos e brancos a bom preço: Palha Canas, Quinta das Sete Encostas, Espiga e um Chard, Casa Santos Lima.

Borba Alen t ★→★★ DOC pequena, sub-região de Alentejo; também cooperativa bem administrada, que produz tintos frutados, inclusive uma gama de varietais.

Brejoeira, Palácio de b ★★ CJD O mais conhecido ALVARINHO de Portugal; enfrenta concorrência crescente de propriedades de VINHO VERDE nas cercanias de Moncão.

Bright Brothers ★★ CJD Vinicultor australiano viajante, baseado em Portugal: negócios espalhados na Argentina, Sicília e Espanha. Variedade de vinhos bem-feitos do DOURO, RIBATEJO, ESTREMADURA E BEIRAS. Ver também FIUZA BRIGHT.

Buçaco Beiras t b (r) res ★★★★ (t) **53 59 62 63 70 78 82 85 89 92** Especialidade lendária do Palace Hotel de Buçaco, ao norte de Coimbra, não encontrada em nenhum outro lugar. ***Uma experiência que vale a viagem***.

Bucelas Est t ★★ CJD Minúscula região demarcada ao norte de Lisboa, com três

Uma regra geral para Portugal: escolha as mais jovens safras de vinhos brancos disponíveis.

produtores principais. Quintas da Romeira e da Murta fazem vinhos de qualidade (conhecidos como "Lisbon Hock" na Inglaterra do século XIX) da uva ARINTO.

Cabriz, Quinta de ★★→★★★ **03 04** Uma das cinco *quintas* no grande e bem-sucedido empreendimento no sul do Dão, pertencente à companhia Dão Sul, centrada em qualidade, que também tem negócios vinícolas em Douro, Bairrada, Estremadura, Alentejo e Brasil.

Cadaval, Casa Ribatejo t b ★★ **00 01' 02 03** Bons tintos varietais, especialmente TRINCADEIRA. Também Pinot N, Cab Sauv e Merlot. Novo colossal tinto res, Marquês de Cadaval.

Campolargo t b Bair **03 04** Grande propriedade pitoresca que até 2004 vendia uvas para ALIANÇA. Produz tintos excitantes das uvas Baga, Cab Sauv, Petit Verdot e Pinot N, cultivadas localmente.

Carcavelos Est mr d ★★★ NV. DOC minúscula a oeste de Lisboa. Vinhos raros e doces para aperitivo ou sobremesa, com média de 19% de álcool e que lembram MADEIRA, pelo leve aroma de mel.

Carmo, Quinta do Alen t b res ★★ **99 00'** 01 03 Pequena e bonita ADEGA do ALENTEJO, parcialmente comprada em 1992 pelos Rothschilds (Lafite). 50 ha, além de florestas de cortiça. Branco fresco; o tinto é melhor. Segundo vinho: Dom Martinho.

Cartuxa, Herdade de Alen ★★→★★★ **00 01 03** 04 b CJD Propriedade de 200 ha perto de Évora, bastante decepcionante nas safras recentes. Pera Manca (**94 95 97 98**) grande, porém tinto caro. Também Foral de Evora. Cerca Nova, EA.

Carvalhais, Quinta dos Dão ★★★ t **99 00 01 03** 04 05 b CJD Excelente vinho de propriedade individual da SOGRAPE. Bons varietais tintos (TOURIGA NACIONAL, Alfrochiero Preto) e branco Encruzado.

Casal Branco, Quinta de Ribatejo t b ★★ Grande propriedade familiar, que produz bons vinhos tintos e brancos, incluindo o novato Cork Grove: CASTELÃO entre outros. Melhor tinto: Falcoaria Reserve (**00 01 03** 04').

Casal García b ★★ CJD VINHO VERDE com vendas volumosas, feito em AVELEDA.

Casal Mendes b ★ CJD O VINHO VERDE das Caves ALIANÇA.

Castelão Uva cultivada em todo o S de Portugal, particularmente nas TERRAS DO SADO. Apelidada de PERIQUITA. Produz tintos de sabor firme com notas de framboesa que adquirem, com a idade, um leve toque de piche. Também conhecido como João de Santarem.

Chocapalha, Quinta de Est t **03 04** b CJD Propriedade muito boa ao N de Lisboa. Tintos de sabor rico da TOURIGA NACIONAL, TINTA RORIZ, Alicante Bouschet e Cab Sauv; boa combinação de branco entre Chardonnay e Arinto.

Chryseia Douro t ★★★→★★★★ **01'** 03 04 Bruno Prats, de Bordeaux, associou-se à família Symington para produzir um vinho denso, embora elegante, a partir de uvas do vinho do Porto, agora providas pela dedicada vinícola Quinta de Perdiz. ***Uma estrela em formação***. Segundo vinho: Post Scriptum (**02** 04).

Churchill Estates Douro t **02 03** 04 Bons tintos do exportador de vinho do Porto Churchill. Tinto de propriedade individual da Quinta da Gricha.

Colares t ★★ DOC pequena na costa arenosa a oeste de Lisboa. Seus vinhos tintos escuros e de estilo tradicional, enrijecidos pelo tanino, são das vinhas não enxertadas de Ramisco. Passa por um pequeno renascimento. Este é para observar.

Consumo (vinho) O (vinho) comum.

Cortes de Cima Alen t ★★★ **01 02 03 04** 05 Propriedade próxima de Vidigueira, pertencente a uma família dinamarquesa. Bons tintos das uvas ARAGONEZ (Temp), TRINCADEIRA, TOURIGA NACIONAL e PERIQUITA. Segundo rótulo: Chaminé. Também bom Syrah engarrafado com o rótulo Incognito.

Côtto, Quinta do Douro t b res ★★→★★★ t **99 00 01** 03 b CJD Pioneiro em vinhos não fortificados nas terras do vinho do Porto; muito bom tinto Grande Escolha (**95 00 01 03**).

Crasto, Quinta do Douro t dc s ★★→★★★★ **99 00 01 02** 03' 04 Propriedade de primeira linha para excelentes tintos envelhecidos em carvalho. Excelentes e luxuosos vinhos varietais (TOURIGA NACIONAL, TINTA RORIZ) e combinações; res e dois soberbos vinhos de vinhedo único feitos apenas em safras excelentes a partir de vinhas antigas e de crescimento lento: Vinha da Ponte (98 00' 01 03 04) e ***María Theresa (98 00' 03')***. Também Porto.

Dão t b res ★★→★★★ **00' 01** 02 **03'** 04 05 Região DOC estabelecida em torno da cidade de Viseu, no centro de Portugal. Antes dominada por cooperativas, o investimento de produtores, grandes e pequenos, centrados na qualidade fez melhorar a consistência e o calibre. Atenção para as marcas DUQUE DE VISEU e GRÃO VASCO, da SOGRAPE; também ALIANÇA Dão Sul e Quintas: t ROQUES PELLADA e SAES. Tintos sólidos de alguma sutileza com a idade; brancos secos substanciais.

DFJ Vinhos t b ★→★★ CJD Variedade imensa e a preços bons. De RIBATEJO e da ESTREMADURA. Melhores rótulos: Grand'Arte – também de Douro, Dão e Alentejo. Vinhos frutados iniciantes: os rótulos Ramada (t b), Segada (t b), Manta Preta (t) e Belafonte, e Grand'Arte (t b).

DOC, Denominação de Origem Controlada Região vinícola demarcada controlada por uma Comissão Regional.Ver também IPR, VINHO REGIONAL.

Douro t b ★★→★★★★ **95 97 00' 01** 02 **03'** 04' 05' Rio do norte cujo vale produz vinhos do Porto e de mesa. BARCA VELHA foi eclipsado por uma nova geração; também vários bons brancos. Nova classificação no critério de pontos para o DOC Douro e, se for de pelo menos um ano, o Douro Reserva e o Douro Grande Reserva. Procure por BARCA VELHA, CHRYSEIA, CRASTO e vinhos de NIEPOORT (veja o capítulo sobre o Porto).

Duas Quintas Douro ★★★ t **00 01** 02 03' 04 b CJD Bom tinto do exportador de vinho do Porto Ramos Pinto. Muito bom res e excepcional, porém caro, Reserva Especial.

Duque de Viseu Dão ★★ t **02 03 04** b CJD Muito bom e econômico tinto DÃO da SOGRAPE.

Esporão, Herdade do Alen b CJD t ★★→★★★ **00 01 02 03 04** Impressionante propriedade; vinhos feitos por Aussie David Baverstock. Principal marca: Monte Velho (CJD b). Bom Verdelho, brancos envelhecidos a bom valor e tintos ricos e maduros com o rótulo Esporão, especialmente GARRAFEIRA. Também Vinha da Defesa, Quatro Castas. Bons varietais: ARAGONEZ, TRINCADEIRA, TOURIGA NACIONAL, Alicante Bouschet, Syrah.

Esteva Douro t ★ CJD Tinto DOURO bastante bebível da empresa de vinho do Porto FERREIRA.

Estremadura ★→★★★ VINHO REGIONAL na costa oeste. Grandes cooperativas. Alta Mesa, Ramada, Portada: vinhos bons e econômicos de propriedades e cooperativas locais; potencial para vinhos *PREMIUM* produzidos hoje por alguns talentosos e ambiciosos produtores, como CHOCAPALHA, MONTE D'OIRO. IPRS: Encostas d'Aire. DOCS: ALENQUER, ARRUDA, Obidos, TORRES VEDRAS.

Falua Rib t b r CJD Empreendimento de alto nível de JOÃO PORTUGAL RAMOS. O bom estreante Tagus Creek é feito a partir de uma combinação de uvas nativas e estrangeiras; além dos mais refinados Tâmara e Conde de Vinioso.

Fernão Pires Uva branca que produz vinhos brancos de sabor maduro e ligeiramente condimentados no RIBATEJO. (Conhecida como Maria Gomes na BAIRRADA.)

Ferreira Douro t ★→★★★★ Exportador de vinho do Porto, pertencente à SOGRAPE, que produz uma variedade de bons a muito bons vinhos tintos DOURO: Esteva, Vinha Grande, Callabriga, Quinta de Leda, Reserva Ferreirinha e BARCA VELHA.

Fiuza & Bright Ribatejo t b ★★ CJD Parceria entre Peter Bright (BRIGHT BROTHERS) e a família Fiuza. Bons e econômicos Chard, Merlot, Cab Sauv. Varietais portugueses.

Fonseca, José Maria da Est t b dc s esp res ★★→★★★ Firma admirável em Azeitão, perto de Lisboa. Imensa variedade de vinhos, inclusive das marcas LANCERS, Periquita, Pasmados, Quinta de Camerate, Garrafeiras e os famosos vinhos de sobremesa de SETÚBAL (Alambre). Variedade impressionante de tintos excelentes de novas vinícolas abertas em 2001: Septimus, Vinya, Primum e os Domingos Soares Franco Selecção Privado. Principais da variedade: Optimum e Hexagon. Também tem negócios no DÃO (TERRAS ALTAS), ALENTEJO (José de SOUSA e d'Avillez), DOURO (Domini).

Gaivosa, Quinta de Douro t ★★★ **00 01** 03 04 Importante propriedade perto de Régua pertencente ao empreendedor Domingos Alves de Sousa. Tintos profundos, concentrados e envelhecidos em tonéis, feitos com uvas do vinho do Porto. Abandonado é muito bom, feito de vinhas de mais de oitenta anos de idade. Outros tintos incluem Quinta das Caldas e Vale da Raposa.

Garrafeira Termo usado em rótulos: "reserva privada" do comerciante, envelhecido por no mínimo dois anos em tonéis e um ano na garrafa, freqüentemente muito mais do que isso.

Gatão b ★ CJD VINHO VERDE padrão da Borges & Irmão.

Gazela b ★★ VINHO VERDE confiável, feito em Barcelos pela SOGRAPE.

Generoso Vinho aperitivo ou de sobremesa rico em álcool.

Grão Vasco Dão t b ★★ CJD Uma das melhores e maiores marcas de DÃO, da ADEGA de alta tecnologia da SOGRAPE em Viseu. GARRAFEIRA tinto fino; branco jovem fresco.

IPR Indicação de Proveniência Regulamentada. O segundo degrau na classificação das regiões vinícolas de Portugal: Lafões, Biscoitos, Pico, Graciosa. Ver também DOC.

Lagoalva, Quinta da t b ★★ **01 02** c3 Importante propriedade do RIBATEJO, que produz bons tintos a partir de uvas locais e Syrah. Segundo rótulo: Monte da Casta.

Lancers r b esp ★ *Rosé* semidoce (semi-espumante), amplamente exportado para os EUA por José Maria da FONSECA. Também ESPUMANTE Brut Lancers, uma jóia respeitável feita através de um processo contínuo de invenção russa.

Lavadores de Feitoria Douro t b Fusão de algumas pequenas propriedades centradas em qualidade. Principais rótulos: Merug, Três Bagos.

Loureiro Melhor variedade de uva de VINHO VERDE depois da ALVARINHO: brancos enérgicos e fragrantes.

Madeira mr dc s ★★→★★★★ Ilha portuguesa no Atlântico que produz tintos e brancos não muito fortes em teor alcoólico (VINHO REGIONAL Terras Madeirenses e DOC Madeirense), grande parte para o mercado local; qualidade crescente dos brancos de Verdelho. Ver páginas sobre Madeira para famosos e fortes vinhos de sobremesa e aperitivos.

Maias, Quinta das Dão ★★ t **00 01** c3 b CJD QUINTA da nova onda: tintos para envelhecer. Pertence ao mesmo dono da ROQUES.

Malhadinha Nova, Herdade de Alen t c3' b CJD Novato que causa impressão com muito bons tintos, ricos e encorpados, brancos envelhecidos no carvalho no extremo sul de Alentejo.

Mateus Rosé Bair r (b) ★ O vinho Rosé levemente gasoso e meio-seco mais vendido no mundo. Atualmente feito em Anadia, em BAIRRADA. Da SOGRAPE.

Messias t b ★→★★★ Empresa grande situada em BAIRRADA; negócios no DOURO (inclusive no Porto). Os tintos da velha escola são melhores.

Minho Rio entre o N de Portugal e a Espanha – empresta seu nome a um VINHO REGIONAL.

Monte d'Oiro, Quinta do Est t b ★★★→★★★★ **01 03** Excepcionais tintos ao estilo Rhône, feitos a partir da uva Syrah com um toque de Viognier e, desde 2004, Madrigal: bom e encorpado Viognier. Bom segundo vinho: Vinha da Nora.

Mouchão, Herdade de Alen t res ★★★ **99 00 01** 03 A melhor propriedade tradicional do Alentejo; produz vinhos corpulentos e fortes, em que predominam a variedade Alicante Bouschet. ***Vinho de primeira linha Tonel 3-4***. Segundo vinho Dom Rafael pode ter bom valor, porém variável.

Mouro, Quinta do Alen t ★★★→★★★★ **98 99** 00 04 Tintos fabulosos de estilo antigo, na maioria de uvas do ALENTEJO. Produções baixas e cultivadas secas, muito concentradas.

Murganheira, Caves ★ Maior produtor de ESPUMANTES. Atualmente proprietário da RAPOSEIRA.

Niepoort Douro t b ★★★→★★★★ Empresa familiar exportadora de vinho do Porto, que produz vinhos DOURO excepcionalmente bem balanceados e que melhoram com o tempo, a partir de polpas com um toque mineral. Vertente é vigoroso (t), Redoma é elegante (t b r) **00 01** 03 c4 05; Batuta (t) 00 c1' 03 04 e o suntuoso Charme (t) **00 02**. Tintos envelhecem muito bem. Também Dodo (50% Dão), Quinta da PELLADA (50% Douro) e Quinta do Carril.

Palmela Terras do Sado t b ★→★★★ DOC promissora, na maior parte em solo arenoso, porém inclui a Serra da Arrabida, de constituição calcária. Tintos de CASTELÃO podem ser longevos. Melhores produtores: BACALHOA VINHOS e a Cooperativa de Pegões.

Pancas, Quinta das Est t b res ★★→★★★ **00' 01** 03 b CJD Propriedade progressista nas proximidades de ALENQUER. Excepcionais tinto Premium (00') e varietais feitos das uvas ARAGONEZ, TOURIGA NACIONAL, Syrah, Cab Sauv e CASTELÃO.

PORTUGAL

Passadouro, Quinta do Douro Tinto muito bom, combinado com Reserva concentrado em camadas, em 2003 (03 04') de lote único de vinhas mais velhas. Também Porto.

Pato, Filipa Bair t b es d Filha de Luis Pato; vinhos muito bons sob rótulo epônimo. Série Ensaios, agora acrescida pelos inovadores "vinhos do gelo", frisante e tintos "Lokal", de *terroir* específico.

Pato, Luís Bair t esp ★★→★★★ **95' 97 99 00 01'** 03' 04 Famosa propriedade da Bairrada, porém os vinhos são atualmente classificados como BEIRAS. Talentoso representante de vinhos 100% Baga que valem o envelhecimento: tremendos ***tintos de vinhedo único Vinhas Barrio, Pan e Vinha Barrosa***, e carro-chefe Pé Franco (vinhas não-enxertadas) de Quinta do Ribeirinho. Uma mistura entre Baga e TOURIGA NACIONAL é a escolha nº1 de Quinta do Ribeirinho: João Pato é 100% TOURIGA NACIONAL.

Pegos Claros t **99 00 01** 03 Tinto sólido, feito tradicionalmente, da área de PALMELA. Finalmente, a prova de que PERIQUITA pode produzir vinhos substanciais.

Pellada, Quinta de Ver SAES.

Periquita O apelido da uva CASTELÃO. Periquita é também a marca registrada para um vinho tinto de sucesso produzido por José Maria da FONSECA (CJD). Tinto tradicional engarrafado com o rótulo Periquita Clássico (**95** 01).

Pires, João b CJD Vinho fragrante e quase seco, à base de Muscat, produzido por BACALHOA VINHOS.

Planalto Douro b ★★ CJD Bom vinho branco da SOGRAPE.

Poeira Douro t (01 02 03' 04') Excelente tinto estruturado e elegante das inclinações norte da Quinta da Terra Feita de Cima – projeto pessoal de Jorge Moreira, vinicultor em Quinta de la ROSA.

Ponte de Lima, Cooperativa de t b ★ Produtora de um dos melhores VINHOS VERDES tintos bem secos e de vinho branco seco e frutado de primeira linha.

Portal, Quinta do Douro t b r ★→★★★ **00 01 03** 04 Propriedade que já pertenceu à Sanderman; atualmente produz tintos cada vez melhores, assim como vinhos do Porto.

Portalegre Alen t b ★→★★★ DOC pequena com imenso potencial, localizada nas montanhas ao N do ALENTEJO. Vinhos tintos equilibrados do Monte de Penha e da cooperativa progressista local.

Quatro Ventos, Quinta dos t Douro **01 02 03** Esplêndido tinto, especialmente res, da propriedade que pertence à Caves ALIANÇA.

Quinta Propriedade (ver pelo nome, por exemplo: PORTAL, QUINTA DO).

Ramos, João Portugal Alen t b CJD Série bem feita de Loios e Vila Santa para a linha premiada de varietal única e misturas: Quinta da Viçosa e excelente Marquês de Borba. Reservas (**01 03**) do último alcançam preço alto.

Raposeira Douro b esp ★★ Famoso frisante, feito por método clássico em Lamego.

Real Companhia Velha ★★→★★★ t **00' 01'** 02 **03** b CJD Ex-gigante do comércio de vinho do Porto; também produz uma variedade cada vez melhor de vinhos do DOURO: Evel (t e b com bom preço) e os mais distintos Evel Grande Escolha, Quinta dos Aciprestes, QUINTA de Cidro. Granjó doce feito de Sém afetada por botrítis.

Redondo Alen t b ★ DOC no coração do ALENTEJO, com cooperativa bem administrada.

Reguengos Alen t (b) res ★→★★★ DOC importante próxima à divisa com a Espanha. Inclui as propriedades José de SOUSA e ESPORÃO, além de grandes cooperativas para bons tintos.

Ribatejo Rib t b A segunda maior região produtora de vinho em Portugal, e a principal de vinhos de bom valor – atualmente cada vez melhor. Sub-regiões: Almeirim, CARTAXO, Coruche, Chamusca, Tomar e Santarém. Tintos de peso médio de TOURIGA NACIONAL e TINTA RORIZ, além de alguns feitos de uvas internacionais: Cab Sauv, Syrah Pinot N, Chard e Sauv Bl. Pinhal da Torre e FALUA são alguns dos que têm potencial para se destacar. Também VINHO REGIONAL Ribatejano.

Roques, Quinta dos Dão t ★★→★★★ **00 01 03'** 04 b CJD Propriedade muito boa para tintos grandes e sólidos, e para o branco Encruzado, ambos envelhecidos em carvalho. Vinhos varietais feitos de TOURIGA NACIONAL, TINTA RORIZ, Tinta Cão e Alfrocherio Preto.

Roriz, Quinta de Douro t ★★★ **00'** 02 03' 04 Uma das maiores QUINTAS do DOURO, atualmente produzindo tintos finos (e vinho do Porto Vintage) com a família Symington. Segundo vinho: Prazo de Roriz.

Rosa, Quinta de la Douro t b r ★★→★★★ 00 01 02 03' Tintos firmes, envelhecidos em carvalho, obtidos a partir de vinhedos para vinho do Porto. Res é fino e superconcentrado; Douro Tinto destaca-se na relação custo/benefício. Também tinto Dourosa. Segundo vinho, mais leve: Amarela.

Rosado *Rosé*.

Saes, Quinta de Dão t 00' 01 02 03 Pequena propriedade montanhosa, pertencente a Álvaro Castro, modelo de inspiração de Dão. Os refinados tintos Pape e Dado – ver NIEPOORT – estão entre os melhores vinhos DÃO das cercanias. Quinta de Pellada pertence à mesma propriedade e também produz vinhos de alto padrão.

Saima, Casa de Bair t (b CJD) esp r ★★★ 99 00 01 02 03' Pequena propriedade tradicional; tintos encorpados, de sabor duradouro, tânicos (especialmente GARRAFEIRAS 90' 91 95' 97' 01) e ***alguns brancos impressionantes***.

Santar, Casa de Dão t ★★★ 00 01 02 03 Propriedade bem estabelecida atualmente ensaiando uma bem-vinda reaparição. Tintos muito melhores do que os antiquados brancos.

São Domingos, Comp dos Vinhos de Est Ver BOAVISTA.

São João, Caves Bair ★★→★★★ t 95 97 00 01 03 b CJD Pequena empresa tradicional de muito bons vinhos à moda antiga. Os tintos podem envelhecer por décadas. BAIRRADA: Frei João. DÃO: Porta dos Cavaleiros. Poço do Lobo: Cab Sauv bem estruturado.

Serradayres ★ CJD Tinto do dia-a-dia, que ensaia um retorno, agora sob a direção de Caves Dom TEODÓSIO.

Setúbal Set mr (t b) d (sc) ★★★ Minúscula região demarcada ao S do rio Tejo. Vinhos de sobremesa feitos predominantemente da uva Moscatel (Muscat). Dois produtores principais: José Maria da FONSECA e BACALHOA VINHOS, que também produzem bons tintos de CASTELÃO e de variedades internacionais.

Sezim, Casa de b ★★ CJD Linda propriedade que produz VINHO VERDE muito bom.

Sogrape ★→★★★★ Maior empresa vinícola do país, produz VINHO VERDE, DÃO, BAIRRADA, ALENTEJO, MATEUS ROSÉ e, atualmente, é proprietária da FERREIRA e dos vinhos do Porto Sandeman e Offley, no DOURO. Ver também BARCA VELHA.

Sousa, José de Alen t res ★★→★★★ 00 01 03 Empresa pequena adquirida por José Maria da FONSECA. Vinhos recentes ligeiramente mais leves em estilo. Os sofisticados e encorpados vinhos de ALENTEJO, em especial o Mayor, são encorpados, feitos com uvas esmagadas nos pés, fermentadas em ânforas de cerâmica e envelhecidas no carvalho.

Teodósio, Caves Dom t b ★→★★ Grande produtor no RIBATEJO; hoje, felizmente, voltando à cena. Vinhos do dia-a-dia com o rótulo SERRADAYRES.

Terras Altas Dão t b res ★ CJD Marca de DÃO de José Maria da FONSECA.

Terras do Sado VINHO REGIONAL, que abrange as planícies arenosas em torno do estuário do rio Sado.

Tinta Roriz Principal uva para vinho do Porto (também conhecida como Tempranillo), que produz muito bons vinhos DOURO. Conhecida como ARAGONEZ no ALENTEJO.

Tinto da Anfora Alen t ★★→★★★ 02 03 Tinto confiável da BACALHOA VINHOS. Grande Escolha pesado. Monte das Anforas: tinto mais leve.

Torres Vedras ★ Est t b DOC ao N de Lisboa, famoso pelas "linhas" do duque de Wellington. Importante fornecedor de vinho em grandes quantidades.

Touriga Nacional Uva tinta de primeira qualidade para vinhos do Porto e vinhos de mesa DOURO; atualmente, cada vez mais presente em outros lugares, especialmente em DÃO, ALENTEJO e ESTREMADURA.

Trás-os-Montes Atualmente, DOC com as sub-regiões Chaves, Valpaços e Planalto Mirandês (costumava ser VINHO REGIONAL, abrangia os montes do nordeste de Portugal). Vinhos tintos e brancos de variedades de uvas internacionais cultivadas no DOURO. VINHO REGIONAL renomeado como Transmontano.

Trincadeira Muito boa uva tinta do ALENTEJO para vinhos varietais condimentados.

Tuella t b ★★ CJD Vinho tinto de bom valor do DOURO, de Cockburn (ver capítulo sobre o Porto).

Vale Dona Maria, Quinta do ★★★ t 00 01 02 03' 04'. QUINTA pequena e altamente respeitada, gerenciada por Cristiano van Zeller. Muito bom trio de ***tintos frutados porém elegantes***, incluindo CV e Casa Casal de Loivos. Bom vinho do Porto também.

PORTUGAL

Vale Meão, Quinta do Douro t ★★★★ **99 00 01'** 03 04 Já foi a fonte da lendária BARCA VELHA; atualmente produz um grande vinho por conta própria. Segundo vinho: Meandro.

Vallado ★★ t **00' 01 02** 03' b CJD Propriedade de família DOURO; valor excelente, misturas de frutas doces, Reserva, especialmente. Também varietais únicos.

Ventozello, Quinta do Douro t **00 01** 03 Imensa propriedade pertencente à Espanha no coração do DOURO. Produz bons tintos e do Porto.

Verde Ver VINHO VERDE.

Vidigueira Alen b t ★→★★★ DOC para vinhos brancos e não maduros feitos de modo tradicional, e tintos com toques de ameixa da parte mais quente de Portugal. Melhor produtor: CORTES DE CIMA.

Vinho Regional Maior região vinícola provincial, com o mesmo status do francês *Vin de pays*. São elas: ACORES, ALGARVE, ALENTEJANO, BEIRAS, DURIENSE, ESTREMADURA, RIBATEJANO, MINHO, TRÁS-OS-MONTES, TRANSMONTANO, TERRAS MADEIRENSES, TERRAS DO SADO. Ver também DOC, IPR.

Vinho Verde b ★→★★★ t ★ DOC entre o rio DOURO e a fronteira norte, para "vinhos verdes" (b ou t): feito de uvas com alta acidez e que (originalmente) passam por uma fermentação secundária para deixá-las levemente espumantes. Atualmente, o frisante é normalmente obtido por adição de dióxido de carbono. Pronto para beber na primavera após a colheita. Melhores vinhos de varietal e QUINTA únicas, especialmente aqueles das proximidades de Monção feitos de ALVARINHO (por exemplo, QUINTA Soalheiro) e LOUREIRO (como o AMEAL).

Wine & Soul Douro t Pintas 01 02 03' 04' b Guru 04 05 Vinhos ricos e grandiosos (e Porto de *quinta* única) do casal Sandra Tavares e Jorge Serôdio Borges, vinicultores em Quinta do VALE e Quinta do PASSADOURO, respectivamente.

Xisto Douro t 03 04 Vinho tinto novo e muito bom da associação entre a Quinta do CRASTO e Jean-Michel Cazes, de Bordeaux.

Xerez, Porto, & Madeira

Estes três constituem os grandes vinhos fortificados históricos do mundo. O Xerez experimentou uma dramática queda de popularidade ao longo das três últimas décadas. Sua imagem foi imensamente prejudicada pela preferência dos britânicos e holandeses pelo Xerez cremoso ou adocicado. Entretanto, há uma vantagem em cair na demanda. Estoques de Amontillados e Olorosos foram amadurecendo suavemente nas *soleras* das cidades do Xerez. Como resultado, existem tipos de Xerez envelhecidos excepcionais a preços incrivelmente baixos para sua idade. Há ainda mais um motivo de otimismo: novas *bodegas* foram inauguradas, especialistas em tipos de Xerez envelhecido de alta qualidade. Enquanto isso, Manzanilla, o Xerez mais seco e mais leve de todos, está de volta à Espanha e ao Japão (como uma alternativa ao saquê) e onde quer que se apreciem moluscos e frutos do mar.

O Madeira nada contra a corrente de vinhos de grandes goles, produzindo vinhos de pequenos sorvos de singular intensidade. Vinhos *vintage* e de engarrafamento *solera* representam o ápice, mas a tendência às garrafas de 50 cl para vinhos premiados, envelhecidos em canteiro, juntamente com a introdução de vinhos de colheita em massa nos anos 1990, coloca o Madeira de elite ao alcance de todos os bolsos.

Os postos mais equilibrados e acessíveis refletem um investimento pesado por parte dos principais concorrentes. À medida que os estoques de vinho mais velhos se extinguem, os preços dos safrados clássicos sobem e as SQVs dos expedidores e um número crescente de produtores independentes oferecem extraordinário valor em troca do dinheiro. Estes vinhos de safra única, de vinhedos isolados, colocam o *terroir* do Douro em grande foco e, nos lugares onde eles constituem a espinha dorsal dos vinhos safrados dos principais expedidores (por exemplo,Vargellas de Taylor e Malvedos de Graham), oferecem uma intrigante compreensão do estilo doméstico. O ano de 2004 é muito bom para eles, assim como o de 2005.

Recentes safras declaradas de vinho do Porto clássico

2003 Verão quente e seco. Vinhos extremamente maduros e concentrados, universalmente declarados. Beba entre 2015-2020.

2000 Uma safra muito boa, universalmente declarada. Vinhos ricos, bem equilibrados para longo prazo. Beber a partir de 2015.

1997 Vinhos finos, potencialmente longevos com reforço tânico. A maior parte dos distribuidores declarou. Beber a partir de 2012.

1994 Safra excepcional com fruta madura e carnosa, disfarçando a estrutura-base no início. Declaração universal. Beba entre 2010-2030.

1992 Preferida por poucos (especialmente Taylor e Fonseca) em relação à de 1991. Mais rica, mais concentrada, um ano melhor do que 91. Beba até 2025.

1991 Preferida pela maioria dos distribuidores (especialmente Symingtons & Dow, Graham e Warre) em relação à de 1992; clássica, firme, no entanto um pouco parca no estilo. Beba até 2020.

1987 Vinhos densos para beber em um prazo médio, porém somente uns poucos distribuidores declararam. Beba até 2015.

1985 Declaração universal que parecia boa no início, porém gerou um pouco de desapontamento quando engarrafada. Beba os melhores vinhos até 2020.

1983 Vinhos fortes com taninos vigorosos. A maior parte dos distribuidores declarou. Beba até 2020.

1982 Vinhos bastante simples, de amadurecimento rápido, declarados por poucos distribuidores. Beba até a última gota.

1980 Vinhos atraentes, bem frutados, perfeitos para consumir agora e pelos próximos 15 anos. A maioria dos distribuidores declarou.

1977 Vinhos encorpados e maduros declarados por todos os maiores distribuidores, exceto Cockburn, Martinez e Noval. Adoráveis agora, mas não os guarde por muito tempo.

1975 Amadurecimento suave e prematuro. Beba até a última gota.

1970 Vinhos clássicos bem integrados – os melhores chegam agora ao auge. Beba até 2020+.

1966 Vinhos que combinam força e elegância. O melhor rival é o de 1963. Beba até 2020+.

1963 Safra clássica; alguns vinhos passaram do seu melhor ano, outros duram a vida inteira.

Almacenista Xerez amadurecido e sem mistura envelhecido por produtores que mantêm uns poucos barris e os vendem para distribuidores. Freqüentemente, qualidade e preço ótimos. Ver LUSTAU.

Alvaro Domecq ★★→★★★ Membros de cinco filiais da família de Xerez DOMECQ compraram as SOLERAS das Arandas – conhecidas como a mais antiga *bodega* em JEREZ –, reestabelecendo Domecq como um nome independente em Xerez. Muito boa variedade de vinhos rotulados de 1730. O melhor vinagre de Xerez que você pode encontrar.

Alvear Maior produtor de vinhos de aperitivo muito bons semelhantes ao Xerez, e de vinhos doces em MONTILLA.

Andresen *Casa de vinho do Porto* independente, 100% familiar, ***que produz um bom COLHEITA (68)***.

Barbadillo, Antonio ★★→★★★ A maior empresa de SANLÚCAR, com uma ampla variedade de MANZANILLA e Xerez, inclusive FINO Muy Fina, MANZANILLA Solear, um austero AMONTILLADO Principe, PALO CORTADO Obispo Garcon, OLOROSO seco Cuco, Eva Cream e a excelente linha Reliquia de AMONTILLADO, PALO CORTADO, OLOROSO SECO e PX. Também o maior produtor de vinhos de mesa regionais, com seu Castillo de San Diego.

Barbeito Administrado por Ricardo de Freitas, o dinâmico neto do fundador, produz Madeiras intensos, sutilmente afinados sem adição de caramelo. Também acrescentado e fascinantes COLHEITAS de tonel único e mistura VERDELHO/BUAL ("vb").

Barros Almeida Grande casa de vinho do Porto, pertencente a Sogevinus, com várias marcas (inclusive Feist, Feuerheerd, KOPKE): excelente TAWNY de vinte anos de idade e muitos COLHEITAS.

Barros e Sousa Minúsculo produtor familiar de Madeira. Safras excelentes porém raras de vinhos envelhecidos estilo CANTEIRO, além de bons vinhos de dez anos.

Blandy O nome mais conhecido da MADEIRA WINE COMPANY graças à popular série "Duke", lançamento 3 anos. Seus vinhos produzem frequentemente belos *vintage* antigos (por ex. BUAL 1915, 1964 e 1977). Entre as renovações recentes estão COLHEITAS (MALMSEY 1999) e Alvada, uma mistura apetitosa de BUAL e Malvasia.

Borges, H.M. Empresa familiar; variedade completa. Vinhos muito bons de dez anos, COLHEITAS (BUAL & SERCIAL 1995) e *vintages*, principalmente SERCIAL.

Bual (ou **Boal**) Uma das melhores uvas tradicionais da Madeira, produz vinhos suaves, esfumaçados, doces, não tão ricos quanto MALMSEY.

Porto e Madeira: fatos fascinantes

Porto O plantio tradicional misto de até 30 uvas diferentes está dando lugar à plantação varietal única, centrada nas cinco principais uvas do Douro: Touriga Nacional, Francesa, Tintas Barocca, Roriz e Cão. Em conseqüência, os vinicultores modernos podem adequar cada variedade ao solo e ao clima, colher no nível ideal de amadurecimento e vinificar separadamente.

Madeira Quatro uvas nobres definem seus estilos clássicos (Sercial seca, Verdelho semi-seca, Bual semi-doce e Malvasia doce), embora representem apenas 15% do plantio. O equilíbrio, que constitui a coluna vertebral dos vinhos mais jovens e suaves, é a Tinta Negra Mole, que está agora ganhando maior respeito com os vinhos finos da Colheita.

Estilos de Xerez

Fino Junto com MANZANILLA, o mais leve e mais fino dos Xerezes. Completamente seco, pálido, delicado, porém picante. Deve ser bebido gelado e fresco. Deteriora rapidamente após aberto (sempre refrigere e use garrafas menores, se possível). Ex.: Tio Pepe GONZÁLEZ-BYASS.

Manzanilla Xerez pálido, seco, com sua própria Denominação de Origem; freqüentemente mais delicado do que um FINO, e amadurecido em regiões mais costeiras do que SANLÚCAR DE BARRAMEDA (ao contrário de outros Xerezes de cidades mais interiores de El Puerto de Santa Maria ou JEREZ). As sugestões de como servir são as mesmas do FINO. Ex.: LA GITANA de HILDAGO.

Amontillado Um FINO no qual a camada de FLOR morre, permitindo que o vinho oxide e crie características mais escuras e picantes. Naturalmente seco. Ex.: Tio Diego de VALDESPINO.

Oloroso Mais pesado e menos brilhante do que o FINO quando jovem, e não é envelhecido sob FLOR, porém amadurece para riqueza e pungência. Naturalmente seco, freqüentemente adoçado com PEDRO XIMÉNEZ e vendido como um *oloroso dulce* (oloroso doce). Ex.: Rio Viejo de DOMECQ (seco), Old East India de LUSTAU (doce).

Palo Cortado Um estilo raro intermediário entre AMONTILLADO e OLOROSO. Seco, rico e complexo – vale a pena procurar. Ex.: Obispo Gascon de BARBADILLO.

Cream Sherry Um Xerez misturado adoçado com o mosto da uva PX e/ou Moscatel, para um estilo consistente, econômico e meio-doce. Não espere muita personalidade. Ex.: Bristol Cream de HARVEY.

Pedro Ximénez (ou **PX**) Xerez doce escurecido pela secagem parcial das uvas PX ao sol. Concentrado, untuoso e decadente, relativamente econômico. O vinho mais doce do mundo, em geral. Ex.: Antique do REY FERNANDO DE CASTILLA.

Moscatel Semelhante ao PX acima, embora não atinja o mesmo nível de concentração e riqueza. Ex.: Centenary Selection Las Cruces de LUSTAU.

Outros estilos Manzanilla Pasada: MANZANILLA envelhecida por mais tempo do que a maioria, muito complexa e fascinante. Pale Cream: FINO jovem e simples, adoçado com o mosto de uvas aclaradas a fim de ter um apelo comercial; por exemplo, CROFT.

Xerezes Age-dated Subcategoria que se aplica apenas aos estilos AMONTILLADO, OLOROSO, PALO CORTADO e PX. São eles: 12 anos de idade; de 15 anos de idade; VOS (Very Old Sherry/Vinum loptimum Signatum); VORS (Very Old Rare Sherry/Vinum Optimum Rare Signatum); e Añada (safra). Todos os Xerezes em barris da segunda ou terceira categoria devem ter uma média de pelo menos vinte e trinta anos de idade, respectivamente, e o Xerez em barris da última categoria deve ser uma safra específica.

Burdon BODEGA de Xerez fundada por ingleses e pertencente à Caballero. FINO Puerto, AMONTILLADO Don Luis e Heavenly Cream com leve sabor de uvas passas são suas linhas principais.

Burmester Pequena casa de vinho do Porto, pertencente à Soveginus. TAWNY fino, suave, doce, de vinte anos de idade. Também uma variedade muito boa de COLHEITA.

Cálem Casa de vinho do Porto bem estabelecida. Velhotes é a marca principal. Excelente reputação para COLHEITAS (90) e vinhos do Porto Vintage muito bons em 66' e 70'; voltando à boa forma. Vinhos de QUINTA única da Quinta de Foz de bom valor.

Canteiro Método de envelhecimento natural (em barril) dos Madeiras mais seletos, em adegas. Produz vinhos mais sutis e complexos que ESTUFAGEM.

Churchill 82 85 91 94 97 00 03 Distribuidor de vinho do Porto, fundado em 1981, independente e familiar. Muito bom tradicional LBV. Quinta da Gricha é o vinho do Porto de QUINTA única (01, 04). Também muito bom vinho do Porto branco envelhecido.

Cockburn Desde 2005 pertence à americana Fortune Brands, que vendeu seus ativos à família Symington (ver DOW) em 2006. Vinhos do Porto Vintage têm decepcionado desde o início da década de 1980. Safras: **63 67 70 75 83 91** 94 97 00 03. Bons vinhos de QUINTA única da Quinta dos Canais (01').

Colheita Vinho do Porto ou Madeira de safra datada de um único ano, porém envelhecido no barril por pelo menos sete (Porto) ou cinco (Madeira). A data do engarrafamento é exibida no rótulo.

Cossart Gordon Rótulo de qualidade de primeira linha da MADEIRA WINE COMPANY. Vinhos de estilo ligeiramente mais seco do que os BLANDY. Mais conhecida pela marca Good Company. Também reservas de cinco anos de idade, COLHEITAS, (SERCIAL, 1988, BUAL, 1995, VERDELHO, 1995) e safras antigas (Terrantez 1977, BUAL 1908).

Crasto, Quinta do Propriedade de vinho do Porto boa e sendo aperfeiçoada, principalmente LBV. Cada vez mais conhecida por vinhos de mesa muito modernos; ver Portugal.

Croft Uma das empresas mais antigas, distribui vinhos do Porto Vintage desde 1678. Atualmente faz parte da Fladgate Partnership, que reintroduziu o processo de esmagamento por pés à safra 03 de vinho do Porto, que melhorou bastante. Safras: **63' 66 67 70 75 77 82 85** 91 94 00 03'. QUINTA da Roêda mais leve. Marcas mais populares: Triple Crown e Distinction.

Croft Jerez Fundada somente em 1970 e, recentemente, comprada por GONZÁLEZ-BYASS. Uma das mais bem-sucedidas firmas de Xerez. Famosa por seu Croft Original Pale Cream doce e o Particular, mais seco. Também FINO Delicado e PALO CORTADO de primeira linha.

Crusted Estilo de vinho do Porto, preferido pelas casas britânicas, normalmente obtido através da mistura de diversas safras. Engarrafado quando jovem, ao envelhecer forma um depósito ou "crosta". Necessita ser decantado como um vinho PORTO VINTAGE.

Delaforce Distribuidor de vinho do Porto, parte da Fladgate Partnership. Vinhos TAWNY de vinte anos de idade: Curions e Ancient e COLHEITAS (64, 79, 88) — as jóias da coroa. Os Porto Vintage estão melhorando: **63 66** 70' 75 77 **82 85** 92' 94 00 03. Vinhos de QUINTA única da Quinta da Corte.

Delgado, Zuleta ★★→★★★ Antiga firma de SANLÚCAR, mais conhecida por seu maravilhoso *manzanilla pasada* La Goya.

Dios Baco ★→★★ Nova *bodega* de propriedade e administração familiar em JEREZ, com bom potencial.

Domecq ★★→★★★★ Gigantesca *bodega* de Xerez, sediada em JEREZ, pertencente à multinacional Beam Brands, porém ainda supervisionada pelo supremo conhecedor Beltran Domecq. Seu FINO La Ina é excelente. Recentemente: uma variedade de maravilhosos Xerezes SOLERA muito velhos. Estabelecida também em Rioja e no México.

Douro Rio que nasce na Espanha como Duero e corre pelas terras do vinho do Porto, empresta seu nome à região, que se divide em três: Cima Corgo, Douro Superior e Baixo Corgo — os melhores vinhos do Porto vêm das duas primeiras.

Dow Marca da casa de vinho do Porto Silva & Cosens. Pertence à família Symington juntamente com GRAHAM, WARRE, SMITH WOODHOUSE, GOULD CAMPBELL, QUARLES HARRIS, Quinta do VESÚVIO e Quinta de RORIZ, porém de estilo deliberadamente mais seco do que outros distribuidores no grupo. Muito boa variedade de vinhos do Porto, inclusive CRUSTED, TAWNIES de vinte anos e os de QUINTA única Bonfim e Senhora da Ribeira (desde 1998); safras: **63 66 70 72 75 77 80 83 85' 91 94** 97 00' 03.

Duff Gordon Distribuidor de Xerez, mais conhecido pelo AMONTILLADO El Cid. Bom FINO Feria; OLOROSO Niña Medium. Pertencente à OSBORNE; nome também do segundo rótulo de seus vinhos do Porto de Osborne.

Emilio Hildago ★★→★★★★ Pequena *bodega* JEREZ, que produz requintado ***PALO CORTADO PRIVILEGIO*** 1860 e PX Santa Ana muito bom . O FINO Panesa tem bom preço.

Estufagem Processo em massa de aquecer lentamente e depois resfriar Madeiras mais baratos, para alcançar um sabor característico de terra crestada; menos sutil que o processo CANTEIRO.

Ferreira Importante exportador de vinho do Porto de capital português, pertencente à Sogrape. Marca mais vendida em Portugal. Vinhos TAWNY finos de dez e vinte anos de idade, Quinta do Porto e ***DUQUE DE BRAGANÇA***. Safras de amadurecimento precoce: **63 66 70 75 77 78 80 82 85 87 91** 94 95 97 00 03.

Flor Refere-se à camada de leveduras que se forma na superfície do Xerez FINO/MANZANILLA no barril, prevenindo a oxidação e deixando o vinho aromático e picante. Quando a *flor* morre, os vinhos continuam sendo envelhecidos sem ela, tornando-se AMONTILLADO.

Fonseca Guimaraens Exportador de Porto; pertence à Fladgate Partnership. Renomado RUBY RESERVA Bin 27 combinado com o orgânico Terra Prima, em 2006. Suntuosos, mas estruturados *vintage* entre os melhores: Fonseca **63' 66' 70 75** 77' **80 83 85'** 92 94' 97 00' 03'. Fonseca Gimaraens de maturação precoce, se não houver declaração clássica. Ocasional QUINTA única do Panascal.

Forrester Ver OFFLEY.

Frasqueira Nome oficial do Madeira *vintage* de um único ano. Vinhos excepcionalmente intensos, engarrafados depois de no mínimo 20 anos em barril. Data do engarrafamento compulsória; quanto mais tempo no tonel, mais concentrados e complexos.

Garvey ★→★★★ Famoso distribuidor de Xerez velho, situado em JEREZ. Os vinhos mais finos são o FINO San Patricio, o AMONTILLADO Tio Guillermo e o OLOROSO Ochavico. Também a linha *age-dated* 1780.

González-Byass ★→★★★★ Grande BODEGA familiar com o mais famoso e um dos melhores FINOS: Tio Pepe. Outras marcas incluem o AMONTILLADO La Concha, o FINO Elegante, o MANZANILLA El Rocio e o OLOROSO doce 1847. A linha *age-dated* inclui AMONTILLADO Del Duque, o OLOROSO Matúsalem, o PALO CORTADO Apóstoles e o ultra-rico PX Noe. Juntamente com WILLIAMS & HUMBERT, é a única *bodega* que oferece vinhos de safras antigas.

Gould Campbell Distribuidor de vinho do Porto que pertence à família Symington. Encorpados vinhos PORTO VINTAGE **70 77' 80 83 85' 91** 94 97 00 03' de bom preço.

Gracia Hermanos Mont-M Firma do mesmo grupo de PÉREZ BARQUERO e Compañia Vinícola del Sur, que produz MONTILLAS de boa qualidade. Seus rótulos incluem FINO María del Valle, AMONTILLADO Montearruit, OLOROSO CREAM e PX Dulce Viejo.

Graham Um dos maiores nomes em vinho do Porto, pertence à família Symington. Possui uma variedade muito boa, especialmente RESERVE RUBY Six Grapes, LBV, excelentes vinhos TAWNY (RESERVA) ***e alguns dos mais ricos e mais doces vinhos do PORTO VINTAGE*** **63 66 70 75 77 80 83' 85' 91' 94 97 00' 03'**, Safra de QUINTA única muito boa: Quinta dos Malvedos.

Gran Cruz A maior marca de vinho do Porto. Na maior parte, vinhos TAWNY leves e econômicos.

Guita, La ★→★★★ Pasada especialmente fino, feito por Pérez Marín em SANLÚCAR, com imensa presença na Espanha. Também é proprietário do rótulo Gi Luque para outros xerezes.

Gutiérrez Colosía ★★★ EX-ALMACENISTA, hoje de propriedade e administração familiar no rio Gaudalete, em El Puerto, com uma variedade muito consistente. PALO CORTADO velho com preço abaixo do custo.

Hartley & Gibson Ver VALDESPINO.

Harvey's ★→★★★ Pilar importante de Xerez, pertencente à Beam Brands, juntamente com Domecq e a empresa de conhaque Terry. Distribuidor mundialmente famoso dos xerezes Bristol Cream (meio-doce) e AMONTILLADO Club. Também FINO.

Henriques, Justino O maior distribuidor de vinho Madeira, pertenceteà Martiniquaise, juntamente com os vinhos do Porto GRAN CRUZ. Bons vinhos de dez anos de idade e *vintage* – VERDELHO 1934, por exemplo.

Henriques & Henriques Distribuidor independente de vinho Madeira, com vinhos bem estruturados e ricos. Excepcionais vinhos de quinze anos de idade; Monte Seco, aperitivo extra-seco; reservas, safra e vinhos solera muito bons, incluindo SERCIAL 1944, Terrantez ***Malvasia 1954, Bual 1954 e 1957***, Century Malmsey Solera 1900.

Herederos de Argüeso ★★→★★★ Especialista em MANZANILLA, situado em SANLÚCAR, com engarrafadoras muito boas: San Leon e Las Medallas; e o desejável VOS AMONTILLADO Viejo.

Hidalgo, La Gitana ★★★→★★★★ Antiga firma familiar de Xerez situada em SANLÚCAR, supervisionada pelo incansável Javier Hidalgo. O carro-chefe é o ***excelente e pálido MANZANILLA La Gitana***; também um fino OLOROSO, adoráveis vinhos PALO CORTADO, ***MANZANILLA PASADA Pastrana*** e AMONTILLADO, de vinhedo único e em sua maior parte cultivados organicamente.

Jerez de la Frontera Centro da indústria de Xerez, entre Cádiz e Sevilha. A palavra *sherry* é uma corruptela do nome, pronunciado "rerês". Em francês, Xérès.

Jordões, Casal dos Produtores de vinho do Porto orgânico certificados – LBV e vintage razoáveis.

Kopke A mais antiga casa de vinho do Porto, fundada em 1638. Atualmente pertence à BARROS ALMEIDA. Na maior parte, vinhos de safra de amadurecimento precoce, de qualidade razoável, porém com alguns excelentes (**70 74 75 77 78 79 80 82 83 85 87 89 91** 94 97 00 03), e maravilhosos COLHEITAS.

Krohn Distribuidor de vinho do Porto; excelentes COLHEITAS (**1961 1967**), alguns datam da década de 1800.

Lagar Tanque raso de granito no qual o Porto é esmagado com os pés ou, cada vez mais atualmente, por robôs.

Seleção de vinhos Porto e Madeira para 2008

Porto branco CHURCHILL.

Ruby & Reserve Quinta do Passadouro Ruby, FONSECA Bin 27 e Terra Prima, GRAHAM's Six Grapes, DOW's Crusted, WARRE's Warrior.

Late Bottled Vintage FONSECA LBV 2000, WARRE'S 1995 LBV, Quinta do Crasto 2000, TAYLOR'S LBV 2001.

Tawny & Colheita DELAFORCE, COLHEITA 64, KROHN COLHEITA 67, Quinta do Infantado dez anos, WARRE'S OTIMA 20 anos, GRAHAM's 30 anos, NIEPOORT 20 anos.

Portos Quinta Única Quinta do Vale Dona Maria 2000, DOW's Quinta Senhora da Ribeira 01, Quinta do VESÚVIO 96, WARRE'S Quinta da Cavadinha 96, Fonseca Quinta do Panascal 91 e 98, GRAHAM Malvedos 95 e 96, TAYLOR Quinta de Vargellas 95, 96, 98.

Portos Vintage FONSECA 63, TAYLOR 63, FONSECA 66, GRAHAM 70, TAYLOR 70, SMITH WOODHOUSE 77, GRAHAM 80, GRAHAM 83, FONSECA 85, GRAHAM 91, TAYLOR 92, NIEPORT 92, Quinta do NOVAL 94, FONSECA GUIMARAENS 98.

Madeiras BLANDY'S BUAL 64, 77, COSSART GORDON SERCIAL COLHEITA 88, Terrantez 1997, BARBEITO's Single Cask COLHEITAS,VB, 81 VERDELHO, HENRIQUES & HENRIQUES de dez anos de idade VERDELHO, BUAL de 15 anos e Terrantez 76.

LBV (Safra de engarrafamento tardio) Vinho do Porto de ano único, guardado em madeira pelo dobro do tempo do PORTO VINTAGE (cerca de cinco anos). Portanto, prontos para beber assim que engarrafados. Produzidos em volumes muito maiores, são robustamente frutados porém bem menos intensos e complexos que os vintage. Em geral, não necessitam decantar, embora alguns LBVs sejam engarrafados sem filtração; estes podem envelhecer por dez anos ou mais (WARRE, SMITH WOODHOUSE, NIEPOORT, CHURCHILL, FERREIRA, NOVAL).

Leacock Rótulo da MADEIRA WINE COMPANY. A principal marca é St. John, popular na Escandinávia. Safras mais antigas incluem SERCIAL 1950, BUAL 1934 e SOLERA 1860.

Lustau ★★→★★★★ Casa de Xerez situada em JEREZ e pertencente ao grupo Caballero. Ampla variedade de vinhos. Famosa como distribuidor pioneiro de excelente ***ALMACENISTA*** e vinhos *landed age*; AMONTILLADOS e OLOROSOS envelhecidos em elegantes garrafas antes da distribuição. Primeiro a comercializar um Xerez de safra com seu OLOROSO doce 1989.

Madeira Wine Company Constituída em 1913 como Madeira Wine Association por duas empresas, incluindo depois as 26 firmas britânicas de vinho Madeira, produz hoje mais de 100 rótulos diversos. Embora colocados conjuntamente em adega, os vinhos preservam os estilos individuais das casas. BLANDY e COSSART GORDON são os mais importantes; atualmente controlada pela família Symington (ver DOW), melhorou as instalações de produção depois do investimento. Todos os vinhos são CANTEIRO 5 anos ou mais, de uvas tradicionais, com exceção do Tinta Negra Mole, de COLHEITA.

Malmsey ou Malvasia A variedade mais doce e rica de uva para vinho Madeira; âmbar escuro, rico e com sabor de mel, embora com "pegada" penetrante, característica do vinho Madeira.

Martinez Gassiot Empresa de vinho do Porto, atualmente pertencente à família Symington; conhecida especialmente pelo excelente rico e picante TAWNY Directors de vinte anos de idade. Safras a bom preço, que melhoram com o tempo e de estilo tradicional e menos rico: **63 67 70 75 82 85 87 91** 94 97 00 03. Vinhos de QUINTA única muito bons, oriundos de Quinta da Eira Velha.

Medina, José Originalmente uma *bodega* de SANLÚCAR, atualmente uma exportadora importante, especialmente para os Países Baixos. Proprietária de Bodegas Internacionales e WILLIAMS & HUMBERT, também Pérez Megia e Luis Paez: provavelmente o maior produtor e distribuidor de Xerez

Miles Distribuidor de vinho Madeira, atualmente faz parte da MADEIRA WINE COMPANY. Somente vinhos básicos.

Montecristo Mont-M Marca de MONTILLA mais vendida pela Compañía Vinícola del Sur.

Montilla-Moriles Mont-M DO nas proximidades de Córdoba. Não é Xerez, mas semelhante. Seus vinhos FINO e AMONTILLADO suaves e o saboroso PX contêm de 14 a 17,5% de álcool natural e mantêm-se não fortificados. Em sua melhor forma, são notavelmente aperitivos saborosos. PX originado do Montilla, porém envelhecido e engarrafado nas terras do Xerez, pode então ser chamado de Xerez PX.

Niepoort Pequena casa familiar de vinho do Porto, com origens holandesas. Safras consistentemente finas (**63 66 70' 75 77 78 80 82 83** 87 91 92 94 97 00' 03). Segundo rótulo de safra: Secundum. Excepcionais vinhos TAWNY e COLHEITAS.

Noval, Quinta do Casa histórica de vinho do Porto, atualmente pertencente à francesa AXA. O PORTO VINTAGE é intensamente frutado, estruturado e elegante; poucas vinhas não exertadas na quinta produzem pequenas quantidades de ***Nacional – um vinho extraordinariamente escuro, cheio, aveludado e de amadurecimento lento***. Também muito bom TAWNY de vinte anos e bons vinhos COLHEITA. Safras: **63 66 67 70 75 78 82 85** 87 91 94' 95 97' 00' 03' 04. Segundo rótulo de safra: Silval. Também muito bom LBV.

Offley Marca pertencente ao distribuidor de vinho do Porto Forrester. Duke of Oporto é a marca principal de Portugal, onde vende bastante. Baron de Forrester é um bom TAWNY. Proprietário da Quinta da Boa Vista. Boas safras de amadurecimento precoce: **63 66 67 70 72 75 77 80 82 83 85 87 89** 94 95 97 00' 03.

Osborne ★→★★★★ Grande firma espanhola que produz Xerez, uma ampla variedade de vinhos espanhóis e vinho do Porto de qualidade. Assumiu a direção dos xerezes e conhaques de Bobadilla. Seu emblema de um touro imediatamente reconhecível está em toda a região rural espanhola. Bons vinhos do PORTO VINTAGE declarados em 95 97 00' 03'.

Paternina, Federico ★★→★★★★ Marcos Eguizabel de Rioja adquiriu a firma de Xerez Diez-Merito, conservando três vinhos VORS para seu rótulo Paternina, o excelente e único FINO Imperial, o OLOROSO Victoria Regina e o SOLERA PX Vieja.

Pedro Romero ★→★★★ Empreendimento familiar recentemente expandido em uma série de *bodegas* espalhadas em SANLÚCAR. Variedade muito ampla; inconsistência frustrante.

Pereira d'Oliveira Vinhos Empresa familiar de vinho Madeira, desde 1850. Boa variedade básica. Também bons vinhos COLHEITA; boas safras antigas desde 1850, rotuladas como Reserve.

Pérez Barquero Mont-M Outra firma que, como a GRACIA HERMANOS já foi parte de Rumasa. Seus MONTILLAS excelentes incluem FINO, AMONTILLADO e OLOROSO Gran Barquero.

Pilar Plá/El Maestro Sierra ★→★★★ Pertencente à primeira-dama do Xerez, Pilar Plá. Vinhos inconsistentes, mas alguns de grande valor em idades intermediárias, especialmente AMONTILLADO.

Poças Firma familiar portuguesa de vinho do Porto; vinhos TAWNY e COLHEITA muito bons. Bom LBV e boas safras recentes (97 00' 03). Vinhos de QUINTA única da Quinta Sta. Barbera.

Porto branco Vinho do Porto feito de uvas brancas, ocasionalmente doce (*lagrima*), porém, a maioria é quase seca e bebida como aperitivo (a mais seca vem rotulado como "Dry"). Procure por vinhos com envelhecimento em tonel: BARROS, NIEPOORT, CHURCHILL. Desde 2006, os de designações de idade aproximada de dez, vinte, trinta ou quarenta anos podem ser consumidos. Vinhos mais jovens e mais pálidos podem ser bebidos com tônica.

Porto Vintage Os melhores vinhos de um ano excepcional, declarado por um distribuidor particular entre 1º de janeiro e 30 de setembro, no segundo ano após a colheita – por exemplo, 2003 declarado em 2005. Engarrafado sem filtragem, após dois anos na madeira, o vinho amadurece muito lentamente na garrafa, formando uma crosta (CRUST) ou depósito, precisando, portanto, ser decantado. Os melhores podem durar mais de cinqüenta anos. Os vinhos do Porto Vintage de QUINTA única são prontos para beber mais cedo.

Puerto de Santa María A segunda cidade e ex-porto de Xerez, com importantes *bodegas*, tais como OSBORNE e a EX-ALMACENISTA Gutiérrez Colosía.

PX Uva Pedro Ximénez, parcialmente seca ao sol; engarrafada pura, como vinho doce de primeira classe, ou usada para adoçar outros xerezes.

Quarles Harris Uma das mais antigas casas de vinho do Porto, desde 1680, hoje pertencente à família Symington (ver DOW). Safras agradáveis, bem equilibradas, freqüentemente com preços muito bons: **63 66 70 75 77 80 83 85 91** 94 97 00' 03.

Quinta Palavra portuguesa para "propriedade", tradicionalmente denota vinhos PORTO VINTAGE de vinhedos únicos de distribuidores; declarada em anos bons, porém não nos excepcionais. Um número cada vez maior de *quintas* (produtores) faz em vinhos de safras de primeira linha conta própria. Estreantes com potencial incluem Passadouro, Portal, Vale Meão de Whytingham e Pintas de Wine & Soul.

Ramos Pinto Dinâmica casa de vinho do Porto, pertencente à casa de Champagne Louis Roederer. Excepcionais vinhos de Ervamoira e TAWNY de QUINTA única (de Ervamoira e do Bom Retiro). As safras tendem a ser ricas, doces, e, em geral, amadurecem precocemente.

Reserva/Reserve Vinhos do Porto de qualidade excepcional, a maioria RUBY Reserve, mas alguns TAWNY Reserve, engarrafados sem data da safra ou indicação da idade, porém melhores do que o estilo básico.

Rey Fernando de Castilla ★★→★★★★ O norueguês Jan Pettersen, veterano em JEREZ, fez uma pequena revolução de Xerez com seus excelentes vinhos, que, embora ele escolha não rotulá-los *Age-Dated*, poderiam facilmente sê-lo. Primeira linha: Antique de AMONTILLADO, OLOROSO e PX; FINOS nem tanto.

Roriz, Quinta de Propriedade histórica, atualmente controlada pela família Symington (ver DOW). Vinhos do Porto e vinhos do DOURO de QUINTA única muito bons: 99 00' 01 02 03' 04.

Rosa, Quinta de la Vinho do Porto de QUINTA única muito bom, da família Bergqvist. Métodos tradicionais e LAGARES de pedra. Procure pelas safras e vinhos **94 95** 00 03' 04 uma pequena área de vinhas velhas chamada Vale do Inferno.

Royal Oporto A principal marca de vinho do Porto da Real Companhia Velha, atualmente com foco em vinhos do Douro não fortificados. Alguns bons TAWNY e COLHEITAS e boas safras recentes.

Rozès Exportador de vinho do Porto, pertencente à casa de Champagne Vranken, juntamente com São Pedro das Aguias. Muito popular na França.

Ruby O mais jovem (e o mais barato) dos estilos de vinho do Porto: simples, doce e tinto. Os melhores são vigorosos, cheios de sabor; outros são meramente fortes, magros, alcoólicos. Ver também RESERVE.

Sanchez Romate ★★→★★★ Empresa familiar estabelecida em JEREZ desde 1781. Mais famosa nos países de língua espanhola, especialmente pelo conhaque Cardenal Mendoza. Bom Xerez: OLOROSO La Sacristía de Romate, PX Duquesa, AMONTILLADO NPU ("Non Plus Ultra").

Sandeman ★→★★★ Empresa grande, atualmente parte do grupo Sogrape. Fundada em 1790 por Scot George Sandeman, que montou os dois estabelecimentos gêmeos em Oporto e JEREZ. Xerezes escrupulosamente feitos incluem um FINO envelhecido Don e um CREAM Armada. Também os OLOROSOS secos e doces Imperial Corregidor e Royal Ambrosante. Vinhos do Porto: bons TAWNIES envelhecidos, especialmente os de vinte anos de idade. Irregularidade na safra de anos recentes (63 66 70 75 77 80 82 85 94 97 00). Segundo rótulo: Vau Vintage; recomenda-se consumir jovem.

Sanlúcar de Barrameda Cidade costeira histórica, produtora de Xerez (ver MANZANILLA).

Santa Eufemia, Quinta de Propriedade familiar de vinho do Porto com vinhos TAWNY envelhecidos muito bons.

Sercial Uva do vinho da Madeira que rende os vinhos mais secos da ilha – aperitivo inigualável.

Silva, C. da Exportador de vinho do Porto. Na maior parte, vinhos RUBY e TAWNY econômicos, porém bons TAWNY e COLHEITAS envelhecidos, sob o rótulo Dalva

Smith Woodhouse Firma de vinho do Porto, fundada em 1784. Em geral, um fornecedor de rótulo próprio; LBV não filtrado muito bom e algumas safras muito boas: **63 66 70 75 77' 80 83 85** 91 94 97 00' 03. Vinhos ocasionais de propriedade única de Quinta da Madelena.

Solera Sistema usado no envelhecimento do Xerez. Consiste em completar progressivamente os barris maduros com vinhos ligeiramente mais jovens do mesmo tipo, com o objetivo de obter continuidade no vinho final. A maioria dos xerezes são misturas de diversos vinhos *solera*. Costumava ser aplicado aos vinhos Madeira. Vinhos *solera* antigos na garrafa são bem caros.

Tawny Estilo de vinho do Porto que permanece mais tempo na madeira (daí Tawny: "fúlvido", em inglês), embora muitos vinhos Tawny básicos sejam pouco mais do que vinhos RUBY atenuados. Procure por vinhos com uma indicação da idade: dez, vinte, trinta ou quarenta anos de idade ou RESERVE.

Taylor, Fladgate & Yeatman (Taylor's) Um dos mais famosos distribuidores de vinho do Porto, altamente estimado por seus vinhos PORTO VINTAGE ricos e longevos. Recentemente tornou-se membro da Fladgate Partnership, juntamente com CROFT, DELAFORCE e FONSECA GUIMARAENS. Muito boa variedade, incluindo RESERVE (First Estate), LBV e vinhos TAWNY envelhecidos. Duas propriedades de primeira, Quinta de Vargellas e Terra Feita, produzem safras de QUINTA única; e Vargellas "Vinha Velha" (95, 97, 00, 04) de vinhos mais velhos (mais de setenta anos).

Terry, SA ★→★★ *Bodega* de Xerez em PUERTO DE SANTA MARÍA; parte da Beam Brands.

Tío Pepe O mais famoso dos Xerezes FINO (ver GONZÁLEZ-BYASS).

Toro Albalá, Bodegas Mont-M Firma familiar localizada em uma usina elétrica da década de 1920; produz, com talento, FINOS e AMONTILLADOS Eléctrico e um PX que está entre os melhores em MONTILLA e na Espanha.

Tradición ★★★→★★★★ Parte de uma nova leva de *bodegas* de Xerez com foco exclusivamente em pequenas quantidades de PX VOS e AMONTILLADO, PALO CORTADO e OLOROSO VORS de uma adega reformada, cheia de arte nas ruelas de JEREZ.

Valdespino ★→★★★★ *Bodega* famosa em JEREZ; produz o FINO Inocente, do estimado vinhedo Macharnudo. ***Tío Diego é o incrível AMONTILLADO seco***; também OLOROSO 1842 SOLERA, AMONTILLADO Don Tomás. Matador é uma variedade popular. Nos EUA, seus xerezes são vendidos como Hartley & Gibson.

Valdivia ★★ Mais novo produtor de Xerez. Níveis a partir de VOS nas garrafas de estilo.

Vale D. Maria, Quinta do Bom preço e vinho do PORTO VINTAGE muito elegante.

Ventozelo, Quinta de Imensa propriedade, lindamente situada, recentemente adquirida e reformulada por uma família espanhola. Bons vinhos do PORTO VINTAGE de QUINTA única.

Verdelho Uva de vinho Madeira para a produção de vinhos semi-secos; picantes, porém sem a austeridade causticante da SERCIAL. Popularidade crescente entre os vinhos de mesa.

Vesúvio, Quinta do Enorme propriedade do século XIX no DOURO. Produz apenas vinho do PORTO VINTAGE, especialmente **91 92** 94 95' 96' 00' 01 03' 04.

Vila Nova de Gaia Cidade na margem sul do rio DOURO, na cidade do Porto, onde os maiores distribuidores de vinho do Porto amadurecem seus vinhos em "lodges" (alojamentos).

Warre O mais antigo dos distribuidores britânicos de vinho do Porto (desde 1670); pertencente à família Symington (ver DOW) desde 1905. Vinhos de safra finos, elegantes e de amadurecimento prolongado; bom RESERVE; personalidade de safra (Warrior); excelente LBV não filtrado e amadurecido na garrafa; TAWNY ótima de dez e vinte anos de idade. Safra de QUINTA única da Quinta da Cavadinha. Safras: **63 66 70' 75 77' 80 83 85 91** 94 97 00' 03.

Williams & Humbert ★★→★★★★ Famosa *bodega* de Xerez de primeira linha. O mais vendido é o Sack seco (AMONTILLADO médio); o CREAM Canastra e o Walnut Brown são bons nas suas categorias; Especial SOLERA é seu antigo (e famoso) PALO CORTADO. Também é famoso o conhaque Gran Duque de Alba.

Suíça

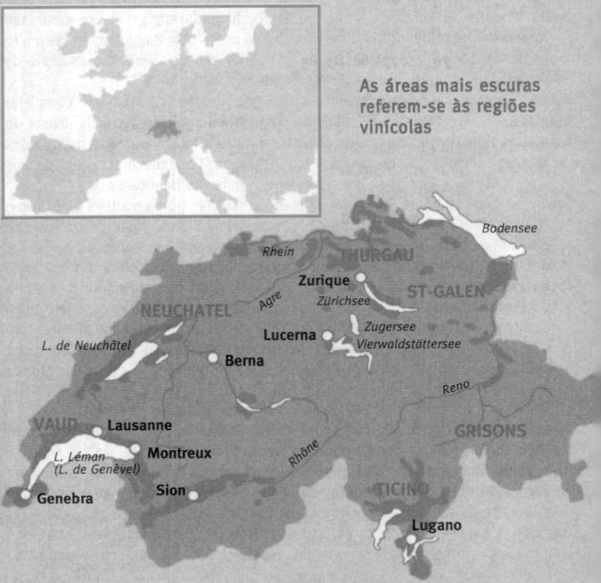

As áreas mais escuras referem-se às regiões vinícolas

A grande novidade na Suíça atualmente é um acordo com os Estados Unidos, a fim de aumentar o comércio entre os dois países, o que permitirá o uso de lascas de carvalho no vinho suíço. Isso pode não parecer impactante para o resto do mundo, mas causou grande alvoroço na Suíça, principalmente porque não há exigências para dizer no rótulo como exatamente um vinho é produzido.

No momento, exporta-se muito pouco vinho no país. Os suíços amam seu vinho, e o consumo médio anual está ligeiramente abaixo de 40 litros por cabeça. Os suíços são famosos por permanecerem dentro de suas fronteiras, e mantêm seu vinho consigo.

Safras recentes

2006 Bastante promissora, comparável à de 2005.
2005 Baixa na quantidade, porém alta na qualidade.
2004 Menos complexa do que 2003, porém muito promissora.
2003 Para beber agora. Vinhos com boa maturidade.
2002 Não foi o melhor ano para ninguém. Fique com os melhores produtores.

Aargau 04 05 06 Cantão do Sul para Müller-THURGAU fragrante e BLAUBURGUNDER rico. Melhor produtor: Weingut Zum Sternen.

Aigle Vaud t b ★★→★★★ Famosa por seus brancos elegantes e seus tintos generosos.

Amigne Tradicional uva branca VALAIS, especialmente de VÉTROZ. Bem encorpado, saboroso, geralmente doce. Melhor produtor: André Fontannaz ★★ **04 05** 06. Uma nova classificação de qualidade foi lançada, baseada no açúcar residual. Um *bee* (abelha) – isso mesmo, como o inseto – corresponde a 0-8 gramas por litro RS (Residual Sugar); 2 *bees*, 9-25 g/l RS; 3 *bees*, mais de 25 g/l RS.

Arvine Antiga uva branca do VALAIS (também Petite Arvine): ***vinhos secos e doces, elegantes e longevos com persistência salgada***. Melhores em SIERRE, SION, Granges, FULLY. Produtores: Benoît Dorsaz, Rouvinez, Marie-Thérèse Chappaz, Simon Maye & Fils.

Auvernier Neuchâtel t r b ★★→★★★ Antiga vila vinícola à margem do lago NEUCHÂTEL e a maior comuna vinífera do cantão.

Basiléia/Basel A segunda maior cidade e cantão da Suíça: dividida em Basel-Stadt e Basel-Land. Melhores vinhos: Müller-THURGAU, PINOT N (104 ha). Procure por vinhos da uva Bacchus.

Berna Capital da Suíça, e cantão. Vinhedos no oeste (BIELERSEE: CHASSELAS, PINOT N, SPÉCIALITÉS branco) e no leste (Thunersee: BLAUBURGUNDER, Müller-THURGAU); 262 ha.

Bielersee t r b ★→★★ **04 05'** 06 Região vinícola na margem norte do lago Bielersee (CHASSELAS e PINOT N secos e leves, além de especialidades novas, como VIOGNIER e MALBEC). Melhor produtor: Domaine Grillette e Charles Steiner.

Blauburgunder Designação alemã para Pinot N. Também conhecido como Clevner. Ampla variedade de vinhos, desde *rosés* a tintos muito amadeirados. É a variedade de tinto principal da Suíça.

Bündner Herrschaft Grisons t r b ★★→★★★ Melhor região suíço-alemã, inclui as vilas de primeira linha Fläsch, Jenins, Maienfeld e Malans. BLAUBURGUNDER amadurece especialmente bem devido ao vento quente Föhn; vinhos muito bons envelhecidos em tonéis. Também Chard, Müller-THURGAU, COMPLETER. Melhores: Gantenbein ★★★, Davaz ★★, Fromm ★★★ **01' 02 03' 04** 05 06. A melhor BLAUBURGUNDER é daqui.

Chablais Vaud t b ★★→★★★ Ensolarada região vinícola na margem direita do Rhône e na extremidade superior do lago Genebra, inclui as vilas AIGLE, Bex, Ollon, VILLENEUVE e YVORNE.

Chasselas (Gutedel na Alemanha) Uva branca dos cantões franceses; sabor neutro, assume personalidade local: elegante (GENEBRA); refinada, cheia (VAUD); exótica, estimulante (VALAIS); *pétillant* (lagos Bienne, NEUCHÂTEL, Murtensee). Apenas no leste da BASILÉIA. Chamada FENDANT em VALAIS. Responsável por quase um terço dos vinhos suíços, porém cada vez mais substituída – uma mudança financiada pelo governo. Melhores: Louis Bovard, Raymont Paccot. A última tendência é evitar a fermentação maloláctica, conservando, assim, a acidez nos vinhos.

Completer Uva branca nativa, geralmente usada em GRISONS. Produz vinhos aromáticos de alta acidez. (*Complet* era a última prece do dia rezada pelos monges, ou "saideira".) Relacionada à uva Lafnetscha, de Valais. Melhores: Adolf Boner, Malans ★★.

Cornalin ★★→★★★ **03' 04** 05' Especialidade local de VALAIS que se tornou mais popular desde que a produção aumentou; tintos escuros, condimentados e muito fortes. Melhores: Denis Mercier, Provins, Jean-René Germanier (★★). A mais antiga vinha produtiva na Suíça é uma planta Cornalin em Leuk, Valais, de 1798 (www.vitisantiqua1978.ch).

Côte, La Vaud t r b ★→★★★ A maior área vinícola de VAUD, entre LAUSANNE e GENEBRA. Brancos tradicionais com fineza elegante; tintos frutados e harmoniosos. Especialmente de MONT-SUR-ROLLE, Vinzel, Luins, FÉCHY, MORGES etc.

Côtes de l'Orbe Vaud t r b ★→★★ *Appellation* no N de VAUD, entre o lago NEUCHÂTEL e o lago GENEBRA, especialmente para tintos leves e frutados.

Dézaley Vaud b (t) ★★→★★★ Célebre vinhedo em LAVAUX, nas encostas acima do lago GENEBRA. No passado, era mantido por monges cistercienses. CHASSELAS extraordinariamente fortes, desenvolvem-se principalmente após envelhecimento. O tinto Dézaley é uma raridade GAMAY/PINOT N/MERLOT/Syrah.

Dôle Valais t ★★→★★★ *Appellation* para PINOT N, freqüentemente misturada com GAMAY e outras tintas do VALAIS: cheia, generosa, geralmente muito boa. O Dôle Blanche levemente rosado é obtido por esmagamento, imediatamente após a colheita.

Epesses Vaud b (t) ★→★★★ **05' 06** AC LAVAUX: vinhos brancos generosos e encorpados.

Ermitage Também conhecida como Marsanne; uma SPÉCIALITÉ do VALAIS. Vinhos brancos secos, concentrados, encorpados, às vezes com açúcar residual. Melhores: Domaine Cornulus, Philippoz Frères.

Féchy Vaud ★→★★ Famosa *appellation* de LA CÔTE, especialmente vinhos brancos elegantes.

Federweisser Nome suíço-alemão para vinho branco de BLAUBURGUNDER.

Fendant Valais b ★→★★★ *Appellation* de VALAIS para CHASSELAS. O vinho ideal para pratos com queijo suíço tais como o *fondue*. Todas as qualidades disponíveis.

Flétri/Mi-flétri Uvas de colheita tardia para vinhos doces/ligeiramente doces (respectivamente).

Fribourg O menor cantão vinícola franco-suíço (115 ha, perto do Jura). Especialmente para PINOT N, CHASSELAS, GAMAY, SPÉCIALITÉS de VULLY, lago Murten, S do lago NEUCHÂTEL.

Fully Valais t b ★★→★★★ Vila próxima de MARTIGNY: excelentes ERMITAGE e GAMAY. Melhor produtor: Marie-Thérèse Chappaz d ★★→★★★ **03' 04** 05' 06.

SUÍÇA

Gamay Uva Beaujolais; abundante nos cantões franceses. Principalmente para vinhos magros usados em misturas (SALVAGNIN, DÔLE). A uva Gamay corresponde a 14% das uvas na Suíça.

Genebra Capital, e cantão vinícola franco-suíço; o terceiro maior (1.425 ha). Principais áreas: Mandement, Entre Arve et Rhône, Entre Arve et Lac. Na maior parte, CHASSELAS e GAMAY. Também Gamaret, Chard, PINOT N, Muscat e bom Aligoté. Melhor: Jean-Michel Novelle ★★★; interessantes: Jacques Tatasciere, Domaine de la Rochette ★★.

Germanier, Jean-René Vinicultor de VÉTROZ; Cayas (100% Syrah) ★★★ **01** 02 **03** 04 05'; Mitis (doce) ★★★ **01' 02** 03 04 05'. Novo lançamento: um Cornalin puro 05'.

Gewürztraminer Cultivada na Suíça como uma variedade SPÉCIALITÉ, principalmente no VALAIS e no leste. Melhor produtor: Jean-Michel Novelle, Satigny 05' 06.

Glacier, Vin du (Gletscherwein) Fabuloso vinho branco oxidado, envelhecido em madeira, obtido da rara uva Rèze de Val d'Anniviers; quase impossível de encontrar à venda.

Grand Cru Designação de qualidade. O significado difere conforme o cantão.

Grisons (Graubünden) Cantão montanhoso, principalmente na Suíça alemã (BÜNDNER HERRSCHAFT, Churer Rheintal; especialmente BLAUBURGUNDER) e, em parte, no S dos Alpes (Misox, especialmente MERLOT). 416 ha, essencialmente PINOT N, também Müller-THURGAU e SPÉCIALITÉS.

Heida (Païen) Antiga uva branca do VALAIS (a Savagnin do Jura) para vinhos campestres do alto Valais (vinhedos VISPERTERMINEN a uma altitude de mais de 1.000 m). Bom também no baixo VALAIS. Vinho bem encorpado e de acidez alta. Melhor: Josef-Marie Chanton ★★ **03' 04** 05' 06. Novo lançamento: um Heida de Provins.

Humagne Uva branca nativa forte (SPÉCIALITÉ NO VALAIS). Também Humagne Rouge (de Valle d' Aosta, sem parentesco). Especialmente de CHAMOSON, LEYTRON e MARTIGNY.

Johannisberg Sinônimo de SYLVANER NO VALAIS.

Landwein (*Vin de pays*) Tradicional vinho branco leve e tinto BLAUBURGUNDER do leste.

Lausanne Capital de VAUD. Não há mais vinhedos na área urbana, porém foi, por longo tempo, local dos clássicos: Abbaye de Mont, Château Rochefort (LA CÔTE); Clos des Moines, Clos des Abbayes, Domaine de Burignon (LAVAUX). Preço elevado.

Lavaux Vaud b (t) ★→★★★ CJD Região pitoresca na margem norte do lago GENEBRA, entre Montreux e LAUSANNE. Vinhos brancos delicados e refinados; bons tintos. Melhores: Calamin, Chardonne, DÉZALEY, EPESSES, Lutry, ST-SAPHORIN, VEVEY-MONTREUX, Villette.

Leytron Valais t b ★★→★★★ Comuna nas proximidades de SION/MARTIGNY, especialmente Le Grand Brûlé.

Malvoisie Ver PINOT GRIS.

Martigny Valais t b ★★ Comuna no baixo VALAIS, especialmente para HUMAGNE ROUGE e Syrah.

MDVS Mémoires des Vins Suisses – uma coleção dos mais importantes vinhos suíços; também safras mais antigas, para proteger a herança do país (www.mdvs.ch).

Merlot Trazido para o TICINO em 1907, pelo cientista Alderige Fantuzzi (depois que a filoxera destruiu as variedades locais): vinhos de suaves a muito vigorosos. Também usados com Cab Sauv. Os melhores: Castello Luigi, Zanini, Conte di Luna e Stucky.

Mont d'Or, Domaine du Valais b sd d ★★→★★★ **04** 05' 06 Propriedade bem situada nas cercanias de SION: vinhos doces e semi-secos, ricos e concentrados; ***SYLVANER notável***.

Mont-sur-Rolle Vaud b (t) ★★ CJD Importante *appellation* em LA CÔTE.

Morges Vaud t r b ★→★★ CJD A maior AOC de LA CÔTE/VAUD; CHASSELAS, tintos frutados.

Neuchâtel Cidade e cantão; 600 ha estendem-se do lago Neuchâtel a BIELERSEE. CHASSELAS: fragrante, vivaz (*sur lie*, esp). Bom OEIL DE PERDRIX, PINOT GRIS, Chard.

Nostrano Palavra que significa "nosso", aplicada ao vinho tinto do TICINO, que é feito de uvas nativas e italianas (Bondola, Freisa, Bonarda etc).

Oeil de Perdrix PINOT N *rosé* pálido. CJD especialmente (mas não apenas) do NEUCHÂTEL; O nome pode ser usado em qualquer outro lugar.

Pinot Blanc Weissburgunder Nova variedade que produz vinhos encorpados e elegantes.

Pinot Gris Malvoisie Uva branca amplamente plantada, para vinhos secos e residualmente doces. Em VALAIS, produz vinhos muito finos de colheita tardia (chamada Malvoisie).

Pinot Noir Blauburgunder Uva tinta de primeira linha (33% dos vinhedos). Especialmente BÜNDNER HERRSCHAFT, NEUCHÂTEL, THURGAU, VALAIS, ZURIQUE. Experimente: Gantenbein; Davaz (Fläsch); Kesselring (Ottoberg); Pircher (Eglisau); Baumann (Oberhallau); Meier (Kloster Sion); Fromm (Malans); Christian Obrecht (Jenins) ★★★ **01' 02 03' 04** 05' 06.

Rauschling Antiga uva branca de ZURIQUE; vinhos de fruta discreta e acidez elegante.

Riesling Petit Rhin Principalmente no VALAIS. Experimente Kesseling (Ottoberg) 05' 06.

Riesling-Sylvaner Nome antigo para Müller-THURGAU (a branca de primeira linha do leste; uma SPÉCIALITÉ no oeste). Vinhos tipicamente elegantes, com aroma de noz-moscada e alguma acidez. Melhores produtores: Daniel Marugg e Baumann (Oberhallau) ★★ **05 06'**.

St-Gallen Cantão vinícola no leste (218 ha). Especialmente para BLAUBURGUNDER (encorpado), Müller-THURGAU, SPÉCIALITÉS. Inclui o vale do Reno, Oberland e a parte superior do lago ZURIQUE.

St-Saphorin Vaud b (t) ★★→★★★ **05 06'** Famosa AC de LAVAUX, para vinhos brancos finos e leves.

Salvagnin Vaud t ★→★★ **03** *Appellation* GAMAY e/ou PINOT N. (Ver também DÔLE.)

Schaffhausen Cantão suíço-alemão e cidade vinícola à margem do Reno. BLAUBURGUNDER; também Müller-THURGAU e SPÉCIALITÉS. Melhores: Baumann, Bad Osterfingen ★★. A última tendência são tintos e brancos com bastante açúcar residual.

Schenk Gigante vinícola européia, fundada e com sede em Rolle (VAUD). Proprietária de empresas na França (Borg e Bordeaux), Alemanha, Itália e Espanha.

Sierre Valais t b ★★→★★★ Local de veraneio e famosa cidade vinícola. Conhecida por seus FENDANT, PINOT N, ERMITAGE, MALVOISIE. Muito bom DÔLE.

Sion Valais t b ★★→★★★ Capital/centro vinícola do VALAIS. Especialmente FENDANT de Sion.

Spécialités (Spezialitäten) Vinhos de uvas extraordinárias: variedades locais em extinção, como Gwäss, Himbertscha, Roter Eyholzer, Bondola etc., ARVINE e AMIGNE, ou variedades da moda, como Chenin Bl, Sauv Bl, Cab Sauv. Das 47 variedades do VALAIS, 43 são *spécialités*.

Süssdruck Vinho seco *rosé*/tinto claro: obtido de uvas esmagadas antes da fermentação.

Swisswine www.swisswine.ch Organismo para promover vinhos, essencialmente financiado pelo governo. Organiza uma competição de vinhos festiva a cada dois anos.

Sylvaner Johannisberg, Gros Rhin Uva branca cultivada especialmente nos vinhedos quentes do VALAIS.

Thurgau Cantão suíço-alemão ao lado do lago Bodensee (265 ha). Vinhos do vale Thur: Weinfelden, Seebach, Nussbaum e Reno. Margem sul do Untersee. Típicos: BLAUBURGUNDER, também bom Müller-THURGAU. SPÉCIALITÉS incluem Kerner, PINOT GRIS, Regent. Melhor produtor: Hans Ulrich Kesselring ★★★ **04' 05'** 06.

Ticino Localidade de língua italiana ao S da Suíça (com Misox), na qual se cultiva principalmente MERLOT (boa; da região montanhosa Sopraceneri) e SPÉCIALITÉS. Estão experimentando Cab Sauv (ao estilo de Bordeaux, envelhecido em carvalho), Sauv Bl, Sémillon, Chard, Merlot branco e *rosé* (1.020 ha). Melhores produtores: Luigi Zanini, Werner Stucky, Daniel Huber, Adriano Kaufmann, Christian Zündel, Guido Brivio. Todos ★★★ **02 03' 04'** 05 06.

Valais (Wallis) No vale do Rhône, variando do alto Valais, de língua alemã, ao baixo Valais, de língua francesa. O maior e mais variado cantão vinícola da Suíça (5.198 ha; fonte de 30% dos vinhos suíços), atualmente em meio a uma retomada da qualidade e de uvas antigas. Condições climáticas próximas da perfeição. Ampla variedade: 47 variedades de uvas, além de muitas SPÉCIALITÉS. Especialmente vinhos brancos; vinhos de FLÉTRI/MI-FLÉTRI.

Vaud (Waadt) Segundo maior cantão vinícola da Suíça francesa; inclui CHABLAIS, LA CÔTE, LAVAUX, BONVILLARS, CÔTES DE L'ORBE, VULLY. Baluarte da uva CHASSELAS.

Vétroz Valais b t ★★→★★★ Vila de primeira linha, próxima de SION, especialmente famosa por sua uva AMIGNE.

Vevey-Montreux Vaud t b ★★ *Appellation* de LAVAUX já de qualidade em ascensão. Famoso festival de vinhos realizado a cada trinta anos, aproximadamente.

Villeneuve Vaud b (t) ★★→★★★ Nas cercanias do lago GENEBRA: vinhos brancos fortes, porém refinados.

Visperterminen Valais b (t) ★→★★ Vinícolas do alto VALAIS, especialmente para SPÉCIALITÉS. As mais altas vinícolas da Europa (c1.000 m).

Vully Vaud b (t) ★→★★ Vinho branco refrescante da área do lago Murten/FRIBOURG.

Yvorne Vaud b (t) ★★ **04 05** AC de CHABLAIS de primeira linha para vinhos fortes e fragrantes.

Zurique Capital do maior cantão epônimo de língua alemã. Na maior parte, BLAUBURGUNDER; também PINOT GRIS, GEWÜRZ e especialmente Müller-THURGAU, RAUSCHLING (623 ha).

Áustria

As áreas mais escuras referem-se às regiões vinícolas

Se você quiser provar os vinhos mais fascinantes da Áustria, procure os de uvas nativas antigas. As uvas importadas recentemente – Cabernet, por exemplo – geralmente produzem vinhos menos característicos do estilo austríaco. Entre os tintos, Blaufränkisch e Sankt Laurent têm o maior potencial, enquanto Zweigelt nunca será mais que útil, numa mistura. A Pinot Noir está agora produzindo seus primeiros excelentes resultados. Mais recentemente, os melhores produtores de tintos mudaram do poderosíssimo carvalho, e estão agora explorando *terroirs* individuais. Entre os brancos secos, Grüner Veltliner, Riesling, Chardonnay e Sauvignon Blanc produzem os vinhos mais prestigiosos, mas não ignore o Gelber Muskateller, com aroma de rosas, ou raridades como o Roter Veltliner. Vinhos doces e botritizados são feitos de uma variedade de uvas obscuras, entre as quais Furmint fez uma recente reaparição.

Safras recentes

2006 Um ano excepcional. Um inverno frio seguido de uma primavera úmida, e um dos verões mais quentes já registrados. As características das uvas foram muito boas em todos os lugares, mas a produção foi baixa.

2005 Um ano fresco produzindo vinhos excepcionalmente elegantes, particularmente na Baixa Áustria, mas com grandes discrepâncias na qualidade. Sem destaque para os tintos, mas com botrítis maravilhosa para os vinhos de sobremesa.

2004 Um ano mais frio. Grüner Veltliner e Riesling se saíram bem, especialmente em Wachau. Tintos maduros em Burgenland.

2003 Verão quente e seco; um ano muito bom para vinhos brancos e para tintos de Burgenland, especialmente Blaufränkisch e Zweigelt. Pouca botrítis para os vinhos de sobremesa.

2002 Embora a Grüner Veltliner tenha sido atingida pelas chuvas durante a colheita, a Riesling e as Pinot brancas se saíram bem. Uma safra de vinho tinto difícil, porém de excelentes vinhos de sobremesa.

2001 Excelente para vinhos brancos secos; vinhos muito bons de colheita tardia. Tintos mais excêntricos.

2000 Safra muito boa na parte mais baixa da Áustria. Misturada na Styria devido às chuvas durante a colheita. Em Burgenland, foi possivelmente a melhor safra desde 1945.

Achs, Paul t (b) ★★★ Soberba propriedade em GOLS, especialmente tintos: misturas Pannobile, Ungerberg, BLAUFRÄNKISCH e Pinot N.

Alzinger b ★★★★ **93 94 95 97 98 99 00 01 02 03** 04 05 Propriedade Wachau notável: Ries e Grüner Veltliner profundos e minerais.

Arachon TFXT t ★★★ Três produtores (TEMENT, FX PICHLER, Tibor Szemes) uniram as habilidades e iniciaram a produção de um tinto ultramoderno e ultrapolido em Burgenland. Vinicultura impecável, porém com pouca personalidade.

Ausbruch Vinho PRÄDIKAT com níveis de doçura entre Beerenauslese e Trockenbeerenauslese. Tradicionalmente produzido em RUST.

Ausg'steckt ("pendurado do lado de fora") As HEURIGEN não ficam abertas o ano todo; quando estão abertas, um ramo de arbusto verde fica pendurado acima das portas, também para mostrar que a casa está servindo vinho.

Bayer t b ★★★ Tintos cultuados, batizados com os nomes dos signos: In Signo Leonis, In Signo Sagittarii, In Signo Tauri e outros. Surpreendentemente, não se trata apenas de sua força.

Blauburger Variedade de uva tinta da Áustria. Um cruzamento entre BLAUER PORTUGIESER e BLAUFRÄNKISCH. De coloração escura, porém usualmente produz vinhos simples e leves.

Blauer Burgunder Pinot N. Tornou-se um favorito entre os vinicultores, embora as safras possam variar notadamente. Melhores em BURGENLAND, KAMPTAL e THERMENREGION (dos produtores P ACHS, LOIMER, PITTNAUER, SCHLOSS HALBTURN, JURISTIEGELMAR, PÖCKL, C PREISINGER).

Blauer Portugieser Vinhos leves e frutados para beber ligeiramente gelados quando jovens.

Blauer Zweigelt Cruzamento de BLAUFRÄNKISCH/ST LAURENT. Uva de alta produtividade, rica em cor. Produções mais baixas e métodos em aperfeiçoamento podem produzir tintos atraentes e aveludados. Produtores de primeira linha: HEINRICH, Grassl, Markowitsch, Nittnaus, PITNAUER, PÖCKL, WINKLER-HERMADEN.

Blaufränkisch Lemberger na Alemanha, Kékfrankos na Hungria. Variedade de uva tinta de excelente potencial da Áustria, muito plantada no MITTELBURGENLAND: vinhos com bom corpo e estrutura, acidez apimentada e aromas de eucalipto e cereja. Freqüentemente misturada com Cab Sauv. Melhores de P ACHS, Gesellmann, HEINRICH, Igler, KOLLWENZ, Krutzler, Nittnaus, PRIELER SCHIEPER, ***TRIEBAUMER***, WENINGER.

Bouvier Uva nativa aromática, especialmente boa para Beerenauslesen e Trockenbeerenauslesen.

Bründlmayer, Willi t b esp ★★★★ **99 00 01 02 03** 04 05 06 Importante propriedade em Langenlois-KAMPTAL. Inovador entusiasmado produzindo excelentes RIES, GRÜNER VELTLINER; estilos de primeira linha internacionais, inclusive CHARD. Também o melhor Sekt da Áustria.

Burgenland Região e província vinícola (14.564 ha) na fronteira leste com a Hungria. Clima ameno. Condições ideais para vinhos tintos e especialmente para vinhos com botrítis próximos de NEUSIEDLERSEE. Quatro áreas: MITTELBURGENLAND, NEUSIEDLERSEE, NEUSIEDLERSEE-HÜGELLAND e SÜDBURGENLAND.

Buschenschank Uma taverna de vinhos, freqüentemente versões menos sofisticadas de HEURIGES.

Carnuntum t b Região vinícola em ascensão a sudeste de VIENA, atualmente mostra bons tintos. Melhores produtores: Glatzer, Grassl, G. Markowitsch, Pitnauer, Netzl e Weingut Marko.

Chardonnay Tanto envelhecidos em carvalho quanto não envelhecidos; geralmente de estilo internacional. Conhecida na STYRIA como MORILLON: fruta forte, de acidez vivaz. Especialmente BRÜNDLMAYER, GROSS, LOIMER, Malat, KOLLWENTZ, POLZ, SATTLER, STIEGELMAR, TEMENT, VELICH, WIENINGER.

Deutschkreutz t (b) Área de vinhos tintos de MITTELBURGENLAND, especialmente para BLAUFRÄNKISCH.

Districtus Áustriae Controllatus, DAC Primeiro sistema de *appellation* da Áustria, introduzido em 2003. Semelhante ao AC da França e ao DOC da Itália. Há quatro DACs atualmente: WEINVIERTEL, CARNUNTUM, MITTELBURGENLAND e TRAISENTHAL.

ÁUSTRIA

Donauland (Danúbio) b (t) Região vinícola a oeste de VIENA. Inclui KLOSTERNEUBURG, ao S do Danúbio, e WAGRAM, ao N do rio. Na maioria brancos, especialmente GRÜNER VELTLINER.

Federspiel Nível de qualidade médio das categorias de VINEA WACHAU, correspondendo aproximadamente à Kabinett. Vinhos secos, frutados e elegantes.

Feiler-Artinger Burgenland t b d ★★★→★★★★ **93 94 95 96 97 98 99 00 01 02 03** 04 05 06 Excepcional propriedade de RUST, com vinhos de sobremesa AUSBRUCH de primeira linha. Também bons vinhos brancos e misturas tintas estimulantes. Bela casa barroca, também.

Freie Weingärtner Wachau b (t) ★★★ **94 95 96 97 98 99** 04 05 06 Importante cooperativa de produtores de DURNSTEIN. Atualmente, deve estar melhorando, após problemas de gerenciamento. Muito bom GRÜNER VELTLINER e RIESLING. Variedade de Domain Wachau.

Gemischter Satz Uma mistura de uvas (na maior parte brancas) cultivadas, colhidas e vinificadas juntas. Vinho tradicional, ainda servido em HEURIGEN.

Gobelsburg, Schloss ★★★→★★★★ **01 02 03** 04 05 06 Propriedade renomada de KAMPTAL, revitalizada por Michael Moosbrugger. Excelente RIESLING seco e GRÜNER VELTLINER.

Gols t b d sc Comuna vinícola na margem norte de NEUSIEDLERSEE, em BURGENLAND. Produtores de primeira linha: P. ACHS, Beck, GSELLMANN & HANS, HEINRICH, A&H Nittnaus, PITTNAUER, Preisinger, Renner, JURIS-STIEGELMAR.

Graf Hardegg t b ★★★ Propriedade de primeira linha de WEINVIERTEL, conduzida pelo ousado Peter Veyder-Malberg, que introduziu o primeiro Viognier e Forticus de estilo vinho do Porto da Áustria. Syrah, Pinot N e RIESLING muito bons.

Grüner Veltliner Principal uva branca da Áustria, que abrange 37% dos vinhedos. Notavelmente diversa: de vinhos frutados, condimentados e vivazes, quando jovens, à elegância concentrada trazida pelo envelhecimento. Melhores: ***BRÜNDLMAYER***, ***HIRTZBERGER***, Högl, KNOLL, LOIMER, Laurenz V, LOIMER, MANTLER, NEUMAYER, NIGL, NIKOLAIHOF, OTT, PFAFFL, ***FX PICHLER***, ***PRAGER*** e Schmelz, Sommer.

G'spritzer Bebida refrescante de verão, popular, geralmente de vinho branco misturado com refrigerante ou água mineral. Especialmente em HEURIGEN.

Gumpoldskirchen b t d sc Famosa vila de HEURIGE, ao S de VIENA, centro da THERMENREGION. Vinhos distintos, saborosos, freqüentemente doces, das uvas ZIERFANDLER e ROTGIPFLER. Melhores produtores: Biegler, Spaetrot e Zierer.

Heinrich, Gernot t b d sc ★★→★★★ **96 97 98 99 00 01 02** 03 04 05 06 Propriedade de primeira linha de GOLS, especialmente para os rótulos Gabarinza e Salzberg. Produção de vinhos com equilíbrio e estrutura.

Heinrich, Johann t b s d ★★★ Importante produtor de Mittelburgenland. Excelente Blaufränkisch Goldberg Reserve.

Heurige Vinho da colheita mais recente, chamado "novo vinho" por um ano. *Heurigen* são tavernas vinícolas, nas quais os produtores-patrocinadores servem seus próprios vinhos com pratos de comida local simples – um costume vienense.

Hirtzberger, Franz b ★★★★ **95 96 97 98 99 00 01 02** 03 04 05 06 Importante produtor com 20 ha em SPITZ AN DER DONAU. RIESLING e ***GRÜNER VELTLINER*** secos finos.

Horitschon Região do MITTELBURGENLAND para tintos: Anton Iby, WENINGER.

Illmitz b (t) d sc Região de SEEWINKEL, famosa por seus Beeren- e Trockenbeerenauslesen. Melhores de Angerhof, KRACHER, Martin Haider, Helmut Lang e OPITZ.

Jamek, Josef b ★★ Famosa propriedade de WACHAU com restaurante.

Jurtschitsch/Sonnhof b (t) d (sc) ★★→★★★ **00 01 02 03** 04 05 06 Propriedade de KAMPTAL, administrada por três irmãos: ***vinhos brancos muito bons (RIES, GRÜNER VELTLINER, CHARD)***.

Kamptal t b Região vinícola, ao longo do rio Kamp, no Norte de WACHAU. Vinhedos de primeira linha: Langenlois, Strass, Zöbing. Melhores produtores: Angerer, BRÜNDLMAYER, Dolle, Ehn, SCHLOSS GOBELSBURG, Hiedler, Hirsch, JURTSCHITSCH, LOIMER, Sax, Topf.

Kattus ★ Produtor de Sekt tradicional em VIENA.

Kerschbaum ★★★ Especialista em Blaufränkisch de Mittelburgenland. Idiossincrático e muitas vezes fascinante.

Klosterneuburg t b Principal cidade vinícola de DONAULAND. Rica em tradições, com um famoso mosteiro beneditino e uma faculdade de enologia fundada em 1860.

KMW Abreviação para Klosterneuburger Mostwaage ("nível de mosto"), a unidade usada na Áustria para medir o teor de açúcar no suco da uva.

Knoll, Emmerich b ★★★★ **97 98 99 00 01 02 03** 04 05 06 Propriedade tradicional e altamente considerada em Loiben, WACHAU. Produz GRÜNER VELTLINER e RIES exemplares.

Kollwentz-Römerhof b t d (sc) ★★→★★★ **95 96 97 98 99 00 01 02** 03 04 05 06 Produtor inovador, próximo a EISENSTADT: Sauv Bl, CHARD Eiswein e tintos muito bons.

Kracher, Alois b (t) sc (d) ★★★★ **94** 95 **96 97 98 99 00 01** 02 03 04 05 06 Produtor de primeira classe de ILLMITZ, que se especializa em PRÄDIKATS (vinhos de sobremesa) botritizados; alguns envelhecidos em barriques (Nouvelle Vague), outros em tanques de aço inoxidável (Zwischen den Seen); bons tintos, desde 1997. Atualmente, de volta à excelente forma.

Kremstal b (t) Região vinícola, especialmente para GRÜNER VELTLINER e RIES. Produtores de primeira linha: Malat, NIGL, SALOMON, S MOSER e WEINGUT STADT KREMS.

Krutzler t ★★★ Produtor ao sul de Burgenland; Blaufränkisch excepcional, especialmente Perwolff.

Loimer, Fred (t) b ★★★→★★★★ Produtor inovador de Kamptal, com uma propriedade de 31 ha ultramoderna, 50% de GRÜNER VELTLINER; também RIES, CHARD, Pinot Gr, Pinot N, muito bom.

Mantlerhof ★★★ Grande produtor de Kremstal, com uma abordagem tradicional e muito conceituada. G. Roter Veltliner.

Mittelburgenland t (b) sc (d) Região vinícola na fronteira húngara, protegida por três cadeias de montanhas. Produz grandes quantidades de vinhos tintos (especialmente BLAUFRÄNKISCH). Produtores: GSELLMANN, J. HEINRICH, Iby, Igler, P. Kerschbaum, WENINGER.

Morillon Nome dado à CHARD na STYRIA.

Moser, Lenz ★ Grande produtor perto de KREMS. Perfeitamente aceitável, mas poderia ser muito melhor.

Moser, Sepp ★★ Fundada com vinhedos originais de LENZ MOSER. RIES, GRÜNER VELTLINER, CHARD e Sauv Bl são elegantes, secos e altamente aromáticos.

Muskateller Uva rara e aromática, para vinhos brancos secos. Melhores na STYRIA e em WACHAU. Produtores de primeira linha: Gross, HIRTZBERGER, Lackner-Tinnacher, FX PICHLER, POLZ, SATTLER.

Muskat-Ottonel Uva para vinhos brancos fragrantes, freqüentemente secos, PRÄDIKATS interessantes.

Neuburger Uva branca nativa com sabor de nozes; principalmente no WACHAU (elegante, floral), THERMENREGION (agradável e de corpo amplo) e N de BURGENLAND (forte, cheio). Melhores de Beck, FREIE WEINGÄRTNER, HIRTZBERGER.

Neumayer b ★★★ Propriedade de primeira linha de TRAISENTAL, que produz vinhos GRÜNER VELTLINER e RIES fortes, vigorosos e secos.

Neusiedlersee (lago Neusiedl) Lago muito raso em BURGENLAND, junto à fronteira com a Hungria. Temperaturas amenas e a neblina do outono favorecem a botrítis. Empresta o nome aos territórios vinícolas de NEUSIEDLERSEE e NEUSIEDLERSEE-HÜGELLAND.

Neumeister b ★★★ Produtor muito bom e inovador, do sudeste da STYRIA, especialmente Saia Bl e Chard.

Neusiedlersee t b d sc Região vinícola ao norte e a leste do lago Neusiedl. Melhores produtores: ACHS, Beck, HEINRICH, KRACHER, Nittnaus, OPTIZ, PÖCKL, UMATHUM, VELICH.

Neusiedlersee-Hügelland t b sc d Região vinícola a oeste de NEUSIEDLERSEE, organizada em torno de Oggau, RUST e Mörbisch, às margens do lago, e de EISENSTADT, no sopé dos montes Leitha. Melhores produtores: FEILER-ARTINGER, KOLLWENTZ, Prieler, Schandl, SCHRÖCK, Sommer, ERNST TRIEBAUMER, WENZEL.

Niederösterreich (Baixa Áustria) Com 58% dos vinhedos da Áustria: CARNUNTUM, DONAULAND, KAMPTAL, KREMSTAL, THERMENREGION, TRAISENTAL, WACHAU, WEINVIERTEL.

Nigl ★★★ b **94 95 96 97 98 99 00 01 02 03** 04 05 06 A melhor em KREMSTAL; produz RIES e GRÜNER VELTLINER seco, sofisticado e de bom envelhecimento, do vinhedo Senftenberg.

Nikolaihof b ★★★ **97 98 99 00 01 02** 03 04 05 06 Construída sobre fundações romanas, esta propriedade biodinâmica do WACHAU produz RIES da localidade de Steiner Hund.

Nittnaus, John b t d ★★★ Produtor minucioso, orgânico de Neusiedlersee. Tintos especialmente elegantes e de bom envelhecimento.

Pfaffl ★★★ **97 98 99 00 01 02** 03 04 05 06 Propriedade de WEINVIERTEL, próxima a VIENA, em Stetten. Conhecida por seus maravilhosos GRÜNER VELTLINER (Goldjoch) e RIES (Terrasen Sonnleiten) secos. Também administra a propriedade de Schlossweingut Bockfliess.

ÁUSTRIA

Pichler, Franz Xavier b ★★★★ **93 94 95 96 97 98 99 00 01 02** 03 04 Produtor de primeira linha do WACHAU e um dos melhores da Áustria. RIES e GRÜNER VELTLINER (especialmente Kellerberg) muito intensos e ricos.

Pichler, Rudi ★★★→★★★★ Bom produtor de Wachau; RIES e Grüner Veltliner intensos e expressivos.

Pöckl, Josef & René t (d) ★★Time de pai e filho em NEUSIEDLERSEE (Mönchhof), cada um produz tintos preciosos, especialmente Admiral, Rêve de Jeunesse e Rosso e Nero. Pinot N e Zweigelt também bons.

Polz, Erich & Walter b ★★★ **93 95 96 97 98 99 00 01 02** 03 04 05 06 Produtores muito bons do S da STYRIAN (Weinstrasse); especialmente Hochgrassnitzberg: Sauv Bl, CHARD, Grauburgunder, WEISSBURGUNDER.

Prädikat, Prädikatswein Vinhos da qualidade graduada de Spätlese para melhor (Spätlese, Auslese, Eiswein, Strohwein, Beerenauslese, AUSBRUCH e Trockenbeerenauslese). Ver Alemanha.

Prager, Franz b ★★★★ **99 00 01** 02 03 04 05 06 Propriedade atualmente administrada por Anton Bodenstein; RIES e GRÜNER VELTLINER excepcionais.

Ried Vinhedo único.

Riesling Quando aparece sozinho, sempre significa o RIESLING do Reno. Não tem parentesco com o WELSCHRIESLING. Produtores de primeira linha: ALZINGER, BRÜNDLMAYER, HIRTZBERGER, Högl, KNOLL, NIGL, NIKOLAIHOF, PFAFFL, FX PICHLER, PRAGER, SALOMON.

Rotgipfler ***Uva nativa fragrante*** da ***THERMENREGION***. Com a ZIERFANDLER, produz vinho vivaz e interessante. Especialmente Biegler, Spaetrot, Stadlmann, Zierer.

Rust b t d sc Região de BURGENLAND, famosa desde o século XVII por seu vinho de sobremesa AUSBRUCH; atualmente, também por seu tinto e seu branco seco. Especialmente de FEILER-ARTINGER, Schandl, HEIDI SCHRÖCK, ERNST TRIEBAUMER, Paul Triebaumer, WENZEL.

St. Laurent Uva tinta tradicional, muito bom potencial; possivelmente tem parentesco com a Pinot N. Especialmente de Fischer, Johanneshof, PITTNAUER, R. Schuster, UMATHUM.

Salomon-Undhof b ★★★ Muito bom produtor em KREMS, de RIES, WEISSBURGUNDER, Traminer.

Sattler, Willi b ★★→★★★ **97 98 99 00 01 02 03** 04 05 06 Produtor de primeira linha do S da STYRIA. Especialmente para Sauv Bl, MORILLON.

Schilcher Vinho *rosé* das uvas nativas Blauer Wildbacher (penetrante, seco: alta acidez). Um sabor local ou, pelo menos, adquirido. Especialidade do oeste da STYRIA. Experimente: Klug, Lukas, Reiterer, Strohmeier.

Schloss Halbturn b t d ★★→★★★ Propriedade revitalizada há pouco tempo, criando belos vinhos com o auxílio de um vinicultor alemão e outro francês. Especialmente cuvée Imperial, Pinot N.

Schlumberger Maior vinicultor de espumante na Áustria (VIENA); o vinho é fermentado na garrafa através do singular "Méthode Schlumberger".

Schmelz b ★★→★★★ Produtor de wachau em ascensão, especialmente o excepcional Riesl. Dürnsteiner Freiheit.

Schröck b d t ★★★→★★★★ Belos vinhos de grande pureza e concentração de um produtor inovador e sério. AUSBRUCH de primeira classe.

Seewinkel ("Canto do lago") Nome dado à parte do NEUSIEDLERSEE, que inclui Apetlon, ILLMITZ e Podersdorf. Condições ideais para a botrítis.

Smaragd Categoria de qualidade mais alta de VINEA WACHAU, semelhante ao Spätlese seco.

Spätrot-Rotgipfler Mistura típica de duas uvas da THERMENREGION.

Spitz an der Donau b Microclima frio do WACHAU, especialmente do vinhedo Singerriedel. Produtores de primeira linha são: HIRTZBERGER, Högl, Lagler.

Steinfeder Categoria de qualidade de VINEA WACHAU para vinhos secos, leves e fragrantes.

Styria Steiermark A região vinícola mais meridional da Áustria. Alguns bons vinhos brancos secos, especialmente Sauv Bl. Inclusive SÜDSTEIERMARK, SÜD-OSTSTEIERMARK, WESTSTEIERMARK (Sul, Sudeste e Oeste da Styria).

Südburgenland t b Pequena região vinícola do S de BURGENLAND: bons vinhos tintos. Melhores produtores: Krutzler, Wachter-Wiesler, Schiefer.

Süd-Oststeiermark Sudeste da Styria b (t) Região da STYRIA com ilhas de excelentes vinhedos. Melhores produtores: Neumeister, Winkler-Hermaden.

Südsteiermark Sul da Styria b A melhor região vinícola da STYRIA; produz vinhos brancos muito populares (MORILLON, MUSKATELLER, WELSCHRIESLING e Sauv Bl). Melhores: Gross, Jaunegg, Lackner-Tinnacher, POLZ, Potzinger Sabathi, SATTLER, Skoff, TEMENT, Wohlmuth.

Tement, Manfred b ★★★ **97 98 99 00 01 02 03** 04 05 06 Propriedade renomada ao S da STYRIA, com Steirische Klassik lindamente produzidos, Sauv Bl gentilmente envelhecidos em carvalho e MORILLON, os últimos são ambos da área Zieregg. Vinhos de estilo internacional, em especial, tintos modernos.

Thermenregion t b d sc Região vinícola e de águas termais, ao S de VIENA. Uvas nativas (por exemplo, ZIERFANDLER, ROTGIPFLER) e bons tintos (especialmente ST. LAURENT) das áreas de Baden, GUMPOLDSKIRCHEN, Tattendorf e Traiskirchen. Produtores: Alphart, Biegher, Fischer, Johannes hof, Schafler, Stodelman, Zierer.

Traisental 700 ha ao S de KREMS, às margens do Danúbio. Os vinhos brancos secos podem ser semelhantes em estilo aos do WACHAU, normalmente não na qualidade. Produtores de primeira linha: Huber, NEUMAYER.

Triebaumer, Ernst t (b) d sc ★★★ **97 98 99** 00 **01 02 03** 04 05 06 Produtor de RUST; alguns dos melhores vinhos tintos da Áustria: BLAUFRÄNKISCH (Mariental), mistura Cab Sauv/Merlot. AUSBRUCH muito bom. Um dos diversos Triebaumers – conhecido como E.T.

Umathum, Josef b t d sc ★★★ Produtor muito bom do NEUSIEDLERSEE. Vinhos tintos ótimos, inclusive Pinot N, ST. LAURENT; bons brancos.

Velich b d NEUSIEDLERSEE ★★★★ Excelente Tiglat CHARD de estilo borgonhês (**99 00 01** 02 03) com bom envelhecimento em barril. Alguns dos melhores PRÄDIKATS de SEEWINKEL.

Viena b (t) ("Wien" em alemão e nos rótulos) Região vinícola nos subúrbios. Geralmente vinhos simples e vivazes, servidos a passageiros de ônibus de turismo em HEURIGEN, porém os produtores de qualidade estão em ascensão: Christ, WIENINGER, Zahel.

Vinea Wachau *Appellation* WACHAU iniciada por vinicultores, em 1983, com três categorias de vinho seco: STEINFEDER FEDERSPIEL e o forte SMARAGD.

Wachau Região do Danúbio, renomada mundialmente, berço de alguns dos melhores vinhos da Áustria. Produtores de primeira linha: Alzinger, FREIE WEINGÄRTNER WACHAU, HIRTZBERGER, Högl, JAMEK, KNOLL, Lagler, NIKOLAIHOF, F.X. PICHLER, R. Pichler, PRAGER, Schmelz, Tegernseerhof, Wess.

Weingut Stadt Krems Cooperativa atualmente dirigida pelo ex-guru de FREIE WEINGÄRTNER WACHAU, Fritz Miesbauer, que está transformando a qualidade dos vinhos brancos.

Weinviertel ("Quadra do Vinho") b (t) A maior região vinícola da Áustria, entre o Danúbio e a fronteira tcheca. Primeiro, e até hoje único, a adotar status de *appellation* DAC. Na maior parte, vinhos brancos refrescantes, especialmente de Poysdorf, Retz. Melhores: Bauer, J. Diem, GRAF HARDEGG Gruber, PFAFFL, Schwarzböck, Weinrieder, Zull.

Weissburgunder Pinot Bl. Uva onipresente: bons vinhos secos e PRÄDIKATS. Em especial Beck, Fischer, Gross, HEINRICH, HIRTZBERGER, Lackner-Tinnacher, POLZ, TEMENT.

Welschriesling Uva branca, sem parentesco com a RIES, cultivada em todas as regiões vinícolas: vinhos secos, leves, fragrantes para beber jovens, e bons PRÄDIKATS.

Weninger, Franz t (b) ★★★ Propriedade de primeira linha do MITTELBURGENLAND (Horitschon), com vinhos tintos finos, especialmente BLAUFRÄNKISCH, Merlot.

Wenzel b t d ★★★ AUSBRUCH muito bons e, atualmente, muito bons tintos também. O pai de Michael, Robert, foi o pioneiro do renascimento da Furmint em RUST.

Weststeiermark Oeste da Styria r Pequena região vinícola, que se especializa em SCHILCHER. Melhores de Domaine Müller, Klug, Lukas, Reiterer, Strohmeier.

Wien Ver VIENA.

Wieninger, Fritz b t ★★→★★★ **00 03** 04 05 06 Produtor muito bom de VIENA-Stammersdorf com HEURIGE: CHARD, BLAUER BURGUNDER, especialmente bons GRÜNER VELTLINER e RIES.

Winkler-Hermaden t b d ★★★ Produtor estiriano individual e notável do sudeste, com Traminer e Morillon excelentes; também um dos poucos ótimos tintos da região, o Olivin, baseado em Zweigelt.

Zierfandler (Spätrot) Variedade branca quase exclusiva da THERMENREGION. Freqüentemente misturada com ROTGIPFLER. Melhores: Biegler, Spaetrot, Stadelmann, Zierer.

Ronda turística

A cultura do vinho muito ativa da Áustria varia desde a moderna hospedaria local (uma "Heurige"), aos grandes templos de degustação requintada. Experimente de tudo: Se tiver recomendação de uma Heurige que não esteja sempre repleta de turistas, um fim de tarde de verão com um cálice do simples Welschriesling e um prato regional pode ser um grande prazer.

Europa Central & Sudeste

Hungria

Hungria é o líder histórico da cultura vinícola na Europa Central, com sua única região clássica, Tokaji. Necessitava-se de uma estrela em todos esses países, na década de 1990, após a queda do comunismo. Eles estão começando a emergir no mundo moderno. O novo sistema de regiões vinícolas da Hungria está agora estabelecido. Há sete delas: Balaton, Duna, Eger, Észak-Dunántúl, Pannon, Sopron e Tokaji-Hegylja, e são divididas em distritos vinícolas. Sopron não tem subdivisões, nem Tokaji as tem.

Alföld (Duna) A grande planície húngara: muitos vinhos do dia-a-dia e alguns melhores. Abrange três distritos vinícolas: HAJÓS-Baja (Holding, Koch e Sümegi brilhantes), Csongrád, KUNSÁG.

Árvay & Co Adega de TOKAJ estabelecida em 2000 e dirigida pelo ex-vinicultor de DISZNÓKÖ, János Árvay. ASZÚ (5/6 PUTTONYOS) e *cuvée* Edés Élet, Hétfürtös.

Ászár-Neszmély Região vinícola no noroeste da Hungria, próxima ao rio Danúbio. Uvas internacionais e nativas. Hilltop é a principal vinícola (Kamocsay).

Aszú Uvas murchas pelo ataque da botrítis e o vinho doce feito delas em TOKAJ, semelhante ao Sauternes. O vinho é graduado na doçura com índices de 3 PUTTONYOS para mais.

Aszú Eszencia Tokaj d ★★★★ **93** 96 99 Segunda qualidade de TOKAJ (ver ESZENCIA). Mais de 7 PUTTONYOS; deve ser um soberbo elixir de cor âmbar, como caramelo celestial.

Badacsony b d sc ★★→★★★ Distrito vinícola na margem norte do lago BALATON, berço da variedade nativa KÉRKNYELŰ. O solo de basalto é capaz de produzir vinhos brancos ricos e altamente saborosos; Ries e SZÜRKEBARÁT bem-feitos têm sabores finos e minerais. O líder é a vinícola Szent Orbán, de SZEREMLEY.

Balaton O mar interior da Hungria, o maior lago de água doce da Europa. Muitos vinhos bons levam seu nome. No lado norte, localizam-se Jásdi, Figula, Pántlika, Satanti e Tamás.

Balatonboglár t b d sc ★★→★★★ Nome do distrito vinícola e também da vinícola progressista pertencente à Henkell & Söhnlein, na margem sul do lago BALATON, na região de Dél-Balaton. Vinhos brancos razoáveis (Chard, Sém, Muscat). Também espumante *cuve close*. Outros produtores: Konyári, Katona, Légli, Garamári e St. Donatus.

Bikavér Eger t ★ "Sangue de Touro", vinho tinto histórico de EGER: em sua melhor forma, bem encorpado e bem equilibrado; porém altamente variável na atual versão para exportação. Agora sob supervisão para proteger a própria identidade e melhorar a qualidade (ver EGER). Na maior parte, de KÉKFRANKOS, Cab Sauv, Cab Fr, Portugieser, Merlot. Também produzido em SZEKSZÁRD BIKAVÉR, onde tem sede na Kadarta.

Bock, József Vinicultor familiar em VILLÁNY. Vinhos tintos vigorosos, tanto varietais como misturas.

Bor "Vinho": *vörös* é tinto; *fehér* é branco; *asztali* é de mesa; *táj* é campestre, um segmento do mercado que está crescendo atualmente.

Dégenfeld, Grof Grande propriedade de TOKAJ. Vinhos de estilo tradicional e FURMINT seco.

Disznókö Importante propriedade de primeira linha de TOKAJ, pertencente à empresa francesa AXA. Os vinhos de estilo Sauternes dos primeiros anos cederam lugar a uma característica mais tipicamente húngara, por causa do vinicultor húngaro.

Dobogá Pequena e fina propriedade em Tókaj, para Aszú.

Edes Vinho doce (porém não tão estimulante quanto o ASZÚ).

Eger t b sc d ★→★★★ Famoso centro de vinhos tintos do N da Hungria; cidade barroca de adegas repletas de BIKAVÉR. LEÁNYKA fresco (talvez seu melhor produto), OLASZRIZLING, Chard, Cab Sauv. Melhores produtores: Vilmos Thummerer (BIKAVÉR consistente), Tibor Gál, Tamás Pók, Ostoros Bor, Béla Vincze, Demeter, Gundel Cellar e a imensa Egervin.

Eszencia ★★★★ A quintessência fabulosa de TOKAJ: intensamente doce e aromático, feito a partir de uvas atacadas pela botrítis. Mais propriamente, trata-se do suco da uva com teor de álcool muito baixo, às vezes nulo; diz-se que tem propriedades milagrosas: ressuscita os mortos, e coisa parecida. Seu teor de açúcar pode superar 850 g/L

Etyek-Buda (Észak-Dunántil) Região vinícola perto de Budapeste. Fonte de vinhos de estilo moderno, especialmente Chard e Sauv Bl. Importantes produtores: TÖRLEY, Vinarium, Etyeki Kúria, Nyakashegy e György Villa.

Ezerjó Literalmente, "mil bênçãos". Variedade tradicional amplamente disseminada. Em MÓR, produz um dos melhores vinhos brancos secos do país, ao lado do Frittman Bro Ezerjó de Soltvadkert. Tem grande potencial: fragrante, com toque de pomelo.

François President Marca de vinho espumante. President Vintage é bastante agradável de beber.

Furmint A uva clássica de TOKAJ, com grande sabor, acidez e ardência. Também cultivada para vinho de mesa no lago BALATON e em SOMLÓ.

Gere, Attila Vinicultor de tradição familiar, em VILLÁNY, com bons e inovadores vinhos tintos, especialmente Cab Sauv (oo) e Cuvée Phoenix (oo) envelhecidos em carvalho.

Gundel Empreendimento em MÁD, na região de TOKAJ, e que produz vinhos para o famoso restaurante de Gundel, em Budapeste. Possui vinhedos e uma adega em EGER.

Hajós Pincék (Duna) a charmosa vila, no rio Danúbio, com 1.500 adegas. Na maior parte, produção familiar tradicional. Alguns vinhos tintos mais leves, de qualidade.

Hárslevelü Variedade de uva com "folhas como as de tília", também usada em Debrö e como a segunda uva de TOKAJ. Vinho suave e agradável; aroma de pêssego.

Helvécia (Kecskemét) (Duna) Adegas históricas de ALFÖLD. Vinhedos não enxertados: a filoxera não se dá bem com o solo arenoso. Os vinhos brancos e os *rosés* são modernistas; os tintos, tradicionais.

Hétszölö Nobre propriedade Premier Cru de 47 ha em TOKAJ, pertencente à Grands Millésimes de France e à japonesa Suntory. Segundo rótulo, de uvas compradas: Dessewffy. Fordítás está a meio caminho do estilo de ASZÚ.

Hilltop Neszmély (Észak-Dunántúl)Vinícola em ÁSZÁR-NESZMÉLY; produz vinhos de estilo internacional, inclusive Review e Woodcutters White de híbrido Cserszegi Fuszeres.

Kadarka Uva tinta tradicional no sul, porém pode produzir sabor amplo e maturação interessante. Considerada por alguns um elemento essencial do BIKAVÉR.

Kékfrankos Denominação húngara para Blaufränkisch; dizem ter parentesco com a Gamay. A variedade tinta é a mais amplamente plantada. Bons tintos leves ou bem encorpados.

Kéknyelü "Caule azul". Uva branca de sabor intenso e de baixa produção, que dá os melhores e mais "rígidos" vinhos do monte BADACSONY. O melhor é florado e condimentado.

Királyudvar Vinícola promissora de TOKAJ em antigas adegas reais em Tarcal. Vinhos incluem FURMINT seco e de colheita tardia, Cuvée Ilona (Aszú engarrafado precocemente) e Jégbor (Eiswein).

Kunság (Duna) A maior região em ALFÖLD. Bom KADARKA, especialmente de Kiskörös. A *appellation* Izsák é especial para seu vinho espumante de marca Walton. Também Frittmann Bros Front.

Leányka "Menininha". Uva branca nativa húngara. Admirável vinho aromático, leve e seco. O Királyleányka ("Royal") é uma variedade diferente e supostamente superior.

Mád Antigo centro comercial da região do TOKAJI. Produtores incluem Vince Gergely, GUNDEL, József Monyok, ROYAL TOKAJI, SZEPSY.

Mátra (Eger) b (t) ★★ Distrito no sopé da cordilheira Mátra. Promissores: SZÜRKEBARÁT (Pinot Gr) seco, Chard, MUSKOTÁLY, Sauv Bl. Investimento estrangeiro. Produtores Szöke Mátyás e Szölöskert valem ser mencionados.

Megyer, Château Propriedade em TOKAJ comprada por Jean-Louis Laborde, do Château Clinet, em Pomerol. Também possui Château PAJZOS. Megyer é o vinho mais leve. A qualidade é boa.

Mézes Mály Em TARCAL. Este e SZARVAS são historicamente os melhores vinhedos de TOKAJ.

Minöségi Bor Vinho de qualidade. A *appellation contrôlée* da Hungria (ver França).

Mór (Észak Dunántúl) Norte húngaro b ★★→★★★ Região há muito famosa por EZERJÓ fresco e seco. Atualmente, também Ries e Sauv Bl. Hoje em dia os vinhos na maior parte são exportados. István Bozóky é digno de nota.

Muskotály Muscat; geral Ottonel. Muscat Bl à Petits Grains é Muscat Lunel. Produz vinho leve porém longevo em TOKAJ e EGER. Um pouco vai para a mistura de TOKAJ. Muito de vez em quando, produz um vinho solo ASZÚ maravilhoso.

Olaszrizling Nome húngaro para a italiana Ries ou Welschriesling. Os melhores exemplares podem ter um aroma de amêndoa queimada.

Oremus Antigo vinhedo de TOKAJ, fundado pela família Rákóczi e pertencente à Vega Sicilia da Espanha, com sede em Tolcsva. ***Aszú de primeira linha***. Também uma uva inferior de TOKAJ.

Pajzos, Château Propriedade de TOKAJ, pertencente a Bordeaux, com alguns finos ASZÚ. Ver MEGYER.

Pécs (Pannon) Mecsek b (t) ★→★★ Distrito vinícola, recentemente renomeado, no S da Hungria, situado nas redondezas da cidade de Pécs. Conhecido por bons vinhos brancos (espumante, OLASZRIZLING, Pinot Bl).

Puttonyos Medida da doçura do TOKAJ ASZÚ. Um *puttony* corresponde a 25 kg, tradicionalmente um cocho de uvas. O número de *putts* por barril (136 litros) de vinho-base seco ou mosto determina a riqueza final do vinho, de 3 *putts* a 7 (3 *putts* = 60 g de açúcar por litro, 4 = 90 g, 5 = 120 g, 6 = 150 g, 7 = 180 g). Ver também ASZÚ ESZENCIA e ESZENCIA.

Royal Tokaji Wine Co. Empresa pioneira, formada por capital anglo-dinamarquês-húngaro, em MÁD. 81 ha, principalmente Premier ou Deuxième Cru. O primeiro vinho (90) é uma revelação: 91 e (especialmente) 93 levaram ao renascimento do TOKAJ. 99, 00 e 03 a observar. (Sou co-fundador.)

Siklós (Pannon) Cidade no S da Hungria; parte do distrito de VILLÁNY. Principalmente pequenos produtores conhecidos por seus vinhos brancos: especialmente HÁRSLEVELÜ. Chard maduro, frutado e promissor; também TRAMINI, OLASZRIZLING.

Somló N da Hungria b ★★★ Distrito isolado e pequeno ao N de BALATON: brancos (que já tiveram alta reputação) de FURMINT e Juhfark ("rabo de ovelha") tanto em estilo tradicional fermentado em barris como fresco e frutado. Entre os melhores produtores estão: Fekete, Györgytrvács, Inhauser e Tornai.

Sopron Oeste da Hungria t ★★→★★★ Enclave histórico ao S de Neusiedlersee (ver Áustria). Tradicionalmente conhecido por seus tintos mais leves como KÉKFRANKOS, e por seus vinhos doces, porém dá mostras de potencial com os vinhos brancos, tais como Sauv Bl. Melhor produtor: Weininger; promissores: Jandl, Lővér, Pfneiszl, Szita, Taschner.

Szamorodni Literalmente, "como nasceu"; designação para o vinho de TOKAJ, cujas uvas não foram separadas no vinhedo. Seco ou (razoavelmente) doce, dependendo da proporção de uvas ASZÚ que estiverem naturalmente presentes. Vendido como aperitivo. Nos anos de safra de TOKAJ ASZÚ, o estilo doce pode oferecer um pouco da personalidade ASZÚ a um preço muito menor.

Száraz Seco, especialmente de TOKAJ SZAMORODNI.

Szarvas Vinhedo de TOKAJ em Tarcal; uma localização de primeira linha. Totalmente pertencente à TOKAJ TRADING HOUSE e administrado pela estatal Research Institute for Vine and Wine [Instituto de Pesquisa para Vinha e Vinho].

Szekszárd (Pannon) t ★★→★★★ Distrito na parte centro-sul da Hungria; alguns dos vinhos tintos de primeira linha do país, feitos de KÉKFRANKOS, Cab Sauv, Cab Fr e Merlot. Também KADARKA, que necessita envelhecer (3-4 anos); também pode ser botritizada ("Nemes Kadar"). Procure por Dúzsi, Fritz, Heimann, Liszt Pincészet, Mészáros, Ribling, Sóroscsi, Sebestyén, Szent Gaál Pincészet, Takler, Vesztergombi e Vida.

Szepsy, István Nome lendário e ***pequena produção impecável de TOKAJ ASZÚ longeva***. O mesmo sobrenome do criador do método ASZÚ no século XVII, embora não haja parentesco.

Szeremley, Huba ***Líder em BADACSONY***. Ries, SZÜRKEBARÁT, KÉKNYELÜ e ZEUSZ são modelos modernos. KÉKFRANKOS Finos. Szent Orbán é outro rótulo.

Szürkebarát Literalmente "monge cinza": Pinot Gr. Usada em BALATON para produção de vinhos doces turísticos. Porém, esta é uma das melhores: espere pelos excelentes vinhos secos.

Tarcal Comuna do TOKAJ com dois excelentes Premier Cru e diversos bons produtores: Királyudvar, Andrássy Kúria, Gróf Degenfeld.

Tiffán, Ede (Pannon) Produtor de VILLÁNY tintos encorpados e amadeirados.

Tokaj b d sc ★★→★★★★ Tokaj é a cidade; Tokay ou Tokaji é o vinho. A *appellation* abrange 5.967 ha. Ver ★★, ESZENCIA, FURMINT, PUTTONYOS, SZAMORODNI. Também vinho de mesa seco de personalidade.

Tokajbor-Bene Nova adega de TOKAJ em Bodrogkeresztúr. A observar.

Tokaj Trading House Ex-empresa estatal de TOKAJ, atualmente reduzida a 55 ha, incluindo o magnífico vinhedo SZARVAS. Também chamada Crown Estates. Castle Island é a marca para vinhos secos. Qualidade em aperfeiçoamento: colheita tardia deliciosa.

Tolcsva-Bor-Kft (Tokaj) Bons vinhos de colheita tardia, e vale a pena considerar o 5 puttonyos aszú.

Törley Grande empresa (antes chamada Hungarovin), pertencente ao especialista alemão de sekt Henkell. Varietais internacionais (Chard, Cab Sauv, Merlot), também *cuve close*, e espumante clássico.

EUROPA CENTRAL & SUDESTE

Tramini Gewürztraminer, especialmente em SIKLÓS.

Védett eredetü bor Vinho de *appellation* de origem controlada.

Villány (Pannon) Região vinícola do sul com duas cidades principais. Villány produz, na maior parte, vinhos tintos, freqüentemente de boa qualidade, ao estilos de Bourdeaux. Siklós produz, na maior parte, vinhos brancos. Produtores da mais alta qualidade: BOCK, Csányi, GERE, Günzer, Jekl, Malatinzky, Mayer, Polgár, TIFFÁN, Wunderlich, Vylyan.

Zemplén Ridge ou Zemplén Hegyhát. Um vinho TOKAJ menos concentrado, para os consumidores mais jovens. A primeira safra foi 2002. Será que eles não poderiam diluí-lo antes de beber?

Zéta Um cruzamento de Bouvier e FURMINT, usado por alguns na produção de ASZÚ.

Bulgária

O clima e o solo da Bulgária são perfeitos para o vinho, mas até recentemente, a negligência e a má administração dos vinhedos atrapalharam a qualidade da produção vinícola. Finalmente, a ligação entre vinhedos bem-cuidados e o bom vinho foi aceita tanto pelos vinicultores novos como pelos tradicionais.

Assenovgrad t ★→★★ Adega perto de PLOVDIV; MAVRUD e RUBIN devem ser envelhecidos.

Bessa Valley ★★★ Promissora vinícola nova Pazardjik. Iniciada pelo especialista de Bordeaux conde Stephan von Neipperg, e Karl-Heinz Hauptmann. 135 ha plantados com Merlot, Syrah, Petit Verdot, Cab Sauv. Rótulo Enira.

Blueridge t b ★→★★O maior rótulo da vinícola do Domaine Boyar.

Burgas b r (t) ★ Vinhos brancos simples, bons vinhos tintos jovens, *rosés* agradáveis (uma especialidade) dessa área portuária do mar Negro.

Controliran Semelhante à AC da França. Lei vinícola publicada em 2000, atualizada em 2004.

Damianitsa t ★★→★★★ Vinícola de qualidade elevada, especializada na uva MELNIK.

DGO "Vinhos de qualidade com origem geográfica declarada".

Dimiat Uva branca nativa. Bons exemplos de BLUERIDGE E POMORIE.

Domaine Boyar Maior exportador para a Inglaterra. Possui seus próprios vinhedos e estabelecimentos vinícolos na Bulgária.

Eduardo Miroglio Investidor italiano com vinhedos próprios.

Gamza Uva tinta (Kadarka da Hungria) com potencial, especialmente da região do Danúbio. NOVO SELO e PLEVEN são especialidades.

Haskovo t (b) ★ Vinícola da planície da Trácia, especializada em Merlot.

Khan Krum Bons vinhos brancos, especialmente Chard. Atualmente, pertencente à Château Rossenvo.

Korten Adega-boutique do DOMAINE BOYAR, que dá preferência aos estilos tradicionais de vinicultura.

Logodaj Nova vinícola em Blagoevgrad. Bom Soetto Cab Fr **05**. Fique de olho.

Mavrud Considerada a melhor variedade de uva tinta nativa, altamente popular no país. Pode produzir vinhos de muito bom envelhecimento, escuros, com sabor de ameixa. Só dá ao sul.

Melnik Importante vila no sudoeste e variedade de uva altamente valorizada por todo Vale Struma Vinhos tintos densos que podem envelhecer até vinte anos.

Menada Stara Zagora t vinícola da Planície Trácia, de propriedade do grupo francês Belvedere. Reserve Cab Sauv e Merlot **03**.

Misket Uva nativa, agradavelmente aromática. A base para a maioria dos vinhos brancos do país. Sungurlare e Karlovo, do Vale das Rosas, são especialistas.

Novo Selo Bom vinho tinto GAMZA, do noroeste.

Oriachovitza t ★★ Vinícola atualmente pertencente à Belvedere S.A. Também área da planície da Trácia para Cab Sauv e Merlot CONTROLIRAN. ***Bom Reserve Cab Sauv.*** Tintos ricamente frutados que atingem seu melhor de pois de quatro ou cinco anos.

Pamid Vinho tinto leve, suave para o dia-a-dia, no sudeste e noroeste.

Peruschtitza t Vinícola exclusiva de vinhos tintos, nas cercanias de PLOVDIV. Especialmente MAVRUD, Cab Saub e RUBIN.

Pleven Adega para PAMID, GAMZA, Cab Sauv. Também uma instituição de pesquisa enológica em Pleven..

Plovdiv Cidade no Sul; fonte de bom Cab Sauv e MAVRUD. Muitos enólogos búlgaros estudam no Food Technology Dept [Departamento de Tecnologia do Alimento] da Universidade.

Pomorie b (t) ★ Vinícola no mar Negro. Especialmente os bons Chard e MUSKAT.

Preslav b ★ Famosa adega na região do mar Negro. Bom conhaque.

Riesling Cultiva a Ries do Reno, mas predomina a Ries italiana (Welschriesling; sem parentesco), usada para vinhos brancos médios e secos, predomina.

Rubin Cruzamento búlgaro (Nebbiolo × Syrah); boa nas misturas, porém ganha sabor no nicho dos vinhos varietais únicos.

Sakar Área no sudeste do país com alguns dos melhores Merlot da Bulgária.

Santa Sarah ★★ Marca de vinho premiada pelos bons Cab Sauv e Merlot.

Shumen b t ★ Vinhos tintos ao estilo do Novo Mundo e especialmente brancos da região e da vinícola do mar Negro. Bom Trominer, popular no mercado local.

Sliven, Vini t (b) ★★ Vinícola da planície da Trácia para Merlot, MISKET e Chard. Promissor Cab Sauv envelhecido em *barriques*.

Svishtov t (b) ★★ Vinícola às margens do Danúbio, renomeada Stork's Nest Estates pelos novos proprietários estrangeiros. Hungs Cab Sauv bem equilibrados.

Targovishte b ★ Vinícola no leste. Chard de qualidade, Saub Bl e Traminer de qualidade.

Telish t Vinícola inovadora no norte. Bons Cab Sauv e Merlot.

Terra Tangra t b Recém-chegado, baseado no sudeste, em Harmanli, uma boa área, e com investimento considerável tem produzido encorajadores resultados iniciais.

Todoroff Vinícola de qualidade da região da Trácia (25 ha): Cab Sauv, MAVRUD, Merlot.

Traminer Brancos excelentes, com um toque condimentado. O branco mais popular da Bulgária.

Villa Lyubimets Rótulo novo, vinícola no sudeste, perto das fronteiras com a Grécia. Principalmente tintos. Villa Hissar é o rótulo branco irmão.

Vinimpex Grande exportador dos vinhos búlgaros, parte do grupo Belvedere.

Yambol t b ★ Vinícola na planície da Trácia, especializada em Cab Sauv e Merlot.

Eslovênia

A maior parte do vinho esloveno é bebida no país. GORIŠKA BRDA, o distrito mais avançado da Eslovênia, também tem a maior participação de produtores internacionalmente estabelecidos. As safras não variam muito, e os brancos estão geralmente um pouco acima dos tintos.

Batič ★★ Vinhedo progressivamente orgânico de VIPAVA. Melhor vinho: Chard; outros muito bons.

Bjana ★★ Produtor de primeira linha de espumante em GORIŠKA BRDA. Vinhos intensos e bem encorpados.

Čurin ★★ Pioneiro lendário de produção vinícola particular do início da década de 1970 em diante. Vinhos brancos varietais e PREDIKATS de padrões bem altos, em especial o rótulo Pravino ★★★.

Cviček Mistura *rosé* tradicional, muito popular localmente, de POSAVSKI. Teor alcólico baixo, acidez alta. Qualidade satisfatória da cooperativa Krško, *premium* por Frelih (*Cviček od fare*).

Dveri-Pax ★★★ Excelente empresa relativamente nova, baseada nos vinhedos que, até à fase comunista, pertenceram aos monges beneditinos. Vinhos de primeira linha do leste (Ries) e de Admont (mistura branco). As recentes mudanças na empresa podem ter resultados negativos.

Goriška Brda Distrito da região de PRIMORSKI. Vários produtores muito bons, entre eles BJANA, Blažič, Četrtič, Erzetič, JAKONČIČ, Kabaj, Klinec, Klinec, MOVIA, Prinčič, SIMČIČ, ŠČUREK, Štekar etc. A maior cooperativa da Eslovênia possui o mesmo

BULGÁRIA/ESLOVÊNIA

nome, e produz diversas marcas: Bagueri ★★★, Quercus ★★ (REBULA e Cab Sauv). Misturas de tintos e brancos Super-premium A+ (★★★).

Istenič ★→★★★ Espumantes de todos os tipos e preços. NV Barbara e Miha têm preço bom, enquanto a variedade de safra Gourmet é, freqüentemente, o melhor espumante da Eslovênia.

Izbor Auslese (ver PREDIKAT e a caixa sobre os "Níveis de qualidade na Alemanha", p. 121).

Jagodni izbor Beerenauslese (ver PREDIKAT e o quadro na p. 142).

Jakončič ★★★ Produtor em contínuo aperfeiçoamento, em GORIŠKA BRDA. Os vinhos de primeira linha são tintos, brancos e espumantes Carolina. Varietais mais leves, porém não devem ser esquecidos, especialmente MALVAZIJA 05.

Joannes ★★ Excelente vinícola, nas cercanias de Maribor. Vinhos brancos enérgicos, bem definidos, cada vez melhor MODRI PINOT. Experiências interessantes com rolhas de vidro.

Kogl ★★★ Vinícola no topo da colina, nas cercanias de Ormož, datada do século XVI. Replantada em 1984. Os vinhos brancos estão entre os melhores da Eslovênia, até mesmo os varietais (desde 2004 chamados Mea culpa) ou misturas Duo, Trio e Quartet. Vinhos tintos desde 00. Misturas Premium (t & b) Magna Domenica amadurecem em grandes tonéis de madeira. Excepcionais PREDIKATS delicados.

Koper Distrito costeiro de PRIMORSKI, conhecido pelo REFOŠK. Destaque para SANTOMAS e VINAKOPER MALAVAZIJA em contínua melhora.

Kras Distrito de PRIMORSKI. Diversos produtores de TERAN. Inclusive Čotar, Lisjak Boris, RENČEL. Aperfeiçoamentos notáveis nos vinhos brancos, especialmente MALAVAZIJA, mas também Vitovska.

Kupljen Jože ★★★ Pioneiro de vinho seco de qualidade, nas cercanias de Ormož. Pinot N rotulado Modri Burgundec; nos melhores anos, POZNA TRGATEV. Tintos e brancos premium da linha: Star of Stiria.

Laški Rizling Welschriesling. Variedade mais plantada da Eslovênia, porém atualmente em declínio.

Ledeno vino "Vinho do gelo". Apenas em anos excepcionais, e pode ser sublime.

Ljutomer ★→★★ Tradicional distrito vinícola de primeira linha, vizinho de Ormož. A cooperativa chamada Ljutomerčan terá dias melhores tempos: vinhedos entre os melhores da Eslovênia.

Malvazija Levemente mais amarga, embora de sabor generoso, o que combina muito bem com frutos do mar. ***M de VINAKOPER tem um valor incrível***, em carvalho (99 00 01 02 03 04) é um dos mais interessantes vinhos brancos eslovenos. Vinho também muito bom de Pucer, Rojac. Recentemente, cresceu em GORIŠKA BRDA e KRAS

Mlečnik ★★★ Discípulo do italiano Joško Gravner de VIPAVA. O mais próximo, na Eslovênia, que qualquer um pode chegar ao orgânico.

Modra Frankinja Blaufränkisch da Áustria. Vinhos tintos frutados, na maior parte em POSAVSKI, melhor como Metliška črnina, da cooperativa Metlika no distrito Bela krajina.

Movia ★★★★ Mais famosa vinícola eslovena. Lança apenas safras maduras de seus vinhos de primeira linha: Veliko Rdeče (t) após seis anos e Belo (b) após quatro. Em geral, os varietais são muito bons. Novos: Lunar (REBULA) de 05 e o espumante PURO.

Ormož ★→★★ Distrito vinícola de primeira linha, junto com o vizinho Ljutomer. A cooperativa chamava-se Jeruzalem Ormož. Marca Premium: Holermuos.

Podravski Tradicionalmente, a mais respeitada região eslovena no nordeste. Recente retorno com vinhos brancos aromáticos e vinhos tintos cada vez mais finos, na maior parte MODRI PINOT.

Posavski Região vinícola conservadora no sudeste, mais famosa por CVIČEK. Produtores de qualidade começam a surgir: procure por ISTENIČ, PRUS, Šekoranja.

Pozna trgatev Colheita tardia. Ver PREDIKAT.

Predikat Vinhos feitos de uvas afetadas pela botrítis, com alto teor de açúcar. O termo vem da tradição alemã e é usado, na maioria das vezes, na região de PODRAVSKI como POZNA TRGATEV, IZBOR, JAGODNI IZBOR, SUHI JAGODNI IZBOR, LEDENO VINO.

Primorski Região no sudeste, do mar Adriático até GORISKA BRDA. A região vinícola eslovena mais avançada para vinhos tintos e brancos.

Prus Estrela recém-nascida do distrito de Bela Krajina em POSAVSKI. Mais conhecido pelo PREDIKATS; tintos também muito bons.

Ptujska klet ★→★★ Vinícola em Ptuj com uma coleção de *vintages* de 1917. Safras recentes menos notáveis, porém as da década de 1930 foram fantásticas (e ainda muito valiosas).

Radgonske gorice ★→★★★ Distrito próximo da fronteira austríaca, e cooperativa berço da Radgonska Penina, o mais famoso espumante da Eslovênia. O Zlata (dourado) Vintage é mais seco e mais cheio, também envelhece bem; Srebrna (prata) NV freqüentemente quase seco. Também muito popular TRAMINEC doce e mistura Janževec branco de Kapela.

Rebula Variedade branca tradicional de GORISKA BRDA. Pode ser excepcional.

Refosk Refosco da Itália. Vinho tinto escuro e ácido; envelhecido em carvalho ou não. Melhores: SANTOMAS.

Renčel ★★★★ Excepcional produtor de TERAN (minúsculas quantidades); também muito bons vinhos brancos.

Renski Rizling Ries. Somente PODRAVSKI. Melhores: JOANNES, ORMOŽ, KOGL, KUPLEN, Skaza Anton.

Santomas ★★★ KOPER REFOŠK maduro de alta qualidade e Cab Sauv ao estilo internacional.

Sauvignonasse Uva branca de GORIŠKA BRDA, até 2003 conhecida como TOKAJ. Alguns acreditam que possa tornar-se a uva mais fascinante de GORISKA BRDA.

Ščurek ★★→★★★ Produtor muito confiável de GORIŠKA BRDA (Chard, REBULA, Tokaj, Sauv Bl, Cab Fr). Tinto (02) muito particular e misturas brancas (04) Stara brajda e o branco Dugo, de classe. Desde 2002 excelente mistura tinta premiada.

Simčič Edi ★★★ Produtor altamente reputado de GORIŠKA BRDA, Procure especialmente por Chard, REBULA, SIVI PINOT. Mistura de tintos de destaque: Due Lex 02 (Lex substitui o termo "resena", banido por lei.)

Simčič Marjan ★★★★ Excelente produtor de GORIŠKA BRDA (Chard, SIVI PINOT). A mistura baseada em REBULA Teodor é excepcional. Uma preciosidade particular é Sauv Bl. Em determinados anos, Leonardo divinamente doces, obtidos de vias secas.

Sivi Pinot Pinot Gr da Itália. Vinhos cada vez mais finos, frutados, embora bem encorpados.

Steyer ★★ Nome de primeira linha de RADGONSKE GORICE. Famoso por TRAMINEC, recentemente também muito bom Chard, RENSKI RIZLING, SIVI PINOT.

Šturm ★★★★ Estrela tradicional, embora solitária, do distrito de Bela Krajina, em POSAVSKI. Nos últimos anos, pouco excepcional.

Suhi jagodni izbor Trockenbeerenauslese (ver p. 134).

Teran REFOŠK de KRAS. O vinho mais popular da Eslovênia depois de CVIČEK.

Tokaj A uva italiana Tocai Friulano de GORIŠKA BRDA. Em 2004 e 2005, muito conhecida como Tocaj, e renomeada, em 2006, para SAUVIGNONASSE (também conhecida como a Sauvignon Vert do Chile).

Traminec Gewürz, somente em PODRAVSKI. Em geral, doce – também como PREDIKAT.

Valdhuber ★★★ Pioneiros de vinho seco em PODRAVSKI. O vinho de primeira linha (seco) é TRAMINEC.

Vinag ★→★★ Uma das maiores cooperativas na Eslovênia, com sede e imensas adegas em Maribor. Muitas safras mais antigas de PREDIKATS. Recentemente duvidoso.

Vinakoper ★★★ Grande empresa com vinhedos próprios em KOPER. Muitos varietais ótimos: Chard, MALVAZIJA, Muscat (seco e doce), Cab Sauv, REFOŠK. Marcas premium: Capo d'Istria (varietais), Capris (misturas).

Vipava ★→★★ Distrito na região de PRIMORSKI. Muitos produtores excelentes: BATIČ, Lisjak Radivoj, MLEČNIK, Sutor, Tilia. Cooperativa do mesmo nome com marca *premium* Lanthieri ★★.

Croácia

Exportam-se poucos vinhos da Croácia, embora o país pareça estar se saindo bem com todos os estilos, dos brancos doces aos tintos e aos espumantes.

Agrolaguna ★→★★ Cooperativa em Poreč, ÍSTRIA. Cab Sauv pode ser muito bom.

BABIĆ Uva tinta nativa, escura e longeva, de Primošten (N da DALMÁCIA). Pode ser de alta qualidade. Melhor de VINOPLOD. O local do vinhedo é único.

Badel 1862 ★→★★★ Maior produtor de vinhos do país que tem vinícolas de todos os lugares. Geralmente, os melhores são: IVAN DOLAC, (PZ Svirče), DINGAČ (PZ i Vinarija DINGAČ).

Coronica, Moreno ★★★ MALVAZIJA (CJD) e Gran malvazija de primeira linha **02 03' 04' 05'**. Bom e Gran Teran **03** da ÍSTRIA. Também Cab Sauv 03 Grabar. Clássico.

Dalmacija-vino ★ Cooperativa gigante de Split: Faros muito bons.

Dalmácia Dalmacija A costa da Croácia é o paraíso dos cultivadores. Tradicionalmente, com alto teor de álcool. Os vinhos brancos são esforçados, os tintos estãos em aperfeiçoamento rápido.

DINGAČ Designação de vinhedo das escarpas meridionais íngremes de PELJEŠAC'S. Grand Cru para PLAVAC MALI. Feito a partir das uvas parcialmente secas, produzindo um tinto bem encorpado, robusto e seco. Procure por Matuško, Miličić, Skaramuča.

Enjingi, Ivan ★★★★ Produtor de excelentes vinhos brancos doces botritizados e secos de Požega. GRAŠEVINA, Sivi Pinot e a soberba mistura branca Venje

Graševina Welschriesling. Melhor da ESLAVÔNIA. Procure por Adžić, ENJINGI, KRAUTHAKER, Vinarija Daruvar, Djakovačka vina, KUTJEVO. Do seco e leve aos vinhos botritizados de primeira linha.

Grgić, Miljenko ★★★ Vencedor da "prova de Paris" (ver Grgich Hills, Califórnia), produz PLAVAC e POŠIP em sua terra natal, na península PELJEŠAC.

Grk Uva branca rara de Korčula. A uva nativa mais antiga da Croácia. Experimente: Cebalo Branimir.

Hvar Bela ilha no litoral médio da Dalmácia. Bons tintos das uvas PLAVAC MALI de encostas íngremes no sul. Brancos nativos interessantes do planalto. Procure por: ZLATAN PLAVAC, IVAN DOLAC, Carić Faros, Tomić, PZ Svirče, PLANČIĆ.

Ístria Península do Adriático Norte. Aqui reinam a MALVAZIJA e a TERAN. Excelente para Cab. Sauv. Procure CORONICA, Degrassi, Kabola, KOZLOVIĆ, MATOŠEVIĆ, Pilato. IQ (qualidade istriana) é uma nova designação de qualidade.

Ivan Dolac Área nas escarpas do S da ilha de HVAR. "Grand Cru" para PLAVAC MALI.

Kiridzija Vedran ★★ produtor do quase sempre bom DINGAČ **03' 04'**.

Korak ★★ Produtor de bons brancos de PLEŠIVICA. Chard 04 e Beli Pinot.

Kozlović ★★★ Bom produtor de vinho branco da ÍSTRIA. Especialmente MALVAZIJA. Também tintos.

Krauthaker, Vlado ★★★ Importante produtor croata de vinhos brancos secos croatas de Kutjevo, especialmente Chard e GRAŠEVINA. Os tintos são ★★.

Kutjevo Nome de uma cidade na ESLAVÔNIA, no centro de GRAŠEVINA. É também o nome de uma cooperativa ★★→★★★ situada lá. Gewürz, GRAŠEVINA, (De Gotho 04', 05) e botrítis.

Malvazija Malvasia **04**. Plantada na ÍSTRIA. Um grupo ilustre de produtores independentes está produzindo com personalidade e estilo.

Matošević, Ivica ★★→★★★ Produtor pioneiro e importante da ÍSTRIA. MALVAZIZA Alba.

Mendek Selekcija **03'** 04' O tinto mais caro da Croácia. De PLEŠIVICA.

Miloš, Frano ★★→★★★ Marca *cult* Stagnum 04'em PLEŠIVICA.

Pelješac Bela península e região vinícola no S da DALMÁCIA. ***Alguns PLAVAC MALI muito bons***. Em grande parte superestimado. Ver GRGIĆ, Mentek, MILOŠ, POSTUP, DINGAČ.

Pelješac Espumante. Procure por Tomac, Peršsuric e Šenpjen.

Plančić ★★ Produtor de HVAR; nativos interessantes e bons Ivan Polac.

Plavac Mali A melhor uva tinta da DALMÁCIA: vinho de corpo, força e potencial de envelhecimento. Ver DINGAČ, GRGIĆ, IVAN DOLAC, MENDEK, MILOŠ, PELJEŠAC, POSTUP, ZLATAN OTOK. Promissora na ilha de Brač (Murvica).

Plešivica Subregião de qualidade, próxima de Zagreb, conhecida por seus brancos e espumantes. Procure por: Korak, Režek, Šember Tomac.

Pošip Melhor uva branca da DALMÁCIA, na maior parte na ilha de Korčula.

Postup Designação de vinhedo, precisamente no noroeste de DINGAČ. Vinho tinto médio a bem encorpado.

Prošek Vinho feito de uvas secas; semelhante ao vinho do Porto.

Eslavônia (Slavonija) Sub-região no norte para vinhos brancos. Procure por: ENJINGI, Jakobovič, KRAUTHAKER, KUTJEVO.

Stolno vino Vinho de mesa.

Suho Seco. *Polusuho* é semi-seco; *poluslatko* é semidoce, *sladko* é doce.

Teran Vinho tinto escuro, robusto, altamente ácido da ÍSTRIA, feito a partir da uva Refosco. Experimente CORONICA.

Vinoplod ★ Cooperativa de Šibenik, no N da DALMÁCIA BABIĆ. ★★★ **03'** 04

Vrhunsko vino Uma designação razoavelmente rigorosa para vinhos *premium*.

Vugava *Uva branca rara de Vis*. Ligada à Viognier. Experimente Lipanović.

Zdjelarević ★★ Produtor de vinho branco da ESLAVÔNIA, especialmente Chard.

Zlahtina Uva branca nativa da ilha de Krk. Procure por Katunar, Toljanic.

Zlatan otok ★★★ Vinícola de Zlatan Lipanović, rei não coroado de PLAVAC MALI. Seu Zlatan Plavac **03'** 04 **05** é considerado o melhor tinto croata.

Bósnia & Herzegóvina

Desde a guerra civil terminada em 1995, a produção vinícola de Bósnia e Herzegóvina tem sido dominada por pequenas operações independentes de família.

Blatina Uva tinta nativa e vinho.

Kameno Vino Vinho branco proveniente do singular vinhedo irrigado do deserto do vale do Neretva.

Mostar A área em torno de Mostar, a cidade que é a capital não oficial da Herzegovina, é a região central da produção vinícola da Herzegovina, desde a Segunda Guerra Mundial. Adegas como a Ljubuski (a mais antiga do país) e a Citluk produzem o vinho branco ZLAVKA de boa qualidade e o tinto BLATINA, ligeiramente menos impressionante.

Samotok Vinho tinto leve (*rosé/ruzica*) obtido de suco de escoamento (sem esmagamento).

Zilavka Uva branca. Vinhos potencialmente secos e pungentes. Frutados; com ligeirosabor de damasco.

Sérvia

Entre os pontos fortes podemos citar tintos leves e frutados, produzidos com a uva Prokupac, mas variedades internacionais, notadamente a Cabernet Sauvignon e, na região de Zapadna Morava, a Sauvignon Blanc estão se saindo bem.

Montenegro

13 July Cooperativa controlada pelo Estado; equipamento italiano de alta tecnologia. VRANAC: alta qualidade.

Crmnica Vinhedos litorâneos e lacustres, especialmente para a uva Kadarka (ver Macedônia).

Duklja Versão semidoce de colheita tardia do VRANAC.

Krstač Uva branca e vinho de primeira linha de Montenegro; especialmente de CRMNICA.

Vranac Uva tinta local abundante e vigorosa e o vinho que produz. Bom preço.

Macedônia

A Macedônia compreende três áreas principais produtivas: Pcinja-Osogovo, Povardarie (vale do Vardar) e Pelagonija-Polog. A lei vinícola, estabelecida em 2004, foi elaborada de acordo com os padrões da UE.

Kratosija Uva tinta também encontrada em Montenegro; vinhos perfeitos.

Plovdina Uva nativa para vinho tinto e branco suave; especialmente misturado com a PROKUPAC, que é mais saborosa.

Prokupac Uva tinta de primeira linha da Macedônia, Sérvia. Produz vinhos tintos cheios e *rosé* escuro (*ruzica*) de personalidade. Freqüentemente, a PLOVDINA é adicionada para obter suavidade.

Rkatsiteli Uva (branca) russa, freqüentemente usada em misturas.

Smederevka Uva branca, amplamente cultivada, também encontrada na Sérvia e na Hungria.

Teran tem menos estilo do que a versão produzida na Ístria.

Tikveš A maior vinícola da Macedônia na região do mesmo nome. Fundada em 1946. Forte nas exportações. Boas uvas nativas SMEDEREVKA e KRATOSIJA.

Vranec Nome local para o tinto Vranac de Montenegro (ver); qualidade sendo aperfeiçoada.

Vrvno Vino Designação de origem controlada para vinhos de qualidade.

República Tcheca & Eslováquia

Por incrível que pareça, o comércio do vinho está em grande desenvolvimento nos dois países, com investimentos enormes em equipamento, barris de carvalhos franceses e instalações locais de hospedagem por todo lado. Novas vinícolas também estão surgindo, vistas como um investimento confiável e respeitável pelos novos ricos. Os vinhos, desconhecidos fora do local, estão melhorando, embora os preços, comandados por tudo que tenha amadurecimento acima da média, possam alcançar alturas que causariam embaraço a qualquer negociante estrangeiro.

Morávia

Vinhedos situados no sudeste ao longo das fronteiras com a Áustria e a Eslováquia: uvas semelhantes. Procure por: Stapleton & Springer (Bořetice), Dobrá Vinice (Nový Šaldorf) e Krist (Milotice), todas jovens e de padrão mundial, **Znovín** em Znojmo (moderno, internacionalmente reconhecido; e Vinselekt-Michlovský (Rakvice). Também Baloun e (V Pavlovice), Sonberk (Pouzdřany), Spielberg (A rchebla) e Reisten (Pavlov). A Morávia também tem espumantes: Sekt Domaine Petrák (Kobylí), e Château Bzenec. Para tornar as coisas ainda melhores, só gelo e vinho cor palha, porém cuidado com as caríssimas garrafas de 20 cl.

Boêmia

A Boêmia tem a mesma latitude da Alemanha Oriental e vinhos semelhantes. Os melhores nomes no vale do Elba (N de Praga), mais notavelmente em Mělník (Ries, Ruländer, Traminer e Pinot N). Os vinhedos foram renovados, especialmente em torno de Praga, incluindo diversas pequenas vinícolas-boutique. Produtores incluem: Lobkowicz-Mělník (tintos envelhecidos em carvalho; Chard fermentados em barris; Château Mělník *méthode traditionnelle*). Os vinhos espumantes são, na maior parte, fermentados em tanques, usando uvas da Áustria. Os dois maiores participantes, Bohemia Sekt em Starý Plzenec (Henkell-Söhnlein) e Soare Sekt (Schloss Wachenheim), ainda estão crescendo, graças aos investimentos estrangeiros.

Eslováquia

Variedades internacionais e húngaras, com os melhores vinhos da região de Malokarpatská (no sopé dos Pequenos Cárpatos) e do leste da Eslováquia, vizinha à área húngara de Tokaj. Importantes produtores: ***Château Belá*** (Muzla) com o envolvimento de Müller-Scharzhof, Masaryk (Skalica), Matyšák (Pezinok), Mrva e Stanko (trnava), J.J. Ostrožovič (V T ňa, Tokaj), Pavelka – Sobolič (Pezinok), Vinanza (Vráble), Vino Nitra (Nitra) – Karpatská Perla (Šenkvice). Para esp: J.E. Hubert e Pálffy Sekt.

Romênia

A Romênia é um dos dez maiores países viticultores do mundo. Sua longa tradição vinícola está sendo revivida, após décadas de abuso sob os velhos e dogmáticos métodos de produção em massa, bem como de falta de fundos e conhecimento profissional.

Alba Iulia Na região fria da TRANSILVÂNIA, com vinho branco seco ou quase seco e aromático (RIES ITALIEN, Feteascǎ, MUSCAT OTTONEL).

Aligoté Vinho branco, agradavelmente fresco, especialmente de Bucium e Sonica-Niculites

Băbească Neagră Tradicionalmente, "a uva escura avó" da área de Nicoresti; vinho de corpo leve e cor vermelha.

Banat Pequena região vinícola, na fronteira a oeste, com RIES ITALIEN, SAUV BL, MUSCAT OTTONEL, Riesling de Banat local; tintos leves de Cadarca, CAB SAUV, MERLOT.

Blaj Região vinícola em TÂRNAVE (TRANSYLVANIA), brancos secos e semi-secos.

Bohotin Região leste da Moldávia, famosa pelo aromático BUSUIOACĂ de Bohotin local.

Bucium Região leste da Moldávia com secos, semi-secos e espumantes (MUSCAT OTTONEL).

Burgund Mare Nome de uva varietal ligada à Burgenland (Áustria), onde é chamada Blaufränkisch (Kékfrankos na Hungria).

Buzau Hills Tintos (CAB SAUV, FETEASCĂ NEAGRĂ MERLOT, BURGUND MARE), continuação, a noerdeste, de DEALU MARE.

Carl Reh Vinícola inovadora, de capital alemão, com 190 ha de vinhedos em Oprisor. Tintos muito bons, especialmente o rótulo La Cetate.

Cotesti Região vinícola em Vrancea. Bons tintos (FETEASCĂ NEAGRĂ, Cab Sauv, Merlot) e brancos (Sauv Bl, Feteascǎ).

Cotnari Região no nordeste com condições muito boas para a botrítis. Famosos, por mais de quinhentos anos, por vinho doce feito de GRASĂ, Feteascǎ ALBĂ, TĂMÂIOASĂ, e o seco Francusa.

Cotnari Winery 1.200 ha. Na região de Cotnari ***Excelentes brancos secos modernos e de sobremesa (Château Cotnari)***.

Cramele Recas Empresa britânico-romena com 700 ha de vinhedos na região de Banat. PINOT N com potencial. SAUV BL muito bom.

Crisana Região ocidental que inclui a área histórica de Minis (desde o século XV): especialmente o tinto Cadarca; branco enérgico Mustoasa. Outras áreas: Silvania (especialmente Feteascǎ), Diosig, Valea lui Mihai.

Da Vino Winery 40 ha. Em Dealu Mare. Rótulos muito bons Domaine Ceptura branco e Domaine Ceptura tinto.

Dealu Bujorului Área no meio da Moldávia; bons tintos.

Dealul Mare "O grande monte". Importante área bem-situada aos pés dos montes Cárpatos, no sudeste. ***Excelentes tintos, especialmente Feteascǎ NEAGRĂ***, CAB SAUV, MERLOT, PINOT N. Brancos de TĂMÂIOASĂ.

Dobrogea Região do mar Negro, ensolarada e seca. Inclui MURFATLAR.

DOC Classificação para vinhos de maior qualidade, com denominação de origem. DOC-CMD significa colhido com pleno amadurecimento; DOC-CT é colheita tardia; DOC-CÎB é colheita tardia nobre, ou com botrítis.

Domeniile Tohani Winery 800 ha. Em Dealu Mare. Rótulos Princiar muito bons (FETEASCĂ NEAGRĂ, Cab Sauv, Pinot N, Merlot) e o doce Dollete.

Drăgășani Região às margens do rio Olt, ao sul dos montes Cárpatos. Uvas tradicionais (Crâmposie Selectionată) e internacionais (especialmente Sauv Bl). Bom MUSCAT OTTONEL.

Feteascǎ Uva branca com aroma condimentado, que lembra um pouco Muscat. Dois tipos: **F. Alba** (a mesma uva Leányka da Hungria, de bom envelhecimento e com grande base de potencial para espumantes e COTNARI doce) e **F. Regala** (boa para espumantes).

Feteascǎ Neagră "Uva negra donzela" com potencial como variedade tinta excepcional. Difícil de trabalhar, porém produz vinhos profundos, bem encorpados e com boa personalidade.

Grasă Versão da Romênia da uva Furmint húngara, usada especialmente nos vinhos COTNARI. Suscetível à botrítis. *Grasă* significa "gorda".

ROMÊNIA

Halewood Winery Produtora britânica de vinhos muito bons, especialmente tintos.Vinhedos em Dealu Mare produzindo belos Fetească Neagră e Pinot N.

Husi Região vinícola em Moldávia, brancos secos e semi-secos.

Iasi Região produtora de vinhos brancos frescos e ácidos (Fetească ALBA, também RIES ITALIEN, ALIGOTÉ, esp MUSCAT OTTONEL): Bucium, Copa. Tintos: Fetească Neagră, MERLOT, cab sauv; em URICANI

Jidvei Vinícola na Transilvânia (Târnave) Bons brancos: Fetească, RIES ITALIEN, SAUV BL, TRAMINER ROZ, e espumante.

Lacrima lui Ovidiu "Ovidius Tear", vinho doce fortificado de Murfatlar, envelhecido por anos em tonéis de carvalho até a cor âmbar.

Lechinta Área vinícola da Transilvânia, Bons Brancos — Fetească REGALA, Neuberger, MUSCAT OTTONEL, célebres por seu bouquet.

Merlot Uva tinta popular, amplamente cultivada na Romênia.

Murfatlar Área com vinhedos na região de Dobrogea, próximo ao mar Negro; Chard e PINOT GRIS, muito bons, além de CAB SAUV de colheita tardia.

Murfatlar Winery O maior produtor de vinho engarrafado. Rótulos excelentes Trei Hectare (FETEASCĂ NEAGRĂ, CAB SAUV, CHARD) e Ferma Noua (MERLOT, SAUV BL).

Muscat Ottonel A Muscat da Europa oriental; uma especialidade romena, principalmente na fria TRANSILVÂNIA e na MOLDÁVIA — vinhos secos a doces.

Odobesti Antiga região vinícola em Vrancea. Bons brancos, especialmente da variedade local Galbenă de Odobești.

Panciu Região vinícola em Vrancea. Bons tintos (FETEASCĂ NEAGRĂ, Pinot N), brancos e espumantes (bom rótulo Veritas Panciu).

Păuliș Pequena adega de propriedade na cidade do mesmo nome. Vinho Cadarca fino e MERLOT envelhecido em carvalho.

Pietroasa Área em Dealu Mare conhecida por produzir brancos doces, especialmente TĂMÂIOASĂ ROMÂNEASCĂ.

Pinot Gris Vinhos cheios, ligeiramente aromáticos; amplamente cultivada na Transilvânia, MURFATLAR.

Pinot Noir Cultivada no sul: mostrando-se muito promissora.

Prince Stirbey Propriedade de 20 ha em Drăgăsani, retornou à nobre família austríaco-romena (Kripp-Costinescu). Bons vinhos secos das uvas locais Crâmposie Selectionată, Fetească Regală and Tămâioasă Românească.

Riesling Italien Welschriesling amplamente cultivada, que começa a mostrar potencial.

Sauvignon Blanc Muito saborosa.

SERVE Vinícola e vinhedos de fundação francesa, em DEALU MARE. Excelente rótulo Terra Romana, especialmente Cuvée Charlotte (mistura de FETEASCĂ NEAGRĂ, cab sauv).

Tămâioasă Românească Uva branca tradicional, conhecida como "incenso", com sabor e aroma exóticos. Freqüentemente, produz vinhos finos afetados por botrítis, em COTNARI e PIETROASA.

Târnave (também Tîrnave) A região mais fria da Romênia, na Transilvânia, conhecida por seus vinhos de SAUV BL e FETEASCĂ REGALĂ. Vinhos secos e aromáticos (especialmente PINOT GRIS e Gewürz) e espumantes. Ver JIDUEI, BLAJ.

Uricani Região vinícola antiga e famosa no leste da Moldávia, perto de Iași. Tintos muito bons (FETEASCĂ NEAGRĂ, CAB SAUV, MERLOT).

Valea Călugărească O "Vale dos Monges", parte de DEALU MARE. Bons MERLOT, cab sauv, PINOT N, RIES ITALIEN, PINOT GR.

Vinarte Vinhedo que, compreende três domínios: Villa Zorilor, em DEALU MARÉ, Castel Bolovanu, em Drăgăsani, e Terase Danubiane, em MEHEDINTI.

Vin de Masă Vinho de mesa.

Vincon Vrancea Winery A maior firma na região de Vrancea. Rótulo Beciul Domnesc muito bom de seco e semi-seco.

Vinterra Empresa romena/holandesa, que dá vida nova à FETEASCĂ NEAGRĂ; também produz bons PINOT N e MERLOT.

Vinuri Dobrogene Winery 700 ha em Sarica-Niculitel (Dobrogea) próximo ao delta do Danúbio. Belos tintos (Cab Sauv, MERLOT, BABEASCĂ NEAGRĂ) e brancos (ALIGOTÉ).

Vrancea Região importante, que cobre PANCIU, ODOBESTI e COTESTI.

Grécia

Não há, de modo algum, motivos para que a Grécia não devesse estar na primeira liga dos países vinícolas: lá existem 150 variedades de uva, um clima marítimo ameno (em alguns casos mais frio do que se imaginaria), um grande número de vinícolas de tecnologia avançada, bem como um exército de vinicultores de altíssimo nível.

Safras recentes

2005 Pequena colheita. Amadurecimento uniforme. Tintos excepcionais.

2004 Estação de produção fria com uma colheita tardia e prolongada. Excelentes brancos.

2003 Não sofreu a extrema falta de chuva e o calor dos outros vinhedos europeus. Vinhos brancos secos, generosos e muito bons tintos.

2002 Difícil, com chuva e podridão. Neméia foi um fiasco. O Norte se deu melhor.

2001 Condições climáticas clássicas. Vinhos elegantes no continente e nas ilhas.

2000 Falta de chuvas da primavera e estresse do calor em diversas regiões. Uns poucos tintos estão muito bons.

Aghiorghitiko Uva tinta de qualidade da NEMÉIA que retirou os vinhos gregos do anomimato.

Agioritikos Vinhos tinto e *rosé* médios de Agios Oros (monte Athos), península monástica de Halkidiki. Marca registrada de TSANTALIS.

Aivalis ★★→★★★ Butique novata do produtor de NEMÉIA: AGHIORGHITIKO extraída. O vinho mais importante (e caro) é "4", de vinhas de 120 anos ou mais.

Alpha Propriedade ★★→★★★ Propriedade impressa em Amindeo, cujo clima é mais frio. Muito boa mistura de Merlot/Syrah/XINOMAVRO, envelhecido em barril; pungente Sauv Bl; XINOMAVRO não filtrado, de uvas não enxertadas. Principais vinhos: Alpha 1, e o admirável Tannat-Montepulciano 03, que merece envelhecimento.

Antonopoulos ★★→★★★ Vinhedo situado em PATRAS, com ótimo MANTINIA, enérgico Adoli Ghis, Chard amendoado e não amadurecidos e Nea Dris de Cab Sauv (**97 98 00 01**). Vinho de primeira linha: Vertzami/Cab Fr, com aroma de violeta. A observar.

Arghyros ★★→★★★ Produtor de primeira linha de SANTORINI, com delicioso (porém caro) Vinsanto, envelhecido por vinte anos em tonel. Intressante Ktima, vinho branco envelhecido em carvalho, e o novo e fragante Aidani (seco).

Avantis ★★→★★★ Vinícola-boutique em Evia com vinhedos (t) em Boetia. Bom (b) Ktima, Syrah denso. Vinho de primeira linha: o elegante Avantis Collection Syrah, de vinhedo único **02** 03.

Biblia Chora ★★→★★★ Vinhos sofisticados estilo Novo Mundo. Saboroso Sauv. Bl/Assyrtiko. Syrah Rosé floral. Ovilos com carvalho (branco) Sém/Assyrtiko é digno de nota. Tinto adstringente Areti envelhecido em barril AGHIORGHITIKO.

Boutari, J. & Son ★→★★ Produtores em NAOUSSA. Vinhos de grande valor. Popular: MOSCHOFILERO. Vinhos de primeira linha: Santorini Kalisti, envelhecido em caralho, e Filiria Goumenissa, de vinhedo único.

Calliga ★ Boa AGHIORGHITIKO para Montenero e Rubis.

Cambas, Andrew ★ Marca pertencente a BOUTARI. Chard e Cab Sauv.

Carras, Domaine ★ Propriedade em Sithonia, Halkidiki, com sua própria AC (Côtes de Meliton). Chateau Carras 01. Sob nova direção. Desempenho fraco.

Cava Denominação legal para vinhos brancos e tintos não espumantes, envelhecidos em tonéis, e tintos de mesa – por exemplo, Cava Amethystos Kosta Lazaridi, Cava Hatzimihali.

Cefalônia (Kephalonia) Ilha jônica: bom branco Robola, além de estilos emergentes de Muscat e Movrodaphe doces

Creta-Olympias ★★ Muito bom produtor de Creta. Variedade econômica de Nea Ghi, Xerolithia branco condimentado, de bom preço, tinto Mirabelo. Novo Pirorago 04 mistura de Syrag/Cab Sauv/Kotsifali.

Creta Qualidade em aperfeiçoamento. Dirigida por Alexakis, Ekonomou, Lyrarakis, Douloufakis e MANOUSSAKIS.

GRÉCIA

Dougos ★★ Da área Olympus, produzindo interessantes misturas de Rhône.

Driopi ★★★ Novo negócio de TSELEPOS na alta NEMÉIA. Safras iniciais sérias (especialmente o vinhedo único Ktima) e de estilo de alto octano.

Emery ★→★★ Histórico produtor de Rhodes, especialista em variedades locais. Procure pelas marcas: Villaré e Grand Rosé. Rhodos Athiri de preço muito bom. Efreni Muscat.

Gaia ★★★ Produtor de primeira linha situado na NEMÉIA e com vinícola em SANTORINI. Rótulo divertido: Notios. Estilo Novo Mundo: AGHIORGHITIKO. Thalassitis de SANTORINI. Propriedade vinícola de primeira linha de Gaia (**97 98 99 00 01** 03 04). Novo vinho de sobremesa Anatolikos (uvas secas ao sol) de NEMÉIA.

Gentilini ★★→★★★ Brancos estimulantes, incluindo muito bom Robola. Novo Unique Red Blend .

Georgakopoulos ★★ Grécia Central, tintos energéticos, estilo Novo Mundo, e Chard rico não envelhecido em barril.

Gerovassiliou ★★★ Propriedade miniatura perfeccionista, nas imediações de Salônica. Procure o exemplar Assyrtiko/MALAGOUSIA; a mistura Syrah/Merlot, macio herbáceo; e o tinto Avaton **03**, de variedades nativas raras. Melhor vinho: Syrah (01 **02** 03 04).

Goumenissa (AC) ★→★★ Tinto XINOMAVRO e Negoska envelhecido em carvalho da MACEDÔNIA. Especialmente BOUTARI, Tatsis Bros, Aidarinis e Ligas.

Hatzidakis ★★★ Produtor de baixa tecnologia, mas alta classe. Excepcional em toda a linha. Experimente o vigoroso Nihteri.

Hatzimichalis, Domaine ★→★★★ Grandes vinhedos e comerciante em Atalanti. Imensa variedade. Variedades gregas e francesas. Vinho de primeira linha: tinto Rahes Galanou Merlot – Cab Fr.

Katoghi-Strofilia ★★ Vinhedos e vinícolas na Ática, no Peloponeso e no N de Épiro. Principalmente variedades gregas, mas também Chard, Cab Sauv e Traminer floral. Melhor vinho: Ktima Averoff.

Katsaros ★★→★★★ Pequena vinícola orgânica de padrões muito elevados no monte Olimpo. Ktima tinto tem força duradoura. Tinto Kitma — Cab Sauv/Merlot de resistência. Bom Chard 05.

Kir-Yanni ★★→★★★ Vinhedos de alta qualidade em NAOUSSA e em Amindeo. Branco vibrante Samaropetra; bom Syrah 03; Ramnista de primeira linha, de NAOUSSA (99 00 01 03).

Kouros ★ Branco confiável e bem trabalhado de PATRAS; e tinto da KOURTAKIS da NEMÉIA.

Kourtakis, D ★★ Comerciante de Atenas com RETSINA suave e bom NEMÉIA escuro.

Ktima Propriedade, fazenda. Designação não exclusiva para vinho.

Lazaridis, Domaine Kostas ★★→★★★ Vinhedos e vinícolas em Drama e Kapandriti (próximo de Atenas). Rótulo de qualidade Amethystos (b t r). Vinho de primeira linha: tinto cava não filtrado Amethystos (**97 98** 99 00 01 02). Primeira consultoria grega do bordalês Michel Rolland.

Lazaridis, Nico ★★ Vinícola e vinhedos pós-modernistas espetaculares em Drama. Bom Trebbiano 05. Vinho de primeira linha: Magiko Vouno b (05) t (03). Bom Trebbiano. Trebbiano Late Harvest (seco) ainda melhor. Vinho mais importante: Magiko Vouno (branco e tinto). Nova série ultrapremiada sob a marca Perpetuus.

Lemnos (AC) Ilha do mar Egeu: vinhos de sobremesa de cooperativa, Muscat de Alexandria deliciosamente fortificado e cítrico. Novos vinhos Muscat secos da vinícola Kyathos-Honas.

Macedônia Região vinícola de qualidade no Norte, para XINOMAVRO.

Malagousia Uva branca perfumada, redescoberta.

Manoussakis ★★→★★★ Magnífico recém-chegado, com misturas de inspiração em Rhône. Esplêndida série sob a marca Nostos. Liderada por Roussanne e Syrah.

Mantinia (AC) Região central do alto Peloponeso. MOSCHOFILERO fresco e com sabor acentuado da uva.

Matsa, Château ★★→★★★ Pequena propriedade histórica e de prestígio na Ática. Vinho de primeira linha: Ktima Assyrtiko/Sauv Bl. Excelente MALAGOUSIA.

Mavrodaphne (AC) "Laurel Negro" e uva tinta. Vinho tinto concentrado, envelhecido em tonel, ao estilo do vinho do Porto/*recioto*; fortificado. Especialidade de PATRAS, ao N do Peloponeso.

Mercouri ★★→★★★ Propriedade familiar do Peloponeso. ***Refosco excelente***, delicioso RODITIS. Novo CAVA. Refosco dal Penducolo tinto requintado; e o doce e fino Belvedere Malvasia.

Mitravelas ★★→★★★ Entrada notável em NEMÉIA, prometendo grandes coisas.

Moraitis ★★ Pequeno produtor de qualidade na ilha de Paros. Muito bom Monemvasia (b) esfumaçado, Ktima (b) Monemvasia-Assyrtiko, (t) tânico Moraitis Reserve 01 mistura Monemvasia-Mandelaria.

Moschofilero Uva de alta qualidade, alta acidez, com aroma de rosa e de casca rosada.

Naoussa (AC) t Região de alta qualidade para XINOMAVRO. Uma das duas regiões gregas em que a noção de *cru* pode desenvolver-se em breve.

Neméia (AC) t Região do leste do Peloponeso que produz vinhos AGHIORGHITIKO escuros e condimentados. Investimentos recentes levaram-na a um patamar superior. Alta Neméia merece sua própria *appellation*. Koutsi lidera a competição pelo status de *cru*.

Oenoforos ★★ Bom produtor do Peloponeso com vinhedos altos. Principal Asprolithi branco de RODITIS. Também delicado branco Lagorthi, Chard amendoado (da Borgonha, edição limitada, garrafa de 1,5 l) Ries revigorante e Syrah de estilo.

OPAP "Denominação de Origem de Qualidade Mais Alta". Na teoria, equivalente ao VDQS francês, mas na prática, uma categoria à qual pertencem muitas denominações boas.

OPE "Denominação de Origem Controlada" Em teoria, equivalente ao francês AC, mas reservada principalmente para os doces Muscat e MAVRODAPHNE.

Papaïonnou ★★→★★★ Confiável produtor de NEMÉIA. Tinto de primeira (inclui Pinot N); branco cheio de sabores. Vinho de primeira linha: Ktima Papaioannou Palea Klimata (vinhas velhas) **97 98** 00 01 03 e Microklima (de vinhedo micro e único) 01.

Patras (AC) Vinho branco (baseado na RODITIS) e cidade vinícola que faceia o mar Jônico. Berço do MAVRODAPHNE. Muscat doce do Rio-Patras (AC).

Pavlidis ★★★ Novos vinhedos e vinícolas ambiciosos em Kokkinogia, próximo de Drama. Bom Assyrtiko/Sauv Bl, muito bom Assyrtiko. Novo Syrah e Tempranilo.

Rapsani Interessante tinto envelhecido em carvalho do Monte Olimpo. Áspero até ser salvo por TSANTALIS, mas estão a caminho novos produtores.

Retsina Especialidade branca de Ática com resina de pinheiro de Aleppo adicionado. Atualmente, o consumo doméstico está minguando.

Rhodes Ilha mais oriental da Grécia. Berço da uva branca Athiri (seca) cremosa. Vinhos de primeira linha incluem Caïr (cooperativa) Rodos 2400 e Villare de Emery. Também alguns espumantes.

Roditis Uva branca cultivada em toda a Grécia. Boa quando a produção é baixa.

Samos (AC) Ilha próxima à Turquia famosa por seu Muscat dourado e doce. Especialmente Anthemis (fortificado), Nectar (uvas secas ao sol). Garrafas antigas e raras podem ser ★★★★.

Santorini Ilha vulcânica ao N de Creta: Vinsanto (uvas secas ao sol) doce e sensual, ***vinho branco bem seco e carregado de mineral da fina uva Assyrtiko***. Exemplares envelhecidos em carvalho podem ser bons. Produtores de primeira linha incluem GAIA, ATZIDAKIS, SIGALAS.

Semeli ★★ Propriedades perto de Atenas e NEMÉIA. Orinos Helios (b) 05 (t) 04 com preço bom.

Sigalas ★★→★★★ Propriedade de primeira linha de SANTORINI que produz o principal Bareli envelhecido em carvalho de SANTORINI. Vinsanto, elegante e dourado. Também raro tinto Mavrotragano.

Skouras ★★ Vinhos inovadores do PELOPONESO. Grande variedade. Primeiro a introduzir tampa de rosca no Chard Cum Vinum Sperum, o que a maior parte da gama de vinhos brancos seguiu. Principal vinho: High Nemea Grande Cuvée 03.

Spiropoulos, Domaine ★★ Bom produtor orgânico em MANTINIA. Porfyros tinto, amadeirado em aperfeiçoamento (ACHIORGHITIKO, Cab Sauv, Merlot). Espumante Odi Panos tem potencial.

Tetramythos ★★ Um novo negócio promissor explorando as possibilidades das partes de clima frio do Peloponeso.

TO "Vinho Regional", equivalente ao VdP francês. Categoria grega interessantíssima.

Tsantalis ★→★★ Comerciante e vinhedos de Agios Pavlos. Vinhos AC. Bom tinto Metoxi, Rapsani Reserve e Grande Reserve, bom preço do Organic Cab Sauv e do Avaton (o melhor da variedade).

Tselepos ★★→★★★ Produtor de alta qualidade e o melhor Gewürz da Grécia. Outros vinhos: Chard fresco e amadeirado, muito bom Cab Sauv/Merlot, Avlotopi Cab Sauv de vinhedo único. Vinho de primeira linha: Kokinomylos Merlot de vinhedo único.

Voyatzi Ktima ★★ Pequena propriedade perto de Kozani. Branco aromático, tinto extremamente elegante.

Xinomavro A mais saborosa entre as muitas uvas tintas nativas da Grécia – embora seu nome signifique "preto ácido". Cultivada na parte mais fria do Norte, é a base para NAOUSSA, GOUMENISSA e Amindeo. Alto potencial: resposta da Grécia à Nebbiolo.

Zitsa Norte montanhoso. AC de Épiro. Debina branco delicado, não espumante ou espumante.

Chipre

Chipre tem um potencial natural muito bom para a produção de vinho. A altitude (de 100 a 1.500 m) dos vinhedos localizados nas Troodos Mountains abranda o calor do Mediterrâneo, e os solos de calcário têm potencial de qualidade. Mas durante grande parte dos séculos XIX e XX, o grosso da produção da ilha foi de vinho básico ou vinho fortificado do estilo xerez, produzido de uvas locais de alta produção. Isso agora está mudando para ficar à altura da competição internacional, com o uso crescente de variedades locais – de menor produção, mas melhores – e maior plantio de uvas clássicas internacionais.

Commandaria Vinho âmbar doce de boa qualidade, tradicionalmente produzido nas encostas ao N de LIMASSOL. Região limitada a 14 vilas. Feito das uvas XYNISTERI e MAVRO secas ao sol. O melhor (que chega a cem anos de idade) é soberbo.

ETKO Um dos maiores produtores: a série inclui Salera (tinto e branco) também Shiraz, Merlot e Chard. O melhor: Cab Sauv.

KEO Firma grande e progressista. A série inclui vinhos de propriedade única Kitma Mallia (tinto e branco), Anerada (branco), também Heritage (tinto), MARATHEFTIKO, envelhecido em carvalho. A produção se mudou de Limassol para vinícolas regionais. COMMANDARIA St. John.

Kokkineli Vinho *rosé* semidoce, de cor profunda: o nome está relacionado com "cochinilha".

Loel Um dos maiores produtores. Tintos: Orpho Negro Cab Sauv e Chard mediterrâneos; também COMMANDARIA Alasia e conhaques.

Maratheftico Vinhas de qualidade superior produzem vinho tinto concentrado de tanino e cor, próximo ao Cab Sauv; a futura uva do Chipre.

Mavro A uva negra do Chipre. Pode produzir qualidade se plantada em elevada altitude; caso contrário, dá vinhos bons, aceitáveis.

Opthalmo Uva negra (tinta/*rosé*): mais leve e mais penetrante do que a MAVRO.

Palomino Branco suave e seco (LOEL, SODAP). Bom de beber gelado.

Pitsilia Região ao S do monte Olimpo. Alguns dos melhores vinhos brancos e COMMANDARIA.

SODAP Uma cooperativa vinícola e um dos quatro maiores produtores. Novas gamas produzidas com a consultoria australiana: as vinhas da ilha produzem tintos e brancos modernos e frescos, a partir de uvas nativas; as vinhas da montanha (b) produzem varietais "internacionais". Ambos são econômicos. Também vinhos regionais (tinto e branco) da nova vinícola Kamanterena, em Pafos.

Xynisteri Uva branca aromática nativa de Chipre, que produz vinhos delicados e frutados.

Malta

A adesão à UE testemunhou as práticas de viticultura, vinificação e os engarrafamentos melhorarem lentamente, embora alguns produtores ainda capitalizem e/ou usem uvas importadas ou inferiores "que deveriam ser para consumir como fruta". No entanto, a propriedade pioneira Meridiana (apoiada por Antinori) continua, desde 1994, a produzir as tipicamente excelentes Isis Maltese e Chardonnays Mistral, Cabernet Sauvignon/Merlot Melqart, Merlot Nexus, ***Syrah Bel*** e a premium Celsius Cabernet Sauvignon Reserve, somente das vinhas da ilha. Produtores de volume a observar são Delicata, Marsovin e Camilleri.

Inglaterra e País de Gales

O plantio das variedades clássicas de Champanhe nos últimos três anos excedeu todas as expectativas, e a corrida para o frisante parece desenfreada. A Chardonnay e a Pinot Noir foram, até o fim de maio de 2007, as uvas britânicas mais plantadas, e serão 50% de toda a área de vinhedos até 2008-9. Nyetimber, a marca mais prestigiosa do Reino Unido, quadruplicou em tamanho sob nova propriedade, e há planos em ação para construir uma nova vinícola e lançar um novo vinho non-vintage.

Desde 1994 o Reino Unido tem um sistema oficial de determinação de vinhos não-espumantes: os melhores são rotulados "Quality Wine" (vinho de qualidade) ou "Regional Wine" (vinho regional). É melhor evitar o "Table Wine" (vinho de mesa) do Reino Unido, como também o "British Wine" (vinho britânico), que é feito de concentrado importado.

Astley Stourport-on-Severn, Worchestershire ★★ Os vinhos continuam ganhando medalhas e prêmios. Triassic 05 muito bom.

Breaky Bottom Sussex Oriental ★★ 99 03 Vinhos espumantes que vale a pena experimentar, especialmente Cuvée Rémy Alexandre 99 e Cuvée Alex Mercier 03.

Camel Valley Cornwall ★★★ 05 de excelente qualidade, especialmente Camel Valley Rosé 05, Bacchus 05 e Pinot Noir Brut 03. Todos os não-espumantes agora em tampa com rosca. Instalações excelentes e muito acolhedoras para visitantes.

Denbies Surrey ★★ 04 O maior vinhedo da Inglaterra, com 106 ha. Vinícola impressionante, vale a pena visitar. Bacahus 04, Redlands 04, e Pinot Noir Yeu Tree 03 — todos bons.

English Wines Group Kent ★★★ 04 05 Maior produtor do Reino Unido, incluindo as marcas Chapel Down, Tenterden e Lamberhurst. Ampla gama de excelentes vinhos. Bacchus Reserve 04, English Rosé 05, Tenterden Estate Pinot Noir 04, todos vencedores de medalhas de ouro. Brut Rosé Sparkling 03 e Bacchus 05 também muito bons.

Nyetimber Sussex ocidental ★★★ 98 00 03 Importante produtor especialista em vinhos espumantes do Reino Unido; variedades do champanhe clássico. Vinhos mais comuns ganhadores de medalha. Pinot Meunier 03 muito bom. Intenso plantio novo.

RidgeView Sussex Oriental ★★★ 01 03 04 Produtor especialista em vinhos espumantes; variedades do champanhe clássico. Todos os vinhos ganhadores de medalhas. Fitzrozia Rosé 03 muito bom.

Sharpham Devon ★★★ 04 05, também 01 esp. Produz sistematicamente vinhos muito bons. Bacchus 05 — surpreendente ganhador de medalha de ouro e excelente.

Stanlake Park Berkshire ★★ Grande variedade de vinhos com qualidade acima da média, mas com menos destaque que antes.

Three Choirs Gloucestershire ★★ 05 Segundo maior produtor do Reino Unido. Vinhos às vezes inconsistentes, mas o Noble Rot 03 é medalha de ouro. Stone Brook 05 e Willow Brook 05 também são muito bons.

Outros produtores dignos de atenção

Biddenden Produtor de longa data de Kent. Experimente Ortega seco 05.
Brightwell Produtor ativo de Oxfordshire. Experimente Bacchus 05.
Davenport Sussex Boa variedade orgânica, incluindo Limney Dry White 04
Heart of England Oberon Red: vale a pena experimentar.
Hush Heath Estate Kent. Balfour Brut Rose, vencedor de medalha de prata.
Nutbourne Nutty 04: vale experimentar.
Throwley Kent Ortega 03 e Brut 01 muito bons.

Ásia, Norte da África e o Levante

Argélia Desde a sua independência, os efeitos do islamismo e da criação da União Européia combinados têm provocado uma diminuição das vinícolas, de mais de 3 mil para menos de 50 mil, e a importação de álcool foi proibida. As áreas de viticultura e os produtores de importância são: Tlemcen (tintos fortes, brancos, especialmente *rosé* – Dom de Sebra), Mascara (Dom El Bordj, Coteaux de Mascara), Dahra (tintos bem encorpados, *rosés* – Dom de Khadra), Zaccar (Château Romain), Médéa (Château Tellagh), Tessala e Aïr-Bessen-Bouira.

China Responsável por quase 5% da produção vinícola mundial, a China é o sexto maior produtor mundial (e continua crescendo 15% por ano). Vinte e seis províncias produzem vinhos, em mais de quatrocentas vinícolas, sendo Shandong, Hebei, Tianjin, Jilin, Xingjiang, Pequim, Henan, Gansu, Ninkia e Yunan as que mais se destacam. A produção é dominada por quatro empresas – Dynasty, Changyu, Weilong e Great Wall. Os produtores de qualidade que têm se beneficiado de investimento estrangeiro, tais como Huadong (bom Chard e Ries), em Shandong, e China Grace, na Vila Dongjia, em Shanxi (bom Merlot, Cab Sauv, mistura de Bordeaux, *Rosé*, Chard), vêm se unindo a Lou Lan, em Turpan (bom Chenin Bl e Merlot), que está melhorando, e a Suntime Manas (Xinjiang), Dragon Seal (Cab Sauv e Merlot) e Bodega Langes (Hebei). Outros produtores que valem a pena observar: Tsingtao, em Shandong, Maotai, em Hebei, e a vinícola Kai Xuan, em Shandong.

Índia Existem 49.800 ha de vinhas na Índia, embora apenas uma pequena fração seja usada para a produção de vinhos. Essa produção é centrada em torno de Maharashtra, com trinta vinícolas; esta região hospeda o Château Indage, de muito sucesso (produtores do espumante Omar Khayyam), e o Sula (bom Chenin Blanc, Sauv Blanc, Zin e Merlot). Grover Vineyards, localizado em Bangalore, produz bom Cab Sauv, Merlot, Blanc de Blancs Clairette e Shiraz, sob a tutela de Michel Rolland. Outros produtores que vale a pena observar: ND Wines e Dajeeba Wines, em Maharashtra, Mcdowell, em Bangalore, e o novo Nandi Hills (em desenvolvimento), em Karnataka.

Japão O Japão possui uma história de 135 anos de vinicultura e hospeda duzentas vinícolas. O país tem duas grandes regiões para a produção vinícola: Yamanashi (perto do Monte Fuji), que é a mais antiga e importante; e Nagano. No entanto, estas regiões são atormentadas por problemas climáticos (chuvas de verão seguidas de umidade alta), e têm um solo fértil demais. Outras regiões menores incluem áreas pertencentes à prefeitura em Yamagata (ao N de Tóquio) e Hokkaido, a região vinícola mais fria do mundo, que alguns produtores acreditam poder resolver os problemas climáticos e a fertilidade excessiva. Espere produção e qualidade melhores no futuro.

O Japão está avaliando um sistema de *appellation*, já que apenas uma pequena parte dos vinhos japoneses é produzida localmente; o resto é produzido com vinho importado. A produção é dominada por Mercian, Suntory, Sapporo (Polaire), Mann e Kyowa Hakko Kogyo (Ste. Neige).

Das variedades de uvas nativas que têm causado *frisson*, Koshu (descoberta em 1186) é a mais proeminente, produzindo bons brancos secos e enérgicos (produtores: Mercian, Katsunuma, Grace). Outras promissoras variedades nativas incluem Shokoshi (Coco Farm, Katsunuma) e o tinto mais leve Yama Sauvignon (Mars)
Os vinhos mais interessantes e caros são de variedades internacionais estabelecidas, tais como Chard Solaris Komoso, de Nagano, do produtor Mann; Merlot Kikyogahara do Mercian; Kainoir, Coco Farm Madiran e Tannat, do Asahi Yoshu; e Cab Sauv Jyonohira. Vinícolas menores que valem observar incluem: Obuse (Sangiovese/Merlot), Takeda, Alps, Marufuji e Yamazaki.

Marrocos Os melhores vinhedos encontram-se nas encostas das montanhas do Atlas (Meknes e Fez). Cinsault, Carigan e Grenache produzem vinhos tintos e "Gris" interessantes e tradicionais, porém, atualmente, Syrah, Cab Sauv, Merlot, Sauv Bl e Chard estão melhores. Os vinhedos ao longo da costa produzem vinhos notáveis, leves e frutados. A área com vinhas encolheu drasticamente, porém investimentos franceses (especialmente de Castel e de William Pitters) estão fornecendo novo vigor. O melhor produtor, Celliers de Meknes, produz cerca de 90% do vinho do país; Cépages de Meknes, Cépages de Boulaouane e Societé Thalvin também contam. Os melhores rótulos incluem: L'Excellence de Bonassia (Cab Sauv/Merlot envelhecidos), Les Trois Domaines, El Baraka, Halana e Domaine de Sahari.

Tunísia Um substancial investimento estrangeiro têm provocado uma mudança no estilo (do francês ao Novo Mundo). Os melhores incluem Ceptunes, Reine Elissa, Dom Atlas, Dom Magon, Dom Neferis e Dom Kelibia. Muscat produz os brancos mais finos e tradicionais. As uvas que fazem mais sucesso internacionalmente são Ugni Blanc, Carigan, Chardonnay, Syrah, Merlot, Grenache e Cinsault. As principais áreas de viticulturas se situam em Mornag, Kelibia Côteaux d'Utique, Tébouba, Sidi Salem e Thibar.

Turquia Recentemente, o produtor estatal Tekel se dispersou, deixando Kavaklidere (bom esp Altin Kopuk, tinto Yakut) e Doluca (bons tintos Kav/V Doluca) predominarem. Diren, Melen, Sarafin (variedades internacionais muito boas) e Kocabag também produzem bons vinhos. A área principal de produção é Thrace/Marmara (40%); outros distritos são centro/leste/sudeste da Anatólia e a costa do mar Negro. As uvas nativas Emir e Narince produzem bons vinhos brancos; Bogazkere e Oküzgözü produzem vinhos tintos fortes e cheios. As variedades internacionais prometem.

O antigo Império Russo

Os vinhos dessa região ainda são atormentados por sua herança soviética. A massiva importação de vinhos baratos dificulta a vida dos legítimos produtores regionais. As vinícolas grandes, ex-soviéticas, predominam. Alguns bons vinhos são produzidos por vinicultores temporários. Conhecidos produtores legítimos estão listados abaixo:

Ucrânia (incluindo Criméia) O potencial para os vinhos de sobremesa de primeira classe e para os vinhos fortificados da Criméia foi revelado, em 1990, pelo leilão de vinhos antigos da última coleção do czar de Massandra, próximo de Yalta, onde a produção continua, embora, atualmente, Massandra seja mais uma atração turística. Espumante *brut* clássico de Novy Svet (Criméia, servido na coroação do czar, em 1896) e Artyomovskoe. Outras vinícolas: Inkermann, Magarach, Sun Valley. Tintos: potencial (por exemplo, Alushta de Massandra). Brancos: Aligoté; espumante Artyomovskoe.

Geórgia Possivelmente a mais antiga região vinícola de todas; um número enorme de variedades de uvas nativas praticamente não experimentadas. Reluta em se modernizar, porém utiliza técnicas novas para os produtos de exportação (Mukuzani, Tsinandali). Kaketi produz dois terços dos vinhos da Geórgia, especialmente ***tinto vivo e saboroso (a uva é Saperavi)*** e branco aceitável (Tibaani, Rkatsiteli, Gurjaani). Investidores estrangeiros: Pernod Ricard com marca GWS; Bagrationi, pertencente à empresa norte-americana, tem espumante razoável e barato. A observar: Talisman, Suliko e Shumi. À medida que as atitudes, técnicas e equipamentos melhorarem, a Geórgia poderá se tornar um sucesso em exportações. Mas atualmente está banida da Rússia, seu maior mercado. Definitivamente, para experimentar.

Moldávia O mais importante em tamanho e potencial, porém o mais pobre, com poucos sinais de recuperação. A maioria das vinícolas é privatizada e costumava fornecer vinhos baratos para a Rússia, mas agora estão banidas. O vinho gera a terceira maior receita para a Moldávia. Regiões vinícolas: Bugeac (mais importante), Nistrean, Codrean e Northern. Uvas incluem: Cab Sauv, Pinot N, Merlot, Saperavi, Ries, Chard, Pinot Gris, Aligoté e Rkatsiteli. Principais vinícolas: Purkar, Cahul, Kazayak e Hincesti. Também boa: Cricova. Investimentos do Novo Mundo em Hincesti e da companhia local Vininvest têm trazido modernas técnicas de vinicultura. Os vinhos com sabores mais modernos da Moldávia: Hincesti Chard de Ryman; ***Abastrele*** (b); Legenda (t). O progresso não tem sido fácil, mas vale a pena. Atualmente a criação de um sistema de denominações está com força total.

RússiaAcordando para o vinho. Mas os importados vinhos baratos e não processados são engarrafados como se fizessem parte da produção local. Krasnodar, na costa setentrional do mar Negro, produz 60% do vinho autêntico da Rússia. Também:

Château Le Grand Vostock, com vinicultor francês, e equipamentos e misturas de mesmo estilo. Vinicultor australiano em Myskhako (Novorossiysk), que produz bom Aligoté, Chardonnay e Cab Sauv. Maior produtor: Fanagoria (Temruk) — Merlot e Cab Sauv. Observe também o doce Kagor da vinícola Vityazavo (Anapa). Abrau Durso Brut (também Prince Golitsyn): espumante clássico desde 1896.

O Levante

Israel A tecnologia do Novo Mundo, os vinicultores com treinamento internacional e as dinâmicas vinícolas têm resultado em uma constante melhora. Os melhores vinhedos estão nas regiões mais altas e frias do norte da Galiléia, Colinas de Golã e Colinas da Judéia.

Amphorae t b ★ Buscando o anunciado retorno à qualidade Viognier de interesse.

Barkan t b ★→★★ Tintos Barkan e Segal, preço muito bom em todos os pontos de venda.

Bazelet ha Golan Golã t ★ excelente Cab Sauv – maduro, cheio, agradável.

Binyamina t b ★ Vinícola tradicional recentemente se concentrando na qualidade.

Carmel t b esp ★→★★★ Fundada em 1882 por um Rothschild. Nova vinícola e vinhedos no norte da Galiléia. Elegante edição limitada (**02** 03' 04). Cab Sauv defumado, alcatroado de vinhedo Kayoumi. Gewürz suculento e doce.

Castel Colinas da Judéia t b ★★★★ Propriedade familiar pequena nas montanhas de Jerusalém. ***Grand Vin complexo*** e de personalidade (**00' 02 03' 04**); Chardonnay excepcional e bem balanceado — "C" Blanc de Castel.

Chateau Golan Golã t (b) ★ Vinícola extravagante e vistosa, com vinhos inovadores.

Clos de Gat ★★ Colinas da Judéia t b Propriedade vinícola: Chard amanteigado e Shiraz com especiarias.

Dalton N da Galiléia t b ★→★★ Tintos Reserve; modernos amadeirados e concentrados.

Ella Valley Colinas da Judéia t b ★★ Vinhos bem-feitos Cab. Fr. Mostra *finesse*.

Flam t (b) ★★→★★★ Cab Sauv intenso; Syrah Cab herbáceo e terroso; Merlot firme.

Galil Mountain N da Galiléia t b ★★→★★★ Mistura concentrada de Yiron e Bordeaux. Pinot N de sucesso, Cab Sauv sem carvalho e Merlot com preço muito bom.

Margalit t ★★→★★★ Mistura de Bordeaux Enigma madura, rica e concentrada. Excelente Merlot.

Recanati t b ★ Bons vinhos de competição; no estilo do Novo Mundo.

Saslove t b ★★ Tintos Aviv são saborosos; tintos Reserve são mais sofisticados.

Tabor Baixa Galiléia t b ★ Sauv Bl enérgico e aromático. Todos os vinhos a bom preço.

Teperberg t b ★ Efrat renascido – nova vinícola, novo nome e melhores vinhos.

Tishbi t b esp ★ Cultivador tornou-se produtor de vinhos. Ainda um negócio de família.

Yarden Colinas de Golã t b esp ★★→★★★★ Vinícola pioneira. Cab Sauv sempre bom; rara mistura de Bordeaux e tinto Katzrin (**93 96** 00' 03'); Chrad amadeirado; vinhos doces e espumantes de alta qualidade. Gamla de sabor frutado é o segundo rótulo.

Yatir Colinas da Judéia t (b) ★★★ Tinto (**01'** 02 **03'**) rico, aveludado, concentrado dos vinhedos Yatir Forest de 900 m, produzido por vinicultor treinado na Austrália.

Líbano Novas vinícolas de qualidade estão desafiando a ordem existente. A maioria dos vinhedos repousa sobre o Vale do Beqaa. A influência dominante é a francesa.

Chateau Musar t (b) ★★★★ Tinto (94 95 98) inigualável, Cab Sauv/Cinsault/Carigan de longa duração, com sabor de passas. Para alguns, legendário; para outros, já foi melhor. O tinto Hochar é mais frutado. Também branco com carvalho da Obaideh Merwah nativa.

Clos St. Thomas t (b) ★ Tintos profundos mas sedosos. Boa qualidade Les Emirs.

Kefraya t b ★★★ Comte de M (**99** 00' 01) condimentado e mineral a partir de Cab, Syrah e Mourvèdre. Doce e delicioso Lacrima d'Oro. Também *rosé* fragrante.

Ksara t b ★★ 150 anos de idade, mas continua progredindo com vinhos de preço excelente.

Massaya t b ★→★★ Novo Líbano. Vinícola jovem e progressista.

Wardy t b ★ Tinto amadeirado Les Cèdres. Chard e Sauv Bl enérgicos e estimulantes.

América do Norte

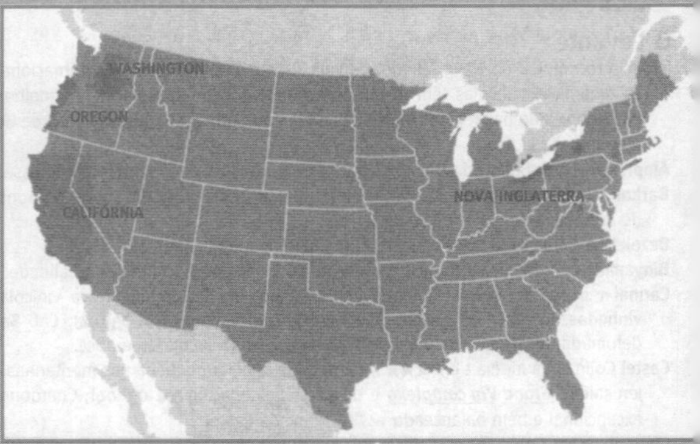

Califórnia

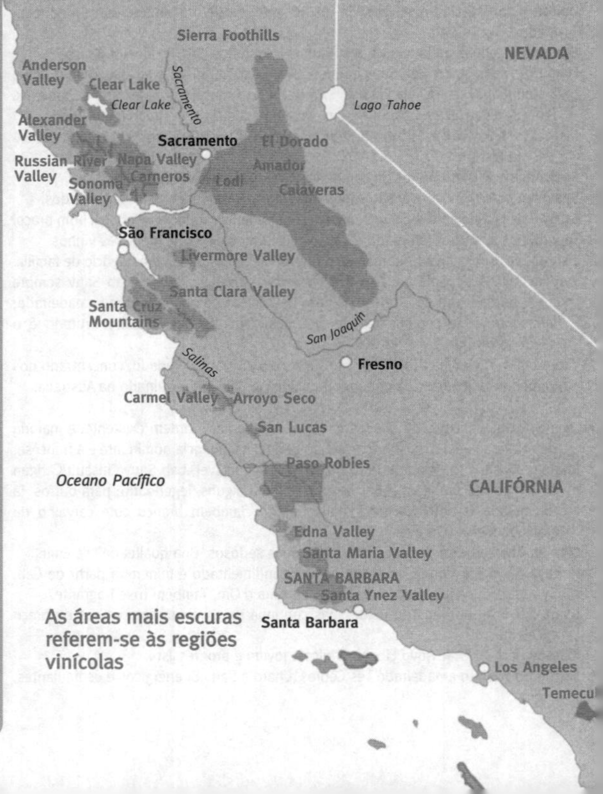

As áreas mais escuras referem-se às regiões vinícolas

A Califórnia é atualmente o quarto maior produtor de vinho do mundo, depois da França, Itália e Espanha. Embora Napa, onde a Cabernet Sauvignon reina absoluta, permaneça sendo a área de crescimento mais conhecida, os consumidores experientes estão descobrindo excelente qualidade e valor em vinhos de outras regiões. A fascinação pelas variedades do Rhône é compensadora para os produtores, com vinhos muito bons da Costa Central e da American Viticultural Área (AVA), de Lodi, no Joaquin Valley, ao norte, a leste de São Francisco. Zinfandel permanece um forte exemplo a ser seguido em toda a Califórnia, com estilos distintos, vindos de áreas tão diversas como Sierra Foothills e a Costa Norte. A preferência pela Pinot Noir ainda é forte, com vinhos de sucesso vindos de partes mais frias de Sonoma e outras regiões litorâneas. Chardonnay permanece o varietal de melhor venda, com belos exemplos de Sonoma, Carneros e a Costa Central. Uma outra grande história que corre é a mudança, nos vinhedos, para uvas de cultivo orgânico.Vinhos orgânicos e/ou biodinâmicos têm superado regularmente os tradicionais, em várias provas americanas. A desvantagem é o preço. Os bons vinhos califórnianos, mesmo com o dólar mais baixo, são raramente competitivos em relação aos franceses, por exemplo.

Principais áreas vinícolas da Califórnia

Central Coast

Uma região abrangente indo do S da baía de São Francisco até quase Los Angeles, incluindo as importantes sub-AVAs:

Arroyo Grande San Luis Obispo County. Uma região fresca, com influência do Oceano Pacífico. Bom Pinot N e Viognier. Zin em elevações mais altas e quentes, afastadas da costa.

Arroyo Seco Monterey County. Rieslings excelentes, de colheitas tanto secas quanto tardias, Chardonnay e Cab Sauv cítricos, de desfiladeiros mais quentes nas montanhas de Sta. Lucia.

Edna Valley San Luis Obispo County. Rajadas de ventos frescos atravessam uma fenda na cadeia de montanhas ao largo da baía de Morro. Chard mineral excelente.

Paso Robles San Luis Obispo County. Grande área produtiva no leste da costa. Conhecida como Zin. Promissoras plantações de variedades de Syrah e Rhône.

Santa Lucia Highlands Monterey County. AVA bastante nova ao N do Vale de Salinas, e a leste das montanhas de Sta. Lucia. Syrah e Ries excelentes; Pinot N excepcional.

Santa Maria Valley Santa Barbara County. Pinot N excepcional; bons Chardonnay, Viognier e Syrah.

Santa Rita Hills Nova AVA em Santa Barbara County oferecendo Pinot N muito bom.

Santa Ynez Valley Santa Barbara County. Parecido com Santa Maria, porém com regiões do interior mais quentes. Uvas Rhône, Pinot N e Chardonnay em áreas frias. Sauv Bl é uma boa escolha.

North Coast

Compreende os condados de Lake, Mendocino, Napa e Sonoma, todos ao N de São Francisco. Varia de clima muito frio perto da baía de São Francisco e da costa até muito quente nas regiões do interior. Solos podem variar de vulcânico para marga arenoso. Inclui as seguintes regiões chave:

Alexander Valley Sonoma County. AVA relativamente quente ao longo do Russian River. Cab Sauv excelente em um estilo maduro e suculento. Bom Sauv Bl perto do rio.

Anderson Valley Mendocino County. Vale fresco abrindo para o oceano Pacífico ao longo do rio Navarro. Espumante excepcional, Gewurz e Pinot N muito bons. Vinhedos nas colinas acima do nevoeiro produzem impressionantes Zin de vinhas antigas.

Carneros Condados de Napa e Sonoma. Região fresca e enevoada, marginando a baía de São Francisco. Excelente local para Pinot N e Chardonnay. Espumante muito bom.

CALIFÓRNIA

Dry Creek Valley Sonoma County. Região relativamente quente que oferece Zin e Sauv Bl distintos, com Cab Sauv como vencedor nas encostas rochosas.

Lake County Região montanhosa de morna a quente, centrada em torno de Clear Lake. Bom Zin e Sauv Bl perto do lago, e Cab Sauv frutado e exuberante nas encostas mais frias.

Mendocino County Grande região ao N de Sonoma County com uma grande gama de regiões de cultivo, desde os vales quentes do interior até a as regiões mais frias.

Mount Veeder Napa County. AVA em altitudes elevadas (vinhedos plantados em até 730 m) mais conhecida por Cab Sauv concentrado e Chardonnay rico.

Napa Valley Os vinhedos de Napa tornaram-se os mais caros fora da Europa. A grande diversidade de solos, clima e topografia, em uma área tão pequena, pode produzir uma grande gama de vinhos, especialmente as variedades de Bordeaux tintos. Os vinhos vêm obtendo reconhecimento internacional e os preços são compatíveis com a qualidade.

Oakville Napa County. Localizado no meio do vale, o coração do Cab Sauv.

Redwood Valley Mendocino County. Região quente do interior. Bom Cab Sauv básico, Zin excelente, Chardonnay do dia-a-dia e Sauv Bl. Também boas plantações de Syrah.

Russian River Valley Sonoma County. Área bem fresca, muitas vezes com neblina até o meio-dia. Talvez o melhor Pinot N da Califórnia; Zin e Cab Sauv nos vinhedos de encostas. Green Valley é uma AVA pequena bem fria localizada dentro da AVA de Russian River.

Rutherford Napa County. Compete com Oakville como a capital do Cab Sauv. Vinhedos nas encostas com tintos longevos; Merlots exuberantes e encantadores e outros tintos perto do rio Napa.

St. Helena Cab Sauv muito bom, do N de Napa Valley, com fruta viva e elegante, de paladar sedoso.

Sonoma Coast Sonoma County. Nova região, que margeia o oceano Pacífico. Clima muito frio, solo muito pobre. Novas plantações de Pinot N parecem bem promissoras.

Sonoma Valley Este é o "Vale do Luar" do escritor Jack London. Regiões variadas de plantio produzem tudo, de Chard a Zin. Sub-AVA Sonoma Mountain boa para a vigorosa Cab Sauv.

Spring Mountain Napa County. Muito bom Cab Sauv com áreas de Sauv Bl deliciosas nas elevações mais baixas, além de bons Ries.

Stags Leap Napa County. Ao leste de Napa River; Cab Sauv e Merlot distintos.

Área da baía

O crescimento urbano vem destruindo a maioria dos vinhedos que outrora circundavam a baía de São Francisco.

Contra Costa County Distrito histórico em pleno crescimento ao leste da baía, atualmente sucumbindo aos shoppings e residências. Finos Zins, Rhônes tintos.

Livermore A leste e sul da baía de São Francisco, os solos são de pedra e cascalho. Cab Sauv surpreendentemente bom; Sauv Bl e Sem excepcionais.

Marin County Região amiga de cultivo (1820), ganhando vida com as novas plantações de Pinot N e Chard perto da costa.

Santa Cruz County A doença de Pierce dizimou muitos vinhedos históricos, porém uns poucos permanecem, produzindo bom Cab Sauv e alguns Pinot N das montanhas de Santa Cruz.

Central Valley

Cerca de 60% dos vinhedos da Califórnia estão nesta imensa região que se estende do norte ao sul por várias centenas de quilômetros. Atualmente desfazendo a imagem de produtor de baixa qualidade, uma vez que os produtores do vale perceberam que devem almejar a qualidade para chegar ao mercado global.

Clarksburg Condados de Sacramento, Solano e Yolo. Nas imediações da capital do estado, Sacramento, margeando o rio Sacramento. Viognier, Syrah e Sauv Bl são fortes.

Lodi Condados de San Joaquin e Sacramento. Há mais de uma década, esta AVA começou a lutar pela qualidade. Foi recompensada de forma significativa. Os pontos fortes são: Zin, Sauv Bl, Muscat (doce) e Chardonnay bem frutado, cultivadas perto do rio Sacramento. As novas plantações de Rhônes e de varietais espanholas são promissoras.

San Joaquin Valley Coração de Central Valley. Fonte da maioria dos vinhos de jarra, Bag-in-box e de sobremesa fortificados do estado. Muitos produtores atualmente processam suas próprias uvas, produzindo varietais frutados e bons para beber a preços módicos.

Sierra Foothills

As primeiras uvas foram plantadas aqui na época da corrida do ouro, em torno de 1850. As melhores regiões incluem:

Amador County Região quente, famosa por vinhedos velhos de Zin, que produzem vinhos intensos com um toque de geléia, além de Sauv Bl enérgico. Excelentes tintos Rhône e varietais italianos também.

Fiddletown Amador County. Vinhedos em altitudes elevadas; produzem um Zin elegante, mais mitigado que grande parte dos de Amador.

Shenandoah Valley Amador County. Fonte de um Zin poderoso e Syrah cada vez mais apreciado.

Safras Recentes

Devido à sua extensão e à grande gama de microclimas, é praticamente impossível produzir uma análise geral da Califórnia. O clima na Califórnia está longe da consistência implícita na reputação de ser a "terra do sol". Embora amadureçam de maneira uniforme, muitas vezes as uvas estão sujeitas a geadas de primavera, a uma época de colheita úmida e a (com demasiada freqüência) estiagens. Os vinhos do Central Valley tendem a ser mais consistentes. A região de Central Coast, com seu mesoclima marítimo mais frio, tem um padrão de qualidade de safra diferente da North Coast ou de Sierra Foothills. Isto posto, as avaliações das safras a seguir baseiam-se mais nas avaliações dos Cabernet e Zinfandel das regiões de North Coast. Para Chard, as melhores safras são: 01 03 04.

2006 Primeiros resultados confusos; o calor do verão reduziu o tamanho da produção. O amadurecimento de uma colheita demorada poderia dar bons vinhos. Precisa de algum tempo para aparecer.

2005 Após a classificação desta safra algumas das promessas desfizeram-se. Vinhos mais adequados para consumo imediato.

2004 Chuvas escassas no inverno e uma primavera morna geraram um florescimento precoce de umas três semanas. As uvas desenvolveram-se uniformemente durante o verão e tudo parecia estar indo bem, quando a North Coast foi atingida por uma prolongada onda de calor no final de agosto. As uvas amadureceram rapidamente com qualidade irregular. Em sua melhor forma, parece razoável.

2003 Um ano difícil para todos. A primavera foi úmida e fria, com uns picos de calor durante o verão, junto com um pouco de chuva na época da colheita. A produção ficou muito baixa e a qualidade, irregular em North Coast, embora a Cab Sauv de Napa tenham surpreendido expectativas.

2002 Chuvas regulares durante o inverno e um leve atraso no florescimento com alguns danos causados por geadas. Chuvas fortes em maio, tempo fresco durante o cultivo, porém sem chuva até novembro. Colheita de volume médio com qualidade superior e melhorando com a idade.

2001 Pouca chuva no inverno, calor esporádico em março, abril com geadas fortes; o mês de maio mais quente de que se tem notícia e nenhuma chuva em outubro. Qualidade excelente com Cab Sauv, com potencial de envelhecer até uma década.

2000 Uma tempestade ameaçadora, vinda do sul, no início de setembro causou temor, porém os danos foram mínimos. Maior colheita da história. Qualidade razoável.

1999 Uma primavera e um verão muito frios ocasionaram uma colheita tardia, porém a ausência de chuvas de outono deixou a colheita incólume. Vinhos com sabor intenso e cor profunda.

1998 Colheita errática que foi até novembro. Vinhos entre adequados e lamentáveis.

1997 Enorme produção, que pareceu boa no início. Deve estar no auge, agora.

1996 Safra minúscula, com muita estrutura; falta-lhe charme aromático. Está murchando rapidamente.
1995 Safra minúscula, grande vitalidade, porém lenta para desabrochar. Bons Zins, ótimos Cabs. A melhor safra para guardar em adegas desde 1990.
1994 Clima moderado durante o cultivo; colheita tardia e seca. Zins soberbos, porém um pouco velhos demais; beba os Cabs Sauv agora.
1993 Ano modesto, simples e razoável em North Coast, porém espetacular em Sierra Foothills, com Zins concentrados, acidez refrescante. Beba até a última gota.
1992 Estranhamente inconsistente. Alguns sem gosto. Outros, saborosos e vivaves.
1991 Vinhos ágeis, equilibrados, os melhores ainda podem ser bebidos agora.
1990 Cab Sauv em seu auge. Beba agora.

Abreu Vineyards Napa ★★★ Produtor cultuado de Cab Sauv enorme e concentrado que realmente aparece depois de uma década.

Acacia Carneros ★★★ (Chard) **03** (Pinot N) **01 02** Pioneiro em CARNEROS para Chard e Pinot N, mudando para a fruta Pinot N mais escura com ênfase em vinhos de vinhedo único. Muito bom o novo sistema de engarrafamento do Viognier.

Acorn Russian River Valley ★★→★★★ Zin excepcional de vinhas Heritage. Também Sangiovese e Syrah muito bons.

Alban Edna Valley ★★→★★★ Vinicultor pioneiro na plantação das variedades do Rhône e (junto com CALERA) o ponto de referência na Califórnia para Viognier. Grenache, Roussane e Marsanne excelentes.

Alexander Valley Vineyards Sonoma ★★ Cab Sauv e Zin suculentos e acessíveis. Chard tem melhorado muito.

Altamura Vineyards Napa ★★★ (Cab) **99 00** Cab Sauv elegante e sensual. Sangiovese é um dos melhores do estado.

Amador Foothills Winery Amador ★★ Zin deliciosos e maduros e Sauv Bl resplandecentes, muitas vezes misturados com Sem.

Andrew Murray Sta. Barbara ★★★ Vinícola pequena com a meta de produzir somente varietais do Rhône. Syrah, Rousanne e Viognier bons.

Araujo Napa ★★★ **96 97** Cab Sauv forte e suave dos vinhedos de Eisele, engarrafado por anos por Joseph PHELPS como um vinho de vinhedo único.

Armida Sonoma ★★→★★★ Vinícola do RUSSIAN RIVER VALLEY com Merlot firme, bom Pinot N e um enérgico Zin feito das uvas do DRY CREEK VALLEY.

Arthur Earl Sta. Barbara ★★→★★★ Pequena produção do Rhône e de varietais do S da França. Mourvèdre e Grenache muito bons.

Atlas Peak Napa ★ Atualmente, pertencente a Beam Wines – companheiro de Clos de Bois, Geyser Peak. Nova ênfase em Cab Sauv. Promete.

Au Bon Climat Sta. Barbara ★★★ O proprietário Jim Clendenen ouve sua consciência: Chard ultratostado, Pinot N saboroso, Pinot Bl jovial. Rótulo Vita Nova para variedades Bordeaux. Podere dellos Olivos para vinhos de característica italiana. Ver também QUPÉ.

Babcock Vineyards Sta. Barbara ★★★ Localidade muito fria a oeste do SANTA YNEZ VALLEY. Bom para Pinot N e Chard. Chard Eleven Oaks é um dos melhores da Califórnia.

Baxter Napa ★★★ Phil Baxter, produtor veterano do Napa, está criando belezas de vinhedo único. Seu Napa Valley Merlot é muito bom.

Beaulieu Vineyards Napa ★★★ **97 99 00** Sob a gerência de André Tchelistcheff, nas décadas de 1940 e 1950, Beaulieu ditou o estilo para Cab Sauv do NAPA. Atualmente, não é mais a maravilha que era, mas ainda é muito bom, especialmente o Cab Sauv Georges de Latour Private Reserve.

Benessere Napa ★★★ Vale a pena experimentar os Sangiovese e Syrah. A nova mistura no estilo Super Toscano, conhecida como Phenomenon, é excepcional.

Benziger Family Winery Sonoma ★★★ A família começou a converter as vinhas para o método biodinâmico em meados da década de 1990. Constante aperfeiçoamento dos vinhos, especialmente do Chard e do suave e delicioso Merlot.

Beringer Blass (Vinícola Foster) Napa ★→★★★★ (Cab) **97 98**. Um clássico do NAPA. Cab Sauv Reserves de vinhedo único podem ser superproduzidos, mas são maravilhosos. O Merlot do Howell Mountain, aveludado porém forte, é um dos melhores. Procure Founder's Estate, a linha mais em conta de uvas em North e em Central Coast. Também proprietário do CHATEAU ST. JEAN, ETUDE, MERIDIAN, ST CLEMENT, STAGS' LEAP WINERY e Taz, um Pinot de Sta. Barbara ★★→★★★.

Bernardus Carmel Valley ★★★ Vinhos fortes Meritage de vinhedo densamente plantado, em altitude elevada, acima do nível do vale. Sauv Bl brilhante.

Biale Napa ★★→★★★ Pequeno especialista em Zin, que usa, em geral, frutas de NAPA.

Boeger El Dorado ★★ Primeira vinícola de El Dorado após a época da Lei Seca. Em sua maioria, vinhos regionais. Merlot, Barbera, Zin e Meritage atraentes. Menos divulgados do que muitos dos vinhos do SIERRA FOOTHILLS.

Bogle Vineyards Yolo ★→★★ Maiores produtores no delta de SACRAMENTO, a família Bogle produz uma linha atraente de varietais baratos e um excelente Zin de vinha velha.

Bokisch Lodi ★★→★★★ Produz vinhos apenas de variedades espanholas. Muito bom Gramacha, Albariño brilhante e um dos melhores Tempranillos do estado.

Bonny Doon Sta. Cruz Mtns. ★★★ Randall Graham, Rhône Ranger original, vendeu seu estoque da marca Big House Red e Big House White para concentrar-se na produção biodinâmica O melhor é Cigare Volant, sua homenagem ao Châteauneuf-du-Pape. O Pacific Rim Ries é brilhante.

Bouchaine Vineyards Napa Carneros ★★→★★★ A vinícola teve alguns altos e baixos desde sua inauguração em 1980. Atualmente, está em ascendência com Chard clássico e elegante e Pinot N suculento mas sério, de vinha única

Novas AVAs que surgem

À medida que os vinicultores da Califórnia aperfeiçoam a arte de colocar a vinha certa no lugar certo, uma profusão de novas "American Viticultural Areas" tem aparecido. Sete novas AVAs foram acrescentadas só na área de Lodi. Paso Robles está agora em debates sobre como dividir essa AVA básica em duas ou três partes. Fala-se em Napa de uma AVA para Calistoga, e pelo menos duas em Pope Valley, a leste de Napa. A idéia é não só distinguir o *terroir*, mas também atrair consumidores cada vez mais bem-informados.

Bridlewood Sta. Barbara ★★→★★★ Especialista do Rhône, sério sobre a Syrah – nada de Shiraz, por favor – e ainda por cima um dos melhores Viogniers do estado.

Bruce, David Sta. Cruz Mtns. ★★★ (Pinot) O forte Chard continua melhorando; o Pinot N é sempre de primeira.

Buena Vista Napa, Carneros ★★→★★★ Após alguns anos de fracassos, Buena Vista está de volta no caminho certo, com muito bom Cab Sauv e bom Sauv Bl de Lake County. Vale a pena também experimentar o Chard.

Burgess Cellars ★★★ (Cab) **95 97 99** Ênfase em Cab Sauv cheio e escuro de vinhas das encostas da Howell Mountain. Zin forte.

Bynum, Davis Sonoma ★★★ Pinot N maravilhoso de vinhedo único de RUSSIAN RIVER VALLEY. O Chard mineral e elegante é um prazer.

Cain Cellars Napa ★★★ **95 97 99** Cain Five generoso e elegante, baseado em plantações de Cab Sauv e quatro primas Bordeaux cultivadas em SPRING MOUNTAIN. Cain Cuvée (não classificado Cain Five) pode competir com o irmão mais velho.

Cafaro Napa ★★★ Rótulo do vinicultor para Cab e Merlot de vigorosos a firmes.

Cakebread Napa ★★★ (Chard) **02 03** (Cab) **91 97** Cab Sauv forte bem integrado com carvalho, embora às vezes muito óbvio. Um dos melhores Sauv Bl do estado. Chard às vezes muito amadeirado.

Calera San Benito ★★★★ Josh Jensen, formado em Oxford e Yale, procurou pelo cálice sagrado de Pinot N e o achou nas colinas secas e quentes de San Benito. Três Pinot N cujos nomes são derivados das seções do vinhedo: Reed, Seleck e Jensen; também Viognier intenso e floral.

Campion Winery Napa ★★→★★★ Larry Brooks, guru do Pinot N, está produzindo apenas Pinot N de vinhedo único. Um começo muito promissor.

Caymus Napa ★★★→★★★★ **90 91 97** 99 O Cab Sauv Special Selection é certamente um dos melhores da Califórnia: rico, intenso, e de amadurecimento lento. Também um bom tempo de garrafa, equilibrado e um pouco mais leve. Chard bom, da vinícola Mer Soleil, em Monterey, pertencente a Caymus.

Ceago Vinegarden Lake ★★→★★★ A nova vinícola de Jim Fetzer no litoral norte de Clear Lake, em Lake County. Sauv Bl e Cab Sauv muito bons, produzidos em vinhedos biodinâmicos e orgânicos da propriedade e em Mendocino County.

Ceja Vineyards Napa ★★→★★★ Fundado em 1999, e já fazendo fama com Cab Sauv equilibrado, com aroma e sabor definidos, e Chard delicioso de vinhedos em Napa e Sonoma.

Chalk Hill Sonoma ★★→★★★ Grande propriedade que teve altos e baixos nos últimos anos. Normalmente, Cab Sauv confiável para envelhecimento e Chard agradável.

Chalone Monterey ★★★→★★★★ (Pinot) **00 01 02** Propriedade em montanha na fronteira leste de MONTEREY. Chard maravilhoso e rico e Pinot N intenso. Também produz bom Chenin Bl (raro na Califórnia) e Pinot Bl saboroso.

Chappellet Napa ★★★ Cab Sauv bom para envelhecimento, tem novos ornamentos, especialmente no rótulo Signature. ***Chenin Bl: clássico do NAPA, seco e suculento***. Chard pouco comentado mas agradável; Bom Cab Fr e Merlot.

Château Montelena Napa ★★★→★★★★ (Chard) **97 99** (Cab) **99** Chard pouco falado, de bom envelhecimento, e Cab Sauv, da propriedade de Calistoga, feito para longo envelhecimento.

Château Potelle Napa ★★★ Casal francês expatriado que produz Chard notável (versão Reserva mais festeira) e Cab Sauv vigoroso da propriedade de MOUNT VEEDER. Zin extremamente bom de vinhedos da propriedade em PASO ROBLES.

Château St. Jean Sonoma ★★→★★★ Pioneiro em Chard de vinhedo único na Califórnia, gerenciado por Richard Arrowood na década de 1970, e ainda excepcionais; bom Sauv Bl. Atualmente, a prioridade são os vinhos tintos. Cinq Cepage, produzido a partir de cinco variedades de Bordeaux, é bom. Confiáveis linhas de Cab Sauv e Chard em Sonoma County.

Chimney Rock Napa ★★★→★★★★ (Cab) **97 99** AVA do distrito de STAGS LEAP. Produtor de Cab Sauv elegante, às vezes pouco subestimado, capaz de bom envelhecimento.

Clark Claudon Napa ★★★ Produtor novato de Cab Sauv nas encostas do vinhedo da propriedade na inclinação leste de Howell Mountain. Equilibrado e complexo, com camadas de sabor. O Sauv Bl de Pope Valley não envelhecido em barril é muito bom.

Cline Cellars Carneros ★→★★ Originalmente sediada em Contra Costa (ainda há vinhedos importantes lá); atualmente, em SONOMA/CARNEROS. Ainda dedicados, principalmente, às misturas rústicas do Rhône e ao vigoroso Zin.

Clos du Bois Sonoma ★★→★★★ Produtor em grande escala de SONOMA; vinhos bebíveis no dia-a-dia, com exceção do Cab Sauv de vinhedo único (Briarcrest) e do Chard Calcaire, que podem ser muito bons.

Clos du Val Napa ★★★★ (Cab) **95 97** Cab Sauv elegantes, que estão entre os melhores candidatos do estado ao envelhecimento. O Chard é um deleite e a mistura Sem/Sauv Bl, conhecida como Ariadne, é encantadora.

Clos LaChance Santa Cruz ★★ Relativamente novatos, produzem bom Zin e Chard brilhante, de frutas dos próprios vinhedos ou compradas.

Clos Pegase Napa ★★→★★★ Vinícola/museu pós-moderna que produz Chard resistente reserva em NAPA CARNEROS e elegante Cab Sauv de uvas do N de NAPA.

Cohn, B.R. Sonoma ★★→★★★ A maioria é Cab Sauv de cultivo próprio; deselegante e duro na década de 1990, atualmente mostra uma boa base suculenta e potencial de envelhecimento.

Conn Creek Napa ★★★ Muito bom Cab Sauv fornecido por diferentes vinhedos; vinhos elegantes com boa estrutura e potencial de maturação prolongada.

Constellation ★→★★★ É proprietária de vinícolas na Califórnia, em Nova York, no estado de Washington, no Chile, no Canadá, na Austrália e na Nova Zelândia. Produz, por ano, 90 milhões de caixas, vendendo mais vinho do que qualquer outra vinícola no mundo. Já foi um fornecedor para as massas, atualmente está alcançando a elite. Comprou a MONDAVI, no final de 2004, e também é dono do FRANCISCAN, ESTANCIA, Mount Veeder, SIMI e RAVENSWOOD, entre outras.

Corison Napa ★★★★ (Cab) **97** Vinicultor de longa data em CHAPPELLET; produz Cab Sauv generoso e saboroso com potencial para envelhecer bem.

Cosentino Napa ★★→★★★ Mitch Cosentino, irrepreensível dono/vinicultor sempre em alta velocidade. Resultados às vezes estranhos, outras vezes brilhantes, porém nunca fracos. Sempre vale a pena observar seu Cab Sauv; Chard pode ser muito bom.

Coturri & Sons, H Sonoma ★ Vinhos orgânicos, sem enxofre, porém não confiáveis. Às vezes, Zin bom com atitude. Tem seguidores fanáticos.

Cuvaison Napa ★★★ (Chard) **02** (Merlot) **99 00 01** De bom a muito bom Chard, Merlot e Syrah de Cameros. Esplêndido novo Cab Sauv chamado Brandlin (como o vinhedo) de Mt. Veeder.

David Noyes Wines ★★★ Antigo produtor de vinhos de Ridge e de Kunde Estate, em Sonoma, agora independente, com elegante Pinot N e uma deliciosa Tocai Friulano.

Dalla Valle Napa ★★★★ **97 99** Propriedade montanhosa é aquela coisa rara: um clássico *cult* com bons antecedentes. Maya é uma beleza selvagem baseada em Cab Sauv; Pietre Rosso, de Sangiovese, é uma bela amostra desta variedade.

Dehlinger Sonoma ★★★★ (Pinot) **00 01** Pinot N de destaque da propriedade de RUSSIAN RIVER VALLEY. Também bons Chard e Syrah.

Delicato Vineyards San Joaquin ★→★★ Produtor antigo de jarras no CENTRAL VALLEY sobe na escala, após a compra dos vinhedos de MONTEREY e várias novas linhas de LODI. Fique de olho nesta marca: boa qualidade a preços acessíveis.

Diamond Creek Napa ★★★★ **94 95** Os vinhos Cab — *cult*, austeros, impressionantes, de vinhedo montanhoso, perto de Calistoga — levam os nomes dos blocos de vinhedos: Gravelly Meadow, Volcanic Hill e Red Block Terrace. Os vinhos envelhecem maravilhosamente.

Domaine Carneros Carneros ★★★ Posto avançado norte-americano da Taittinger, em CARNEROS; ecoa o estilo austero de seu progenitor em Champagne (ver França), porém com um delicioso respingo de fruta californiana. Blanc de Blancs Vintage muito bom. La Réve é o *cuvée* luxuoso. Pinot N e Chard não-espumantes também impressionam.

Domaine Chandon Napa ★★→★★★ Vinhedos e estilo amadurecendo, variedade aumentando: tudo isso eleva a filial californiana da Moët & Chandon a novas alturas. Procure pelo NV Reserve, *étoile rosé*. Vinhos não-espumantes são um recente e bem-vindo acréscimo.

Dominus Napa ★★★★ 95 97 **98 99** 00 01 02 03' Christian Moueix, do Pomerol, produz uma mistura tinta Bordeaux que é lenta para abrir, porém envelhece lindamente; uma potência dentro de uma luva de seda. Grande salto na qualidade em meados da década de 1990. O segundo vinho é Napanook.

Dry Creek Vineyard Sonoma ★★ O Sauv (Fumé) Bl ditou o padrão da Califórnia por décadas. Ainda impressiona. Chenin Bl agradável; bom Zin.

Duckhorn Vineyards Napa ★★★→★★★★ (Merlot) **97 00** Conhecidos por vinhos Merlot tânicos, escuros, maduros quase ao ponto da ameixa, de vinhedo único (especialmente Three Palms) e pela mistura de Cab Sauv, Howell Mountain. Nova vinícola em ANDERSON VALLEY para o Pinot N Golden Eye, um estilo robusto de Burgundy de impressionar. A nova Paraduxx Winery, em Napa, produz uma forte mistura Zin/Cab Sauv.

Dunn Vineyards Napa ★★★★ 85 87 89 Proprietário e vinicultor, Randy Dunn produz Cab Sauv escuro e icônico do Howell Mountain, que envelhece maravilhosamente; são ligeiramente mais leves que os do fundo do vale.

Dutton-Goldfield Western Sonoma Co ★★★ Variedades da Borgonha produzidas com talento a partir de diversas boas localidades. Deve atingir quatro estrelas em breve.

Duxoup Sonoma ★★★ Excêntrico produtor de excelente Syrah no estilo do Rhône (não procure Shiraz aqui) e Charbono de vinhas velhas com cor quase preta. Sangioviese promissor com o rótulo Gennaio. Produção limitada, mas vale a pena procurar.

Eberle Winery San Luis Obispo ★★→★★★ Pertencente a um corpulento ex-jogador de *rugby*, produz Cab Sauv e Zin à maneira do dono: com bastante força, porém, no fundo, com bom equilíbrio e generosa concentração.

Echelon Napa. Rótulo de bom preço, que caracteriza bom Chard da CENTRAL COAST.

Edna Valley Vineyard San Luis Obispo ★★★ Muito melhor nas últimas safras; Chard muito bom, enérgico e frutado, delicioso Sauv Bl. Esplêndido Syrah recente.

Estancia Rótulo da FRANCISCAN para Chard, Sauv, Pinot N e Cab Sauv de MONTEREY de bom preço.

Etude Napa ★★★→★★★★ Pinot N rico, feito a partir da fruta de Carneros.

Failla Vineyards Napa ★★→★★★ A vinícola é na trilha Silverado, em NAPA, mas Failla está tendo grande êxito com Pinot N e Chard de SONOMA e RUSSIAN RIVER VALLEY. O Keefer Ranch Pinot N é realmente esplêndido.

Far Niente Napa ★★★ (Chard) **00 01 02** 03 04 (Cab) **95 97** Opulência é a meta dos Cab Sauv e Chard da luxuosa propriedade de NAPA. Pode chegar ao topo. Nickel & Nickle, pertencente aos proprietários da Far Niente, produz Cab Sauvs de vinhedo único, de qualidade que varia de boa a muito boa.

Farrell, Gary Sonoma ★★★→★★★★ Após anos dividindo o espaço na vinícola Davis BYNUM, enquanto produzia o lendário Pinot N de RUSSIAN RIVER, Farrell hoje tem sua própria vinícola. Procure também por Zin e Chard.

Ferrari-Carano Sonoma ★★★ Vinícola extremamente boa que recorre a vinhedos de propriedade em SONOMA e NAPA para produzir vinhos acima da média. O Merlot é o melhor, porém não deixe de ver o Sauv Bl e o Chard tostado.

Fess Parker Sta. Barbara ★★★ Pertencente ao protagonista de *Daniel Boone*, um seriado de TV; o filho dele, Eli, é o vinicultor. Bom Chard com estilo de fruta tropical, Pinot N e Syrah impressionantes e Ries surpreendentemente bons. O Pinot N Parker Station é um vinho suculento feito a partir de vinhas jovens.

Fetzer Mendocino ★★→★★★ Um líder no movimento pela viticultura orgânica/sustentável, Feltzer produz sistematicamente vinhos de bom preço, de uma gama dos mais baratos (Sundial, Valley Oaks) aos brilhantes vinhos Reserve. Ele também é proprietário dos vinhedos Bonterra (somente uvas orgânicas), onde Roussane e Marsanne são as estrelas. Atualmente, os vinhos do rancho McNabb são produzidos biodinamicamente.

Pinot Noir com sotaque da Califórnia

Nesta última década, a Pinot Noir tornou-se muito popular na Califórnia – o que não é segredo para ninguém. Mas uma coisa estranha aconteceu ao vinho recentemente: uma nova onda de vinhos Pinot Noir extraordinários, mais frutados e com maior teor alcoólico abriu caminho para a linha de frente. Esses vinhos – alguns os chamam de "populistas" – são um grande sucesso entre os consumidores jovens, que também têm preferência pelos Cabernet concentrados. Entre os exemplos: Goldeneye, de Duckhorn, do Anderson Valley, e Kosta Browne, de Russian River Valley.

Ficklin Vineyards Madeira, vinhos de sobremesa de Central Valley exuberantes e deliciosos ao estilo Porto, produzidos a partir de clássicas variedades portuguesas.

Fiddlehead San Luis Obispo ★★★ A vinicultora Kathy Joseph tem uma Pinot N que está sempre entre as melhores, e também uma linha de Sauv Bl, inclusive um Bordeaux com estilo mineral.

Firestone Sta. Barbara ★★ O fino Chard ofusca, porém não tira o brilho do ***delicioso Ries***. Bons Merlots também.

Fisher Sonoma ★★→★★★ Uvas do cume de uma colina em SONOMA produzem Chard geralmente fino; as uvas do NAPA produzem Cab Sauv firme.

Flora Springs Wine Co. Napa ★★★ Aqui, os dois melhores vinhos são Meritage, uma mistura tinta chamada Trilogy e um branco chamado Soliloquy. Merlot suculentos também valem a pena experimentar. O Chard pode ser muito amadeirado.

Flowers Vineyard & Winery Sonoma ★★★ Pinot N e Chard intensos, de *terroir* específico, de vinhas de clima muito frio a algumas milhas do Pacífico. Flowers conquistou de início a aprovação da crítica, e é decididamente uma vinícola a observar.

Foley Estates Vineyard Sta. Barbara ★★→★★★ Fundada em 1997; criando um nome com Chard e Pinot N deliciosos e equilibrados.

Foppiano Sonoma ★★ Antiga família de vinicultores; produz tintos finos (especialmente Petite Sirah, Zin) com o nome da família. Responsável por liderar o pequeno renascimento em Petite Sirah, "petty sir".

Forman Napa ★★★★ (Cab) **97 99** Vinicultor que deu fama à STERLING na década de 1970; atualmente produz seus próprios Cab Sauv e Chard, excelentes.

Foxen Sta. Barbara ★★★ Minúscula vinícola entre SANTA YNEZ VALLEY e SANTA MARIA VALLEY. Pinot N sempre ousado, freqüentemente brilhante, obscurece o Chard de estilo.

Franciscan Vineyard Napa ★★★ Produtor sólido de Cab Sauv e Merlot confiáveis; Chard complexo, porém sutil. Cab Sauv austero e Meritage tinto do rótulo MOUNT VEEDER. Hoje pertencente à CONSTELLATION.

Franzia San Joaquin Vinhos baratos dos rótulos Francia, Corbett Canyon, NAPA Ridge, Charles Shaw ("Two-Buck Chuck") e outros. Maior produtor de "bag-in-box" (vinho vendido em saco de polietileno em vez de garrafa).

Freeman Russian River Valley ★★ Novo produtor que mostra grande potencial com Pinot N de clima frio (Cuvée de Akiko da AVA de SONOMA COAST) e Pinot N de RUSSIAN RIVER. Fique de olho nesta excitante nova propriedade.

Freemark Abbey Napa ★★★ (Cab) **97 00** Produtor subestimado porém consistente de ***Cab Sauv de estilo*** (especialmente Sycamore e Bosché de vinhedo único). Muito bom e delicioso Chard de acordo com a variedade.

Fritz Dry Creek Valley ★★ Zin das AVAs de DRY CREEK e RUSSIAN RIVER consistentemente bom, às vezes chegando a ★★★. Bom Pinot N e Cab Sauv confiável.

Frog's Leap Napa ★★★→★★★★ **97 99** Pequena vinícola tão charmosa quanto o nome (e as camisetas) sugere. Sauv Bl mineral e elegante, Chard tostada, Zin condimentada. Merlot delicioso e generoso como também Cab Sauv elegante. Atualmente em conversão para processos orgânicos e biodinâmicos.

Gallo E & J San Joaquin ★ Depois de conquistar o mercado de vinhos de consumo, esta enorme firma familiar passou a disparar uma enxurrada de varietais regionais com nomes como Anapauma, Marcelina, Turning Leaf, Zabaco, e mais; alguns de Modesto, outros via GALLO SONOMA, todos facilmente esquecíveis.

Gallo Sonoma Sonoma ★★→★★★ (Cab) **99 00** A vinícola de DRY CREEK VALLEY engarrafa vários vinhos de SONOMA e de NORTH COAST. Cab Sauv pode ser muito bom, especialmente os de vinhedo único. A linha de SONOMA impressiona por seu preço.

Geyser Peak Sonoma ★★→★★★ Produtor confiável de Chard tostado, Cab Sauv forte e elegante e Shiraz suculento. Uma mistura tinta de Bordeaux pode ser muito boa. Nova linha interessante de vinhos de vinhedo único: vale a pena procurar.

Gloria Ferrer Sonoma, Carneros ★★★ Construído por Freixenet da Espanha, produz vinhos espumantes; atualmente faz um Chard condimentado e brilhante, Pinot N sedoso, todos de uvas de CARNEROS. A qualidade borbulhante continua alta, especialmente o Royal Cuvée, inspirado por uma visita do rei Juan Carlos da Espanha.

Grace Family Vineyard Napa ★★★★ **97** Cabs Sauv esplêndidos, feitos para envelhecimento prolongado. Um dos poucos vinhos *cult* que valem o preço.

Greenwood Ridge Mendocino ★★→★★★ Vinícola acima de ANDERSON VALLEY; fez nome como produtora de Ries perfumados e quase secos. Os tintos, especialmente Cab Sauv e Pinot N, também são muito bons.

Grgich Hills Cellars Napa ★★★→★★★★ (Chard) **99** Produtor do NAPA muito subestimado de Chard generoso (que pode envelhecer). Cab Sauv elegante e equilibrado, Zin maduro e viscoso de uvas de SONOMA. Bom Sauv Bl com estilo mineral.

Groth Vineyards Napa ★★★★ (Cab) **95 97 99** O Cab Sauv da propriedade de OAKVILLE é quase sempre quatro estrelas há uma década, com grandes sabores envolventes e feito para envelhecer. Também excelente Chard.

Gundlach-Bundschu Sonoma ★★→★★★ Vinhedo versátil de Rheinfarm; dá sinais de memoráveis Gewürz, Merlot e Zin. Cab Sauv muito aperfeiçoado, recentemente de vinhas em encostas.

Hagafen Napa ★★ Um dos primeiros produtores *kosher* sérios da Califórnia. Especialmente Chard e Sauv Bl enérgico.

Handley Cellars Mendocino ★★★ A vinicultora Mila Handley produz Chard, Pinot N e Gewürz excelentes em ANDERSON VALLEY. Também muito bons Sauv Bl de DRY CREEK VALLEY e Chard dos vinhedos da família. Ela produz uma pequena quantidade de vinhos espumantes intensos que vale a pena experimentar.

Hanna Winery Sonoma ★★★ Tem quase conseguido o status de quatro estrelas há vários anos. Safras recentes de Cab Sauv e Sauv Bl bem-feitos são excelentes.

Hanzell Sonoma ★★★★ (Chard) **00** (Pinot N) **00** Pequeno produtor de Chard e Pinot N excepcionais influenciado pelo *terroir*, de vinhas da propriedade. Sempre bom; a qualidade tem disparado nos últimos anos. Merece ser colocado entre os melhores da Califórnia.

Harlan Estate Napa ★★★★ **97 99** Cab Sauv *cult* concentrado e elegante de uma pequena propriedade que faz jus aos preços altos.

Harrison Napa ★★→★★★ Localizado perto dos VINHEDOS LONG e do Cab Sauv *cult* da família Bryant. Portanto, especializado em Cab Sauv.

Hartford Court Sonoma ★★★ Parte do grupo Artisans & Estates de KENDALL JACKSON, com Pinot N de vinhedo único muito bom, Chard de plantações na costa e maravilhoso Zin de vinhas antigas de RUSSIAN RIVER.

Hartwell Napa ★★★ Produtor pequeno com imagem de caro e sofisticado com bom potencial para bons Cab Sauv.

HDV Carneros Chard do vinhedo do produtor Larry Hyde em associação com Aubert de Villaine, de Domiane Romanée-Cinti (ver França).

Heitz Napa ★★★→★★★★ **95 97** Cab Sauv rico, generoso, profundamente saboroso e com leve toque de menta do Martha's Vineyard. Os vinhedos Bella Oak e Trailside não conseguem se igualar ao Martha. Para algumas pessoas, a qualidade caiu nas safras recentes.

Heller Estate Carmel Valley, Monterey ★★★ **97 99** Vinhos escuros e fortes (em especial nos últimos anos, à medida que as vinhas amadurecem) estão adquirindo um status *cult*. O Chenin Bl é charmoso.

Hess Collection, The Napa ★★★→★★★★ (Cab) **97** Propriedade do colecionador de artes Donald Hess, que criou um museu muito bom. Cab Sauv novo de vinhedos da AVA de Mt. Veeder elevaram a qualidade a um novo patamar. Chard enérgico e brilhante. O rótulo Budget Hess Selection tem um preço muito bom.

Honig Napa ★★★ Grande salto na qualidade depois de mudar para cultivo orgânico. Cab Sauv muito bom no estilo NAPA clássico e Sauv Bl totalmente delicioso.

Hop Kiln Sonoma ★★★ uma nova direção para esta vinícola bem-conceituada, com a marca chamada H.K. Generations. Chard é soberbo, Pinot N, excelente, ambos feitos com as uvas do RUSSIAN RIVER VALLEY. Também bom Zin.

Iron Horse Vineyards Sonoma ★★★→★★★★ Propriedade familiar em RUSSIAN RIVER; produz ***alguns dos melhores espumantes da Califórnia***, especialmente uma bela série de desabrochar tardio. O Chard do frio RUSSIAN RIVER VALLEY é excepcional, e o Cab Sauv dos vinhedos de ALEXANDER VALLEY está acima da média.

Jade Mountain Napa ★★→★★★ Excepcional produtor de vinhos ao estilo do Rhône, especialmente de Syrah e Mourvèdre.

Jessie's Grove Lodi ★★ As antigas vinhas de Zin funcionam bem para o negócio de família.

Jordan Sonoma ★★★★ (Cab) **94 95 97** Extravagante propriedade em ALEXANDER VALLEY; o modelo de seu Cab Sauv é o Bordeaux mais generoso. E é longevo. O Chard mineral é produzido no estilo da Borgonha.

J. Sonoma ★★★ Surgiu como parte do JORDAN, atualmente é independente em RUSSIAN RIVER VALLEY. Brut método clássico cremoso. Não-espumante, Pinot N e Pinot Gr: vale a pena experimentar.

Judd's Hill Napa Valley ★★★ Fundadores do Whitehall Lane, atualmente têm sua própria vinícola, produzindo Cab Sauv elegante que deve envelhecer muito bem.

Kautz-Ironstone Condado de Lodi e Calaveras ★ Mostruário no SIERRA FOOTHILLS; atrai visitantes de todo o estado. Vasta gama com preços honestos, encabeçada pelo fino Cab Fr.

Keenan Winery, Robert Napa ★★★ Vinícola em SPRING MOUNTAIN: Cab Sauv e Merlot contidos e generosos; também Chard.

Kendall-Jackson Sonoma ★★→★★★ Estilo de muito sucesso dirigido para o mercado mais amplo possível: especialmente o Chard quase seco tostado, de diversos fornecedores. Ainda mais notável por ter desenvolvido uma diversidade de vinícolas sob a bandeira do Aritsans & Estates de Kendall-Jackson. (Ver HARTFORD COURT.)

Kenwood Vineyards Sonoma ★★→★★★ (Cab Jack London) **97 99** Cab Sauv de Jack London de vinhedo único e Zin (vários) são os pontos altos. Sauv Bl tem um preço confiável.

Kistler Vineyards Sonoma ★★★ (Chard) Ainda perseguindo o modelo borgonhês de Pinot N de vinhedo único, a maior parte procedente de RUSSIAN RIVER, com sucesso misto. Os Chard podem ser muito tostados, amanteigados e exagerados, embora tenham seguidores fiéis.

Konigsgaard Napa ★★★ Pequena produção de Chard, Syrah e Roussanne do antigo vinicultor de NEWTON.

Korbel Sonoma ★★★ Antigo especialista em espumantes com ênfase nos sabores frutados ousados e na espuma intensa. O Natural é o melhor.

Krug, Charles Napa ★★ Vinícola historicamente importante, com vinhos razoáveis. Cabs estão no topo da lista, embora o Sauv Bl tenha subido alguns degraus nas últimas safras.

Kunde Estate Sonoma ★★★ Vinicultor correto que se tornou produtor de Chard subestimado e elegante, Sauv Bl saboroso, Viognier com toques de pêssego e Merlot sedoso. Todos engarrafados na origem.

La Jota Napa ★★→★★★ Imensa produção de Cab Sauv longevo de Howell Mountain. Pertencente aos vinhedos MARKHAM.

Lambert Bridge Dry Creek, Sonoma ★★★ Merlot sedutor, Zin picante e Sauv Bl brilhante em um estilo tipo "Bordeaux encontra Nova Zelândia".

Lamborn Howell Mountain, Napa ★★★ Vinhedo plantado em local histórico do século XIX. Zin grande e suculento, Cab Sauv se aprimorando nessa vinícola *cult*.

Landmark Sonoma ★★→★★★ Promessa precoce de Chard elegante ao estilo da Borgonha, que no final da década de 1990 embotou pelo acentuado sabor amadeirado-tostado. A linha recente parece ter voltado ao caminho certo.

Lang & Reed Napa ★★★ Especialista em Cab Fr delicioso ao estilo do Loire.

Laurel Glen Sonoma ★★★★ (Cab) **91 94 95** Cab Sauv floral bem memorável, marcadamente regional, proveniente de vinhedo íngrime de SONOMA MOUNTAIN.

Lava Cap El Dorado ★★ Produtor de Sierra com uma vasta gama de vinhos, na maior parte da propriedade. O Cab Sauv é bom, mas o Zin é excepcional.

Livingston Moffett St. Helena, Napa ★★★ Cab Sauv notável dos vinhedos de Rutherford Ranch. Syrah também muito bom.

Lockwood Monterey ★ Vinhedo ao S de Salinas Valley. Bons preços para Chard e Sauv Bl.

Lohr, J. Central Coast ★★→★★★ Vinícola grande com extensos vinhedos; muito bons: PASO ROBLES, Cab Sauv Seven Oaks. Séries recentes de tintos ao estilo Meritage são as melhores até hoje. A linha de produção em massa tem o nome Cypress.

Lolonis Mendocino ★★ Produtores de Mendocino que começaram antes da época da Lei Seca, fundaram uma vinícola em 1982. Zin sólido e bom; Merlot e Chard condimentados.

Long Meadow Napa ★★★ Cab Sauv sedoso e elegante, melhor a cada safra. O vinhedo é tratado organicamente. Potencial status *cult*.

Longoria Winery Sta. Barbara (★★→★★★) Rick Longoria produz Pinot N brilhantes a partir dos melhores vinhedos da área.

Long Vineyards Napa ★★★ (Chard) **00 01** Pequena propriedade pertencente aos lendários vinicultores Robert e Zelma Long. Chard suculento, Cab Sauv sedoso e Ries aveludados a preços altos.

MacRostie Sonoma, Carneros ★★★ O Chard maduro e tostado com um pouco de complexidade é o carro-chefe. Também Merlot e Pinot N de vinhedos únicos. O novo Syrah é muito bom.

Madonna Estate Napa Carneros ★★→★★★ Pinot N excepcional de vinhedo único; no entanto, Cab Sauv e Chard raramente acima de duas estrelas. Antigo Mont St. John Cellars.

Mahoney Vineyards Napa, Carneros ★★→★★★ Fundador do CARNEROS CREEK, um dos pioneiros de Carneros e um entusiasta de Pinot N de longa data. Atualmente produz com rótulo próprio. Muito bom Vermentino, e Pinot N excelente de vinhedo único.

Marcassin Sonoma Coast Pequeno rótulo próprio da consultora *cult* Helen Turley. Vale tanto em leilões que poucos o consomem. Chard concentrado e Pinot N denso. O Chard é tão densamente concentrado que aqueles que o experimentam nunca esquecem.

Markham Napa ★★★ (Merlot) **98 01** Subestimado produtor de um Merlot elegante e equilibrado e de um firme Cab Sauv.

Martinelli Russian River ★★★ Produtor familiar das colinas envoltas em neblina na parte ocidental de Sonoma. Famoso por Zin de vinhas velhas do vinhedo Jackass Hill. Pinot N e Chard muito procurados, produzidos com a consultoria de Helen Turley.

Martini, Louis M Napa ★★→★★★ Uma longa história de produção de Cab Sauv, Zin e Barbera de bom envelhecimento de belos vinhedos (Monte Rosso, Los Vinhedos, Glen Oaks etc.) em NAPA E SONOMA. Por muitos anos apresentou uma qualidade inferior. Agora está novamente em ascensão após a compra pela firma GALLO em 2002. As safras recentes parecem muito boas.

Matanzas Creek Sonoma ★★ O excelente Sauv Bl decaiu recentemente. Merlot excepcional e Chard bom. Propriedade de KENDALL-JACKSON.

Mayacamas Napa ★★★ Vinhedo de butique pioneiro com Chard rico e Cab Sauv firme (porém não tão duro como antes), capaz de envelhecer bastante.

Merry Edwards Russian River ★★★★ A superestrela das consultorias começou a plantar seus próprios vinhedos de Pinot N no distrito de RUSSIAN RIVER e compra uvas de outros vinhedos. Já é um dos melhores produtores de Pinot N na Califórnia. Também tem Sauv Bl muito bom.

Merryvale Napa ★★★ É melhor na produção de Cab Sauv e Merlot, que têm equilíbrio elegante e terminação generosa. Chard está sendo revitalizado, saindo de um estilo amadeirado e tostado para o modelo mais complexo da Borgonha. O Sauv Bl pode ser muito bom.

Mettler Family Vineyards Lodi ★★ Tradicionais produtores, atualmente produzem Cab Sauv elegante e ácido e Petite Sirah forte. Em ascensão.

Michael, Peter Sonoma ★★★→★★★★ Chard estonteante e complexo de Howell Mountain em estilo forte, e com garrafas mais generosas de ALEXANDER VALLEY. Cab Sauv meio conciso.

Michel-Schlumberger Sonoma ★★→★★★ Excelente potencial de envelhecimento em um Cab Sauv generoso, usualmente misturado com Merlot de vinhas das encostas.

Milano Mendocino ★★ Pequeno produtor de Zin e Cab Sauv que vale a pena procurar.

Mitchell Katz Livermore Valley ★★→★★★ Produtora de vinhos que está começando a aparecer no local de Ruby Hill, vinícola histórica de Livermore. Produz Cab Sauv muito bom e um arrasador Petite Sirah. Aguardem!

Mondavi, Robert Napa ★★→★★★★ Inovador brilhante, adquirido pela CONSTELLATION em 2004; tem vinhos de todas as categorias de preço/qualidade. No topo da lista, há os Reserves de NAPA VALLEY (ousados, os preços também), séries *appellation* de NAPA VALLEY (por exemplo, Chard de CARNEROS, Cab Sauv de OAKVILLE etc.), NAPA VALLEY (produção básica). Na parte inferior, vários vinhos de Central Coast, inclusive Robert Mondavi-Woodbridge, de Lodi. A CONSTELLATION jura que vai trazer de volta a lendária qualidade Mondavi.

Monteviña Amador ★★ Zin de SIERRA maduro e frutado e um dos melhores Barberas do estado. Pertencente à SUTTER HOME. O melhor chama-se Terra d'Oro.

Monticello Cellars Napa ★★★ (Cab) **95 97** Sempre vale a pena procurar. Marca básica sob o rótulo Monticello, reserves sob o rótulo Corley. Ambos incluem Chard e Cab Sauv.

Morgan Monterey ★★★★ Excelentes Pinot N de vinhedo único e Chard de vinhedos muito bons em SANTA LUCIA HIGHLANDS. Chard especialmente fino, sem carvalho, chamado Metallico. Atualmente, o vinhedo da propriedade Double L está sendo cultivado organicamente.

Mount Eden Santa Cruz Mountains ★★★ Fundada pelo guru de vinhos Martin Ray na década de 1940, produz Chard de boa maturação – raro na Califórnia – e Pinot N intenso.

Mumm Napa Valley Napa ★★★ Espumante com estilo, especialmente Blanc de Noirs deliciosos e um frisante DVX rico e complexo de vinhedo único, que melhora após alguns anos na garrafa.

Murphy-Goode Sonoma ★★ Grande propriedade em ALEXANDER VALLEY. Zin e Sauv Bl são os melhores. A linha Tin Roof (com tampa de rosca) oferece Sauv Bl refrescante e Chard *sans* carvalho, em contraste com a linha Reserve, que tem muito carvalho.

Nalle Sonoma ★★★ Doug Nalle produz Zins atraentes das frutas do Dry Creek, que são suculentas e deliciosas quando jovens e também amadurecem graciosamente por anos.

Napa Wine Company Napa ★★★ Maior produtor de uvas orgânicas em NAPA; vende a maior parte das frutas e opera uma instalação de esmagamento para alguns pequenos produtores de primeira. Oferece Cab Sauv de três estrelas sob rótulo próprio.

Para quaisquer referências cruzadas entre as regiões, ver pp. 201-203.

Navarro Vineyards Mendocino ★★★→★★★★ Chard esplêndido e de bom envelhecimento de ANDERSON VALLEY, talvez o melhor Gewürz do estado. Ainda mais especiais: Ries e Gewürz de colheita tardia. Pinot N em dois estilos, referência à Borgonha com as uvas de ANDERSON VALLEY, mais uma linha de vinhos suculentos e refrescantes de uvas compradas.

Newton, Vineyards Napa ★★★→★★★★ (Cab) 95 **97** (Merlot) **97 99** Propriedade montanhosa que produz alguns dos melhores vinhos Merlot. Chard luxuoso e Cab Sauv generoso.

Neyers Napa ★★→★★★ Em geral, boa qualidade; um grande Syrah ótimo e Chard agradável.

Niebaum-Coppola Estate Napa ★★★ (Rubicon) **97 98 99** Coppola (de *O poderoso chefão*) provou que leva tão a sério a produção de vinhos quanto a produção de filmes. Atualmente, é proprietário do vinhedo e da vinícola da propriedade histórica Inglenook (porém não da marca). O produto carro-chefe, Rubicon, está no mesmo nível que as melhores misturas tintas de Bordeaux do estado. Edizone Pennino concentra-se em Zin deliciosamente antiquado; a série Diamond, de bom preço, sempre vale a pena experimentar.

Ojal Ventura ★★★ Adam Tolmach, ex-parceiro de AU BOM CLIMAT, produz seus próprios e excelentes vinhos desde o início da década de 1990, especialmente Syrah.

Opus One Napa ★★★ **95 97 99** Tem experimentado muitos anos de altos e baixos, porém a tendência tem sido a altos nas últimas safras. De certa forma, a vinícola parece estar fazendo hora, à espera de uma mão firme para acertar as coisas.

Pahlmeyer Napa ★★★ Produtor *cult* de Cab Sauv tânico e denso e Merlot mais generoso e frutado.

Paradigm Napa ★★★ Vinhedo do lado ocidental de OAKVILLE, com Merlot esplêndido e Cab Sauv brilhante e generoso.

Paraiso Monterey ★★→★★★ Nova propriedade pertencente a um grande produtor em Salinas; produz Ries e Pinot Bl suculentos. Mais recentemente, Pinot N brilhante e equilibrado de SANTA LUCIA HIGHLANDS e um Syrah generoso.

Patianna Vineyards Russian River ★★★ Vinhedos biodinâmicos cultivados por Patty Fetzer. Também utiliza uvas de vinhedos orgânicos em MENDOCINO. Seus pontos fortes são o delicioso Sauv Bl e um Syrah muito bom.

Peachy Canyon Paso Robles ★★→★★★ Vale a pena citar o grande e forte Zin.

Pedroncelli Sonoma ★★ Velha guarda no DRY CREEK, que produz Zin e Cab Sauv agradáveis, e um Chard sólido.

Periano Lodi ★★ Bom exemplo dos novos tipos de vinhos Lodi. Barbera excepcional, Viognier brilhante e Chard muito bom.

Perry Creek Eldorado ★★→★★★ Syrah excepcional de vinhas em alta elevação e Cab Sauv acima da média.

Phelps, Joseph Napa ★★★★ (Insignia) **95 97.** Emergiu como uma das seis melhores casas de Cab Sauv da Califórnia. Chard e Cab Sauv (especialmente Backus) muito bons e Insignia baseado em Cab Sauv. Procure também pela série de Rhônes finos com o rótulo Vin du Mistral. Bastante promissora a vinícola somente de Pinot N que o Phelps está montando na costa de Sonoma. Iniciando o cultivo biodinâmico.

Philips R.H. Yolo, Dunnigan Hills ★→★★ A única vinícola na AVA de Dunnigan Hills produz uma ampla variedade de vinhos. Um trabalho excelente com as variedades do Rhône com o rótulo EXP e o Chard Toasted Head, de bom preço.

Philip Togni Vineyards Napa ★★★→★★★★ **97 99** Vinicultor veterano de Napa; produz Cab Sauv excepcional de um pequeno vinhedo de Spring Mountain.

Pine Ridge Napa ★★★ Cab Sauv concentrados e tânicos de diversas AVAs de NAPA que valem o envelhecimento. O Chenin Bl quase seco é um deleite.

Preston Dry Creek Valley, Sonoma ★★★ Lou Preston, um defensor fervoroso do *terroir*, produz exemplares excepcionais de DRY CREEK VALLEY, como Zin e Barbera frutados — e maravilhosos. O Sauv Bl é delicioso. Nova linha, promissora, de varietais do Rhône.

Pride Mountain Napa ★★★ A localização no topo da colina contribui com uma ótima fruta para a boa variedade de vinhos Bordeaux à disposição, que envelhece bem.

Provenance Napa ★★★ Cab Sauv elegante e generoso do coração da propriedade em NAPA. O vinicultor Tom Rinaldi também produz um soberbo Cab Sauv do vinhedo Hewitt. Em ascensão.

Quady Winery San Joaquin. Criativos vinhos de sobremesa Madera Muscat, incluindo o celebrado Essencia, com leve aroma de laranja, o Elysium, com sabores de pétalas de rosa, e o Electra, semelhante ao Moscato d'Asti.

Quintessa Napa ★★★ Nova e esplêndida propriedade no Silverado Trail, com ligações com FRANCISCAN e CONSTELLATION, e criada pela família Huneeus, do Chile. Lançamentos precoces de tintos no estilo Meritage são bastante promissores. Está se convertendo para cultivo biodinâmico.

Quivira Sonoma ★★★ Sauv Bl, Zin e outros de uma propriedade em DRY CREEK VALLEY. Cultivo biodinâmico de vinhedos.

Qupé Sta. Barbara ★★★ Companheiro de adega aventuroso de AU BON CLIMAT. ***Marsanne, Pinot Bl e Syrah valem muito a pena***.

Rafanelli, A. Sonoma ★★★→★★★★ O extraordinário Zin de Dry Creek é uma carta na manga. Envelhece bem, é tão bom quando jovem que... por que esperar?

Ramey Wine Cellars Russian River ★★★→★★★★ Produtor veterano, está fazendo um importante Cab Sauv de vinhedo único, vindo principalmente de NAPA, e um Chard incrivelmente rico e complexo, oriundo de vinhedos mais frios.

Rasmussen, Kent Carneros ★★★ Chard enérgico e persistente e Pinot N delicioso. Ramsay é um rótulo alternativo para produção pequena.

Ravenswood Sonoma ★★★→★★★★ Joel Peterson, mestre do Zin, foi pioneiro em sua produção de vinhedo único. Tem uma linha de Merlot e Zin Vintners Reserve de SONOMA de preço acessível. Atualmente, pertencente à CONSTELLATION, mas a qualidade parece que se mantém firme.

Raymond Vineyards and Cellar Napa ★★★ (Cab) **97 99** Cab Sauv subestimado de vinhedos familiares. Potencial de envelhecimento por longo período.

Ridge Sta. Cruz Mtns. ★★★★ (Cab) **87 91 94** Vinícola da mais alta reputação entre conhecedores. Utiliza-se de uvas do NAPA (York Creek) e de seu próprio vinhedo montanhoso ***(Montebello), para produzir Cab Sauv harmoniosos e elegantes***, capazes de longa maturação, e de uvas de SONOMA, NAPA, Sierra Foothills e PASO ROBLES para produzir fantástico Zin de vinhedo único. A maioria dos Zins tem bom potencial de envelhecimento, mas por que esperar? O excepcional Chard de fermentação de levedo selvagem é, freqüentemente, ignorado.

Rochioli, J. Sonoma ★★★→★★★★ Produtor antigo de RUSSIAN RIVER; vende a maior parte das frutas que produz para GARY FARRELL e outros produtores de primeira linha de Pinot N, mas também produz diversos Pinot N com rótulo próprio, todos os anos, que são simplesmente maravilhosos. Também Zin muito bom.

Roederer Estate Mendocino ★★★★ Filial de uma casa de Champagne em ANDERSON VALLEY (fundada em 1988). Estilo generoso e elegante. Facilmente um dos três melhores espumantes na Califórnia e tranqüilamente o melhor *rosé*. O topo da linha é o soberbo e luxuoso CUVÉE l'Ermitage.

Rosenblum Cellars Baía de São Francisco ★★→★★★ Produz de sete a oito vinhos Zin de vinhedo único em um ano, em diversos vinhedos do estado, muitos de vinhas velhas. A qualidade varia, mas está sempre bem acima da média.

Rutz Cellars Sonoma ★★→★★★ Chard inicial estonteante, mas ultimamente tem se perdido com excesso de produção. Pinot N muito bom, oriundos dos vinhedos de RUSSIAN RIVER, com mais substância que a maioria.

Saddleback Cellars Napa ★★★→★★★★ (Cab) **95 97 99** O vinicultor e proprietário Nils Venge é uma lenda em NAPA. Zin exuberante e Cab Sauv longevo.

St. Clement Napa ★★★→★★★★ (Cab) **95 97** Uma mistura longeva e generosa, baseada em Cab Sauv, chamada Oroppas, é o vinho mais em moda aqui. Merlot e Chard também são excepcionais. Danielle Cyrot tem uma abordagem de *terroir* específico que promete para o futuro.

St. Francis Sonoma ★★★ (Merlot) **99 00** Cab Sauv profundo e concentrado, Merlot frutado e vivaz. O Zin de vinhas velhas é ótimo.

St-Supéry Napa ★★→★★★ Merlot elegante e gracioso; o Cab Sauv pode ser excepcional, assim como o tinto Meritage. Sauv Bl é um dos melhores do estado. Algumas uvas vêm de Pope Valley (ao leste de NAPA VALLEY), lugar mais quente. Pertence a franceses (Skalli).

Saintsbury Carneros ★★★→★★★★ (Chard) **00 01** (Pinot N) **99 00 01** Pinot N excepcional, mais denso que a maioria dos de CARNEROS. Chard saboroso com pouco carvalho. ***O Pinot N Garnet, produzido de vinhas mais jovens, é um deleite.***

Sanford Sta. Barbara ★★→★★★ O fundador Richard Sanford foi um dos primeiros a plantar Pinot N em Sta. Bárbara. A qualidade vem passando maus bocados com os novos proprietários. Mesmo assim, ainda vale experimentar os Pinot N e Sauv Bl.

Santa Cruz Mountain Vineyard Santa Cruz ★★→★★★ (Cab) **95** Produz vinhos com forte traço varietal de uvas da propriedade. Pinot N muito bom e Cab Sauv excepcional – grande e concentrado, capaz de envelhecer por muito tempo.

Sattui, V. Napa ★★ O rei das vendas diretas (isto é, na própria vinícola ou por catálogo). Vinhos produzidos com um estilo rústico e para beber agora. Os tintos são os melhores, especialmente Cab Sauv e Zin.

Sausal Sonoma ★★→★★★ Propriedade em ALEXANDER VALLEY, conhecida por seus Zin e Cab Sauv. O Zin Century Vine é um estonteante exemplo de Zin de vinhas velhas.

Scherrer Sonoma ★★→★★★ Pinot N e Chard maduros de RUSSIAN RIVER ao estilo californiano, assim como Zin de vinhas velhas de ALEXANDER VALLEY — de encher a boca.

Schramsberg Napa ★★★★ Produtor de espumante que passou no teste do tempo. O primeiro a produzir um verdadeiro *methodé champenoise* comercialmente viável na Califórnia. Produz caves históricos. Reserve esplêndido; ***Blanc de Noirs excepcionais*** (2-10 anos). O *cuvée* de luxo J. Schram é o Krug dos EUA. Atualmente, produz Cab Sauv muito bom de vinhas de propriedade na montanha.

Schug Cellars Carneros ★★★ O proprietário/vinicultor, nascido e treinado na Alemanha, interessa-se por outros tipos, porém Chard e Pinot N de CARNEROS são os seus principais. Pinot N está sempre entre os melhores.

Screaming Eagle Napa Pequenos lotes de Cab Sauv *cult* a preços luxuosos para aqueles que gostam deste tipo de coisa.

Sebastiani Sonoma ★ O antigo rei do vinho em jarra tentou melhorar com vinhos de vinhedo único, mas obteve sucesso limitado. Don Sebastiani e seu filho também produzem vinhos comuns, de agrado popular, tais como Screw Kappa Napa.

Seghesio Sonoma ★★★ Atualmente, concentra-se em Zins soberbos com bom envelhecimento, de seus vinhedos únicos em ALEXANDER VALLEY e em DRY CREEK VALLEY, mas não despreze os lotes menores de Sangiovese.

Selene Napa ★★★→★★★★ A vinicultora craque Mia Klein produz Merlot rico e concentrado e Sauv Bl brilhante.

Sequoia Grove Napa ★★★ Os vinhos Cab Sauv da propriedade são intensos e longevos, e a tendência nos últimos anos é a de conseguir a quarta estrela. Chard é um pouco acima da média e pode envelhecer.

Shafer Vineyards Napa ★★★★ (Cab) **87 90 91** (Merlot) **97 99** Sempre no topo para Merlot e Cab Sauv, especialmente o Hillside Select de STAGS LEAP. Chard de CARNEROS (Red Shoulder Ranch) largando o carvalho. Procure também por Firebreak, um Sangiovese de vinhedo único.

Sierra Vista El Dorado ★★→★★★ Dedicado seguidor do estilo Rhône em SIERRA FOOTHILLS. O estilo é elegante, de peso médio e frutado, com ênfase na tipicidade varietal.

Signorello Napa ★★★ Cab Sauvs e Chards razoavelmente no topo; Pinot N notável de RUSSIAN RIVER; a excelente mistura Sém/Sauv tem o melhor preço. Todos poderiam ter um pouco menos de carvalho.

Silverado Vineyards Napa ★★★→★★★★ (Cab) **95 97** Vinícola distrital vistosa no topo da colina de STAGS LEAP; produz Cab Sauv generoso, Chard elegante e mineral, e Sangiovese distinto.

Silver Oak Napa/Sonoma ★★★→★★★★ (Cab Napa) 97 Vinícolas separadas em NAPA VALLEY e em ALEXANDER VALLEY produzem exclusivamente Cab Sauv. Os proprietários obcecados pelo estilo extremo do carvalho norte-americano têm conseguido a aclamação dos que admiram este tipo de vinhos. Os de ALEXANDER VALLEY são um pouco mais generosos que os do NAPA.

Simi Sonoma ★★→★★★ Vinícola histórica com altos e baixos; produz uma ampla gama de varietais. O Cab Sauv longevo e o ótimo Chard ainda são a alma do negócio. O branco Meritage Sendal é estupendo.

Sinskey Vineyards Napa ★★★ O ex-parceiro no ACACIA iniciou a vinícola. Chard com um bom toque ácido e Pinot N sensual são os principais detaques.

Smith & Hook Monterey ★★→★★★ Pinot N rico e frutado do vinhedo Santa Lucia Highlands na liderança, seguido por um bom Chard. A linha econômica é Hahn Estate.

Smith-Madrone Napa ★★ Do alto de SPRING MOUNTAIN, os irmãos Smith produzem um ***soberbo Ries quase seco*** e um Chard magro.

Sonoma-Cutrer Vineyards Sonoma ★★ O especialista em Chard voltou ao bom caminho depois da fraqueza dos últimos anos. O novo Pinot N é muito bom.

Spencer Roloson ★★ Mercador de vinhos e produtor de Zin com estilo e de Tempranillo de vinhedos únicos. Deve ser observado.

Spottswoode Napa ★★★★ (Cab) **94 95** ***O excepcional Cab Sauv*** do vinhedo da propriedade é longevo, equilibrado e harmonioso. O Sauv Bl é um bônus.

Spring Mountain Napa ★★★→★★★★ Tem fama na TV como "Falcon Crest"; uma propriedade montanhosa, atualmente concentrada na produção de vinhos. Cab Sauv excelente e Sauv Bl excepcional, a partir de vinhas da propriedade.

Stag's Leap Wine Cellars Napa ★★★★ (Cab) **91 94 95** Celebrado por seus Cab Sauv sedosos e sedutores (SLV, Fay, Cask 23 — o melhor da linha) e seus Merlot. O bom Chard muitas vezes é esquecido. Tentando manter o equilíbrio e a harmonia contra a enxurrada de Cab do Napa superconcentrado e de primeiríssima linha.

Stag's Leap Winery Napa ★★ Propriedade histórica sendo renovada pela BERINGER BLASS. Importante para Petite Sirah.

Staglin Napa ★★★ (Cab) **97 99** Cab Sauv elegante e sedoso do Rutherford Bench.

Steele Wines Lake ★★→★★★ Jed Steele é um mestre em procurar vinhedos e conseguir uma série deles para produzir vinhos de vinhedo único sob o rótulo principal e o segundo rótulo, chamado Shooting Star. O Chard pode ser um pouco amadeirado, porém o Pinot N e alguns vinhos especiais, como Washing State Lemberger, são excepcionais.

Sterling Napa ★★→★★★ Propriedade cênica do NAPA, atualmente pertencente à Diageo Chateau & State Wines. Bom Chard básico; Cab Sauv pouco falado, de vinhedo único. Sterling parece nunca ter chegado ao seu pleno potencial, apesar das boas fontes vinícolas.

Stony Hill Napa ★★★★ (Chard) **90 91 95 97** Chard fantástico da encosta nos últimos cinqüenta anos, produzido em um elegante estilo "homenagem à Chablis". A maior parte dos vinhos é vendida por catálogo. Stony Hill foi a primeira vinícola *cult* do Napa. Os vinhos são muito longevos.

Storybrook Mountain Napa ★★ Especialista dedicado a Zin, que produz vinhos Reserve e da propriedade, tânicos e tensos, a partir do vinhedo Calistoga.

Strong Vineyard Sonoma ★→★★ Cab Sauv de vinhedo único, de bom a muito bom; bom Pinot N de RUSSIAN RIVER e um agradável Zin.

Sutter Home Napa ★→★★ Famoso por seu Zin branco e seu Zin tinto rústico Amador. Tentando subir de nível com a série Signature e a marca M Trinchero, especialmente Cab Sauv.

Swan, Joseph Sonoma ★★★ Produtor antigo de RUSSIAN RIVER; Zin intenso e Pinot N de classe, que envelhecem bem se forem da variedade de dez anos.

Tablas Creek Paso Robles ★★★ Associação entre os proprietários do Château Beaucastel e o importador Robert Hass. Vinhedo baseado em cortes dos vinhedos de Châteauneuf. Resultados iniciais promissores.

Talbott, R. Monterey ★★★ Chard de vinhedo único em MONTEREY é o foco da produção, com o famoso vinhedo Sleepy Hollow, na AVA de Santa Lucia Highlands, como o coração do empreendimento. O estilo é da Borgonha.

Tanner, Lane Sta. Barbara ★★★→★★★ (Pinot N) **00 01** O proprietário e vinicultor produz vinhos Pinot N geralmente soberbos de vinhedo único (Bien Nacido e Sierra Madre Plateau), que refletem o *terroir* com uma elegância discreta e subestimada.

The Terraces Napa ★★★ Bem acima da trilha Silverado, esta é a casa de um Zin excepcional e um Cab Sauv com estilo generoso.

Thomas Fogarty Santa Cruz Mtns. ★★→★★★ Venha aqui se quiser um Chardonnay rico e complexo que envelhece razoavelmente bem. Também Pinot N de vinhedos da propriedade e um delicioso Gewürz de uvas de Monterey.

Torres Estates, Marimar Sonoma ★★★★ (Chard) **00 01** (Pinot N) **99 00** Chard irrascível (envelhece bem), Pinot N atraente do RUSSIAN RIVER VALLEY. Os vinhos das plantações de Pinot N na costa são soberbos. Atualmente, os vinhedos têm processo orgânico, caminhando para o biodinâmico.

Trefethen Napa ★★★ Respeitada vinícola familiar. Bons Ries quase secos e Chard equilibrado para envelhecimento, embora as safras recentes não estejam tão bem. ***Cab Sauv mostra um aumento em complexidade e profundidade com alguns poucos anos na garrafa.***

Tres Sabores Rutherford ★★★ Novato que produz Zin e Cab Sauv de uvas da propriedade, organicamente produzidas. Os vinhos são sempre elegantes e equilibrados. Devem envelhecer muito bem.

Truchard Carneros ★★★→★★★★ Da parte setentrional mais quente de CARNEROS vem um dos Merlot saborosos e firmes que dão identidade à AVA. Cab Sauv e Syrah são ainda melhores, e o Chard ácido e cítrico é obrigatório. Nova linha de Tempranillo excelente, e um Roussanne muito bom.

Turley Alexander Valley ★★★ Ex-parceiro em FROG'S LEAP, atualmente especializado em Zin nervoso e pesado de vinhedo único e Petite Sirah de vinhas velhas.

Viader Estate Napa ★★★★ (Cab Sauv) 95 97 Uma mistura de Cab Sauv e Cab Fr da propriedade do monte Howell. Vinhos fortes, porém equilibrados e elegantes nos melhores anos. Envelhecem bem. Procure também pela nova série de pequenos lotes de linhas que incluem Syrah e Tempranillo.

Volker Eisele Family Estate Napa ★★★→★★★★ 95 99 A mistura sensual e elegante de Cab Sauv e Cab Fr é o destaque. Procure também por um Sauv Bl condimentado.

Wellington Sonoma ★★→★★★ Zin vivaz de vinhas velhas e Cab Sauv forte e elegante de vinhedos selecionados.

Wente Vineyards Livermore e Monterey ★★→★★★ Histórico especialista em brancos, ***especialmente Sauv Bl*** e Sem ***da propriedade de LIVERMORE***. O Cab Sauv da propriedade de LIVERMORE também é muito bom. Os Ries doces de MONTEREY podem ser excepcionais. Espumante um pouco clássico.

Williams Selyem Sonoma Pinot N intenso e esfumaçado de RUSSIAN RIVER, em especial dos vinhedos Rochioli e Allen. Atualmente, passou a buscar as uvas também na costa de SONOMA e em MENDOCINO. Favorito *cult*.

Young, Robert Sonoma ★★★ Chard excepcional, Cab Sauv de vinhedo famoso, fonte do Chard CHATEAU ST. JEAN por muitos anos.

York Creek Spring Mtn, Napa ★★★ Vinhedo excepcional, pertencente a Fritz Maytag, pai da revolução *microbrew* (destilaria micro) nos EUA, com sua cerveza Anchor Steam. Vende para RIDGE e, atualmente, tem seu próprio rótulo. A maioria dos vinhos é boa, e sempre interessante.

Zaca Mesa Sta. Barbara ★★→★★★ Atualmente, afastando-se de Chard e Pinot N para concentrar-se nas uvas do Rhône (especialmente Marsanne e Syrah) e nas misturas (Cuvée Z) cultivadas na propriedade.

Zahtila Vineyards Napa ★★★ Novato no N do NAPA especializado em Cab Sauv elegante e convidativo e Zin intenso (um deles de vinhedo próprio, perto de Calistoga). Também produz Zins de DRY CREEK e de RUSSIAN RIVER oriundos de SONOMA COUNTY. Para observar.

ZD Napa ★★ O vigoroso Chard marcado por carvalho americano é um vinho da grife ZD.

Noroeste do Pacífico

Alguns dos vinhos mais fascinantes da América do Norte estão vindo do noroeste do Pacífico. Em Washington, Oregon, e em certa medida em Idaho, os vinicultures estão adequando as uvas ao local do vinhedo, e produzindo vinhos de elegância e complexidade. Não havia vinho de que falar na região, 40 anos atrás, o que torna os novos exemplos ainda mais notáveis. Os vinicultores de hoje têm reunido os esforços pioneiros dos anos 1970 e 1980, trazendo novas técnicas e novo conhecimento do que é possível.

O Oregon é, naturalmente, bem conhecido pelo seu Pinot Noir, mas isso é apenas uma parte da história. Novos plantios de Pinot Gris parecem muito promissores, e o Oregon Chardonnay, produzido no mais austero estilo Chablis, tem muitos admiradores. E não desconsidere o excelente Oregon Riesling.

Washington continua a definir suas uvas e áreas de cultivo, produzindo uma série de vinhos, inclusive Sauv Blanc, Sémillon e Chardonnay, bem como o clássico Riesling. Nos tintos, as variedades de Bordeaux ainda são os maiores – Cabernet Sauvignon, Merlot e o sempre excelente, cada vez melhor Cabernet Franc. Syrah é também um vencedor, especialmente em áreas mais quentes. É ainda cedo em Idaho, mas Cabernet Sauvignon parece ser uma boa aposta. Alguns Icewine muito bons estão sendo feitos em Washington e Idaho.

Safras Recentes

É impossível juntar um gráfico de safra que cubra o noroeste do Pacífico, devido à grande variação do clima e dos solos. O Rogue River Valley, do sul de Oregon, por exemplo, tem mais em comum com Napa e Sonoma, na Califórnia, do que com Willamette Valley, que fica a umas cem milhas ao norte. Há grandes variações entre Columbia Valley e Yakima Valley, em Washington. Idaho é completamente outra história. Em geral, o Pinot Noir de Oregon está entre os melhores desde 1999.

2006 O século ainda é jovem, mas quando a conversa gira em torno da safra do século, esta é a que conta até agora no Oregon. Incrível qualidade em toda a linha. Washington e Idaho relatando qualidade similar.

2005 Tudo indica que a safra será surpreendente, caso a vinícola tenha prestado atenção. Foi uma colheita fria, um pouco chuvosa, mas se as uvas foram colhidas na hora certa, a impressão é de que os vinhos serão muito bons. Oregon Pinot N, Washington Cab Sauv, Merlot podem ser excepcionais.

2004 Chuvas durante a florada resultaram em colheitas pequenas em alguns casos, porém, em geral, a qualidade das uvas foi muito alta. Os vinhos podem variar de abaixo da média para acima da média, dependendo do local.

2003 Potencialmente uma safra misturada, após um período estressante de calor e água.

2002 Vinhos com muita elegância e expressão.

2001 Menor acidez e menos concentração que nos três anos anteriores.

Oregon

Abacela Vineyards Umpqua Valley ★★★ O novo produtor está se saindo bem em uma área não muito na moda de Oregon. Tempranillo Dolcetto, Cab Fr e Syrah se destacam.

Adelsheim Vineyard Yamhill County ★★★→★★★★ Pinot N maciamente equilibrado. Chard, novo clone de Dijon, Ries, Pinot Gr e Bl de primeira linha: limpos e estimulantes.

Amity Williamette ★★→★★★ Pioneiro em Oregon com Ries e Pinot Bl excepcionais. O Pinot freqüentemente sobe para ★★★.

Andrew Rich (Tabula Rasa) Williamette ★★ Ex-vinicultor californiano. Pequenos lotes de vinhos artesanais, inclusive Pinot N e excepcional Syrah *rosé* sólido.

Argyle Yamhill County ★★→★★★ Um ***vinho espumante excepcional*** (especialmente o *brut vintage*) e um Pinot N ★★★ formam a base sólida desta vinícola, fundada pelo vinicultor australiano superestrelado Brian Croser.

Beaux Frères Yamhill County ★★ O Pinot N tem mais força que a maioria dos produtos de Oregon, se é isto que você procura. Em parte pertencente a Robert Parker.

Bethel Heights Willamette ★★→★★★ 00 01 Pinot N muito bem-feito. Também Chard, Pinot Bl e Pinot Gr notáveis.

Brick House Yamhill County ★★★ 01 02 Pinot N de propriedade imensa; escuro e incubado quando jovem, com safras mais velhas mais equilibradas.

Cameron Yamhill County ★★ (Pinot N) Produtor eclético de Pinot N forte e não filtrado e Chard: alguns ótimos. Também muito bom Pinot Bl.

Chehalem Yamhill County ★→★★ Chard excepcional, com potencial de envelhecimento, às vezes, chegando a ★★★. Ries e Pinot Gr muito bons.

Cooper, Montanha Willamette ★★→★★★ Pinot N e Pinot Gr excepcionais e em constante ascensão. Vinhedos biodinâmicos certificados.

Cuneo Oregon ★★ Utiliza uvas de Columbia Valley, Washington e Rouge River Valley, Oregon. Ênfase em varietais Bordeaux e italianos. Um dos melhores é Cana's Feast, uma mistura Bordeaux da AVA Red Mountain, em Washington.

Domaine Drouhin Willamette ★★★→★★★★ 00 01 ***Pinot N Excepcional***, sedoso e elegante; melhora a cada safra. O Chard também é um destaque.

Domaine Serene Willamette ★★★★ 00 01 Pinot N tradicional em um rico eco da Borgonha. Engarrafado sem filtrar. Vale a pena procurar.

Elk Cove Vineyards Willamette ★★→★★★ Ries excepcionais, inclusive um de

NB: Safras em cores são as que devem ser escolhidas em primeiro lugar para consumir.

colheita tardia. Pinot N muitas vezes próximo dos melhores; algumas melhoras recentes no Chard.

Erath Vineyards Yamhill County ★★→★★★ 01 02 Pioneira de Oregon, fundada em 1968. Chard, Pinot Gr, Gewürz e Pinot Bl muito bons. Pinot e Ries envelhecem bem.

Evesham Wood Willamette ★★★ Pequena vinícola familiar com fino Pinot N e Pinot Grbons e Gewurz seco. Pinot N subindo degraus nas últimas safras. Cultivado organicamente.

Eyrie Vineyards Willamette ★★★ 98 01 Vinícola pioneira (1965). Chard e Pinot Gr ricos e enérgicos. Todos os vinhos envelhecem lindamente.

Foris Vineyards Rouge Valley ★→★★ Um agradável Pinot Bl e um clássico Pinot N tinto-cereja estão no topo da lista.

Freja Willamette Valley ★★★ Somente Pinot N cultivada na propriedade, o melhor flerte com as quatro estrelas. Vinhos sedosos ao paladar, mas com vigor subjacente.

Henry Estate Rouge Valley ★→★★ Cab Sauv robusto mas nunca grosseiro, e um Müller-T leve e enérgico.

Ken Wright Cellars Yamhill County ★★ Pinot N floral e um Chard de vinhedo único muito bom.

King Estate S de Willamette ★★★→★★★★ 01 02 Uma das maiores vinícolas do Oregon, atualmente convertendo-se para a viticultura biodinâmica. Pinot N adorável e em constante aperfeiçoamento; Chard excepcional; Zin melhor que a média.

Lachini Vineyards ★★★ Novo produtor de importantes vinhedos Pinot N e Pinot G de cultivo biodinâmico. Uma estrela que aponta. Excepcional Pinot G e muito bom Pinot N.

Lange Winery Yamhill County ★★ O Pinot N torna-se mais rico e mais intenso à medida que os vinhedos amadurecem. Pinot Gr muito bom.

Panther Creek Willamette ★→★★ 97 Pinot N concentrado, carnoso, de vinhedo único, e Melon de Bourgone agradável.

Oak Knoll Willamette ★★ Pinot é o principal aqui, com uma linha intensa porém equilibrada. Também muito bons Ries quase secos.

Patricia Green Cellars Yamhill County ★★→★★★ Pinot N intenso e notável de uma vinícola relativamente nova. Produção pequena, porém vale a pena procurar.

Penner-Ash Yamhill County ★★★ A vinicultora Lyn Penner-Ash, de REX HILL, e seu marido produzem um ótimo Pinot N com estilo mais ousado do que muitos do Oregon.

Ponzi Vineyards Willamette Valley ★★→★★★ 99 00 01 Pequena vinícola pioneira, famosa por Pinot Gr, Chard e Pinot N.

Rex Hill Willamette ★★→★★★ Excelentes Pinot N, Pinot Gr e Chard de diversos vinhedos do norte de Willamette. Os Reserves têm ótimo nível.

Sokol Blosser Willamette ★★→★★★ Pinot N, Chard e Gewurz normalmente equilibrados e harmoniosos. Müller-T intrigante.

Stoller Estate Dundee Hills ★★★ Há muito considerado uma fonte notável de uvas, Stoller começou a produzir seu próprio vinho em 2002. Pinot N muito bom, com fruta combinada com simplicidade de aromas. Fique de olho!

Torii Mor Yamhill County ★★★ Diversas linhas de Pinot N de vinhedo único muito bons e um Pinot Gr superior.

Tyee S de Willamette ★★ Pequeno produtor; Pinot N e Pinot Gr muito bons e Gewurz saboroso.

Van Duzer Winery Willamette Valley ★→★★ Pinot N brilhante e frutado e Pinot Gr delicioso de uma das partes mais frias do vale de Willamette. Melhorando aos poucos.

Willakenzie Estate Yamhill County ★★ Pinot N excepcionais, às vezes ★★★. Pinot Bl muito bom.

Willamette Farms Vercingetorix Willamette ★★→★★★ A estrela aqui é o *complexo Pinot Gr, facilmente* ★★★. Pinot N tem altos e baixos, mas vale a pena experimentar.

Willamette Valley Vineyards Willamette ★→★★ Vinícola grande (para Oregon) perto de Salem. Chard, Riesling e Pinot N com qualidade de média a muito alta. Também proprietário e produtor das marcas Griffin Creek e Tualatin.

Washinton & Idaho

Alexandria Nicole Cellars Columbia ★★→★★★ Fundada em 1998 com foco duplo no Syrah e numa mistura Bordeaux. Excelente começo.

Andrew Will Puget Sound, Washington ★★★★ **96 97 00** O proprietário Chris Camarda utiliza os varietais Bordeaux de Red Mountain, para produzir tintos de vinhedo único impressionantes: equilibrados, elegantes e com grande potencial de envelhecimento.

Arbor Crest Spokane, Washington ★★ O melhor aqui é o Chard, seguido logo depois de um Sauv Bl froral. O Cab Sauv vem melhorando constantemente.

Badger Mountain Columbia Valley, Washington ★★ Primeiro vinhedo orgânico de Washington, que produz um Cab Sauv esplêndido e um bom Chard.

Barnard Griffin Columbia Valley, Washington ★★→★★★ Produtor pequeno: Merlot, Chard (especialmente fermentado em barris), Sém e Sauv Bl bem-feitos. Syrah é o melhor.

Basel Cellars Columbia Valley ★★★→★★★★ Recém-chegado dominando o pedaço, com uvas Bordeaux fascinantes e um Syrah quatro estrelas. Um começo espetacular.

Baer Woodinville ★★→★★★ Produtor artesão de vinhos varietais Bordeaux. As notas mais altas vão para Ursa, um vinho elegante com bom potencial de maturação.

Bergevin Lane Columbia Valley ★★★ Outro recém-chegado com um começo promissor. Bom Viognier, Syrah, excelente. O melhor ainda está por vir.

Brian Carter Cellars Woodinville ★★ Os vinhos incluem um "Super Tuscan", duas misturas Bordeaux e uma mistura Rhône. Todos bons; a mistura Byzance Rhône é um deleite.

Bunnell Cellars Yakima Valley ★★★ Uma série de Syrahs de vinhedo único são os mais adiantados aqui, além de um Viognier muito bom.

Buty Walla Walla Valley O foco está nas misturas Bordeaux, às vezes com Syrah. Principal vinho da Califórnia, Zelma Long, digno de consideração. Muito bom o Rediviva, mistura Cab Sauv/Syrah de Columbia Valley.

Cayuse Walla Walla ★★→★★★ Syrah e Viognier sensacionais, com seguidores fiéis.

Cedergreen Cellars Kirkland ★★→★★★ Um notável Sauv Bl e uma mistura bastante complexa de Merlot e Cab Sauv chamada Thuja são ambos muito bons.

Château Ste-Michelle Woodinville, Washington ★★→★★★★ Maior vinícola de Washington; também dono da COLUMBIA CREST, Northstar (Merlot excelente), Domaine Ste-Michelle e Snoqualmie, entre outros. Ações nas principais vinícolas, equipamentos de primeira linha e vinicultores experientes mantêm a ampla variedade no mais alto nível. Cab Sauv, Merlot e Chard de vinhedos únicos muitos bons.

Chinook Wines Yakima Valley, Washington ★★★ (Merlot) **99 00 01** Merlot e Cab Sauv elegantes e atraentes; Cab Fr excepcional.

Columbia Crest Columbia Valley, Washington ★★→★★★ Rótulo separado do CHÂTEAU STE-MICHELLE para vinhos deliciosos, bem-feitos e de bom preço. Cab Sauv, Merlot, Syrah e Sauv Bl são os melhores. Vinhos Reserve também muito bons.

Columbia Winery Woodinville, Washington ★★★ (Cab) **99 00** Um pioneiro (1962, como Associated Vintners) e ainda um líder. MW David Lake produz vinhos de vinhedo único pouco comentados, equilibrados e com estilo. Syrah maravilhoso.

DeLille Cellars Woodinville ★★★→★★★★ 98 99 00 Vinícola interessante para misturas tintas Bordeaux muito boas tipo: Chaleur Estate de bom envelhecimento, D2 (mais progressista e acessível). Branco excelente fermentado em barris. Procure pelo novo Syrah, Doyenne.

Di Stefano Woodinville ★★→★★★ Os melhores aqui são as variedades Bordeaux inclusive um Cab Sauv muito bom e elegante; também um vivo e suculento Syrah.

Dunham Cellars Walla Wallla, Washington ★★→★★★ Syrah sedoso no topo da lista. Cab Sauv bem extraídos têm seguidores ferrenhos.

O Pinot alternativo do Oregon

O Oregon tem fama pelo Pinot Noir, e o Pinot Gris está se tornando conhecido como o "outro" vinho do Oregon. As uvas são primas-irmãs, e ambas se desenvolvem no clima frio do lugar. O Pinot Gris parece alcançar complexidade e profundidade de sabor. Há muita gente que compara a versão do Oregon com o Pinot Gris da Alsácia.

Glen Fiona Walla Walla, Washington ★★→★★★ Especialista do Rhône com bons Syrah e misturas Syrah, especialmente o *cuvée* Syrah/Cinsault/Counoise.

Hedges Cellars Yakima Valley, Washington ★★★→★★★★ Tintos Bordeaux excepcionais da AVA de Red Mountain. Também vinhos muito bons do segundo rótulo CMS Cellars.

Hogue Cellars, the Yakima Valley, Washington ★→★★ Grande e confiável produtor, conhecido por seus excelentes vinhos de bom preço, especialmente Ries, Chard, Merlot e Cab Sauv. Produz o quintessencial Sauv Bl Washington.

Hyatt Vineyards Yakima Valley, Washington ★★→★★★ Merlot com estilo, que está entre os melhores do estado. Procure o "vinho do gelo" Black Muscat, quando as condições forem favoráveis.

Indian Creek Idaho ★→★★ O melhor vinho aqui é o Pinot N, seguido de um Ries muito bom e um Cab Sauv bem-sucedido.

Kiona Vineyards Yakima Valley ★→★★ Produtor sólido da Red Mountain. Vinhos fáceis de beber; bom preço e qualidade. Lemberger suculento e Cab Sauv confiável.

Lake Chelan Winery Columbia Valley ★★ Nova vinícola promissora, que faz Cab Sauv de bom a excelente, e um atraente Syrah.

L'Ecole Nº 41 Walla Walla ★★★→★★★★ (Merlot) **99 00** Tintos arrasadores porém equilibrados (Merlot, Cab Sauv, e a supermistura Meritage) com fruta arrojada e de bom envelhecimento. Bom Sém fermentado em barris.

Leonetti Walla Walla ★★★→★★★★ ***Cab Sauv harmonioso, fino e com boa estrutura***. Merlot ousado e de bom envelhecimento. Vinhos com grande demanda.

Long Shadows Columbia Valley ★★→★★★ O CEO Allen Shoup, ex-Château Ste-Michelle, tem os melhores vinicultores internacionais, que produzem vinho Washington com um rótulo distinto. Entre os lançamentos muito bons estão: Ries Poet's Leap; um tinto fantástico, Pirouette; um tinto mais concentrado meio Novo Mundo, Chester-Kidder; e um Syrah ousado de estilo australiano. Espere por coisas ótimas daqui.

McCrea Puget Sound ★★★ Procure pelos bons Viognier, Syrah e Grenache vindos dos melhores vinhedos de Washington pertencentes a este especialista do Rhône.

Nicolas Cole Cellars Columbia Valley ★★→★★★ Estrela proeminente, com tintos estilo Bordeaux muito bons, equilibrados e elegantes, que prometem boa maturação.

Nota Bene Cellars Puget Sound ★★→★★★ Vinhos fantásticos de varietais Bourdeaux, vindos da AVA da Red Mountain e de outros excelentes vinhedos de Washington. Atualmente difícil de achar, mas vale a pena procurar.

Owen Roe Washington ★★→★★★ Procure Chard e Ries do Yakima Valley, e tintos, especialmente variedades Bordeaux do Columbia Valley.

Pepper Bridge Walla Wallla Valley ★★→★★★ Cab Sauv e Merlot no estilo Bordeaux.

Quilceda Creek Vintners Puget Sound ★★★→★★★★ (Cab) **97 98.** O Cab Sauv maduro, bem amadeirado e bem-feito, de uvas de Columbia Valley, é a especialidade. Fineza excepcional e longevidade.

Reininger Walla Walla, Washington ★★→★★★ Produtor pequeno e focado de Merlot espetacular e Syrah excepcional. O Merlot Helix Columbia Valley está se aproximando de ★★★.

Ste. Chapelle Caldwell, Idaho ★★ Chard, Ries, Cab Sauv, Merlot e Syrah arrojados e agradáveis, de vinhedos locais e do leste de Washington. Vinho espumante atraente, de bom preço e qualidade cada vez melhor.

Sandhill Winery Columbia Valley ★★★ Vinhos somente da propriedade, da AVA Red Mountain. Importante Cab Sauv e Merlot, e um muito bom Pinot Gr.

Saviah Cellars Walla Walla ★★ Misturas Bordeaux muito boas, especialmente Big Sky Cuvée, e notável Syrah.

Sawtooth Cellars Idaho ★★ Cab Sauv com novo plantio de Syrah e Viognier mostrando promessa.

Seven Hills Walla Walla ★★ Mistura Ciel du Cheval Bordeaux muito boa; também Pentad (Varietais Bordeaux e um borrifo de Carmenère).

Woodward Canyon Walla Walla, Washington ★★★→★★★★ (Cab) **97 98** Cab, Chard e misturas maduras e intensas. Merlot vindo com toda força.

Leste das Montanhas Rochosas

O leste dos Estados Unidos teve uma cultura vinícola florescente até ela ser dizimada pela Proibição, na década de 1930. Só nos anos 1970 ela começou a se reinventar. Devido à doença e ao clima adverso, as uvas nativas resistentes e franco-americanas híbridas dominaram a cena durante anos, mas hoje a *vinifera* está sendo cultivada com sucesso em todos os estados do leste. Os viticultores ainda estão descobrindo quais as uvas mais adequadas aos *terroirs* do leste. Até agora, as Chardonnay e as uvas de Bordeaux têm tido sucesso em quase todo lugar.

Safras recentes

Os anos de 1998 e 1999 foram em geral excepcionais no leste dos Estados Unidos, mas poucos desses vinhos ainda estão disponíveis. Os anos de 2001 e 2002 foram excelentes, mas 2000 e 2003 decepcionaram. Já 2004 e 2005 foram bons, mas escassos, devido aos estragos do inverno e aos furacões. Quanto a 2006, os resultados foram generosos, com a qualidade oscilando entre boa e excelente.

Allegro Pensilvânia ★★ 04 05 06 Chard, Cab Sauv e Merlot valorosos.

Anthony Road Finger Lakes, NY ★★★ Ótimos Ries; Vignoles de Pinot Gr de colheita tardia excelentes.

Barboursville Virginia ★★★★ A mais antiga das vinícolas modernas do estado Chard, Cab Fr, Barbera, Nebbiolo e Pinot Gr excelentes. Restaurante e pousada elegantes.

Bedell Long Island, NY ★★★ **02** 03 04 05 06 Merlot e Cab Sauv excelentes.

Blenheim ★★★ Propriedade jovem na Virginia. Chard, Petit Verdot e mistura estilo Bordeaux muito bons.

Breaux Virginia ★★★ 02 04 05 06 Belo vinhedo de 35 ha a uma hora de Washington, DC. Bons Chard e Sauv Bl.

Chaddsford Pensilvânia ★★★ 02 04 05 06 Produtor consistente, desde 1982, especialmente para Barbera e Rubino, uma mistura Cab/Sangiovese especialmente para Barbera e Rubino, uma mistura Cab/Sangiovese.

Chamard ★★ 03 04 05 06 A melhor vinícola de Connecticut, fundada por um executivo da Tiffany. Chard de primeira linha. A AVA é o Southeastern New England.

Chateau LaFayette Reneau Finger lakes, NY ★★★ 04' 05' 06 e Ries com estilo, e Cab Sauv de um produtor estabelecido. Impressionante ambiente na beira do lago.

Chrysalis Virginia ★★★ Viognier de primeira linha; Petit Manseng muito bom; e o nativo Norton.

Clinton Vineyards Hudson River, NY ★★ **05 06** Seyval (espumante e não espumante) bom, limpo e seco. Espumantes e vinhos de pêssego e de Cassis excepcionais.

Debonné, Vinhedos Lake Erie, Ohio ★★ 04 05 06 Maior vinícola de propriedade do estado de OHIO. Chard, Ries, Pinot Gr e alguns híbridos; Chambourcin e Vidal.

Ferrantes Winery & Ristorante Propriedade respeitável (desde 1937), que emergiu como líder de qualidade com ótimos Chard, Cab Sauv, Ries e Merlot.

Finger Lakes Linda e fria região setentrional do estado de Nova York, fonte da maioria dos vinhos do estado. Vinícolas mais importantes: ANTHONY ROAD, CHATEAU LAFAYETTE RENEAU, DR. FRANK, FOX RUN, HERON HILL, King Ferry, LAKEWOOD, RED NEWT, Shalestone, STANDING STONE, Swedish Hill e WIEMER.

Firelands Lake Erie Ohio ★★ Propriedade de Ohio; produz Cab Sauv, Gewurz e Pinot Gr.

Fox Run Finger Lakes, NY ★★★ 04 05 06 Alguns dos melhores Chard, Gewurz, Ries e Pinot N da região.

Frank, Dr. Konstantin (Vinifera Wine Cellars) Finger Lakes, NY ★★★★ 01 02 04 05' 06 Continua a marcar o passo para a vinicultura séria. O falecido dr. Frank foi um pioneiro na plantação de vinhas européias em FINGER LAKES. Reis e Gewurz excelentes; Chard, Cab Sauv e Pinot bons. Também um espumante Chateau Frank muito bom.

Glenora Wine Cellars Finger Lakes ★ 04 05 Chard, Ries e espumante bons.

Hamptons, The (também conhecida como South Fork) AVA de LONG ISLAND. A principal vinícola é a ostentosa WÖLLFER STATE. O destaque é a Duck Walk, com 130 acres de vinhas; a Channing Daughters está melhorando depressa.

Heron Hill Finger Lakes ★★ Grande Ries e ótimos vinhos de sobremesa de Thomas Laszlo.

Horton Virginia ★★★ 04 05 06 Estabelecido no início da década de 1990. Viognier, Mouvèdre, Cab Fr e Norton bons.

Hudson River Region O distrito mais antigo de viticultura (37 produtores) da América e a primeira AVA de NY. Abraça o rio; uma viagem de duas horas ao N de Manhattan.

Jefferson Virginia ★★★ 01'02'04' 05 06 Próximo à propriedade histórica de Thomas Jefferson, Monticello. Mistura Bordeaux, Pinot Gr, Viognier e Petit Verdot finos.

Keswick Virginia ★★★ 04 05 06 Jovem vinícola que já estabelece uma reputação de Chard elegante, Viognier e Tourigau e mistura baseada em Cab muito bons.

King Family Estate/Michael Shaps Wines Virginia ★★★★ Chard, Viognier Merlot, e Cab Fr e mistura Bordeaux produzidos por enólogos treinados em Borgonha.

King Ferry Finger Lakes, NY ★★★ Ótimo Ries 05 06, Chards de estilo.

Kluge Virginia ★★ Propriedade showplace 04 05 06, vinhos ambiciosos que incluem Viognier e mistura Bordeaux.

Lake Erie Maior distrito viticultor da parte oriental dos EUA; 10.117 ha ao longo das margens do lago Erie, incluindo partes em Nova York, Pensilvânia e Ohio. Também é o nome de uma AVA que abrange três estados: o setor de Nova York tem 12 vinícolas, a Pensilvânia, sete, e Ohio, 32. A Harpersfield de Ohio estabelece os padrões de qualidade.

Lamoreaux Landing Finger Lakes, NY ★★★ 03 04 05 06 Chard, Ries e Cab Fr promissores de um impressionante *revival* de uma vinícola grega.

Lenz ★★★ 02' 04 05 06 Vinícola de classe, da AVA de NORTH FORK. ***Chard fino e austero no modo Chablis***; também Gewürz, Merlot e espumante.

Linden Virginia ★★★★ 99' 00 01 02 04 05 06 Pequeno produtor (5mil caixas) nas montanhas da Virginia, 100 km a oeste de Washington, DC. Sauv Bl, Cab Fr, Petit Verdot e "clarete" no estilo Bordeaux esplêndidos.

Long Island, Nova York Interessante região vinícola a leste das Montanhas Rochosas, e uma estufa de experimentos. Atualmente, com 1.200 ha, toda vinífera (35% Merlot) e três AVAs (LONG ISLAND, NORTH FORK e THE HAMPTONS). A maioria das 43 vinícolas situa-se no North Fork. Melhores variedades: Chard, Cab Sauv, Merlot. Um longo período de crescimento quase livre de geadas, porém sujeito a furacões. A mais nova geração das vinícolas, incluindo Ackerly Pond, Comtesse Thérèse, Di iberto (bons tintos), Martha Clara, Old Fields Shinn (propriedade dos donos do aclamado Manhattan Restaurant Home), Sherwood House (Chard e Merlot), e Raphael.

Maryland tem mais de 25 vinícolas em quatro regiões de cultivo distintas. O produtor mais conhecido é a vinícola de família Boordy Vineyards, que faz muito bons Vidal Blanc, Chard e Cab Sauv Basignani para bons Cab Sauv Ries. e Seyval. Fiore: bons Chambourcin, Merlot, Cab Sauv e Vidal Blanc. Woodhall tem bons Chard e Barbera.

Michigan Além dos Ries finos de clima frio, também emergem Gewurz, Pinot N e Cab Fr esplêndidos; 44 vinícolas comerciais usando uvas de Michigan e quatro AVAs. As melhores incluem Brys, Black Ston, Château Grand Traverse, Peninsula Cellars (especialmente Gewürz seco), Château Chantal, Willow e Tabor Hill. Os vinhedos Mawby são conhecidos pelo seu esp. Fenn Valley, e St. Julian e Lemon Creek têm grande número de seguidores. Empreendedores promissores Round Barn, Longview, Dom Berrien Cherry Creek.

Millbrook Hudson River, NY ★★ 04 05 06 Chards tipo Borgonha; Cab Fr pode ser delicioso.

Naked Mountain Virginia 05 06 Estabelecido em 1981 e conhecido por seu Chard grande e amanteigado.

Niagara Escarpment A mais nova AVA de Nova York (set 05); atualmente com 12 vinícolas.

North Carolina 61 vinícolas. Entre os melhores estão Biltmore Estate, Childress, Duplin (para Muscadine), Hanover Park, Iron Gate, Laurel Gray, Old North State, Rag Apple, Larrie, Ray Len e Shelton. Procure por Chard, Viognier e Cab Fr.

North Fork AVA de LONG ISLAND (há três). Melhores vinícolas: Bedell, Macari, Lieb, LENZ, PALMER, PAUMANOK, PELLEGRINI, PINDAR. A duas horas e meia (de carro) de Manhattan.

Ohio 96 vinícolas, cinco AVAs, notavelmente LAKE ERIE e Ohio Valley. Progresso visível com Pinot Gr, Ries, Pinot N, Cab Fr e "vinho do gelo".

Palmer Long Island, NY ★★★ 04 05 06 Produtor de primeira linha de NORTH FORK e um adágio no mercado darwinista metropolitano. Chard, Sauv Bl e Cab Fr saborosos, o último semelhante a Chinon.

Paumanok Long Island, NY ★★★★ 98' 99' 00 01 04 05 06 Vinícola em NORTH FORK; Ries, Chard Merlot e Cab Sauv esplêndidos. Chenin Bl excepcional; saboroso Sauv Bl de colheita tardia.

Pellegrini Long Island, NY ★★★★ 99' 00 02 04 05 06 Uma vinícola encantadoramente projetada, em NORTH FORK. Merlot opulento, Chard elegante e Cab Sauv semelhante a Bordeaux.

Pindar Vineyards Long Island, NY ★★★ **01** 02 04 05 06 Uma operação de 116 ha (a maior da ilha) em NORTH FORK. Vasta gama de misturas e varietais populares, incluindo Chard, Merlot, espumante e uma mistura muito boa de tinto Bordeaux, Mythology. Popular entre os turistas.

Red Newt Finger Lakes, NY ★★★ 04 05 06 Produz excelentes Chard, Ries, Cab Fr, Merlot e mistura tinta inspirada no Bordeaux. Bistrô popular.

Sakonnet Little Compton, Rhode Island ★★ 04 05 06 Maior vinícola da Nova Inglaterra. Vinhos bem agradáveis de beber, e delicioso esp *cuvée brut*.

Standing Stone Finger Lakes, NY ★★ 04 05 06 Uma das melhores vinícolas da região, com Ries e Gewürz muito bons e mistura tipo Bordeaux.

Tomasello Nova Jersey ★★ Chambourcin, Pinot N, Cab Sauv e Merlot bons.

Unionville Vineyards Nova Jersey ★★ Ries atraentes e boa mistura tinta estilo Bordeaux.

Valhalla Virginia ★★★ 01 02 04 05 06 Vinhedo a 600 m acima de uma montanha de granito; produz Alicante Bouschet fino, Sangiovese condimentada e boa mistura tinta de todas as cinco uvas Bordeaux.

Veritas Virginia ★★★ 04 05 06. Bom Chard, Cab Fr e Viognier bons; ***Petit Verdot vigoroso***.

Villa Appalaccia Virginia ★★★ 04 05 06 Vinícola de inspiração italiana, nos montes Blue Ridge, produz quantidades limitadas (3 mil caixas no total) de Primitivo, Sangiovese, Malvasia e Pinot Gr.

Virginia Com 109 vinícolas unidas e seis AVAs, a Virginia produz alguns dos melhores vinhos do leste. Atualmente, a era da moderna vinicultura engloba quase todo o estado, com ênfase em vinhas viníferas.

Wagner Vineyards Finger Lakes, NY ★★ 04 05 06 Chard, Ries doce e seco, mistura Bordeaux e "vinho do gelo". Também conta com um restaurante e uma microdestilaria.

Westport Rivers Sudeste da região de Nova Inglaterra ★★ 00 02 05 06 Casa de Massachusetts fundada em 1989. Bom Chard e espumante elegante.

Whitehall Virginia ★★★★ 03 04 05 Uma bela propriedade perto de Charlottesville. Gewurz impecável, Petit Manseng exuberante; Chard, Cab Fr e mistura Cab excelentes.

Wiemer, Hermann J. Finger Lakes, NY ★★→★★★ 05 06 Vinicultor/proprietário criativo nascido na Alemanha. Ries excepcional; Chard muito bom.

Wölffer Estate Long Island ★★★ 02 03 04 05 06 Chard moderna e Merlot de um vinicultor nascido na Alemanha. Bons vinhos *podem* ser feitos em NORTH FORK.

Wollersheim Wisconsin ★★ 05 06 Vinícola especializada em variações de Maréchal Foch. Prairie Fumé (Seyval Bl) é um sucesso comercial.

Estados do sudeste e centro

Missouri continua a expandir, com mais de cinqüenta produtores em três AVAs; **Augusta, Hermann** e **Ozark Highlands**. Os melhores vinhos são Seyval Blanc, Vidal, Vignoles (versões doce e seco) e Chambourcin. **Stone Hill**, em Hermann, produz um Chardonel (híbrido de Seyval Blanc e Chardonnay resistente à geada) muito bom, além de Norton e os bons Seyval Blanc e Vidal Blanc. **Hermannhof** também chama atenção pelos seus Vignoles, Chardonel e Norton. Também notáveis: **St. James** para Vignoles, Seyval e Norton; **Mount Pleasant,** em Augusta, para um "Porto" rico e Norton; **Adam Puchta** para vinhos bons tipo Porto, Norton, Vignoles e Vidal Blanc; **Augusta Winery** para Chambourcin, Chardonel e "vinho do gelo"; **Les Bourgeois**, Syrah, Norton, Chardonel e Montelle bons; muito bom Cynthiana e Chambourcin muito bons.

Geórgia Atualmente, há mais de uma dúzia de vinícolas aqui. Procure por: **Three Sisters** (Dahlonega), **Vinhedos Habersham** e **Chateau Elan** (Braselton), as quais têm o esplendor do sul com vinhedos, vinhos e local de veraneio.

Sudoeste

Texas

O Texas continua a crescer na qualidade do vinho e na quantidade de vinícolas; tem agora mais de cem. O Novo México chega a 30, o Colorado tem mais de 65. O Arizona atualmente possui 20 vinícolas e vinhedos, e Oklahoma, 30.

Becker Vineyards Stonewall ★★★ Cab Sauv, Chard, Ries, Sauv Bl, Prairie Roti (mistura tinta) e Viognier muito bons.

Delaney Vineyards Próximo de Dallas ★ Cynthiana e Sauv Bl bons.

Driftwood Vineyards Texas Hill Country ★★ Muito bons Muscat Canelli, Viognier e misturas de tintos.

Fall Creek Texas Hill Country ★★ Chenin Bl, Sauv Bl, Viognier e Cab Sauv bons.

Flat Creek Estate Texas Hill Country ★★ Sangiovese, Moscato Blanco e vinho estilo do "Porto: bons.

Ñredericksburg Winery Oferece secos como vinhos de sobremesa; ótimos Muscat de Orange, bons estilos de "Porto" e "Xerez".

Haak Vineyard & Winery Galveston County ★ Muito bom Blanc du Bois e Cab Sauv muito bons.

Llano Estacado Perto de Lubbock ★★★ O pioneiro (desde 1976) continua em um caminho de sucesso com Chard, Chenin Bl e Zin. Muito boas misturas.

Lost Creek Vineyards Texas Hill Country Muito bom Chard; bom Merlot e misturas.

McPherson Cellars Lubbock Novo e promissor; muito bons Sangiovese, Viognier e misturas de tintos.

Messina Hof Wine Cellars Bryan ★★★ Os vinhos mais premiados do estado. Ries, Cab Sauv e Muscat Canelli excelentes. Muito bons vinhos no estilo Porto.

Pheasant Ridge Perto de Lubbock Chard e Cab Sauv muito bons.

Pleasant Hill Brenham Cab Sauv, Blanc du Bois e misturas: bons.

Sister Creek Boerne Vinícola boutique com muito bom Pinot N, Chard e Muscat Canelli muito bons.

Stone House Spicewood. Boas misturas e bons vinhos ao estilo Porto.

Novo México etc.

Novo México Continua com a ênfase em uvas viníferas, embora alguns híbridos franceses ainda sejam usados, principalmente nas áreas setentrionais. Mais de trinta vinícolas. **Black Mesa:** ★★ Muito bons Cab Sauv, Seyval Bl e Merlot muito bons; boas misturas, especialmente Coyote (t). **Casa Rondeña:** ★★ Meritage (t), Cab Fr e Cab Sauv muito bons. **Corrales:** ★★ Cab Sauv e Ries muito bons. Gruet: ★★★ Esp excelente; Chard e Pinot N muito bons. **La Chiripada** ★★ Muito bons Ries e misturas; bom vinho ao estilo Porto. **Milagro V'yds:** Chard e Cab Sauv muito bons. **Ponderosa Valley** ★★ Ries, Pinot N, Merlot e misturas, especialmente Summer Sage e Jemez Red, muito bons. **La Viña**: ★★ Chard e Zin muito bons; boas misturas, St. Clair, Blue Teal V'yds, Mademoiselle V'yds, DH. Lescombes e Santa Rita Cellars, todos administrados pelo vinicultor **Florent Lescombes,** têm uma boa variedade de vinhos. **Luna Rosa**, Zin, Symphony Merlot e Nini (mistura tinta) muito bons. Jacona Valley Winery: nova; especializando-se em Pinot N.

Colorado O foco é nas Vitis viníferas; com mais de 250 ha plantados, atualmente estende-se do Grand Valley, em Western Slope, pelas Montanhas Rochosas até o Front Range. Tem mais de 65 vinícolas **Carlson Cellars:** ★★★ Gewürz, Ries e vinhos frutados muito bons. **Canyon Wind:** Chard, Cab Sauv e Merlot bons. **Garfield Estates:** Sauv Bl e Cab Fr muito bons. **Plum Creek:** ★★★ Muito bons Ries e Sauv Bl; bons: Chard e Merlot. **Terror Creek:** ★★ Pequena, Ries e Gewurz muito bons. **Trail Ridge:** Gewürz e Ries. **Two Rivers:** Cab Sauv, Chard e Merlot muito bons. **Verso Cellars:** Cab Sauv muito bom. **Balistreri:** Cab Sauv, Syrah e Sangiovese bons. **Stoney Mesa**: Cab Sauv e Riesling bons. **Rebeque Canyon** Malbec muito bom.

Arizona Continua crescendo; mais de vinte vinícolas e produtores de vinhos. **Callaghan Vineyards:** ★★ Syrah, Cab Sauv e misturas muito bons. **Dos caleezas:** ★ ótimos Cab Samo, Petite Sirah, Sangiovese. **Colibri**: nova e promissora boutique vinícola, bons Viognier, Roussanne, Syrah. **Kokopelli:** vinhos bons a preços razoáveis.

Oklahoma Expandiu-se para mais de trinta vinícolas; ênfase atualmente em Vitis viníferas, embora algumas vinícolas incluam uvas nativas americanas. **Greenfield Vineyard** Chandler: Merlot e Sauv Bl bons. **Stone Bluff Cellars** Haskell: Vignoles, Cynthiana e misturas boas. **Panther Hills** Bessie: ★★ Boutique: Cab Sauv muito bom; Pinot N bom. **Tidal School V'yds** Drumright: A maior; boas misturas. **Oak Hills Winery** Chelsea: Catawba muito bom. **Nuyaka Creek** Bristow Bons vinhos de uva, fruta e berry, além de seleções agradáveis de estilo cordial, especialmente Petite Pecan.

Utah **Spanish Valley** (Moab) Ries muito bons e Cab Sauv.

Nevada **Pahrump Valley** Perto de Las Vegas, Symphony e misturas tintas produz bons. **Tahoe Ridge** (norte de Nevada) continua com projetos experimentais; Sém bom.

Canadá

Safras recentes

Com poucas exceções, os anos anteriores a 1998 foram essencialmente obsoletos, e 1998 ainda com boa apresentação nos melhores tintos. O ano de 2000 foi excelente em toda parte, principalmente com bons brancos e alguns tintos para consumo imediato. Em 2006 a safra foi variável, com bons brancos e Riesling de amadurecimento precoce, e alguns tintos tardios.

British Columbia

A maior concentração de vinícolas é no vale seco e quente do Okanagan, em volta de um imenso lago de 400 km, a leste de Vancouver, especialmente na parte meridional meio desértica da região. Há mais de 130 vinícolas em quatro *appellations*: Okanagan Valley, Fraser Valley, Similkameen Valley e Vancouver Island. Empreendimentos com grande probabilidade de sucesso: Thornhaven (Sauv Bl), Golden Mile (Pinot N e Chardonnay), NK'Mip Cellars (Merlot, Ries e "vinhos do gelo"), Lake Breeze, Blasted Church (Chard) e Tamtalous (Ries).

Blue Mountain Excelente Pinot N e espumante.

Burrowing Owl Cab Fr e Syrah excelentes.

Calona-Sandhill Vineyards ★★★ Pinot Gr, Cab Fr, Syrah e Merlot bons.

Cedar Creek ★★★ Chard, Pinot N, Mentage e Merlot excepcionais.

Inniskillin Okanagan ★★★ Chard, Viognier e Pinot Bl excelentes.

Jackson-Triggs Okanagan ★★★Cab Sauv, Meritage, Shiraz, Ries e "vinho do gelo" muito bons.

Mission Hill ★→★★★ Os aclamados Chard, Sauv Bl/Sém, Syrah, Merlot, e o carro-chefe Oculus. Altos padrões culinários no Dining Terrace.

Osoyoos Larose Mistura Bordeaux tinto especialmente notável.

Quails' Gate ★★ Ries, Late Harvest Optima e Old Vines Foch.

Sumac Ridge ★★ Gewürz, Sauv Bl e esp "Stelar's Jay" entre os melhores da região. Meritage notável.

Ontário

Inclui a maior área vinícola do Canadá, a Península Niágara. Aproximadamente cem vinícolas. A proximidade do lago e os solos diversificados criam condições de cultivos distintos. Vinícolas emergentes orientadas pela qualidade incluem Le Clos Jordanne Hidden Bench, Norman Hardie e Clossen Chase, Tawse. O "vinho do gelo" é o carro-chefe internacional. Em 2005, 12 novas *appellations* foram aprovadas dentro da *appellation* maior da Península Niagara.

Andres Maior vinícola de propriedade canadense. Dona das propriedades HILLEBRAND e Peller.

Cave Springs Cellars ★★★ Ries exemplares, Chard sofisticados de vinhas velhas, Late Harvest e "vinhos do gelo" excepcionais.

Château des Charmes ★★★ Vinícola deslumbrante ao estilo château. Chard, mistura tipo Bordeaux, "vinho do gelo" e espumantes bons.

Creekside Produtor sempre excelente que produz um Pinot N, Sauv Bl e mistura no estilo Bordeaux.

Henry of Pelham ★★★ Chard e Ries elegantes; Baco Noir e "vinho do gelo" distintos; além de tintos estilo Bordeaux.

Hillebrand Estates ★→★★★ Grande produtor; espumante e mistura tinta estilo B'x bons.

Inniskillin ★★★★ Produtor importante que foi o predecessor da moderna indústria vinícola de Ontário. Chard e Pinot N habilidosos no estilo da Borgonha; também tintos no estilo B'x. Muito bons Ries, Pinot Gr, e "vinho do gelo" (inclusive esp), alguns verdadeiramente fantásticos.

Jackson Triggs ★★★ Vinícola estado-da-arte com finos Chard, Ries e tintos no estilo B'x.

Malivoire Pequena vinícola com inovador fluxo por gravidade com Pinot N, Chard, e Gamay muito bons. Alguns orgânicos.

Pelee Island Estate 00 01 02 03 04 05 A primeira vinícola comercial do Canadá (1866). Maior produtor VQA. Chard Cab Fr e "vinho do gelo".

Peninsula Ridge ★★★ Estabelecido em 2000. Chard, Sauv Bl e Merlot; bons.

Pillitteri Grande vinícola de família com Cab Fr e Merlot muito bons. Produtor prolífico de "vinho do gelo".

Vincor International ★→★★ Comprado recentemente pela Constellation. Entre as vinícolas, JAKSON-TRIGGS, INNISKILLIN, Nk'Mip, Le Clos Jordanne, Osoyoos Larose.

Vineland Estates ★★★ Ries secos e semi-secos; Gewürz muito admirado. Bom "vinho do gelo" Vidal. Chard, Cab Sauv, Sauv Bl e tinto no estilo B'x.

Vintners Quality Alliance (VQA) A diretoria de *appellation* do Canadá. Seus padrões rígidos rapidamente aumentaram o respeito e a visibilidade dos vinhos canadenses.

SUDOESTE/CANADÁ

América Central & América do Sul

As áreas mais escuras referem-se às regiões vinícolas

Chile

Qual é o país que reivindica ser a terra tanto do maior vinhedo biodinâmico do mundo quanto ser o maior produto mundial de Pinot Noir? Sim, é o Chile (com Emiliana Orgânicos e o Cone Sul, respectivamente). Antes uma fonte de vinhos corretos, mas sem alma, o Chile tem agora mais paixão latina.

Dadas as condições áridas – quase todos os vinhedos sobrevivem graças à irrigação – a mudança para a viticultura orgânica e biodinâmica é compreensível, mas o que é notável é a onda repentina de valorização. Juntamente com isso estão as iniciativas em regiões onde as vinhas nunca tinham sido cultivadas. Na verdade, é uma luta a manter. San Antonio e Elqui são agora jornal de ontem, à medida que os produtores expandem seus horizontes.

Com tudo isso, vem a compreensão de que o Chile precisa não de um influxo de diferentes variedades de uvas, mas de um melhor entendimento daquelas que ele já tem. Cabernet Sauvignon permanece o trunfo – que outro país oferece mais consistência no nível inicial? – enquanto Pinot Noir e Syrah estão vivendo um aumento de sorte. Ao mesmo tempo, o entusiasmo pela Carmenère está moderado. Na área dos brancos, Sauvignon Blanc, geralmente de Casablanca, lidera o conjunto. Mas graças a alguns exemplos excelentes de Casablanca, San Antonio e Limari, o Chardonnay está finalmente se firmando, enquanto o número de belos

Rieslings e Viogniers está aumentando. Como o Chile busca complexidade, e não espalhafato em seu vinho, aguarde melhorias nos anos vindouros.

Safras sul-americanas

As safras realmente diferem, mas não como na Europa. Os brancos, quase sem exceção, atingem a melhor forma dentro de dois anos a partir da safra, os tintos dentro de três. Os tintos mais ambiciosos (os baseados na Cabernet chilena, os Cabernet e Malbec argentinos) podem confiantemente ser guardados por uma década ou mais, porém é discutível se eles melhoram ou ficam velhos após o quinto ano. Curiosamente, os anos ímpares têm sido os melhores para os chilenos recentemente, embora hoje em dia o produtor seja mais importante que a safra.

Aconcágua A região mais setentrional para vinhos de qualidade. Inclui CASABLANCA, Panquehue, SAN ANTONIO.

Almaviva ★★★ Tinto caro, porém de primeira, ao estilo claret de MAIPO – uma associação entre CONCHA Y TORO e BARON PHILIPPE DE ROTHSCHILD.

Altaïr ★★→★★★ Ambiciosa associação entre Ch Dassault (St-Emilion) e SAN PEDRO. Pascal Chatonnet, de Bordeaux, é o orientador; *grand vin* (na maior parte Cab Sauv e Carmenère) complexo e terroso; segundo vinho; Sideral, para beber o mais cedo possível.

Anakena Cachapoal ★→★★ Variedade sólida. Vinhos carro-chefe sob o rótulo Ona incluem Syrah tipo ponche; marcas de vinhedo único e Chard Reserve também bons.

Antiyal ★★→★★★ Propriedade de Alvaro Espinoza, que produz tinto complexo e fino a partir de Cab Sauv, Syrah e Carmenère cultivadas biodinamicamente. Segundo vinho: Kuyen.

Apaltágua ★★→★★★ Especialista em Carmenère, que recorre às frutas de vinhas velhas de Apalta (Colchagua). Grial é um vinho carro-chefe rico e herbal.

Aquitania, Viña ★★→★★★ Associação franco-chilena; produz Cab Sauv Lazuli (MAIPO) e Chard Sol de Sol de Malleco muito bons. Também Cab Sauv Paul Bruno de MAIPO (Paul Pontallier e Bruno Prats, de Bordeaux são sócios).

Arboleda, Viña ★★ Parte da mesma fonte do ERRÁZURIZ/CALITERRA, extrai as uvas de diversas regiões e impressiona com Cab Sauv, Syrah, Carmenère, Sauv Bl e Chard.

Baron Philippe de Rothschild ★→★★ Empresa de B'x; produz uma gama simples de varietais, melhor mistura tinta: Escudo Rojo. Ver também ALMAVIVA.

Bío-Bío Região meridional promissora. Potencial para bons brancos e Pinot N.

Botalcura ★★→★★★ Associação Curicó, que envolve o vinicultor francês Philippe Debrus, ex-VALDIVIESO. Cab Fr Grand Reserve é a estrela.

Calina, Viña ★→★★ Associação Kendall-Jackson (ver Califórnia). Melhores tintos (especialmente Cab Sauv Selección de Las Lomas) do que brancos; Cab Sauv Elite é a melhor escolha.

Caliterra ★→★★ Vinícola irmã de ERRÁZURIZ. Chard e Sauv Bl em ascensão (mais uvas de CASABLANCA), tintos se tornam menos unidimensionais, especialmente Res.

Cánepa, José Colchagua ★★ Variedade sólida. Sémillon cítrico e Zin condimentado entre os vinhos mais extraordinários. Os melhores incluem o suculento Merlot e o fragrante Syrah Res.

Carmen, Viña ★★→★★★ Vinícola de MAIPO; dos mesmos proprietários de SANTA RITA. Chard Special Res fresco e maduro de CASABLANCA, e Semillon brancos de colheita tardia de primeira linha de MAIPO. Os tintos são ainda melhores; especialmente Merlot de RAPEL, Petite Sirah de MAIPO, e Cab Sauv Gold Res.

Carta Vieja ★→★★ Vinícola de MAULE, pertencente a uma mesma família por seis gerações. Tintos melhores do que os brancos; mas o Chard Antigua Selección é bom.

AMÉRICA CENTRAL & DO SUL

Casablanca Região de clima frio entre Santiago e a costa. Pouca água: a irrigação por gotejamento é essencial. Chard e Sauv Bl de primeira classe; promissores: Merlot e Pinot N.

Casablanca, Viña ★→★★ Uvas de RAPEL e MAIPO usadas para alguns tintos; porém os melhores vinhos – Merlot, Sauv Bl, Chard, Gewürz – são de CASABLANCA. Procure pelo novo super-*cuvée* Neblus e os novos varietais Nimbus Estade.

Casa Lapostolle ★★→★★★★ Capital da família de Grand Marnier e consultoria de Michel Rolland (ver França): o resultado é uma variedade fina. Sauv Bl ao estilo B'x é bom, porém os tintos Cuvée Alexandre e Clos Apalta baseados em Carmenère são ainda melhores.

Casa Marín ★★★ Especialista em vinho branco dinâmico de San Antonio; Gewurz muito bom e Sauv Bl soberbo. Os primeiros Syrah e Pinot N são promissores.

Casa Rivas Maipo ★★ Parte do grupo que inclui TARAPACA, VIÑA MAR e Missiones de Rengo. Melhores: Sauv Bl cheio de vida; Chard Res gentil e cítrico; pastilha de groselha e Cab Sauv com toque de groselha; Maria Pinto Syrah/Cab Sauv Res generosamente frutados.

Casas del Bosque ★→★★ Vinícola de CASABLANCA, também usa Cab Sauv de Cachapoal para variedade elegante, inclusive Pinot N suculento e gracioso e ***Syrah Res*** apimentado.

Casa Silva ★★ Propriedade de Colchagua com série sólida, tendo como expoentes o tinto Altura, sedoso e complexo, e Quinta Generación tinto e branco. Também recomendável a série Doña Dominga; Carmenère muito bom.

Casas del Toqui ★→★★ Firma RAPEL do Château Larose-Trintaudon sob os rótulos Las Casas del Toqui e Viña Alamosa. Sedosa e excelente mistura de tinto Leyenda; Prestige Cab Sauv também.

Concha y Toro ★→★★★ Operação gigantesca, preocupada com a qualidade. Melhores: Chard (CASABLANCA) Amelia sutil; ***Cab Sauv Don Melchor negro***; e a linha Terrunyo Winemakers Lot de vinhedo único. Marqués de Casa Concha, Trio, Explorer, Casillero del Diablo têm preço muito bom. Ver também BARON PHILIPPE DE ROTHSCHILD, CONO SUR e TRIVENTO. (Argentina).

Cono Sur Chimbarongo, Colchagua ★★→★★★ Tem Pinot N (muito bom), dirigido por Ocio. Outros lançamentos de primeira linha aparecem como seleção 20 Barrels; inovações sob o rótulo Visión (Ries de BÍO-BIO é soberbo). Também Cab Sauv frutado e denso, Viognier delicioso, Gewurz pétala de rosa, novo Syrah notável. Segundo rótulo: Isla Negra.

Córpora Organização dinâmica proprietária de GRACIA DE CHILE, Augustinos (apimentado Grand Reserve Malbech), Veranda (associado a Boisset de Borgonha) PORTA e agora Cantata em Bío Bío. Ver também GRAZIA DE CHILE.

Cousiño Macul ★★→★★★ Produtor histórico de MAIPO, atualmente relocado para Buin. Agora com estilo mais moderno, mas será que melhor? Cab Sauv Antiguas Res confiáveis; Sauv Gris cítrico. A mistura Lota é o ícone da variedade. Cab Sauv *rosé*, maravilhosamente refrescante.

de Martino Maipo ★★→★★★ Ambicioso pioneiro de Carmenère e uma das melhores vinícolas a oeste de MAIPO, especialmente para *cuvée* Premium muito bons. Cab Sauv Gran Familia.

Domus Maipo ★★→★★★ Vinícola ambiciosa; produz bom Chard e muito bom Cab Sauv Domus Aurea; as irmãs Cabs Stella Aurea e Peñalolen também são saborosas.

Echeverría ★★ Vinícola-boutique de Curicó (MAULE). Cab Sauv Res confiável; bom Chard envelhecido em carvalho ou não; Sauv Bl em ascensão; Carmenère elegante e fragrante.

Edwards, Luís Felipé ★★ Vinícola de Colchagua. Chard cítrico, Cab Sauv Res sedoso. Shiraz é uma especialidade.

El Principal, Viña ★★★ Propriedade de Pirque (MAIPO) que tem se mostrado inexpressiva sob o novo dono. As safras anteriores de mistura Bordeaux El Principal e o segundo vinho Memorias são excelentes.

Emiliana Orgánicos ★→★★★ Especialista orgânico/biodinâmico envolvendo Álvaro Espinoza (ver Antiyal). Coyan e "G", complexo e denso em Syrah, mostram impetuosidade quase ao estilo mediterrâneo; a série mais barata de Novas, de complexidade accessível, é muito boa. Ver também GEO WINES.

Errázuriz ★→★★★ Principal vinícola no distrito Panquehue do ACONCÁGUA. Chard complexo Wild Ferment; para aproveitar, Syrah La Cumbre; melhor Sangiovese no Chile. VIÑEDO CHADWICK (00) e Seña (00 01) premiados. Ver também ARBOLEDA, CALITERRA, SEÑA.

Falernia, Viña ★★ Vinícola no extremo norte do Vale do Elquí, vinhedos localizados a cerca de 2.000 m. Syrah e Chard Alta Tierra mostram potencial; bons Sauv Bl, Carmenère, Merlot.

Fortuna, Viña La Lontué Valley ★★ Vinícola estabelecida com variedade atrativa.

Garcés Silva Leyda ★★→★★★ Novato interessante com variedade Amayna; Sauv Bl SAN ANTONIO está entre os mais finos do Chile; Pinot N e Chard também recomendáveis.

Geo Wines Proteção sob a qual Álvaro Espinoza produz vinhos para diversas novas vinícolas. Procure a mistura natural tinta Chono San Lorenzo MAIPO e o adstringente Ries Quintay BÍO-BÍO.

Gracia de Chile ★→★★ Vinícola com vinhedos desde ACONCÁGUA até BÍO-BÍO. Cab Sauv e Syrah (ambos ACONCÁGUA) Res Lo Mejor e Sauv Bl BÍO-BÍO são os melhores.

Hacienda Araucano ★★→★★★ Empreendimento chileno dos irmãos Lurton. Sauv Bl Gran Araucano complexo (CASABLANCA), refinada mistura Clos de Lolol de Carmenère/Cab Sauv e Alka Carmenère estonteante. Atenção para o novo Pinot N Humo Blanc.

Haras de Pirque ★★→★★★ Propriedade de Pirque (MAIPO). Sauv Bl esfumaçado, Chard com estilo, Cab Sauv/Merlot denso. Vinho de primeira linha Albis (Cab Sauv/Carmenère) é sólido, tinto fúmeo feito em associação com Antinori (ver Itália).

Leyda, Viña ★★→★★★ Pioneiros de San Antonio; produzem elegante Chard (Lot 5 Wild Yeasts é a melhor escolha), Pinot N luxuriante (especialmente Lot 21 *cuvée* e *rosé* vivaz), Sauv Bl Garuma travoso. Decente Cab Sauv de MAIPO e Merlot RAPEL razoáeis.

Limari Região norte de grande altitude, portanto bem gelada (para o Chile); já impressionando com Syrah e Chard. TABALÍ e Tamaya são as melhores vinícolas. **Limari** Região norte de grande altitude, portanto bem gelada (para o Chile); já impressionando com Syrah e Chard. TABALÍ e Tamaya são as melhores vinícolas.

Maipo Famosa região vinícola próxima a Santiago. Os melhores Cab Sauv do Chile freqüentemente vêm das sub-regiões mais altas ao leste, tais como Pirque e Puente Alto.

Matetic San Antonio ★★★ Pinot N e Chard razoáveis desta vinícola notável, Sauv Bl fragrante e cítrico e Syrah condimentado, com aroma de frutas silvestres, são as estrelas. Segundo rótulo: Coralillo.

Maule Região mais meridional do Vale Central. Vales de Claro, Loncomilla e Tutuven.

Montes ★★→★★★★ Cab Sauv Alpha pode ser brilhante; Merlot, Syrah, Malbec finos; Chard muito bom. Montes Alpha M é uma mistura Bordeaux que melhora a cada ano; ***Syrah Folly*** é um dos melhores no Chile; Purple Angel é Carmenère no auge da intensidade.

MontGras ★★→★★★ Vinícola Colchagua de primeiríssima ordem, com belos vinhos de produção limitada, inclusive Syrah e Zin. Principais de alto nível Ninquén Cab Sauv e Altu Ninquén Syrah. Soleus orgânico de bom valor e brancos Amaral excelentes.

Morande ★★ Extensa variedade que inclui uvas César, Cinsault, Bouschet, Carignan. Limited Edition usada para vinhos de primeira classe, inclusive um Syrah/Cab Sauv condimentado e Malbec bem escuro. Bom preço.

Neyen ★★★ Novo projeto em Alpata de Patrick Valette produzindo intensa mistura de velhas vinhas Carmenère/Cab Sauv.

Odfjell ★→★★★ Propriedade de especialista de vinho tinto norueguês, baseado em MAIPO. Vinho de primeira linha: Cab Sauv Aliara. Variedade Orzada, inclusive o iniciante Armador, também muito boa.

Pérez Cruz ★★★ Vinícola em MAIPO com Alvaro Espinoza (ver ANTIYAL) no comando da vinicultura. Syrah fresco e condimentado, Cot aromático, e Liguai é uma mistura tinta com estilo.

Porta, Viña ★→★★ Estabelecimento vinícola de MAIPO. A produção inclui um Cab Sauv flexível e condimentado. Ver CÓRPORA.

Rapel Região central de qualidade, dividida entre os vales de Colchagua e Cachapoal. Excelentes "Merlot" (a maior parte é, na realidade, Carmenère). Atenção à sub-região de Marchihue.

La Rosa, Viña ★★ Chard RAPEL, Merlot e Cab Sauv confiáveis, embora raramente excitantes, sob os rótulos La Palmeria e Cornellana. Os tintos Don Reca são as estrelas.

San Antonio Região litorânea a oeste de Santiago, que se beneficia das brisas do mar; muito promissora para os vinhos brancos, Syrah e Pinot N. Leyda é uma sub-região.

San Pedro ★→★★★ Grande produtor sediado em Curicó. 35 Sul (35 Sur) para varietais com preço razoável; Castello di Molina um pouco acima. Os melhores são os tintos 1865 e o elegante Cabo de Hornos. Veja também ALTAIR, TABALÍ, VIÑA LEYDA.

Santa Carolina, Viña ★★→★★★ Bodega histórica. Em escala de qualidade seguem Varietal, Reserva, Barrica Selection, Reserva de las Famílias, e as novas misturas VSC Cab Sauv/Syrah/ Petit Verdot. Syrah e Carmenère bons em todos os níveis.

Santa Inés ★★ Pequena e bem-sucedida vinícola familiar na Isla de MAIPO, que produz Cab Sauv Legado de Armida maduro, com sabor de groselha-preta. Parte da propriedade DE MARTINO.

Santa Mónica ★→★★ Vinícola de Rancagua (RAPEL); o melhor rótulo é Tierra del Sol. Ries, Semillon e Merlot sob o rótulo Santa Mónica também bons.

Santa Rita ★★→★★★★ Bodega de MAIPO com foco na qualidade. Melhor: Cab Sauv de MAIPO Casa Real; porém Triple C (Cab Sauv/Cab Fr/Carmenère) quase tão bom quanto.

Selentia ★★ Novo empreendimento chileno-espanhol. Cab Sauv Res Special é ótimo.

Seña Refinada mistura Cab Sauv/Merlot/Carmenère da propriedade de ERRÁZURIZ; vinhedos em processo de conversão biodinâmica.

Tabalí Limarí ★★ Vinícola, parcialmente pertencente à SAN PEDRO, que já produz Chard refinado e Syrah terroso e apimentado. Preste atenção nos excelentes recém-chegados Viognier e Pinot N.

Tarapacá, Viña ★★ Vinícola de MAIPO, aperfeiçoada após investimentos, porém inconsistente.

Terramater ★→★★ Vinho de todo Valle Central, inclusive ótimos variedades de Altum. Patrick Valette agora preste consultoria no local.

Terranoble ★→★★ Vinícola de Talca, especialista em Sauv Bl com pronunciado sabor de grama e Merlot leve e apimentado. Atualmente, a variedade inclui muito bom Carmenère Gran Res apimentado.

Torreón de Paredes ★→★★ Chard atraente e enérgico e Cab Sauv Res de bom envelhecimento desta bodega de RAPEL. O carro-chefe Cab Sauv Don Amedo poderia ser melhor.

Torres, Miguel ★★→★★★ Brancos frescos e bons tintos, especialmente o vigoroso Cab Sauv de vinhedo único Manso del Velasco e o Cordillera baseado na Cariñena. Ver também Espanha.

Undurraga ★→★★ Tradicional propriedade de MAIPO, conhecida por seu Pinot N. Vinhos de primeira linha: Chard Res, refrescante, Gewürz cítrico, Sémillon Late Harvest com notas de pêssego.

Valdivieso ★→★★★ Maior produtor; com nova vinícola em Lontué. As linhas de vinhedo único incluem novo Chard e NV mistura Caballo Loco. A linha Res também é boa; variedade básica muito melhorada nas safras recentes.

Vascos, Los ★→★★ Sociedade Lafite-Rothschild, que produz Cab Sauv nos moldes de Bordeaux. Safras recentes mostram mais fruta. Vinhos de primeira linha: Le Dix e Grande Réserve.

Veramonte ★★ Brancos feitos com as uvas de CASABLANCA, os tintos das uvas do Vale Central – todos bons. Vinho de primeira linha: ***mistura tinta Primus***.

Villard ★★ Vinhos sofisticados, feitos pelo francês Thierry Villard. Bons tintos de MAIPO, especialmente Merlot, Cab Sauv Equis e CASABLANCA brancos estonteantes.

Viña Mar Casablanca ★→★★ Os tintos ao estilo Bordeaux são um pouco magros demais, porém Pinot N, Sauv Bl e Chard mostram Casablanca em sua melhor forma. Ver CASA RIVAS.

Viñedo Chadwick Maipo ★★★ Cab Sauv de estilo, melhorando a cada safra do vinhedo pertencente a Eduardo Chadwick, presidente da ERRÁZURIZ.

Viu Manent ★→★★ Vinícola emergente de Colchagua. Viu 1, denso e fragrante, é o primeiro da variedade; Secreto Malbec e Viognier também muito bons; Semillon Late Harvest é o ponto alto.

Von Siebenthal ★★★ Vinícola pequena (para o Chile) de capital suíço no ACONCÁGUA. Muito bom Syrah Carabantes e tintos inspirados em Bordeaux, dos quais o melhor é a mistura elegante Cab Sauv/Petit Verdot/Carmenère Monteling.

Argentina

Uma década atrás, muitos vaticinaram que a Argentina logo passaria à frente do Chile no mundo do vinho. Entretanto, apesar de gerações de experiência vinícola, um conjunto sedutoramente eclético de variedades de uvas e um estilo de vinho genuinamente de classe internacional na forma da velha vinha Malbec, isso não aconteceu. É verdade que há ainda alguns produtores que visam impressionar com excesso de amadurecimento e carvalho, mas, em geral, os vinhos mais baratos combinam sabores varietais autênticos com um frescor europeu, embora *cuvées* mais ambiciosos ofereçam uma combinação de fruta atraente e característica de *terroir*. Malbec ainda está no topo, mas depois de anos de fraco desempenho, Cab Sauv está agora capaz de virar cabeças.

Achaval Ferrer ★★★→★★★★ MENDOZA. Vinhos superconcentrados de Malbec de vinhedo único de Altamira, Bella Vista e Mirador, e misturas Malbec/Cab /Merlot de Quimera.

Alta Vista ★→★★★ Empresa de propriedade francesa, em MENDOZA, especialista em Malbec. O vinho ***Alto***, denso e condimentado, está entre os melhores do país. Também o Torrontés fresco e cítrico. A vinícola-irmã Navarrita produz o bom Malbec Winemakers Selection.

Altos las Hormigas ★★★ Especialista em Malbec de capital italiano; vinhos feitos pelo especialista Alberto Antonini (ex-Antinori da Itália). Melhor: Viña la Hormigas Res.

Antucura ★★★ *Bodega* de Valle de Uca com mistura Cab Sauv/Merlot aromática e muito bem equilibrada. Antucura é o segundo rótulo.

Argento ★→★★ Ramificação de CATENA produzindo bom vinho comercial, por meio dos rótulos Libertad, Malambo e Argento.

Balbi, Bodegas ★★ Produtor de San Rafael, de propriedade de Pernod Ricard Malbec, Chard suculentos e delicioso Syrah (tinto e *rosé*). Mistura tinta Barbaro também muito bom

Bianchi, Valentin ★ Especialista em tinto de San Rafael. Enzo Bianchi (Cab Sauv/Merlot/Malbec) é o excelente carro-chefe. Bom preço para o Elsa's Vineyard, inclusive Barbera carnoso. Sauv Bl vigoroso; espumante razoável.

Bodega del Fin del Mundo ★★ Primeira vinícola na província de Neuquén; Malbec é uma especialidade; o vinho de primeira linha Special Blend é Merlot/Malbec/Cab Sauv.

Bressia ★★→★★★ Nova pequena vinícola já em produção, com o refinado Profundo, com predominância de Malbec, de Agnelo, e Conjuro Malbec, de Tupungato.

Cabernet de los Andes ★★ Promissora propriedade orgânica (e parcialmente biodinâmica) de Catamarca, com tintos grandes, fragrantes e equilibrados, sob os rótulos Vicien e Tizac.

AMÉRICA CENTRAL & DO SUL

Canale, Bodegas Humberto ★★ Vinícola principal de Río Negro, conhecida por seus Sauv Bl e Pinot N, mas os Merlot e Malbec (especialmente o rótulo Black River) são as estrelas.

Cassone, Bodega ★★ Empreendimento em Mendoza, atualmente se beneficiando do conhecimento do perito em vinicultura Alberto Antonini. (Altos Las Hormigas, Renacer, Melipal). Atenção para o Malbec Obra Prima.

Catena ★★→★★★★ O estilo pode ser um pouco internacional, porém a qualidade é sempre boa. A variedade eleva-se de Malambro a, Catena, Catena Alta até o carro-chefe Nicolas Catena Zapata e cinco de Malbec finos, de vinhedo único (ver ARGENTO). Também associado com os Rothschilds de Lafite: o refinado ***Caro*** e o mais jovem Amancaya.

Clos de los Siete ★★ Sete lotes de vinhas de propriedade francesa em MENDOZA, administrada por Michel Rolland (ver França). Um Malbec suculento já existe, porém cada localização produzirá seu próprio vinho (ver MONTEVIEJO).

Chakana ★★ Vinícola de Agrelo; a observar os agradáveis Malbec, Cab Sauv e Syrah.

Chandon, Bodegas ★→★★ Produtores de espumantes Chandon Baron B e M sob a supervisão de Moët & Chandon; promissoras misturas Pinot N/Chard. Ver TERRAZAS.

Cobos, Viña ★★★ Estonteante Malbec de vinhas antigas do vinhedo Marchiori.

Colomé, Bodega ★★→★★★ Bodega de SALTA pertencente à Hess Collection da Califórnia. Tintos calcados em Malbec puros, intensos, biodinâmicos, vívido Torrontés.

Dominio del Plata ★→★★★ O Casal Susana Balbo e Pedro Marchevsky, ex-CATENA, produzem vinhos superiores sob os rótulos Crios, Susana Balbo, BenMarco, Anubis e Budini.

Doña Paula ★ Propriedade em Luján de Cuyo, pertencente à Santa Rita (ver Chile). Malbec elegante e estruturado; Cab Sauv moderno e carnoso; Sauv Bl Los Cardos travoso.

Etchart ★★→★★★ Bons tintos; o melhor é o Cab Sauv Cafayate, com sabor de ameixa. Torrontés é também um dos melhores, com o intrigante Tardio, de colheita tardia.

Fabre Montmayou ★★ *Bodega* de propriedade francesa em Luján de Cuyo (MENDOZA); tintos finos e consultoria de Michel Rolland (ver França). Também razoável Chard. Infinitus é a *bodega* irmã em RÍO NEGRO, que produz Merlot Gran Res generoso.

Família Shroeder ★★ Ousada propriedade Neunquén impressionando com tintos e brancos. A série muito boa de Saurus Select inclui vigoroso Sauv Bl, natural Merlot e aromático Malbec.

Familia Zuccardi ★→★★★ Dinâmica propriedade em MENDOZA, que produz variedade Santa Julia de bom preço, conduzida pela nova mistura Magna, pelo Q (notáveis Malbec, Merlot, Tempranillo), o melhor rótulo, e pelo profundo, embora elegante, Zeta (Malbec/Tempranillo).

Finca La Anita ★★→★★★ Propriedade em MENDOZA que produz tintos de alta classe, especialmente Syrah e Malbec e intrigantes brancos, inclusive Semillon e Tocai Friulano.

Finca El Retiro ★→★★ *Bodega* em MENDOZA para bons Malbec, Bonarda e Tempranillo.

Finca Flichman ★★ Empresa há muito estabelecida. Syrah de bom preço. Melhor: Mistura Dedicato (na maior parte Cab Sauv/Syrah). Paisaje de Tupungato (mistura de Bordeaux), Paisaje de Barrancas (baseado na Syrah) muito bom.

Finca Las Moras ★★ *Bodega* de San Juan com Tannat sólidos, Malbec Res pesado e mistura Malbec/Bonard Mora Negra fragrante e gorda.

Finca Sophenia *Bodega* em Tupungato, com a consultoria de Michel Rolland (ver França). Malbec e Cab Sauv brilham; boa variedade do novato Altosur; vinho de primeira linha: Synthesis.

Kaikén ★★→★★★ Empreendimento de Mendoza de Aurelio Montes (ver Chile), que produz variedade simples, da qual os melhores são Ultra Cab

Sauv e Malbec.

Luigi Bosca ★★→★★★ Pequena *bodega* em MENDOZA com três níveis de qualidade – Finca La Linda, Luigi Bosca Res e High Range. Especialmente, bons Malbec/Verdot e Cab Sauv/Bouchet Finca Los Nobles, além das novas misturas Gala, impressionantes.

Lurton, Bodegas J & F ★→★★★ Empresa dos irmãos Lurton em MENDOZA. Malbec Piedra Negra suculento e concentrado e variedade principal Chacayes (Malbec) complexo e terroso; novo Flor de Torrontés, mais sério do que a maioria.

Marguery, Familia Malbec de primeira classe de vinhas velhas no distrito de Tupungato.

Masi Tupungato ★★→★★★ Empreendimento em MENDOZA do famoso produtor do Valpolicella (ver Itália). Passo Doble é uma mistura fina Malbec/Corvina/Merlot ao estilo *ripasso*; Corbec é uma sósia do Amarone (Corniva/Malbec), até melhor que o próprio.

Mendel ★★★ Antiga produtora de Terrazas, Roberta de la Mota faz Malbec com gosto de ameixa, e a atraente mistura Unus, de velhas vinhas Luján de Cuyo.

Mendoza A província vinícola mais importante (mais de 70% da área plantada). Melhores sub-regiões: Agrelo, Valle de Uco (inclui Tupungato), Luján de Cuyo e Maipú.

Monteviejo ★★→★★★ Um dos vinhedos de CLOS DE LOS SIETE, atualmente com variedade de primeira classe de tintos encabeçados pela mistura de textura maravilhosa Monteviejo (Malbec/Merlot/Cab Sauv/Syrah); Malbec Lindaflor também muito bom.

Navarro Correas ★★ Tintos bons, mesmo se, às vezes, com excesso de carvalho, especialmente Cab Sauv Col Privada. Também brancos razoáveis, inclusive Chard muito amadeirado e frisante inspirado em Deutz.

Neuquén Região da Patagônia para observar: enormes fomentos desde 2000.

Nieto Senetiner, Bodegas ★★ *Bodega* situada em Luján de Cuyo. A qualidade eleva-se do básico Santa Isabel saboroso, segue pela Reserva e chega até os tintos Cadus, topo da variedade.

Noemia Malbec vinha velha RÍO NEGRO, de Hans Vinding-Diers e Noemi Cinzano. J. Alberto e A. Lisa são novos segundos rótulos. (Chacra Pinot N, das proximidades, é outro projeto promissor de Vinding-Diers.)

Norton, Bodegas ★★★ *Bodega* antiga, atualmente de propriedade austríaca. Bons brancos; tintos muito bons, especialmente Malbec e a mistura (Merlot/Cab Sauv/Malbec) ***Privada, de excelente preço***.

O Fournier ★→★★★ *Bodega* de propriedade espanhola em Valle de Uco. Urban Uco é uma série inicial muito boa; depois vêm B Crux e Alfa Crux, duas misturas de Tempranillo/Merlot/Malbec. Também aromático mas raro Syrah.

Peñaflor ★→★★★ Maior empresa vinícola da Argentina. Rótulos incluem Andean Vineyards e, para vinhos mais finos, TRAFICHE, FINCA LAS MORAS, SANTA ANA E MICHEL TORINO.

Poesia ★★→★★★ Notável produtor *bodega* em Luján de Cuyo, pertencente aos mesmos proprietários de Clos l'Eglise de B'x; Poesia (Cab Sauv/Malbec) de estilo; o mais sólido, porém ainda bom, Clos des Andes (Malbec) e a suculenta mistura Malbec/Syrah/Cab Sauv Pasodoble.

Pulenta Estate ★★→★★★ Vinícola em Luján de Cuyo. Bons Sauv Bl e muito bons tintos, dos quais os melhores são Gran Corte (Cab Sauv/Malbec/Merlot/Petit Verdot) e Malbec.

Río Negro A região vinícola mais antiga da Patagônia, boa para Pinot N e Malbec.

Salentein, Bodegas ★★ *Bodega* em MENDOZA, notável por Cab Sauv, Malbec, Merlot e Primus Pinot N. Finca El Portillo (uma propriedade separada) é boa para vinhos mais baratos; também Bodegas Callia, em San Juan, onde Shiraz é o foco.

Salta Província do norte com alguns dos mais altos vinhedos do mundo. A sub-região de Cafayate é renomada por suas uvas Torrontés.

San Juan Segunda maior região vinícola, local de promissores Shiraz e Tannat.

San Pedro de Yacochuya ★★★ Colaboração entre Michel Rolland (ver França) e a família ETCHART em SALTA. Torrontés maduro, porém fragrante; Malbec denso e terroso; e Malbec Yacochuya forte e formidável de vinhas mais velhas.

Santa Ana, Bodegas ★→★★ Firma familiar antiga em Guaymallen, MENDOZA. Nova variedade La Mascota, uma melhoria significativa, com o pesado Cab Sauv sendo a melhor escolha; também Viognier Cepas Privadas brilhante e amigável.

San Telmo ★★ Vinícola moderna de propriedade da Seagram, que produz Chard, Chenin Bl e Merlot frescos e saborosos. Melhor: Malbec e Cab Sauv Cruz de Piedra-Maipú.

Tacuil, Bodegas ★★→★★★ 33 de Davalos é uma excelente mistura Cab Sauv/Malbec condimentada.

Terrazas de los Andes ★★→★★★ Empreendimento da CHANDON para vinhos não espumantes, feitos de Malbec, Cab Sauv, Chard e Syrah. Três variedades: o novo Terrazas (Cab Sauv suculento é a estrela), Res de preço médio, e o melhor dos três: Afincado. Associação com Ch Cheval Blanc de B'x para produzir a soberba mistura ***Cheval des Andes***.

Torino, Michel ★★ Empresa orgância de Cafayate que vem se aprimorando com rapidez; Malbec Don David e Cab Sauv muito bons. Altimus é o carro-chefe bastante amadeirado.

Toso, Pascual ★★→★★★ Paul Hobbs, da Califórnia, dirige um time que produz uma variedade de bom preço, saborosa, encabeçada pelo Magdalena Toso (na maior parte Malbec) maduro, porém finamente estruturado.

Trapiche ★★→★★★ Rótulo de primeira linha da PEÑAFLOR. Rótulos em ordem de qualidade ascendente são Astica, Trapiche (o melhor é o Syrah Oak Cask), Fond de Cave (bom Malbec Reserva), Medalla (Cab Sauv), a cara mistura tinta Iscay e o novo trio de Malbec, de alta classe, de vinhedo único.

Trivento ★→★★ Pertencente a Concha y Toro do Chile, produzindo série de bom preço, onde se sobressai Viognier; também sob o rótulo Otra Vida.

Val de Flores ★★★★ Outro empreendimento dirigido por Michel Rolland; próximo a CLOS DE LOS SIETE para o predominante, porém elegante (e biodinâmico) Malbec de vinha velha.

Viniterra ★→★★ Vinhos tintos limpos e modernos sob os rótulos Omnium, Bykos e Viniterra.

Weinert, Bodegas ★→★★ Os tintos potencialmente finos, especialmente a mistura (Cab Sauv/Merlot/Malbec) Cavas de Weinert, são, freqüentemente, estragados pelo envelhecimento prolongado em carvalho velho.

Outros vinhos da América Central e América do Sul

Bolívia Com um clima geralmente quente e úmido e somente algumas vinícolas, este país não é um grande produtor de vinhos. Mesmo assim, os vinhos de **Vinos y Viñedos La Concepción** mostram do que a Bolívia é capaz. Os vinhedos, a 1.000 km ao S de La Paz, são os mais altos no mundo.

Brasil Novas plantações de uvas melhores vêm transformando esta indústria grande e em expansão. Investimentos internacionais, especialmente em Santana do Livramento, no Rio Grande do Sul, notavelmente provenientes da França e da Itália, são significativos. A região arenosa Frontera e a montanhosa Serra Gaúcha (espumantes ao estilo italiano) devem ser observadas. Em alguns vinhedos equatoriais, é possível colheitas contínuas. Dos vinhos exportados, 95% são produzidos pela **Vinícola Aurora (Bento Gonçalves)**, por vezes, sob o rótulo **Amazon**. Procure por **Rio Sol** e **miolo**.

México A indústria mais antiga da América Latina vem ganhando vida novamente com investimentos provenientes do exterior (por exemplo, Freixenet, Martell, Domecq) e com a influência da Califórnia via UC Davis. Os melhores vinhos são da Baja California (com o Valle de Guadeloupe entre as melhores subzonas), Querétano e nos planaltos de Aguascalientes e Zacatecas. A falta de água é um problema nacional. Os produtores de primeira linha Baja C são **Casa de Piedra** (formidável Tempranillo/Cab Sauv), **L.A. Cetto** (Valle de Guadaloupe, o maior, especialmente para Cab Sauv, Nebbiolo e Petite Sirah), **Doña Lupe** (especialista orgânico), **Bodegas Santo Tomás** (trabalhando com Wente Brothers, da Califórnia, para produzir Duetto, usando uvas de ambos os lados da fronteira), **Monte Xanic** (com Cab Sauv vencedor de prêmio em Napa), **Bodegas San Antonio** e **Cavas de Valmar**.

Peru Viña Tacama exporta alguns vinhos agradáveis, especialmente o branco Gran Vino Blanco; também Cab Sauv e o espumante de método clássico. As regiões de Chincha, Moquegua e Tacha progridem. No entanto, a filoxera é um problema sério.

Uruguai O ponto de diferenciação aqui é a uva Tannat, vigorosa e tânica, que produz um tinto vigoroso, com toques de ameixa, melhor se misturada com Merlot e Cabernet Franc. O **Carrau/Castel Pujol** está entre as vinícolas mais formidáveis: Amat Gran Tradición 1752 e Las Violetas Reserva mostram a Tannat em sua mais fragante forma. Juanicó é igualmente notável, com a principal mistura de tinto Preludio e sociedade com Bernard Magrez do Château Pape Clement, para produzir Gran Casa Magrez de Uruguay. Outros: Bruzzone & Sciutto, Casa Filguera, Castillo Viejo, De Lucca.

Austrália

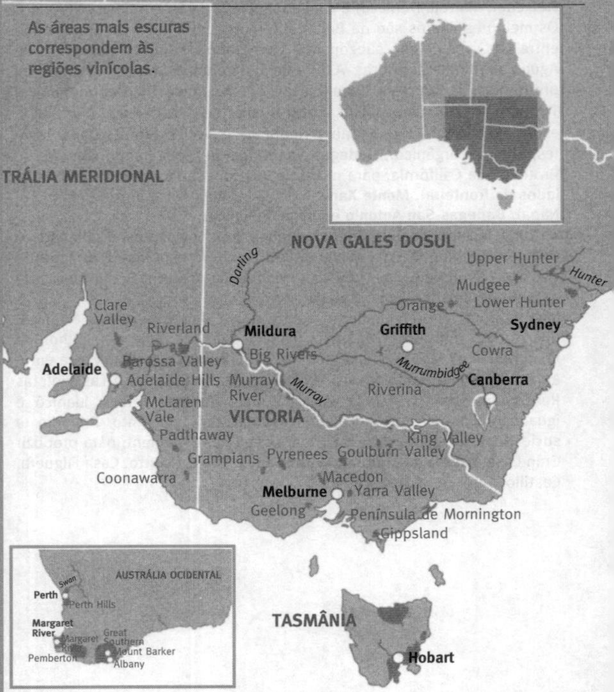

As áreas mais escuras correspondem às regiões vinícolas.

Os deuses, ao que parece, estão zangados. Duas safras generosas (04 e 05) foram seguidas por uma terceira (06), que exacerbou o excesso de variedades e vinhos. O resultado foi mais que 100.000 toneladas de uvas não colhidas, e uma quantidade ainda maior vendida a preço de custo ou abaixo. Dezenas de milhões de dólares foram oferecidos pelas vinícolas aos agricultores como compensação pelo término de contrato de fornecimento de uvas a longo prazo. Os plantadores ou acabaram com os vinhedos de qualidade inferior, ou retiraram suas vinhas de atividade, deixando-as de reserva.

Mesmo quando isso estava acontecendo, a seca, várias vezes descrita como a pior em 100 ou mil anos, apertou sua garra, com as piores geadas já experimentadas nos estados do leste.

Essas geadas – que atingem as regiões mais valorizadas da Austrália desde a Tasmânia até Camberra, mas deixaram as salas de máquinas de Murray e Riverina quase intactas – não só destruíram a produção de 2007, mas provavelmente vão reduzir a colheita de 2008. Nas duas últimas regiões, o tempo frio e as cada vez menores distribuições de água de irrigação cortaram a produção. Parece que é má notícia por toda parte, mas a excelente safra de 2005 e os ainda melhores vinhos da safra de 2006 ajudarão a cobrir o prejuízo. Produtores de outros países do Novo Mundo estão agora esfregando as mãos com alegria, esperando cobrir o que falta. Bem, veremos.

Safras recentes

New South Wales (NSW) [Nova Gales do Sul]

2006 O surto de calor extremo por volta do Natal, em algumas regiões, não deixou marca permanente nesta safra de alta qualidade, no todo.

2005 Um ano que foi de muito bom a excepcional em quase todos os distritos, especialmente Hunter, Mudgee e Orange.

2004 Hunter Valley sofreu; outras regiões variaram de resultados bom a muito bons.

2003 Seca contínua interrompida por chuvas intensas em jan/fev; resultados variáveis.

2002 Chuvas intensas em fev causaram problemas em todas as áreas, exceto duas. Riverina foi excepcional.

2001 Calor extremo no verão e chuvas inoportunas determinaram o tom; extraordinariamente, o Semillon do Hunter Valley brilhou.

2000 Uma estação perfeita para o cultivo no Hunter Valley porém horríve para o resto do estado; calor extremo seguido de chuva durante a colheita.

1999 Outro sucesso do Hunter; chuva quando necessário. As outras regiões foram variáveis.

Victoria (Vic)

2006 Uma das mais precoces e comprimidas safras de que se tem notícia; paradoxalmente, o sabor da fruta veio ainda mais cedo. Um ano encantado.

2005 Chuva até o final de fevereiro, seguida por um tempo bom incomum no outono e que durou três meses, produzindo fruta soberba.

2004 O clima quase perfeito durante todo o tempo amadureceu as produções generosamente.

2003 De forma geral, bem melhor do que em outros estados, exceto pela devastação causada por incêndios nos Alpine Valleys [Vales Alpinos].

2002 O clima extremamente frio levou a produtividade minúscula, porém a vinhos de alta qualidade.

2001 Não escapou do calor; uma safra de tintos de regular a boa; brancos mais variáveis.

2000 Regiões do sul e central floresceram nas condições quentes e secas; tintos espetaculares. Nordeste fraco; chuva na safra.

1999 Completamente esquizofrênico; Yarra foi desastrosa (chuva na safra); algumas outras regiões do sul e centrais soberbas; o Nordeste teve altos e baixos.

South Austrália (SA) [Austrália Meridional]

2006 Um grande ano para o Cabernet; para outros tintos, as uvas que foram colhidas antes das chuvas da Páscoa tiveram o melhor resultado. Aqui, também, o sabor do amadurecimento chegou cedo.

2005 Clare Valley, Coonawarra, Wrattonbully e Langhorne Creek se saíram bem nesta que foi uma safra grande mas de alta qualidade com tintos em primeiro plano.

2004 O verão excelente e o clima de outono ajudaram a compensar as colheitas grandes (cachos/bagos grandes); foi necessária uma ostensiva diminuição da colheita.

2003 Uma mistura de bons e maus momentos. Os bons: Riesling do calcário do litoral e de Clare Valley (mais uma vez); os maus: Shiraz dividida pela chuva.

2002 O clima muito frio levou a colheitas muito reduzidas no sul e a uma grande safra em Riverland, tanto na produção como na qualidade. Bons Riesling novamente.

2001 Muito melhor do que 2000; O Riesling do Clare Valley tem poucas chances de sucesso.

2000 O auge de uma seca de quatro anos impactou tanto a produção como a qualidade; a Zona de calcário Litorânea saiu-se melhor.

1999 A seca contínua foi perversamente estragada pelas chuvas inoportunas de março; os tintos de Limestone Cost Zone [Costa de Calíareo] e do Clare foram os poucos pontos brilhantes.

AUSTRÁLIA

Western Australia (WA) [Austrália Ocidental]

2006 Completamente oposta à do leste; uma safra fria, chuvosa e tardia – deu brancos bons e tintos duvidosos.

2005 Chuvas intensas no final de março e abril estragaram o que poderia ter sido a safra da geração para Cabernet e Shiraz no S; os brancos são uniformemente excelentes.

2004 Mais do mesmo; clima ameno, outono longo. Bons sabores, alguns carentes de intensidade.

2003 Um ano intermediário, com chuvas inoportunas podando a grandeza desde o início.

2002 A melhor desde 1984 no distrito de Swan. No sul, a qualidade foi variável.

2001 No Great Southern, a melhor safra desde 1995; em todos os outros lugares, boa.

2000 Excelente na região de Margaret River, variação em outros lugares; o Swan Valley foi comum.

1999 Uma safra excepcional para os tintos da região de Margaret River e do Swan (a melhor em mais de uma década) e muito favorável em outros lugares, exceto para o Great Southern.

Abercon Mudgee, NSW t ★★ Vinicultor dedicado e autodidata que adquiriu a vizinha HUNTINGTON ESTATE no final de 2005. As identidades serão mantidas separadas.

Adelaide Hills SA Liderado pela PETALUMA: localizações frias a 450 m de altura, na cadeia dos Lofty Montes.

Alkoomi Mount Barker, WA t b ★★★ (RIES) **01' 02 03** 04 05' 06 (CAB SAUV) **97** 99 01 02' 04 Uma veterana de trinta anos que produz RIES finos e tintos potentes e longevos.

All Saints Rutherglen, Vic t b mr ★★ Produtor histórico; produz vinhos de mesa recomendáveis; excelentes fortificados.

Alpine Valleys Vic Geograficamente semelhante ao KING VALLEY e similar no uso das uvas.

Amberley Estate Margaret R t b ★★ Produtor bem-sucedido com uma completa variedade de estilos regionais melhorando atualmente. Agora faz parte da Constellation.

Andrew Pirie N Tas t b esp ★★→★★★ Um fênix renascido, com marca própria e responsabilidade de TAMAR RIDGE e Rosevears Estate.

Angove's SA t b (mr) ★→★★ Extensa e antiga propriedade familiar de MURRAY VALLEY. Variedades de brancos e de tintos varietais a bom preço.

Annie's Lane Clare Valley, SA t b ★★→★★★ Parte de FWE; vinhos sempre bons, ousados e saborosos; o carro-chefe Copper Trail é excelente, especialmente RIES.

Arrowfield Hunter V, NSW t b ★→★★ Vendeu a vinícola e os vinhedos de Upper Hunter para um minerador e os relocou. A marca enfraquecida Rothbury é matida pela FWE.

Lidando com a seca

A falta de água que aumenta em rápida escalada na Austrália é de proporções alarmantes e exige medidas imediatas. Felizmente, a viticultura fornece um alto retorno econômico por megalitro de água, e há numerosas formas pelas quais a tecnologia moderna pode aumentar esse retorno. O mesmo não se pode dizer de produtos agrícolas como o arroz e o algodão, que causam maior impacto na bacia do Murray Darling, a fonte de água fragmentada e cada vez mais salina, mas, ainda assim, a mais importante do Leste da Austrália.

Ashbrook Estate Margaret R, WA t b ★★★ Com um mínimo de estardalhaço, produz sistematicamente 8 mil caixas de SEM, CHARD, SAUV BL, VERDELHO e CAB SAUV exemplares.

Ashton Hills Adelaide Hills, SA t b (esp) ★★★ RIES fino, estimulante e longevo e PINOT N convincente produzidos de forma artesanal por

Stephen George a partir de vinhedos de 25 anos de idade.

Bailey's NE Vic t b mr ★★ SHIRAZ rico, e magnífico vinho de sobremesa Muscat (★★★★) e "Tokay". Parte da FWE.

Balgownie Estate Bendigo e Yarra V, Vic t b ★★→★★★ Produtor rejuvenescido de vinhos muito bem equilibrados, atualmente com ramificação separada em YARRA VALLEY.

Balnaves of Coonawarra SA t b ★★★ Vinicultor desde 1975; vinícola desde 1996. CHARD muito bom; SHIRAZ, MERLOT e CAB SAUV excelentes, generosos e de corpo médio.

Bannockburn Geelong t b ★★★ (CHARD) **97' 98' 99 00 02'** 03' 04 (PINOT N) **97' 99 02'** 03' **04'** (05') CHARD e PINOT N intensos e complexos, feitos com técnicas borgonhesas. O novo vinicultor, Michael Glover, é um mestre.

Banrock Station Riverland, SA t b ★→★★ Propriedade de quase 1.600 ha em MURRAY RIVER, 243 ha de vinhedos, pertencente à HARDYS. Vinhos acessíveis e notáveis.

Barossa Valley SA Área vinícola mais importante da Austrália (embora os vinhedos não sejam); uvas de fontes diversas produzem vinhos diversos. Especialidades locais: SHIRAZ, MOURVÈDRE e GRENACHE de vinha muito velha.

Bass Phillip Gippsland, Vic t ★★★→★★★★ (PINOT N) **91' 94' 96' 97' 99'**02' **03** 04 (05') Minúsculas quantidades de PINOT N estiloso, procuradas avidamente, em três gradações de qualidade; estilo marcadamente borgonhês, embora a qualidade possa ser errática.

Bay of Fires N Tas t b esp ★★★ Posto avançado do império de HARDYS em Pipers River. Produz vinhos de mesa estilosos e componentes essenciais para o espumante super-*cuvée* de Arras.

Beechworth Vic Região na moda; Castagna e GIACONDA são as mais famosas vinícolas.

Bellarmine Wines Pemberton WA b (t) ★★★ A família Schumacher é a proprietária a distância deste vinhedo de 20 ha. De sete variedades: entre outros, um espantoso RIES do tipo Mosel, com vários níveis de doçura e álcool.

Bendigo Vic trinta e quatro vinhedos pequenos e espalhados, alguns de qualidade muito boa. Propriedades notáveis: BALGOWNIE, PONDALOWIE, Passing Clouds, Turner's Crossing e Water Wheil.

Beringer Blass Barossa, SA t b (esp, d, mr) ★★★ (mistura CAB SAUV) **90' 91' 94 96' 98'** 00 02' 04 (05) Fundada pelo ebuliente Wolf Blass, atualmente engolida pela FWE (ver também Beringer Blass, Califórnia). Está bem servida pelos vinicultores Chris Hatcher (chefe) e Caroline Dunn (tintos).

Best's Grampians, Vic t b ★★→★★★ (SHIRAZ) **92' 94' 97'** 98 **01'** 02' 03' 04' (05') Antiga vinícola familiar conservadora; tintos de peso médio muito bons. O SHIRAZ das vinhas de 120 anos da família Thomson é soberbo.

Big Rivers Zone NSW e Vic A continuação de Riverland na South Australia [Austrália do Sul], incluindo as regiões de MURRAY DARLING, Perricoota e Swan Hills.

Bindi Macedon, Vic t b ★★★→★★★★ Produtor ultra-exigente, orientado pelo *terroir*, de PINOT N e CHARD excepcionais e longevos.

Bloodwood Orange NSW ★★★ t b Gente de muita experiência (1983) numa região progressista, pitoresca e de grande altitude. Chard, Ries e Big Men in Tights Rosé sempre bons.

Blue Pyrenees Pyrenees, Vic t b esp ★★ 180 ha de vinhedos maduros estão sendo melhor utilizados em uma variedade ampla de vinhos.

Botobolar Mudgee, NSW t b ★★ Pequena vinícola orgânica maravilhosamente excêntrica.

Brand's of Coonawarra Coonawarra, SA t b ★★★ **90' 91' 94 96' 98'** 02 03 04 (05) Pertencente à MACWILLIAM'S. Melhores: SHIRAZ (vinhas de cem anos de idade) de Stentiford super premium e CAB SAUV de Patron.

Bremerton Langhorne Creek, SA t b ★★ Produz regularmente vinhos tintos de preços atraentes, sedosos, suaves e com um monte de sabores.

Brini Estate McLaren Vale, SA t ★★→★★★ Família viticultora há cinqüenta anos; atualmente pode escolher as colheitas para produzir SHIRAZ e GRENACHE aveludados.

AUSTRÁLIA

Brettanomyces

Brett (abreviação, mas, às vezes também chamado dekkera) pode ser descrito, de forma diversa, como atribuindo aromas carnosos ou como de gesso e uma persistência metálica ao palato. Era considerado uma doença do estrangeiro (Mundo Velho ou da Califórnia), porém níveis mais baixos de enxofre permitiram que ele povoasse os vinhos australianos. Atualmente, a polícia Brett, armada com brettômetros, está vigilante, atacando ferozmente qualquer vinho com a presunção de culpado, não inocente. A polícia, acompanhada da adição mais alta de enxofre, conduziu a uma redução marcante em sua ocorrência.

Brokenwood Hunter V, NSW t b ★★★ (ILR SEM Res) **97 99'** 03' 04 (05') (06') CAB SAUV notável; SHIRAZ desde 1973 – ***o SHIRAZ Graveyard é excepcional***. SEM e SEM/SAUV BL de Cricket Pitch alimentam as vendas.

Brookland Valley Margaret R., WA t b ★★→★★★ Vinícola esplendidamente situada (com um restaurante), com grandes realizações, especialmente SAUV BL. Pertencente à HARDYS.

Brown Brothers King V, Vic t b sc mr esp d ★→★★★ (RIES Noble) **98 99' 02'** Antiga empresa familiar, com idéias novas. Ampla variedade de vinhos delicados e varietais, muitos provenientes dos distritos montanhosos frios, inclusive CHARD e RIES. O Muscat branco seco é excepcional. A mistura CAB SAUV é o melhor tinto.

Bullers Calliope Rutherglen, Vic mr ★★★★ A classificação deve-se aos esplêndidos Muscat Rare Liqueur e "Tokay" (Muscadelle).

Buring, Leo Barossa, SA b ★★★ **73' 79' 84' 91' 94'** 95 98 02' **04** 05' Parte de FWE. Felizmente, produtor exclusivamente de RIES atualmente; o rótulo Leonay envelhece esplendidamente. Mudou para tampa de rosca.

By Farr/Farr Rising Geelong, Vic t b ★★★ O pai Gary e o filho Nick são proprietários, após a partida de Bannockburn. CHARD e PINOT N são pequenas obras-primas.

Cabernet Sauvignon 28.621 ha; 284.062 toneladas. Cultivada em todas as regiões vinícolas, melhor em COONAWARRA. De herbácea, verde e apimentada, nas regiões mais frias, à groselha preta e amora, até chocolate escuro e groselha vermelha nas áreas mais quentes.

Campbells of Rutherglen NE Vic t mr (b) ★★ Vinhos tintos suaves e maduros e bons vinhos fortificados; Muscat Merchant Prince Rare e Tokay Isabella Rare muito bons.

Canberra District NSW Tanto a qualidade como a quantidade estão em ascensão; dependente da altitude: a seleção da localização é importante.

Capel Vale Geographe, WA t b ★★★ Vinícola muito bem-sucedida com bons vinhos brancos, inclusive RIES. Também SHIRAZ e CAB SAUV de primeira.

Cape Mentelle Margaret R., WA t b ★★★ CAB SAUV bom e robusto, CHARD ainda melhor; também ZIN e SAUV BL/SEM muito populares. LVMH Veuve Clicquot é o proprietário; também Cloudy Bay (ver Nova Zelândia).

Capercaillie Hunter V; NSW t b ★★→★★★ O veterano Alasdair Sutherland vai de vento em popa suplementando uvas locais com compras de todos os lugares, inclusive ORANGE, MACLAREN VALE etc.

Carlei Estate Yarra V; Vic t b ★★ Esperto vinicultor, Sergio Carlei obtém PINOT N e CHARD de vários vinhedos e regiões frias para fazer vinhos com personalidade abundante.

Casella Riverina, NSW t b ★ O fenômeno (*yellow tail*) varreu tudo diante dele com vendas de muitos milhões de caixas nos EUA. Como Fanta: suave e doce.

Centennial Vineyards Southern Highlands, NSW t b ★★ Até agora, grande parte de suas melhores uvas vem de Orange, mas a habilidade do produtor e o investimento são de lá.

Central Ranges Zone NSW Compreende as regiões de MUDGEE, ORANGE e Cowra; em expansão em clima de alta altitude, de moderadamente frio a ameno.

Chain of Ponds Adelaide Hills, SA t b ★★ Vinhos impecavelmente feitos, cheios e saborosos. SEM, SAUV BL e CHARD em primeiro plano.

Chalkers Crossing Hilltops, NSW t b ★★→★★★ Vinhos de clima frio lindamente equilibrados feitos por Celine Rousseau, que foi treinada na França.

Chambers' Rosewood NE Vic mr (t b) ★★→★★★ Visto com MORRIS como o melhor produtor de "Tokay" e Muscat.

Chapel Hill McLaren Vale SA t b ★★ (t) Atualmente pertencente ao grupo Swiss Schmidheiny com interesses vinícolas multinacionais, inclusive Cuvaison de Napa, na Califórnia.

Chardonnay 30.507 ha; 378.287 toneladas. Famoso por seus vinhos de rápido desenvolvimento, amanteigados, com notas de pêssego, às vezes lembrando xarope, porém as regiões mais frias produziram exemplos mais elegantes, firmemente estruturados, de bom envelhecimento. O carvalho é menos pesado.

Charles Melton Barossa, SA t b (esp) ★★★ Minúscula vinícola com tintos ousados e deliciosos, especialmente Nine Popes, uma mistura GRENACHE/SHIRAZ de vinha velha.

Cheviot Bridge Long Flat, SE Aus t b ★★ Parte da ação rápida do novo império corporativo que comprou a marca Long Flat de TYRRELL'S.

Clare Valley (Clare V), SA Pequena área de alta qualidade, 140 km ao N de Adelaide. Melhor para RIES; também SHIRAZ e CAB SAUV.

Clarendon Hills McLaren Vale, SA t (b) ★★★ Tintos monumentais (e caros) de pequenos lotes das uvas contratadas em torno de Adelaide.

Clonakilla Canberra District, NSW t b ★★★ Líder merecido da brigada SHIRAZ/Viognier. RIES e outros vinhos também muito bons.

Coldstream Hills Yarra V, Vic t b (esp) ★★★ (CHARD) **88' 92 96' 02'** 03 04' 05' (06') (PINOT N Reserve) **91' 92' 96' 97** 02' 04' 05' (06') (CAB SAUV) **91' 92'** 98' 00' 02 04 (05') Fundado em 1985 pelo crítico de vinhos James Halliday. O delicioso PINOT N para beber jovem e o Reserva para envelhecer lideram na Austrália CHARD (especialmente vinhos res), CAB SAUV frutado e MERLOT (de 1997) muito bom. Parte de FWE.

Coonawarra SA Os melhores vinhedos e os mais setentrionais do estado: berço da maioria dos melhores CAB SAUV da Austrália; CHARD, RIES e SHIRAZ bem-sucedidos. Os novos lançamentos incluem Murdock e Resdake.

Coriole McLaren Vale t b ★★→★★★ (SHIRAZ, Lloyd Reserve) **90' 91' 96'** 97 98' 02' 04 (05') A observar, especialmente o SHIRAZ Lloyd Reserve de antigas vinhas.

Craiglee Macedon Vic t b ★★★ (SHIRAZ) **90' 91' 93' 96'** 97' 00' 02' 04' 05' Recriação da famosa propriedade do século XIX. SHIRAZ e CHARD fragrantes e apimentados.

Cullen Wines Margaret R., WA t b ★★★★ (CHARD) **99' 00'** 02' 03' 04' 05' (CAB SAUV/MERLOT) **86' 87' 90' 91' 94' 95'** 96' 97' 98' 99' 01' 02 04' (05') Vanya Cullen produz ***CAB SAUV/MERLOT*** fortemente estruturado ***(o melhor da Austrália)***, SÉM/SAUV BL substancial, porém sutil, e CHARD ousado: todos de personalidade verdadeira.

Novas variedades e a opção varietal

Nos últimos vinte anos mais ou menos, o número de variedades na produção comercial quadruplicou. Vinhas desde a Rússia até Portugal – e todos os países entre os dois – brotaram em todo lugar. A contagem varietal está agora com um excesso de 115. Há o italiano Flano e os franceses Aucerot e Petit Meslier entre os brancos, e o russo Saperavi e o italiano Marzemino entre os tintos. Até agora, a escolha parece ter sido um pouco casual, mas a necessidade de variedades de bom desempenho em climas de temperatura quente elucidará as pessoas.

Cumulus Orange, NSW t b ★★ O renascido Reynolds Wines, com muito mais capital proveniente de associação empresarial, com as habilidades em produção de Philip Shaw (ex-ROSEMOUNT) e com um marketing inteligente para descarregar sua produção de 550 mil caixas.

Cuttaway Hill Southern Highlands [Planalto do Sul], NSW t b Lidera a região na produção de vinhos produzidos na propriedade, especialmente CHARD, SAUV BL e Pinot Gr.

Dalwhinnie Pyrenees, Vic t b ★★★ (CHARD) **96' 98' 00' 03'** 04'05 (SHIRAZ) **97' 98' 99'** 00' 02 03 04' CHARD e SHIRAZ ricos. Melhor CAB SAUV dos PYRENEES.

d'Arenberg McLaren Vale, SA t b (d mr esp) ★★→★★★ Antiga empresa com nova vida; SHIRAZ e GRENACHE suntuosos, muitas variedades e rótulos excêntricos.

Deakin Estate Murray Darling t b ★ Parte do grupo KATNOOK, que produz 500 mil caixas de vinhos de mesa varietais bem satisfatórios.

De Bortoli Griffith, NSW t b d sc (mr) ★→★★★ (SEM Noble) Vinícola de área irrigada. Tintos e brancos normais, porém SÉM Noble ao estilo de Sauternes, doce e com botrítis. Ver também o próximo verbete.

De Bortoli Yarra V., Vic t b ★★→★★★ (CHARD) **01' 02'** 04 05'(06') (CAB SAUV) **92' 94' 98'** 02'03 04 Maior produtor do YARRA VALLEY. O principal rótulo é muito bom; o segundo rótulo, Gulf Station, e o terceiro, Windy Peak, são de muito bom preço.

Delatite Upper Goldburn (t) b (esp) ★★ (RIES) **00 01 02'** 04 05 06' RIES, Gewurz, CAB SAUV e SAUV BL são especialidades deste vinhedo, que fica em local muito frio da montanha.

Devil's Lair Margaret R., WA t b ★★★ CHARD e CAB SAUV/MERLOT abundantemente concentrados. Fifth Leg é o segundo rótulo e está na moda. Parte de FWE.

Diamond Valley Yarra V., Vic t b ★★→★★★ (PINOT N) **96' 98' 01' 02'** 04' 05'. PINOT N excepcional em quantitidades significativas; outros vinhos bons, especialmente CHARD.

Domaine A S Tas t b ★★★ Os vinicultores/proprietários suíços Peter e Ruth Althaus são perfeccionistas ao extremo; SAUV BL (Fume Blanc) e CAB SAUV são as escolhas.

Domaine Chandon Yarra V., Vic esp (t b) ★★★ Vinhos espumantes clássicos feitos de uvas de regiões vinícolas mais frias, com o apoio do proprietário Moët & Chandon. Famoso no Reino Unido como Green Point (rótulo também usado para vinho de mesa).

Dominique Portet Yarra V., Vic t b ★★→★★★ Após 25 anos de carreira em TALTARNI, hoje está em sua própria vinícola pela primeira vez, e cada vez melhor.

Dromana Estate Mornington Pen, Vic t b ★★→★★★ (CHARD) **00' 01 02' 03** 04 (05') CAB SAUV, PINOT N e CHARD leves e fragrantes. Atualmente, levando muito a sério as variedades italianas (cultivadas em outros lugares).

Eden Valley (Eden V.), SA Região montanhosa, berço de HENSCHKE e PEWSEY VALE; RIES e SHIRAZ de muito alta qualidade.

Elderton Barossa t b (esp mr) ★★ Vinhedos velhos; CAB SAUV e SHIRAZ vistosos, ricos e envelhecidos em carvalho.

Evans & Tate Margaret R., WA t b ★★→★★★ (CAB) **95' 96' 99'** 00 01' 02 04' SEM, CHARD, CAB SAUV e MERLOT finos e elegantes de MARGARET RIVER, Redbrook. Passou por dificuldades financeiras e desvalorização do estoque.

Evans Family Hunter V., NSW t b ★★★ (CHARD) **00' 01' 02** 03' 05' Excelente CHARD de vinhedo pequeno pertencente à família de Len Evans. Fermentado em carvalho novo. O envelhecimento é recompensado. Ver também TOWER ESTATE.

Ferngrove Vineyards Great Southern, WA t b ★★★ O fazendeiro de gado do sindicato de Murray Burton plantou mais de 400 ha de vinhas, desde 1997; excelentes RIES.

Fox Creek McLaren Vale, SA t (b) ★★ Produz 36 mil caixas de vistosos vinhos saborosos, os quais são inveterados campeões do show de vinhos.

Freycinet Tas t b (esp) ★★★ (PINOT N) **97' 98' 99 00'** 01' 02' 03 04 05' (06') Vinícola da costa leste; produz PINOT N voluptuoso e rico e CHARD bom.

FWE (Fosters Wine Estates) Nome oficial da fusão dos grupos vinícolas Beringer Blass e Southcorp. Possui 41 marcas na Austrália, mais do que qualquer outro, com exceção das marcas virtuais (que usam uvas, vinícolas e pessoal conveniados), que vão e vêm como cogumelos após as chuvas de primavera.

Gapsted Wines Alpine V., Vic t b ★★ Marca de grande vinícola que esmaga uvas para cinqüenta produtores.

Geelong Área que já foi famosa, destruída pela filoxera e reinstituída em meados da década de 1960. Clima muito frio e seco: vinhos de mesa firmes produzidos a partir de uvas de boa qualidade. Nomes incluem BANNOCKBURN, SCOTCHMANS HILL, BY FARR, Curlewis.

Gemtree Vineyards McLaren Vale, SA t (b) ★★ SHIRAZ de primeira classe junto com Tempranillo, misturas de Bordeaux e outras mais exóticas, todos ligados pela qualidade.

Geoff Merrill McLaren Vale, SA t b ★★ Produtor ebuliente de vinhos Geoff Merrill e Mt Hurtle. Um entusiasta e pesquisador; seus melhores vinhos são excelentes, outros dirigidos descaradamente para o mercado de massa. TAHBILK possui 50%.

Geoff Weaver Adelaide Hills, SA t b ★★★ Uma propriedade de 8 ha em Lenswood. SAUV BL, CHARD, RIES E mistura CAB SAUV/MERLOT muito bons. Maravilhoso design do rótulo.

Regiões: indicações geográficas

O processo de definir formalmente as fronteiras das zonas, regiões e sub-regiões, conhecido sucintamente como Indicações Geográficas (GIs), continua. Estas correspondem às ACs francesas e às AVAs norte-americanas. Isso significa que todos os aspectos da classificação dos vinhos australianos têm uma estrutura legal que, em todos os sentidos, cumpre as leis e as exigências da CE. A garantia de qualidade passa pelo certificado de análise obrigatória, e pela degustação (por grupo de peritos), para todo e qualquer vinho exportado da Austrália.

Giaconda Beechworth, Vic t b ★★★ (CHARD) A resposta da Austrália para Kistler (ver Califórnia). Seu CHARD é considerado por muitos como o melhor na Austrália – com certeza o 96 é um dos melhores de todos os tempos. PINOT N é muito variável; o recentemente introduzido SHIRAZ é melhor.

Glaetzer Wines Barossa t ★★★ SHIRAZ hiper-rico, não filtrado, muito maduro e de vinha velha, encabeçado pelo icônico Amon-Ra. exemplos muito bons de estilo de octanagem alta muito admirados pelos críticos americanos.

Goulburn Valley (Goulburn V), Vic Vinícolas muito antigas (TAHBILK) ao lado de outras relativamente novas (MITCHELTON), na região central temperada de Victoria. Vinhos de mesa bem encorpados.

Goundrey Wines Great Southern WA t b ★★ A recente expansão resultou em qualidade variável. Comprada pela Vincor Internacional do Canadá em 2003.

Grampians Vic Região previamente conhecida como Great Western. Região de clima temperado no centro-oeste do estado Alta qualidade, especialmente SHIRAZ.

Granite Belt Qld Região de elevada altitude, (relativamente) fria, logo ao norte da divisa de Qld/NSW. Especialmente, SHIRAZ condimentado e SÉM rico.

Granite Hills Macedon, Vic t b ★★→★★★ O vinhedo familiar de trinta anos de idade e a vinícola recuperaram a classe original, com RIES fino e elegante e SHIRAZ condimentado.

Grant Burge Barossa, SA t b (esp d mr) ★★→★★★ 200 mil caixas de vinhos tintos e brancos suaves e sedosos das melhores uvas dos conjuntos de grandes vinhedos de Burge.

Great Southern WA Área fria e remota; FERNGROVE e GOUNDREY são as maiores vinícolas. Albany, Denmark, Frankland River, Mount Barker e Porongurup são as sub-regiões oficiais.

Grenache 2.097 ha; 25.418 toneladas. Produz vinho magro se a colheita for excessiva, mas pode fazer melhor. Crescente interesse nas plantações antigas de BAROSSA e MACLAREN VALE.

Grosset Clare, SA t b ★★★→★★★★ (RIES) **97' 99'** 00' 01 02' **03'** 04' 05' 06' (Gaia) **90' 91' 92 94' 96'** 98' 99 01' 02' 03' 04' (05'). Vinicultor meticuloso. Em primeiro lugar, ***RIES australiano, adorável CHARD, PINOT N e excepcional CAB SAUV/MERLOT de Gaia*** de vinhedo seco no alto do MOUNT HORROCKS.

Haan Wines Barossa, SA t b ★★★ Produções baixas e vinicultura meticulosa asseguram resultados de primeira linha para Viognier, MERLOT, SHIRAZ e mistura de B'x (Wilhelmus).

Hamelin Bay Margaret R., WA ★★ As plantações em propriedade de 15 anos de idade (25 ha) estão pagando dividendos, com CHARD excelente abrindo o caminho.

Hanging Rock Macedon, Vic t b esp ★→★★★ (SHIRAZ de Heathcote) **91' 97' 98' 99** 00' 01' 02' 03 Subiu com sucesso no mercado com o espumante Macedon e Heathcote Shiraz; o pão com manteiga vem de contratos de produção.

Hardys t b esp (d) ★★→★★★★ (CHARD de Eileen) **99' 00 00'** 01' 02' 03 04' 05' (Shiraz de Eileen) **70' 95' 96'** 98' 99' 00 01'02'04' Empresa histórica que usa e mistura vinhos de diversas áreas. Os melhores são os vinhos da série Eileen Hardy e Thomas Hardy e os "Porto Vintage", os melhores da Austrália. Parte da Constellation, o maior grupo vinícola do mundo.

Heathcote Vic O solo cambriano vermelho-sangue de 500 milhões de anos tem aparentemente potencial ilimitado para produzir tintos da mais alta qualidade, especialmente Shiraz.

Heathcote Estate Heathcote, Vic t ★★★ Especialista em SHIRAZ, que transborda em potencial para um pequeno grupo de vinicultores proprietários/executivos; se supera com o YABBY LAKE.

Heggies Éden V, AS t b sc (d b) ★★ (Ries) **98** 99 00 02' 04 **05**. Vinhedo a 500 m, pertencente a S. Smith & Sons, como PEWSEY VALE, com Ries esplêndido de boa maturação, mas constam em sua lista especialmente Viognier e CHARD.

Henschke Barossa, SA t b ★★★★ (SHIRAZ) **58' 61' 84' 86' 88 90' 91'** 93' 96' 98' 99' 01' 02'(04') (CAB SAUV) **80' 85 86' 88 90' 91' 93** 94 96' 98 99' 01' 02' (04'). Um negócio familiar de 139 anos de existência, talvez o melhor da Austrália, conhecido por seu Hill of Grace (SHIRAZ) muito agradável, seu CAB SAUV e suas misturas tintas, ambos muito bons, e seus brancos de valor, inclusive RIES. Os vinhedos de Lenswood, em ADELAIDE HILLS, acrescentam agitação. Também um oponente fervoroso a rolhas de cortiça para os vinhos tintos.

Hewitson SE Aus t (b) ★★★ A vinícola virtual do vinicultor Dean Hewitson, ex-PETALUMA e ex-viajante, que seleciona lotes de vinhas velhas (de sessenta a cem anos) e produz vinhos (com grande habilidade) em espaços arrendados.

Hollick Coonawarra, AS t b (esp) ★★→★★★ (CAB SAUV/MERLOT) **91' 93 96' 98'** 99 01 02' 03 Expandiu os vinhedos da propriedade, dois em COONAWARRA, mais recentemente em WRATTON BULLY. Foco principal em CAB, SAUV, SHIRAZ e MERLOT. Restaurante de primeira classe na vinícola também.

Hope Estate Lower Hunter V ★★ Arrebatou Rothbury Estate Winery da FWE; possui também vinhedos em Virgin Hills e WA.

Houghton Swan V., WA t b ★→★★★ A vinícola antiga mais famosa de WA. Supreme suave e maduro é um clássico de vendas, e o vinho branco é de bom envelhecimento; um clássico nacional. Também excelentes CAB SAUV, VERDELHO, SHIRAZ etc., selecionados de MARGARET RIVER e GREAT SOUTHERN. Ver HARDYS.

Howard Park Mount Barker e Margaret R., WA t b ★★★ (RIES) **86' 91' 95'** 97 **99' 02** 03' 05' (06) (CAB SAUV) **88' 90 94' 96' 98'** 99' 01' 02' 03' 04 (05') (CHARD) **97' 98' 02' 03** 045' 05 (06') RIES e CHARD aromáticos; CAB SAUV condimentado. Segundo rótulo: MadFish Bay, de preço excelente.

Hunter Valley NSW Portentoso nome de NSW. SHIRAZ amplo, suave e terroso e SEM macio, ambos vivem por trinta anos. O CAB SAUV não tem importância; o CHARD tem.

Huntington Estate Mudgee NSW t b ★★→★★★ (CAB SAUV) **93 94' 95' 96' 97' 99'** 01' 02' Vinhedos de 35 anos (principalmente SHIRAZ E CAB SAUV) num dos melhores solos da região, recentemente adquirido por ABERCORN, vizinho de qualidade. Manterão identidades separadas.

Jasper Hill Heathcote, Vic t b ★★★→★★★★ (SHIRAZ) **83' 85' 90' 91'** 92' 93 96' 97' 99' 00' 03 04' (05') Mistura SHIRAZ/Cab Fr Emily's Paddock e SHIRAZ George's Paddock de propriedades com terra seca: intensos, longevos e muito admirados.

Jim Barry Clare V., SA t b ★★→★★★ Alguns excelentes vinhedos dão bons vinhos RIES e SHIRAZ McCrae Wood, e o requintado pretendente a Grange The Armagh, com bastante carvalho.

John Duval Wines Barossa V t ★★★ Firma epônima do antigo principal produtor dos tintos Penfolds (e Grange), fazendo tintos deliciosos, que são ágeis e suaves, embora muito bem estruturados.

Kaesler Barossa, NSW t (b) ★★→★★★ O SHIRAZ Old Bastard (A$180) é superior ao SHIRAZ Old Vine (meros A$60). O vinho vendido na taça também é bom (em estilo imponente).

Katnook Estate Coonawarra, SA t b (esp d b) ★★★ (CAB SAUV) **91' 92' 94 96'** 97' 98' 00 02' CAB SAUV, SHIRAZ e CHARD excelentes e caros. Também RIES e SAUV BL.

Keith Tulloch Hunter, NSW t b ★★★ Ex-vinicultor de Rothbury que meticulosamente faz vinhos SEM, SHIRAZ e outros elegantes, embora complexos.

Killikanoon Clare V., SA ★★→★★★ t b RIES e SHIRAZ bem regionais têm tido desempenhos notáveis em feiras nos últimos anos. Seu portifólio agora abrange também Barossa V.

Kingston Estate SE Aus ★→★★ Caleidoscópio de vinhos varietais de todos os lugares; a consistência e o valor é o que os une.

King Valley Vic Com altitude entre 155 e 860 m, tem grande impacto em uvas e estilos, e prolongada disputa judicial sobre os limites do GI. 21 vinícolas lideradas por Brown Bros., importante fornecedor para muitos outros.

Knappstein Wines Clare V., SA t b ★★→★★★ CAB SAUV/MERLOT, CAB SAUV, RIES e SHIRAZ confiáveis. Pertencente à LION NATHAN.

Lake Breeze Langhorne Ck, SA t (b) ★★ Produtores vinícolas de longa data que se tornaram vinicultores, produzindo SHIRAZ e CAB SAUV suculentos e suaves.

Lake's Folly Hunter V., NSW t b ★★★★ (CHARD) **89' 97' 99 00' 02'** 03' 04' **05'** (CAB SAUV) **69 81 89' 91 93 97'** 98' 00 02 03' (05') Fundada por Max Lake, a pioneira de CAB SAUV de HUNTER. Novos proprietários desde 2000. Hoje em dia, CHARD quase sempre melhor do que CAB SAUV.

Lamont's Swan V., WA t b ★★ Vinícola e restaurante esplêndidos pertencentes a Corin Lamont (filha do lendário Jack Mann) e a seu marido. Vinhos deliciosos.

Leasingham Clare V., SA t b ★★→★★★ Importante vinícola de qualidade com tamanho médio, comprada pela HARDYS em 1987. RIES, SHIRAZ e mistura CAB SAUV/Malbec bons. Diversos rótulos.

Leeuwin Estate Margaret R., WA t b ★★★★ (CHARD) **82' 85' 87' 89 92' 95'** 97' 98 99' 01' 02' 03 04' Importante propriedade do oeste da Austrália, esplendidamente equipada. Os CHARD, SAUV Bl e RIES Art Series são esplêndidos, de bom envelhecimento (e caros). CAB SAUV tembém bom.

Limestone Coast Zone SA Zona importante, incluindo Bordertown, COONAWARRA, Mount Benson, Mount Gambier, PADTHAWAY, Robe e WRATTONBULLY. Todas as regiões sofreram danos significativos com as geadas em 2006.

Lindemans t b ★→★★ Uma das empresas mais antigas, atualmente pertencente à FWE. Variedade Bin de preço baixo (especialmente CHARD Bin 65), um símbolo distante da glória do passado.

Lion Nathan Cervejaria de Nova Zelância; possui PETALUMA, STONIER, TATACHILLA, MITCHELTON, Smithbrook, ST. HALLET e KNAPPSTEIN.

Macedon e **Sunbury** Vic Regiões adjacentes: Macedon em altitude muito maior; Sunburry, próximo do aeroporto de Melbourne. CRAIGLEE, HANGING ROCK, VIRGIN HILLS, GRANITE HILLS.

Majella Coonawarra, SA t (b) ★★★→★★★★ Alcançando a elite da nata de COONAWARRA. O Malleea é o vinho tinto CAB SAUV/SHIRAZ excepcional super premium. SHIRAZ e CAB SAUV também muito bons.

Margaret River, WA Área litorânea temperada, ao sul de Perth, com vinhos esplendidamente elegantes. A região vinícola turística (e de surf) mais vibrante da Austrália.

> **Len Evans**
> A morte súbita de Len Evans, AO, OBE, dias antes de completar 75 anos, em agosto de 2006, privou a Austrália, sua família e centenas de amigos de um homem com talentos extraordinários e visão ilimitada. Até o fim, ele continuou a incitar os produtores australianos a fazer vinhos sempre melhores e a aprender com os maiores da França e de outros lugares. Um legado do qual ele se orgulhava particularmente era o anual Tutorial Lee Evans, uma série de cinco dias de 12 horas de aulas de alto nível e degustação às cegas de 12 dos melhores degustadores jovens, escolhidos entre os vinicultores australianos. Seus colegas professores e membros de evento estão determinados a tornar o Tutorial um memorial perpétuo desse grande homem.

McGuigan Simeon Hunter V., NSW ★→★★ Base nominal de Hunter do quinto maior grupo vinícola da Austrália, recentemente adicionou o troféu Miranda à sua coleção. Tem sido atingido por clima financeiro tempestuoso, revogando inúmeros contratos de compra de uvas.

McLaren Vale SA Região histórica nos subúrbios ao S de Adelaide. Vinhos tintos corpulentos, alcoólicos e saborosos têm grande apelo no mercado americano, mas Coriole, WIRRA WIRRA e outros mostram que o sabor pode ser conseguido sem sacrifício da elegância.

Mc William's Riverina, Hunter Valley, COONAWARRA, HILLTOPS NSW t b (d mr) ★★→★★★ (Elizabeth SÉM) **84' 86' 87' 93 94' 95 96** 98 **99'** 00' 01' 02 03' 04. Ainda propriedade de família (Gallo com furtivos 10% das ações), mas reinventou-se com grande faro, sempre em profusão. Elizabeth SÉM, o preferido de Sydney, mais barato. Misturas HANWOOD em muitas partes do mundo. ***Elizabeth e Lovedale SÉM*** tão consistente que a safra é irrelevante.

Merlot A queridinha do novo milênio; de 9 mil toneladas em 1996 a 132.586 em 2005. Cultivada em todos os lugares, mas não deveria ser, e começando a dar sinais de declínio.

Mitchell Clare V., SA t b ★★→★★★ (RIES) **00' 01'** 03 04 05' Pequena vinícola familiar com excelente CAB SAUV e RIES seco com grande estilo (tampa de rosca desde 00).

Mitchelton Goulburn V, Vic t b (d b) ★★ Produtor confiável de RIES, SHIRAZ, CAB de várias faixas de preço, mais especialidade de MARSANNE e ROUSSANNE.

Mitolo McLaren Vale/Barossa, SA t ★★★ Uma das melhores "vinícolas virtuais" (ou seja, vinhedos contratados, vinícolas contratadas, vinicultores contratados), que pagam muito caro por SHIRAZ e CAB de excelente qualidade; carvalho e vinicultura de qualidade por Ben Glaetzer. Vinhos intensos mas (praticamente) irresistíveis.

Moorilla Estate Tas t b (esp) ★★★ Vinícola sênior nos subúrbios de Hobart, junto ao rio Derwent: RIES, Gewürz e CHARD muito bons; PINOT N atualmente em ascensão. Restaurante soberbo.

Moorooduc Estate Mornington Pen, Vic t b ★★★ Produtor sofisticado e de estilo (levedura selvagem etc); CHARD e PINOT N de primeira categoria.

Mornington Peninsula Vic Vinhos notáveis de nova área litorânea fria 38 km ao S de Melbourne; 1.000 ha. Muitas vinícolas-boutique de alta qualidade.

Morris NE Vic b r (t b) ★★→★★★★ Vinícola antiga em RUTHERGLEN, com alguns dos melhores vinhos de sobremesa Muscat e "Tokay" da Austrália.

Moss Wood Margaret R., WA t b ★★★★ (CAB SAUV) **75' 77' 80' 85' 88 90' 91'** 94 95' 96' 99' 01' 02 03 04' Para muitos, a melhor vinícola de MARGARET RIVER (11,7 ha). SÉM, CAB SAUV, CHARD, todos com sabores ricamente e frutados.

Mount Horrocks Clare V SA b t ★★★→★★★★ ***O melhor RIES seco*** e Cordon Cut RIES; o melhor CHARD da região.

Mount Langi Ghiran Grampians, Vic t b ★★★ (SHIRAZ) **81 84 88 89' 93' 95 96' 98** 03' 04' 05' Especialmente SHIRAZ esplêndidos, ricos e apimentados, ao estilo Rhône, uma das melhores versões de clima frio da Austrália. Atualmente pertence à YERING STATION.

Mount Mary Yarra V, Vic t b ★★★★ (PINOT N) **97' 99 00'** 02' **05'** (06') (Quintet) **88' 90' 92' 94 95' 96'** 97' 98' 99 00' 02 03 04 O perfeccionista dr. John Middleton produz minúsculas quantidades de CHARD delicado, PINOT N vívido e (o melhor de tudo) a mistura CAB SAUV: o "clarete" da Austrália mais parecido com o B'x. Todos envelhecerão impecavelmente.

Mudgee NSW Antiga região a noroeste de Sidney. Tintos corpulentos, SEM surpreendentemente fino e CHARD cheio.

Murdock Coonawarra, SA t ★★★ Produtores antigos, que atualmente produzem CAB SAUV clássico.

Murray Valley SA, Vic e NSW Extensos vinhedos irrigados. Produz principalmente vinhos de mesa "em tonel". 40% do total da produção vinícola australiana.

Nepenthe Adelaide Hills, SA t b ★★→★★★ Conjunto do mais alto nível, vinhedos excelentes e vinhos sofisticados (especialmente SAUV BL, CHARD e SÉM).

Ninth Island Ver PIPERS BROOK.

O'Leary Walker Wines Clare V., SA t b ★★★ Dois jovens brilhantes sofreram a crise da meia-idade e deixaram BERINGER BLASS para dedicar-se à produção própria – e fizeram isso muito bem.

Orange NSW Região de clima frio e altitude eleada; produz CHARD, CAB SAUV, MERLOT e SHIRAZ vívidos.

Orlando (Jacob's Creek) Barossa, SA t b esp (mr d) ★★→★★★ (Cab de St Hugo) **90' 91 96' 98' 99** 01 02 03' (05') Excelente empresa pioneira, atualmente pertencente à Pernod Ricard. Quase totalmente concentrada em três fileiras de vinhos Jacob's Creek, cobrindo todas as variedades e preços, todos ligados a Jacob Gramp e seu riacho (creek) epônimo.

Padthaway SA Grande área de vinhedo desenvolvida como destinos dos "emigrantes" de COONAWARRA. Clima frio; bom CHARD e excelente SHIRAZ (Orlando). Sérios danos devido à geada de 2006.

Paringa Estate Mornington Pen, Vic t b ★★★★ Produtor de CHARD, PINOT N e SHIRAZ (colhido tardiamente) espetaculares, ganhando inúmeros troféus.

Parker Estate Coonawarra, SA t ★★★ Pequena propriedade que produz muito bom CAB SAUV, especialmente Terra Rossa Premier Cru. Adquirido pela YERING STATION, em meados de 2004.

Pemberton WA Região entre MARGARET RIVER e GREAT SOUTHERN; o entusiasmo inicial por PINOT N cedeu lugar ao interesse por MERLOT e SHIRAZ.

Penfolds Originalmente em Adelaide, atualmente em todas as partes t b (esp mr) ★★→★★★★ (Grange) (Bin 707) **52' 53' 55' 62' 63' 66' 71'→** 76' **78' 80'** 83' 86' **90'** 91' 94' 96' 98' 99' 01' (02') (Cab s Bin 707) **64' 76' 86' 90'** 91' 96' 02' (04'). Sistematicamente, a melhor produtora de vinhos tintos da Austrália, se você conseguir decodificar seus rótulos. O seu Grange (foi chamado Hermitage) é merecidamente ★★★★. O CHARD Yattarna foi lançado em 98. CAB SAUV Bin 707 não muito atrás. Outros vinhos numerados "bin" (por exemplo, SHIRAZ Kalimna Bin 28) podem ser muito bons. O Rawson' Reiheat eleva o nível dos menos comentados.

Penley Estate Coonawarra, SA t b ★★★ Vinícola destacada, sem economia no investimento. CAB SAUV rico, com textura, frutado e com carvalho; mistura SHIRAZ/CAB SAUV; CHARD.

Perth Hills WA Área em formação 27 km a leste de Perth, com um número maior de produtores situados em encostas mais moderadas. Melhores: MIllbrook e Western Range.

Petaluma Adelaide Hills, SA t b esp ★★★★ (RIES) **80' 87' 94' 02'** 03 **04' 05'** (CHARD) **92'** 01' **02 03'** 04' (05') (CAB SAUV COONAWARRA) **79' 90' 91' 95' 98'** 99 00' 03' Um sucesso meteórico da década de 1980, com CAB SAUV de COONAWARRA, CHARD DE ADELAIDE HILLS, RIES Croser DE CLARE VALLEY, todos processados em vinícola de ADELAIDE HILLS. Criados pelo temível intelecto e energia de Brian Croser (hoje aposentado). Os vinhos tintos são mais ricos desde 1988. Tornou-se presa da LION NATHAN em 2002.

Peter Lehmann Wines Barossa, SA t b (esp mr d b) ★★→★★★ Defensor da fé em BAROSSA; repeliu Allied-Domecq pelo casamento com o grupo Swiss Hess. Vinhos quase sempre de bom preço em quantidades substanciais. Experimente SHIRAZ Stonewell e RIES seco, especialmente após envelhecimento.

Pewsey Vale Adelaide Hills, SA b ★★★→★★★★ RIES glorioso, especialmente The Contours, lançado com tampa de rosca, envelhecido cinco anos em garrafa e ganhador de múltiplos troféus.

Pierro Margaret R., WA t b ★★★ (CHARD) **95' 96' 99'** 00' 01' 02' 03 Produtor altamente cotado de SEM/SAUV BL caro e travoso e muito bons CHARD fermentados em barris.

Pinot Noir 4.231 ha; 36.887 toneladas. Na maior parte usada em espumantes. Vinhos estimulantes do S de Victoria, TASMANIA e ADELAIDE HILLS; as plantações estão aumentando.

Pipers Brook Tas t b esp ★★★ (RIES) **98' 99' 00' 01' 02'** 04' **06** (CHARD) **97 99' 00'** 02' Pioneiro de áreas frias; RIES, PINOT N, CHARD e espumante contidos do Tamar Valley, todos muito bons. Segundo rótulo: Ninth Island. Pertencente à família belga Kreglinger, proprietária de Vieux-Château-Certan (ver Bordeaux).

Pirramimma Mc Laren Vale, AS t b ★★ Empresa centenária de família com grandes vinhedos está agora mudando com os tempos; novos rótulos e embalagem elegantes, sem esquecer os vinhos.

Plantagenet Mount Barker, WA t b (esp) ★★★ (Tintos) **95' 98'** 01' 03 (05') A mais antiga autoridade da região: ampla gama de variedades, especialmente CHARD e SHIRAZ ricos e CAB SAUV vibrante e potente.

Pondalowie Bendigo, Vic t ★★★ Vinicultores viajantes com estimulantes SHIRAZ/Viognier/Tempranillo em diversas combinações.

Primo Estate Adelaide Plains, SA t b sc (b d) ★★★ Em vista do clima da região em que se situa, Joe Grilli faz milagres; entre seus sucessos estão muito bons vinhos RIES com botrítis, Colombard ácido e potente CAB SAUV/MERLOT Joseph.

Pyrenees Vic Região Central de Victoria; produz tintos ricos e mentolados.

Red Hill Estate Mornington Pen, Vic t b esp ★★→★★★ Uma das maiores e mais importantes vinícolas; vinhos notavelmente elegantes.

Redman Coonawarra, SA t ★ Famoso e antigo nome de COONAWARRA; especialista em tintos: SHIRAZ, CAB SAUV, CAB SAUV/MERLOT. Os vinhos não fazem justiça à qualidade do vinhedo.

Richmond Grove Barossa t b ★→★★★ Vinicultor magistral, John Vickery produz excelentes RIES a preços ínfimos; outros vinhos são razoáveis. Pertence à ORLANDO WYNDHAM.

Riesling 4.326 ha; 41.237 toneladas. Têm um lugar especial nos vales de BAROSSA, EDEN e CLARE. Em geral, são bem secos; podem ser gloriosos com até vinte anos de envelhecimento em garrafa. Atualmente, as tampas de rosca são as únicas aceitas.

Riverina NSW Zona irrigada de grande produção, centralizada em torno de Griffith. Vinhos de boa qualidade "de tonel" (especialmente brancos) e excelentes SEM doces e botritizados. Atenção para as produções menores e de qualidade melhor, por exemplo os maravilhosos vinhos de 2002.

Robert Channon Wines Granite Belt, Qld t b ★→★★ Advogado que se tornou *vigneron* tem 6,8 ha de vinhedos permanentemente cobertos e imaculadamente treinados, que produzem um VERDELHO muito bom (além de outros comuns).

Rockford Barossa t b esp ★★→★★★★ Pequeno produtor. Vinhedos velhos e de baixa produção; os vinhos tintos são os melhores; também o icônico espumante SHIRAZ Black.

Rosemount Estate Upper Hunter, McLaren Vale, Coonwarra, SA t b (esp) ★★ CHARD Roxburgh rico, SYRAH Balmoral de MCLAREN VALE, CAB SAUV/SHIRAZ Moutain Blue de MUDGEE e CAB SAUV COONAWARRA lideram sua ampla variedade. Parte de FWE.

Rutherglen e **Glenrowan** Vic Duas das quatro regiões de North East Victoria Zone, famosas (com justiça) por seus vinhos tintos de peso e seus magníficos vinhos de sobremesa fortificados.

St. Hallett Barossa, SA t b ★★★ (Old Block) **86' 90' 91' 96 98'** 99 01 02' 04'(05') Esplêndidos SHIRAZ Old Block. O restante da variedade é suave e de estilo. Propriedade de LION NATHAN.

St. Sheila's SA r d esp **36 22 38** Frisante bem encorpado. Grogue de muita qualidade, também.

Saltram Barossa, SA t b ★★→★★★ Os líderes são Mamre Brook (SHIRAZ, CAB SAUV, CHARD) e SHIRAZ Nº 1. O rótulo Metala, de Stonyfell, é usado para CAB SAUV/SHIRAZ Langhorne Creek. Uma marca FWE.

Sandalford Swan V., WA t b (mr) ★→★★ Excelente vinícola antiga com estilos contrastantes de vinhos varietais tintos e brancos, feitos de uvas provenientes das áreas de SWAN e MARGARET RIVER.

Sauvignon Blanc 4.152 ha; 38.355 toneladas. Geralmente, não tão característico quanto na Nova Zelândia, porém fantasticamente popular. Numerosos estilos, de suaves a picantes.

Scotchmans Hill Geelong, Vic t b ★★ Produz quantidades significativas de PINOT N de estilo, CHARD bom e SHIRAZ condimentado.

***Appélation Controlée* e aquecimento global**

Parece haver ampla concordância de que o efeito do aquecimento global será mais no hemisfério norte do que no sul. A proporção de água para massa de terra é maior no hemisfério sul, e a água é um redutor da temperatura (e do carbono). Paradoxalmente, a Austrália, a Nova Zelândia e a África do Sul não podem deslocar seus vinhedos muito para o sul (se é que podem, de alguma forma), embora o Chile e a Argentina possam. A Austrália tem em comum com os dois a oportunidade de plantar em altas altitudes, e sua ilha-Estado da Tasmânia tem menos a temer. Mas, de certo modo tudo foge ao ponto. A Austrália pode e vai mudar o plantio varietal à vontade, e adotar técnicas como a vaporização dos vinhedos para reduzir a temperatura da fronde. Em contraste, mesmo no nível mais básico, a tradição e a lei da *Appélation Controlée* podem atrasar as mudanças na França.

Sémillon 6.282 ha; 96.727 toneladas. Antes da chegada do CHARD, Sem era a resposta do HUNTER VALLEY ao RIES do S da Austrália. Tradicionalmente produzido sem carvalho e extremamente longevo. O breve romance com o carvalho terminou.

Seppelt Bendigo, Grampians, Henty t b esp mr (d b) ★★★ (St. Peter SHIRAZ) **71' 85' 86' 91' 96' 97'** 99' 02' 03' 04' (05) Desmembrada e vendida pela FWE, notadamente Seppeltsfield e a série incrível de fortificados de 100 anos ou mais. Foram mantidos a vinícola em GRAMPIANS e os vinhos de mesa, notavelmente Shiraz, todos oriundos de regiões premiadas de Vic.

Sevenhill Clare V., SA t b (mr) ★★ Pertencente à Sociedade Jesuíta Manresa desde 1851. Vinhos sempre bons; SHIRAZ e RIES podem ser excepcionais.

Seville Estate Yarra V., Vic t b ★★★ (SHIRAZ) **90 91' 94 97'** 00' 02' 03' 04' (05') Diversas mudanças na propriedade não afetaram a qualidade dos CHARD, SHIRAZ e PINOT N.

Shadowfax Geelong, Vic t b ★★→★★★ Nova vinícola de estilo, parte de Werribee Park; também hotel situado em uma mansão da década de 1880. CHARD, PINOT N e SHIRAZ muito bons.

Shantell Yarra V., Vic t b ★★→★★★ Produtor subestimado com vinhedo de trinta anos de existência SEM, CHARD, PINOT N, CAB SAUV.

Shaw & Smith McLaren Vale, SA b (t) ★★★ Fundado por Martin Shaw e primeiro MW da Austrália, Michael Hill Smith. SAUV BL enérgico, CHARD Reserve complexo e fermentado em barris, MERLOT e, claro, SHIRAZ.

Shelmerdine Vineyards Heathcote/Yarra V., Vic t b ★★→★★★ Famosa família com vinhos de alta qualidade de propriedade em YARRA VALLEY e em HEATHCOTE, o último com elegância fora do comum e níveis de álcool baixos.

Shiraz 48.508 ha; 415.421 toneladas. Extremamente flexível: aveludado/terroso em HUNTER; condimentado, apimentado e semelhante ao Rhône no centro e no sul de Vic; ou silvoso, doce como o rum e delicioso em BAROSSA e cercanias (por exemplo, Grange de PENFOLD).

Sirromet Queensland Coast t b ★★ Uma vinícola impressionante (100 ha); 75 mil caixas e com um restaurante para duzentas pessoas; o maior entre os muitos novos empreendimentos. Vinhos de 100 ou mais hectares de vinhedos na propriedade em GRANITE BELT, consistentemente bons.

South Burnett Atualmente, a segunda região de Queensland, com 14 vinícolas e mais nascimentos iminentes (e algumas mortes) sintomáticos do sudoeste do estado.

South Coast NSW Zone Inclui Shoalhaven Coast e Southern Highlands.

Southcorp O ex-gigante da indústria; atualmente, parte de FWE. Proprietário de PENFOLS, LINDEMANS, SEPPELT, Seaview, WYNNS e ROSEMOUNT.

Southern NSW Zone Inclui CANBERRA, Gundagai, Hilltops e Tumbarumba.

S. Smith & Sons (também conhecida como Yalumba) Barossa, SA t b esp mr (d b) ★★→★★★ Grande e antiga empresa familiar com considerável vitalidade. Completo espectro de vinhos de alta qualidade, inclusive PEWSEY VALE, HEGGIES e YALUMBA. O Angas Brut, um vinho espumante de bom preço, e os varietais Oxford Landing são marcas mundiais atualmente.

Stanton & Killeen Rutherglen, Vic mr t ★★★ O neto Chris Killeen tem um palato modernista, produz um excelente tinto seco, um Porto Vintage excepcional, e Muscat.

Stefano Lubiana S Tas t b esp ★★→★★★ Lindos vinhedos às margens do rio Derwent, a vinte minutos de Hobart. Especialista em vinhos espumantes, mas também muito bons vinhos de mesa, inclusive PINOT N.

Stonehaven Padthaway, SA t b ★★ Primeira grande vinícola (A$20m) na região de PADTHAWAY, construída pela HARDYS, que alimenta a produção total de LIMESTONE COAST ZONE.

Stonier Wines Mornington Pen, Vic t b ★★★ (CHARD) **00' 01 02** 03' 04 **04'** (05') (PINOT N) **00' 02'** 03 04' 05 Sempre muito bons; Reserves excepcionais. Pertence à LION NATHAN.

Suckfizzle/Stella Bella/Skuttlebutt Margaret R., WA t b ★★★ Os desenhos e os nomes dos rótulos *avant garde* não devem obscurecer o compromisso extremamente sério com a qualidade. CAB SAUV, SEM/SAUV BL, CHARD, SHIRAZ, SANGIOVESE/CAB, todos brilham.

Summerfield Pyrenees, Vic t (b) ★★ Produtor de SHIRAZ e CAB SAUV geralmente arrasadores, produzidos na propriedade, especialmente em *appellation* reserva.

Swan Valley (Swan V), WA Localizado vinte minutos ao N de Perth. Terra natal do vinho no oeste. O clima quente resulta em vinhos de mesa fortes e de baixa acidez; está sendo rejuvenescido para turismo vinícola.

Tahbilk Goulburn V, Vic t b ★★→★★★ (Marsanne) **74' 75' 82' 92' 97' 98' 99'** 01' 03' **05'** (SHIRAZ) **68' 71' 76' 86** 98' 00 02' 03 04'. Linda propriedade familiar histórica: vinhos tintos longevos, também RIES e ***Marsanne***. CAB SAUV Reserve excepcional; e o preço também. Raro SHIRAZ de vinhas de 1860, também.

Taltarni Pyrennees, Vic t b (esp) ★★ Novo time gerencial e de vinicultura, que produz vinhos tintos mais sofisticados, especialmente Cephas.

Tamar Ridge N Tas t b (esp) ★★→★★★ Empresa de propriedade pública. Dr. Richard Smart, o vinicultor, Dr. Andrew Pirie, o vinicultor/executivo principal, e mais de 230 ha de vinhas fazem desta empresa um ativo participante – se não o maior – na TASMÂNIA.

Tapanappa SA t ★★ Nova colaboração em WRATTONBULLY entre Brian Croser, Bollinger e J-M Cazes de Pauillac (ver França). A observar.

Tarrawarra Yarra V., Vic t b ★★★ (CHARD) **00 01'** 02' 03' 04' (05') (PINOT N) **00 01' 02'** 03 04 (05) Mudou seus CHARD e PINOT N de idiossincráticos para (mais aperfeiçoados) elegantes e principais. Tin Cows é o segundo rótulo.

Tarrington Henty, Vic t b ★★★ Vinícola de Cameo que produz CHARD (intenso, sem carvalho) e PINOT N como jóias, em minúsculas quantidades.

Tasmânia A produção continua a crescer, mas ainda é bem pequena. Excelente potencial para espumante, CHARD, PINOT N e RIES em clima frio. A única região a reportar demanda excessiva de uvas em 06; a geada vai exacerbar o desequilíbrio em 2007.

Tatachilla McLaren Vale, SA t b ★★→★★★ Produção significativa (250 mil caixas) de requintados vinhos brancos e muito bons vinhos tintos. Adquirido pela LION NATHAN, em 2002.

Taylors Wines Clare V., SA t b ★★→★★★ Produção de 400 mil caixas de RIES, SHIRAZ e CAB SAUV muito aperfeiçoados. As exportações são feitas sob a marca Wakefield Wines (problemas com a marca registrada Taylors of Oporto).

Ten Minutes by Tractor (dez minutos de trator) Mornington Pen; Vic t b ★★ Nome engraçado e embalagens sofisticadas ligam três vinhedos familiares que são – sim, você acertou. Os SAUV BL, CHARD e PINOT N são todos bons.

T'Gallant Mornington Pen; Vic b (t) ★★ Nome improvável e rótulos *avant-garde* — produtor de primeira linha de Pinot Gris/Grigio da Austrália. Também produz um CHARD fragrante e sem carvalho. Aquisição quixotesca da FWE.

The Islander Estate Kangaroo Island, SA t b ★★ Novo desenvolvimento em plena escala realizado por Jacques Lurton, provavelmente planejado para ser um empreendimento para a aposentadoria. O vinho carro-chefe da propriedade é uma mistura esotérica de Sangiovese, Cabernet Fr e Malbec. Fique de olho neste lugar.

Torbrek Barossa, SA ★★★ t (b) A mais estilosa das vinículas *cult* veneradas dos EUA; foco nas variedades de vinhas velhas do Rhône.

Tower Estate Hunter V., NSW t b ★★★→★★★★ Oferece instalações luxuosas para convenções e um portfólio de dez vinhos feitos de uvas cultivadas nas melhores partes da Austrália. Impressionante.

Trentham Estate Murray Darling (t) b ★→★★ 65 mil caixas de vinhos cultivados e feitos pela família, com preços sensatos de vinícola-boutique em R Murray; bom restaurante, também.

Turkey Flat Barossa, SA t r ★★★ Produtor ícone de *rosé*, GRENACHE e SHIRAZ do âmago dos vinhedos de 150 anos de idade. Produtos de primeira linha; álcool e carvalho controlados.

Two Hands Barossa, SA t ★★→★★★ Executivos vinícolas astutos criaram vinícolas virtuais bem-sucedidas com SHIRAZ de primeira linha de PADTHAWAY, MCLAREN VALE, LANGHORNE CREEK, BAROSSA e HEATHCOTE recheado de álcool, fruta rica, carvalho e o que você imaginar.

Tyrrell's Hunter V, NSW t b ★★★ (SÉM) **94' 95' 96' 97' 98' 99'** 00' 01' 03' 05' (CHARD Vat 47) **79' 96' 97' 98 99' 00'** 02' 04' 05'. O maior fabricante australiano de SÉM Vat 1, agora associado a uma série de vinhos de vinhedo individual ou sub-regionais, um ou mais dos quais sobressai em qualquer safra mencionada, daí as classificações incomuns de safra para os SÉMS. Vat 47, também, continua a desafiar as diferenças climáticas, embora num estilo diferente de LAKES POLLY.

Upper Hunter [Alto Hunter] NSW Zona que se estabeleceu no início da década de 1960; vinhas irrigadas (principalmente uvas brancas), vinhos mais leves e de desenvolvimento mais rápido do que os de Lower Hunter [Baixo Hunter].

AUSTRÁLIA

Vasse Felix Margaret R, WA t b ★★★ (CAB SAUV) **96 97 98'** 99' 01 02 03' 04' 05' Juntamente com a CULLEN, foi pioneira de MARGARET RIVER. CAB SAUV elegantes, notáveis pelo equilíbrio de peso médio.

Verdelho 1.603 ha, 18.627 toneladas. Uva branca antiga cultivada em grandes volumes, não envelhecida em carvalho e levemente doce; a galinha dos ovos de ouro.

Voyager Estate Margaret R., WA t b ★★★ 30 mil caixas de SEM, SAUV BL, CHARD e CAB SAUV/MERLOT produzidos na propriedade, ricos e fortes.

Wendouree Clare V, SA t ★★★★ Produtor (quantidades pequenas), muito apreciado, dos vinhos tintos mais fortes e concentrados da Austrália, baseados em SHIRAZ, CAB SAUV, Mourvèdre e Malbec. De vida imensamente longa, tanto que qualquer vinho com menos de 20 anos não terá atingido a maturidade, os seis diferentes vinhos justificariam classificações ligeiramente diversas.

Willow Creek Mornington Península Vic t b ★★★ Extraordinário produtor de CHARD e PINOT N em particular, com ecos de Borgonha. Talvez esteja na lista de vinhos do excelente restaurante Salix, com todos os 31 vinhedos grand cru em oferta.

Wirra Wirra Mclaren Vale, AS t b (esp d b) ★★★ (RSW SHIRAZ) **98' 99'** 00' 01' 02 ' 04' (05') (Angelus CAB SAUV) **97' 98' 99** 00 01' 02' 04' (05') Vinhos de alta qualidade causando grande impacto. RSW SHIRAZ passou a frente do Ângelus CAB SAUV; ambos esplêndidos.

Woodlands Margaret R, WA t (b) ★★★→★★★★ 7 ha de vinhedos de CAB SAUV de mais de trinta anos entre os melhores na região, aos quais se unem plantações de outros tintos B'x mais jovens, porém muito bons. Ainda de propriedade e gerenciamento familiares, porém a consultoria externa aumentou a qualidade para níveis sensacionais, especialmente os lançamentos de Réserve du Cave de barril único.

Wrattonbully SA Importante região produtora de uvas em LIMESTONE COAST ZONE há trinta anos; perfil elevado pela recente chegada de TAPANAPPA.

Wyndham Estate Hunter V., NSW t b (esp) ★→★★ Originalmente HUNTER/MUDGEE, porém, atualmente, não há mais nenhuma vinícola lá, apenas as marcas: Poet's Corner, Montrose e RICHMOND GROVE. Parte da Orlando Wyndham, pertencente à Pernod Ricard.

Wynns Coonawarra, SA t b ★★★ (SHIRAZ) **55' 63 86' 90' 91' 94' 96'** 97 **98'** 99' 00 02 04 (05') (CAB SAUV) **57' 60' 82' 85' 86'** 90' **91' 94' 96' 98'** 99' 00 02 04 (05') Empresa clássica de propriedade da SOUTHCORP em COONAWARRA. RIES, CHARD, SHIRAZ e CAB SAUV são todos muito bons, especialmente o ***CAB SAUV John Riddoch*** e o SHIRAZ Michael.

Yabby Lake Mornington Pen, Vic t b ★★★ Associação entre o magnata da distribuição de filmes Robert Kirby, Larry McKenna (ex-Martinborough) e Tod Dexter (ex-STONIER WINES) (afiliado à propriedade de HEATHCOTE), completamente concentrada na meta da qualidade.

Yalumba Ver S SMITH & SONS.

Yarra Burn Yarra V, Vic t b esp ★★→★★★ Propriedade que faz SEM, SAUV BL, CHARD, espumante MEUNIER, PINOT /CHARD/ PINOT N, e CAB SAUV. Adquirida pela HARDYS em 1995. CHARD e PINOT N Bastard Hill são os legítimos porta-bandeiras.

Yarra Valley Magnífica área histórica perto de Melbourne. Ênfase no plantio de bem-sucedidos PINOT N, CHARD, SHIRAZ, MERLOT e espumantes. Vinhedos de menor altitude, prejuízo de geada sem precedentes em novembro de 2006, seguido pela descoberta da filoxera.

Yarra Yarra Yarra V., Vic t b ★★★ Recentemente aumentada para 7 ha, resultando em produção maior de SEM/SAUV BL e CAB SAUV finos, cada um no estilo clássico de B'x.

Yarra Yering Yarra V, Vic t b ★★★→★★★★ (Dry Reds) **80 81' 82' 83 84 85 90' 91' 93' 94' 95 96 97' 99' 00' 01** 02' 03 04' 05' (06') A mais famosa vinícola-boutique de Lilydale. Especialmente PINOT N estimulante, forte; CAB SAUV profundo e herbáceo (Dry Red Nº 1); SHIRAZ (Dry Red Nº 2). Vinhos tintos e brancos com sabores sensuais e ousados. Também vinhos fortificados tipo Porto, feitos das uvas certas.

Yeringberg Yarra V, Vic t b ★★★ (*Marsanne*) **91' 92 94' 95 97 98 00' 02'** 04 05' (CAB SAUV) **77' 80 81' 84' 88' 90 97' 98 00'** 02' c4 (05') Propriedade histórica dos sonhos, ainda nas mãos da família fundadora. Produz pequenas quantidades de Marsanne, Roussanne, CHARD, CAB SAUV e PINOT N, todos de alta qualidade.

Yering Station/Yarrabank Yarra V., Vic t b esp ★★★ Vinícola instalada no local do primeiro vinhedo de Vic replantada após um hiato de oitenta anos. Extraordinária associação: vinhos de mesa de Yering Station (CHARD Reserve, PINOT N, SHIRAZ, Viognier); Yarrabank (especialmente vinhos espumantes finos para Champagne Devaux). Dizimada pela geada, mas tem fundos suficientes para se recuperar.

Zema Estate Coonawarra, SA t ★★→★★★ Um dos últimos bastiões da poda manual em COONAWARRA; vinhos tintos sedosamente fortes e desconcertantemente diretos.

Nova Zelândia

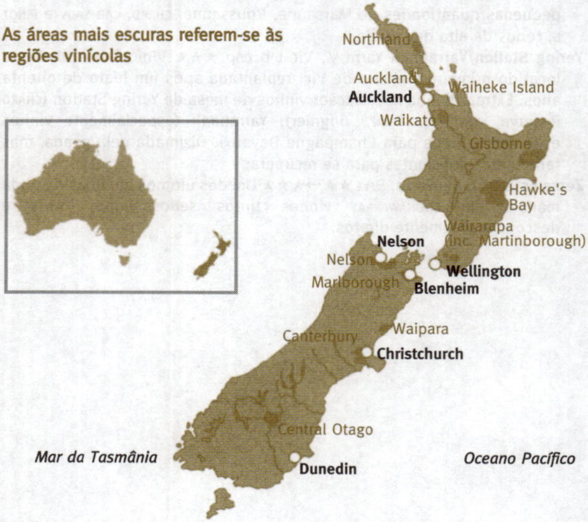

Um banho de aromas e sabores herbáceos pungentes com frescor de jardim, a Sauvignon Blanc da Nova Zelândia explodiu no palco mundial desde a década de 1980. A região de Marlborough, ensolarada, mas fria como a noite, onde é cultivada mais da metade das vinhas do país, agora se promove como "a capital Sauvignon Blanc do mundo" – com poucos dissidentes. Também se espera muito da Pinot Noir, que produz vinhos generosos, ricos e deliciosamente perfumados em Martinborough e por toda a Ilha do Sul. Os tintos de alta qualidade, que têm como base a Merlot e a Cabernet Sauvignon, provenientes das regiões relativamente quentes de Howke's Bay, mostram fragrâncias e finesse do tipo Bordeaux, e seus Syrah condimentados, notavelmente aromáticos, também provocam entusiasmo. A Pinot Gris é elegante e de rápida expansão.

Safras recentes

2006 Produção recorde. Na Ilha do Norte alguns tintos foram atingidos pelas chuvas de outono. Marlborough Sauvignon de médios a bons; falta pungência a alguns.

2005 Produções muito mais baixas do que 2004, devido ao início de verão excepcionalmente frio e úmido. Finais de verão e outono variáveis, mas em geral bons. Sauvignon Blanc e Pinot Noir de Marlborough excelentes.

2004 Safra recorde, refletindo uma área de vinhedos de rápida expansão e grandes produções. Fevereiro excepcionalmente úmido, porém outono frio e seco. Qualidade variável, com alguns Sauvignon Blanc carecendo de profundidade.

2003 Estação afetada pela geada, produzindo a safra mais fraca até então. Sabores não maduros em alguns vinhos; excelente intensidade em outros.

2002 Safra enorme (50% maior do que o recorde anterior). Excepcional Chardonnay e tintos irregulares em Hawke's Bay.

Akarua Otago Central ★★ Vinhedo grande em Bannockburn; produz Pinot N elegante e exuberantemente frutado, Chard amanteigado, e Pinot Gr. Pinot N generoso e charmoso, e de segundo nível, rotulado The Gullies.

Allan Scott Marlborough ★★ Ries excelentes (de vinhas com mais de vinte anos de idade), bons Chard e Sauv Bl; Pinot N bem codimentado.

Alpha Domus Hawke's Bay ★★ Bom Chard e tintos concentrados, especialmente The Navigator, aromático e baseado em Merlot, e The Aviator notavelmente escuro, rico, baseado em Cab Sauv. Os vinhos de primeira linha são rotulados AD.

Amisfield Otago Central ★★ Pinot Gr, suculento e cremoso, e Pinot N forte e complexo. Lake Hayes é o rótulo de mais baixo nível.

Astrolabe Marlborough ★★ Rótulo pertencente ao produtor Simon Waghorn, de WHITEHAVEN. Sauv Bl notavelmente intenso e harmonioso.

Ata Rangi Martinborough ★★★ Vinícola pequena, porém altamente respeitada. Pinot N (**00 03'** 05) excepcional. Pinot N de vinha jovem muito bom. Chard Craighall e Pinot Gr Lismore ricos e concentrados.

Auckland A maior cidade da NZ. Inclui os vizinhos distritos de Henderson, Huapai, Kumeu, Matakana, Clevedon, Waiheke Island – tintos B'x, caros, de qualidade variável.

Awatere Valley Importante sub-região de Marlborough, ligeiramente mais fria do que a região, maior, de WAIRAU VALLEY, com Sauv Bl estimulantes, herbáceos e minerais.

Babich Henderson (Auckland) ★★→★★★ Empresa familiar de porte médio, fundada em 1916; qualidade e preço bom. Vinhedos em AUCKLAND, HAWKE'S BAY e MARLBOROUGH. Chard refinado de Irongate, de lento amadurecimento (**02'**), e Cab Sauv/Merlot (vinhedo único) elegante. Sauv Bl maduro e seco de MARLBOROUGH.

Billancia Hawke's Bay ★★ Pequeno produtor do Syrah de primeira classe (inclusive La Collina, cultivado em encosta) e ricos Viognier, Pinot Gr.

Brancott Vineyards ★→★★★ Marca usada por PERNOD RICARD NEW ZEALAND nos EUA.

Brookfield Hawke's Bay ★★ Um dos vinhedos de primeira linha da região: excepcional Cab Sauv/Merlot "gold label" [rótulo dourado]; Chard, Pinot Gr e Gewurz ricos. O Syrah "Hillside" é um campeão.

Cable Bay Ilha de Waiheke ★★ Novato de bom tamanho, primeira safra em 2002. Chard de Waiheke firme e refinado, e tinto Five Hills condimentado e aromático; Sauv Bl de MARLBOROUGH generoso, com fina textura. O segundo rótulo é Culley.

Canterbury A quinta maior região vinícola da Nova Zelândia; a maioria dos vinhedos no distrito Waipara, protegido e quente. Os longos verões secos favorecem Pinot N, Ries.

Carrick Otago Central ★★ Vinícola emergente de Bannockburn com vinhos brancos pétreos e saborosos (Pinot Gr, Sauv Bl, Chard, Ries) e Pinot N denso e fino.

Central Otago (t) **03'** 06 (b) **06** Região montanhosa, fria e em rápida expansão na South Island. Ries e Pinot Gr aromáticos e vívidos; Pinot N perfumado e sedoso, com personalidade notavelmente intensa, porém melhor se bebido quando jovem.

Chard Farm Otago Central ★★ Ries e Pinot Gr frescos e vibrantes e Pinot N bom.

Church Road Hawke's Bay ★★→★★★ Vinícola de PERNOD RICARD NEW ZEALAND. Chard rico e Merlot/Cab Sauv elegante. Vinhos Reserve de primeira linha; e tinto Tom ao estilo clarete.

Churton Marlborough ★★ Pertencente ao comerciante de vinhos inglês Sam Weaver, que se tornou vinicultor. Sauv Bl generoso, complexo, com fina textura; Pinot N fragrante, condimentado, muito harmonioso.

NOVA ZELÂNDIA

Clearview Hawke's Bay ★★→★★★ Chard Res encorpado e repleto de sabores; Cab Fr Res escuro e rico; Enigma (baseado em Merlot); Old Olive Block (mistura Cab Sauv).

Clifford Bay Marlborough ★★ Produtor de vinhedo único em Awatere Valley Chard, Ries e Pinot N frescos e vivazes. O aromático e intenso Sauv Bl é o melhor.

Clos Henri Marlborough ★★→★★★ Fundado por Henri Bourgeois (ver França). Primeira safra 2003. Sauv Bl rico e deliciosamente pesado, e Pinot N vibrante e generoso.

Cloudy Bay Marlborough ★★★ Sauv Bl, Chard e Pinot N em grandes volumes são muito bons. Pelorus espumante é esplêndido. Gewurz, Late-Haverst Ries e Te Koko mais raros (Sauv Bl envelhecido em carvalho) são atualmente os melhores vinhos. Pinot Gr está pronto para entrar em cena.

Collard Brothers Auckland ★★ Pequena vinícola familiar tradicional. Brancos, especialmente Chard do vinhedo Rothesay.

Cooper's Creek Auckland ★★ Excelente Swamp Reserve Chard; muito bons MARLBOROUGH Sauv Bl, Ries; Viognier valiosíssimo; Ameis (o primeiro da NZ) 06 floral e ligeiramente condimentado.

Corbans Auckland ★→★★★ Fundada em 1902, atualmente é a marca PERNOD RICARD NEW ZEALAND. Melhores vinhos: Cottage Block e Private Bin. Qualidade de básica a excepcional.

Craggy Range Hawke's Bay ★★→★★★ Vinícola de porte médio com vinhedos em MARTINBOROUGH e HAWKE'S BAY. Sauv Bl moderado, Chard e Pinot N com estilo, Merlot e Syrah densos, maduros e firmes.

Daniel Le Brun Marlborough ★★ Pequena vinícola: melhor conhecida pelo cítrico e fermentado Brut NV. Novo proprietário em 2006 (Mahi Wines).

Delegat's Auckland ★★ Vinícola familiar grande e em crescimento. Vinhedos em MARLBOROUGH. Chard, Merlot e Cab Sauv/Merlot Res oferecem qualidade e preço muito bons. Marca de OYSTER BAY: Chard e Sauv Bl com sabor frutado; Pinot N elegante.

Delta Marlborough ★★ Promissor novo produtor com Pinot N substancial e elegante. Maior rótulo: Hatter's Hill.

Deutz Auckland ★★★ Empresa de Champagne, que empresta o nome e dá assistência técnica para o fino espumante produzido em MARLBOROUGH pela PERNOD RICARD NEW ZEALAND. NV: vivaz, efervescente e pétreo. Blanc de Blancs de safra: cítrico, fino e penetrante.

Dog Point Marlborough ★★ O produtor de uvas Ivan Sutherland e o vinicultor James Healy (ambos ex-CLOUDY BAY) produzem Sauv Bl (Section 94), Chard e Pinot N de complexidade incomun, com fina textura, envelhecidos em carvalho.

Dry River Martinborough ★★★ Vinícola minúscula. Chard, Ries, Pinot Gr penetrantes e longevos (os mais finos de NZ), assim como Gewurz. Pinot N maduro e forte (**00 01 03'04**).

Escarpment Martinborough ★★ Pinot Gr vigoroso e rico semelhante aos da Alsácia e Pinot N forte e denso de Larry McKenna, ex-MARTINBOROUGH VINEYARD. Principal rótulo: Kupe.

Esk Valley Hawke's Bay ★★→★★★ Pertencente à VILLA MARIA. Alguns dos mais voluptuosos tintos baseados em Merlot da NZ (especialmente rótulo Reserve **00' 02'** 04); Merlot *rosé* e Chenin Bl muito bons, Chard e Sauv Bl satisfatórios.

Felton Road Otago Central ★★★ Vinícola estrela na área quente de Bannockburn. Pinot N Block 3 e 5 flexíel e ousada, excepcional Ries; excelente Chard, e Pinot N regular.

Firstland Waikato ★→★★ Antes De Redcliffe; atualmente pertencente a um americano expatriado. Tem o Hotel du Vin incorporado. Bons brancos MARLBOROUGH. Tintos de HAWKE'S BAY melhorando.

Forrest Marlborough ★★ Vinícola de porte médio; Chard, Sauv Bl e Ries fragrantes e maduros; Cab Sauv/Merlot/Malbec repleto de sabores, do vinhedo Cornerstone, de HAWKE'S BAY. Também RIES maravilhoso, da botrítis.

Foxes Island Marlborough ★★ Pequeno produtor de Chard rico e suave, Sauv Bl de fina textura e Pinot N elegante e delicado.

Framingham Marlborough ★★ Pertencente à Pernod Ricard Nova Zelândia. Magníficos brancos aromáticos, ***Ries saboroso e notavelmente intenso***, e Pinot Gr, Gewürz. Opulentos e ligeiramente doces; rico e seco Sauv Bl; Pinot N sedoso e perfumado.

Fromm Marlborough ★★★ Fundada por suíço, concentrada em vinhos tintos muito fortes. Pinot N vigorosos e firmes, especialmente sob os rótulos Fromm Vineyard e Clayvin Vineyard.

Gibbston Valley Otago Central ★★ Vinícola pioneira com restaurante popular. Sua maior força é Pinot N, especialmente robusto, Reserve exuberantemente frutado (01 02'). Vinhos brancos locais estimulantes (Chard, Ries, Pinot Gr).

Giesen Estate Canterbury ★ Vinícola familiar alemã. Ries bom, com leve gosto de mel, porém, atualmente, o grande volume da produção é Sauv Bl de MARLBOROUGH de qualidade mediana.

Gimblett Gravels Hawke's Bay Área definida com solos de livre drenagem, conhecida pelo Syrah e pelos tintos ricos e maduros no estilo Bordeaux.

Gisborne (t) 04' 05 (b) 05 Terceira maior região da NZ. Sol e chuvas abundantes, com solos férteis. O ponto forte é o Chard (fragrante, maduro e suave quando jovem). Bom Gewurz e Viognier; Merlot mais variável.

Goldwater Ilha de Waiheke ★★→★★★ O pioneiro Cab Sauv/Merlot da região, Goldie (00' 02), ainda um dos mais finos da NZ: fineza semelhante à de Médoc. Também Chard enérgico e cítrico e Sauv Bl pungente, ambos produzidos em MARLBOROUGH. Vendida em 2006 para o NZ Wine Fund (que também possui a Vavasour).

Gravitas Marlborough ★★ A primeira safra, 2002, produziu Sauv e Chard excepcionalmente ricos. Os vinhos subseqüentes são menos notáveis.

Greenhough Nelson ★★→★★★ Um dos principais produtores da região, com Ries, Sauv, Chard e Pinot N imaculados e com sabores profundos. Rótulo de primeira linha: Hope Vineyard.

Grove Mill Marlborough ★★→★★★ Vinhos brancos atraentes, inclusive Chard vibrante; excelentes Ries, Sauv e Pinot Gr ligeiramente doce. A marca Sanctuary é boa mas de nível mais baixo.

Hawke's Bay (t) 00' 02' 04 (b) 04' 06 Segunda maior região vinícola da NZ. Uma longa história de viticultura em clima ensolarado; solos pedregosos e mais pesados. Tintos cheios e ricos baseados em Merlot e Cab Sauv com boas safras; Syrah é uma estrela em rápida ascensão; Chard forte; Sauv Bl equilibrado.

Herzog Marlborough ★★★ Fundada por imigrantes suíços. Merlot/Cab Sauv, Montepulciano, Pinot N, Chard, Viognier e Pinot Gr repletos de força e de preço elevado, porém com classe. Atualmente, vendidos sob a marca Hans na Europa e nos EUA.

Highfield Marlborough ★★ Capital japonês, com Ries, Chard, Sauv Bl e Pinot N de qualidade. Também espumante Elstree penetrante, duro e efervescente.

Huia Marlborough ★★ Vinhos sutis, que enchem a boca e que envelhecem bem, incluindo Chard aromático e equilibrado e Gewurz perfumado e bem condimentado.

Hunter's Marlborough ★★→★★★ Nome de primeira linha para vinhos Sauv Bl intensos e imaculados. Chard finos e delicados. Excelentes espumantes, Ries, Gewürz; Pinot N leves e elegantes.

Isabel Estate Marlborough ★★★ Propriedade familiar com solo argiloso. Costumava ter Pinot N, Sauv Bl e Chard excepcionais, porém ultimamente estão um pouco frustantes.

Jackson Estate Marlborough ★★ Sauv Bl rico, Chard bom e Dry Ries atraente. Pinot N mais leve.

Johanneshof Marlborough ★★ Pequena e discreta vinícola com Gewurz opulento, extraordinariamente perfumado.

Kaituna Valley Canterbury ★★→★★★ Pequeno produtor com vinhedos próximos a Christchurch e em MARLBOROUGH. Pinot N geralmente muito forte, ganhador de múltiplos prêmios.

Karikari Northland ★★ O vinhedo/vinícola mais setentrional da NZ, de capital americano, com vinhos tintos ao estilo B'x maduros e ricos, Pinotage e Syrah.

Kemblefield Hawke's Bay ★→★★ Vinícola de propriedade norte-americana. Vinhos tintos sólidos; Sauv Bl herbáceo de forma madura, envelhecido em carvalho; Gewürz suave e apimentado, e Chard encorpado e exuberante.

Kim Crawford Hawke's Bay ★★ Agora parte do império Constellation, baseado nos EUA. Rótulos numerosos, inclusive Chard de GISBORNE rico e amadeirado e Sauv Bl perfumado de sabores fortes de MARLBOROUGH. A série mais elevada é rotulada SP (Small Parcel).

Kumeu River Auckland ★★→★★★ Chard Kumeu rico e refinado (**05'** 06); o Chard de vinhedo único (Mate) é até mais opulento. Pinot Gr fresco, perfeito. Sauv Bl mineral, especial, de MARLBOROUGH desde 04. Segundo rótulo: Kumeu River Village.

Lake Chalice Marlborough ★★ Pequeno produtor com Chard ousado, rico, cremoso, com textura suave, e Ries incisivo, levemente doce; Sauv Bl de excelente qualidade. Rótulo premium Platinum.

Lawson's Dry Hills Marlborough ★★→★★★ Vinhos pesados com sabores ricos e intensos. Sauv Bl e Gewürz notáveis; bons Pinot Gr e Ries.

Lincoln Auckland ★ Vinícola familiar tradicional. Varietais de qualidade em ascensão com bom preço: Chard amanteigado de GISBORNE (rótulo de primeira linha Reserve).

Lindauer Ver PERNOD RICARD NEW ZEALAND.

Longridge ★ Ex-marca de CORBANS, atualmente pertencente à PERNOD RICARD NEW ZEALAND. Vinhos confiáveis, de preço moderado (inclusive Chard cítrico, ligeiramente envelhecido em carvalho), tipicamente de HAWKE'S BAY.

Margrain Martinborough ★★ Vinícola pequena com Chard, Ries, Pinot Gr, Merlot e Pinot N firmes e concentrados; todos compensam o envelhecimento na garrafa.

Marlborough (t) **03 04** 05' (b) **04 05** A maior região da NZ (mais de metade de todas as plantações). Os dias quentes e as noites frias resultam em vinhos brancos intensos e enérgicos. Sauv Bl fantasticamente intensos, que variam da pimenta verde e penetrante à fruta tropical madura. Ries frescos e cítricos; Pinot Gr e Gewürz muito promissores. Espumantes de alta qualidade, com botrítis. Os Pinot N estão entre os melhores entre os mais finos de NZ.

Martinborough (t) **01 03'** (b) **03'** Pequena área de alta qualidade no S de WAIRARAPA (no pé da North Island). Verões quentes, outonos secos e solos pedregosos. Sucesso com as uvas brancas, porém mais reconhecido pelos Pinot N vigorosos, ricos e longevos.

Martinborough Vineyard Martinborough ★★★ Pequena vinícola notável; um dos Pinot Noir mais graduados da NZ (**03'** 05). Chard rico, abiscoitado e Ries intensos.

Matakana Estate Auckland ★→★★ Maior produtor no distrito de Matakana. Chard, Pinot Gr, Sem, Syrah e mistura Merlot/Cab Sauv, todos variam de médio para bom. Rótulo de volume: Goldridge.

Matariki Hawke's Bay ★★ Vinhos brancos e tintos com estilo; vinhedos extensos no pedregoso Gimblett Road. Sauv Bl rico e maduro; mistura tinta Quintology robusta e condimentada.

Matua Valley Auckland ★★→★★★ Vinícola grande, altamente considerada, pertencente à Beringer Blass (ver Califórnia), com vinhedos em quatro regiões. Variedade de primeira linha: Ararimu, incluindo um Chard corpulento e aromático e um Merlot/Cab Sauv escuro e rico. Numerosos vinhos atraentes de GISBORNE (especialmente Chard Judd), HAWKE'S BAY e MARLBOROUGH (Shingle Peak). Sauv Bl Shingle Peak de preço alto.

Mills Reef Bay of Plenty ★★→★★★ A família Preston produz vinhos esplêndidos a partir de uvas de HAWKE'S BAY. A variedade de primeira linha Elspeth inclui tintos ricos e densos ao estilo B'x, e Syrah. A variedade Reserve também é notável.

Millton Gisborne ★★→★★★ Pequena vinícola de primeira linha da região: na maior parte orgânica. Chard suave e saboroso (o Clos de Ste. Anne de vinhedo único é esplêndido). O Chenin Bl, rico e longevo, é o mais fino da NZ.

Mission Hawke's Bay ★→★★ O mais antigo produtor vinícola da NZ, fundado em 1851, ainda administrado pela Sociedade Católica de Maria. Varietais sólidos: o Ries doce e perfumado é de preço especialmente bom. A variedade Reserve inclui bons tintos e Chard ao estilo B'x. Melhor rótulo: Jewelstone.

Montana Auckland ★→★★★ Antigo nome do gigante vinícola da NZ, atualmente uma das principais marcas da PERNOD RICARD NEW ZEALAND. Vinhos de primeira linha rotulados Estate; Reserve é de segundo nível. Varietais de grandes vendas incluem Chard suave, com notas de pêssego, ligeiramente envelhecido em carvalho, de GISBORNE, e Sauv Bl enérgico, com pronunciado sabor de grama, de MARLBOROUGH.

Morton Estate Bay of Plenty ★★ Produtor respeitado de porte médio com vinhedos em HAWKE'S BAY e MARLBOROUGH. O refinado Chard Black Label é um dos melhores da NZ (**02'**). Chard White Label também muito bom e de bom preço.

Mount Riley Marlborough ★→★★ Empresa de crescimento rápido com vinhedos extensos e nova vinícola. Chard bom de beber; Sauv Bl forte; Merlot/Malbec saboroso. Vinhos de primeira linha rotulados Seventeen Valley. Todos de bom preço.

Mt. Difficulty Otago Central ★★ Produtor de qualidade em área relativamente quente de Bannockburn. Famoso por Ries vibrantes e pétreos e Pinot N muito refinados e intensos.

O escândalo de Wither Hills

Em fins de 2006, a prestigiosa vinícola Wither Hills enviou a competições e revistas de degustação um lote de seu popularíssimo Marlborough Sauvignon Blanc 2006 que era diferente do vinho existente em grande quantidade no varejo. Entretanto, os dois vinhos tinham rótulos idênticos.

Foram produzidas apenas 2.228 caixas do agora famoso lote ER 315, enviado aos organizadores, numa produção total de 130.000 do Wither Hills Marlborough Sauvignon Blanc 2006. Na melhor das hipóteses, os consumidores tinham uma chance em 50 de comprar o vinho que foi para as exposições, o qual obteve duas medalhas de prata e três de bronze nas competições da Nova Zelândia.

A defesa pública de Wither Hills – de propriedade de Lion Nathan – foi entregue ao fundador da companhia e principal vinhateiro Brent Marris. Ele argumentou que as amostras enviadas aos shows eram de um lote inicial, produzido para suprir o mercado anteriormente ao lançamento da marca principal. Marris reivindicou que as amostras do lote relativamente pequeno tinham sido enviadas por engano

O que atiçou o fogo foi o fato de Marris ser o presidente dos juízes na própria competição da indústria, a Air New Zealand Wine Awards. Depois do furor da mídia, durante o qual o vinho foi destituído de um outro prêmio relevante, Marris renunciou a sua posição de juiz, e a Wither Hills devolveu as restantes medalhas de prata e bronze.

Mud House Marlborough ★→★★ Sauv Bl enérgico e vibrante e Pinot Gr, Ries, Merlot e Pinot N sólidos. Adquirido em 2006 pela WAIPARA HILLS

Muddy Water Waipara ★★ Pequeno produtor de alta qualidade com Ries lindamente intensos, Chard minerais e Pinot N aromáticos e sutis.

Nautilus Marlborough ★★ Pequena rede de distribuidores e negociantes (NZ), pertencente à S. SMITH & SONS, da Austrália. Os vinhos de primeira linha incluem Sauv Bl com estilo, finamente equilibrados, Pinot N aromático e espumantes fragrantes. Série mais barata: Twin Islands.

Nelson (t) **03** 06 (b) **06** Pequena região de rápido crescimento a oeste de MARLBOROUGH; clima mais úmido. Solos argilosos nas colinas de Upper Moutere e na planície sedimentar de Waimea. Forte em vinhos brancos, especialmente Ries, Sauv Bl e Chard. O Pinot N é o melhor tinto.

Neudorf Nelson ★★★ Uma vinícola pequena e de primeira linha. Chard robusto rico-cremoso (**03 04** 05); Pinot N, Sauv Bl e Ries esplêndidos.

Nga Waka Martinborough ★★ Brancos secos e acerados de alta qualidade. Sauv Bl excepcionais; Ries penetrantemente saborosos; Chard robustos e aromáticos. Pinot N perfumado e sutil.

Ngatarawa Hawke's Bay ★★→★★★ Porte médio. Variedade de primeira linha Alwyn Reserve, inclusive Chard, Cab Sauv e Merlot fortes. Glazebrook também excelente.

Nobilo Auckland ★→★★ A segunda maior empresa vinícola da NZ, hoje pertencente à Hardy's (ver Austrália). O Sauv Bl de MARLBOROUGH é bom, mas seu preço é extremamente alto. Varietais superiores rotulados Icon. Sauv Bl Drylands muito bom. Vinhos mais baratos rotulados Fernleaf e Fall Harvest. Ver também SELAKS.

Okahu Estate Northland ★→★★ Uma das vinícolas mais setentrionais da NZ, em Kaitaia. Clima quente e úmido. Tintos quentes e maduros; Chard complexo e cremoso.

Omaka Springs Marlborough ★→★★ Sauv Bl enérgicos e herbáceos, Ries e Chard sólidos e tintos quase frondosos.

Oyster Bay Ver DELEGAT'S.

Palliser Estate Martinborough ★★→★★★ Uma das maiores e melhores vinícolas da área. Sauv Bl esplêndido de sabor fruta tropical; Chard, Ries e Pinot N excelentes. Vinhos de primeira linha: Palliser Estate. Os mais baratos: Pencarrow.

Pask, C.J. Hawke's Bay ★★→★★★ Vinícola de porte médio, vinhedos extensos. Chard de bom a excelente. Os tintos baseados em Cab Sauv e em Merlot estão melhorando rapidamente. Os melhores sob o rótulo Declaration.

Pegasus Bay Waipara ★★→★★★ Variedade pequena, porém notável: Chard de clima frio notavelmente rijo; Sauv/Sem exuberante, complexo e envelhecido em carvalho; e Ries muito rico e estimulante. Seus vinhos tintos baseados em Merlot são os mais finos da região. Pinot N exuberantes e sedosos (especialmente Prima Donna).

Peregrine Otago Central ★★ Ries enérgicos de clima frio, Pinot Gr e Gewurz de qualidade variável e Pinot N lindamente rico, sedoso e de bom preço.

Pernod Ricard New Zealand Auckland ★→★★★ Gigante vinícola da NZ, anteriormente chamado Allied Domecq wines (NZ) e, antes disso, MONTANA. Vinícolas em AUCKLAND, GISBORNE, HAWKE'S BAY e MARLBOROUGH. Extensos vinhedos de co-proprietários para vinhos brancos de MARLBOROUGH, inclusive Sauv Bl, Ries e Chard de preço alto de MONTANA (variedade Reserve especialmente bons). Forte em espumantes, inclusive DEUTZ e Lindauer: estilo e bom preço. Elegantes tintos de CHURCH ROAD e Chard de qualidade. Outras marcas importantes: CORBANS, LONGRIDGE, STONELEIGH, Saints. A nova marca Triplebank oferece vinhos intensos e enérgicos de AWATERE VALLEY.

Providence Auckland ★★★ Vinhos tintos raros baseados em Merlot, do distrito de Matakana. Perfumados, exuberantes e sedosos; preço muito alto.

Quartz Reef Otago Central ★★ Produtor de qualidade com Pinot Gr pesado e duro; Pinot N substancial e rico; ***espumante Chauvet semelhante ao Champanhe, efervescente e persistente.***

Rimu Grove Nelson ★★ Pequeno vinhedo litorâneo de capital americano. Chard e Pinot Gr concentrado e mineral; Pinot N rico e condimentado.

Rippon Vineyard Otago Central ★★→★★★ Vinhedo estonteante. Pinot N muito frutado de aroma delicioso e vinhos brancos de evolução lenta, inclusive Ries acerados e com sabor de maçã.

Rockburn Otago Central ★→★★ Chard, Pinot Gr, Gewürz, Ries e Sauv Bl enérgicos e estimulantes. Os fragrantes, delicados e ricos Pinot N são os melhores.

Sacred Hill Hawke's Bay ★★→★★★ Varietais indefectíveis de Whitecliff; bons Sauv Bl envelhecidos em carvalho (Sauvage). Bom Merlot Basket Press e Chard fermentado em barris. Chard Riflemans e Merlot Brokenstone se destacam. Sauv Bl enérgico e quase seco de MARLBOROUGH.

Saint Clair Marlborough ★★→★★★ Produtor orientado para exportações que cresce rapidamente e que possui vinhedos substancais. Vencedor de muitos prêmios. Sauv Bl forte. Ries fragrante, Chard simples e Merlot com sabor de ameixa para beber cedo. Sauv Bl, Chard, Merlot, Pinot N Reserve ricos. Excepcional: Sair Blanc Wairao Reserve.

St. Helena Canterbury ★ A mais antiga vinícola da região, fundada nas cercanias de Christchurch, em 1978. Pinot N leve e vigoroso (Reserve é mais ousado). Chard variável, porém bom em safras melhores. Sauv Bl de MARLBOROUGH denso.

Seifried Estate Nelson ★★ A maior vinícola da região, fundada por um austríaco. Conhecida inicialmente por Ries e Gewurz caros; atualmente também produz Sauv Bl e Chard freqüentemente excelentes, de bom preço. Melhores vinhos: Winemakers Collection.

Selaks ★→★★ Empresa familiar de porte médio, comprada pela NOBILO, em 1998. Seus pontos fortes são os Sauv Bl, Ries e Chard; os vinhos tintos são na maior parte simples, porém estão melhorando.

Seresin Marlborough ★★→★★★ Estabelecida pelo produtor de cinema da NZ Michael Seresin. Sauv, Chard, Pinots N, Pinots Gr, Ries e Noble Ries imaculados e com estilo.

Sileni Hawke's Bay ★★ Vinícola grande com vinhedos extensos e Chard e Merlot elegantes. Vinhos de primeira linha: EV (Exceptional Vintage), seguidos por Estate Selection e Cellar Selection.

Southbank Hawke's Bay ★→★★ Novo produtor, de crescimento rápido. O Chard cremoso e rico de HAWKE'S BAY e o Sauv Bl penetrante de MARLBOROUGH são os melhores.

Spy Valley Marlborough ★★ Empresa de crescimento rápido com vinhedos extensos. Sauv Bl, Chard, Ries, Gewürz, Pinot Gr e Pinot N são todos muito bons e têm preços justos.

Staete Landt Marlborough ★★ Imigrantes holandeses, que produzem Chard, Sauv Bl e Pinot Gr refinados; e Pinot N generoso e encantador.

Stonecroft Hawke's Bay ★★→★★★ Pequena vinícola. Syrah escuro e concentrado, mais semelhante aos vinhos do Rhône do que aos da Austrália. Mistura tinta muito boa Ruhanui e Chard, e Gewürz muito rico.

Stoneleigh Ex-marca de CORBANS, atualmente pertencente à PERNOD RICARD NEW ZEALAND. Vinhos brancos e Pinot N esplêndidos de MARLBOROUGH, especialmente Rapaura Reserve.

Stonyridge Ilha de Waiheke ★★★★ Vinícola-boutique. Famosa por seu tinto excepcional ao estilo B'x Larose (**99 00'** 04' 05'). Também mistura no estilo do Rhône, Pilgrim e um supercarregado Luna Negra Malbec 2º rótulo: Fallen Angel.

Tasman Bay Nelson ★→★★ Famoso por Chard rico, cremoso-suave. Vinhos de primeira linha de vinhedo único vendidos como Spencer Hill.

NOVA ZELÂNDIA

Te Awa Hawke's Bay ★★ Grande vinhedo de propriedade; de capital americano. Chard e Boundary (mistura baseada em Merlot) elegantes; bons rótulos Longlands, de maiores volumes de produção.

Te Kairanga Martinborough ★→★★ Uma das maiores vinícolas do distrito. Chard corpulento e forte (Res mais rico); Pinot N perfumado, generoso (Res complexo e forte).

Te Mata Hawke's Bay ★★★→★★★★ Vinícola de prestígio. Chard Elston fino e forte; Cab/Merlot (**95' 98' 00'** 02) Coleraine muito semelhante a B'x e com estilo. Syrah e Viognier entre os mais finos da NZ. A variedade Woodthorpe é para ser bebida cedo; Change de Rymer está no terceiro nível.

Te Motu Ilha de Waiheke ★★ Vinho de primeira linha dos vinhedos de Waiheke, pertencente às famílias Dunleavy e Buffalora. Vinhos tintos concentrados e silvosos. Dunleavy é o segundo rótulo.

Te Whau Pequena vinícola/restaurante em Waiheke Island. Belo Chard e a mistura Bordeaux The Point.

Terra Vin Marlborough ★★ Sauv Bl pesado, seco, de sabor fruta tropical, e Pinot N rico, complexo e firmemente estruturado, especialmente Hillside Sel.

Tohu ★→★★ Associação pertencente à Maori; com vinhedos extensos. Sauv Bl confusos e estimulantes e Pinot N moderadamente complexos, ambos de MARLBOROUGH; Chard saboroso, de GISBORNE.

Torlesse Waipara ★→★★ Pequeno produtor de CANTERBURY de Ries fresco, pétreo, com bom preço, e Chard firme, torrado e cítrico. Pinot N de peso médio.

Trinity Hill Hawke's Bay ★★→★★★ Vinhos tintos concentrados e firmes desde 1996, e Chard de primeira categoria. Nova variedade Homage desde 2002: com muito estilo e caro (baseado em Chard, Syrah, Merlot). Tempranillo muito promissor. Os melhores Viognier da NZ.

Unison Hawke's Bay ★★→★★★ Especialista em tintos com misturas de Merlot, Cab Sauv e Syrah escuros, condimentados, abarrotados de sabor. O rótulo de seleção é envelhecido em carvalho o maior tempo possível.

Vavasour Marlborough ★★ Sediada em AWATERE VALLEY. Chard e Sauv Bl imaculados e intensos; Pinot N e Pinot Gr promissores. Dashwood é o segundo rótulo.

Vidal Hawke's Bay ★★→★★★ Parte de VILLA MARIA. Reserves (Chard, Cab Sauv/Merlot e Syrah) uniformemente de alto padrão.

Villa Maria Auckland ★★→★★★ Uma das três maiores empresas vinícolas da NZ, inclui VIDAL e ESK VALLEY. Variedades de primeira linha: Reserve (Pinot N é forte, exuberante) e Single Vineyand; Cellar Selection: preço médio (menos carvalho) — vinhos geralmente excelentes; os vinhos de terceiro nível Private Bin podem ser excelentes e de preço bom (especialmente Ries, Sauv Bl e Gewurz). Possui recordes brilhantes em competições.

Waimea Nelson ★→★★ Sauv Bl fresco, com pronunciado sabor de grama; Ries Classic rico, suavemente doce; e Chard Bolitho Reserve ousado e exuberante. Vinhos tintos variáveis; Pinot N é o melhor.

Waipara Hills Canterbury ★★ Pertencente ao estado, produtor muito grande de vinhos de MARLBOROUGH e CANTERBURY, especialmente Sauv Bl com um ardor e vigor de MARLBOROUGH. Os melhores: Ries Waipara e PinotGr 2006.

Waipara Springs Canterbury ★★ Pequeno produtor; Ries, Sauv Bl e Chard vivazes de clima frio; Pinot N Reserve concentrado.

Waipara West Canterbury ★★ Ries com aroma fino e vivaz; Sauv Bl herbáceo e frescamente ácido; Chard firme e cítrico; e Pinot N cada vez mais maduro e substancial.

Wairapara Sexta maior região vinícola da NZ. Inclui East Taratahi e Gladstone. Ver MARTINBOROUGH.

Wairau River Malborough ★★ Sauv Bl intenso. Home Block é o melhor rótulo.

Wairau Valley Maior distrito de MARLBOROUGH, com a maior parte dos vinhedos da região e a vasta maioria de suas vinícolas.

Wellington Capital e nome da região; inclui WAIRARAPA, Te Horo, MARTINBOROUGH.

West Brook Auckland ★★ Chard, Sauv Bl e Ries subestimados e ricamente saborosos.

Whitehaven Marlborough ★★ Vinhos excelentes: Ries estimulantes; Sauv Bl perfumados, harmoniosos e muito puros; Chard saboroso e simples. Gallo é co-proprietário.

Wither Hills Marlborough ★★→★★★ Chard rico e tostado; Sauv Bl fragrante e carnoso; Pinot N sério, concentrado e condimentado.

África do Sul

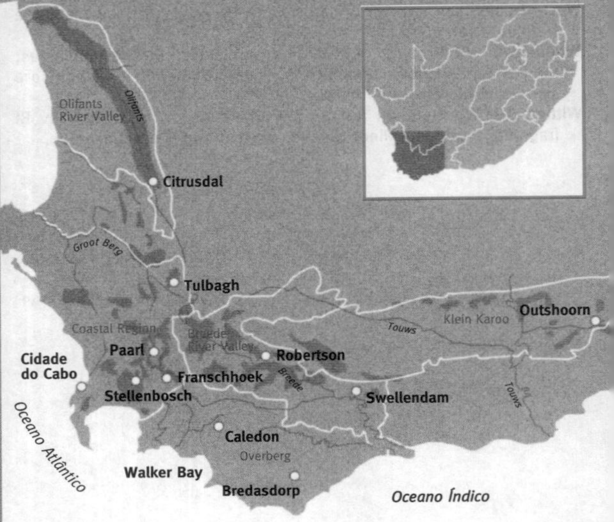

Assim como grande parte do mundo vinícola, a África do Sul está transbordando de vinho. Bom vinho, que ela não pode vender com lucro. Entretanto, cada safra parece ficar maior e melhor, e os investimentos continuam chegando em grandes proporções. Empresas estreantes aparecem à razão de 50 por ano, e existe atualmente a opção de mais de 6.000 rótulos.

Competição, qualidade e opção na extremidade superior melhoraram de modo impressionante, como conseqüência – embora os níveis de álcool tenham disparado também (parece que é obrigatório para os vinhos de competição serem nervosos, de efeito atordoante, e de 15 graus).

Mas pela primeira vez em 13 anos, as exportações caíram ameaçadoramente em dois dígitos nos mercados importantes, depois de uma subida vertiginosa de 22 para 282 milhões de litros por ano na época. Isso é um reflexo do excesso de oferta. Mas o consumo doméstico per capita (a apenas sete litros por ano, mais ou menos) também está em declínio, num país quente, onde se bebe muita cerveja.

Não obstante à oferta em excesso e às margens em fuga presentes, o governo está injetando mais do que entusiasmo – talvez oportunidade – no que até agora foi virtualmente um comércio só de brancos: uma legislação de ação afirmativa juntamente com um impedimento do tipo "incitar o burro com a cenoura" exige que os produtores comecem a partilhar igualdade com sócios negros. Novas classes de consumidores ressuscitando o vinho do Cape?

Safras recentes

2007 Uma escalada quase perfeita para a colheita: inverno frio e úmido; verão seco, quase sem pragas. Uma onda geral de calor – chegando quase a 40 °C – logo antes da colheita, apressando o amadurecimento e fazendo subir o álcool.

2006 O inverno seco e excessivamente quente não foi um bom começo (floresceu de forma desigual mais tarde); porém um verão quente, sem surpresas e sem problemas, mais longo que o de 2005 – por aproximadamente duas semanas a mais – com produções médias e níveis alcoólicos ligeiramente mais baixos; a quarta safra estável seguida.

2005 Colheita muito precoce e curta após uma estação excepcionalmente seca e quente. Bagos pequenos de casca grossa prometem tintos concentrados para guardar.

2004 Ano prolongado e quente, qualidade acima da média em todas as variedades. Vinhos tintos intensos, especialmente Shiraz e Pinotage.

2003 Excelente: quente, seco, em geral sem doença. Vinhos tintos concentrados e ricos para guardar por mais tempo.

A tecnologia no vinhedo e na adega está melhorando a cada safra: a reputação de um produtor é geralmente um guia melhor para a qualidade do vinho do que a safra. O Cabo geralmente experimenta verões quentes ou muito quentes. A maioria dos brancos secos do Cabo são melhores quando bebidos dentro de 2 ou 3 anos.

Adoro Wines St'bosch t b ★★→★★★ Aclamada apresentação de novos rótulos do experiente vinicultor Ian Naudé (ex-Donier) comprando em lotes selecionados; Chenin Bl/Sémillon branco seco **06'**, e tinto delicadamente perfumado 04 (Merlot misturado com Mourvédre/Grenache).

Alto Estate S'bosch t ★★ Antiga propriedade (exportando desde 1920). Cab Sauv com reputação de vida longa e maturação lenta. Shiraz defumado e suculento. Também popular Alto Rouge (mistura Cab Sauv/Cab Fr/Shiraz).

Anthony de Jager Wines t ★★★ Rótulo próprio do vinicultor da propriedade de FAIRVIEW situada em PAARL; mistura Shiraz/Viognier vigorosa e complexa, chamada Homtini Shiraz.

Anwilka Stellenbosch t Nova associação: Bruno Prats e Hubert de Bouard (Château Angelus) com Lowell Jooste da África do Sul (KLEIN CONSTANTIA). 40 ha. Cab Sauv/Merlot/Shiraz. Estreou com a cara e subestimada safra 05.

Asara St'bosch t b d ★★ Bom, melhorando a qualidade em toda a série, inclusive Chard Reserve de sobremesa botritizado; Cape Fusion B inclusive Pinotage/Merlot/Cab Sauv e Shiraz classificado.

Ataraxia Mountain Vineyards Walker Bay t b ★★→★★★ Chard fresco, de estilo austero, e mistura tinta Ataraxia – de Kevin Grant, ex-Hamilton Russell Vineyards.

Axe Hill t d ★★★ Excepcional especialista, produtor minúsculo, ao estilo Porto Vintage, em Calitzdorp. Touriga Nacional, Tinto Barocca **99 00 01 02** 03 04.

Backsberg t b d ★★ Propriedade PAARL. Entre os vinhos do Cape mais antigos, maiores, que esmagam 1.000 toneladas de uvas por ano; expansão de mais de 20 rótulos em 4 séries, incluindo vinho Kosher, a preço razoável. Os melhores continuam sendo Babylonstoren Cab/Merlot, Chard e Viognier.

Beaumont t b d ★★★ Walker Bay. Vinícola de aparência tradicional, agora abrindo caminho com uma versão mais seleta do Pinotage vinha velha **01 02** 03 04'. Também densos, Mourvèdre **02 03** 04' e Shiraz **02 03** 04. Entre os melhores Chenin Bls do Cabo, secos e licorosos.

Bellingham t b ★→★★ Marca tradicional, popular, com muitas variedades/rótulos – inclusive a variedade Maverick (Syrah, Viognier). Vinhos brancos populares (todos CJD).

Beyerskloof St'bosch t ★★→★★★ Produtor e grande especialista em PINOTAGE – Reserve **02 03 04**; mistura Cab Sauv/Merlot de sabor profundo **00 01** 02. Mistura firme e ousada (PINOTAGE/Cab Sauv/Merlot) Synergy Res **02** 03 04, da Cidade do Cabo.

Bilton St'bosch t b ★★ Seleção de tintos cada vez melhores: mistura de Shiraz/Merlot/Petit Verdot Matt Black 04; Shiraz 04 rico em frutas, e o complexo Merlot 04, ganhando reputação com o Pinotage. Também Sauv Bl.

Boekenhoutskloof Franschoek t b ★★★ Produtor, viticultor muito premiado, consistentemente classificado entre os cinco rótulos do Cabo pela crítica local, especializando-se em fermentos nativos não filtrados. Três tintos ricos e maduros: o aromático Syrah **00 01' 02' 03** 04'; o mineral, intenso Cab Sauv **00 01' 02 03** 04'; a ágil mistura Syrah-Grenache-Cinsault-Viognier,

ÁFRICA DO SUL

Chocolate Box **02 03 04** 05. Também excelente Semillon e o segundo rótulo Porcupine Ridge de bom preço.

Bon Courage Robertson t b d esp ★★ Viva coleção de vinhos espumantes de predominância Chard e dois excepcionais de sobremesa: Riesling botritizado e Muscadel branco.

Boplaas Family Vineyards t b d ★★ Propriedade na área seca e quente de Karoo. Cape Vintage Res ao estilo Porto **91 94 96 97 99 01** 03' 04 terroso e profundo; Muscadels fortificados e Tawny Port Res de Cape Vintner.

Boschendal t b esp ★★ A maior propriedade individual do Caboe (250 mil caixas p.a.), perto de Franschhoek, especializada em Shiraz **02** 03; e Sauv Bl (CJD) em rótulos renovados há pouco, na série Cecil John e Reserve Collection.

Bouchard-Finlayson Walker Bay t b ★★★ Entre os poucos bons cultivadores de Pinot N da África do Sul, com sólida reputação em dois rótulos principais: Galpin Peak e Tête de Cuvée. Magnífico Chard do rótulo Missionvale, também Kaaimansgat.

Buitenverwachting t b esp ★★→★★★ Propriedade histórica nos subúrbios de Constantia. ***<u>Notável Sauv Bl</u>***, em geral CJD, Chard (Hussey's Vlei 05), mistura B'x Christine, e Cab Sauv.

Cabrière Estate Franschhoek ★★ Bom espumante NV sob o rótulo Pierre Joudan (Brut Sauvage; Belle Rosé). Pinot N bom em alguns dos anos **00 02 04**.

Camberley Wines St'bosch t b ★★→★★★ Especialista em tintos; administração familiar: admirável Shiraz **03 04**; esplêndida e incorpada mistura Shiraz/Merlot (Philosopher's Stone) **02 03** 04; PINOTAGE 04' excepcional e maciço, escuro com toques de ameixa.

Capaia Wines Philadelphia t b ★★→★★★ Recente, colaboração franco-alemã: a mistura B'x generosa **03** 04 05, fina, de bago rico de Capaia, foi ovacionada.

Cape Bay ★★ Entre as séries de exportação mais bem-sucedidas, de preço baixo, misturas baseadas em Cab Sauv e Pinotage, para beber de imediato, Chard, Chenin Bl, Sauv Bl, para beber em grandes goles. Executadas pela família Newton-Johnsosn.

Cape Chamonix Franschhoek t b esp ★★ Tintos recentemente aperfeiçoados: Pinot N **04**; "Troika" Cab Sauv, Cab Fr, Merlot **03** 04; Chard Res **04** sempre bom e dois espumantes Méthode Cap Classique baseados em Chard.

Cape Point Vineyards b ★★★ Rótulo de vinho branco premiado, dos vinhedos refrescados pelo Atlântico na estreita ponta da península da Cidade do Cabo. Vinho principal: Islied, mistura de Sauv Bl e Sémillon, elegante e complexo; e magnífico mineral Sémillon **05' 06**; Sauv Bl tostado (CJD).

Cape Winemaker's Guild (CWG) Organiza anualmente um leilão referencial de garrafas premium limitadas de 38 dos principais vitivultores do Cabo, cada um produzindo não mais que um ou dois barris sob o rótulo CWG. Parte da renda vai para comunidades carentes das regiões vinícolas.

Cederberg Wines Cederberg t b ★★→★★★ Vinhedos de grande altitude. Vinhos brancos frutados e enérgicos: Sauv Bl, Chenil Bl Reserve V Generations. Mistura baseada em Cab Sauv V Generations **01 03 04'**. Shiraz **02 03** 04 excepcional.

Château Libertas Misturas, principalmente de Cab Sauv, feita pela STELLENBOSCH FARMERS' WINERY.

Cloof Darling t b ★★ Rótulo novo e em ascensão; o melhor é o Shiraz Crucible **03'** 04 concentrado; também bom PINOTAGE e misturas baseadas em Cab Sauv.

Clos Malverne St'bosch ★★→★★★ Pequena propriedade, com reputação para PINOTAGE Res **00 02** 03, mistura Cab Sauv/Merlot/PINOTAGE Auret **01** 03.

Coleraine Wines Paarl t ★★ Vinhos tintos opulentos, bem escuros, acumulando atenção e premiação: Syrah Culraithin **02** 04; Merlot Culraithin **03** 04.

Constantia Já foi o vinho doce baseado em Muscat (tintos e brancos) mais famoso do mundo. Ver KLEIN CONSTANTINA.

Constantia Uitsig t b ★★→★★★ Especialista em branco; as escolhas são Semillon Reserve, Chard Res e "Constantia White" Semillon/Sauv Bl de vinhedos CONSTANTIA premiados.

Cordoba St'bosch t b ★★→★★★ Vinícola/vinhedos altamente respeitados nas montanhas Helderberg. Cab Fr, baseado em mistura de clarete, rótulo

Crescendo **00 01 02** 03, em geral de desenvolvimento tardio; além de Merlot **01' 02.**

Dalla Cia Wine & Spirit Company St'bosch t b ★★→★★★ Mistura Bordeaux Giorgio **02 03';** novo, extraordinário, requintado; também Chard e Sauv Bl. Produtores de digestivos intensos co estilo *grappa*.

David Frost Paarl t ★★ Série de tintos cada vez mais respeitados, liderados por mistura Res Cab Sauv e ***mistura Bordeaux Par Excellence***.

De Krans Estate ★★→★★★ Vinhedos semidesérticos de Karoo de administração familiar; Vintage Reserve ao estilo Porto **97 99 02** 03' 04 ricos, cheios e esplêndidos. Também tradicionais tintos fortificados e doces, Muscadel e "Porto" Cape Tarony.

De Toren St'bosch t ★★→★★★ Mistura B'x elegante (Cab Sauv, Sauv Bl, Merlot, Petit Verdot, Malbec) Fusion V **01** 02 03' 04 e mistura com base Merlot "Z" 04.

De Trafford Wines St'bosch t b d ★★★ Butique excepcional. A reputação internacional e a habilidade de Trafford para vinhos ousados, mas elegantes (não filtrados, fermentados com levedura nativa) torna-os raros. Mistura Bordeaux Elevation "393", Cab Sauv, Shiraz. Também pequenas quantidades de Pinot N, Merlot e Chenin Bl seco, em carvalho, e Vin de Paille de sobremesa (também Chenin) valem a pena ter na adega.

De Waal Wines t b ★★→★★★ De Uiterwyk, propriedade antiga no sudoeste de STELLENBOSCH. PINOTAGE de vinhedo único Top of the Hill **01 02** 04 entre os melhores da Cidade do Cabo; vinhas de cinqüenta anos de idade. Muito boa "mistura do Cabo" Merlot/Shiraz/PINOTAGE.

De Wetshof Robertson b d ★★ Produtor de larga escala, inclusive Chards – os carros-chefe são os selecionados em barril Bateleur e Finesse. Vinhos de sobremesa com botrítis Sauv Bl, Gewurz, Rhine Ries, Edeloes. Chard Limestone Hill seguro e sem carvalho, basicamente para exportação.

Delaire Winery St'bosch t b ★★ Vinhedos montanhosos em Helshoogte Pass. Principal mistura Bordeaux Delaire – rica, intensa 03 04. Cab Sauv Botmaskop **00 02** 04. Também Chard fermentado em barril e o fresco Sauv Bl CJD.

Delheim St'bosch t b sc d ★★ Vinícola familiar. Ovacionado Shiraz Vera Cruz **01 02** 04; mistura B'x Grand Res **99 00 01** 03 04 com toques de ameixa. Também Chard e Sauv Bl. Admiradores do Steen, Edelspatz com botrítis; desde o6 Ries de vinhedo único.

Diemersfontein Wines Wellington t b ★★ Reputação em ascensão para os poderosos vinhos PINOTAGE **03** 04 da variedade tipo Carpe Diem.

Distell Conglomerado situado em STELLENBOSCH, fusão da Distillers com a STELLENBOSCH FARMERS' WINERY; os outros atacadistas parecerem minúsculos. Muitas marcas que ultrapassam as escalas de qualidade: Capenheimer, Cellar Cask, CHÂTEAU LIBERTAS, FLEUR DU CAP, Kellerprinz, MONIS, NEDERBURG, Overmeer, Tassenberg, Two Oceans, ZONNEBLOEM etc.

Dornier Wines St'bosch t b ★★→★★★ Imponente mistura B'x (Cab Fr/Merlot) Donatus **02** 03 04, vale o envelhecimento. Mistura branca – CHENIN BL ligeiramente envelhecido em carvalho, frutado/pétreo. Sauv Bl, Sem **03**. Desde 2004, somente chenin/Semillon.

Durbanville Hills t b ★★ Vinhedos esfriados pelo ar marítimo, na moda, pertencentes ao gigante DISTELL. O melhor é o Cab Sauv/Merlot de vinhedo único Range Caapman **99 01**. Também Rhinofields Range com bons Chard e Sauv Bl CJD.

Du Toitskloof Winery t b d Rawsonville ★→★★ Especialista em diversos vinhos de sobremesa Muscat com preços altos. Ganhador constante de prêmios locais pelo seu grande valor.

Edelkeur ★★★ Vinho branco intensamente doce de decomposição nobre (com botrítis) de CHENIN BL, produzido pela NEDERBURG. Como todos os vinhos de sobremesa repletos de botrítis, estes são oficialmente designados Noble Late Harvest.

Ernie Els Wines t ★★★ Do grande jogador sul-africano de golfe vem a mistura B'x aromática e rica com as uvas dos vinhedos de Helderberg/STELLENBOSCH. O vinho mais caro da Cidade do Cabo. Também "Engelbrecht-Els Proprietor's Blend". Sociedade entre Ernie Els e Jean Engelbrecht (ex Rust-en-Vrede) pegando uvas de várias procedências e selecionando-as para produzir a mistura Cab Sauv/Shiraz. Boa variedade Guardian Peak: Syrah/Mouvidre/Grenache.

Estate Wine Designação oficial para vinhos cultivados e produzidos (não necessariamente engarrafados) exclusivamente em propriedades registradas. Não é uma designação da qualidade.

Fairview t b sec d ★★→★★★★ Charles Back, proprietário dinâmico e exportador perito, produz infinitas inovações, mas com ênfase nas variedades do Rhône e nos vinhos abertos, generosos, prontos para beber. Top Range Red Seal, com Caldera, Solitude, Beacon Block, Jakkalsfontein, destacando Shiraz; PINOTAGE Primo. Pegleg Carignan; Oom Pagel Semillon. Entre os rótulos regulares, Viognier, o primeiro do Cabo e ainda muito bom. Recentemente, também variedades italianas – Barbera, Sangiovese, Primitivo – na série Agostinello. Bem-sucedidos, com o estilo do Rhône e misturas Bordeaux (branco, tinto, rosé), Goats do Roam, Goat-Roti, Bored Doe, The Godfather etc – rótulos jocosos e de sentido oculto, geralmente com enorme distribuição. (Protestos das autoridades francesas são bem-vindos.)

First Cape Vineyards Worcester/Walker Bay t b ★★ Marca do Cabo que mais cresceu nas exportações para o Reino Unido nos últimos dois anos, a um milhão de caixas (12 garrafas) por ano. Preço/qualidade excelentes em três séries em camada: First Selection (Shiraz; Shiraz/Cab. Sauv; Shiraz Rosé; Chard; e Chard/Viognier). Limited Release e First Cape apresentam Cab Sauv, PINOTAGE, Shiraz, Merlot, Chenin Bl, Semillon e Sauv Bl como misturas e varietais. Joint-venture com NEWTON-JOHNSON WINES, Brand Phoenix, em Surrey, R.U., e as vinícolas De Wet, Goudini, Badsberg, Stettyn e Aan de Dooms, localizadas em Worcester, no Cabo.

Chenin Blanc

Chenin Blanc ganhou um novo papel. Há muito considerado um *vin ordinaire* branco de grande consumo – é a variedade mais plantada na África do Sul – o Chenin Blanc está agora sendo vinificado com mais cuidado, e a uva está sendo usada para produzir vinhos de qualidade restrita e mais longevidade. Nas listas de vinhos, o Chenin Blanc, com freqüência, representa mais valor que os Chardonnay e os Suvignon Blanc.

Uma seleção de produtores: Rudera, Ken Forrester, Cederberg, Jean Daneel, Villiera, Mulderbosch, De Trafford, Beaumont.

Flagstone t b ★★→★★★ Estrela moderna do Cabo, em expansão, com mais de 30 rótulos em seis séries, nomeadas com humor jovial pelo proprietário/produtor Bruce Jack (p.ex. Cellar Hand Backchat Blend [Mistura do Empregado Malcriado]), bom tinto para beber a largos sorvos, miscelânea de sete uvas). Uvas compradas de vinhedos individuais, freqüentemente vastos. Os melhores: Bowwood Cab/Merlot. Mary Le Bow, Cab/Shiraz/Merlot.Regular jovem de destaque: The Berrio Sauv Bl. Também: The Berrio Cab Sauv; Dark Horse Shiraz; Longitude Shiraz/Merlot/PINOTAGE; Writer's Block PINOTAGE; Fiona Sauv Bl Reserve.

Fleur du Cap St'bosch t b d ★★ Gigante produtor dos rótulos carro-chefe da DISTELL, inclusive a Limited Release, também Chard, Semillon e Viognier Limited Release muito boa Unfiltered Collection. Cab Sauv, Merlot; Sauv Bl.

Gilga Wines St'bosch t ★★→★★★ Um sucesso com Syrah intenso e condimentado. Mistura Shiraz/Cab Sauv Amurabi.

Glen Carlou t b ★★★ Vinícola de primeira classe no Cabo, com galeria de arte; vinhedos em Paarl. Proprietário Donald Hess (ver Califórnia). Em destaque, Syrah aromático; Gravel Quarry Cab Sauv; também requintada mistura Bordeaux Grand Classique e cheio Pinot N. Três Chards excelentes, liderados pelo rótulo Quartz Stone.

Graham Beck Wines Robertson/Franschhoek t b esp ★★→★★★ O magnata Graham Beck, na vanguarda das atividades de mineração, corrida de cavalos e coleção de arte, fazendo espumantes de classe, inclusive o Chard Blanc de Blancs Vintage. Também em destaque, The Ridge Syrah de vinhedo único;

Coffeestone Cab Sauv; "Peasants Run" Sauv Bl; e o magnífico Rhona Muscadel de sobremesa.

Grangehurst St'bosch t ★★→★★★ Pequeno especialista de primeira linha de vinhos tintos, que compra suas uvas. Mistura da Cidade do Cabo – Cab Sauv/PINOTAGE/Merlot – Nikela. Bom PINOTAGE; Cab Sauv/Merlot e Shiraz/Cab Sauv concentrados.

Groot Constantia t b ★→★★ Histórica propriedade estatal, próxima da Cidade do Cabo. Lendários vinhos de sobremesa Muscat tintos e brancos do início do século XIX. Grand Constance revive a tradição, com as mesmas variedades de uvas Muscat tintas/brancas. Também boa mistura B'x Gouverneur's Reserve; Shiraz, Chard Res, Ries Weisser (Remo) doce.

Groote Post Vineyards Darling t b ★★ Benefícios do frio clima litorâneo resultando em Chard (envelhecido em carvalho e sem madeira) e Shiraz intenso; também Sauv Bl Reserve.

Hamilton Russell Vineyards Walker Bay t b ★★★ Propriedade do Cabo especialista em estilo Borgonha, em Hermanus. ***Excelente Pinot N 99 00 01' 03' 04. Chard 01 02 03 04 05' de classe***. Pequenas produções, vinificação de inspiração francesa, utilização cuidadosa de barris. Muito bons Sauv Bls e Pinotages dos rótulos Southern Right e Ashbourne, também da propriedade.

Hartenberg St'bosch t b ★★★ Um constante sucesso da Cidade do Cabo. Mistura Bordeaux The McKenzie 03'. O sempre sério Shiraz **01 02 03** 04; também o Shiraz de vinhedo único The Stork **03** 04'. Merlot **02 03 04'**05 fino. Vinhos recentemente premiados: Chards — o melhor é o Eleanor.

Havana Hills Durbanville t b ★★→★★★ Tintos intensos, frutados, bem-estruturados na série Du Plessis Reserve: Du Plessis Bordeaux mistura e Shiraz.

Ingwe Stellenbosch t b ★★→★★★ Alain Moueix (da dinastia Pomerol) está entre os primeiros investidores franceses da década de 1990; mistura B'x Ingwe baseada em Merlot, elegante e mineral – **02 03**; Vinho branco Sauv Bl/Sémillon Amehlo. Para exportação.

Jack & Knox Winecraft Somerset West t b ★★→★★★ Excelente Ries Frostline seco; e Semillon Green on Green sutil.

J.C. le Roux St'bosch esp ★★ Maior casa de vinho espumante da África do Sul. Todos de METHODE CAP CLASSIQUE. "Desiderius" da variedade Pongràcz, e Scintilla (ambos Chard/Pinot N) são de primeira linha; também Pinot N; Chard Blanc de Blancs, maturação longa (5-9 anos) na garrafa. NV Pongràcz de bom preço.

Jean Daneel Wines Napier t b ★★★ ***Excepcional CHENIN BL Signature Series 03' 04 05'***. Espumante Chard Brut 01 METHODE CAP CLASSIQUE.

Joostenberg Wines Paarl t b ★★ Vinho de sobremesa com botrítis de CHENIN BL **03 04 05**; também boa mistura Cab Sauv/Merlot/Shiraz Viognier **00 03** 04 particularmente bom.

Jordan Vineyards St'bosch t b ★★★ Uma grande estrela. O Chard Nine Yards Res **03'** **04 05** é o carro-chefe. Mistura Cab Sauv Cobbler's Hill 00 **01** 03'; Cab Sauv **00 01 03** 04; Merlot **99 00 01 02** 03; Sauv Bl muito bom (CJD), assim como o vinho de sobremesa com botrítis de Mellifera.

J.P. Bredell St'bosch ★★→★★★ Res rico, de safra ao estilo do Porto, também safra Lave Bohled (Tinta Barocca, Touriga Nacional e Souzão). Uma marca registrada da Cidade do Cabo.

Kaapzicht Estate St'bosch t b ★★★ Aclamada propriedade de família especialista em tinto. Vinho de assinatura: concentrado e maduro Steytler Vision (mistura PINOTAGE/Cab Sauv/Merlot); Steytler PINOTAGE. Kaapzicht Cab Sauv bem trabalhado.

Kanonkop St'bosch t ★★★ Grande status local nas últimas três décadas, principalmente com dois rótulos: PINOTAGE acabado em carvalho e, com acompanhamento fanático, a mistura estilo Bordeaux Paul Sauer plus Cab Sauv.

Kanu Wines St'bosch t b d ★★→★★★ Famoso por seu CHENIN BL envelhecido em barris; também muito bom Chard e Sauv Bl (CJD); vinho de sobremesa com botrítis Kia Ora.

Ken Forrester Vineyards St'bosch t b d ★★→★★★ Procutor de Helderberg. Benchmark Cape CHENIN BL, da série proprietária "Ken Forrester"; também em destaque, o delicioso meio-seco Forrester-Meinert CHENIN BL, rotulado FMC, de vinhas de mais de 30 anos em Icon Range, muito procurado. Vigoroso, mas requintado Grenache/Shiraz/PINOTAGE, chamado "Gipsy". CHENIN BL com botrítis nomeado T.

Klein Constantia Estate t b d ★★→★★★ Conduziu à renovação da área histórica de Constantia; atualmente, lança a associação com Bruno Prats, de Bordeaux (ANWILKA). Desde 1986, com Vin de Constance, recria o lendário ícone do vinho de sobremesa do século XVIII, feito de uvas Muscat de Frontignan. Apenas cerca de quinhentas caixas por ano. Seguramente deliciosos ricos e penetrantes (sem botítis). Sauv Bl ousado, CJD, mas pode durar anos; Chard sólido. Ries quase seco de bom envelhecimento.

Kleine Zalze St'bosch t b ★★ O Shiraz Reserve Family encabeça os bons tintos, inclusive o Cab Sauv e o Merlot. Também CHENIN BL e CHARD fermentados em barris.

Kloovenburg Wines Swartland t b ★★ Shiraz apimentado, Chard arrojado.

Krone Brut ★★ Dois espumantes leves e elegantes: Borealis (Chard/ Pinot N) e Rosé (Pinot N de uma das mais antigas fazendas do Cabo, Twee Jonegzellen, em Tulbagh).

Kumala t b esp Série de desempenho inferior, agora sob a proteção da gigante Constellation. Queda vertical na qualidade.

KWV International Paarl t b d ★→★★★ Kooperatieve Wijnbouwers Vereniging antigamente a cooperativa vinícola nacional da África do Sul e a agência controladora; hoje, parcialmente (25,1%) de propriedade dos negros. Variedades de primeira linha são Laborie Estate e Cathedral Cellar: Cab Sauv. Mistura de B'x Triptych, Shiraz e Chard. Os rótulos KWV incluem a mistura tradicional Roodeberg e uma vasta gama de vinhos brancos secos. Xerez e estilos Porto, vinhos de sobremesa fortificados e de base Muscat principalmente. Espumante MÉTHODE CAP CLASSIQUE.

La Motte Franschhoek t b ★★→★★★ Propriedade multifacetada (coleções de arte, concertos musicais, óleos aromáticos) administrada pelos Rupoerts, uma família que produz importante vinho do Cabo (e é também firma internacional). Excelentes, distintos "Piemeef Collection" Shiraz/Viognier e o positivamente frutado Sauv Bl. Também excelente Millenium, mistura estilo Bordeaux da série La Motte; sempre simpático Shiraz.

L'Avenir St'bosch t b ★★→★★★ Adquirido por Michel Laroche de Chablis, em 2005 – acrescentando a propriedades no Chile. Sua paixão pela Pinotage do Cabo mostra-se agora no especialmente amadurecido 04 chamado Gran Vin Pinotage, firme e feito para durar. Também entre os Chenin Bls secos do Cabo, sempre de primeira linha. Amplitude sólida e confiável de outros rótulos – o tinto "Stellenbosch Classic 04, mistura com predominância de Cabernet, e o cheio, licoroso, botritizado Chard Vin de Meurveur, Cape Vintage, estilo porto.

Lanzerac St'bosch t b ★★ Vinhedos antigos (e um grande hotel) suntuosamente restaurados, replantados por Christo Wiese, magnata banqueiro e varejista. Merlot para consumo cedo; Chard amadeirado para consumo tardio.

Le Riche Wines St'bosch t ★★★ Vinhos de boutique finos baseados em Cab Sauv, feitos artesanalmente pelo respeitado Etienne le Riche. Cab Sauv Res. De **06** também Chard.

Long Mountain Wine ★→★★ Rótulo Pernod Ricard, que compra uvas de cooperativas de clima quente de Breede River e que exporta para 35 países. Cab Sauv, Ruby Cab, Cab Sauv/Merlot Res, Chard e CHENIN BL — de bom preço. Espumante Chard/Pinot N MCC recentemente adicionado.

Lourensford St'bosch t b Vasto projeto – vinhedos/adega/turismo — do banqueiro Christo Wiese (LANZERAC). Melhores garrafas: Viognier **04 05**, com delicados toques de pêssego, vinho de sobremesa de Semillon promissores Cab Sauv e Sauv Bl.

L'Ormarins Private Cellar t b d ★★ Renovação e replantações em andamento nesta propriedade da família Rupert, nas cercanias de Franschhoek (ver LA MOTTE). O melhor tinto é mistura B'x Optima. Cab Sauv, Merlot, Chard e Sauv Bl bons. Também respeitáveis bebidas de Sangiovese e Pinot Grigio na variedade Terra del Capo.

Lynx Wines Franschhoek t ★★ Shiraz rico. Também Cab Sauv, e mistura B'x Xanache.

Meerlust Estate St'bosch t b ★★→★★★ Antiga propriedade de prestígio, provavelmente o rótulo tinto de qualidade mais conhecido da África do Sul, ainda sob o controle da família Myburg, após 250 anos. O novo vinicultor Chris Williams prioriza a elegância sobre o impacto. Principal Rubicon, mistura Bordeaux com 75% de Cab Sauv mais Merlot, Cab Fr; Merlot; Pinot N. Também bom Chard, mineral, sabor de limão doce. Meerlust Red, segundo rótulo de bom preço durante anos, quando o Rubicon não era engarrafado.

Meinert Wines St'bosch t ★★→★★★ O produtor/consultor de pequena escala Martin Meinert faz duas misturas finas, Devon Crest (B'x) e Synchronicity (Cab Sauv/Cab Fr/Merlot/PINOTAGE) **01 03**. Merlot **01 03** dos vinhedos de Devon Valley.

Méthode Cap Classique (MCC) Designação sul-africana para o método clássico de vinhos espumantes.

Monis Paarl Pertencente à DISTELL: mantendo a qualidade do produtor mais antigo (1906) de vinho fortificado de estilos Tawny-Porto e Muscadel.

Moreson Franschhoek t b ★★ Poderoso, premiado Pinotage **03 04** 05; elegante Magia, mistura Bordeaux, e requintado e confiável Premium Chard.

Morgenhof Estate St'bosch t b d esp ★★★ Anne Cointreau (da dinastia francesa Cointreau) foi a primeira francesa a investir no vinho do Cabo, transformando sua estância de 75 ha numa propriedade vinícola de primeira classe. Grande reputação de três tintos: Merlot Res, Mistura Bordeaux Première Selection, e Cab Sauv Res. Brancos muito bons, e CHENIN BL seco, com botrítis, de boa maturação; LBV estilo porto e Vintage; Brut Res MCC de Chard/Pinot N. Série Fantail de bom preço.

Morgenster Estate St'bosch t ★★★ Sob a consultoria de de Pierre Lurton de Bordeaux (Cheal Blanc) e mistura B'x é boa; rótulo generoso do proprietário. A Mistura Lourens River Valley é o segundo rótulo, armazenado da mesma forma.

Mulderbosch Vineyards St'bosch t b ★★★ Sauv Bl penetrantes – geralmente brilhantes também. Dois Chards: fermentados em carvalho e frescos, menos amadeirados. Muito bom CHENIN BL Steen op Hout, fermentado em barris. Mistura ao estilo B'x, Faithful Hound, simples.

Mvemve Raats St'bosch t ★★ Nova parceria entre Mzokham Mvemve, primeiro vinicultor com grau universitário da África do Sul, e Bruwer Raats (Vinhos de família Raats). Distribuição inaugural da mistura Bordeaux de Compostela 04. Também o promissor Sagila, Chenin Bl seco de Mvemve, iniciativa solo. A observar ambos os rótulos em escala butique.

Nederburg Paarl t b r d sc sd esp ★→★★★ Grande vinícola fundada em 1937. Gerenciada pelo vinicultor romeno Razvan Macici. Bons tintos da série clássica incluem a mistura Edelrood **01** 04 e o Cab Sauv **01 03**. Também Chard, Sauv Bl, Ries e espumante. Excelentes vinhos de sobremesa com botrítis Noble Late Harvest, na maior parte Chenin Bl aromatizado com Muscat (ver também Edelkeur). Quantidades pequenas de Limited Vintage, Private Bins para leilões, alguns excepcionais. Patrocina o maior evento vinícola do Cabo, o leilão anual de Nederburg.

Neethlingshof St'bosch t b d ★★ Grande propriedade, muitos rótulos. Seu melhor está na variedade carro-chefe, Lord Neethling, a mistura Laurentius (Cab Sauv/Cab Fr e Shiraz); também bom PINOTAGE; Shiraz; Chard, Gewürz, Blanc de Noirs róseo, e o Riesling Weisser, com botrítis.

Neil Ellis Wines St'bosch t b ★★★ Compra uvas de vinhedo único para expressão local. Vinhos honestos. Res Vineyard Selection Cab Sauv de primeira categoria, Syrah, Sauv Bl fermentado em barril. Série premiada STELLENBOSCH. Sempre excelentes Cab Sauv PINOTAGE, Shiraz e Sauv Bl (sem carvalho), inclusives Groenkloof e Elgin, e Chards cheios e ousados de STELLENBOSCH e Elgin.

Newton-Johnson Wines t b ★★→★★★ Vinícola familiar, com vinhedos em Walker Bay; usa uvas de várias procedências. Entre os poucos produtores muito bons de Pinot N do Cabo. Também Chard com leve sabor de limão, e Sauv Bl intenso. Deliciosa mistura apimentada Shiraz/Mourvèdre. Ver também FIRST CAPE VINEYARDS, CAPE BAY.

WineBiodiversity Iniciative (WBI) [Empreendimento da Biodiversidade do Vinho]
Muitos produtores estão se comprometendo a conservar a vegetação natural ameaçada dentro e em volta das fazendas vinícolas, de acordo com as diretrizes da biodiversidade científica – reforçando o incentivo do governo de adotar técnicas da IWP – Integrated Wine Production [Produção Integrada do Vinho] para produzir vinho de formas ambientalmente sustentáveis. Há também uma lista pequena, mas em crescimento, de produtores biodinâmicos reconhecidos.

Nitida Cellars Durbanville t b ★★ Variedade pequena e muito boa, vinhedos refrescados pelo mar; Sauv Bl (CJD) fresco e vigoroso, e Semillon. Também Cab Sauv, e mistura B'x Calligraphy, ambos bons.

Omnia Wines ★→★★ Uma operação de 2,5 milhões de caixas por ano (fusão de Stellenbosch Vineyards e Vinfruco) com mais de quarenta rótulos em oito marcas/variedades: Kumkani (bom Shiraz e Shiraz/Cab Sauv, PINOTAGE de bom preço, Sauv Bl Lanner Hill e mistura VVS branca e seca – Viognier/Verdelho/Sauv Bl); Credo Range; Arniston Bay Range principalmente para o nível básico de exportação; Inglewood Range; etc.

Overgaauw Estate St'bosch t b ★★→★★★ Antiga propriedade familiar (1783). Merlot confiável e mistura B'x Tria Corda; Cab Sauv muito bom. Dois excelentes vinhos estilos Porto: Cape Vintage e Reserve.

Paarl Town Cidade a 45 km a nordeste da Cidade do Cabo, e nome do distrito vinícola que a circunda.

Paul Cluver Estate t b ★★ Bom Pinot N **03 04** desses vinhedos da região elevada mais fria a leste da Cidade do Cabo. Também Chard elegante; vinho de sobremesa intenso com botrítis de Weisser, Riesling (Reno) **03 04' 05**; também Ries quase seco. Gewurz quase seco e aromático.

Plaisir de Merle t b ★★ Grandes vinhedos (adegas de propriedade de DISTELL) próximos de PAARL. Merlot acessível, Mistura B'x Grand Plaisir mais pesada. Recentemente Cab Fr de vinhedo único.

Raats Family St'bosch t b ★★→★★★ Cab Franc **01 02 03** 04 com aromas profundos e mineral; e dois aclamados CHENIN BL, amadeirados e não amadeirados, vale a pena manter ambos alguns anos.

Raka Walker Bay t b ★★→★★★ Premiado e poderoso Shiraz **02 03 04' 05**; vigorosa, opulenta cheia, mistura Bordeaux de 5 uvas com toque de Pinotage chamada Figurehead 04; Merlot 05 de sabor profundo e longa duração; pungente Sauv Bl.

Remhoogte Estate Stellenbosch t ★★→★★★ Bonne Nouvelle de estilo clássico – associação (Cab Sauv/Merlot/PINOTAGE) entre o proprietário Murray Boustred e Michel Rolland; também mistura B'x Estate Wine e Cab Sauv.

Ridgeback Wines Paarl t b ★★→★★★ Syrah **02 03** 04 notável, Cab Fr/Merlot **03 04**, e Viognier.

Rijk's Private Cellar Tulbagh t b ★★★ Produtor pequeno mas de grande impacto. Profundidade e intensidade em Cab Sauv e Shiraz; equiparados com Sém e CHENIN BL.

Robertson District Distrito no interior do Cabo. Principalmente vinhos de sobremesa (notavelmente Muscat) e vinhos brancos. Esforços determinados para aumentar os vinhedos tintos.

Robertson Winery Robertson t b d ★→★★ Vinícola de clima quente freqüentemente subestimada, de bom preço e na escala das cooperativas (29 mil toneladas por ano). Variedade Vineyard Selection: dois bons rótulos Shiraz, Constitution Rd e Wolfkloof; PINOTAGE Phanto Ridge; Chard King's River. O Ries Noble Late Harvest, de Wide River, é soberbo.

Rudera Wines St'bosch t b ★★★ Estrelato local, baseado na paixão por Chenin Bl de Teddy Hall, proprietário e vinicultor. Vários rótulos, estilos, todos destacados: vinho de sobremesa Noble Late Harvest com botrítis, fresco, seco, fermentado em barril com levedura nativa. Também excelentes Cab Sauv e Syrah.

Rupert & Rothschild Vignerons t b ★★★ Vinhedos de primeira linha, adega em Simondium, Paarl. Associação entre o barão Benjamin Rothschild e os Ruperts, duas famílias vinicultoras antigas, francesa e sul-africana. O itinerante guru francês Michel Rolland é o consultor Mistura Bordeaux madura e excelente 01 03, chamada Baron Edmond desde 1998.Cab Chard Baroness Nadine é um clássico de sabores profundos.

Rustenberg Wines t b ★★★ Propriedade de prestígio de STELLENBOSCH, fundada há trezentos anos, produz vinho continuamente há mais de cem anos. O carro-chefe é o ***Cab Sauv*** de vinhedo único ***Peter Barlow 99' 01' 03 04***; mistura B'x Rustenberg John X Merriman 01 03 04. Excepcional Chard Five Soldiers **01 03** 04 de vinho único. Também o excelente segundo rótulo, Brampton.

Rust en Vrede Estate t ★★★ Propriedade a leste de STELLENBOSCH: frequente, conhecido por sua forte mistura tinta Cab Sauv Rust en Vrede Estate Wine, **00 01 03.** Cab Sauv e Shiraz sólidos.

Sadie Family Wines Swartland t ★★★ Columella (Shiraz/Mourvèdre) **01 02 03** 04, de cultivo biodinâmico, seguindo a tradição/tendência (fermentado com levedura nativa, não refinado, não filtrado) é agora considerado um referencial no Cabo. Mistura branca Palladius **04'** (Viognier, Chenin Bl, Chard, Grenache Blanc) complexa, fascinante (cítrica, damasco). O vinicultor estrela é Eben Sadie.

Saronsberg Tulbagh t b ★★ Reputação em ascensão pela mistura estilo Rhône, liderada por Shiraz; também Shiraz e Sauv Bl sem mistura.

Saxenberg Wines St'bosch t b sc d esp ★★→★★★ Vinhedos e vinícola suíços, administrados em conjunto com o francês Château Capion. Tintos poderosos: espumante principal Shiraz Select e Private Collection Shiraz. Robusto Pinotage, Cab Sauv. Também Merlot, Chard, Sauv Bl e doce Gewürz.

Seidelberg Estate Paarl t b ★★ Merlot Reserve "Rolands" **01 03**, Syrah **04**, mistura B'x Un Deux Trois **00** 03, Chard, Viognier promissor, e CHENIN BL.

Ses'Fikile St'bosch t b ★★★ Na primeira fila entre os novos empreendimentos vinícolas controlados por negros no Cabo; empresa inteiramente feminina, em parceria com a Flagstone. Bons Sauv Bl, Chard e Shiraz Res.

Signal Hill Cidade do Cabo t b d ★★ Elegância francesa com variedade vivaz e uvas de várias procedências para a nova vinícola da Cidade do Cabo Jean-Vincent Ridon é ajudado pelo vinicultor Khulekani Buthelezi. Malbec, Petit Verdot, Furmint (Aszu de Mathilde se assemelha a Tokaji), Muscat e PINOTAGE com todas as características. Vários vinhos de sobremesa que podem envelhecer, inclusive com botítis.

Simonsig Estate St'bosch t b esp d ★★→★★★ Vinícola familiar de Malan, dirigida por três irmãos. Variedade extensa porém séria inclui a mistura tinta de Bordeaux Tiara, a muito elogiada Syrah Merindol, Frans Malan Reserve e Gewürz ao estilo vinho de sobremesa. O primeiro (30 anos atrás); novo Auction Reserve Viognier de 2004. Também Cape MÉTHODE CAP CLASSIQUE, *brut* Kaapse Vonkel a partir de Pinot N/Chard.

Simonsvlei International t b r d esp ★ Importante adega de cooperativa, nas cercanias de PAARL. Muitas linhas de qualidade, de Hercules Paragon (Merlot) a Mount Marble.

Solms-Delta Franschhoek t b ★★→★★★ reputação crescente para o tinto aromático estilo Rhône Shiraz/Mourvèdre/Grenache etc., nomeado Hiervandaam; fascinante rosé e Viognier/Grenache Blanc branco seco.

Spice Route Wine Company Malmesbury t b ★★★ Especialista líder, no Cabo, no estilo Rhône; o rótulo de primeira linha é o Malabar (Syrah/PINOTAGE/Mourvèdre/Grenache/Viognier). Também o rico "carro-chefe Syrah", Merlot, PINOTAGE; CHENIN BL fermentado em barris e cheio, e Viognier

Spier Cellars St'bosch t b ★★ Variedades bem-feitas, a melhor em Cab Sauv 01 03 Private Collection, Merlot e PINOTAGE/Shiraz, CHENIN BL/Viognier e Ries/CHENIN BL de sobremesa com botrítis. Recente ganhador de prêmio CHENIN BL. Restaurante pan-africano Moyo, campo de golfe, fauna silvestre, centro de conferências e hotel.

Springfield Estate Robertson ★★→★★★ Vinhos individuais feitos com fermentação do bago todo, utilizando fermento natural, nativo. Três Cab Sauvs muito bons de estilo mais suave, não filtrados e não clareados: Whole Berry Méthode Anciènne (fermento natural, nativo) e The Work of Time (mistura B'x). Também Sauv Bl (CJD) enérgico e Chard rico, fermentado com fermento silvestre sob Méthode Anciènne. Também dois vivazes Sauv Bls com mineralidade – o melhor é "Special Cuvée" **06**; e Chard "Méthode Anciènne" rico, de levedura nativa.

Stark-Condé St'bosch t ★★→★★★ maduro, cheio, Cab Sauv de vinhedo único, e sério e apimentado Syrah.

Steenberg Vineyards Constantia t b ★★★ Vinícola/vinhedos de amostra, sob o vinicultor John Loubser. Sério e elegante Merlot; principal mistura tinta Catharina (Merlot, Cab Sauv, Cab Fr, Shiraz, mesmo Nebbiolo, ultimamente) saborosa , um pouco magra. Mais conhecido por seus esplêndidos Sauv Bls: Res de vinhedo único pedregoso e Regular mais frutado. Dois Semillons de vinhedo único com e sem carvalho. Bom espumante Steenberg Brut 1682 NV. Um dos poucos Nebbiolos do Cabo (mineral, tenso).

Stellenbosch St'bosch. Cidade universitária sombreada de carvalho, segunda cidade mais antiga da África do Sul e distrito demarcado 45 km a leste da Cidade do Cabo. Coração da indústria vinícola do país – o Napa do Cabo. Muitas propriedades de primeira linha, especialmente para tintos, aconchegadas nos vales montanhosos e no sopé das montanhas; rotas vinícolas extensas, muitos restaurantes.

Stellenbosch Farmers' Winery (SFW) Parte do maior conglomerado vinícola da África do Sul, Distell: equivalente a 14 milhões de caixas por ano. Variedades incluem NEDERBURG; ZONNEBLOEM. Seleção ampla de vinhos de preços médio e baixo.

Stellenzicht St'bosch ★★ Vinícola moderna, vinhedos nas encostas da montanha. Syrah muito bom, mistura B'x Stellenzicht consistente, PINOTAGE Semillon Res.

Thandi t b ★→★★ Entre as primeiras vinícolas negras em joint venture: Cab Sauv bons; Pinot N, Chard e Sauv Bl/Sémillon, melhorando. Atualmente sob a égide de The Company of Wine People.

The Company of Wine People (antigo Omnia Wines) ★→★★ Uma operação Stellenbosch de 2,5 milhões de caixas por ano, com mais de 40 rótulos em 8 marcas/séries. A melhor é a série Kumkami, com bom Shiraz e Shiraz/Cab Sauv, Pinotage de bom preço, Sauv Bl Lanner Hill e mistura branca seca WS (Viognier/Verdelho/Sauv Bl); série Credo; série Amiston Bay (principalmente exportação inicial); série Inglewood; etc.

The Foundry St'bosch t ★★★ Produção em pequena escala de Chris Williams, vinicultor da Meerlust, comprando em lotes específicos de Syrah e Viognier notáveis.

The Observatory Paarl t ★★→★★★ Especialista de estilo Rhône em expansão com métodos orgânicos/biodinâmicos. Syrah perfumado; Carignan/Syrah suculento, e PINOTAGE/Syrah elegante. Chenin Bl — Chard de 05.

The Winery of Good Hope (Antiga Radford-Dale, The Winery) t b ★★→★★★ Grupo franco-australiano de produção de vinhos para este rótulo premiado de exportação. Shiraz não filtrado, Merlot e Gravity (Merlot/Cab/Shiraz, Shiraz-Viognier, Viognier. Também Chard. Pinot N muito promissor e Chenin Bl de primeira classe em outras séries: Vinum, Black Rock, New World.

Thelema Mountain Vineyards St'bosch t b ★★★→★★★★ Depois de três décadas, a estrela do vinicultor Gyles Webb e da Thelema não perdeu o brilho; um dos pouquíssimos nomes de representação do Cabo. ***Cab Sauv 99 00 01 03 04***, "The Mint" Cab Sauv de 04 exibindo a marca registrada da Thelema, com a intensidade do sabor de menta doce e maduro; rico Merlot Res, dois elegantes Shiraz (vinhedo Thelema), e Arundale (vinhedo Elgin); excelente Chard, e Sauv Bl e Sutherland Sauv Bl do vinhedo Elgin. Individual, condimentado, rico Ed's Reserve Chard.

Tokara St'bosch t b ★★★ Vinícola que não mede os custos, vinhedos sob a direção de Gyles Webb (THELEMA). Tokara Branco (Sauv Bl) excepcional, levemente envelhecido em carvalho, e Sauv Bl fresco, sem carvalho; mistura Cab Sauv/Merlot Petit Verdot/ Cab Fr muito elegante, e Chard. Segundo rótulo: Sauv Bl (CJD) Zondernaam. Também Cab Sauv e Shiraz bons, e PINOTAGE.

Uva Mira St'bosch t b ★★ Em destaque recente, Chard – alimonado, com gosto de pêssego, dos altos vinhedos de Helderberg; e Cab Sauv e Cab Fr/Merlot/Shiraz.

Veenwouden t ★★→★★★ Propriedade de administração familiar em PAARL. Reputação pelo seu Merlot e sua mistura B'x Veenwouden Classic.

Vergelegen St'bosch t b ★★★→★★★★ Líder do quadro de vinhos de Heads Cape. Inspirado, irreverente, sem cerimônia, o vinicultor André van Rensburg recebeu sua diretoria dos proprietários, a Anglo American Corporation, gigante da mineração. O carro-chefe de preço luxuoso é o Vergelen V (Cab Sauv/Merlot) – abre mão da moderação da força e do impacto; porém a mistura Bordeaux companheira de Vergelegen oferece uma suntuosa mas reservada alternativa. Idem para Cab Sauv, Merlot, excepcional Syrah. O branco da casa é a mistura tensa, mas ampla, mineral, fermentada em barril, com predominância de Sémillon. Esplêndido, alimonado Chard; Schaapenberg Sauv Bl e Sauv Bl pungentes, fora do comum; Ries de sobremesa, com botrítis.

Vilafonté Paarl t ★★★ Primeira associação EUA-África do Sul. Zelma Long (ex-Simi), da Califórnia, e Phil Freese (ex-viticultor da Mondavi) formam um time com Mike Ratcliffe, da WARWICK ESTATE. Duas misturas B'x bem intensas: principalmente o Cab Sauv série C e o Merlot série M, ambas boas e sutis – o C é mais firmemente estruturado, para guardar por mais tempo. Atenção às notícias internacionais para saber dos aguardados lançamentos de 03 e 04.

Villiera Wines St'bosch t b esp ★★→★★★ Vinhedos grandes de administração familiar e vinícola com excelente variedade qualidade/preço. Cinco borbulhantes MÉTHODE CAP CLASSIQUE incluem o Brut Natural, o quase orgânico Blanc de Blancs e o Monro Brut Première Cuvée. Firmes misturas tintas B'x Monro. Sauv Bl Bush Vine (CJD), de vinhedo único consistentemente bom; Merlot e Chenin Bl em uma importante extensão de "porta de adega" (Cellar Door); também dois excelentes vinhos de sobremesa botritizados Fired Earth estilo Porto, de Ries e Chenin Bl.

Vins d'Orrance Constantia t b ★★→★★★ excelente produtor em pequena escala de Syrah Cuvée Ameena 03 04 05, e o complexo Chard Cuvée Anais.

Vredendal Cooperative t b d sc ★ A maior vinícola de cooperativa da África do Sul na região quente de Olifants River. Tintos em ascensão, incluindo Shiraz Mt. Maskam. Variedade imensa, na maior parte brancos. Grande exportador de diversos rótulos de supermercado.

Vriesenhof Vineyards St'bosch t b ★★★ Administrado por Jan Boland Coetzee, lenda do vinho (e do *rugby*) do Cabo. Altamente cotados, inclusive os rótulos Talana Hill (mistura B'x Royale e Chard) e Paradyskloof. Mistura B'x Kallista é o carro-chefe 02' 03' 04. Pinot N **01 04' 05**; mistura Enthopio baseada em PINOTAGE **01 02'** 03 04.

Warwick Estate St'bosch t b ★★→★★★ ***Mistura B'x Trilogy Estate Reserve sempre boa***, assim como a mistura do Cabo Cab Sauv/Merlot/PINOTAGE Three Ladies. Cab Fr fino. O PINOTAGE de parreiras velhas de crescimento natural (sem treliças) [Bush Vines] tem admiradores Chard e Sauv Bl Prof Black muito bons.

Waterford St'bosch t b ★★★ Vinhedos notáveis, com status de primeira classe, sob o veterano Kevin Arnold. O Shiraz epônimo é um clássico do Cabo, de parceria com Mourvèdre; Cab Sauv mineral. Ultimamente entre os melhores Chards do Cabo. Muito bons Sauv Bl (CJD) e Chard, Sémillon, Muscat de sobremesa.

Welgemeend Estate Paarl t ★★→★★★ Propriedade-boutique: mistura estilo B'x (o melhor do cabo) Estate Reserve. Mistura Douelle baseada em Malbec.

Weltevrede Robertson t b d ★★ Antiga propriedade revivendo reputação, com três Chards individuais bem-trabalhados, enfatizando *terroirs* de calcário de vinhedos únicos, e fermentação com levedura nativa.

Wine of Origin O "AC" do Cabo, mas sem as restrições do sistema francês em relação à produção-safra etc. Certifica safras, variedades e região de origem.

Zonnebloem t b d ★★ Variedade de primeira linha do STELLENBOSCH FARMERS' WINERY (SFW) de várias procedências. Em geral, de bom preço: mistura B'x Laureat, mais os confiáveis, se não extraordinários, PINOTAGE, Shiraz e Cab Sauv. Chard, Sauv Bl e Blanc de Blanc (CHENIN BL/Sauv Bl) de bom preço e agradáveis de beber.

Variedades de uvas

Ao longo das duas últimas décadas, houve uma mudança radical em todos os países vinicultores, com exceção daqueles estabelecidos há mais tempo: os nomes de um punhado de variedades de uvas passaram a ser a referência imediata para os vinhos. Nos países vinicultores com mais tradição, principalmente França e Itália (que respondem por quase metade da produção mundial), prevalecem tradições mais complexas. Todos os vinhos clássicos são conhecidos pela origem, mais ou menos bem definida, e não apenas pelo suco da fruta que fermentou.

No momento, as duas noções competem. Ao fim, a primazia do lugar sobre a fruta se tornará óbvia, pelo menos para os vinhos de qualidade. Mas, por enquanto, para a maioria das pessoas, os sabores das uvas são o ponto de referência fácil, apesar do fato de serem, muitas vezes, confundidos com o carvalho, cujo gosto é somado ao vinho. Se os sabores das uvas fossem realmente tudo o que importa, este livro seria bem curto.

Mas é claro que eles importam, e o conhecimento de ambos os fatores o conduz aos sabores que você aprecia e ajuda a comparar as regiões entre si. Daí o termo originário da Califórnia, "vinho varietal" – significando, em princípio, de uma só variedade de uvas.

Pelo menos sete variedades – Cabernet Sauvignon, Pinot Noir, Riesling, Sauvignon Blanc, Chardonnay, Gewürztraminer e Muscat – têm sabores e aromas suficientemente distintos e marcantes para formar categorias internacionais de vinhos. A essas, podemos acrescentar Merlot, Malbec, Syrah, Sémillon, Chenin Blanc, Pinot Blanc e Pinot Gris, Silvaner, Viognier, Nebbiolo, Sangiovese, Tempranillo... A seguir, as melhores e/ou mais populares uvas para vinho.

Uvas para vinho tinto

Agiorgitiko (São Jorge, em grego) Variedade grega (Neméia), versátil com toques de ameixa preta e taninos aveludados. Estrutura suficiente para um bom envelhecimento.

Baga Uva da Bairrada (Portugal). Escura e tânica. Tem grande potencial, mas seu cultivo é difícil.

Barbera Muito cultivada na Itália, em sua melhor forma no Piemonte, produz um vinho escuro, frutado, muitas vezes penetrante. Está na moda na Califórnia e na Austrália; promissora na Argentina.

Blaufränkisch Principalmente austríaca; pode ser leve e

suculenta, podendo chegar (em Burgenland) a um tinto razoável. LEMBERGER, na Alemanha; KÉKFRANKOS, na Hungria.

Brunello Também conhecida como SANGIOVESE, é esplêndida em Montalcino.

Cabernet Franc, também conhecida como Bouchet (Cab. Fr) O menos importante dos dois tipos de Cabernet cultivados em Bordeaux, porém dominante (como "Bouchet") em St-Émilion. A Cabernet do Loire produz Chinon, Saumur, Champigny e *rosé*. Usada para a mistura com CABERNET SAUVIGNON etc., ou, cada vez mais, pura, na Califórnia e na Austrália.

Cabernet Sauvignon (Cab Sauv) Uva de grande personalidade: condimentada, herbácea, tânica, com aroma característico de groselha-preta. Principal uva do Médoc; também produz a maioria dos melhores tintos da Califórnia, da América do Sul e da Europa Oriental. Compete com a Shiraz na Austrália. Seus vinhos quase sempre precisam de envelhecimento; geralmente, tem resultados bons quando misturada com MERLOT, CABERNET FRANC, SYRAH, TEMPRANILLO, SANGIOVESE etc. Produz um *rosé* aromático.

Cannonau GRENACHE, como é chamada na Sardenha: pode ser muito boa, potente.

Carignan Em declínio na França. Precisa de baixa produção, vinhas antigas; melhor em Corbières. Do contrário, é desinteressante, porém inofensiva. Comum no norte da África, na Espanha e na Califórnia.

Carmènere Uma variedade antiga de Bordeaux, hoje extremamente rara na França. Muito usada no Chile, onde, até recentemente, era muitas vezes confundida com a MERLOT.

Cinsault/Cinsaut Em geral, uva de grande produção no sul da França. Na África do Sul, é usada para o cruzamento com a PINOT NOIR para produzir a PINOTAGE. Vinho pálido, porém potencialmente de qualidade.

Dolcetto No Piemonte, dá origem a um tinto seco, suave, sedutor. Muito na moda atualmente.

Gamay A uva de Beaujolais: vinhos leves, muito fragrantes, melhores quando jovens. Produz um vinho ainda mais leve no Vale do Loire, na região central da França, na Suíça e em Savóia. Conhecida como "Napa Gamay" na Califórnia.

Grenache, também conhecida como Garnacha, Cannonau Uva boa para vinhos fortes, frutados, porém pálidos: produz bom *rosé* e *vin doux naturel* – especialmente no sul da França, na Espanha e na Califórnia —, mas é também a base do encorpado Priorato. Versões de vinhas antigas são apreciadas no sul da Austrália. Geralmente usada na mistura com outras variedades (por exemplo, no Châteauneuf-du-Pape).

Grignolino Produz um dos bons vinhos de mesa para o dia-a-dia, no Piemonte.

Kadarka, também conhecida como Gamza Na Europa Oriental, produz tintos saudáveis, firmes e agradáveis.

Kékfrankos BLAUFRÄNKISCH, na Hungria; produz tintos bem leves, e similares.
Lambrusco Uva produtiva do baixo vale do Pó, que dá origem a um tinto caracteristicamente italiano, alegre, doce e frisante.
Lemberger Ver BLAUFRÄNKISCH. Tinta de Württemberg.
Malbec, também conhecida como Côt Secundária em Bordeaux, principal em Cahors (também chamada Auxerrois) e, especialmente, na Argentina. Vinho escuro, denso, tânico, capaz de atingir qualidade verdadeira.
Merlot Uva adaptável que produz os vinhos de maior fragrância e notas de ameixa do Pomerol e (com a CABERNET FRANC) em St-Émilion; é um importante elemento nos tintos do Médoc, suave e forte (e na moda) na Califórnia, em Washington, no Chile e na Austrália. Mais leve, porém freqüentemente boa, no norte da Itália, na Suíça italiana, na Eslovênia, na Argentina, na África do Sul, na Nova Zelândia etc. Com pronunciado sabor de grama quando não totalmente amadurecida.
Montepulciano Boa uva do centro-leste da Itália, e nome de uma cidade da Toscana.
Morellino Também conhecida como SANGIOVESE em Scansano, no sul da Toscana.
Mourvèdre, também conhecida como Mataro Excelente uva escura, aromática e tânica, usada principalmente em misturas na Provença (mas pura em Bandol) e no Midi. Conquistando novo interesse, por exemplo, no sul da Austrália e na Califórnia.
Nebbiolo, também conhecida como Spanna e Chiavennasca Uma das melhores uvas tintas da Itália; produz Barolo, Barbaresco, Gattinara e Valtellina. Vinho intenso, nobremente frutado, perfumado, porém muito tânico; melhora ao longo dos anos.
Periquita Também conhecida como Castelão. Onipresente em Portugal, produz tintos de sabor firme. Muitas vezes usada na mistura com CABERNET SAUVIGNON.
Petit Verdot Uva do Médoc, excelente porém desajeitada; atualmente, cada vez mais plantada nas regiões da Cabernet em todo o mundo, para fragrância extra.
Pinot Noir (Pinot N) A glória da Côte d'Or da Borgonha, com aroma, sabor e textura inigualáveis em qualquer lugar. Produz vinhos leves, raramente de muita distinção, na Suíça e na Hungria. Melhorando na Alemanha e na Áustria. Atualmente, porém, também com resultados esplêndidos em Sonoma, Carneros e Central Coast, na Califórnia, assim como em Oregon, Ontário, Yarra Valley, Adelaide Hills, Tasmânia e na South Island, na Nova Zelândia.
Pinotage Uva singular da África do Sul (PINOT NOIR X CINSAUT). Seu vinho pode ser muito frutado e envelhecer de forma interessante, porém muitas vezes compotado. Bom *rosé*.
Primitivo Uva no sul da Itália. Produz vinhos encorpados e rústicos; atualmente muito na moda, por ser geneticamente idêntica à ZINFANDEL.

Refosco No nordeste da Itália, é quase um sinônimo de Modeuse da Sabóia. Produz vinhos profundos, saborosos e de bom envelhecimento, especialmente quando produzidos em climas mais amenos.

Sagrantino Uva italiana encontrada na Úmbria para vinhos fortes com gosto de cereja.

Sangiovese (ou Sangioveto) Uva tinta principal do Chianti e da maior parte da Itália Central. Também conhecida como BRUNELLO e MORELLINO, entre outros nomes. Interessante na Austrália.

Saperavi Na Geórgia, na Ucrânia etc. produz vinhos bons, penetrantes e longevos. Mistura muito bem com CAB SAUV (por exemplo, na Moldávia).

Spätburgunder Nome alemão para PINOT N. A qualidade é variável, raramente muito excitante.

St. Laurent Especialidade australiana escura, macia e totalmente saborosa. Também no Pfalz.

Syrah, também conhecida como Shiraz A grande uva tinta do Rhône: produz vinhos tânicos, de coloração roxa, apimentados, com maturação soberba. Muito importante como Shiraz na Austrália, e com ambos os nomes na Califórnia, no estado de Washington, na África do Sul, no Chile e em outros lugares.

Tannat Uva com perfume de framboesa, com uma força altamente tânica por trás do Madiran, Tursan e outros tintos firmes do sudoeste da França. Também *rosé*. Agora a estrela da vinicultura uruguaia.

Tempranillo Uva aromática e fina de Rioja, chamada Ull de Llebre na Catalunha, Cencibel em La Mancha, Tinto Fino na Ribera del Duero, Tinta Roriz no Douro, Aragonez no sul de Portugal. Atualmente, na Austrália também. Muito na moda; elegante em climas frios, encorpada nos mais quentes. Amadurecimento precoce.

Touriga Nacional Uva principal para o vinho do Porto na região do vale do Douro. Também produz tintos bem encorpados no sul de Portugal.

Zinfandel (Zin) Uva adaptável e frutada da Califórnia (embora idêntica à PRIMITIVO) com sabor que lembra groselha-preta e, às vezes, metálico. Pode ser estruturada e gloriosamente exuberante, mas também produz vinhos brancos *rosé*.

Uvas para vinho branco

Albariño Nome espanhol para a Alvarinho do norte de Portugal; produz excelente vinho fresco e fragrante na Galícia. Na Espanha, é cara e está na moda.

Aligoté Segunda uva branca da Borgonha. Vinho enérgico (muitas vezes penetrante), deve ser consumido entre um e três anos. Perfeito para misturar com cassis (licor de groselha-preta) para fazer Kir. Extensamente plantada no leste Europeu, especialmente na Rússia.

Arinto Uva branca da região central de Portugal; para brancos secos, energéticos e fragrantes.

Arneis Uva aromática de alto preço, DOC em Roero e no Piemonte.

Blanc Fumé Outro nome (do Novo Mundo) para a SAUVIGNON BLANC, fazendo referência a seu aroma defumado, em particular quando oriunda do Loire (Sancerre e Pouilly). Na Califórnia, é usada para o Sauvignon envelhecido em carvalho e troca seu nome para "Fumé Blanc". (A fumaça, ou fumo, vem do carvalho.)

Bourboulenc Esta e a rara Rolle produzem alguns dos melhores vinhos do Midi.

Bual Produz vinhos Madeira doces da mais alta qualidade, não tão ricos quanto as Malmsey.

Chardonnay (Chard) A uva branca da Borgonha, de Champagne e do Novo Mundo, em parte porque é uma das mais fáceis de cultivar e vinificar. Todas as regiões estão experimentando, na maioria das vezes envelhecida (ou, melhor ainda, fermentada) em carvalho para reproduzir os sabores do vinho Borgonha. A Austrália e a Califórnia produzem alguns clássicos (mas também vinhos muito comuns). A Itália, Espanha, Nova Zelândia, África do Sul, o estado de Nova York, a Argentina, o Chile, a Hungria e o Midi estão todos investindo pesado. Chamada Morillon na Áustria.

Chasselas Uva produtiva de maturação precoce, com pouco aroma, cultivada principalmente para comer. Na Suíça, conhecida também como Fendant (onde é suprema); Gutedel na Alemanha.

Chenin Blanc (Chenin Bl) Excelente uva branca do Loire Central (Vouvray, Layon etc.). Os vinhos podem ser secos ou doces (ou muito doces), porém com bastante acidez. Vinho abundante na Califórnia, porém cada vez mais importante na África do Sul. Ver também STEEN.

Clairette Uma uva de baixa acidez, parte de muitas misturas do sul da França.

Colombard Uva levemente frutada, agradavelmente penetrante; produz vinhos para o dia-a-dia na África do Sul, Califórnia e no sudoeste da França.

Fendant Ver CHASSELAS.

Fiano Uva de alta qualidade, que produz um vinho condimentado e com toques de pêssego, na Campanha.

Folle Blanche Acidez acentuada e pouco sabor, o que a torna ideal para o conhaque. Chamada Gros Plant na Bretanha, em Picpoul e em Armagnac. Também respeitável na Califórnia.

Furmint Uma uva de excelente personalidade: marca registrada da Hungria tanto como a uva principal em Tokáj quanto como vinho de mesa vigoroso e vivo com nuances que lembram maçã. Chamada Sipon na Eslovênia. Algumas cultivadas na Áustria.

Garganega A melhor uva na mistura do Soave. Vinhos excelentes, especialmente os doces, e que envelhecem bem.

Gewürztraminer, também conhecida como Traminer (Gewürz) Uma das uvas mais picantes, caracteristicamente condimentada com aromas semelhantes aos de pétalas de rosas e de pomelo. Os vinhos são, muitas vezes, ricos e macios, mesmo quando bem secos. Melhores na Alsácia; mas também bons na Alemanha (Gewürztraminer), Europa Oriental, Austrália, Califórnia, no noroeste do Pacífico e na Nova Zelândia.

Grauburgunder Ver PINOT GRIS.

Grechetto ou Greco Uva clássica do centro e sul da Itália. Destaca-se pela vitalidade e pelo estilo de seus vinhos.

Grüner Veltliner A preferida da Áustria. Nas cercanias de Viena e no Wachau e em Weinviertel (também na Morávia), pode ser deliciosa: leve, porém seca, firme, apimentada e vivaz. Excelente quando jovem, mas a melhor idade é aproximadamente aos cinco anos.

Hárslevelü Outra uva principal de Tokáj (com FURMINT). Encorpa e suaviza.

Kéknyelü Uva saborosa e de baixa produção; origina um dos melhores vinhos húngaros brancos. Tem potencial para ser picante e condimentada. A ser observada.

Kerner A mais bem-sucedida das variedades alemãs recentes, na maior parte RIESLING x SILVANER, porém, neste caso, Riesling x Trollinger (tinta). Vinho floral de maturação precoce (mas geralmente, muito grosseiro) com boa acidez. Popular no Pfalz, Rheinhessen etc.

Laski Rizling Cultivada no norte da Itália e no leste Europeu. Muito inferior à RIESLING do Reno, com baixa acidez, melhor em vinhos doces. Conhecida como Welschriesling, Riesling Italico, Olaszrizling (legalmente, não é mais rotulada simplesmente como "Riesling").

Loureiro A melhor e mais fragrante variedade para Vinho Verde em Portugal.

Macabeo A uva branca mais usada no norte da Espanha, muito disseminada na Rioja (conhecida como Viura) e na região do Cava, na Catalunha. Potencialmente de boa qualidade

Malvásia Uma família de uvas, não necessariamente uma única variedade, encontrada em toda a Itália e na penísula Ibérica. Pode ser tinta, branca ou *rosé*. Em geral, vinho encorpado e macio. A Malvoisie, na França, não tem parentesco com a Malvasia.

Marsanne Principal uva branca (com ROUSSANNE) do norte do Rhône (por exemplo, em Hermitage, St-Joseph, St-Péray). Também boa na Austrália, Califórnia e (como Ermitage Blanc) no Valais. Vinhos bem suaves que envelhecem muito bem.

Moschofilero Boa uva grega *rosé* aromática. Produz vinho branco ou *rosé*.

Müller-Thurgau (Müller-T) Dominante no Rheinhessen e no Pfalz, na Alemanha, e excessivamente comum no Mosel. Pensava-se que fosse um híbrido entre RIESLING e Chasselas de Courtellier, mas estudos recentes sugerem que era um pensamento equivocado. Vinhos aromáticos e suaves para serem consumidos quando jovens. Produz bons vinhos doces, mas os secos são geralmente sem graça e muitas vezes grosseiros. Não merece lugar nos vinhedos de qualidade.

Muscadelle Adiciona aroma ao Bordeaux branco, especialmente Sauternes. Tanto em Victoria como em Tokay é usada (com MUSCAT, com a qual não tem parentesco) para Muscat Rutherglien.

Muscadet, também conhecida como Melon de Bourgogne Produz vinhos leves, refrescantes e muito secos com um paladar ácido nas cercanias de Nantes, na Bretanha.

Muscat (Muitas variedades; a melhor é Muscat Blanc à Petits Grains.) Uvas extensamente cultivadas, facilmente reconhecíveis e picantes, geralmente, transformadas em vinhos doces perfumados, muitas vezes fortificados (como em *vins doux naturels* da França). Soberba na Austrália. O terceiro elemento do Tokáj Aszú. Raramente (por exemplo, na Alsácia) produziu vinhos secos.

Palomino, também conhecida como Listán Produz todos os melhores Xerezes, mas vinhos de mesa pobres.

Pedro Ximénez, também conhecida como PX Produz vinho muito forte em Montilla e Málaga. Usada na mistura de xerezes doces. Também cultivada na Argentina, nas Ilhas Canárias, Austrália, Califórnia e África do Sul.

Petit (e Gros) Manseng A arma secreta do País Basco francês: vital para o Jurançon; cada vez mais combinada com outras uvas em outros lugares no sudoeste da França.

Pinot Blanc (Pinot Bl) Uma prima da PINOT NOIR; semelhante à CHARDONNAY, porém mais suave; leve, fresca, frutada, não aromática, para consumir jovem. Boa para os espumantes italianos. Cultivada na Alsácia, no norte da Itália, no sul da Alemanha e na Europa Oriental. Weissburgunder na Alemanha. Ver também MUSCADET.

Pinot Gris (Pinot Gr) Melhor na Alsácia, onde produz brancos bastante encorpados, com um certo estilo condimentado. Na Alemanha, é também conhecida como Ruländer (doce) ou GRAUBURGUNDER (seco); Pinot Grigio na Itália, onde, recentemente, está muito popular para vinhos *rosé*. Também encontrada na Hungria, Eslovênia, no Canadá, Oregon, na Nova Zelândia...

Pinot Noir (Pinot N) Excelente uva preta usada em Champagne e em outros lugares (por exemplo Califórnia, Austrália) para produzir vinhos brancos, espumantes, ou "vingris" de tom *rosé* bem claro.

Roussanne Uva do Rhône de grande fineza, atualmente surgindo na Califórnia e na Austrália. Pode envelhecer bem.

Sauvignon Blanc (Sauv Bl) Produz vinhos com pronunciado sabor de grama, aromáticos e muito distintos, picantes na Nova

Zelândia, muitas vezes minerais em Sancerre, mais maduros na Austrália; também bons em Rueda, na Áustria, no norte da Itália, no Vale Casablanca (no Chile) e na África do Sul. Misturada com SÉMILLON em Bordeaux. Também austera ou viçosa. Pode ser chamada BLANC FUMÉ.

Riesling (Ries)
A Riesling está fazendo sua reestréia no palco mundial, quase que pela porta dos fundos. A Riesling empata com a Chardonnay como a melhor uva de vinho branco do mundo, embora em estilo diametralmente oposto. A Chardonnay produz vinhos bem encorpados, porém aromaticamente discretos, enquanto a Riesling oferece uma gama do metálico ao voluptuoso, sempre bem perfumado e com mais potencial de envelhecimento do que a Chardonnay. A Alemanha produz os melhores Riesling, de todos os estilos. No entanto, sua popularidade está ganhando vida novamente, principalmente no sul da Austrália, onde esta uva de clima frio se desenvolve melhor como imitação da Chardonnay. No meio-termo, com vinhos vigorosos, porém ainda acerados, está a Áustria. Já os amantes de Rieslings leves e perfumados, muitas vezes profundamente refrescantes, têm o Mosel como seu parque de diversões exclusivo. Também produzida na Alsácia (porém em nenhum outro lugar na França), no noroeste do Pacífico, em Ontário, na Califórnia, Nova Zelândia e África do Sul.

Savagnin A uva do *vin jaune* de Savóia: parente da TRAMINER?
Scheurebe RIES X SILVANER (possivelmente) alemã de sabor condimentado, muito bem-sucedida no Pfalz, especialmente para o Auslese. Pode ser herbácea: precisa estar bem madura para ser boa.
Sémillon (Sem) Contribui com sensualidade para o Sauternes e é cada vez mais importante para o Graves e outros Bordeaux brancos secos. Tem um pronunciado sabor de grama se não estiver totalmente madura, mas pode produzir vinho seco suave com enorme potencial de envelhecimento. Esplêndida na Austrália: a antiga uva Sem de Hunter Valley, embora leve, pode dar vinhos excelentes. Promissora na Nova Zelândia.
Sercial Produz o Madeira mais seco (costumava ser erroneamente confundida com a RIESLING).
Seyval Blanc (Seyval Bl) Híbrida produzida na França de vinhas francesas e americanas, na França: Muito áspera e atraentemente frutada. Popular e razoavelmente bem-sucedida no leste da Austrália e na Inglaterra, mas definitivamente fora das listas de vinhos “de qualidade” da União Européia.
Steen Nome sul-africano para a CHENIN BLANC, não usada para exemplos melhores.
Silvaner, também conhecida como Sylvaner Já foi a uva mais usada da Alemanha. Raramente fina, exceto na Francônia – onde

é aromática e envelhece admiravelmente – e em Rheinhessen e no Pfalz, onde está desfrutando de um renascimento. Boa no Tyrol, Itália; atualmente perdendo popularidade na Alsácia. Muito boa (e forte) como Johannisberg, em Valais, na Suíça.

Tocal Friulano Uva do norte da Itália com um sabor melhor descrito como "sutil". Atualmente deve ser chamada apenas de Friulano.

Tokay Uva supostamente húngara na Austrália, e uva de mesa na Califórnia. O vinho Tokay (Tokáj) é FURMINT, HARSLEVEL e MUSCAT.

Torrontes Fortemente aromática, parecida com a especialidade argentina MUSCAT, geralmente seca.

Trebbiano Uva importante porém medíocre da Itália central (Orvieto, Soave etc.). Também cultivada no sul da França como Ugni Blanc, e em Cognac como St-Émilion. Em geral, vinho suave e magro; precisa ser combinada (e cultivada mais cuidadosamente).

Ugni Blanc (Ugni Bl) Ver TREBBIANO.

Verdejo Uva de Rueda, em Castela, potencialmente fina e de vida longa.

Verdelho Uva da ilha da Madeira; produz excelente vinho semi-doce; na Austrália, vinho seco suave e fresco de excelente personalidade.

Verdicchio Vinho seco potencialmente bom na Itália central e oriental.

Vermentino Italiana, jovial, com textura satisfatória e potencial de envelhecimento.

Vernnaccia Nome dado a muitas uvas de famílias diferentes na Itália. A Vernaccia di San Gimignano é enérgica, vivaz; a Vernaccia di Oristano é do tipo Xerez.

Viognier Uva muito famosa do Rhône; a mais fina em Condrieu; menos fina mas ainda aromática no Midi. Bons exemplares na Califórnia e na Austrália.

Viura Ver MACABEO

Weischriesling Ver LASKI RIZLING.

Vinhos & alimentos

O dilema é mais acentuado nos restaurantes. Quatro pessoas escolheram pratos diferentes. O *maître* calcula. Uma garrafa de branco e, em seguida, uma de vinho tinto é o convencional, independentemente do tipo de comida. A fórmula funciona até um determinado ponto. Porém pode se tornar mais requintada – ou substituída por algo mais original, algo que realmente ressalte os sabores de ambos: comida e vinho.

É surpreendente como pouco se escreveu sobre esse assunto nos últimos tempos, mas trinta anos de experimentação e as idéias de muitos amigos deram origem a esta lista. Ela talvez seja mais útil para o planejamento de cardápios em casa. Mas, usada com o resto do livro, pode amenizar a tensão com o cardápio nos restaurantes também. Ao menos, ela ampliará suas idéias.

Antes da refeição – aperitivos

Os vinhos aperitivos convencionais são espumantes (simbolizados pelo Champanhe) ou fortificados (simbolizados pelo Xerez na Grã-Bretanha, Porto na França, Vermute na Itália etc.). Uma taça de vinho de mesa branco ou *rosé* (ou, na França, um tinto) antes de comer está atualmente em voga. Pede algo leve e estimulante, ligeiramente seco, porém não ácido, com uma certa personalidade; Chenin Blanc ou Riesling em vez de Chardonnay.

Aviso: Evite amendoins; eles destroem os sabores do vinho. Azeitonas também são picantes demais para muitos vinhos; elas sugerem Xerez ou Martini. Prefira amêndoas, pistaches ou nozes, batata frita sem tempero ou queijo.

Alimentos de A a Z

Abacate a vinagrete Xerez Manzanilla.

Abacate com frutos do mar Branco levemente penetrante ou seco: Rheingau ou Pfalz Kabinett, Grüner Veltliner, Wachau Ries, Sancerre, Pinot Gr; Sonoma ou Chard australiano ou Sauv Bl ou um *rosé* seco; ou Chablis Premier Cru.

Abalone Branco semi-seco ou seco: Sauv Bl, Côte de Beaune Blanc, Pinot Gr ou Grüner Veltliner. Estilo chinês: experimente Champanhe *vintage*.

Abóboras Branco bem encorpado frutado seco ou quase seco: Viognier ou Marsanne, Vouvray semi-seco, Gavi ou Chenin Bl da África do Sul.

Aïoli Seu ardor de alho pede algo para matar a sede. Espumante branco seco do Rhône; *rosé* da Provença, Verdicchio.

Alcachofra ao vinagrete Um branco seco incisivo: Sauv Bl da Nova Zelândia; Côtes de Gascogne ou um grego moderno; um tinto jovem: Bordeaux, Côtes du Rhône.

com molho holandês: branco seco levemente vivo e bem encorpado: Pouilly-Fuissé, Säptlese do Pfalz ou um Carneros ou Chard do Yarra Valley.

Anchovas Um branco robusto – ou Xerez Fino.

Antepasto Branco seco: italiano (Arneis, Soave, Pinot Grigio, Prosecco, Vermentino); tinto leve (Dolcetto, Franciacorta, jovem Chianti); Xerez Fino.

Arenque, cru ou em conserva Gim holandês (jovem, não envelhecido) ou *akvavit* escandinavo, e cerveja gelada. Se for essencial um vinho, experimente Moscadet 2003.

frito/grelhado Pede um branco com um pouco de acidez para cortar a riqueza do prato. Rully, Chablis, Bourgogne Aligoté, branco grego ou Sauv Bl seco. Ou tente cidra.

Aspargos Um sabor difícil para vinhos, sendo levemente amargo. Sauv Bl ressalta o sabor, mas precisa ser de uvas maduras, como no Chile. A Sem supera a Chard especialmente nos australianos, mas a Chard funciona melhor com molho de manteiga ou holandês. Pinot Gr da Alsácia e até mesmo um Muscat seco é bom, ou Jurançon Sec.

Atum, grelhado ou crestado Branco, tinto ou *rosé* de personalidade relativamente frutada; um St-Véran de primeira linha, Hermitage branco ou Côtes du Rhône seriam bons. Um Pinot N ou um Merlot leve são os melhores tintos para experimentar.

carpaccio Viognier, Chard da Califórnia ou Sauv Bl da Nova Zelândia.

Aves de caça, aves jovens, assados O melhor tinto que puder comprar.

aves velhas em cassarola Tinto (Gevrey-Chambertin, Pommard, Santenay ou Grand Cru St-Émilion, Cab Sauv de Napa Valley ou do Rhône).

caça faisandé Vega Sicília, um grande tinto do Rhône, Château Musar do Líbano.

caça fria Champanhe de safra madura.

Bacalhau Se assado, um bom prato neutro para vinhos brancos finos secos: Chablis, Meursault, Cotton-Charlemagne, Graves Cru Classé, Grüner Veltliner, Kabinett alemão (médio) ou Spätlesen seco, ou um bom tinto leve, por exemplo Beaune.

Beurre blanc, peixe com Um Muscadet-sur-lie de qualidade, uma mistura de Sauv Bl e Sem, Chablis Premier Cru, Vouvray ou um Rheingau Riesling.

Bisques (sopa de crustáceos) Branco seco muito encorpado. Pinor Gr, Chard, Gruner Veltliner. Xerez Fino ou Amontillado seco, ou Montilla. Sem do oeste da Austrália.

Boudin noir (morcela) Sauv Bl ou Chenin Bl local – especialmente no Loire. Ou Beaujolais Cru, especialmente Morgon.

blanc Chenin Bl do Loire, especialmente quando servido com maçãs: Vouvray seco, Samur ou Savennières. Côtes de Beaune tinto maduro, se for sem maçã.

Bouillabaisse Um apetitoso branco seco, Marsanne do Midi ou do Rhône, *rosé* da Córsega ou da Espanha, ou Cassis, Verdicchio Sauv Bl da África do Sul.

Brandade Chablis, Sancerre Rouge ou Pinot Noir da Nova Zelândia.

Café, sobremesas à base de Muscat doce, inclusive licor australiano ou Tokáj Aszú.

Caranguejo Caranguejo com Ries faz parte dos desígnios do Criador.

cioppino Sauv Bl; porém amigos da costa oeste insistem no Zin. Também espumante californiano ou qualquer outro espumante bem encorpado.

frio, com salada Ries da Alsácia, da Áustria ou do Reno; Ries seco da Austrália ou Condrieu. Exiba seu branco favorito.

na concha Um Chard topo de linha ou um Ries Spätlese da Alemanha de excelente qualidade.

com molho de feijão preto Um grande Barossa Shiraz/Syrah.

Carne cozida Tinto: Bordeaux (de Bourg ou Fronsac), Roussillon, Gevrey-Chambertin, ou Côte-Rôtie. Um vinho branco Borgonha de qualidade média é bom, por exemplo Auxey-Duresses. Ou então uma excelente cerveja. A mostarda atenua os tintos tânicos, e a raiz-forte predomina em tudo – mas pode valer o sacrifício.

assada Parceira ideal para qualquer vinho tinto, especialmente Cab Sauv.

Carpaccio de carne Parece funcionar bem com o sabor da maioria dos vinhos. Um excelene Tuscan é apropriado, mas um Chard fino também é bom. Como também Champanhe *rosé* e Vintage.

Cassoulet Tinto do sudeste da França (Gaillac, Minervois, Corbières, St-Chinian ou Fitou) ou Shiraz, porém o melhor de todos é o Beaujolais Cru ou o Tempranillo jovem.

Caviar Vodca Gelada. Se preferir Champanhe, tem que ser bem encorpada (por exemplo, Bollinger, Krug).

Cervo, carne de Tintos de grande escala, incluindo Mourvèdre – sozinho como no Bandol, ou em misturas – Rhône, Bordeaux ou Cab californiano de safra madura; ou brancos ricos (Spätlese ou Hunter Semillon do Pfalz).

Ceviche Experimente Ries australiano ou Verdelho; Sauv Bl da África do Sul ou da Nova Zelândia.

Charcuterie Beaujolais-Villages jovem; tintos do Loire, tais como Saumur, Pinot N da Suíça ou Oregon. Jovens tintos argentinos ou italianos. Sauv Bl também pode funcionar bem.

Cheesecake Branco doce: Vouvray ou Anjou ou frisante, refrescante, mas nada especial.

Chile com carne Tinto jovem: Beaujolais, Zin ou Malbec argentino.

Chocolate Normalmente, apenas sabores fortes podem competir. Orange Muscat da Califórnia, Bual, Tokáj Aszú, licor Muscat da Austrália, Porto Tawny de dez anos; Asti para musses leves e fofas. Experimente com tintos ricos e maduros: Syrah, Zin, até mesmo espumante Shiraz. Médoc combina com chocolate meio amargo. Banyuls para um parceiro de peso. Ou uma pequena dose de um bom rum.

Choucroute garni (repolho azedo) Pinot Blanc da Alsácia, Pinot Gris, Ries. Ou cerveja.

Chucrute (alemão) *Lager* ou Pils. Porém um Ries Auslese pode ser surpreendente.

Churrascos O vinho local seria australiano, ou do sul da Itália, ou Tempranillo, Zin ou Malbec argentino. Bandol para um verdadeiro prazer.

Codorna Ries Grand Cru da Alsácia, Rioja Reserva, claret maduro, ou Pinot N.
Coelho Tintos italianos jovens meio encorpados e vivazes ou Aglianico del Vulture; Chiroubles, Chinon, Saumur-Champigny, ou Pinot Noir neozelandês.
Comida Cajun Funciona bem com Fleurie, Brouilly ou Sauv Bl. Com *gumbo*: Amontillado ou cerveja mexicana.
Comida chinesa
Estilo Cantão ou Pequim Um vinho branco, seco a semi-seco — Mosel Ries Kabinett ou Spätlese Trocken – pode ser bom durante um banquete chinês. Também um Monbazillac leve. Freqüentemente Gewürz é recomendado, mas raramente funciona (porém é brilhante com gengibre); Chasselas e Pinot Gr são alternativas atraentes. Espumante seco ou quase seco corta a gordura e combina com o gosto adocicado. Evite pratos agridoces, mas experimente usar St-Émilion ** Pinot N do Novo Mundo, ou Châteauneuf-du-Pape com pato. Muitas vezes sirvo simultaneamente vinhos tintos e brancos durante uma refeição chinesa.
Estilo Szechuan Verdicchio, Pinot Blanc da Alsácia ou cerveja bem gelada.
Comida indiana Branco semi-doce muito gelado: Orvieto Abboccato, Chenin Bl da África do Sul, Pinot Bl da Alsácia, espumante indiano, Mateus *Rosé*, Cava e Champanhe NV. Ou acentue o gosto picante com um Barolo ou Barbaresco tânico, ou tintos saborosos como Châteauneuf-du-Pape, Cornas, Grenache ou Mourvèdre da Austrália, ou Valpolicella Amarone.
Comida tailandesa Gengibre e capim-limão pedem um Sauv Bl picante (Loire, África do Sul, Austrália, Nova Zelândia) ou Ries (Spätlese alemão ou australiano).
leite de coco Chard de Hunter Valley ou outro Chard maduro amadeirado; Pinot Bl da Alsácia para refrescar; Gewürz ou Verdelho. E, claro, espumante.
Confit d'oie/de canard (*confit* de pato) Tinto jovem e tânico como o Cru Bourgeois de Bordeaux, Cab Sauv e Merlot da Califórnia, e Priorato: todos cortam a riqueza do prato. Escolha Pinot Gr ou Gewürz da Alsácia para combinar.
Consommé Xerez Amontillado semi-doce ou Madeira Sercial.
Coq au vin Borgonha tinto. Em um mundo ideal, uma garrafa de Chambertin no prato, e duas na mesa.
Cordeiro assado Tradicionalmente um dos melhores parceiros para um Bordeaux tinto muito bom – ou seus equivalentes Cab Sauv do Novo Mundo, especialmente do Napa e de Coonawarra. Na Espanha, é o parceiro para os melhores Riojas velhos e Reservas Ribera Del Duero. Pinot N da Nova Zelândia para pratos de carneiro picantes.
costeletas Os mesmos que para cordeiro assado, mas não precisam ser tão bons.
Couve-flor com queijo Branco aromático e enérgico: Sancerre, Ries Spätlese, Muscat, Seyval Bl inglês, ou Schönburger.

Crème brûlée Sauternes ou Beerenauslese do Reno, melhor Madeira ou Tokáj. (Se tiver frutas embutidas, melhor um vinho doce mais modesto.)

Cremes, manjares, fools, syllabubs

Crêpes Suzette Champanhe doce, Orange Muscat ou Asti.

Crostini Morellino di Scansano, Montepulciano d'Abruzzo, Valpolicella ou um branco italiano seco como Verdicchio ou Orvieto.

Crudités Tinto leve ou *rosé*. Côtes du Rhône, Minervois, Chianti, Pinot N; ou Xerez Fino. Vinho branco: Sylvaner ou Pinot Blanc da Alsácia.

Dim-Sum O acompanhamento clássico é o chá chinês. Para diversão: Pinot Grigio ou Ries; tinto leve (Bardolino ou Loire). Champanhe NV ou um bom frisante do Novo Mundo.

Enguia, em geléia Champanhe NV ou uma boa xícara de chá (do Ceilão).

defumada Vinho fortificado/penetrante: Xerez Fino ou Aligoté da Borgonha. *Schnapps*.

Ensopados e caçarolas Borgonha tinto está com tudo; senão, um tinto sensual, saboroso, como Toro, Corbières, Barbera, Shiraz ou Zin.

Escargot Tintos do Rhône (Gigondas, Vacqueyras), St-Véran ou Aligoté. No Midi, muito bons Petits-Gris combinam com vinho local, branco, *rosé* ou tinto. Na Alsácia, Pinot Bl ou Muscat.

Fígado Escolha um tinto jovem: Beaujolais-Villages, St-Joseph, Cab Sauv, Merlot, Zin ou português.

de vitela Rioja Crianza tinto, Salice Salentino Riserva ou Fleurie.

Foie gras (patê de fígado de ganso) Branco. Em Bordeaux, bebe-se Sauternes. Outros preferem o Pinot Gris de colheita tardia ou Ries (inclusive do Novo Mundo), Vouvray, Montlouis, Jurançon Moelleux ou Gewurz. Tokáj Aszú 5 Puttonyos é uma escolha da vila de Lucullan. Um Amontillado velho e seco pode ser sublime. Se o *foie gras* for servido quente, Champanhe de safra madura. Mas nunca Chard ou Sauv Bl.

Fondue de queijo Branco seco: Valais Fendant, ou qualquer outro Chasselas da Suíça, Roussette de Savóia, Grüner Veltliner, Ries da Alsácia, ou Pinot Gr ou um Beaujolais Cru. Para Vinhos & queijos, ver p. 27.

Framboesas (sem creme, com pouco açúcar) Excelente com tintos finos que tenham também gosto de framboesas: Juliénas jovem, Regnié, e mesmo Pomerol.

Frango à Kiev Ries da Alsácia ou do Pfalz, Furmint húngaro, Pinot N jovem.

Frango/peru/galinha assados Praticamente qualquer vinho, incluindo os melhores brancos semi-secos e os finos tintos maduros (especialmente Borgonha). A carne de aves pode ser adaptada com molhos para combinar com quase qualquer vinho fino (por exemplo, *Coq au vin* com Borgonha tinto ou branco). Experimente o Shiraz espumante com recheios fortes, doces ou condimentados e guarnições.

Frios Normalmente, são melhores com vinhos brancos saborosos do que com tintos. Mosel Spätlese ou Hochheimer e Côte Chalonnaise são muito bons, assim como o Beaujolais. Sobras de frios com sobras de Champanhe são uma dádiva.

Frutas

frescas Coteaux du Layon doce ou Muscat doce leve.

poché Muscatel doce: experimente o Muscat de Beaumes-de-Venise, Moscato di Pantalleria ou o vinho de sobremesa espanhol Tarragona.

frutas secas (e compotas) Banyuls, Riversaltes ou Maury.

flans e tortinhas Sauternes, Monbazillac; Vouvray doce ou Anjou.

saladas Um Xerez fino e doce ou qualquer vinho à base de Muscat.

Frutos do mar Com frutos do mar apenas cozidos, um vinho branco seco. Vinhos mais ricos com molhos mais ricos. Com *plateaux de fruits de mer*: Muscadet, Chablis, Chard não amadeirado ou Ries seco.

Gazpacho Uma taça de Fino, antes e depois. Ou Sauv Bl.

Goulash (cozido húngaro) Um tinto jovem e saboroso, como o Zin da Hungria, Tannat do Uruguai, Moellino di Scansano, ou um jovem Shiraz da Austrália.

Gravadlax (salmão defumado) *Akvavit* ou saquê gelado. Grand Cru Chablis; Chard da Califórnia, de Washington ou de Margaret River; Mosel Spätlese (Trocken não).

Guacamole Chard da Califórnia, Sauv Blanc, Muscat seco, ou Champanhe NV. Ou cerveja mexicana.

Guisado Tinto vigoroso: Pomerol ou St-Emilion, Hermitage, Cornas, Barbera, Shiraz, Napa Cab Sauv, Ribera Del Duero ou Douro tinto.

Hadoque Vinhos ricos e secos: Meursault, Chard da Califórnia ou da Áustria, Marsanne ou Albariño.

defumado, musse ou brandade Um prato maravilhoso para poder exibir qualquer vinho branco bem encorpado e com estilo, inclusive Grand Cru Chablis ou Chard de Sonoma ou da Nova Zelândia.

Haggis (semelhante a buchada) Tinto frutado, como um Claret jovem, Châteauneuf-du-Pape ou Cab Sauv do Novo Mundo. Ou, é claro, um uísque.

Hake (peixe de água salgada) Sauv Bl ou qualquer branco frutado fresco: Pacherenc, Tursan, Navarra branco.

Halibute O mesmo que para o *turbot* (tipo de peixe).

Hambúrguer Tinto jovem; Beaujolais ou Cab Sauv da Austrália, Chianti ou Zin.

Homus Vinho branco seco, condimentado e picante; por exemplo, Furmint ou um branco grego moderno.

Kedgeree (prato indiano de peixe) Um branco cheio, não espumante ou espumante: Mâcon-Villages, Chard da África do Sul. No café-da-manhã: Champanhe.

Kippers (Arenque ou salmão defumado) Uma boa xícara de chá, preferivelmente do Ceilão (com leite, sem açúcar). Uísque? Um xerez Oloroso seco é surpreendentemente bom.

Lagosta, em molho encorpado Champanhe de safra, um Borgonha branco fino, Graves *cru classé*, Chard da Califórnia ou Ries da Austrália, Spätlese do Pfalz.

salada de Champanhe NV, Ries da Alsácia, Chablis Premier Cru, Condrieu, Spätlese do Mosel, Chard do Penedès ou Cava.

Lamproie (lampréia) à la Bordelaise Um St-Emilion de cinco anos ou um Fronsac. Ou Douro tinto com lampréias portuguesas.

Laranja, sobremesas à base de Experimente com um Sauternes velho, Tokáj Aszú, ou Orange Muscat da Califórnia.

Lebre Pede um tinto saboroso: um Borgonha não muito velho ou Bordeaux, Rhône (por exemplo, Gigondas), Bandol, Barbaresco, Ribero del Duero ou Rioja Reserva. O Grange da Austrália seria uma experiência.

Limão, sobremesas à base de Para pratos como **Tarte au Citron** (torta de limão), Ries doce da Alemanha ou Áustria, ou Tokáj Aszú; quanto mais cítrico o limão, mais doce o vinho.

Língua Boa com qualquer tinto ou branco com bastante personalidade, especialmente italiano. Também Beaujolais, tintos do Loire ou Nova Zelândia, e *rosés* bem secos.

Linguado, solha etc.: simples, grelhado ou frito Perfeito com vinhos brancos: Borgonha branco ou equivalente.

com molho Dependendo dos ingredientes: vinho seco ríspido para molho de tomate, razoavelmente rico no caso de Linguado à *Véronique*, com suas uvas doces, etc.

Maçãs, Cox's Orange Pippins Porto Vintage (55 60 63 66 70 75 82).

Mackerel (cavala) Branco penetrante ou duro: Sauv Bl de Touraine, Gaillac, Vinho Verde, Rioja branco ou branco inglês. Guinness é bom.

defumado Prato gorduroso que não combina com vinho. Xerez Manzanilla, Vinho Verde seco apropriado ou Schnapps, vodca apimentada ou Bison Grass Vodka. Ou *lager* (espécie de cerveja).

Massas Tinto ou branco dependendo do molho ou das guarnições:

molho branco Orvieto, Frascati ou Chard do Alto Adige.

molho de carne Montepulciano d'Abruzzo, Salice Salentino ou Merlot.

molho pesto (manjericão) Barbera, Vermentino da Ligúria, Sauv Bl da Nova Zelândia, Hárslevelü ou Furmint da Hungria.

molho com frutos do mar (por exemplo, vongole) Verdicchio, Soave, Rioja branco de alto nível, Cirò ou Sauv Bl.

molho de tomate Barbera, tinto do sul da Itália, Zin, ou Grenache do sul da Austrália.

Merengues Recioto di Soave, Asti ou Champanhe doce.

Mexilhões Muscadet-sur-lie, Chablis Premier Cru ou um Chard levemente amadeirado.

Mezze Uma seleção de pratos de legumes quentes e frios. Uma boa e eclética escolha é um espumante, como também um *rosé* do Languedoc ou da Provença. Xerez Fino está no seu ambiente predileto.

Mil folhas, sobremesas Espumante branco delicado e doce, como Moscato d'Asti ou Champanhe semi-seco.

Monkfish (viola) Geralmente assado, necessita de um vinho mais cheio do que elegante. Experimente Chard da Austrália/ Nova Zelândia, Pinot N do Oregon ou Merlot do Chile.

Morangos com creme Sauternes ou Bordeaux doce similar, Moelleux Vouvray ou Jurançon Vendange Tardive.

Morangos, silvestres (sem creme) Sirva com tinto Bordeaux (mais especificamente, um Margaux) derramado por cima.

Moussaka (prato da culinária do Oriente Médio, constituído de carne de carneiro e condimentos) Tinto ou *rosé*: Naoussa da Grécia, Sangiovese, Corbières, Côtes de Provença, Ajaccio ou Pinot N da Nova Zelândia.

Nozes O melhor Xerez Oloroso, Madeira, Porto Vintage ou Tawny (combinação natural com nozes), Vin Santo ou Setúbal Moscatel.

Osso Buco Tinto flexível e tônico, pouco tanino como Dolcetto d'Alba ou Pinot N. Ou vinhos brancos italianos secos, como Soave e Lugana.

Ostras, cruas Champanhe NV, Chablis Premier Cru, Muscadet, Graves branco, Sauv Bl ou Guinness.

cozidas Puligny-Montrachet ou um bom Chard do Novo Mundo. Champanhe vai bem com ambas.

Ovos Veja também Suflês. Difícil: ovos entram em choque com a maioria dos vinhos e podem até estragar os bons. Mas vinhos locais com pratos de ovos locais são a melhor pedida. Portanto, ★→★★ para o que quer que seja. Experimente Pinot Bl ou um Chard não muito amadeirado. Como último recurso, posso tentar beber Champanhe com ovos mexidos.

Ovos de codorna Champanhe Blanc de Blancs.

Ovos de gaivotas Borgonha branco maduro ou Champanhe de safra.

Ovos à Meurette Gênio da Borgonha: ovos preparados com vinho tinto pedem pelo mesmo vinho.

Oxtail (rabo de boi) Combine com um tinto francês bem rico, como St-Emilion, Pomerol, Pommard, Nuits-St-Georges, Barolo, Châteauneuf-du-Pape. Ou Rioja Reserva ou Ribera Del Duero. Ou Cab Sauv da Califórnia ou de Coonawarra.

Paella Jovens vinhos da Espanha: tinto, branco seco ou *rosé* do Penedès, Somontano, Navarra ou Rioja.

Panetone Jurançon Moelleux, Ries de colheita tardia, Barsac, Vin Santo ou Tokáj Aszú.

Pastrami Ries de Alsácia, Sangiovese jovem, ou Cab Fr.

Patê
de fígado de galinha Pede um branco pungente (Pinot Gr da Alsácia ou Marsanne), um tinto macio como um Pomerol leve ou Volnay, ou até um Xerez Amontillado.
de pato Châteauneuf-du-Pape, Cornas, Chianti Classico ou Pomerol.
de peixe Muscadet, Mâcon-Villages, ou Chard australiano (não amadeirado).
Pâté de Campagne Um branco seco **: bom *vin de pays*, Graves, Ries do Pfalz.
Pato ou ganso Branco bem rico: Spätlese do Pfalz ou Grand Cru da Alsácia quase seco. Ou Gamey tinto maduro: Morey-St-Denis, Côte-Rôtie, Bordeaux ou Borgonha. Se acompanhar laranjas ou pêssegos, os da região sugerem beber Sauternes, outros sugerem Monbazillac ou Ries Auslese.
Pequim Veja Comida chinesa.
pato selvagem Tinto em grande escala como Hermitage, Bandol, Cab Sauv da Califórnia ou da África do Sul, ou Barbossa Shiraz – Grange, se conseguir achar.
com azeitonas Chianti de alta qualidade ou outros Toscanos.
Peixe assado em uma crosta de sal Branco ou *rosé* bem encorpado. Meursault, Rioja, Albariño, Sicília, Côtes de Luberon ou Minervois.
Peixe e fritas (ou tempura) Chablis, Bordeaux branco, Sauv Bl, Pinot Bl, Gavi, fino, Montilla, Koshu, chá; ou Champanhe NV e Cava.
Peixe-espada Branco encorpado seco do campo. Nada grandioso.
Peperonata Ries australiano seco, Sem do oeste da Austrália ou Sauv Bl da Nova Zelândia. Quem preferir tinto pode experimentar Tempranillo ou Grenache.
Pêras ao vinho tinto Uma pausa antes do Porto. Ou experimente Rivesaltes, Banyuls ou Ries Beerenauslese.
Perca, sandre Peixe de água doce requintado acompanhado pelos vinhos mais finos: Borgonha branco de primeira linha, Ries Grand Cru da Alsácia ou os nobres do Moselsa. Ou experimente um Fendant suíço ou Johannisberg.
Pimentões, assados Sauv Bl, ou tintos leves.
Pipérade (prato da região Basca que consiste em ovos, tomate e pimenta, cebola e alho) *Rosé*, ou um Ries seco do sul da Austrália.
Pitus, camarões ou lagostins Branco fino seco: Borgonha, Graves, Chard da Nova Zelândia, Ries do Pfalz – até mesmo Champanhe fina e madura. (O molho conhecido por Cocktail Sauce acaba matando o gosto do vinho e, com tempo, também as pessoas.)
Pizza Qualquer tinto seco italiano **. Ou Rioja, Shiraz da Austrália, tinto do sul da França ou Douro tinto.
Pombo Tintos vivos. Savigny, Chambolle-Musigny; Crozes-Hermitage, Chianti Clássico, ou Pinot N da Califórnia. Ou experimente Silvaner Spätlese da Francônia.

pombinha Um Borgonha fino tinto ou branco, Ries Grand Cru da Alsácia ou Claret maduro.
Porco, assado uma boa base neutra e rica para um tinto quase leve ou branco rico. Merece um tratamento ** – Médoc é bom. O leitão de Portugal é degustado com Bairrada Garrafeira. Pinot N, se à moda chinesa.
Pot au feu (panela no fogo), bollito misto, cocido (cozidos) Vinhos tintos rústicos da região de origem do prato; Sangiovese di Romagna, Chusclan, Lirac, Rasteau, Alentejo português ou Yecla e Jumilla da Espanha.
Pratos à base de erva-doce Sauv Bl, ou Beaujolais tinto jovem e fresco.
Pratos mediterrâneos à base de vegetais Tinto vigoroso jovem: Chianti, Cab Sauv da Nova Zelândia ou Merlot; Bordeaux tinto jovem, Gigondas ou Coteaux du Languedoc. Ou um branco cheio de personalidade.
Pratos que levam lentilha Tintos vigorosos como os do S da França, ou Zin ou Shiraz.
Presunto, cru ou curado Grand Cru Pinot Gr da Alsácia, vinho italiano enérgico ou um branco alemão adocicado (Spätlese do Reno). Um Pinot Noir suave ou um Cab Sauv mais leve. Com *pata negra* ou *jamón* espanhol, experimente Xerez Fino ou Porto Tawny.
Pudim de pão Um fino Barsac de dez anos, Tokáj Azsú ou um Sem australiano botritizado.
Purê de berinjela (Melitzanosalata) Sauv Bl vivo do Novo Mundo, como da África do Sul ou Nova Zelândia; ou grego moderno ou siciliano branco seco; ou experimente Bardolino tinto ou Chiaretto. Pratos com berinjela assada podem pedir tintos mais robustos: Shiraz, Zin.
Queijo de cabra (morno) Sancerre, Pouilly-Fumé ou Sauv Bl do Novo Mundo. Chinon frio, Saumur-Champigny ou Provença *rosé*. Shiraz espumante da Austrália ou tintos fortes do leste do Mediterrâneo: por exemplo, grego ou turco.
Quiches Branco seco bem encorpado: Alsace, Graves, Sauv Bl, Rheingau seco; ou tintos jovens (Tempranillo, Periquita), de acordo com os ingredientes.
Rins Tinto: St-Emilion ou Fronsac: Nuits-St-Georges, Cornas, Barbaresco, Rioja, Cab Sauv espanhol ou australiano, ou um Alentejo de qualidade.
Risoto, com frutos do mar Pinot Gr de Friuli, Gavi, Sem jovem, Dolcetto ou Barbera d'Alba.
com funghi porcini O melhor é um Barolo maduro, ou Barbaresco.
Robalo Weissburgunder de Baden ou Pfalz. Muito bom para qualquer branco fino ou delicado: Ries seco de Clare Valley, Chablis ou Châteuneuf-du-Pape.
Rodovalho Um peixe muito delicado, portanto ideal para um Puligny velho e fino ou similares.

Rum nas sobremesas (baba, musses, sorvete) Muscat – desde Asti até licor australiano, de acordo com o peso calórico do prato.
Saladas Como entrada, especialmente com molho *blue cheese*, qualquer vinho branco apetitoso seco.
salade niçoise Branco ou *rosé* bem seco, **, não muito leve ou floral: Provençal, Rhône ou da Córsega; Fernão Pires, Sauv Bl.
NOTA: O vinagre nas saladas apaga o sabor do vinho. Se deseja acompanhar uma salada com vinho, tempere-a com vinho ou um pouco de suco de limão em vez de vinagre.
Salmão, crestado ou grelhado Um Borgonha branco fino; Puligny- ou Chassagne-Montrachet, Meursault, Corton-Charlemagne, Chablis Grand Cru; Grüner Veltliner, Condrieu, Chard da Califórnia ou Idaho ou Nova Zelândia, Kabinett/Spätlese de Rheingau, Ries australiano. Pinot N jovem pode ser bom. Tortinhas fritas de salmão pedem vinhos similares, porém menos nobres.
defumado Branco seco e pungente: Xerez Fino, Pinot Gr da Alsácia, Chablis Grand Cru, Pouilly-Fumé, Ries Spätlese do Pfalz ou Champanhe Vintage. Também vodca, *schnapps* ou *akvavit*.
carpaccio Puligny-Montrachet, Condrieu, Chard californiano ou Sauv Bl neozelandês.
Salmonete Sauv Bl, se cozido com sabores orientais; Rhône branco, se cozido com sabores mediterrâneos.
Salsichões Ries alemão, Beaujolais ou Pinot N leve. Ou cerveja Budweiser (Budvar).
Sand-dabs Este peixe sublime pode aceitar seu Chard mais cheio (não amadeirado).
Sardinhas, grelhadas Branco muito seco; Vinho Verde, Soave, Muscadet, ou um grego moderno.
Sashimi Se estiver disposto a abrir mão do *wasabi* (tempero forte), vinhos espumantes seriam adequados. Ou Chard de Washington ou Tasmânia, Chablis Grand Cru, Ries do Rheingau e Seyval Bl inglês. Outra opção seria saquê gelado, xerez Fino, ou cerveja. Por experiência, sugere-se o Tokáj 5-putt com atum, ouriço do mar e anago (enguia).
Satay Shiraz McLaren Vale da Austrália. Gewürz da Alsácia ou Nova Zelândia.
Skate (arraia) à sauté Branco relativamente pungente (por exemplo, Pinot Gr da Alsácia), ou um vinho branco como Muscadet ou Verdiccho.
Sobremesas de gengibre Muscats doces, Ries do Novo Mundo botritizado e Sém.
Sopa de barbatana de tubarão Adicione uma colher de chá de conhaque. Tome um pouco de Amontillado.
Sopas espessas Brancos em grande escala, não necessariamente bem secos: Pinot Gr, Spätlese do Reno, Albariño, Sem australiano, Chard amanteigado. Ou o Xerez Fino.
Sorvetes e sorbets Vinho fortificado (um licor australiano Muscat, Banyuls, Xerez PX); Asti doce ou Moscato espumante, licor Amaretto com baunilha; rum com chocolate.

Steak au Poivre Um tinto ligeiramente jovem do Rhône ou Cab Sauv.
Steak tartare Vodca ou um tinto jovem leve. Beaujolais, Bergerac ou Valpolicella.
Yuk Whe coreano (o melhor *steak tartare* do mundo) Saquê.
filé, filé mignon, T-bone, bisteca Quaisquer dos melhores tintos (mas não vinhos velhos com molho Béarnaise: um bom Chard da Califórnia é melhor). Minha escolha: Château Haut-Brion.
Steak ou fígado, torta ou pudim à base de Rioja Reserva tinto, tinto Douro ou Cabernet maduro.
Strogonoff de carne Tinto impressivo: Barolo, Valpolicella Amarone, Cahors, Hermitage, Zin ú tima safra – até mesmo Negru de Purkar da Moldávia.
Suflês Como é um excelente prato, merece vinhos ★★★.
de peixe Branco seco: Borgonha ★★★, Bordeaux, Alsácia, Chard etc.
de queijo Borgonha tinto ou Cab Sauv maduro.
de espinafre (mais agressivo com o vinho) Chard leve (Mâcon-Villages, St-Véran), ou Valpolicella. Champanhe também pode ser muito bom com diversos tipos de suflês.
doces Sauternes ou Vouvray Moelleux. Ou um Champanhe doce (ou rico).
Summer pudding (sobremesa inglesa, constituída de fatias de pães com amoras amassadas) Sauternes relativamente jovem de uma boa safra (95 96 97 98).
Sushi Em geral, o wasabi apimentado está escondido em cada pedaço. Vinhos QbA Trocken alemães, Chablis simples, ou Champ NV Brut. Ou, é claro, saquê ou cerveja.
Sweetbreads (prato feito de pâncreas de animal jovem – até um ano –, em geral de carneiros) Um grande prato, portanto grandes vinhos, porém não muito secos: Ries do Reno ou Franken Silvaner Spätlese, um Pinot Gr de primeira linha ou Condrieu da Alsácia, dependendo do molho.
Syllabubs (mistura de creme com vinho, servido frio) Veja também Chocolate, Café, Gengibre e Rum. Sauternes, Loupiac, St-Croix-du-Mont ou Monbazillac.
Tagines (prato africano) Estes variam tremendamente, porém tintos jovens frutados são uma boa pedida: Beaujolais, Tempranillo, Sangiovese, Merlot e Shiraz.
Tainha cinza Verdicchio, Rully ou Chard não amadeirado.
Tainha vermelha Um camaleão, adapta-se a um bom branco ou tinto, especialmente Pinot N.
Tapas (tira-gostos) Perfeito com Xerez Fino, o qual pode acompanhar a variedade de sabores tanto quentes quanto frios.
Tapenade Manzanilla ou Xerez Fino, ou qualquer branco ou *rosé* seco e ríspido.
Taramasalata ou taramosalata (prato grego) Um branco rústico do sul com personalidade. Xerez Fino cai bem. Experimente Rioja branco ou um Marsanne. A versão suave dos supermercados vai bem com qualquer branco delicado ou Champanhe.

Terrina de peixe Ries Spätlese Trocken do Pfalz, Grüner Veltliner, Chablis Premier Cru, Ries de Clare Valley, Chard de Sonoma; ou Manzanilla.
Tiramisú Esta sobremesa italiana se dá melhor com Vin Santo, porém também com Porto Tawny, Muscat de Beaumes-de-Venise ou Sauternes e licores de Muscat australianos.
Torta de caça, quente Tinto: Pinot N do Oregon.
fria Um Borgonha branco de boa qualidade, Cru Beaujolais ou Champanhe.
Torta de Natal, tortas de frutas Porto Tawny, Xerez cremoso, ou mesmo o caldo da torta de Natal, Xerez Pedro Ximénez. Asti ou Banyuls.
Torta de noz-pecã Orange Muscat, ou licor Muscat da Austrália.
Torta de peixe (com molho) Albariño, Soave Classico, Pinot Gr da Alsácia.
Trifle (torta inglesa, com salada de frutas com creme e Xerez) Deve ser suficientemente vibrante só com o Xerez da receita.
Tripas Tinto (por exemplo, Corbières, Roussillon) ou outro vinho bem doce (por exemplo, Spätlese alemão). Melhor: Sem/Chard do oeste da Austrália ou cortado com branco seco picante, como Pouilly-Fumé ou tinto fresco com Saumur-Champigny.
Truta Vinho branco delicado, por exemplo Mosel (Saar ou Ruwer), Pinot Bl da Alsácia.
defumada Sancerre, Sauv Bl californiano ou da África do Sul. Rully ou Bourgogne Aligoté, Chablis ou Champanhe. Mas o mais adequado é Mosel Spätlese.
Turbot (rodovalho; peixe da família dos linguados) Sirva com o seu melhor branco rico e seco: Meursault ou Chassagne-Montrachet, Chablis maduro ou seu equivalente californiano, australiano ou neozelandês. Condrieu, Rheingau maduro, Mosel ou Nahe Spätlese ou Auslese (sem ser Trocken).
Vieiras Um prato doce por natureza; fica melhor com os brancos mais finos.
em molho branco Spätlese alemão, Montrachet, um bom Chard australiano ou um Vouvray seco.
Grelhado ou crestado Blanc Hermitage, Grüner Veltliner, Entre-Deux-Mers, Champanhe Vintage, ou Pinot N.
com tempero asiático Sauv Bl neozelandês ou da África do Sul, Verdelho, Ries australiano, ou Gewürz.
Vitela, assada Um bom prato neutro para qualquer tinto velho e fino, que pode ter empalidecido com a idade (por exemplo, Rioja Reserva), um Ries alemão ou austríaco, ou Vouvray, ou um Pinot Gr da Alsácia.
Vitello tonnato (vitela com molho de atum) Brancos encorpados, especialmente Chard; ou tintos leves (por exemplo, Cabernet jovem ou Valpolicella) servidos frescos.
Whitebait (peixe de carne branca) Brancos vivos e secos: Chablis, Verdicchio, Sauv Bl de Touraine ou da Grécia ou Xerez Fino.

Zabaglione (sobremesa italiana) Marsala dourado claro, Sem ou Asti australiano botritizado.

Vinhos & queijos

A idéia de que queijos e vinhos foram feitos um para o outro não nasceu a partir das degustações. Ótimos vinhos tintos são sufocados pelos queijos fortes: somente os vinhos brancos doces ou ríspidos sobrevivem. A não ser pelas exceções, você pode partir dos princípios de que, primeiro: quanto mais duro o queijo, mais tanino o vinho pode conter. Segundo: quanto mais cremoso o queijo, mais acidez o vinho tem de ter. A principal exceção constitui o terceiro princípio: em geral, queijos e vinhos da mesma região se dão bem. O queijo é classificado pela sua textura e a natureza de sua casca; portanto, sua aparência já é um indício do tipo de vinho para acompanhá-lo. Os queijos específicos mencionados abaixo são apenas exemplos escolhidos entre as centenas vendidas em boas lojas de queijo.

Fresco, sem casca – *cream cheese*, *crème fraîche*, mussarela
Branco vivo e leve – Bordeaux Blanc simples, Bergerac, brancos ingleses não amadeirados; ou *rosé* – Anjou, Rhône; ou tintos muito jovens, muito leves e muito frescos como Bordeaux, Bardolino ou Beaujolais.
Queijos duros, encerados ou oleados, freqüentemente mostrando a marca do tecido usado na sua fabricação – família Gruyère, Manchego e outros queijos espanhóis, Parmesão, Cantal, Comté, Gouda envelhecido, Cheddar, e a maioria dos queijos ingleses "tradicionais"
Generalizar é difícil nesse caso; Gouda, Gruyère, alguns espanhóis e uns poucos ingleses complementam claretes finos ou vinhos Cab Sauv e grandes vinhos Shiraz/Syrah. Porém queijos fortes necessitam de vinhos menos refinados e de preferência locais. O Queijo vermelho holandês Mimolette, granulado e adocicado, ou o Beaufort são ideais para acompanhar Bordeaux maduros mais finos. Também para o Tokáj Aszú.
Queijos azuis Roquefort pode ser maravilhoso com Sauternes, mas não estenda esta idéia para outros azuis. A doçura do Sauternes, especialmente quando envelhecido, complementa o salgado do queijo. Stilton e Porto, de preferência Tawny, são um clássico. Um velho Oloroso com sabor intenso, Amontillado, Madeira, Marsala e outros vinhos fortificados combinam com a maioria dos azuis. A acidez do Tokáj Aszú também funciona.
Casca natural (queijo de cabra ou ovelha) com bolor cinza-azulado (a casca é enrugada quando curado), às vezes salpicada com cinzas – St-Marcellin
Sancerre Valençay, Sauv Bl fresco e leve, Jurançon, Savoie, Soave, Chard italiano ou brancos ingleses.

Queijos macios de casca embranquecida, casca branco puro quando pasteurizado ou salpicado de vermelho: Brie, Camembert, Chaource, Bougon ("Camembert" de leite de cabra)
Se for um queijo branco meia-cura, um vinho borgonha ou Rhône branco bem seco. Se for curado, um forte e frutado St-Emilion, um jovem Shiraz/Syrah australiano (ou do Rhône) ou Grenache, se estiver maduro.
Queijos pungentes, macios de casca lavada, com casca pegajosa de cor laranja-avermelhada. Langres, Epoisses curado, Maroilles, Carré de l'Est, Milleens, Munster
Tintos locais, especialmente para queijos da Borgonha; tintos vigorosos de Lanquedoc, Cahors, Côtes du Frontonnais, Córsega, sul da Itália, Sicília ou Bairrada. Também brancos fortes, especialmente Gewürz e Muscat da Alsácia.
Queijos semimacios, casca grossa de cor cinza-rósea – Livarot, Pont l'Evêque, Reblochon, Tomme de Savoie, St-Nectaire.
Um forte Bordeaux branco, Chard, Pinot Gr da Alsácia, Ries puxado para o seco, brancos da Sicília e do sul da Itália, Rioja branco envelhecido ou um Xerez Oloroso seco. No entanto, os queijos mais fortes desta categoria matam a maioria dos vinhos.

Pratos para os melhores vinhos

No caso de garrafas muito especiais, por vezes é o vinho que determina o prato, e não o contrário. As sugestões a seguir baseiam-se, principalmente, nas convenções gastronômicas das regiões vinícolas que produzem tais tesouros e em uma intensa pesquisa. Estes pratos devem ajudá-lo a tirar o melhor proveito de seus melhores vinhos.

Vinhos Tintos

Bordeaux tinto e outros baseados no Cabernet Sauvignon (muito velhos, leves e delicados, por exemplo, pré-60)
Perna ou costela de carneiro, assado com uma pitada de ervas (mas sem alho); *entrecôte*; perdiz ou galo silvestre assados, *sweetbreads*; ou suflê de queijo, após a carne ser servida.
Grandes safras totalmente maduras (por exemplo, Bordeaux 61 66 75)
Espádua ou capa de carneiro, assado com uma pitada de alho, costela de boi assada ou lagarto grelhado.
Maduros mas ainda vigorosos (por exemplo, 85 86 89)
Espádua ou capa de carneiro (inclusive rins) com um molho rico. Filé *marchand de vin* (vinho e tutano). Evite carne à Wellington: massas assadas ofuscam o paladar.

Bordeaux baseados em Merlot (Pomerol, St-Émilion)
Carne de boi como no anterior (filé é o melhor) ou carne de veado.
Borgonha Côte d'Or tinto
(Considere o peso e a textura, que ficam mais leve e mais aveludadas com a idade. Também a personalidade do vinho: Nuits é terroso, Musigny é floral, os grandes Romanées podem ser exóticos, o Pommard é conhecido por sua compostura etc.) Frango assado – ou melhor, capão – é um prato seguro para os Borgonha tintos; galinha-d'angola para vinhos levemente mais fortes, depois perdiz, ou galo silvestre para aqueles progressivamente mais ricos e picantes. As alternativas são lebre e carne de veado (ou cabrito).
grandes Borgonhas velhos A fórmula clássica do Borgonha é o queijo: Epoisses (não fermentado). Um queijo fabuloso, porém um desperdício lamentável para ótimos vinhos velhos.
Borgonhas jovens vigorosos Pato ou ganso, assados de modo a minimizar a gordura.
Grandes Syrahs: Hermitage, Côte-Rôtie, Grange; ou Vega Sicília Carne bovina, carne de veado, caça *faisandé*; tutano com torradas, queijo inglês (especialmente os melhores Cheddar da fazenda), como também queijos duros de leite de cabra e de ovelha, como Berkswell e Ticklemore.
Rioja Gran Reserva, Pesquera... Assados ricamente saborosos: javali, carneiro, lombo de lebre, ou leitãozinho.
Barolo, Barbaresco Risoto de trufas brancas; massa com molho de caça (por exemplo, *pappardelle alla lepre*); *funghi porcini*; parmesão.

Vinhos brancos

Chablis, Borgonha e outros Chardonnay de primeira linha
Peixe branco grelhado sem molho ou à *meunière*. Os melhores são linguado Dover, turbot, halibute; o rodovalho, encharcado em manteiga, pode ser excelente.
Borgonha branco supremo (Le Montrachet, Corton-Charlemagne) ou o Graves equivalente
Vitela assada, frango caipira recheado com trufas ou ervas, ou *sweetbreads*; peixe branco com um molho suntuoso ou vieiras (ver acima). Ou lagosta, ou salmão silvestre.
Condrieu, Château-Grillet ou Hermitage Blanc Massas condimentadas com ervas aromáticas e ervilhas ou vagem.
Grand Cru da Alsácia
Ries *Truite au bleu*, salmão defumado ou chucrute garni.
Pinot Gris Vitela assada ou grelhada.
Gewürztraminer Suflê de queijo (queijo Munster).
Verdange Tardive *Foie gras* ou Tarte Tatin.
Sauternes Biscoitos amanteigados simples (por exemplo, Langue-de-Chat), pêssegos brancos, nectarinas, morangos (sem creme). Nada de

frutas tropicais. *Foie gras* seco. Experimente com queijos azuis.

Vouvray Moelleux supremo etc. Biscoitos amanteigados, maçãs ou tortinhas de maçã.

Beerenauslese/Trockenbeerenauslese Biscoitos, pêssegos, ameixas. Sobremesas à base de ruibarbo, groselha, marmelo ou maçã.

Tokáj Aszú (4-6 putts) É muito recomendado o *foie gras*. Sobremesas cremosas e de frutas. Até mesmo chocolate pode ser uma maravilha.

Porto ou Madeira Great Vintage Nozes ou pecãs. Um acompanhamento inglês clássico é a maçã Cox's Orange Pippin com um biscoito digestivo.

Champanhe da safra envelhecida (sem ser Blanc de Blancs) Como aperitivo, ou com perdiz, tetraz ou narceja frios.

A Itália hoje

A Itália e suas regiões

Será que é possível estar numa colina, em qualquer região da Itália, e não ver vinhas? Bem, provavelmente é: há lugares no norte industrializado onde toda a vegetação foi expulsa pelo concreto, e o centro de Nápoles não exibe muitos vinhedos. Mas, em quase todo lugar, as vinhas são lugar-comum. Elas acompanham as estradas e sobem encostas até fortificações medievais de antigas cidades-estado. Tinha que haver vinhedos na maior parte da história italiana. Do contrário, o que se teria bebido?

O vinho italiano é regional, sempre foi e, apesar das pressões da globalização dos sabores vinícolas, tem uma boa chance de continuar assim. Sim, o vinho foi exportado em séculos anteriores, mas não havia nenhum equivalente do Bordeaux, por exemplo, para tornar-se conhecido mundialmente e trazer estrangeiros e suas inúmeras idéias novas a uma região. Os vinhos italianos eram principalmente bebidos no país, e evoluíram para adequar-se ao gosto local.

Para a maioria das pessoas hoje em dia, o Chianti é ainda o arquétipo do vinho italiano – e já faz um bom tempo que o conhecemos. Bem, visamos mostrar como a tradição e a modernidade, a regionalidade e o internacionalismo estão interagindo no vinho italiano hoje em dia. Queremos mostrar-lhe as pessoas por trás do vinho contemporâneo italiano, e os pratos regionais com os quais ele é bebido. Queremos apontar-lhe algumas garrafas nas quais você não teria pensado e algumas aquisições imperdíveis (ou pelo menos gostos imperdíveis). E se isso o fizer embarcar numa exploração particular, seja ela nas estradas escondidas da Toscana ou num fundo de prateleira da sua loja de vinhos, bem, a idéia é essa.

2006: uma grande safra

Ao longo dos últimos cinco anos, a Itália tem presenciado uma mistura de safras desde as muito boas até as bastante fracas, mas a maioria das regiões concorda que 2006 é um ano cinco estrelas. Dino Illuninati, em Abruzzo, chegou a descrevê-la como "a melhor safra que eu vi em 50 anos", e Gianni Masciarelli, que detesta fazer previsões sobre a qualidade de uma safra, está chamando 2006 de "um arraso".

Foi um verão frio em muitos lugares. A Úmbria e a Toscana tiveram sua quota de neve, e a primavera demorou a chegar às colinas de Piemonte – e aí, como em outros lugares, o tradicional calor italiano nunca chegou a materializar-se. Mas então, dias ensolarados e mornos e noites frescas se prolongaram por todo setembro e outubro, dando até um amadurecimento suave, que produziu tintos bem extraídos, encorpados, cheios, suculentos, e maravilhosos brancos saborosos, enérgicos e aromáticos.

Por todo o norte da Itália, dos vinhedos de grande altitude do Alto Adige e Trentino, a nordeste do frio Friuli, os produtores acolheram os saudáveis e aromáticos Pinot Grigio, Traminer, Ribolla Gialla, Tocai e outros, O Vêneto, da mesma forma, a não ser pelo momento de pânico no fim de julho devido a uma seca seguida por tempestades, orgulha-se do equilíbrio perfeito do Amarone de Valpolicella e do Soave.

A toscana Sangiovese, como muitas outras uvas nativas da Itália – Sagrantino, na Úmbria, Nebbiolo, em Piedmont, e Aglianico e Greco na Campanha – pode ser bastante temperamental em alcançar o completo amadurecimento. A longa temporada de maturação de 2006 foi exatamente o que essas uvas necessitavam para mostrar seu inteiro potencial como vinhos estruturados e de bom envelhecimento. Marco Pallanti, do Castello di Ama, admite que "2006 é a melhor safra dos últimos 20 anos para o Chianti clássico".

Lá no sul, Alessio Planeta, da Sicília, deixou-se levar pela poesia: é uma safra "luminosa e solar", ele diz, "com tintos admiravelmente extraídos, especialmente Nero d'Avola e Syrah".

Italianos a experimentar em 2008

Piemonte

Riserva Rabajà 2001, Produttori del Barbaresco, Vigna Elena 2001, Cogno, Barolo
Granbussia Riserva 2000, Poderi Aldo Conterno, Barolo
Le Rocche del Falletto di Serralunga d'Alba Riserva 2000, Bruno Giacosa, Barolo
Bricco Boschis Vignolo Riserva 2000, F.lli Cavalotto, Barolo
Monprivato Cà d'Morissio Riserva 1996, Giuseppe Mascarello, Barolo
Riserva Monfortino 1999, Giacomo Conterno, Barolo
Bricco della Bigotta 2004, Giacomo Bologna, Barbera d'Asti

Lombardia

Cuvée Anna Maria Clementi 1999, Cà del Bosco, Franciacorta

Trentino

Brut Riserva del Fondatore 1997, Giulio Ferrari, Trentino
Villa Gresti 2003, Tenuta San Leonardo
Bianco Faye 2003, Pojer & Sandri

Alto Adige

Valle Isarco Kerner Praepositus 2005, Abbazia di Novacella, Alto Adige
Gewürztraminer Nussbaumer 2005, Produttori Termeno, Alto Adige
Barthenau Vigna S. Urbano Pinot Nero 2003, Hofstätter, Alto Adige
Abtei Muri Riserva 2003, Lagrein Muri-Gries, Alto Adige

Veneto

Vigneto di Monte Lodoletta 2001, Romano dal Forno, Amarone della Valpolicella
Classico Mazzano 2001, Masi, Amarone della Valpolicella
Villa Rizzardi 2001, Clássico,Guerrieri Rizzardi, Amarone della Valpolicella
Monte Florentine 2005, Ca'Rugate, Soave Clássico
La Rocca 2004, Leonildo Pieropan, Soave Classico

Friuli Venezia Giulia

Pinot Bianco 2005, Picéch, Collio
Carso Malvasia 2004, Zidarich
Bianco Terre Alte 2004, Livio Felluga, Colli Orientali del Friuli
Berg Anfora 2002, Josko Gravner
Gräfin de la Tour 2004, Villa Russiz, Collio Chardonnay

Toscana

Ugoiala 2000, Lisini, Brunello di Montalcino
Brunello di Montalcino 2001, Fuligni
Tenuta Nuova 2001, Casanova di Néri, Brunello di Montalcino

Riserva 1999, Poggio di Sotto, Brunello di Montalcino
Vigneto Bellavista 2001, Castello di Ama, Chianti Clássico
Riserva Rancia 2003, Felsina, Chianti Clássico
Ceparello 2003, Isole e Olena
Tenuta di Valgiano 2003, Tenuta di Valgiano,Colline Lucchesi
Flaccianello della Pieve 2003, Fontodi
Le Pergole Torte 2003, Montevertine
Paleo Rosso 2003, Le Macchiole
Ornellaia 2003, Tenuta dell'Ornellaia, Bolgheri Superiore
Sassicaia 2003, Tenuta San Guido, Bolgheri
Solaia 2003, Antinori
Nocio dei Boscarelli 2003, Boscarelli, Vino Nobile di Montepulciano
Avvoltore 2004, Morris Farms
Galatrona 2004, Petrolo
Vin Santo Occhio di Pernice1995, Avignonesi

Marche

Mirum Riserva 2004, Fattoria la Monacesca, Verdicchio di Matelica
Verdicchio dei Castelli di Jesi Clássico Riserva 2004, Villa Bucci

Úmbria

Montefalco Sagrantino 1999, Paolo Bea
Montefalco Sagrantino 2003, Antonelli

Abruzzo

Montepulciano d'Abruzzo 2001, Emidio Pepe
Trebbiano d'Abruzzo 2002, Valentini

Campânia

Montevetrano 2004, Montevetrano
Fática Contadina 2001, Terredora, Taurasi
Vigna Cinque Querce Riserva 2001, Salvatore Molettieri, Taurasi
Nova Serra 2004, mastroberardino, Greco di Tufo
Pietraincatenata 2004, Maffini

Basilicata

Vigna Caselle Riserva 2001, d'Angelo, Aglianico del Vulture
Il Repertorio 2004, Cantine del Notaio, Aglianico del Vulture

Sicília

Feudo di Mezzo 2004, Terre Nere, Etna Rosso
Pietramarina 2002, Benanti, Etna Bianco
Nero Bufaleffj 2003, Gulfi
Passopisciaro 2004, Passopisciaro

Sardenha

Vernaccia di Oristano Antico, Gregori Attilio Contini
Turiga 2002, Argiolas
Vendemmia Tardiva 2004, Capichera, Vermentino di Gallur

Dramatis personae

Piemonte

Alguns anos atrás, os vinhateiros de Barolo dividiram-se em dois campos – modernista e tradicionalista. Os limites entre os dois têm se tornado confusos desde essa época, mas há ainda uma diferença entre a interpretação do Barolo modernista, que mostra cor mais profunda e fruta mais nítida, além de ser mais agradável quando jovem, e o Barolo bem tradicional, que leva uma boa década ou mais para perder sua dureza tânica inicial. Como perceber a diferença na vinícola? Procure as *barriques*. Elas são a chave.

Giacomo Conterno, em Monforte d'Alba, é um dos principais tradicionalistas de Barolo, e envelhece seus vinhos em grandes e velhos barris eslovenos de carvalho. "É importante evitar quaisquer outros taninos provenientes dos barris" diz Roberto Conterno (à esquerda), produtor de vinho e sobrinho de Giacomo. O processo é tão natural quanto possível. "O resultado é uma camada complexa de sabores sutis, que evoluem, e, com o tempo, mostram grande classe", continua. VINHOS & SAFRAS: Monfortino Riserva 1999, Conterno, Barolo; Cascina Francia 2004, Conterno, Barbera d'Alba.

Enrico Scavino (à esquerda), da propriedade Paolo Scavino, em Castiglione Falletto, foi um pioneiro do modernismo – na verdade um dos primeiros a quebrar as regras e experimentar as *barriques*. "As tentativas iniciais foram um desastre", diz Scavino. "Eu estava a ponto de desistir, mas aí mudei para o carvalho francês. As barriques dão cor". Scavino presenciou 55 colheitas em Langhe, e cada ano ele experimenta com pelo menos dez cubas diferentes. "O carvalho francês é o mais adequado ao Nebbiolo, dando-lhe taninos mais doces e refinados Ele se integra perfeitamente, e permite que a tipicidade do vinho e seus *terroirs* venham à tona". VINHOS & SAFRAS: Rocche dell'Anunciata Riserva 2000, Scavino, Barolo; Dolcetto d'Alba 2005, Scavino.

Friuli

Josko Gravner (à esquerda) olha para o passado. Ele é um iconoclasta e um experimentador incansável, tão avesso a concessões que chega a ser ríspido. "Os vinhos brancos atuais não têm sabor e profundeza de personalidade" diz. E sua insatisfação com a tecnologia levou-o a abraçar a biodinâmica. Mas ele vai ainda mais longe em sua procura de profundidade: ele rejeita o controle de temperatura durante a fermentação, recusa-se a filtrar seus vinhos, deixa-os nas cascas para macerar, entre todas as coisas, em ânforas de argila durante períodos de até sete meses. Em mãos menos cuidadosas, os resultados poderiam ser desastrosos; entretanto, seus vinhos, mesmo que controversos, arrebatam; são ricos, maduros e encorpados, com excelente fisgada. VINHOS & SAFRAS: Bianco Breg Anfora 2002 Gravner; Ribolla Anfora 2002, Gravner.

Marco Felluga, de oitenta anos, (à esquerda), da propriedade Russiz Superiore, um dos mais respeitados produtores em Friuli, vê o caminho à frente como sendo o da modernidade. "Acredito na riqueza de nosso território. Nossos vinhos têm admirável mineralidade e fascínio aromático", diz. Ele se valeu do fato de ser presidente do corpo regulador vinícola local, o Consorzio, para efetuar um detalhado estudo de solo da área, e ampliou os termos do Collio DOC para incluir todas as uvas brancas planadas na região; até então, elas estavam limitadas a Tocai, Ribolla e Malvasia. "Precisamos acolher a inovação sem perder de vista a tradição". VINHOS & SAFRAS: Col Disore 2004, Russiz Superiore, Collio Bianco; Collio Rosso degli Orzoni Riserva 2002, Russiz Superiore.

Vêneto

Leonildo Pieropan, Nino, para os amigos, é a terceira geração de uma família pioneira da idéia de vinhos de uma única propriedade, em Soave; quando eles começaram a idéia de um Soave sério parecia ridícula para muitos. Nino, por sua vez, explorou vinhos de vinhedo único e o uso de pequenas *barriques* francesas para fermentação e maturação, e seus vinhos têm uma profundidade de fruta e estrutura que poucos podem igualar. Seus Soaves são baseados na Garganega, a melhor uva da região, e revelam aromas florais sedutores, seguidos por admirável retrogosto. VINHOS & SAFRAS: La Rocca 2004, Pieropan, Soave Clássico; Passito della Rocca 2001, Pieropan.

Em Valpolicella, do outro lado das colinas do Vêneto, está **Romano Dal Forno** (à esquerda). Ele tem despertado a atenção por seu extremismo: por exemplo, ele planta suas vinhas mais densamente que qualquer um na região – 13.000 vinhas por hectare – e tira pequenas produções de apenas 500gramas por vinha. Ele procura, como diz, "emoção" em seu Amarone. "Essa concentração, por si só, é uma façanha da natureza", diz Dal Forno. "Não deve haver nada pesado nesse vinho. Procuro o equilíbrio perfeito entre concentração, puros taninos e frescor". Ele envelhece o vinho em *barriques* feitas de carvalho americano e os resultados são densos, imensamente ricos e poderosos e totalmente diversos da idéia da maioria das pessoas sobre o Amarone della Valpolicella. Ele está abrindo caminho ou saindo pela tangente? VINHOS & SAFRAS: Vigneto di Monte Lodoletta 2001, Dal Forno; Valpolicella Superiore diVigneto di Monte Lodoletta 2002, Dal Forno.

Toscana

Nascido e criado na Toscama, **Carlo Ferrini** (ao alto, na página seguinte) é um dos que pertence a essa moderníssima classe – o consultor/vinicultor. Sua filosofia é a de “corpo, estrutura, equilíbrio, elegância”. A Sangiovese toscana é a sua paixão: “É tão temperamental como um cavalo puro sangue”, diz ele, “mas quando você acerta, há poucos vinhos que se possam comparar à sua classe”. Mas se não puder ter a Sangiovese pura, ele prefere ter uma mistura, a qualquer outra uva. “É como uma pintura, quanto mais cores você tem, melhor é a complexidade da mistura final.” Ele também adora simplesmente caminhar nos vinhedos. “É aqui que a vida começa: o bom tinto se origina nos vinhedos bem-cuidados.” VINHOS & SAFRAS: Siepi 1997, Fonterutoli; Tenuta Nova 2001, Casanova dei Neri, Brunello di Montalcino; Asinoni 1997, Poliziano,Vino Nobili di Montepulciano.

Attilio Pagli (à esquerda), também vinicultor/consultor, partilha o amor de Ferrini pela Sangiovese. “A Sangiovese está entre as uvas mais importantes da Itália, e uma das melhores”, ele diz. “É uma uva difícil, que necessita de amadurecimento perfeito. Leva tempo conhecê-la e cultivá-la, mas quando você acerta, não há outra igual. É realmente extraordinária”. A filosofia de Pagli é a de respeito pelo terroir individual e suas uvas nativas, seja na Toscana ou em qualquer outro lugar da Itália. “Hoje a Toscana está revertendo a tendência de vinhos concentrados à de elegância e equilíbrio. Está produzindo vinhos que são reconhecidamente típicos da Toscana”. VINHOS & SAFRAS: Vigneto San Marcellino 2003, Rocca di Montegrossi, Chianti Classico; Avvoltore 2004, Morris Farms; Giovin Re 2005, Michele Satta.

Úmbria/Lácio

Umbriano de corpo e alma, o consultor/vinicultor **Riccardo Cotarella** (à esquerda) é fã de uvas internacionais, como a Merlot. “Nem o Lácio nem a Úmbria apresentam um grande patrimônio viticultural, com exceção das vinhas Sagrantino e Grechetto”, comenta ele. “A Merlot se dá particularmente bem no Lácio e na Úmbria; acredito em fazer vinhos que vendam, que dêem prazer, e para mim, isso significa um vinho que não seja agressivo, herbáceo ou amargo, mas que seja frutado, suave, cheio e generoso – o que explica porque sou entusiasta da Merlot.” VINHOS & SAFRAS: Montevetrano, 2004: Falesco Ferentano, 2004: Feudi di san Gregório, Serpico, 2004.

Onde Cotarella pensa no futuro com a Merlot, o recluso Paolo **Bea** prefere a tradição e a uva tradicional Sagrantino. Ele é a quintessência do produtor artesanal, cuja pequena propriedade é um trabalho de amor, com vinhos ainda artesanais. Bea, de setenta e dois anos, é ainda a força motriz da propriedade, assistido por seu filho Giampiero (à esquerda). Eles são essencialmente biodinâmicos no vinhedo, e completamente não intervencionistas na adega. Giampiero evita as barriques, o controle de temperatura, a refinação e a filtração. Seu objetivo é produzir um Sagrantino domesticado, com alma, que se expresse autenticamente. VINHOS & SAFRAS: Sagrantino Montefalco 2003, Bea; Passico 2001, Bea, Sagrantino Montefalco.

Abruzzo

Seria difícil falar sobre Abruzzo sem mencionar dois dos produtores que são referência na região: Valentini, um tradicionalista reacionário, elogiado por seu Trebbiano de bom envelhecimento; e Masciarelli, um inovador, dinâmico e apaixonado com um Montepulciano que é uma declaração de vigor e *finesse*. A lendária propriedade **Valentini** é a avó dos vinhos Abruzzo DOC. Ela se orgulha de um excepcional clone do Trebbiano d'Abruzzo, que é bem melhor que qualquer outro Trebbiano – normalmente uma uva bastante neutra. "Estas vinhas Trebbiano de quarenta anos representam a verdadeira Trebbiano nativa, que ao longo dos séculos aclimatou-se à nossa região", esclarece Francesco Paolo Valentini. Os vinhos de Valentini demonstram uma profunda personalidade individual, muitas vezes levando anos para desenvolver seu completo perfil. Isso tudo está perfeitamente de acordo com uma das máximas favoritas de Valentini: "Natura non facit saltus" – A natureza não dá saltos. VINHOS & SAFRAS: Montepulciano d'Abruzzo 2001, Valentini; Trebbiano d'Abruzzo 2002, Valentini.

Gianni Masciarelli (à esquerda) é o primeiro produtor a adotar a viticultura moderna substituindo suas vinhas de pérgula, de condução alta, por vinhas conduzidas mais baixo, sobre arames, como é a norma na maior parte do mundo. Desse modo, a produção é mais baixa, e a qualidade mais alta. Ele produz oito crus separados de Motepulciano d'Abruzzo, todos eles envelhecidos em novas *barriques*, todos com riqueza sem paralelo. Segundo Masciarelli, o segredo é o conhecimento empírico, e ele sustenta que "o grande potencial dos Abruzzo ainda está para ser visto". VINHOS & SAFRAS: Villa Gemma 2001, Masciarelli, Montepulciano d'Abruzzo; Marina Cvetic 2004, Masciarelli, Trebbiano d'Abruzzo.

Campânia/Basilicata/Puglia

Pergunte a **Luigi Molo** como ele entrou no negócio de vinhos, e ele lhe dirá que nasceu num tonel. Ele descende de cinco gerações de vinicultores em Campânia. Mas ao contrário de seu pai, Michele, Luigi graduou-se em agricultura, obtendo depois um PhD em bioquímica. Ensinou enologia na Universidade de Foggia, em Puglia, durante cinco anos, e é também professor de enologia na Universidade de Nápoles. Fez uma tarefa na Borgonha, pesquisando aromas do vinho, e esta é a sua paixão: "os vinhos podem e devem ter aromas distintos", diz. "É uma questão de pesquisar uvas diferentes e também, de plantá-la em *terroirs* específicos."

Sicília

Andréa Franchetti (à esquerda), mais conhecido por sua propriedade isolada no sul da Toscana, Tenuta di Trinoro, também acredita resolutamente nos vinhos sicilianos. Assim como os próprios sicilianos, os vinhos de Andréa têm alma. Quando ele restaurou o vinhedo abandonado Pisciopassaro, a maioria das pessoas achou que ele era louco. Não só ele fica bem embaixo de um derramamento de lava negra no lado norte do Etna, como está a mil metros de altitude. Seus lotes em terraço, plantados sobre uma fina camada de lava e cinzas, são um verdadeiro triunfo sobre a natureza. "Os vinhos são ásperos e precisam de um interminável tratamento", diz Franchetti, "mas o lado bom são as noites estreladas e o incrível amadurecimento". VINHOS & SAFRAS: Tenuta di Trinoro 2004; Pisciopassaro 2005, Tenuta di Trinoro.

Salvo Foti (à esquerda), nascido na região do Etna, está entre os melhores produtores de vinho da Sicília, principalmente quando se trata da uva nativa Nero d'Avola. Sua filosofia é seguir as tradições viticulturais ensinadas por seus antepassados, expressas através de vinhas plantadas em seco em terraços e às vezes ainda trabalhadas por mula. "Acredito em continuar e melhorar o que foi alcançado pelas gerações passadas", diz Foti. "Com exceção do Etna, o clima siciliano é quente demais para produzir vinhos de complexidade, e nem todos os vinhos precisam ser complexos. A Nero d'Avola plantada em seu *terroir* nativo é um autêntico exemplo de vinho siciliano originado de fruta pura." VINHOS & SAFRAS: Nerobufaleffj 2003, Gulfi.

Sardenha

Alessandro Dettori (à esquerda), jovem e intransigente, é inspirado pela uva Cannonau. "Gosto de remar contra a maré", ele diz. "Não estou interessado em seguir as tendências do mercado; quero produzir um vinho com alma, ainda que de estilo antigo e imperfeito; essa é a expressão do Cannonau que reflete o nosso *terroir*". As vinhas têm oitenta anos de idade, a produção é baixa, e o teor de álcool é alto nos vinhos acabados – até 17,5 graus. Sua atração é muito semelhante à do Porto. VINHOS & SAFRAS: Chimbanta 2004, Dettori;Tuderi 2003, Dettori.

O banquete italiano

A culinária italiana, como os vinhos, baseia-se na diversidade territorial e na produção sazonal. Ingredientes regionais entram nas receitas tradicionais "*cucina tipica*", passadas de geração a geração. E tanto quanto se espera que a comida italiana seja regada com vinho, é o vinho italiano feito para acompanhar a comida: os italianos ficam felizes em servir-lhe vinho sem alimento, se você quiser, mas, aqui, não é para isso que ele serve.

O Norte

A Itália do Norte orgulha-se de ter a dieta mais rica do país, tanto em abundância como na variedade; e o montanhoso e enevoado Piemonte tem uma das melhores cozinhas da Itália. O luxo máximo é a trufa branca, farejada pelos cães e servida em lascas sobre massas, risotos, carnes e *fondues*. Um Dolcetto ou um Barbera mais firme, ou ainda um Barolo é o acompanhamento usual. Tudo generoso.

A carne se orgulha de estar presente em todo o norte, e na maioria dos lugares as gorduras tradicionais são a manteiga e o toucinho. Os habitantes de Aosta, assim como o povo de Trantino, adoram pratos de carne apetitosos, dos quais o mais rico é o ensopado de veado acompanhado de polenta. Esses pratos exigem tintos robustos e generosos – e muita caminhada ladeira acima. Os tintos Teroldego e Marzemino locais têm a estrutura certa e o sabor refrescante da fruta. (Don Giovanni associou o Marzemino ao faisão frio, e deve ter sido excelente, também.) Perto de Verona quem sabe lhe ofereçam cavalo, talvez sob a forma de Patissada a caval – escura, sedosa, deliciosa. O Valpolicella é naturalmente um tinto leve, assim, o que fez o pessoal da região desde tempos longínquos, para satisfazer sua necessidade de um tinto sério? Secou suas uvas para produzir Amarone, com seus sabores de ameixa assada e profundidade sem fim.

Mas se você considera comer cavalo como algo próximo do canibalismo, pode ficar com os risotos do Vêneto e o peixe fresco do lago veneziano ou do Lago Garda, dependendo de onde estiver. Soave é o parceiro óbvio para o *fritto misto* ou talvez a massa com crustáceos do lago: um simples Classico para os pratos mais leves, e versões de vinhedo único, talvez com algum envelhecimento em garrafa, para ocasiões especiais.

PIEMONTE

Agnolotti Piemontesi Massa com recheio de carne branca magra e ervas, servida com folhas de sálvia na manteiga e Parmigiano. Acompanhe com Dolcetto di Dogliani ou, se preferir branco, Arneis.
Brasato al Barolo Carne bovina ensopada lentamente em Barolo (obviamente) com Barolo ou Gattinara.

Crudo di Vitella delle Langhe battuta col coltello Carne de vitela crua, bem cortadinha, temperada com sal, pimenta, suco de limão e azeite de oliva, e talvez alho. Acompanhe com Barbera jovem ou Grignolino.
Fonduta di Toma com uovo e tartufo *Fondue* de queijo com um ovo escaldado e bastante trufa branca em lascas. Acompanhe com Nebbiolo ou Barberusco, e tire folga o resto do dia.

Ligúria

Pansùuti com la salsa di noci Massa com recheio de ricota e *preboggion*, um tipo de espinafre silvestre, com cobertura de molho cremoso de nozes e Parmigiano Reggiano. Isto precisa de vinho branco para equilibrar a riqueza de textura e delicadeza de paladar: Acompanhe com Vermentino ou Pigato.
Cima alla genovese Peito de vitela recheado de legumes e verduras, amêndoas, ovos e queijo. Servido em fatias finas, preferivelmente com um cálice de Cinqueterra.
Stoccafisso Bacalhau seco cozido em vinho branco, com molho de tomate e pimentão, azeitonas, batatas, ervas e anchovas. Isso pede algo refrescante com uma certa fisgada, como Rossese di Dolceacqua.

Veneto

Risotto al nero di seppia Arroz cozido em caldo de lula. O sabor é sutil, e não deve ser dominado pelo vinho. Escolha Soave Clássico Superiore ou Bianco di Custoza.
Fegato alla veneziana Fígado de vitelo cozido no vinho com cebola. Sabor de fruta e leveza é o que conta aqui, e o Valpolicella Clássico ou Bardolino são perfeitos.
Pastissada a caval Carne de cavalo cozida lentamente no vinho e servida com nhoque ou polenta. Isso pede os sabores diretos e profundos do Amarone ou Valpolicella Ripasso.

O Centro

A comida de Toscana, Úmbria e Lácio tem sua raiz na caça, com muito javali, talvez em forma de ensopado, lebre, geralmente com massa, e pássaros selvagens, mas também o porco assado, mais doméstico – como na *porchetta* – e os bifes de Chianina, que oferecem a legendária bisteca *alla fiorentina*. O pão tem importância primordial nos pratos campesinos mais simples como *ribolitta* – pão dormido molhado na água e misturado com tomate cortado, cebola, manjericão, óleo e vinagre, numa espécie de salada. É comida do interior, forte e simples; como a de fora, só que melhor.
Descendo para o sul em direção a Roma, o *spaghetti*, o *bucatini* e o *rigatoni* têm um papel vital na dieta básica, e os Apeninos centrais são sua fonte importante de trufas, tanto as apreciadas brancas, encontradas em Marches e partes da Toscana, como as pretas que se desenvolvem na Úmbria. Do outro lado da península, há o peixe local, como o *cacciucco alla livornese*, sopa de peixe do litoral da Toscana. E naturalmente os vi-

nhos surgem em todas as nuanças de riqueza, desde a leveza do Chianti jovem ao corpo do Vino Nobile di Montepulciano. A maioria é produzida com a Sangiovese: é inevitável, na Itália Central, embora na Úmbria haja a opção do frutado de cereja Morellino. Todos têm boa acidez, e geralmente algum tanino: é disso que você precisa para esse tipo de comida.

Toscana

Trippa alla fiorentina Tripa ensopada em suco de tomate e feijão ou batata, servida preferivelmente com um Chianti ou Chianti Clássico, combinando frescor e um certo peso natural.

Cinghile agrodolce Javali em molho doce e azedo. É uma delícia, e merece algo especial cheio de estilo como Carmignano Riserva ou Brunello di Montalcino.

Parpadelle alla lepre Tagliatelle largo e plano, com suculento molho de lebre. Este prato precisa de um tinto com verdadeiro sabor para estar à altura de sua riqueza defumada. Experimente-o com Rosso di Montalcino ou Nobile di Montepulciano Riserva.

Úmbria

Palombacci alla ghiotta Pombos assados no espeto com um elaborado molho de vinho, limão , vinagre, sálvia, alho, alecrim, zimbro e fígado de galinha. Beba Sagrantino di Montefalco ou Torgiano Rosso Riserva.

Spaghetti alla Norcina Salsicha e cebola em molho cremoso, que pode ser coberto com queijo ralado ou trufas brancas. Esse precisa ou de um branco suave como Orvieto, para complementá-lo, ou um jovem tinto como Rosso di Montefalco, para equilibrar sua riqueza.

Lácio

Coda alla vaccinara Rabada com ebola, tomate, muito aipo e vinho. É um prato que requer um acompanhamento honesto: experimente Merlot ou Cabernet Sauvignon.

Pasta e ceci Sopa de grão-de-bico com alho, alecrim e massa. Frascati pode acompanhá-lo com elegância.

Saltimboca alla romana Filés de vitela enrolados com *prosciutto* e sálvia e passados na manteiga. Acompanhe com um tinto leve, vivo, frutado da uva local Cesanese.

O Sul

As regiões de Abruzzo, Puglia, Campânia, Basilicata, Sicília e Sardenha, no sul, são famosas por suas planícies ensolaradas e férteis e suas praias mediterrâneas. O azeite de oliva é a essência de todos os pratos, mas o verdadeiro símbolo da culinária sulista é o tomate, juntamente com a pimenta, a abobrinha, o feijão e a berinjela. O irresistível sabor picante da comida sulista vem das ervas, dos condimentos e, acima de tudo, do pimentão picante, conhecido como peperoncino ou diavolicchio.

Os árabes da Sicília fundaram a indústria da massa na Idade Média, usando o trigo duro para a lasanha, o macarrão e o orcchiette, geralmente feitos no forno com mussarela fresca de búfala. Os mares Tirreno e Jônico fornecem atum, peixe-espada, anchova e sardinha juntamente com moluscos servidos como antipasti di mare. A carne era escassa no sul, com exceção do cordeiro das colinas – grelhado, assado, cozido no vapor ou ensopado em ragus, e geralmente servido com massa.

Os tintos suaves, até adocicados da região casam bem com o cordeiro e mesmo combinam com os sabores pungentes do atum e da sardinha, e se você deseja um tinto envelhecido, para quem sabe um cordeirinho de leite, Aglianico se encaixa bem. Mas há brancos surpreendentemente aromáticos aqui também, como Fiano di Avellino ou Falanghina ou o elegante, mineral, amendoado Greco di Tufo. Não se esperaria tal elegância numa paisagem implacavelmente quente, mas as noites frias na colina são o segredo. Colinas e litoral vêm juntos para fornecer o equilíbrio perfeito.

Campânia/Basilicata

Coniglio all'ischitana Coelho no vapor, com tomate, alecrim e manjericão em vinho branco ischiano. Greco di Tufo tem o corpo e o frescor.

Empepata di cozze Mexilhão cozido no próprio suco com limão, salsa e pimenta do reino. Fiano di Avellino combina otimamente: perfumado, mas sem dominar.

Strangula preuti Bolinhos parecidos com nhoque e geralmente amassados com legumes. Beba Falerno del Massico.

Abruzzo/Puglia

Polpi in purgatorio Polvo cozido com tomate, alho, salsa e *diavolichio*. Um prato vigoroso, cheio de sabor, que precisa de um tinto também vigoroso e sério: Salice Salentino ou Locorotondo.

Indocca Ensopado de cheiro forte, com costela, pés e orelhas de porco cozidos com alecrim, louro, pimenta e vinagre. Experimente com Montepulciano d'Abruzzo.

Orecchiette com cime di rapa Conchas de massa em forma de orelha, com folhas de nabo, alho e pimenta chilli. Um vinho *rosé* é a resposta a este prato; por exemplo, Castel del Monte Rosato.

Sicília

Agghiotta di pesce spada Peixe-espada cozido com tomate, pinhão, passas, azeitonas e uvas. Este pode pedir um tinto saboroso, portanto experimente Etna Rosso ou Nero d'Avola.

Gnocculli Nhoque de semolina com ricota e molho de carne. Cerasuolo di Vittoria combina bem.

Peperonata Pimentão ensopado com cebola, tomate e azeitona. Isso requer vinho com muito sabor e um pouco de assertividade, portanto experimente Syrah.

Sardenha

Agnello com finocchietti Cordeiro novo ensopado com cebola, tomate e erva-doce silvestre. Tinto é a resposta, mas deve ter perfume e corpo, como Cannonau ou Carignano.

Cassùla Aproximadamente uma dúzia de tipos de peixe, molusco e camarão cozidos com tomate e temperos e servidos como uma sopa picante. Necessita de um branco com certo corpo. Experimente Vernaccia di Oristano ou Vermentino di Gallura.

Vinte garrafas de vinho italiano para beber antes de morrer

Granbussia Riserva 1999, Poderi Aldo Conterno, Barolo

Há muitos Barolos excelentes, mas este é um caso à parte. Frutas maduras, rosas, condimentos, aroma de tabaco paladar equilibrado, muitas camadas com profundidade, harmonia e persistência. Beba este tinto até 2016.

Monfortino Riserva 1995, Giacomo Conterno, Barolo

Um monumento ao estilo tradicional de Barolo. Vigoroso e estruturado. Um buquê floral e frutas maduras misturam-se com uma sugestão de tabaco. Taninos amplos dão-lhe profundidade, complexidade e persistência. Um tinto para beber até 2020.

Sorì San Lorenzo 1998, Angelo Gaja, Langhe Nebbiolo

Sem a menor dúvida, o melhor Nebbiolo em Piemonte, com um intenso buquê de baunilha, cerejas maduras e violetas. Consistente, estruturado e elegante no paladar. Beba este vinho até 2015.

Monprivato 1990, Giuseppe Mascarello, Barolo

Barolo de um dos principais vinhedos únicos de Langhe. Complexidade e elegância misturam-se com frutas silvestres, alcaçus e tabaco; cálido e firme, com belos taninos e persistência. Beba até 2015.

Bric Dël Fiasc 1999, Paolo Scavino, Barolo

Quando o Barolo é tão bom como este, é demais. Vibrante floral, complexidade de frutas silvestres e condimento. Requintado, rico, cálido e cheio no paladar. Beba até 2015.

Antico Gregori, Vernaccia Di Oristano Riserva

Vernaccia estilo solera, um vinho branco com enorme complexidade e uma persistência de amêndoa tostada. Beba até 2020.

Cuvée Annamaria Clementi 1999, Cà del Bosco, Franciacorta

Vinho espumante rico, complexo e elegante, de estilo insuperável e excepcional. Beba até 2012.

Vin Santo Occhio di Pernice 1994, Avignonesi

Se eu fosse confinado numa ilha deserta, faria questão de levá-lo comigo: é um vinho para contemplação. Branco doce sensual e suntuoso, com buquê intenso e paladar cheio. Beba até 2020.

Pietramarina 1997, Benanti, Etna Bianco Superiore

Há alguma coisa de extremamente romântico a respeito de um vinho branco produzido nas encostas do Monte Etna. Mas é também um vinho de grande vitalidade, com toques minerais e camadas de complexidade, com fruta madura e persistência. Beba até 2010.

Barthenau Pinot Nero 2001, Vigna Sant'Urbano, Hofstatter, Alto Adige

Quando o Pinot Noir é tão bom assim, ele o leva a um mundo de nuanças e sutilezas. Frutas silvestres leves misturam-se ao tabaco e a condimentos. Sutil, com profundeza de camadas e taninos sedosos e firmes, muito persistentes. Beba até 2020.

Valpolicella Classico Superiore 2000, Quintarelli

Nenhum outro produtor do Valpolicella faz vinhos com tanta personalidade como Quintarelli. Frutas silvestres ricas e opulentas, esmagadas com uma sugestão de chocolate escuro.

Kastelaz Gewürztraminer 2005, Alto Adige Bianco, Elena Walch

Um dos vinhos assinados de Elena Walch. Aromas elevados e fruta opulenta. Este é um clássico de todos os tempos, um vinho perfeitamente artesanal.

Giulio Ferrari Riserva Del Fondatore Talento 1995, Trentino, Ferrari

Branco espumante condimentado, floral, de classe, com finesse e longevidade extraordinárias. É envelhecido na garrafa durante oito anos antes de ser lançado. Longo e cheio no paladar, com toques cítricos. Beba até 2015.

Biondi Santi Riserva 1998, Brunello Di Montalcino

Brunello em sua melhor expressão, de um dos mais premiados produtores da Itália. Um tinto com uma cálida harmonia de sabores que se ornam aristocraticamente austeros com a idade. Beba até 2018.

Vigneto Bellavista 2001, Chianti Classico, Castello di Ama

Uma propriedade que está acima de todas as outras, não só em altitude como em qualidade e filosofia de produção. Este tinto tem aromas intensos e maduros, fruta madura, taninos suaves e sedosos; é elegante e tem classe. Beba até 2016.

Masseto 2001, Tenuta Dell'Ornellaia

Masseto expressa o gênio do local de Ornellaia e promete ser ainda melhor a medida que amadurece. No momento este tinto é opulento com sugestões de cassis, baunilha e condimentos. Taninos sedosos; elegante e sedutor. Beba até 2005.

Sassicaia Bolgheri 1998, Tenuta San Guido

O primeiro supertoscano da Itália, Sassicaia faz jus a sua reputação. Elegante e generoso, consistente, cheio e de bom envelhecimento, com sugestões de amora e cereja maduras. Beba até 2020.

Trebbiano d'Abruzzo, 1992, Valentini

Um branco com aromas elaborados que, entretanto, condensa a paisagem desolada e a rusticidade da região. Tem profundidade incomum, mineralidade e vitalidade para amadurecer; tem camadas com aromas florais, herbáceos e intensamente saborosos. Beba até 2015.

Taurasi Radici Riserva 1997, Mastroberardino

Radici, que quer dizer "raízes", refere-se aos laços antigos que ligam a Aglicanico, a histórica uva que faz este vinho, à sua paisagem. Rico e concentrado com equilíbrio entre taninos, fruta e acidez. Cereja madura com tabaco e condimento subjacentes, além de uma excelente persistência. Beba até 2020.

Don Anselmo Aglianico Del Vulture 1994, Paternoster

Um Aglianico de primeira classe dedicado a seu fundador Don Anselmo, produzido apenas nas melhores safras. Violetas e amoras pretas maduras, com sugestões de condimentos. Taninos firmes e doces; cheio, cálido e duradouro. Beba até 2010.

Uma pequena lição... Algumas palavras técnicas

O jargão da análise laboratorial aparece muitas vezes nos rótulos. Também se insinua ameaçadoramente pelos jornais e revistas. O que significa? Essa linguagem difícil, por muito antipática que seja à maioria dos amantes do vinho, é brevemente explicada abaixo.

Conteúdo de álcool (principalmente álcool etílico) É expresso em porcentagem por volume de líquido total (também conhecido como "graus"). Os vinhos de mesa estão geralmente entre 12,5 graus e 14,5 graus, embora cada vez mais se observem porcentagens de até 16 graus.

Acidez É tanto fixa como volátil. A **acidez fixa** consiste principalmente de ácidos cítricos, málicos e tartáricos, todos encontrados na uva, e ácidos lático e sucínico, produzidos durante a fermentação. A **acidez volátil** consiste principalmente do ácido acético, que se forma por bactérias em presença do oxigênio. Uma pequena quantidade de acidez volátil é inevitável, e mesmo atraente. Em quantidade maior, o vinho torna-se "espinhoso", uma palavra mais informal do que científica. Tranforma-se em vinagre. A acidez pode ser natural em regiões quentes. Também pode ser adicionada.

Acidez total É a acidez fixa e volátil combinadas. Como regra prática, para um vinho ser considerado equilibrado, ele deve estar por volta de um grama por mil, para cada dez graus Oechsle (ver acima).

Barriques Vitais para o vinho moderno no envelhecimento e/ou na fermentação em barris (quanto mais novo o barril, maior a influência) ou ainda na adição de lascas de carvalho ou – na pior das hipóteses – essência de carvalho. Iniciantes no mundo do vinho podem ser facilmente enganados pelo perfume e sabor semelhantes aos da baunilha, pensando que compraram algo luxuoso no lugar de uma coisa simplesmente de sabor cosmético. Mas os barris são caros; os verdadeiros são usados apenas para vinhos de qualidade inerente para benefício a longo prazo. O carvalho francês é clássico e o mais caro. O carvalho americano tem sabor e cheiro de baunilha bastante fortes.

Fermentação malolática Refere-se quase sempre a uma fermentação secundária, e pode ocorrer naturalmente ou ser induzida. O processo envolve converter ácido málico acre em ácido lático mais suave. Sem relação com a fermentação alcoólica, a "malo" pode acrescentar complexidade e sabor tanto a vinhos tintos como brancos. Em climas mais quentes, onde a acidez natural pode ser baixa, os operadores experientes a evitam.

Microoxigenação É uma técnica muito usada, que permite que o vinho tenha contato controlado com o oxigênio durante a maturação. Isso imita o efeito do envelhecimento em barris, reduz a necessidade de trasfega e ajuda a estabilizar o vinho.

pH É uma medida da força da acidez: quanto mais baixo o número, mais ácido. O vinho geralmente varia de pH 2,8 a 3,8. Um pH alto pode ser um problema em climas quentes. O pH mais baixo dá melhor cor, ajuda a interromper o estrago das bactérias e permite liberar mais SO_2 e ativar a conservação.

Açúcar residual É aquele que sobra depois que a fermentação terminou ou foi interrompida; é medido em gramas por litro. Um vinho seco praticamente não tem nenhum.

Dióxido de enxofre (SO_2) É acrescentado para impedir a oxidação e outros acidentes na produção do vinho. Uma parte dele combina-se com os açúcares e fica **"preso"**. Só o SO_2 **"livre"** é eficiente como conservante. O SO_2 total é controlado por lei, de acordo com o nível residual de açúcar. Quanto mais açúcar, mais se precisa de SO_2.

Taninos São o foco de atenção para os produtores de vinho tinto que pretendem fazer vinhos suaves e mais agradáveis. A colheita tardia e a colheita pelo amadurecimento taninos (e não pelos níveis de açúcar) produzem taninos sedosos, mais maduros.

Tostar Refere-se a queimar o lado interno do barril. A alta tostagem dá ao vinho sabor de caramelo.